FLINTEN ENZYKLOPÄDIE

mit kombinierten Gewehren aus aller Welt

A. E. Hartink

FLINTEN ENZYKLOPÄDIE

mit kombinierten Gewehren aus aller Welt

1 2 3 4 5 5 4 3 2 1

Inhalt

1. Die Geschichte der Flinten und Büchsen

Von Beginn an haben die Menschen Waffen erfunden, hergestellt und gebraucht. Zuerst handelte es sich dabei um Überlebensinstrumente: der Mensch musste jagen, um zu essen. Auch musste das Jagdareal gegen Konkurrenten verteidigt werden, sowohl gegen andere Menschen als auch gegen Raubtiere. Bis zum Mittelalter bestanden die Waffen aus Knüppeln, Messern und Speeren, dann gefolgt von Pfeil und Bogen und Armbrust.

Feuerwaffen, also Waffen bei denen Geschosse mittels Gasdruck, der durch den Abbrand von „Schießpulver" entsteht, in Richtung Ziel „geschleudert" werden, kamen in der westlichen Welt im 15. Jahrhundert auf. Die Chinesen hatten schon früher eine Art Schießpulver gekannt. Sie hatten dies allerdings nur als Feuerwerk benutzt. Es gibt verschiedene Theorien über das Aufkommen des Schießpulvers in Europa. Eine davon ist, dass der venezianische Kaufmann Marco Polo mit der Formel für das „Feuerwerkspulver" von einer seiner Asienreisen zurückgekommen sei. Marco Polo war auf seinen Entdeckungs- und Handelsreisen zwischen 1271 und 1292 angeblich bis ins heutige Peking gekommen. In Europa habe man dann die Funktion als Schießpulver erkannt und leidlich ausgewertet. Andere Überlieferungen erwähnen einen Roger Bacon oder den Freiburger Mönch Berthold Schwarz als den Erfinder des Schießpulvers – das schließlich auch von dem Mönch seinen Namen, „Schwarzpulver", erhielt. Die grundsätzlichen Bestandteile von Schwarzpulver sind 75 % Salpeter, 15 % Schwefel und 10 % Holzkohle. Schließlich entdeckte man, dass sich mit Schwarzpulver nicht nur Feuerwerkseffekte herstellen ließen, sondern dass man durch den Abbrand des Pulvers in einem hinten geschlossenen Rohr auch Geschosse aus dem Rohr katapultieren konnte.

Dies war die Geburtsstunde der Feuerwaffen. Am Grundprinzip der Feuerwaffentechnik hat sich seitdem eigentlich nicht viel geändert. Neben großen, nicht tragbaren, auf Lafetten montierten Kanonen kamen sofort auch verschiedene kleine, so genannte Handkanonen auf. Dabei handelte es sich zunächst um nichts anderes, als um kurze, leidlich tragbare, hinten verschweißte Rohre, die man von vorne mit Schießpulver, Schwarzpulver, befüllte. An das kleine Zündloch im verschweißten Rohrbereich, das mit feinerem Schießpulver, so genanntem Zündkraut, gefüllt war, hielt man zunächst glühende Asche oder Holzkohle und später eine lange, ständig glimmende Lunte, den Vorläufer der Zündschnur. Dadurch entstand ein Zündfunke, der durch das Loch zum hinter dem Projektil befindlichen Schwarzpulver gelangte und dies entzündete. Bei den Projektilen, den Geschossen, die man ebenfalls von vorn durch den Lauf auf das Schwarzpulver gedrückt hatte, handelte es sich meistens um runde Steine oder Blei- und Eisenkugeln, von der runden Form stammt denn auch der klassische Ausdruck „Kugel".

Der Aufbau der Abbrandgase des im Rohr befindlichen Schießpulvers vollzog sich so rasch und es wurden so große Gasdrucke erreicht, dass das Geschoss, die Kugel, mit einer immensen Geschwindigkeit aus dem Rohr herauskatapultiert wurde. Nach dem Verlassen des Rohrs, später Lauf genannt, flog die Kugel über große Distanzen durch die Luft. Wenn sie während ihres Fluges ein Objekt traf, gab sie ihre ganze verbleibende kinetische Energie auf dieses ab. Wie bereits bei der Zündung des Zündkrauts mittels glühender Asche oder glühenden Holzteilen war auch das Zünden des Systems unter Zuhilfenahme einer glühenden Lunte mit diversen, zumeist wetterbedingten Nachteilen verbunden. Bei feuchtem Wetter und Regen etwa war nicht mehr an die Fortführung eines eventuellen Kampfes zu denken.

Auf der Suche nach wetterunabhängigeren Mechanismen kam man schließlich zum Radschloss. Dabei handelt es sich um eine Metallscheibe, kombiniert mit einer spiralförmigen Feder, die mit einem Schlüssel aufgezogen und auch blockiert wird. Wenn die Blockierung durch das Betätigen des Abzuges der Waffe aufgehoben wird, dreht sich die Metallscheibe, angetrieben durch die Federkraft, rückwärts und kratzt, ähnlich wie bei einem Feuerzeug, an einem Feuerstein. Die dadurch entstehenden Funken entzünden das in einer Art Pfanne befindliche feine Zündkraut, welches wiederum über das Zündloch das im Lauf befindliche Schwarzpulver entzündet und so zur Schussabgabe führt.

Weil das Radschlosssystem sehr kompliziert und teuer herzustellen war, fand man schließlich eine

einfachere und billigere Lösung, die reine Feuersteinzündung. Zwischen den Klauen einer Art Hammer wurde ein Feuerstein befestigt. Dieser Hammer, Hahn genannt und seitlich an der Waffe angebracht, konnte gegen den Widerstand einer Feder zurückgezogen und arretiert werden. Nach Betätigen des Abzuges schlug der Hahn nach vorn und der Feuerstein auf eine in der Nähe des Zündlochs befindliche Stahlplatte. Die entstehenden Funken entzündeten wieder in einer Pfanne befindliches Zündkraut und das wie gehabt durch das Zündloch die Schießpulverladung im Lauf.

Die Entwicklung des Steinschlossprinzips vollzog sich über viele Jahrzehnte und es gab eine Vielzahl von Variationen dieses Schlosstyps. Eine der Steinschlossvarianten war das so genannte Schnapphahnschloss. Dieses Schlosssystem bestand praktisch aus zwei Hammern. Der erste hatte wieder eine Art Schraubenklaue, in der der Feuerstein befestigt war. Dieser Hammer konnte gegen die Kraft der gegenläufigen Feder zurückgezogen und arretiert werden. Der zweite Hammer stellte eine Art Amboss dar und befand sich genau über dem Zündloch. Nach dem Abziehen schlug der Hammer mit dem Feuerstein auf diesen Hammeramboss, die entstehenden Funken entzündeten das Zündkraut und dieses wiederum die eigentliche Pulverladung. Ein weitere diesbezügliche Entwicklung war das heute als eigentliches Steinschloss bekannte Schlosssystem. Weil die Möglichkeit des Schießens mit Waffen mit Schnapphahnschlössern wieder sehr „wetterabhängig" war, entwickelte man eine Abdeckung für die Zündkrautpulverpfanne. Dieses vertikale Metallstück, auch Pfanndeckel genannt, war sowohl Schutz des Zündkrauts gegen Feuchtigkeit als auch Amboss für den Feuerstein.

Einer wahren Revolution der Waffentechnik kam es gleich, als schließlich 1799 der britische Chemiker Howard das Schieß- oder Explosivquecksilber erfand und darauf 1807 der schottische Geistliche Alexander Forsyth aus Belhelvie in Aberdeen ein Patent für die Hauptprinzipien eines Perkussionszündhütchens mit Schießquecksilber erhielt. 1808 gelang es Forsyth, eine hochexplosive chemische Masse zu entwickeln, die er Fulminat nannte und die in ein metallenes Hütchen einzubringen war. Die Zeiten, in denen offenes Feuer zur Zündung verwendet werden musste, waren damit vorbei. Die so genannte Kammer (der Bereich des Laufes, in den die Pulverladung eingebracht werden musste) musste allerdings immer noch durch den Lauf von vorn mit dem Pulver und dem Geschoss geladen werden. Für die Zündung wurde aber nun ein Zündhütchen auf eine Art Miniaturkamin gesetzt, der in das Zündloch am Kammerende geschraubt war. Dieser „Kamin" wird als Piston bezeichnet. Um hart genug auf das Perkussionszündhütchen aufzuschlagen und die Zündmasse zu quetschen, entstand ein Hammerschloss, dessen Hammer dem des Steinschlosses recht ähnlich war, aber eben keinen Feuerstein und damit auch keine Halteklaue mehr enthielt. Dieser Hammer, dann Hahn genannt, wurde wie gehabt gegen eine Feder zurückgezogen und arretiert.

Hege-Luntenschlossgewehr. Im Vordergrund eine Steinschloss- und zwei Perkussionsschlosspistolen.

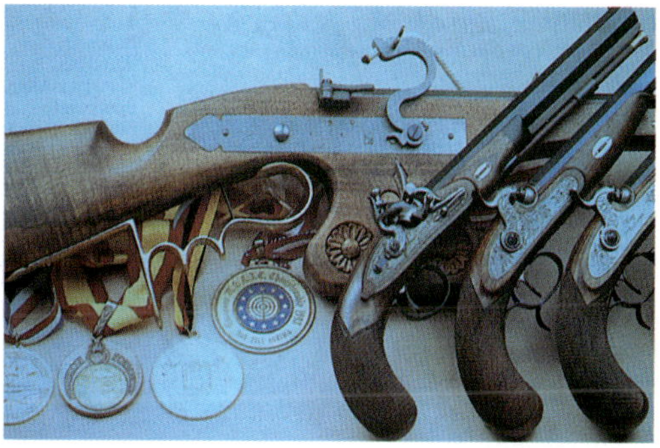

Alte Radschlossart, kombiniert mit Glimmschnur-Schloss.

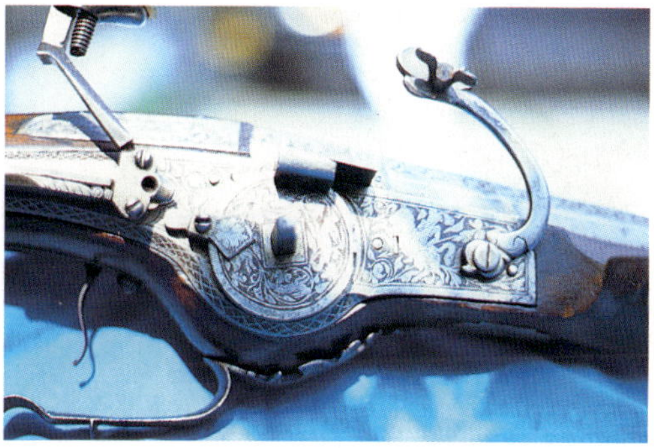

Bei der Schussauslösung schlug der Hahn hart gegen das kupferne (Zünd-)Hütchen. Die darin befindliche Schießquecksilber-Zündmasse wurde gequetscht und produzierte dadurch einen Zündstrahl, der durch das Piston zur Pulverladung in der Laufkammer vordrang und diese entzündete. Dieses Perkussionszündungssystem fand sehr lange Zeit bei allen einschüssigen Lang- und Kurzvorderladerwaffen Anwendung, später auch bei den 5- und 6-schüssigen Perkussionsrevolvern.

Zum Ende des 18. und zu Beginn des 19. Jahrhunderts hin vollzog sich durch die Einführung der

Beretta Bockdoppelflinte Modell S O6.

Steinschlosspistole.

Steinschlossgewehre.

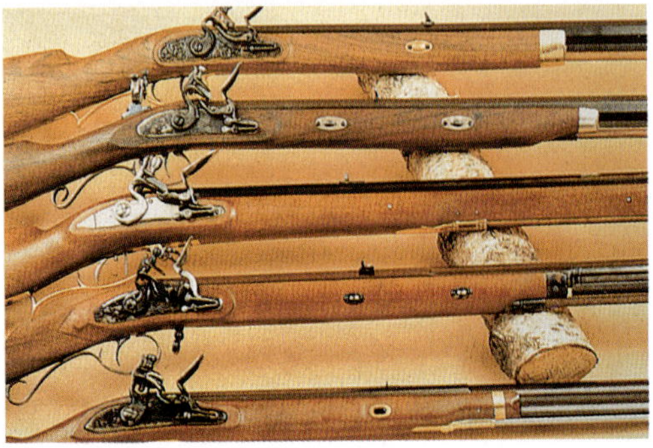

gezogenen Läufe auch die Entwicklung der Geschosse. Hatte der Durchmesser der bleiernen Rundkugeln vorher gerade genau dem Laufinnendurchmesser entsprochen, so ging man zu „überkalibrigen" Bleikugeln über, die durch die Züge und Felder des gezogenen Laufes gepresst wurden.

Der nächste wichtige Schritt in der Waffenentwicklung war dann der Übergang zu Patronenmunition zum Laden der Waffen von hinten. Zunächst gab es Patronenhülsen aus Papier oder Pappe, erst später aus Messing. Die Patrone verband die Komponenten Geschoss, Pulverladung, Zündung und Hülse zu einer Einheit.

Der Schweizer Büchsenmacher Johann Samuel Pauly hatte 1812 damit begonnen, eine Messinghülse, bereits mit einer Art Zentralfeuerzündung, von hinten ins System zu bringen, also die Waffe nicht mehr von vorne von der Laufmündung her zu laden. Bei solchen „Hinterladerwaffen" musste natürlich die Möglichkeit bestehen, das Laufrohr von hinten zur Beschickung mit der Patrone zu öffnen. Wegen des entstehenden sehr hohen Gasdruckes bei der Schussabgabe musste allerdings auch sichergestellt sein, dass die so genannte Kammer, der hintere, dem Schützen zugewandte Teil des Laufes, in den die Patrone geladen wird, zumindest zum Zeitpunkt der Schussabgabe sicher und fest geschlossen ist und dass das „System" wieder gespannt werden kann, um nach Herausnahme der abgeschossenen Hülse aus der Kammer und Einführung einer neuen Patrone einen neuen Schuss zu ermöglichen.

Ab 1832 hatte der bekannte belgische Büchsenmacher Lefaucheux die erste Schrotpatrone entwickelt, eine Patrone, in der sich statt einem einzigen (Büchsen-)Geschoss mehrere, so genannte Schrote, befinden. Die Entwicklung der zugehörigen Schrotflinten verläuft fast parallel zu der Militärwaffen; sie begann ebenfalls bereits im 16. Jahrhundert. Damals fanden die Ladungen von gehacktem Blei und Schrot auch noch weniger jagdlich Verwendung, sie wurden gegen Menschen eingesetzt. Die damaligen Vorderladerschrotwaffen wurden von vorne mit kleinen Steinen und Eisenstücken geladen. Die Zündung der Vorderladerschrotgewehre und -pistolen erfolgte, wie oben beschrieben, zunächst mittels Schlossen mit Glimmlunten und Feuersteinen und dann auch mit Perkussionszündungsschlossen.

Eine interessante Verteidigungswaffe war damals der so genannte Blunderbuss, ein extremes Kurzgewehr mit einer trompetenförmigen Laufmündung. Man hatte diese Waffe vor allem für militärische Zwecke konzipiert, etwa für den Kampf Mann gegen Mann beim Entern von Schiffen oder auch als handliche Kutschenwaffe. Die Schrotflinte im heutigen Sinn mit ihrem glatten und nicht wie bei Büch-

Duell-Perkussionspistolenset von Hege.

Perkussionsschloss-Muskete, Modell 1777, von Hege.

sen gezogenen Lauf, wurde 1758 in England erfunden. Deren runde Bleischrote wurden nach einem alten Patent zunächst dadurch „rund gemacht", dass man etwa gleich schweres, gehacktes Blei so lange in einer Trommel drehte, bis sie sich zu runden Kügelchen abgerieben hatten.

Ab 1782 produzierten die Briten auch Schrote indem sie geschmolzenes Blei aus einer Höhe von mindestens 30 Meter durch ein Sieb in kaltes Wasser gossen. Während des Falles formten sich runde Bleitropfen, deren Größe man durch die Größe der Sieböffnungen variieren konnte. Während der Jahre fand man dann immer mehr Methoden zur Bleischrotherstellung.

Während bekannt ist, dass der Adel bereits ab dem 15. Jahrhundert Büchsen, als Schusswaffen, aus denen Einzelgeschosse verfeuert wurden, zur Ausübung der Jagd verwendet hatte, ist die erste Überlieferung, dass auch Schrotwaffen, Flinten, jagdlich eingesetzt wurden, eine deutsche Gravur aus dem Jahr 1545, die eine Entenjagd darstellt. Damals war die Jagd ein Privileg des Adels. Deshalb war die Zahl der hergestellten Flinten auch niemals mit der der regelmäßig zum militärischen Gebrauch produzierten Büchsen vergleichbar. Obwohl die Bauern damals große Probleme durch wilde Tiere hatten, wurde ihnen niemals gestattet, diese zu bejagen. Nur um sie daran zu hindern, durch Wilderei in die hochherrschaftliche Domäne einzugreifen, war es in vielen Ländern und Grafschaften den Bauern und sonstigen Bürgern sogar ganz und gar verboten, Schusswaffen zu besitzen. Ein Beispiel dafür ist der britische Act of Parliament aus dem Jahr 1542, der nur Grundstückseignern und Betuchten mit einem Einkommen von 100 Pfund per annum den Besitz von Feuerwaffen zugesteht.

Die Bauern waren allerdings verpflichtet, ihren Lehensherren und dem Adel als jagdliche Treiber zur Verfügung zu stehen. Es war nicht unüblich, dass Hunderte von Bauern alles stehen und liegen lassen mussten, um der eleganten, mit teuren, fein gravierten Flinten ausgestatteten Nobilität das Wild zuzutreiben. Die Bejagung kleineren Wildes, etwa von Hasen, Kaninchen, Eichelhähern und anderem Kleinflugwild, war zumeist weniger spektakulär. Bevor es Schrotwaffen gegeben hatte, hatten solche Tiere ohnehin nur durch die Beizjagd, mittels abgerichteter Greifvögel, bejagt werden können. Etwa ab 1600 hatte der Adel dann begonnen, glattläufige Schrotflinten zur Flug- und Kleinwildjagd einzusetzen.

Gemälde eines Rehbocks.

Perkussionswaffen der Firma Hege: Great Plains, Hawken und Hawken Hunting Gun.

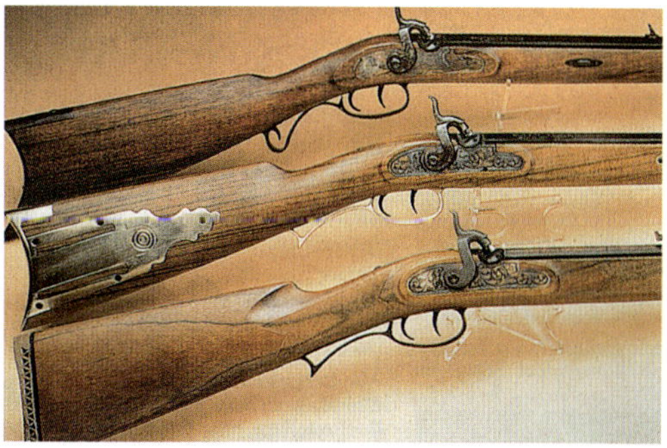

Ein komplette Jagdausrüstung aus diesen Tagen bestand aus einer Hirschjagdbüchse, einer Schrotflinte und aus einer oder mehreren Pistolen. Die Waffen waren oft reich verziert, das war im 15. und 16. Jahrhundert absolut Mode. Die Büchsenmacher aus der italienischen Region Brescia spezialisierten sich auf dem Gebiet kunstvoller Waffengravuren. Namen wie der von Matteo Acqua Fresca, der die feinen Waffen Cosimos des Dritten, des Grafen der Toscana, gebaut hatte, wurden weltberühmt. Während sich die Schusswaffen zwischen 1700 und 1800 rapide weiter entwickelten, gab es sogar Bücher, die ausschließlich Waffengravurvorschläge enthielten.

Zwischen 1800 und 1900 wurden viele Neuerungen, insbesondere im Zusammenhang mit Patronen und deren Zündung erreicht. Aus der Zeit von 1810 bis 1830 existieren heute noch neben feinen Büchsen und Pistolen von Alexander Forsyth, dem Erfinder des Perkussionszündhütchens, auch Schrotflinten mit Damastläufen, die dieser begnadete Tüftler gebaut hat.

Hinsichtlich der Flinten führte 1850 die englische Erfindung des T-förmigen Verschlusssystems für Kipplaufwaffen zu diversen daraus resultierenden Innovationen. Bis dahin hatten doppelläufige Schrotflinten auch zwei separate Perkussionszündungsschlosse mit außen liegenden Hahnen gehabt. Mit der Erfindung der Patronenmunition mit integrierter Zündung, verbunden mit dem Aufkommen der innen liegenden, von einem Schloss zu bedienenden Schlagbolzen, gab es plötzlich ganz andere, modernere Flinten.

Das Patent auf den innen liegenden Schlossmechanismus hatte 1875 die berühmte englische Firma Anson & Deeley aus Birmingham erhalten. Die innen liegenden Hahne wurden selbsttätig durch das Abkippen des Laufbündels gespannt. Dieses damals so revolutionäre, so genannte Selbstspannersystem findet man bei einem Großteil der Kipplaufflinten und auch -büchsen heute noch.

Die entsprechenden Maße und Gewichte sind in diesem Buch sowohl metrisch als auch in anderen relevanten Einheiten angegeben. Die Maß- und Gewichtsquellenangaben erscheinen in der Regel zuerst, dann folgt deren Umrechnung in Klammern.

Handarbeit eines Büchsenmachers.

Bernardelli-Flinte mit außen liegenden Hahnen.

Funktionsschnitt durch eine moderne Flintenbasküle.

2. Technik von Flinten und kombinierten Gewehren

Schrotflinten

Schrotflinte – oder besser nur Flinte, da es sich bei Flinten in der Regel stets um Waffen handelt, aus deren glatten, nicht gezogenen Läufen mehr oder weniger viele Schrote verschossen werden, bezeichnet eine ganze Langwaffenfamilie. Langwaffen, also Gewehre, werden in Büchsen (aus deren gezogenen Läufen regelmäßig nur ein Einzelgeschoss verschossen wird) und Flinten unterteilt. Schrote verschießende Gewehre können unterteilt werden in

einläufige Flinten:
1. einläufige Kipplaufflinten,
2. halbautomatische Gasdruckladeflinten,
3. halbautomatische Rückstoßladeflinten,
4. Pump-Action-Repetierflinten,
5. Zylinderverschluss-Repetierflinten;

doppelläufige Flinten:
1. mit nebeneinander liegenden Läufen (Doppelflinten),
2. mit übereinander liegenden Läufen (Bockdoppelflinten);

kombinierte Gewehre:
Sie besitzen sowohl einen oder mehrere glatte Flinten-, als auch einen oder mehrere gezogene Büchsenläufe:
1. Büchsflinten mit Flinten- und Büchsenlauf nebeneinander,
2. Bockbüchsflinten mit Flinten- und Büchsenlauf übereinander,
3. Drillinge und Vierlinge gleichzeitig mit Flinten- und Büchsenläufen.

Einläufige Flinten

1. EINLÄUFIGE KIPPLAUFFLINTEN
Das Gewehr ist praktisch zweigeteilt. Der gesamte Lauf wird abgekippt, um so die Schrotpatrone in den dem Schützen zugewandten, hinteren Teil des Laufes, in das Patronenlager, laden zu können. Mit abgekipptem Lauf ist die Waffe „gebrochen“. Damit das System während der Schussabgabe sicher verschlossen bleibt und dem entstehenden, immensen Gasdruck standhält, haben auch die einläufigen Kipplaufwaffen ein massives Verschlusssystem. Dieses besteht wie bei den anderen Kipplaufwaffen zumeist aus ineinandergreifenden Verschlusshaken. Der Verschluss muss jeweils mechanisch, etwa mittels eines Verschlusshebels, geöffnet werden.

Einläufige Kipplaufflinte von Harrington & Richardson.

Die halbautomatische Selbstladeflinte Beretta A 303 in ihre Einzelteile zerlegt.

2. HALBAUTOMATISCHE GASDRUCKLADEFLINTEN
Bei den Gasdruckladern wird ein Teil des bei der Schussabgabe entstehenden Gasdruckes zur Bewerkstelligung des automatischen Repetiervorganges verwendet. Durch eine kleine Bohrung im Lauf der Selbstladeflinte wird ein Teil des Gasdruckes in einen unter dem Lauf befindlichen Druckzylinder abgeleitet. Durch das eintretende Gas wird ein in dem Zylinder befindlicher Kolben ähnlich wie ein pneumatischer Hammer zurückgeschleudert. Ein Hebel am Kolben entriegelt dabei das Verschluss-

Schnittdiagramm durch das Browning-Gasdruckrepetiersystem. Die Firma Browning stellt Gasdrucksysteme sowohl für kleine als auch große Flintenkaliber her.

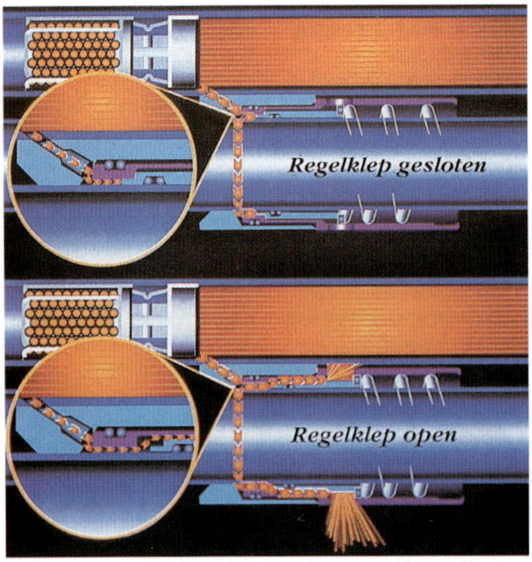

system der Flinte und schiebt die abgeschossene Patronenhülse aus dem Patronenlager. Dort wird sie mittels eines speziellen Auswerfers ausgeworfen. Die Rückwärtsbewegung des Kolbens sorgt zudem dafür, dass das System wieder gespannt wird. Sobald der Gasdruck nachlässt, bekommt die Kraft der Verschlussfeder wieder Oberhand und drückt den aufgeschleuderten Flintenverschluss nun wieder nach vorne, wobei dieser die aus dem Röhrenmagazin hochgedrückte, nächste Patrone in die Laufkammer hineinschiebt.

Wenn der Verschlussblock die Patrone vollständig ins Patronenlager geschoben hat, verriegelt das System wieder. Zumeist geschieht dies mittels eines drehbaren Verschlusskopfes mit darauf befindlichen Verschlusswarzen. Nach diesem automatischen Nachladevorgang kann wieder geschossen werden. Der automatische Gasdruckrepetiervorgang funktioniert nur, wenn sich bereits eine Patrone im Patronenlager befindet. Die erste Patrone muss von Hand ins System repetiert werden. Das geschieht, indem man den am Verschlussblock befindlichen Verschlusshebel nach hinten zieht und wieder nach vorne gleiten lässt, wodurch sowohl die erste Patrone ins Patronenlager repetiert, als auch das System gespannt wird.

3. HALBAUTOMATISCHE RÜCKSTOSSLADE-FLINTEN

Bei den Rückstoßladern wird der oben beschriebene automatische Repetiervorgang mittels der Ausnutzung des bei der Schussabgabe entstehenden Rückstoßes bewerkstelligt. Bei der Abgabe eines Schusses entstehen zwei maßgebliche Kräfte: die eine

Benelli-Verschlussblock mit drehbarem Verschlusskopf.

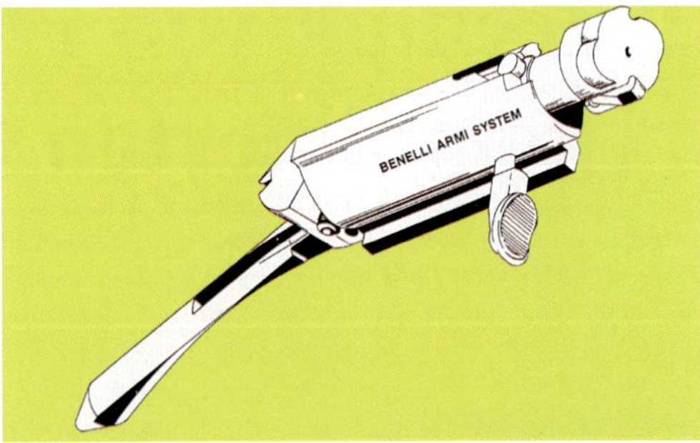

wirkt nach vorne und treibt das Geschoss oder die Geschosse aus dem Lauf, die andere wirkt in die entgegengesetzte Richtung gegen die Waffenmasse und damit schließlich gegen die Schulter des Schützen. Diese rückwirkende Kraft, den Rückstoß, nutzt man bei den Rückstoßladern aus, um zum ansonsten gleichen Ergebnis wie bei den Gasdruckladern zu kommen.

4. PUMP-ACTION-REPETIERFLINTEN

Das Repetieren, also das Vorwärts- und Rückwärtsbewegen des Verschlussstückes zum Bewerkstelligen des oben beschriebenen Nachladevorganges wird im Gegensatz zum Gasdruck- oder Rückstoßlader bei der so genannten „Pump-Flinte" von Hand,

Die Browning BPS (Browning Pump Shotgun) ist ein Beispiel für eine Pump-Action-Flinte.

also manuell, vorgenommen. Das Repetieren erfolgt mittels des beweglichen, unter dem Lauf auf einer Art Schiene befindlichen Flintenvorderschaftes. Durch dessen Vor- und Zurückbewegen wird – wie beschrieben – ausgezogen, ausgeworfen, nachgeladen und gespannt. Wird der Vorderschaft nach hinten Richtung Schützen gezogen, so öffnet sich das System und der Verschluss läuft nach hinten, dabei wird gegebenenfalls die leere Hülse aus dem Patronenlager gezogen, ausgeworfen und das Schlosssystem wieder gespannt. Beim Nachvorneschieben des Vorderschaftes wird aus dem Magazin, in der Regel einem vom Vorderschaft umschlossenen Röhrenmagazin, eine Patrone ins Patronenlager geladen. Das Verschlussstück wird wieder nach vorne geschoben und die Verriegelung aktiviert. Das der Repetiervorgang oft recht laut und eindeutig erkennbar ist, wird von den zumeist militärischen und polizeilichen Nutzern von Vorderschaftrepetierflinten sehr begrüßt, da die psychologische Wirkung erheblich ist. Als Riot Guns bezeichnet man zumeist Vorderschaftsrepetierflinten, die mit verhältnismäßig kurzen Läufen versehen sind, und Selbstladeflinten. Zumeist werden die „Polizeiflinten“ mit Buckshot-Schrotpatronen geladen, in denen sich Schrote, oder „Posten“, mit einem Durchmesser von 5 bis 7 mm befinden. Ein Personentreffer unter 30 m ist damit oft fatal.

5. ZYLINDERVERSCHLUSS-REPETIERFLINTEN

Einige wenige Flinten haben, wie viele (Repetier-) Büchsen, einen Zylinderverschluss. Beim manuellen Verschließen der Drehkammer durch Herabschwenken des Kammerstängels, daher auch „Kammerverschluss“, greifen mehrere Verriegelungswarzen in dafür vorgesehene Aussparungen in der Patronenlagerhülse und bilden so während der Schussabgabe eine feste Einheit. Nach der Schussabgabe wird das System durch Hochschwenken des Kammerstängels entriegelt. Beim Zurückziehen der Drehkammer mittels des Kammerstängels wird mit einem Auszieher die abgeschossene Patronenhülse aus dem Patronenlager gezogen und durch eine Auswerferkralle abgegeben. Wenn der Verschluss dann wieder vorgeschoben und verriegelt wird, wird damit auch aus dem Magazin eine neue Patrone zugeführt.

Die Marlin Slug Master, Flinten mit Kammerverschluss.

Der klare Unterschied zwischen doppelläufigen Flinten mit nebeneinander (links) und übereinander liegenden (rechts) Läufen. Bei beiden Waffen handelt es sich um Flinten der Firma Beretta.

Doppelläufige Flinten

Bei doppelläufigen Flinten handelt es sich fast immer um Kipplaufwaffen. Diese haben in der Basküle, dem Systemkasten „in der Mitte“ der Waffe, ihren Verschlussmechanismus. Um das System zu öffnen betätigt man einen Verschlusshebel, der sich in der Regel oben auf dem Kolbenhals hinter dem Baskülenbereich befindet. Einige Kipplaufdoppelflinten haben auch einen Spann- und Verschlusshebel, der um den Abzugsbügel oder seitlich am Baskülkasten angeordnet ist. Bei manchen Flinten befindet sich der Verschlusshebel auch im Bereich extern angebrachter Spannhahne. Doppelläufige Flinten sind zu unterteilen in:

Beispiel einer kombinierten Büchse und Flinte der Firma Gaucher: der rechte Lauf ist gezogen, zum Verschießen von Büchsenpatronen, der linke glatt, zum Verschießen von Schrotpatronen.

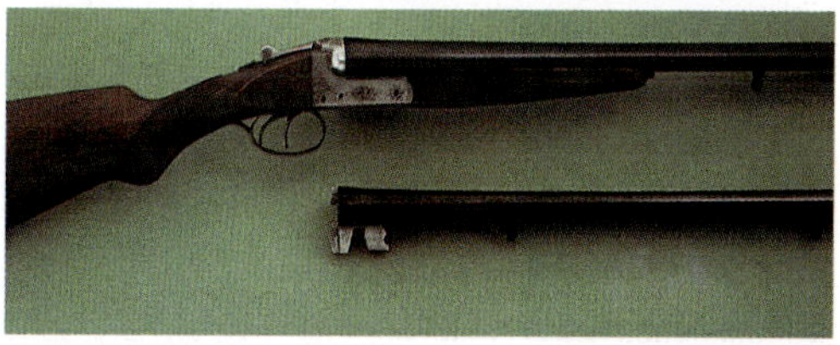

solche **mit nebeneinander liegenden Läufen** (Doppelflinten oder Querflinten genannt) und solche **mit übereinander liegenden Läufen** (Bockdoppelflinten genannt),

wobei „Bock“ ausdrücklich nicht abgeleitet ist von „Rehbock“, sondern immer bedeutet, dass die Läufe „aufgebockt“ sind, sich also übereinander befinden.

Kombinierte Waffen

Kombinierte Gewehre haben gleichzeitig sowohl einen oder mehrere glatte Flintenläufe zum Verschießen von Schroten als auch einen oder mehrere gezogene Büchsenläufe zum Verschießen von Einzelprojektilen. Sehr selten haben sie als Drillinge neben dem gezogenen Büchsenlauf und dem glatten Flintenlauf auch einen gezogenen Flintenlauf, aus dem präzise Flintenlaufgeschosse, so genannte Slugs, verschossen werden können. Kombinierte Gewehre können wie folgt untergliedert werden.

BÜCHSFLINTEN

Bei ihnen liegen je ein glatter Flinten- und ein gezogener Büchsenlauf nebeneinander.

BOCKBÜCHSFLINTEN

Bei ihnen liegen je ein glatter Flinten- und gezogener Büchsenlauf übereinander.

Laufbereich einer Ferlacher Bockbüchsflinte mit Flintenlauf oben und Büchsenlauf unten.

Laufbereich eines Ferlacher Drillings mit zwei Flintenläufen oben und mittig darunter einem Büchsenlauf.

Laufbereich eines Ferlacher Bockdrillings mit Flintenlauf oben, größerkalibrigem Büchsenlauf unten und kleinkalibrigem Büchsenlauf seitlich.

Laufbereich eines Ferlacher Büchsdrillings mit zwei Büchsenläufen oben und mittig darunter einem Flintenlauf.

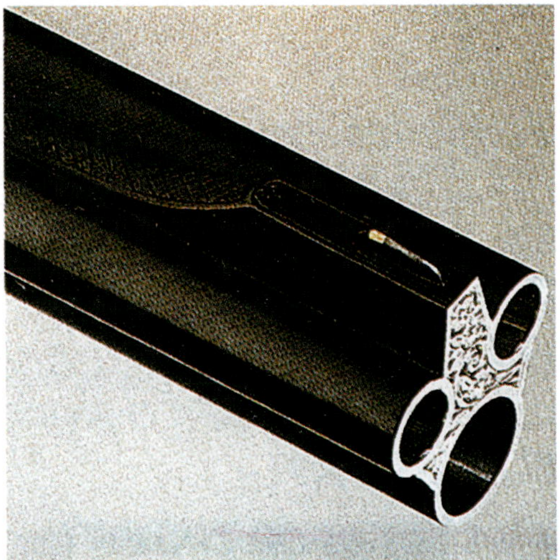

Laufbereich eines Ferlacher Vierlings mit zwei Flintenläufen übereinander und zwei Büchsenläufen seitlich nebeneinander.

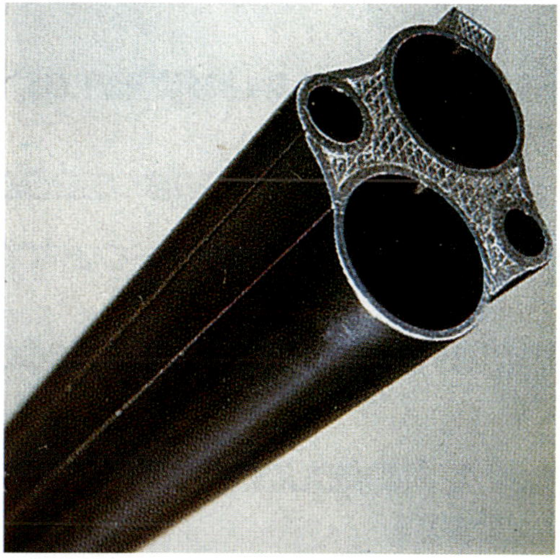

Laufbereich eines Ferlacher Vierlings mit zwei Flintenläufen nebeneinander und zwei Büchsenläufen aufgebockt übereinander.

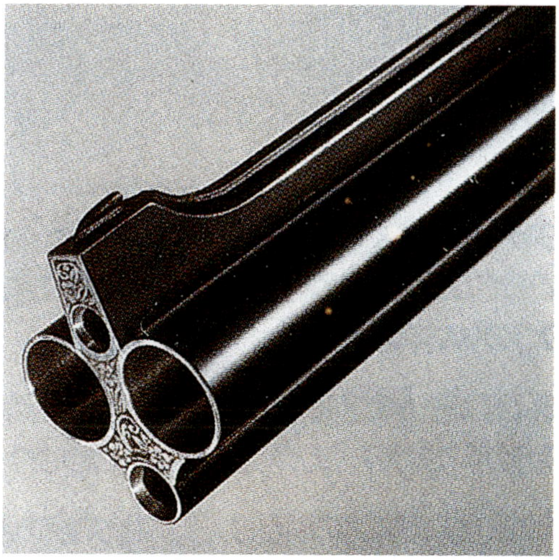

3. DRILLINGE

Bei ihnen sind entweder zwei Flintenläufe mit einem Büchsenlauf kombiniert oder zwei Büchsenläufe mit einem Flintenlauf,

4. VIER- ODER SOGAR FÜNFLINGE

Bei ihnen sind je nach Fertigkeit des Büchsenmachers und Geldbeutels des Kunden je zwei oder mehr Flinten- und Büchsenläufe kombiniert.
Wie bei den einfacheren und kostengünstiger herzustellenden Drillingen sind solche kombinierten Waffen, wenn nicht als reines Sammlerobjekt, vornehmlich für die Jagd in Gebieten bestimmt, in denen sehr unterschiedliches Wild vorkommt, also neben mit Schrot zu bejagendem Niederwild auch Hochwild, wie Hirsche und Wildschweine.

Stationen der Laufherstellung einer kombinierten Waffe der Firma Heym.

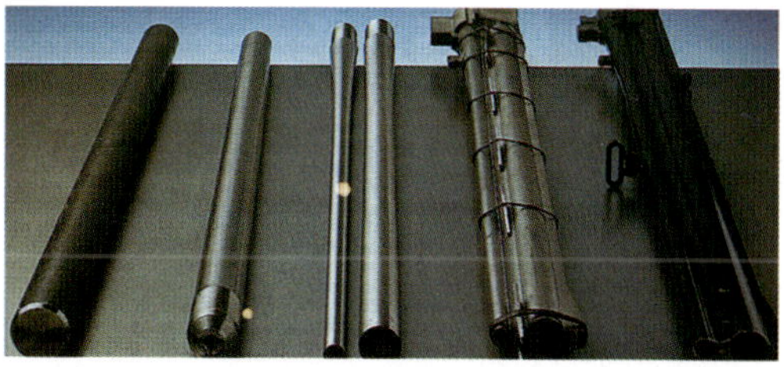

Zusammenlöten zweier Läufe, die einmal das Laufbündel eines Gewehres von Browning ergeben.

Die Waffenteile und deren Herstellung

Eine Kipplaufflinte besteht aus folgenden Teilen:
1. dem Lauf oder den Läufen samt Chokebohrung/en und Patronenlager,
2. der Basküle samt dem Schloss- und Verschlussmechanismus,
3. dem Schaft, bestehend aus Hinter- und Vorderschaft.

Zur Herstellung mehrläufiger Flinten verwendet der Büchsenmacher spezielle Techniken, welche nachfolgend grob beschrieben sind.

1. Der Lauf

Die innen glatten Läufe von Schrotflinten wurden früher von Hand geschmiedet. Dabei wurde Eisen und Stahl rot glühend erhitzt und längere Zeit über einen härteren Stahlstachel gehämmert. Durch das Zusammenschmieden von Eisen und Stahl erhielt das entstehende Metall ein in sich gemasertes Gefüge und eine spezielle Struktur. Wegen ihrer Optik wurden diese Läufe „Damastläufe" genannt; wegen

Laufherstellung bei der italienischen Firma Fabarm.

Die Massenfabrikation von FlintenbasküleN bei Fabarm.

Herstellung einer Flintenbasküle samt der darin befindlichen Einzelteile.

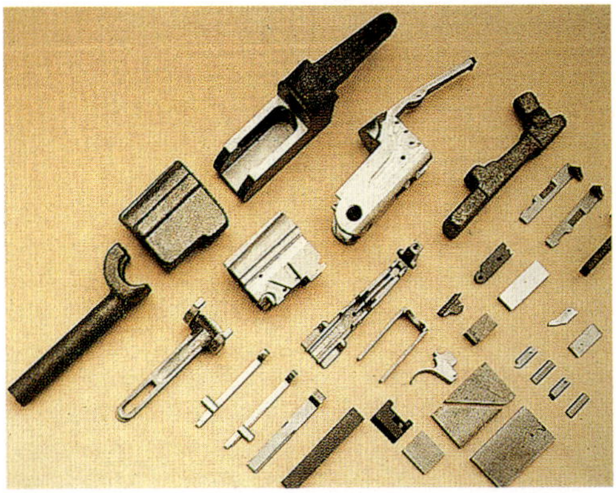

ihrer geringen Zähigkeit wurden sie ausschließlich für Vorderladerwaffen verwendet. Da Damastläufe den bei Abschuss moderner Büchsen und auch Flinten entstehenden hohen Gasdrucken nicht standhalten konnten, sind bereits seit geraumer Zeit die meisten Flinten mit reinen Stahlläufen ausgestattet. Seit der Einführung des Nitrozellulosepulvers auch für Schrotpatronen werden die Läufe aller moderneren Flinten aus hochzähem Qualitätsstahl geschmiedet.

Zur Herstellung einer mehrläufigen Waffe benötigt man mehrere Laufrohlinge. Die meisten Waffenhersteller und Büchsenmacher kaufen ihre Rohlinge von Spezialfirmen, die diese entweder als Meterware oder auch bereits vorgefertigt anbieten. Nachdem der Büchsenmacher für die Herstellung einer Doppelflinte zwei passende Läufe ausgesucht hat, wird hinten im Bereich der beiden Patronenlager ein Stahlblock zwischengelötet, der dann so weiterbearbeitet wird, dass er den Verschlussquerriegel aufnimmt. Oft wird zunächst auch pro Lauf ein Block angelötet und die Stahlböcke später miteinander verschweißt. Darauf werden die Läufe derart zum so

Stationen bei der Herstellung von Flintenbasküleln der Firma Heym.

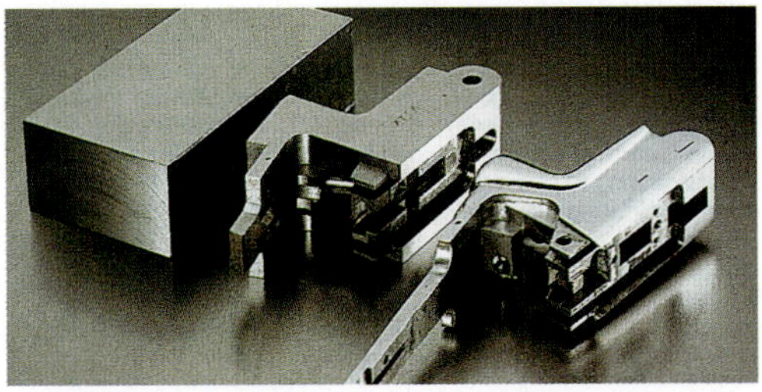

Polieren des Laufbündels einer Browning-Bockdoppelflinte.

Die Läufe einander anzupassen ist eine wahre Kunst.

genannten Laufbündel zusammengelötet, dass in gleich bleibenden, kurzen Distanzen je ein Lötpunkt die beiden Läufe verbindet. Die Lötpunkte, die man später nicht mehr sieht, weil sie vom Vorderschaft und einer Schiene zwischen den Läufen verdeckt sind, müssen exakt positioniert und ausgeführt sein, weil sie maßgeblich die Schusspräzision der Läufe beeinflussen.
Ähnlich verhält es sich mit den Lötpunkten, die an der Laufunterseite angebracht werden, um die Befestigung eines eventuellen vorderen Riemenbügels zu halten. Falsch angebrachte Lötpunkte führen zu unerwünschten Laufschwingungen und Materialverwindungen beim Schuss, wodurch die Schrotgarbe aus der Richtung gelenkt wird. Beim Zusammenlöten, das früher mittels Zinn- oder Kupferlot und heute zumeist mittels einer Leichtmetalllegierung aus Silber und Kupfer erfolgt, müssen die beiden Läufe einander genau „angepasst" werden, d. h. ihre Laufseelenachsen müssen sich 2,6 m vor den Laufmündungen schneiden. Im nächsten Arbeitsschritt werden die Innenseiten der Laufrohlinge bearbeitet. Der bereits annähernd richtige Laufinnendurchmesser wird durch weiteres Aufbohren perfektioniert.

Das Flintenlaufbündel muss so gearbeitet sein, dass es exakt mit der Basküle, dem Systemkasten, harmoniert.

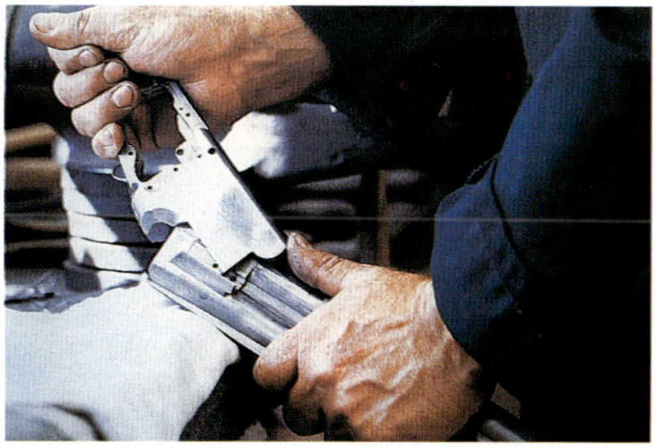

Um eine spielfreie Funktion zu gewährleisten, werden die letzten Passarbeiten von Hand erledigt.

Dann werden die Laufinnenwandungen poliert. Die roh vorgefertigten Patronenlager werden weiter aufgebohrt und vom Durchmesser und von der Patronenlagerlänge dem vorgesehenen Flintenkaliber angepasst.
Einige ältere Flinten haben eine Patronenlagerlänge der Läufe von 65 oder 67,5 mm. Moderne europäische Flinten haben heute eine Patronenlagerlänge von 70 mm ($2^3/_4$ Zoll).
Die Länge der Patronenlager amerikanischer Flinten ist zumeist 3 Zoll, also 76 mm, im Amerikanischen wird ihr Kaliber als 12 gauge Magnum bezeichnet. Die Flintenkaliber werden allgemein meistens so angegeben, dass neben dem eigentlichen Kaliber auch die Patronenhülsenlänge bezeichnet wird. Bei der gängigen Formulierung 12/70 steht also 12 für das Kaliber der Flinte und 70 mm für die Patronenlagerlänge bzw. die Länge der Patronenhülse im abgeschossenen Zustand. Patronen, deren Hülsen im

verbesserte[1)] Zylinderbohrung	1/4 - Choke	1/2 - Choke	3/4 - Choke	Voll- oder 1/1 - Choke
50% Deckung	55 % Deckung	60 % Deckung	65 % Deckung	70 % Deckung
*****	****	***	**	*
cyl-Skeet	++-	++	+-	+
0,03 mm Vereng.	0,25 mm Vereng.	0,5 mm Vereng.	0,75 mm Vereng.	1,0 mm Vereng.

[1)] die verbesserte Zylinderbohrung ist im Gegensatz zum reinen zylindrischen Schrotlauf 2/100 bis 3/100 mm verengt (dies bringt eine etwas bessere Deckung).

Zum Skeet-Schießen gibt es zudem Choke-Bohrungen, bei denen die Schrote im Bereich des Laufendes nicht durch eine Verengung getrieben werden, sondern bei denen sich der Lauf vorne weitet, um eine besonders weitstreuende Garbe zu produzieren.

Prüfung des Deckung des Schrotschusses:
Prüfentfernung: 35 m; Schuss auf eine sog. 16-Felder-Scheibe mit 75 cm Durchmesser. Beim 3/4-Choke-Lauf müssen z. B. 65 % der Schrote auf der Scheibe sein.

abgeschossenen Zustand länger sind als das Patronenlager der jeweiligen Flinte, sollten nicht aus dieser Flinte verschossen werden. Bei Verschießen könnte die geöffnete, zu lange Papphülse dafür sorgen, dass im Übergangskonus zwischen dem Patronenlager und dem Lauf, in den ihr vorderer Bereich hineingedrückt wird, ein derart hoher Gasdruck entsteht, dass es zu einer Laufsprengung kommt. Einzige Ausnahme ist hier, dass 67,5-mm-Patronen nicht nur problemlos aus 70 mm-, sondern auch aus 65-mm-Patronenlagern verschossen werden können.

Ein Set von Wechselchokeeinsätzen der Firma Fair. Mit dem Werkzeug r.o. werden die Einsätze in die Läufe geschraubt.

Ein anderes Wechselchokeeinsatz-Set samt Montagewerkzeug.

Ein wichtiger Punkt bezüglich des Flintenlaufes ist die Choke- oder Würgebohrung. Diese im Bereich der Laufmündung befindliche Verengung des Laufinnendurchmessers sorgt dafür, dass die Schrotgarbe besser „zusammengehalten“ wird.

Der Lauf einer Flinte ist innen bis etwa 5 cm vor der Laufmündung zylindrisch. Ist der Endbereich des Laufes innen konisch leicht verengt, so spricht man von einem Lauf mit einer „Chokebohrung“. Würden Schrote aus rein zylindrischen Läufen verschossen, so würde sich die Schrotgarbe zu schnell und zu unkontrolliert ausbreiten und keine gleichmäßige Deckung ergeben. Ohne Läufe mit Chokebohrungen könnte nicht ganz so weit wirksam geschossen werden und es wäre keine Regelmäßigkeit von Schuss zu Schuss gegeben. Die so genannte Deckung der Schrote wird gemessen, indem eine beim Kaliber 12 36 g schwere, aus circa 750 2-mm-Schroten bestehende Garbe auf 35 m mindestens eine gewisse Prozentzahl von gleichmäßg verteilten Treffern auf einer speziellen Bewertungsscheibe ergeben muss. Mit einem rein zylindrischen Lauf würden sich gerade einmal etwa 30 % der Schrote auf der Scheibe befinden. Aus der oben befindlichen Tabelle ergeben sich Einzelheiten bezüglich der einzeln möglichen Chokebohrungen.

Die Chokebohrung für die Läufe von Skeetflinten sieht so aus, dass sich der Lauf zunächst etwas, vergleichsweise minimal, verengt (verbesserte Zylinderbohrung) und dann bis zur Laufmündung minimal trompetenförmig weiter wird. Dadurch bekommt die Schrotgarbe für die verhältnismäßig kurze Schussdistanz beim Skeetschießen eine bessere Breiten- und auch Längsstreuung. Zur Längsstreuung ist zu sagen, dass ja nicht alle Schrote innerhalb der Garbe exakt die gleiche Fluggeschwindigkeit erreichen. Einige der Schrote können beispielsweise durch die Reibung an der Laufwandung eingedellt sein, was zu einem größeren Luftwiderstand beim Flug und damit einer geringeren Geschwindigkeit führt. Das hat zur Folge, dass die Schrotgarbe im Flug auch eine gewisse, ständig zunehmende Länge hat. In einer Entfernung von 35 m hat eine Garbe von 3,5-mm-Schroten etwa einen Breitendurchmesser von 75 cm und einen Längendurchmesser von fast 2 m. Zum Beschießen und Treffen von Tontauben beim Skeetschießen versucht man mittels der Skeet-Chokebohrung eine besonders breite und lange Schrotgarbe zu erzeugen. Je weiter das Ziel weg ist, umso mehr muss man eine engere Choke- oder Würgebohrung favorisieren, damit man dieses mit der Garbe „noch erreicht" und die Tontaube nur deshalb nicht getroffen wird, weil sie in bereits entstandene Garbenlöcher geraten ist. Sowohl jagdliche als auch sportliche Doppel- und Bockdoppelflinten haben zumeist Läufe mit unterschiedlichen Chokebohrungen. Bei der Jagd werden etwa Bockdoppelflinten mit einem $^1/_4$-Choke-Lauf unten und einem $^3/_4$-Choke-Lauf oben bevorzugt; mit dem unteren Lauf wird näher beim Schützen befindliches Wild beschossen und mit dem oberen Wild, das etwas weiter weg ist. Neben Flinten mit Läufen mit festen Chokebohrungen gibt es auch solche mit Wechselchokeeinsätzen und mit verstellbaren Vario- oder Poly-Choke-Laufmündungen. Die verschiedenen tubenförmigen Chokeeinsätze können mittels speziellen Werkzeug vom Schützen selbst in die Laufmündung geschraubt werden und sorgen so bei ein und derselben Waffe für unterschiedliche Würgebohrungen.

2. Die Basküle

Die Basküle ist das Herzstück der Flinte. In diesem Flintenmittelstück, wenn aus Metall auch Systemkasten genannt, befindet sich ein Großteil der wichtigsten Waffenteile, insbesondere die Verschluss- und Schlossteile. Die am meisten verbreiteten Schlossmechanismen bei Flinten sind das Kastenschloss nach Anson & Deeley, das Seitenschloss, System Holland & Holland, sowie das Blitzschloss. Das Schloss eines Gewehres beinhaltet den Mechanismus beziehungsweise die Teile, die dafür nötig sind, um durch die Betätigung des Abzuges den Schlagbolzen oder Schlaghahn dazu zu bringen, auf das Zündhütchen der Patrone zu schlagen. Hierbei muss auch eine Spannfeder mit im Spiel sein.

DAS KASTENSCHLOSS NACH ANSON & DEELEY

Die beiden im englischen Birmingham ansässigen Büchsenmacher Anson und Deeley entwickelten dieses System bereits 1875. Der aufgrund seiner einfachen Bauweise weit verbreitete Anson & Deeley-Schloss- oder -Systemkasten beinhaltet alle mechanischen Schloss- und Verschlusselemente der Kipplaufflinte.

Kastenschloss einer Browning-Bockdoppelflinte.

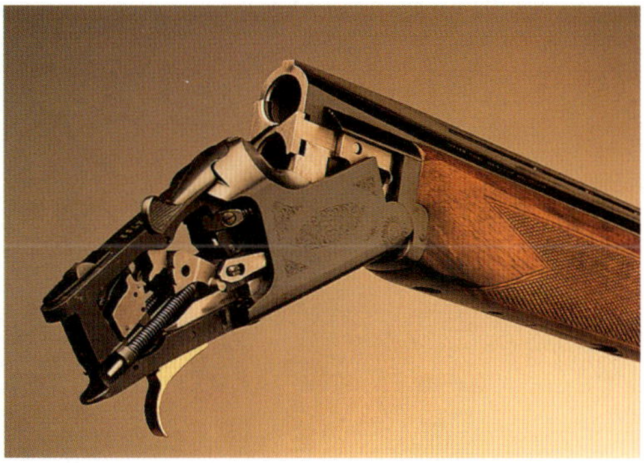

Unter dem Browning-Systemkasten befindet sich die ausgebaute Spannstange.

Die Hauptteile der Anson & Deeley-Schlosskonstruktion sind
- der Schlaghahn oder Schlagbolzen,
- die Schlagbolzenfeder,
- der Abzug samt Abzugsstange,
- die Abzugsfeder und
- die Spannstange.

Bei einer doppelläufigen Kipplaufflinte befinden sich diese Schlosseinheiten, eine pro Lauf, nebeneinander im Systemkasten. Die Schlosse werden beim Abkippen des Waffenvorderteils mithilfe der Spannstange automatisch gespannt. Die Spannstange ist dahingehend neben dem Verschlussmechanismus praktisch die wichtigste Verbindung zwischen dem vorderen und dem hinteren Teil des Gewehres. Beim Abkippen werden die beiden in den Bereich zwischen dem Laufbündel und dem Vorderschaft eingreifenden Spannstangen nach unten gedrückt. Ihre hinteren Teile, die mit je einem der Schlosse verbunden sind, drücken dabei entweder unmittelbar die darin befindlichen Schlagstücke (Schlaghahne)

Kastenschlossbasküle von Heym. Das gespannte Schlagstück schiebt den Signalstift, der so anzeigt, dass die Waffe gespannt ist, durch den Systemkasten nach oben.

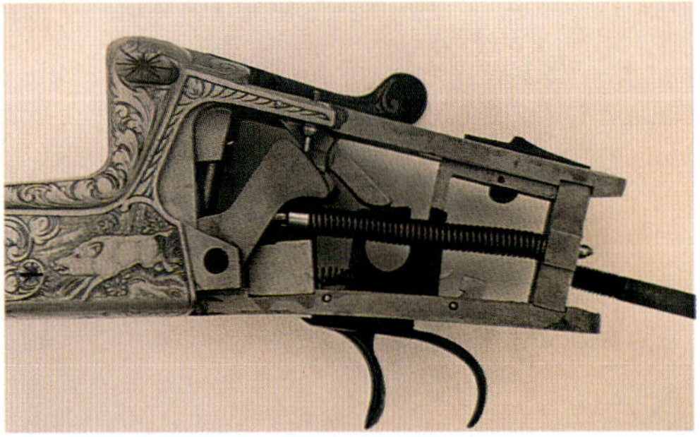

Seitenschloss einer Waffe der Firma Krieghoff.

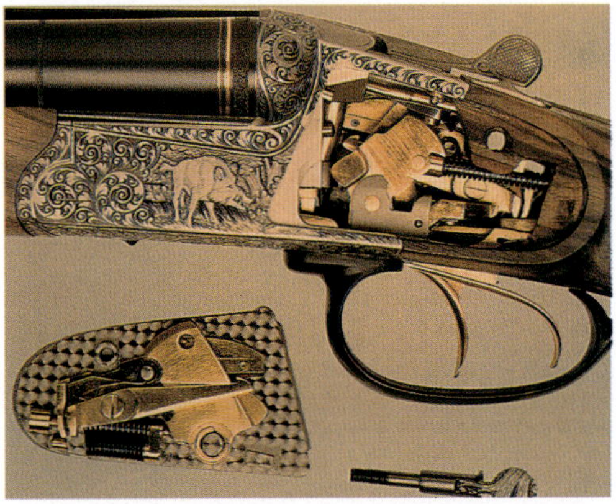

oder zwischengeschaltete Schlagstückstangen gegen die Federkraft der Schlagbolzen- oder Schlagstückfeder nach hinten. Ganz nach hinten gedrückt arretieren die Schlagstücke bzw. Schlaghahne in korrespondierenden Ausfräsungen des Abzugsmechanismusses. Die Waffe ist damit gespannt und, so weit keine automatische Sicherung eingebaut ist, schussbereit. Eine automatische Sicherung sorgt dafür, dass die Waffe nach dem Spannen sofort gesichert ist und vor dem Schießen erst manuell entsichert werden muss. Die Sicherung bei Kipplaufwaffen wirkt zumeist nicht auf die Schlagstücke oder Schlagbolzen, sondern lediglich auf das Abzugssystem und ist daher nicht als besonders sicher zu bezeichnen.

Bei einigen Kipplaufflinten und auch -büchsen sind zudem Signalstifte in den Schlossmechanismus integriert, die es ermöglichen, von außen zu erkennen, ob das Gewehr gespannt ist oder nicht. Die Signalstifte, je nach Anzahl der Läufe – und damit Schlosse – einer, zwei oder drei, ragen, wenn die Waffe gespannt ist, zumeist sicht- und fühlbar oben aus dem Baskülenbereich am Kolbenhals heraus.

DAS HOLLAND & HOLLAND–SEITENSCHLOSS

Beim Seitenschlosssystem befinden sich die Schlossteile nicht in einem praktisch die Waffe „teilenden“ Systemkasten. Sie sind hier, auf einer herausnehmbaren Seitenplatte montiert, seitlich am Baskülenbereich der Kipplaufflinten angebracht. Üblicherweise sind Seitenschlossflinten sehr teuere handgearbeitete Waffen. Eine Ausnahme hierzu bilden jedoch einige spanische Hersteller, die Flinten mit Seitenschlosse teilweise noch zu recht moderaten Preisen anbieten. Kipplaufwaffen mit Seitenschlosse sind zumeist leicht an den typischen Seitenplatten und den darin typisch positionierten Schrauben zu erkennen. Die auf den Platten montierte Schlossmechanik ist im Endeffekt die gleiche, wie die beim Kastenschloss beschriebene. Früher – und teilweise auch heute noch – gab und gibt es Seitenschlossflinten mit außen liegenden Spannhahnen. Diese sind – da sie keine Spannhebel zum Spannen der Schlosse benötigen, sondern manuell von Hand gespannt werden – keine Selbstspannerwaffen wie die Kipplaufgewehre ohne außen liegende Hahne. Da Waffen mit Seitenschlossen als exklusiv und teuer gelten, gibt es auch Imitate. Dabei handelt es sich um Kipplaufgewehre, die zwar von der Optik, von den Seitenplatten und Schrauben her, Waffen mit Seitenschlossen sind, im Endeffekt aber zumeist ein billigeres Blitzschloss besitzen.

Seitenplattenschlosssystem einer Beretta-Flinte.

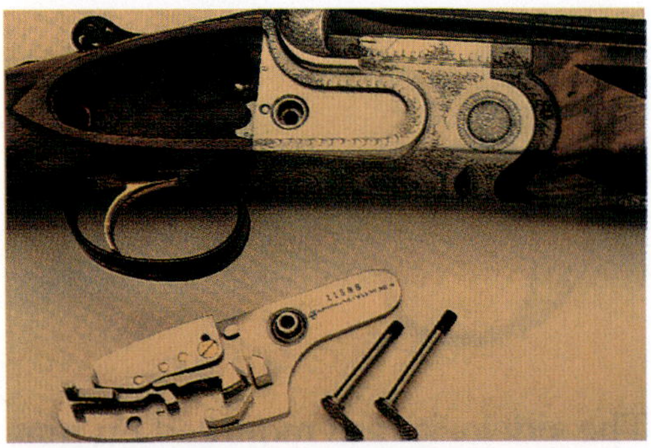

Blitzschloss einer Krieghoff-Waffe, kombiniert mit dem Handspannersystem der Firma.

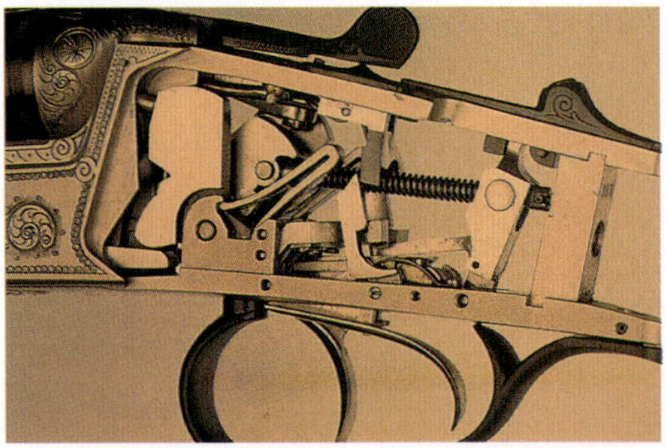

Blitzschloss einer Bockdoppelflinte von Rottweil. Die Schlagstückfedern befinden sich in teleskopförmigen Federgehäusen.

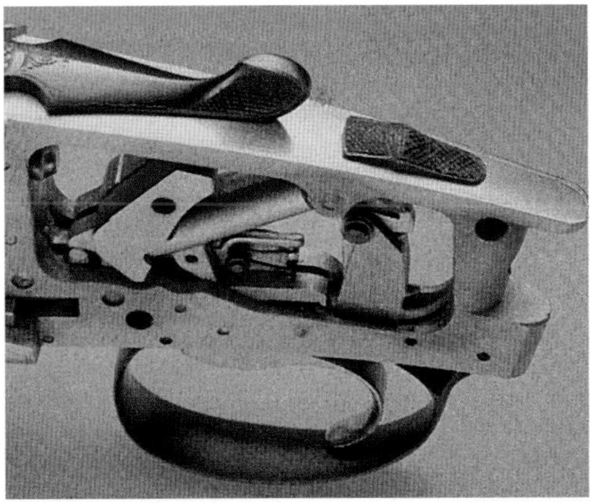

DAS BLITZSCHLOSS

Das aus Deutschland stammende Blitzschlosssystem ist quasi eine Variation des Kastenschlossprinzips nach Anson & Deeley. Da es aber einige Verbesserungen und Vorzüge beinhaltet, gilt es als eigenständige Kipplaufwaffenschlossart. Beim Blitzschloss befinden sich praktisch alle Schlossteile auf einer oft auch noch mit dem Abzugsbügel und Abzugszüngel verbundenen Art Bodenplatte. Indem man lediglich die Abzugsbügelbefestigung losschraubt, kann man die Bodenplatte leicht als Ganzes herausnehmen. Eventuelle Reparaturen sind so beim Blitz- wie auch beim Seitenschloss viel einfacher durchzuführen als beim Kastenschloss.

Die einzigen Teile, die nach dem Herausnehmen des Blitzschlosses im System verbleiben, sind die beiden Spannhebel und einige wenige damit verbundene Komponenten. Hersteller wie Sauer und Merkel

Das zwar atypisch, aber sehr einfach und kompakt aufgebaute Blitzschloss der Rottweil-Paragon-Flinte.

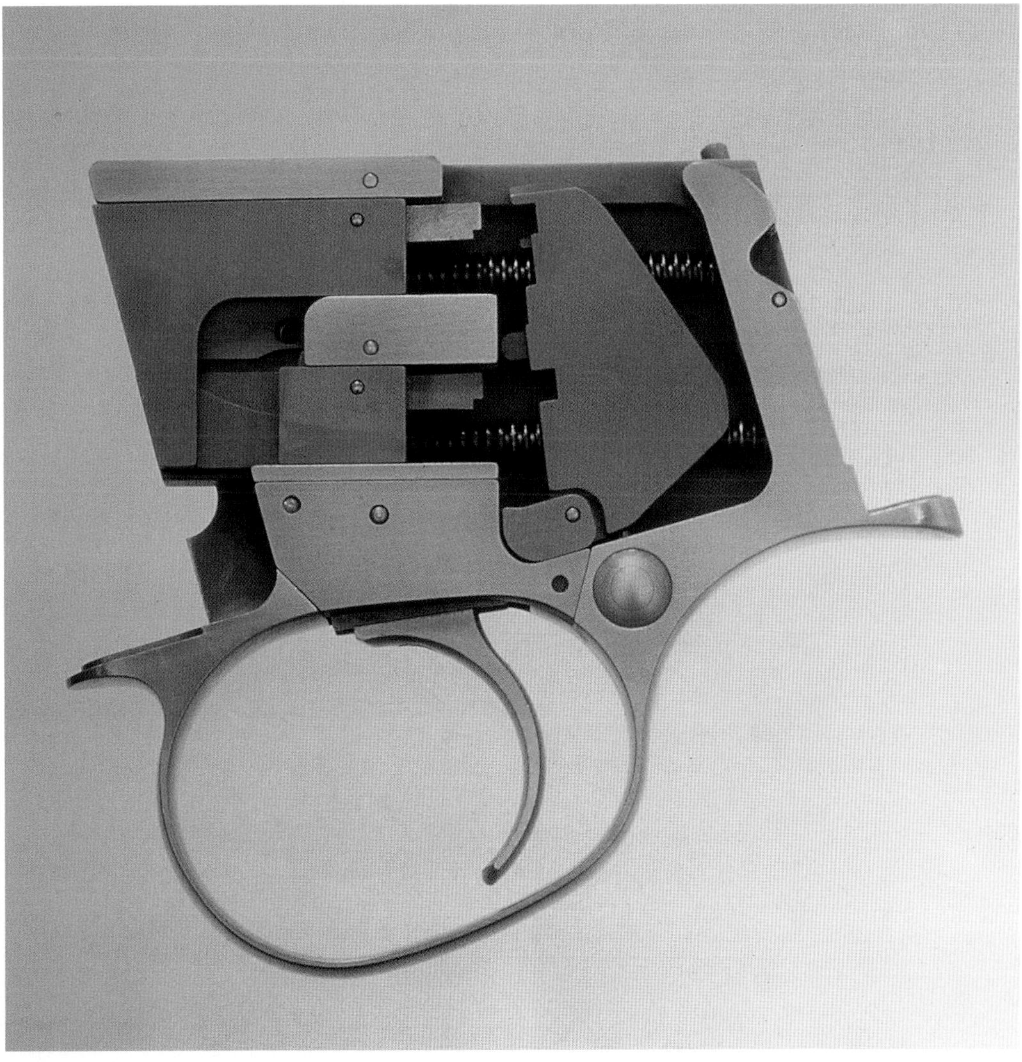

Einteiliger Auszieher einer Doppelflinte der Firma American Arms.

haben hervorragend funktionierende Blitzschlosse entwickelt. Das Sauer-Blitzschloss arbeitet mit Blattfedern, das Merkel-Schloss mit Spiralfedern. Eine besondere Blitzschlossart ist die Konstruktion der Firma Rottweil. Die darin befindlichen Spiralfedern sind zum Schutz gegen Staub und Schmutz in teleskopförmigen Federgehäusen untergebracht. Neben diesem regulären Blitzschloss hat Rottweil mit seinem Paragon-Blitzschloss zudem noch eine kompaktere Blitzschlossversion im Programm. Ein Großteil der zur Funktion des Schlosses benötigten Teile sind dabei waagrecht verschiebbare Blöcke im wiederum komplett leicht nach unten herausnehmbaren System. Die italienische Firma Beretta brachte als erste ein Blitzschlosssystem mit einem Einabzug auf den Markt. Dabei werden mittels des einen vorhandenen Abzuges zeitlich nacheinander die Schlagbolzen für die vorhandenen Läufe aktiviert.

AUSZIEHER UND AUSWERFER

Die Patronenauszieher- und Patronenauswerfersysteme bei Kipplaufflinten, die auf den ersten Blick keinen gravierenden Einfluss auf die eigentlichen Vorgänge beim Flintenschießen haben, sind für einen technisch problemlosen Ablauf des Schießens wichtiger als man vielleicht denkt.

A) AUSZIEHER

Bei diesem System wird die abgeschossene Flintenpatronenhülse nicht mit Effekt aus dem Patronenlager geschleudert. Beim Brechen der Waffe werden die abgeschossenen Hülsen lediglich etwas nach hinten aus dem Lager geschoben, sodass der Schütze ihren Patronenrand greifen und sie selbst herausziehen kann. Doppelläufige Flinten haben zumeist ein nur einteiliges Ausziehersystem, das beide Hülsen, ob abgeschossen oder nicht, beim Abknicken des Gewehres nach hinten schiebt. Auswerfer dagegen sind zweigeteilt und werfen lediglich die abgeschossene Patronenhülse aus.

B) AUSWERFER

Beim Auswerfer- oder Ejektorensystem werden die abgeschossenen Hülsen kraftvoll aus dem Patronenlager geschleudert, sodass dieses unmittelbar nach dem Auswerfen komplett frei ist und keine Hülse manuell entfernt werden muss. Wenn die Kipplaufdoppelflinte gebrochen werden soll, ohne dass bereits der zweite Schuss abgefeuert ist, wirkt der zweigeteilte Ejektorenmechanismus nur auf den Lauf, dessen Schloss nicht mehr gespannt ist, d.h. es ist sichergestellt, dass wirklich nur die leere Patronenhülse ausgeworfen wird. Die noch volle Patrone im anderen Lauf wird beim Knicken der Waffe wie oben beim Ausziehersystem beschrieben nur leicht nach hinten geschoben, sodass sie nötigenfalls leicht von Hand entnommen werden kann. Ein einteiliger Ejektor, der beide Läufe bedient, wäre allein schon deshalb unbrauchbar, weil in einem solchen Fall stets auch die noch nicht abgeschossene Patrone aus ihrem Patronenlager geschleudert würde. Etwa beim Standwechsel beim Skeet- und Trapschießen muss die Flinte stets gebrochen und entladen werden. Beim Ejektorenmechanismus spannt die Vorderseite der beiden Spannstangen unter dem Vorderschaft gleichzeitig auch jeweils einen Ejektorenhebel, der sich seitlich am jeweiligen Lauf befindet. Wenn die Waffe gebrochen wird, spannen die Spannstangen nicht nur die Schlosse, sondern gleichzeitig auch die Ejektorenhebel. Durch das Betätigen des Abzuges wird der zum jeweiligen Lauf gehörige Ejektorenhebel aktiviert und schleudert, wenn die Waffe wieder gebrochen wird, die leere Patronenhülse aus dem Lauf. Falls bezüglich des

Das Browning-Auswerfersystem. Zu beachten: die federbetriebenen Auswerfer- oder Ejektorenhebel.

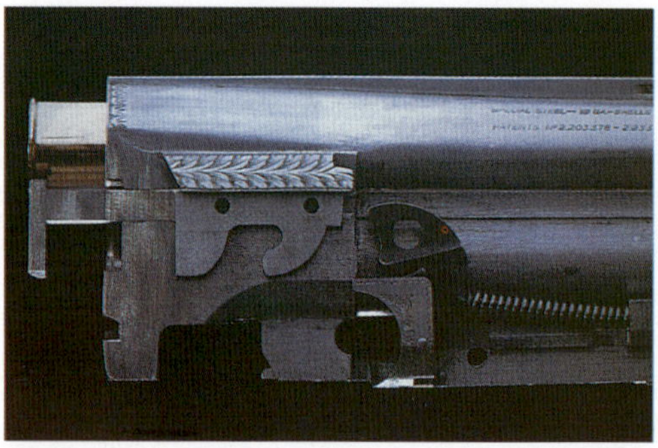

Die verschiedenen zeitlichen Stationen bei der Herstellung des Hinterschaftes für ein Gewehr der Firma Heym.

Bearbeitung eines Hinterschaftes der Firma Fabarm.

Herausarbeiten des Baskülenbereiches aus dem Kolbenhals.

Anbringung der Fischhaut an einen Schaft.

anderen Laufes der Abzug nicht betätigt wurde, wird der Ejektorenhebel dieses Laufs nicht aktiviert und die im Lauf befindliche Patrone wird nicht ausgeworfen und verbleibt im Patronenlager.

3. Der Schaft

Bisher wurden von den Teilen der Lauf bzw. das Laufbündel und deren Herstellung sowie die Basküle samt dem Schlossmechanismus besprochen. Im Folgenden geht es um den Schaft, insbesondere den Hinterschaft, also die Komponente der Flinte „die dem Schützen am nächsten ist". Für das Schießen ist der Schaft wichtiger, als man vielleicht denkt. Gerade bei der Jagd sind die gravierenden Unterschiede zwischen dem Büchsenschuss und dem Flintenschuss gut erkennbar. Während der Schuss mit der Büchse, etwa auf ein grasendes Stück Schalenwild, ruhig und bedächtig gezielt abgegeben werden kann, verlangt der Schuss mit der Jagdflinte, etwa auf Flugwild in der Luft oder auf flüchtende Hasen oder Kaninchen, einen schnellen und eiligen Schuss. Andernfalls wäre das mit der Flinte zu beschießende Wild viel zu schnell aus der Reichweite der Waffe, also mehr als 30 bis 35 m entfernt. Deshalb muss der Vorgang des Zielerkennens, Anschlagens der Waffe und Schießens beim Flintenschießen blitzschnell erfolgen. Ebenso verhält es sich beim Tontaubenschießen. Damit der Schütze das Ziel trifft, sollte der Flintenschaft individuell seinen Körpermaßen angepasst sein. Bei der Fertigung des Hinterschaftes muss der Büchsenmacher beispielsweise beachten, dass dieser in seiner Längsrichtung „geschränkt" wird, d. h., dass der Schaft – wenn man die Flinte von oben betrachtet – keine Linie mit der Lauflinie bildet.

Neben dieser „Schränkung" ist auch die „Senkung" zu beachten, die Abwinkelung des Schaftes nach unten von der Visierlinie weg.

Allein in Bezug auf den Abzug arbeitet der Büchsenmacher bereits mit drei verschiedenen, individuellen Entfernungen, um die Schaftmaße ideal anzupassen:

a) mit der Entfernung vom Abzugszüngelmittelpunkt zur oberen und unteren hinteren Kante des Hinterschaftes,
b) mit der Entfernung vom Abzugszüngelmittelpunkt zum mittleren, leicht eingekehlten Bereich der Schaftkappe,
c) mit der Entfernung vom Abzugszüngelmittelpunkt zur Mitte des Pistolengriffrückens.

Baskülenbereich, fein graviert, einer Fair Imperial II Doppelflinte.

Als Schaftmaterial werden verschiedene Holzarten verwendet, edles Nussbaumholz zumeist für teuerere Waffen.
Die schönste Holzmaserung erbringt das immer seltener werdende Nussbaumwurzelholz. Die Verwendung dieses Holzes wirkt sich immens auf den Preis der Waffe aus. Neben Nussbaum- wird auch gerne Buchen-, Ahorn-, Kirsch-, Birken- und Pfirsichholz zur Schaftherstellung verwendet. Kaum für Kipplaufwaffen, aber für Repetierflinten kommt auch immer mehr Kunststoff als Schaftmaterial auf. In den Hinterschaft einiger edlerer Kipplaufflinten sind Schaftmagazine eingearbeitet, in denen zusätzliche Patronen aufgewahrt werden können. Einige Schaftteile sowohl des Hinter- als auch des Vorderschaftes sind angeraut, d. h. entweder mit einem so genannten Checkering oder einer „Fischhaut" versehen. „Fischhaut" deshalb, weil die in den Schaft eingeschnitzte Struktur dem Muster von Fischgräten ähnelt.

VISIERUNG

Im Vergleich mit den Visieren von Büchsen und Kurzwaffen sind die Visiereinrichtungen von Schrotflinten sehr einfach. Da das Flintenschießen in der Regel als kurzfristige Reaktion abläuft, kann wenig Wert auf ein präzises Anvisieren des Ziels gelegt werden. Zudem ist beim Flintenschießen wegen des verhältnismäßig langsamen Flugs der Schrotgarbe ja auch zu beachten, dass das Ziel mit dem Lauf abgedeckt oder überholt werden muss. Eine Flinte wird immer „flüchtig" geschossen, weshalb keine präzise Visierung benötigt wird.

GRAVUR

Wie intensiv die Metallteile einer Flinte graviert sind, ist von Hersteller zu Hersteller sehr unterschiedlich und beeinflusst immens den Waffenpreis. Obwohl einige Waffen für sich schon Kunstwerke

Gravurarbeit an einer Browning-Flinte.

Edle, feine Gravur an einer Ferlacher Basküle.

sind, hat die Verzierung der Metallteile eine lange Tradition. Einige Hersteller bieten für ihre Modelle diverse verschiedene Gravuren an.

„SCHROTFLINTE"

Flinten, oft ergänzt zu „Schrotflinten", sind Langwaffen (Gewehre, Schulterwaffen) mit glatten Läufen, aus denen in der Regel nur Schrote und keine Einzelprojektile verschossen werden. Im Gegensatz dazu wird aus Büchsen, aus „Kugel"-Waffen, aus einem gezogenen Lauf jeweils nur ein einzelnes Geschoss abgegeben. Die von den spiralförmig eingebrachten so genannten Zügen und Feldern bewirkte Drehung des durch den Lauf getriebenen

Weiteres Beispiel für eine edle Ferlacher Gravur.

Kunstvolle Gravurarbeit an einer Browning-Flinte.

Jagdszenengravur auf der Basküle einer Waffe von CZ.

länglichen Einzelprojektils um die eigene Längsachse sorgt dafür, dass das Geschoss nicht ins Trudeln kommt, nachdem es den Lauf verlassen hat. Einen gezogenen Lauf weisen übrigens auch alle Kurzwaffen, also Pistolen und Revolver auf. Das vorliegende Buch befasst sich mit Flinten, aber auch mit kombinierten Waffen, die neben glatten (Flinten-) Läufen gleichzeitig auch gezogene (Büchsen-)Läufe aufweisen, und bei denen es sich ausschließlich um spezielle Gewehre zur Jagdausübung handelt. Genauso wie Büchsen werden Flinten als solche sowohl für jagdliche als auch sportliche Zwecke verwendet. Einige Flinten, insbesondere spezielle Vorderschaftrepetier- und Selbstladeflinten, finden wie die Büchsen sogar Verwendung zu polizeilichen und militärischen Zwecken, gerade die klassische „Pump Gun", die Vorderschaftrepetierflinte der amerikanischen Polizei, ist wegen ihres immensen Drohcharakters berühmt.

Edles Museumsstück der Firma Merkel.

Im Baskülenbereich fein gravierte Arietta-Schwesternflinten.

Diese Winchester 101 Bockdoppelflinte wurde bei FN graviert. Es ist die Wettkampfwaffe von Diana van der Valk, die damit Europa- und holländische Meisterin im sportlichen Flintenschießen wurde.

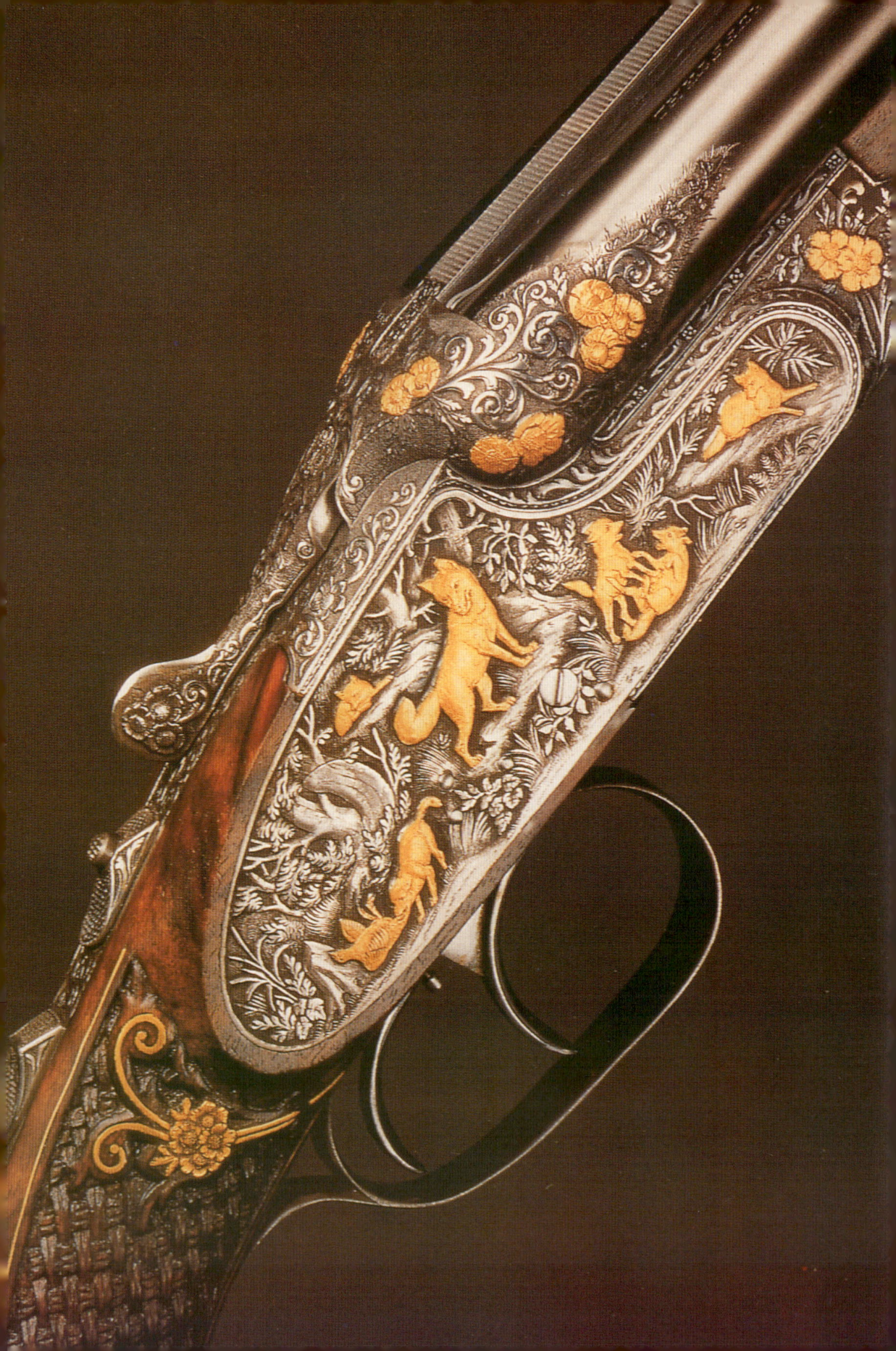

3. Sicherungssysteme

Sicherungsschieber auf dem Flintenkolbenhals. Diese manuelle Sicherung ist weit verbreitet.

Sicherungsschieber, kombiniert mit Laufwahlschieber einer Flinte der Firma Antonio Zoli.

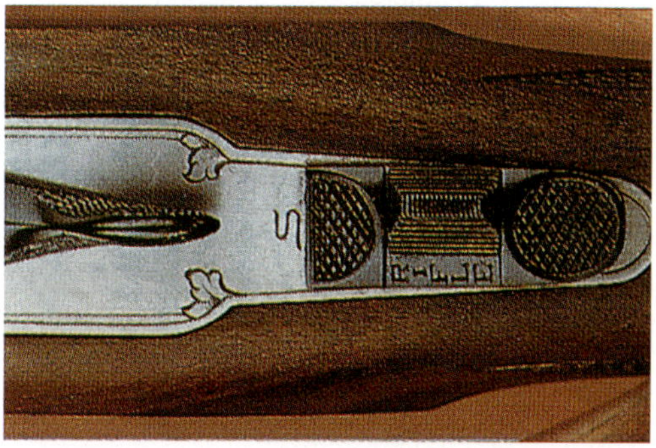

Für Flinten und kombinierte Gewehre gibt es eine Vielzahl von verschiedenen Sicherungssystemen. Klassisch bei den Kipplaufwaffen ist die manuelle Sicherung mittels eines Sicherungsschiebers oben oder seitlich am Kolbenhals. Der Sicherungsschieber oben dient häufig auch als Laufwahlhebel. Bei kombinierten Waffen ist ein zweiter, oben auf dem Kolbenhals befindlicher Schieber in der Regel dazu da, das Abzugszüngel, das sowohl ein Flinten- als auch ein Büchsenschloss bedient, auf den jeweils vorgesehenen Gebrauch umzuschalten. Einige kombinierte Gewehre, wie z. B. verschiedene Modelle der Firma Krieghoff, haben von Anfang an oder nachträglich eingebaut, wiederum oben auf dem Kolbenhals, auch einen separaten Spannschieber zum manuellen Spannen und Entspannen nur des Büchsenschlosses. Bei den Blaser-Kipplaufwaffen muss der Spann- und Entspannschieber vor jeder Schussabgabe gespannt werden. Diese dadurch sehr sicheren Gewehre sind deshalb keine Selbstspanner und verfügen auch nicht über eine Spannstange, die beim Brechen der Waffe wie vorher beschrieben die Schlosse spannt. Auch die Handspannerwaffen mit Spannschieber haben zumeist noch eine manuelle Sicherung seitlich am Kolbenhals.
Repetier- und Selbstladeflinten haben als manuelle Sicherung oft auch nur eine Druckknopfsicherung vorne oder hinten im Abzugsbügel im Übergangsbereich zum Systemkasten. Bei einigen der französischen Verney-Carron-Flinten befindet sich die Druckknopfsicherung innerhalb des Abzugsbügels in Schussrichtung gesehen vor dem Abzug. Druckknopfsicherungen wirken fast ausschließlich auf den Abzug und sind deshalb als nicht besonders sicher einzustufen.

Bei Flinten gibt es insgesamt sieben Sicherungssysteme. Oft sind diese kombiniert zu finden.

1. Abzugssicherung
Bei der Abzugssicherung wird nur der Abzug blockiert, um eine ungewollte Schussabgabe zu verhindern. Diese nicht besonders gute Sicherungsart wird nach dem englischen Büchsenmacher auch manchmal als Greener-Sicherung bezeichnet.

2. Abzugsstangensicherung
Bei der Abzugsstangensicherung wird die so genannte Abzugsstange, die Verbindung zwischen Abzug und Schlagbolzenmechanismus, blockiert. Wie die Abzugssicherung kann auch diese Sicherung mit einem manuellen Sicherungsschieber verbunden sein. Eine Abzugsstangensicherung sorgt bei Kipplaufwaffen mit einem Einabzug zumeist aber auch dafür, dass mit diesem Abzug nicht alle Schüsse ausgelöst werden. Die Umschaltung dieses Sicherungssystems zur Freigabe des nächsten Laufes erfolgt unter Zuhilfenahme des Waffenrückstoßes beim Schuss.
Beim Schießen wird regelmäßig
- bei der Bockdoppelflinte zuerst der untere und dann der obere Lauf zum Schießen freigegeben und
- bei der Doppel(Quer-)Flinte zuerst der rechte und dann der linke Lauf freigegeben.

3. Schlagbolzen- oder Schlagstücksicherung
Bei dieser wohl als am sichersten zu bezeichnenden Sicherungsart wird, wenn die Sicherung aktiviert wird, unmittelbar der Schlagbolzen oder das Schlagstück blockiert (vgl. Zeichnung auf S. 31).

Kunstvolle Jagdgravur an der Basküle eines Merkel-Drillings.

Laufwahlmechanismus einer Krieghoff-Flinte mit Einabzug. Die Laufwahl, d. h. die Wahl, welche Patrone in welchem Lauf gezündet wird, erfolgt hier mittels des Hebels vor dem Abzug.

Krieghoff-Handspannschieber auf dem Kolbenhals und Sicherungsschieber neben dem Verschlusshebel.

Druckknopfsicherung im vorderen Abzugsbügelbereich einer Selbstladeflinte.

Druckknopfsicherung im hinteren Abzugsbügelbereich zweier Browning Auto 5-Selbstladeflinten.

Die atypische Druckknopfsicherung bei dieser Verney-Carron-Bockdoppelflinte ist schwer erkennbar: das kleine Metallteil befindet sich im Abzugsbügel vor dem Abzug.

4. Hahnsicherung

Bei Kipplaufflinten mit außen liegenden Hahnen, die wie solche mit einem generellen Spann- und Entspannschieber ebenfalls keine Spannstange besitzen und nicht bereits durch das Abkippen der Läufe gespannt werden, spricht man zwar auch von einer Hahnsicherung. In dem Sinne haben solche Waffen allerdings keine Sicherung. Ihre Sicherheit entsteht, weil sie erst unmittelbar vor dem Schuss dadurch gespannt werden, dass der Hahn nach hinten gezogen wird.

5. Fallsicherung

Bei dieser automatischen Sicherung sorgt in einem speziellen Mechanismus ein bewegliches Gewicht dafür, dass der Schlagbolzen blockiert und die Waffe automatisch entspannt wird, wenn sie zu Boden fällt.

Im weitesten Sinne handelt es sich bei Sicherungssystemen auch um eine Verschlusssicherung.

6. Verschlusssicherung

Die Verschlusssicherung bewirkt, dass die im Patronenlager befindlichen Patronen erst gezündet

Krieghoff-Waffe mit Handspanner.

Die Spannzustandssignalstifte eines Heym-Drillings. So weit das jeweils zugehörige Schloss gespannt ist, steht der Signalstift heraus. Unten am Kolbenhals befinden sich der Flinten- oder Büchsenlauf-Wahlschieber.

werden können, wenn der Verschluss der Waffe fest verschlossen, also komplett zugeklappt und verriegelt ist. Bei der bei fast allen Flinten vorhandenen Verschlusssicherung wird meistens der Schlagbolzen oder das Schlagstück blockiert oder zumindest die Abzugsstange daran gehindert, das Schlagstück zu erreichen, falls abgezogen wird, wenn die Waffe nicht komplett geschlossen ist.

7. Spannzustandsanzeige

Besonders kombinierte Gewehre, Bockbüchsflinten, Drillinge und Vierlinge verfügen über Spannzustandssignalstifte. Anhand der dann herausstehenden Stifte erkennt man sicht- und fühlbar, ob die jeweiligen Schlosse des Systems gespannt sind. Besonders für die Jagd ist dies eine sehr nützliche Einrichtung. Denn es wäre nicht waidgerecht, ein Tier, auf das eventuell nur der Schuss mit der Büchse zugelassen ist, versehentlich mit Schrot zu beschießen, nur weil man nicht erkannt hat, dass das Büchsenschloss etwa eines Drillings nicht gespannt war.

Diagramm eines der Krieghoff-Sicherungssysteme:
1. Abzugsblockierung
2. Abzugsstangenblockierung
3. Schlagstückblockierung
A: Abzug; B: Abzugsstange; C: Schlagstückfeder; D: Schlagstück; E: Schlagbolzen

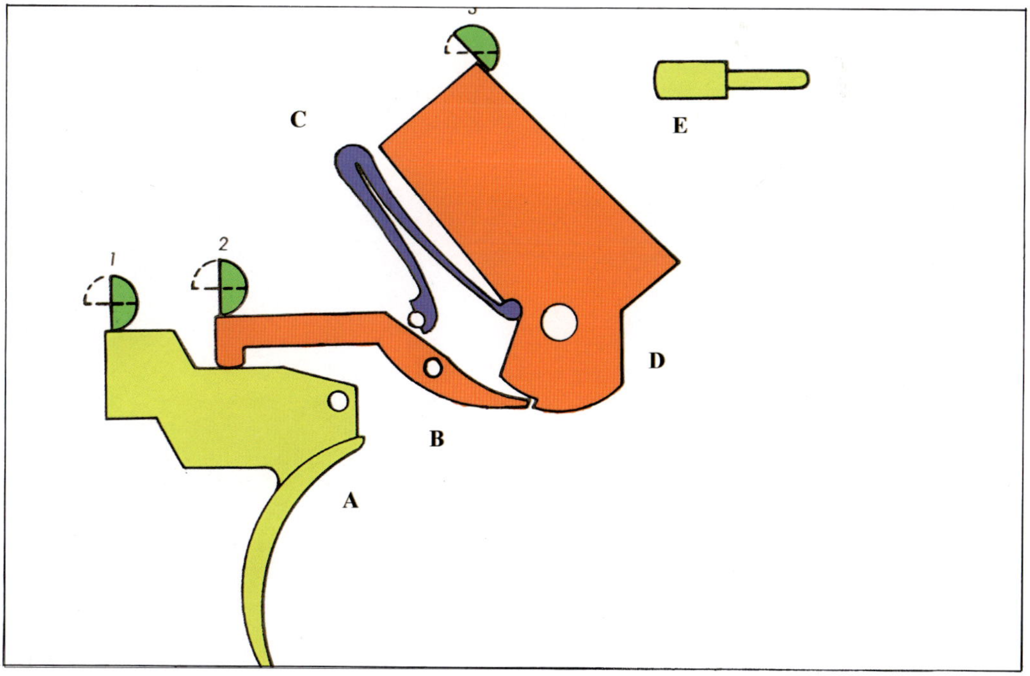

4. Verschlusssysteme von Flinten

In diesem Kapitel wird ein Überblick über die verschiedenen Arten von Verschlussmechanismen dargestellt, die bei Flinten Verwendung finden.

Die gebräuchlichsten Verschlussarten sind
- der reine Laufhakenverschluss,
- der Greener-Verschluss,
- der Kersten- oder Doppel-Greener-Verschluss,
- der Flankenverschluss,
- der Fallblock- und Rotationskammerverschluss bei Selbstladeflinten,
- der Pump Action-Verschluss.

Bei der Abgabe eines Schusses produzieren die entstehenden Pulvergase einen immensen Druck. Beim Flintenschuss kann ein Gasdruck von bis zu 1200 bar auftreten. Im Vergleich zum Gasdruck der beim Abschuss von Büchsenpatronen entsteht, ist dies nicht viel, denn je nach dem Kaliber der Büchsenpatrone kann hier der Gasdruck zwischen 2000 und 4000 bar und noch höher liegen. Wie bei Büchsen muss auch bei Flinten dafür gesorgt werden, dass der Gasdruck, der sich eigentlich in alle Richtungen ausbreiten will, nur in die Richtung wirkt, in die er wirken soll, also sicher nach vorne Richtung Laufmündung. Weil der Gasdruck beim Flintenschuss um einiges niedriger bleibt, können die Patronenlager und Läufe von Schrotflinten etwas dünner gehalten werden, als bei Büchsen. Doch auch bei Flinten ist es unumgänglich, durch einen starken Verschlussmechanismus dafür zu sorgen, dass der natürlich auch Richtung Schützen wirkende Gasdruck nicht nach hinten entweichen kann. Zumindest im Moment der Schussabgabe muss das System absolut fest verschlossen sein, gleichzeitig muss aber die Möglichkeit zum schnellen Nachladen gewährleistet sein.
Bei halbautomatischen und Handrepetiergewehren, Büchsen wie Flinten, sorgt ein massiver Stahlblock, Verschlussstück, Schlitten oder bei Repetierern meist Zylinder genannt, in dem sich regelmäßig auch die Schlossteile, also insbesondere der Schlagbolzen und die Schlagbolzenfeder befinden, für den festen Verschluss des Waffensystems bei der Schussabgabe. Die eigentliche Verriegelung kommt dabei dadurch zu Stande, dass sich fest mit dem Verschlussstück verbundene, daraus herausragende Teile, die Verriegelungswarzen, in korrespondierende Aussparungen im Bereich des Patronenlagers einfügen. Erst nachdem das Geschoss den Lauf verlassen und der kurzfristig entstandene, gewaltige Gasdruck sich wieder abgebaut hat, werden die Verriegelungswarzen automatisch (Selbstlader) oder manuell (Repetierer) wieder aus den korrespondierenden Aussparungen herausgedreht und das System zum Nachladen geöffnet. Neben diesem, deshalb auch als Drehkammerverschluss bezeichneten Zylinderverschluss, gibt es als weitere extrem feste Verschlussart den Fallblockverschluss. Bei diesem System für ein- bzw. maximal zweischüssige Waffen lässt sich ein massiver Verschlussblock hinter dem Patronenlager auf- und abbewegen. Wird ein unter oder hinter dem Abzugsbügel befindlicher Verschlusshebel nach unten geklappt, so zieht dies den vertikal massiv im System geführten Verschlussblock nach unten und das Patronenlager wird frei zugänglich. Durch das erneute Hochklappen des Verschlusshebels wird der Verschlussblock wieder vor das Patronenlager geschoben und verschließt es. Das im Verschlussblock integrierte Schlosssystem, das durch das Hochbewegen des Blocks gespannt wurde, sorgt dann dafür, dass ein Schuss ausgelöst werden kann. Bei den Baskülverschlüssen (Oberbegriff für die Verschlusssysteme bei Kipplaufwaffen) kann es keine derartige horizontal verlaufende Verschlussanordnung geben. Bei Kipplaufwaffen ist der Lauf oder das Laufbündel sowie der darunter befestigte Vorderschaft durch ein Scharnier mit dem Mittelstück des Gewehres, mit der Basküle, verbunden. Zum Be- und Entladen muss die Waffe zwar durch Abkippen der Laufeinheit leicht geöffnet werden können, im Moment der Schussabgabe muss die Laufeinheit mit der Basküle aber eine absolut feste Verbindung bilden, damit das System den entstehenden extremen Druck gewachsen ist. Die Verriegelung der Laufeinheit mit der Basküle wird je nach Hersteller mittels unterschiedlicher Baskülverschlussarten bewerkstelligt. Auf die wichtigsten davon wird nachfolgend eingegangen.

Einfache Laufhakenverriegelung einer Rottweil 770-Bockdoppelflinte.

Ein Drilling der Firma Merkel, dessen Basküle und Patronenlager mit Jagdmotiven und Eichenlaub fein graviert ist und der teilweise Goldauflagen aufweist.

Die Laufhakenverriegelung

Die einfache und die doppelte Laufhakenverriegelung ist die häufigste Verriegelung bei Kipplaufwaffen. In einen massiven Block unterhalb des oder der Patronenlager sind nach hinten Richtung Schützen offene Haken, die Laufhaken, eingefräst, in die passgenau eine horizontal verschiebbare Riegelplatte eingreift, wenn die Waffe geschlossen ist. Beim Betätigen des oben am Kolbenhals angebrachten Verschlusshebels dreht sich eine Verschlusswelle, wodurch die Riegelplatte nach hinten geschoben wird und die Laufhaken freigibt. Erst dann kann das Laufteil der Kipplaufwaffe abgekippt, also die Waffe gebrochen und nötigenfalls nachgeladen werden. Beim Schließen des Gewehres zieht eine Rückzugsfeder die Riegelplatte automatisch wieder nach vorne und sie rastet wieder in die Laufhakenausfräsungen ein.

Da sich das Scharnier, an dem das Laufteil abkippt, unter der Laufseelenachse befindet, wirkt der entstehende Druck auf dieses Scharnier und das eigenständige Kippen des Laufteils während des Schusses wird durch die Laufhakenverriegelung verhindert. Besonders die doppelte Laufhakenverriegelung mit zwei hintereinander liegenden Haken wird oft als Zusatz kombiniert etwa mit einem Greener- oder Kersten-Verschluss.

Verschlusshebelsystem und Laufhakenverriegelung einer Browning-Bockdoppelflinte.

Die Zabala Hermanos-Doppelflinte verfügt über eine doppelte Laufhakenverriegelung (im Bild nicht genau sichtbar).

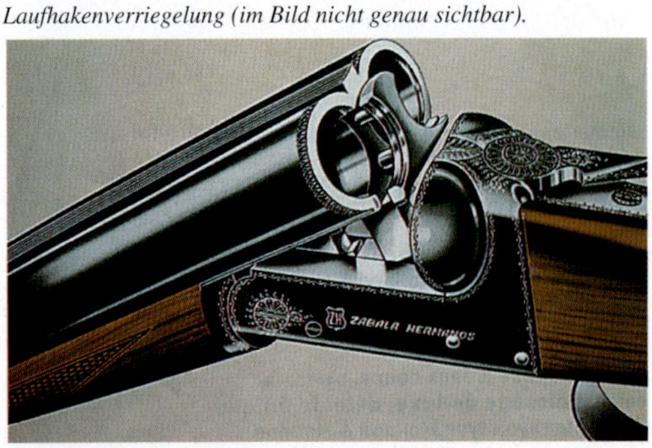

Greener-Verschluss bei einem Ferlacher Drilling.

Der Greener-Verschluss

Bei diesem auf den englischen Büchsenmacher Greener zurückzuführenden Baskülverschluss greift, wenn die Waffe geschlossen ist, eine als Art Laufschienenverlängerung ausgeformte, vertikale und mit einem Loch versehene Platte in eine korrespondierende Ausnehmung in der Baskülenoberseite. Wenn der auf dem Kolbenhals befindliche Verschlusshebel in seine Mittelstellung zurückgelassen wird, schiebt sich ein Querriegel durch das Loch der Laufschienenverlängerungsplatte und sorgt so dafür, dass die Laufeinheit fest mit dem Verschlussgehäuse verbunden ist. Waffen mit Greener-Verschlüssen, zumeist Doppelflinten (Querflinten), haben fast immer zusätzlich eine einfache oder doppelte Laufhakenverriegelung.

Der Kersten-Verschluss

Dieser Verschlussmechanismus, oft auch als Doppel-Greener-Verschluss bezeichnet, wurde erstmals von einem Straßburger Büchsenmacher namens Kersten vorgestellt. Er wird vornehmlich für kombinierte Kipplaufwaffen, mit aufgebockten, übereinander liegenden Läufen, Bockbüchsflinten und auch Bockdrillinge verwendet.

Die Verschlusskonstruktion besteht tatsächlich aus zwei Greener-Verschlüssen nebeneinander: seitlich rechts und links hinten am Laufbündel je eine vertikale, wiederum mit einem Loch für den Querriegel versehene Verschlussplatte. Auch diese beiden Platten passen im geschlossenen Waffenzustand genau in korrespondierende Ausnehmungen in der Baskülenoberseite. Die tschechische Firma CZ verwendet für einige ihrer Kipplaufwaffen eine Variation des Kersten-Verschlusses. Dabei sind die seitlichen

Kersten-Verschluss, kombiniert mit einer doppelten Laufhakenverriegelung.

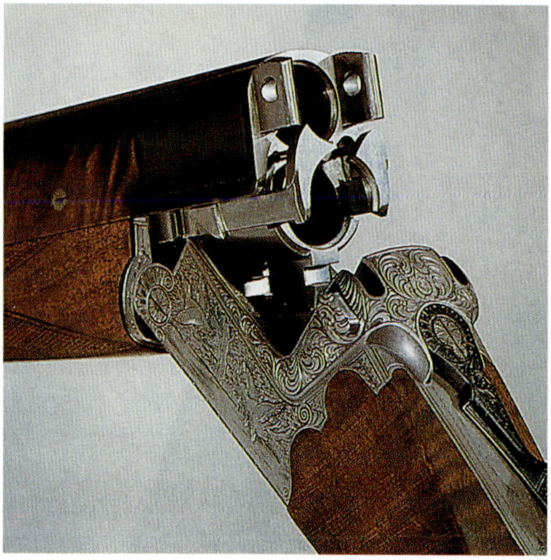

Verschlussplatten praktisch halbiert und die Aussparungen für den Querriegel offen. Der Vorteil dieser Konstruktion ist die einfachere und kostengünstigere Herstellung. Die korrespondierenden Ausnehmungen in der Basküle brauchen nicht so tief gehalten werden und zudem kann dieser Verschlussmechanismus später leichter nachjustiert werden, wenn er nach Jahren „ausgeschossen" ist.

Der Flankenverschluss

Bockdoppelflinten von Beretta haben Flankenverschlüsse. Dabei greifen in der Regel zwei vorne kegelig zulaufende Stifte vom Stoßboden der Kipplaufwaffe her in korrespondierende Kegelbohrungen an den „Flanken" des hinteren, zum Schützen gewandten Laufbündels. Die Stifte können mittels des Verschlusshebels aktiviert und deaktiviert werden.
Auch die Sagittaire-Bockdoppelflinten der französischen Firma Verney-Carron verfügen über einen Flankenverschluss. Der technische Aufbau der Sagittaire-Flintenverschlüsse entspricht bis auf wenige Ausnahmen dem der Beretta-Flinten.

Umgekehrter Purdey-Verschluss an einer Verney-Carron-Doppelflinte.

Bockdoppelflinte der Firma Verney-Carron mit Flankenverschluss.

Verney-Carron-Doppelflinten besitzen einen Verschluss, der eine Kombination der Technik des Flanken- mit dem Purdey-Verschluss ist. Zur Verriegelung greift dabei ein aus der Mitte des Baskülenstoßbodens kommender Stift in eine korrespondierende Aussparung hinten am Laufbündel unter der Laufschiene ein. Da diese Konstellation beim Purdey-Verschluss praktisch genau anders herum vorliegt, kann man diese besondere Verschlussart der Verney-Carron-Querflinten praktisch als umgekehrten Purdey-Verschluss sehen. Zusätzlich zu diesem Verschluss im oberen Bereich haben auch die Verney-Carron-Flinten unten noch eine doppelte Laufhakenverriegelung.

Halbautomatik-Verschluss

Bei halbautomatischen Flinten wird entweder der bei der Schussabgabe entstehende Gasdruck oder die Rückstoßenergie für den halbautomatischen Nachlademechanismus ausgenutzt. Beim Gasdruckverschluss befindet sich etwa in der Mitte des Waffenlaufes eine kleine Bohrung, durch die die Pulvergase teilweise entweichen können.
Das entweichende Pulvergas wird in einer unter dem Lauf befindlichen Druckkammer eingefangen, in der sich ein Kolben befindet. Bei der Schussabgabe werden die Schrote aus der Hülse in Richtung Laufmündung durch den Lauf getrieben. Die sich hinter den Schroten stauenden Pulverabbrandgase

Stationen des Nachladevorganges bei einer Browning A 500-Selbstladeflinte mit Drehkammerverschluss.

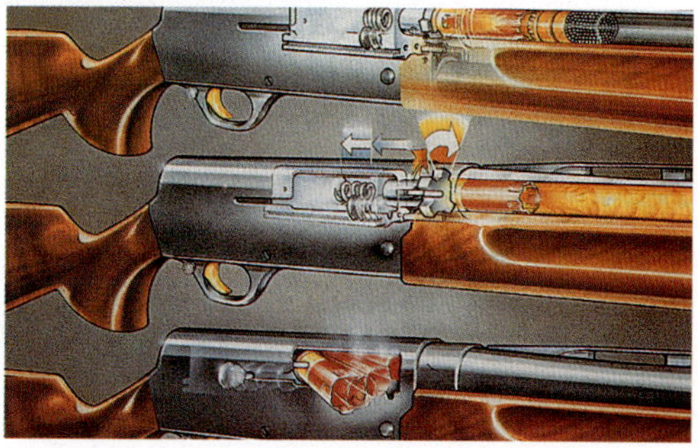

fließen zu einem geringen Teil durch die im Lauf angebrachte Bohrung in den unter dem Lauf befindlichen Gaszylinder. Während des Gasdruckaufbaus treibt der Gasdruck im Zylinder den darin befindlichen Kolben gegen die Kraft seiner Kolbenfeder nach hinten. Die Mechanik des Systems bewirkt, dass eine mit dem Verschlussstück verbundene, hinter dem Kolben befindliche Kolbenstange den Verschluss zupresst. In der Regel sorgt auch ein mit dem Gasdruckverschlusssystem verbundenes herkömmliches Verschlusssystem, zumeist ein Drehkammersystem, dafür, dass während der Schussabgabe eine feste Verriegelung mittels entsprechender Verriegelungswarzen stattfindet. Nachdem die Schrote dann den Lauf verlassen haben, fließt das im Druckzylinder befindliche Gas in den Lauf zurück und der Gasdruck geht auf Null zurück. Erst dann kann das Verschlussstück, vom mittels seiner Feder nach vorne getriebenen Gaskolben freigeben, nach hinten zurück, und der Nachladevorgang läuft ab.
Bei den Rückstoßladern unter den Selbstladeflinten läuft der Nachlademechanismus unter Zuhilfenahme der Rückstoßkräfte ab. Auch hier sorgt im Endeffekt ein herkömmliches Verschlusssystem für eine feste Verriegelung des Laufes mit dem Verschlussstück während der Schussentwicklung. Wie beim Gasdrucklader kann dies ein Drehkammerverschluss oder ein Fallblockverschluss sein.

Der Pump Action-Verschluss

Das Verschlussprinzip von Vorderschaftrepetierflinten ist ähnlich dem von halbautomatischen Selbstladeflinten. Auch hier wird entweder mit einem Drehkammer- oder einem Fallblockverschluss gearbeitet. Allerdings läuft der Verschluss- und Ladevorgang nicht durch den Gasdruck oder den Rückstoß ab, sondern er erfolgt manuell. Dabei wird der das Röhrenmagazin umschließende Vorderschaft unter dem Lauf von Hand hin- und herbewegt – daher auch der Name „Pumpflinte".

INZWISCHEN UNMODERNE VERSCHLUSSARTEN

Nachfolgend sollen auch zwei Flintenverschlussarten nicht unerwähnt bleiben, die eigentlich bereits unmodern und überholt sind, der Breton- und der Darne-Verschluss. Diese Verschlussarten sollten schon wegen ihrer gravierenden Unterschiede zu den vorher beschriebenen, inzwischen üblichen Verschlüssen erklärt werden.

Breton-Verschluss

Bei den Breton-Doppelflinten des Büchsenmachers Atamec C. Fourneyron aus dem französischen St. Étienne befindet sich der Verschlusshebel seitlich rechts an der Basküle. Beim Drehen des Hebels um 180 Grad bewegt sich der gesamte Hinterschaft auf zwei Schienen nach hinten und das Patronenlager wird zum Be- und Entladen frei. Auf den Schienen befinden sich auch Patronenauszieherstücke, die dafür sorgen, dass die Patronen beim Zurückgleiten des Schaftes aus dem Lager gezogen werden. Wird der Verschlusshebel nach vorne gedreht, so schließt dies die Waffe wieder. Mittels zweier Verschlusswaren erfolgt die feste Verriegelung des Systems.

Darne-Verschluss

Bei den Darne-Querflinten funktioniert der Verschluss ähnlich, allerdings wird hier nur der obere Teil der Basküle vom Laufbündel wegbewegt, um zu laden. Der Verschlusshebel befindet sich bei diesem System oben auf der Basküle. Indem man den Hebel nach unten drückt, gleitet der obere Teil des Systemkastens auf Schienen zurück, um den Zugriff auf die Patronenlager zu ermöglichen. Beim erneuten Betätigen des Verschlusshebels gleitet der Baskülenteil zurück nach vorne und verschließt das System mittels eines Verschlusshakens, der in eine Ausnehmung eingreift, die sich zwischen den beiden Läufen befindet.

Breton-Verschluss, geschlossen.

Darne-Verschluss, geschlossen.

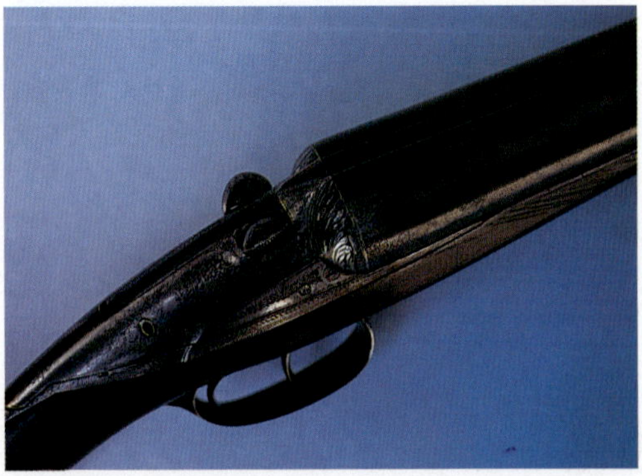

5. Sicherheitsmaßregeln beim Umgang mit Flinten

Bevor die Sicherheitsregeln beim Umgang mit Flinten erläutert werden, nachfolgend 12 „eiserne Regeln“, die sich jeder Waffeninteressierte stets vor Augen halten sollte.

1. Behandle jede Waffe als wäre sie geladen!
Dies ist die wichtigste Regel. Wenn Ihnen jemand ein Gewehr zum Ansehen in die Hand gibt und behauptet, es sei nicht geladen, so überzeugen Sie sich bitte selbst davon.

2. Spiele niemals zum Spaß mit einer Waffe!
Gewehre sind zwar oft technische und ästhetische Meisterleistungen. Sie sind aber keine Spielzeuge und man sollte mit größter Sorgfalt und Vorsicht damit umgehen.

3. Beachte, dass der Lauf der Waffe stets in eine sichere Richtung deutet!
Richten Sie den Lauf Ihres Gewehres nie in eine Richtung, in die Sie nicht schießen wollen!

4. Finger aus dem Abzugsbügel, solange nicht geschossen wird!
Der Finger darf erst in den Bereich des Abzuges kommen, wenn die Waffe bereits aufs Ziel gerichtet ist. Nach der Schussabgabe ist der Finger unverzüglich wieder aus dem Abzugsbügel zu nehmen und seitlich gestreckt an der Basküle anzulegen.

5. Übe das Laden und Entladen deiner Waffe!
Der Lade- und nötigenfalls auch der Entladevorgang sollte in einer absolut sicheren Umgebung stetig trainert werden.

6. Lasse eine Waffe niemals unbeaufsichtigt, egal ob sie geladen oder ungeladen ist!
Gerade wenn Kinder im Spiel sind, ist diese Vorschrift ungemein wichtig. Kinder lieben es, Erwachsene zu imitieren; sie könnten mit Ihrem Gewehr hantieren und dabei sich selbst oder andere gefährden.

7. Bewahre Waffen und Munition getrennt auf!
Alle Waffen sind immer verschlossen außerhalb der Reichweite von Unbefugten aufzubewahren. Die Munition ist separat davon verschlossen zu verwahren. Nur durch eine sichere Verwahrung im nicht geladenen Zustand werden Waffendiebstähle und schlimme Unfälle verhindert.

8. Pflege deine Waffe gut!
Vor dem Reinigen sollte man sich stets genau vergewissern, dass sich keine Patrone mehr im Patronenlager des Gewehres befindet. Nachdem länger nicht mit der Waffe geschossen wurde, sollte man sich auch immer vergewissern, dass der Waffenlauf frei von Öl und Fremdkörpern, etwa Reinigungsmittelresten, ist, andernfalls riskiert man eine Waffensprengung.

9. Benutze beim Schießen auf dem Schießstand immer einen Ohren- und Augenschutz!
Ein nicht unerheblicher Teil der Waffenunfälle, die Schützen selbst als auch Umstehende beeinträchtigen, ist auf technische Waffen- und Munitionsdefekte zurückzuführen. Deshalb sollten Sie nicht nur Ihre Ohren vor dem scharfen Schussknall, sondern auch die Augen vor Pulverresten und regulär ausgeworfenen Patronenhülsen, aber besonders vor den Folgen von ungewollt auftretenden Waffensprengungen schützen.

10. Beachte immer die Sicherheitsregeln auf dem Schießstand und auf der Jagd!

Verantwortliche der Firma Verney-Carron auf der Jagd. Man beachte die „gebrochenen" Waffen.

Die Waffe ist beim Standwechsel auf dem Schießstand und bei Treibjagden sowie jagdlich etwa auch beim Übersteigen von Hindernissen stets zu entladen und sichtbar geöffnet, also bei Kipplaufwaffen „gebrochen", mitzuführen.

11. Niemals Alkohol im Zusammenhang mit Schießen!

Beim Schießen ist es unumgänglich, auf Alkohol zu verzichten! Alkohol, Drogen und bestimmte Medikamente verändern und beeinflussen das Verhalten und die Wahrnehmungsfähigkeit. Wenn schon ein Bier getrunken werden soll, dann bitte erst, wenn die Waffe sicher verstaut ist.

12. Scheue dich nicht, Schützenkameraden auf falsches oder unsicheres Verhalten am Stand hinzuweisen!

Anfänger lernen nur dadurch, dass man sie über ihre Fehler in Kenntnis setzt. Allerdings muss man beachten, dass auch erfahrene Schützen Fehler machen. Nichts ist schlimmer als jemand, der glaubt, schon alles zu wissen, und dadurch unvorsichtig wird und andere gefährdet.

Beschuss- und andere Zeichen unten am Laufbündel einer Browning-Doppelflinte.

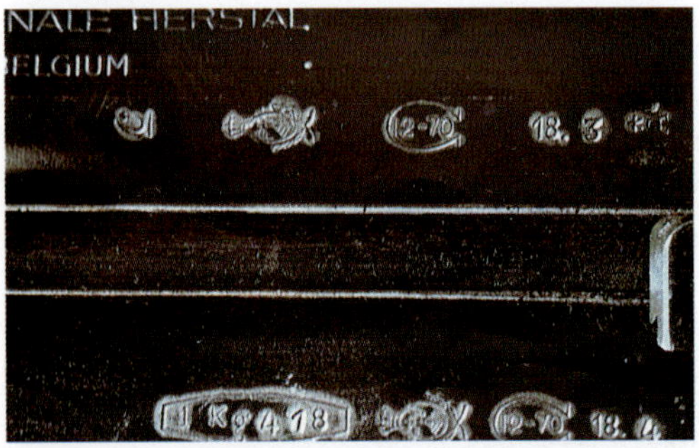

Die Beschusszeichen

Alle in Deutschland verkauften erlaubnispflichtigen Schusswaffen müssen staatlich beschossen sein und als Nachweis dafür Beschusszeichen aufweisen. Die staatliche Beschussprüfung wird durch Beschussämter vorgenommen, die ihren Sitz in München, Mellrichstadt, Ulm, Hannover, Kiel, Köln und Suhl haben.

Die Beschussämter prüfen

- ob das Kaliber, der Hersteller sowie eine laufende Herstellungsnummer auf der Waffe angegeben ist,
- ob die Handhabungssicherheit der Waffe gewährleistet ist (Funktion, Sicherung, Verschluss etc.),
- ob die Waffeninnenmaße (insbesondere der Lauf und das Patronenlager) den speziellen, internationalen Vorgaben entsprechen,
- ob die Waffe einer „Gewaltprobe" standhält.

Bei dieser Haltbarkeitsprüfung mit regelmäßig 33 % Überdruck (50 % bei Magnum-Schrotpatronen), werden mit einer speziell geladenen Beschussmunition zwei Schüsse aus der Waffe abgegeben und dann der Lauf und das Patronenlager nach Haarrissen und Ähnlichem überprüft.

Auf allen wesentlichen Waffenteilen wird dann ein Beschussstempel mit dem Bundesadler mit einem „N" darunter (für „Normalbeschuss" mit Nitrozellulose-Treibladungspulver) eingeschlagen, auf einem der wesentlichen Teile zudem das Zeichen des Beschussamtes, das die Beschussprüfung durchgeführt hat und das Datum des Beschusses. Als „wesentliche" Teile einer Kipplaufwaffe gelten Laufeinheit und Systemkasten, beim Selbstlade- oder Repetiergewehr sind es Lauf, Verschlusshülse und Verschluss.

Da auch verschiedene andere Länder einen staatlichen Waffenbeschuss vorschreiben, erkennen die Mitgliedsländer der CIP (Commission Internationale Permanente) gegenseitig ihren Beschuss und ihre Beschusszeichen an. Mitglieder der CIP, die ihren Sitz in Liège, Belgien, hat, sind unter anderem Großbritannien, Österreich, Belgien, Chile, die Tschechische Republik, Ungarn, Italien, Spanien und Deutschland. Interessanterweise wird in den USA lediglich ein Werks- und kein staatlicher Waffenbeschuss durchgeführt. Deshalb müssen alle US-Waffen vor ihrem Verkauf in einem CIP-Land erst beschossen werden.

Falls wesentliche Teile einer Waffe abgeändert werden, ist diese erneut staatlich zu beschießen und erhält gegebenenfalls den Instandsetzungsbeschuss-Stempel (unter dem Bundesadler ein „J").

Auf der Laufeinheit einer Flinte befinden sich neben den amtlich aufgestempelten Zeichen noch verschiedene weitere eingeschlagene Zeichen, etwa verschlüsselte Angaben zur Chokebohrung des Laufes oder der Läufe.

6. Waffenpflege

Es muss nicht besonders betont werden, dass eine gute Waffenpflege das Leben einer Waffe erheblich verlängert. Die richtige Pflege einer Waffe ist nicht schwierig, alles was dazu benötigt wird, sind Öl, Laufwatte, einige Bürsten und ein Putzstock. Schmutz und Feuchtigkeit sind nicht nur oft der Grund für Fehlfunktionen, sie produzieren auch

Reinigungs-Accessoires der Firma Browning.

Rost, den schlimmsten Feind der Waffe. Nachfolgend wird auf die verschiedenen Einzelheiten bezüglich der Waffenpflege in Hinblick auf die einzelnen Waffenteile eingegangen.

1. Der Schaft

Nach dem Schießen sollten die Holzteile eines Gewehres stets sorgfältig trockengerieben werden. Soweit die Holzoberfläche, also der Ölschliff oder der Lack, beschädigt sind, sollte sofort eine fachmännische Reparatur erfolgen, damit keine Feuchtigkeit in die Holzmasse eindringen kann. Ölgeschliffene Schäfte sollten von Zeit zu Zeit mittels eines weichen Tuches neu mit Schaftöl eingelassen werden.

Um die Perfektion eines Waffenschaftes zu erhalten, ist regelmäßige Pflege erforderlich.

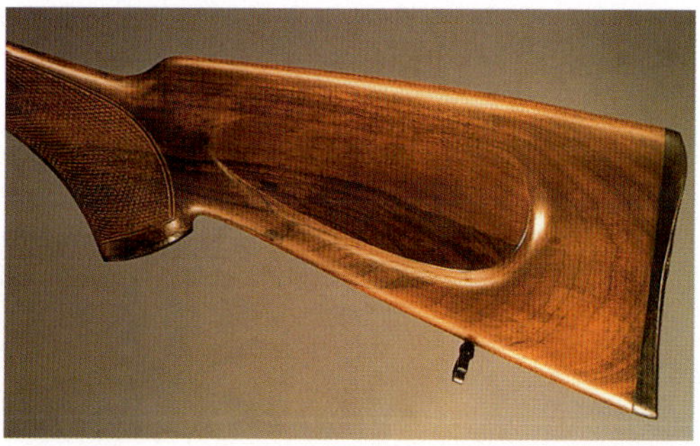

Die mit einer Fischhaut versehenen Waffenteile sollten dabei nicht nachgeölt werden, da sich das Schaftöl sonst in die Fischhautriefen festsetzt und man die Waffe nicht mehr sicher halten kann. Falls nötig, kann man die mit Fischhaut versehenen Schaftpartien mit etwas auf einer Zahnbürste aufgetragenem Möbelwachs nachbehandeln.

2. Die Basküle, beziehungsweise der Systemkasten

Die vornehmliche Mechanik eines Gewehres befindet sich in der Basküle, dem „Mittelteil", in dessen Bereich eine Kipplaufwaffe „gebrochen" wird, oder im Systemkasten einer Selbstladeflinte. Dieser Teil der Waffe ist nach dem Schießen sehr sorgfältig von Schmutz, Feuchtigkeit und besonders Pulverrückständen zu reinigen. Hilfreich kann dabei eine alte Zahnbürste sein, deren Kopf mit etwas Waffenöl getränkt wird. Nach dem Reinigen sollten die äußeren Metallteile trockengerieben und dann wieder mit etwas Öl eingelassen werden. Auf die beweglichen Teile, wie etwa das Kipplaufscharnier, den Spannhebel und gegebenenfalls die Spannhahne, sollten einige Tropfen Waffenöl gegeben werden. Auf das sorgfältige Einölen sollte man besonders achten, wenn man das Gewehr voraussichtlich längere Zeit nicht benutzen wird oder wenn es längere Zeit nicht benutzt wurde. Im letzteren Fall sollte man vor dem Waffeneinsatz auch die Funktion der inneren Waffenmechanik prüfen. Es könnte sein, dass insbesondere der Schlagbolzen und die Schlagbolzenfeder im Laufe der Zeit durch Ölrückstände verklebt wurde. Deshalb müssen die Innenteile erst entölt und dann mit einem dünnflüssigen, nicht klebenden Spezialöl neu eingeölt werden. Wem das Zerlegen des Gewehres Schwierigkeiten bereitet, der sollte es zur Reinigung zum Büchsenmacher bringen.

3. Der Lauf, beziehungsweise das Laufbündel

Zunächst ist die Laufinnenseite sorgfältig zu reinigen. Dazu benutzt man einen Putzstock. Zur Anbringung an den Putzstock sind verschiedene weiche und harte Bürstensätze erhältlich. Zur Ablösung der ersten Schmutzschicht verwendet man eine Kupferbürste, um die abgelösten Partikel dann restlos zu entfernen verschiedene weiche Kunststoff- oder Nylonbürsten. Sobald diese Hauptreinigungsarbeit erledigt ist, wird der Lauf mehrmals mit um das Putzstockende gewickelter Putzwatte oder Stoffmaterial durchgezogen, bis die Watte oder das Stoff-

Basküle Laufbündel weisen diverse Ecken und Kanten auf, in denen sich Schmutz ablagern kann.

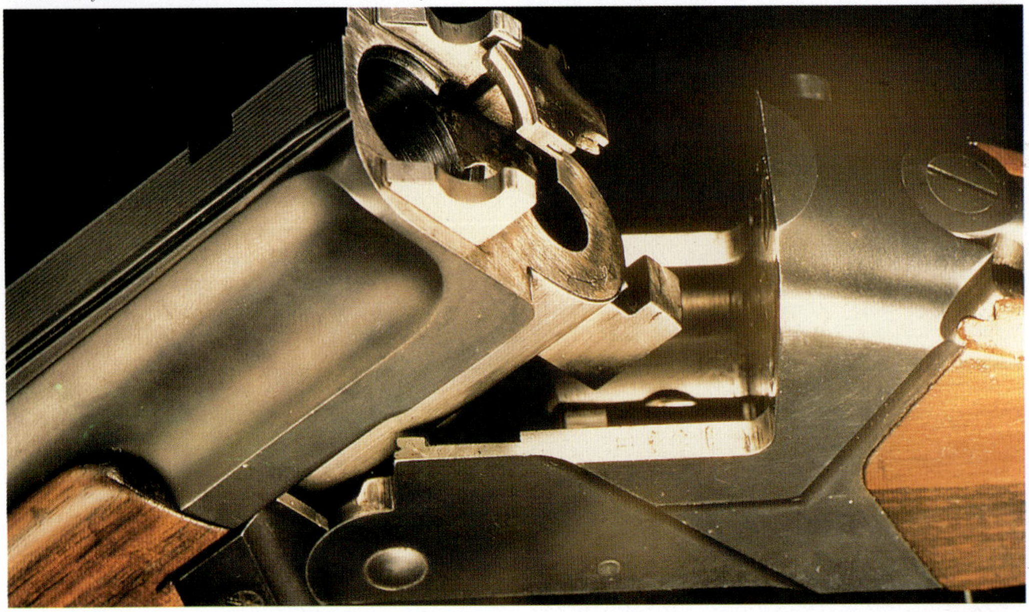

material keine Schmutzanhaftungen mehr aufweist. Danach ist der Lauf nochmals mit leicht eingeöltem Waffenwerk durchzuziehen.

Man sollte nicht vergessen, beim Laufbündel die Verbindungsschiene zwischen den Läufen ebenfalls zu reinigen. Während des Schießens werden die Läufe unterschiedlich heiß und dies führt zu erheblichen Laufschwingungen. Sowohl ventilierte Laufschienen zwischen den Läufen als auch ventilierte Visierschienen oben, beides besonders bei doppelläufigen aufgebockten Gewehren vorhanden, wirken der Laufschwingung entgegen und sorgen für ein flimmerfrei mögliches Visieren. Die Ventilationsöffnungen sind allerdings auch ein beliebter Platz für Schmutzablagerungen. Deshalb sollten auch sie regelmäßig, am besten wieder mit einer alten Zahnbürste, deren Kopf mit Öl getränkt ist, gereinigt werden. Nach dem Reinigen sind auch die ventilierten Schienen sorgfältig trockenzureiben und eventuell mit einem dünnen Schutzölfilm einzulassen.

Auswechselbare Chokeeinsätze sollten aus dem Lauf geschraubt und nach jedem Schießen sorgfältig gereinigt werden. Gerade im Mündungsbereich bei den Chokeeinsätzen lagert sich besonders viel Pulverschmauch ab. Wenn keine regelmäßige Reinigung erfolgen würde, würden die Einsätze bald festsitzen und korrodieren. Beim Heraus- und Hineinschrauben der Chokeeinsätze sollte man allerdings darauf achten, dass die Schraubgewinde kein Öl abbekommen, da dies in Anbetracht der beim Schießen entstehenden Hitze auch dazu führen könnte, dass die Einsätze „anbacken".

Nach dem Schießen ist es wichtig, die Waffen sicher zu verwahren. Dabei müssen sie ungeladen und entspannt sein. Würden die Gewehre gespannt aufbewahrt, so würden ihre Federn nach und nach an Spannkraft verlieren und es würden Fehlfunktionen auftreten.

Beim „Trockentraining", das beim Flintenschießen unumgänglich ist, wenn man Leistungen erzielen will, sollte man darauf achten, stets Pufferpatronen zu verwenden. Leer abgeschlagen kann der Schlagbolzen Schaden nehmen. Pufferpatronen haben statt des weichen Zündhütchens eine federgelagerte Mittelplatte, die dafür sorgt, dass der Schlagbolzen gegen den gleichen Widerstand schlägt, als wenn er auf ein Zündhütchen trifft. Gute Pufferpatronen, die trotzdem noch billiger sind, als die Reparatur des Schlagbolzens, sind nicht aus Kunststoff, sondern aus Aluminium gefertigt, da sich Kunststoff mit den verwendeten Waffenölen nicht vertragen könnte.

Nach jedem Schießen sollten eventuell vorhandene auswechselbare Chokeeinsätze ausgebaut und einzeln gereinigt werden.

7. Munition

In diesem Kapitel geht es um die nachfolgend genannten wichtigen Punkte:

- Der Vorgang beim Schrotschuss,
- die Teile einer Schrotpatrone,
- die verschiedenen Schrotkaliber,
- die verschiedenen Patronenlagerlängen,
- die Schrotschussgeschwindigkeit,
- der Flug der Schrote,
- die Schrote,
- die Flintenlaufgeschosse,
- Überblick über die Schrotpatronen.

Der Vorgang beim Schuss

Beim Schießen mit einer Flinte läuft Folgendes ab: Wenn der Schlagbolzen das im Patronenboden in eine Zündglocke der Hülse integrierte Zündhütchen trifft, wird die darin befindliche hochexplosive Zündmasse gequetscht. Durch das Quetschen der Zündmasse entsteht kurzfristig ein heißer Zündstrahl, der innerhalb von Millisekunden durch ein oder zwei Zündlöcher im Patronenhülsenboden das im Pulverraum der Hülse befindliche Treibladungspulver entzündet. Das Pulver brennt in einer heftigen chemischen Reaktion ab und es entstehen immense Abbrandgase und damit ein sich sehr schnell aufbauender, immens hoher Gasdruck. Da sich die Schrotpatrone in einem stabilen Patronenlager befindet und das System bei der Schussabgabe auch nach hinten durch den Verschluss abgeschottet ist, ist die Ausbreitungsmöglichkeit des sich aufbauenden starken Gasdrucks beschränkt. Im Gegensatz zum vorderen, aus Kunststoff oder Pappe bestehenden Hülsenteil der Schrotpatrone, ist deren Bodenkappe aus vernickeltem oder messingplatiertem, sehr verformbarem und zähem Stahlblech. Zusammen mit dem in der Kappe befindlichen elastischen Bodenpfropfen sorgt die Bodenkappe, wenn beide durch den in der Hülse wirkenden Gasdruck in die Breite getrieben werden und sich so eng ans Patronenlager anlegen, dafür, dass auch seitlich neben der Hülse kein Gasdruck nach hinten entweichen kann und das System wirklich „gasdicht" ist. Der nach allen Richtungen wirkende Gasdruck schiebt so, praktisch in die richtige Richtung „gelenkt", die Schrotladung vor sich her in Richtung Laufmündung. Zwischen den schiebenden Gasen und den einzelnen Schroten befindet sich, quasi nochmals zur Gasabdichtung, als so genanntes Zwischenmittel entweder ein Filzpfropfen oder ein ähnlich abdichtendes Plastikteil, eventuell verbunden mit einem so genannten Schrotkorb, der die Schrote auch seitlich umschließt.

Die Teile einer Schrotpatrone

Schrotpatronen haben verschiedene Komponenten. Dies sind

1. die Bodenkappe
2. das darin befindliche Zündhütchen
3. die Plastik- oder Papphülse
4. das Treibladungspulver
5. das Zwischenmittel
6. die Schrotladung
7. der Patronenverschluss

1. Die Bodenkappe
Das hintere Ende der Schrotpatrone, die an die Kunststoff- oder Papphülse anschließende Bodenkappe, wird aus einer zähen Stahl-Kupfer-Legierung hergestellt. Der entstehende Gasdruck und auch die beim Pulverabbrand entstehende Hitze verformen die Bodenkappe so stark, dass das Patronenlager auch nach hinten derart „abgesiegelt" ist, dass die Pulvergase vornehmlich dazu verwendet werden können, die Schrotladung aus dem Lauf zu schleudern.

Schnitt durch eine Schrotpatrone mit Filz-Zwischenmittel (Rottweil „Waidmannsheil"). Von links nach rechts: Patronen-Sternverschluss, Schrotladung, Filz-Zwischenmittel, Pulverladung und Zündhütchen in der Bodenkappe.

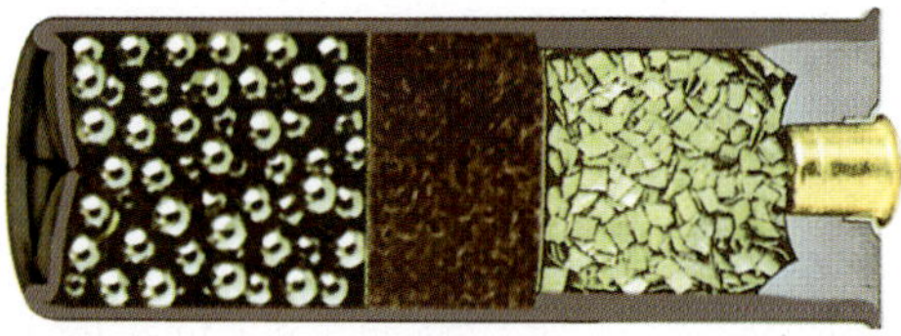

Schnitt durch eine Schrotpatrone mit Plastik-Zwischenmittel und Schrotbeutel (ebenfalls Rottweil „Waidmannsheil").

2. Das Zündhütchen
Das separate metallene Zündhütchen befindet sich in der Zündglocke im eigentlichen Bodenteil der Bodenkappe. In den Boden des Zündhütchens ist die quetschbare chemische Zündmasse „eingeschleu-

dert", die kurzfristig, wenn sie vom Schlagbolzen/Zündstift gegen ein entweder im Zündhütchen selbst oder in der Zündglocke befindliches Widerlager, den „Amboss", gedrückt bzw. gequetscht wird, den heißen Zündstrahl produziert. Die Zeit, in der sich der Zündstrahl zur Entzündung der Pulverladung entwickelt, liegt bei lediglich 0,0001 bis 0,0002 Sekunden. Als die chemische Zündmasse im 19. Jahrhundert erfunden wurde, bildeten ihre Bestandteile als negativen Effekt auch eine chemische Verbindung, Pottaschenchlorid, das die Stahlläufe angriff und sie zum Rosten brachte. Die heute bei der Herstellung von Zündhütchen verwendete chemische Zündmasse greift das Laufmaterial nicht mehr an. Zudem ist sie aus Umweltgründen heute nahezu vollkommen frei vom Bestandteil des früher mit eingebrachten Quecksilbers.

3. Die Schrotpatronenhülse
Die Schrotpatronenhülse besteht entweder aus Pappe, Kunststoff oder auch aus Aluminium. Die Bodenkappe umschließt im hinteren Teil der Patrone die Papp- oder Plastikhülse. Der Front- und Rückbereich des in der Hülse befindlichen Filz- oder Kunststoffzwischenmittels ist ebenfalls entweder eine Scheibe aus Pappe oder aus Kunststoff. Früher waren diese Scheiben aus Eisen.

4. Das Treibladungspulver
Für den Schrotschuss wird ein schnell abbrennendes Nitrozellulose-Treibladungspulver verwendet. Trotz des vorhandenen Zwischenmittels bildet die Schrotladung bei weitem keinen so festen und mit dem Lauf abschließenden Widerstand wie ein durch einen gezogenen Büchsenlauf getriebenes Einzelgeschoss. Deshalb muss die Schrotladung mittels des sich sehr rasch aufbauenden Gasdruckes weit schneller als beim Büchsenschuss beschleunigt werden. Der maximale Gasdruck ist beim Schrotschuss, je nach verwendetem Pulver und Kaliber, in der Regel bereits erreicht, wenn die Schrotladung gerade einmal 130 mm im Lauf zurückgelegt hat. Bereits nach 150 bis 170 mm hat sich der Gasdruck wieder halbiert und nach etwa 40 mm ist der Gasdruckaufbau zu Ende.

5. Das Zwischenmittel
Das vornehmlich zur besseren Gasdruckentwicklung dienende Zwischenmittel ist die einzige Schrotpatronenkomponente, die beim Schrotschuss mit einem gewissen Widerstand durch den glatten Lauf getrieben wird. Es befindet sich zwischen der Pulver- und der Schrotladung. Das Zwischenmittel verhindert, dass die heißen Pulvergase direkt auf die Bleischrote einwirkt und wendet auch deren Anschmelzen und deren daraus bedingte eventuelle Verformung ab. Früher fast ausschließlich aus Filz hergestellt, bestand das Zwischenmittel mehr und mehr aus Kunststoff, kombiniert fast immer mit einem Schrotkorb. Es hat zumeist eine Schockabsorberkonstruktion integriert, die dafür sorgt, dass die durch den Pulverabbrand sehr rasch beschleunigten Schrote sich nicht aneinander und insbesondere an der Laufwandung aufstauchen, dadurch „unrund" werden und dies dann mit einem schlechteren Flugverhalten, einer breiteren Streuung und einer weniger guten Deckung der Schrote, quittieren. Ein eventuell vorhandener Schrotkorb sorgt für ein besseres „Zusammenhalten" der Schrotgarbe und, falls Stahlschrote verwendet werden, indirekt auch dafür, dass die Laufinnenwandung vor Abrieb geschützt wird. Nachdem die Schrote und das Zwischenmittel den Lauf verlassen haben, fliegen sie aufgrund ihrer Masse rasant weiter und das Zwischenmittel fällt schnell zu Boden. Aus Umweltschutzgründen verwendet man nun bei der Schrotpatronenherstellung immer weniger Kunststoff als Zwischenmittel, sondern eher wieder die umweltfreundlicheren Materialien Filz und Pappe.

6. Die Schrotladung
Bis in die späten 80er Jahre waren Schrote fast ausschließlich aus Hartblei, einer Legierung aus Blei mit einem Zusatz von 5 % Antimon und 5 % Zinn, hergestellt. Im Zuge des Umweltschutzes sind dann viele Länder, etwa auch die USA, dazu übergegangen, Bleischrot zu verbieten. In Deutschland dürfen

Schnitt durch eine Streukreuz-Schrotpatrone der Firma Rottweil. Durch das Streukreuz breiten sich die Schrote schneller aus, nachdem sie den Lauf verlassen haben.

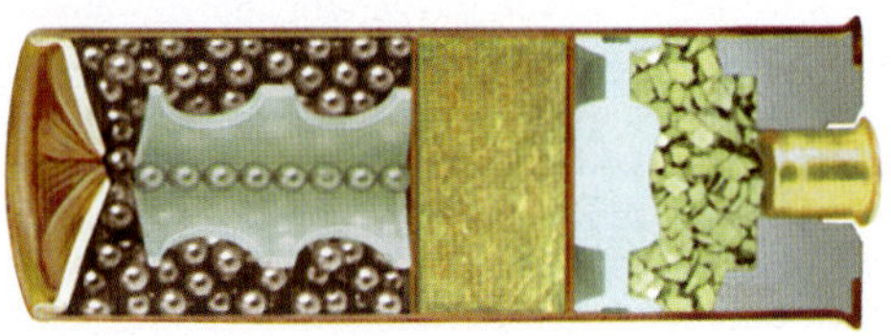

mit Bleischroten geladene Schrotpatronen zwar jagdlich zumeist noch verwendet werden, im sportlichen Bereich, zum Tontaubenschießen, geht man nun nach und nach aber dazu über, nur noch Patronen mit Stahlschroten zuzulassen. Stahl- oder Weicheisenschrote haben ein geringeres Gewicht als Bleischrote und würden deshalb zu einer geringeren effektiven Schussentfernung führen. Ein weiteres Problem mit den Weicheisenschroten ist das der größeren Laufbeanspruchung im Vergleich zu den viel weicheren Bleischroten. Während Bleischrote vornehmlich wie bereits beschrieben derart hergestellt werden, dass geschmolzenes Blei aus 30 m Höhe durch ein Sieb mit den entsprechenden Lochgrößen geschüttet wird, verwendet man für die Herstellung von Stahlschroten in der Regel ein Prinzip, bei dem geschmolzenes Weicheisen mittels Zentrifugalkraft durch eine Siebkonstruktion gepresst wird. Als man dazu überging Blei aus den Schrotpatronen zu verbannen, versuchte man dies nicht nur durch Weicheisen, sondern etwa auch durch Zink-, Zinn- und Bismuthlegierungen zu ersetzen. Vornehmlich verwendet man nun Weicheisenschrote, weil sie im Vergleich am billigsten sind. Die ähnlichsten physikalischen Werte hätte eigentlich Bismuth, das mit einem spezifischen Gewicht von 9,8 am nähesten an den Wert 11,3 des Bleis herankommt. Da Weicheisen am härtesten von allen Alternativmöglichkeiten ist, hat dies dann allerdings neben dem Kostenfaktor wieder den Vorteil, dass es damit am wenigsten zu einer Verformung der Schrote kommen kann. Dies hat weniger Randschrote und eine bessere Deckung der Schrotgarbe zur Folge.

7. Der Patronenabschluss
Der Frontbereich der Schrotpatrone besteht entweder aus einem separaten Abschlussblättchen, das von einer eingebördelten Patronenhülse gehalten wird, oder aus dem Sternverschluss. Der Bördelverschluss ist veraltet, der Stern- oder Faltverschluss, bei dem die Hülse als Ganzes vorne sternförmig eingefaltet ist und so die Schrotpatrone abschließt, ist die nun übliche Patronenabschlussart.

Die verschiedenen Schrotkaliber

Die Schrotkaliberbezeichnung, also etwa 12, 16 und 20, stammt aus dem Britischen und gibt an, wie viele gleich große Bleikugeln aus einem englischen Pfund (453,59 g) gegossen werden können; der Durchmesser ist dann der Laufinnendurchmesser. 12 Bleikugeln mit je einem Durchmesser von

Schnitt durch eine Rottweil-Express Schrotpatrone mit groben Schroten. Der Patronenabschluss besteht aus einem Abschlussplättchen, das von der eingebördelten Patronenhülse gehalten wird

Winchester-Schrotpatrone mit Sternverschluss.

18,52 mm ergeben zusammen gewogen 453,59 g, deshalb beträgt der Laufinnendurchmesser beim Schrotkaliber 12 18,52 mm. Bezüglich Kaliber 16 ergeben 16 gleich große Bleikugeln mit je einem Durchmesser von 16,81 mm ein englisches Pfund. Die weniger üblichen, kleineren Schrotkaliber 24, 28 und 32 ergeben so Laufinnendurchmesser von 14,70 mm, 13,97 mm und 13,56 mm. Das bisher vornehmlich amerikanische, sehr große Schrotkaliber 10 (19,70 mm Laufinnendurchmesser) kommt auch in einigen europäischen Ländern immer mehr für die Gänsejagd auf. Kaliber .410 (10,40 mm Laufinnendurchmesser) ist eine atypische Bezeichnung, da .410 die Bezeichnung für 0,41 Zoll ist.

Die verschiedenen Patronenlagerlängen

Die Gesamtlänge der abgeschossenen Schrotpatronenhülse sollte der Länge des Patronenlagers der verwendeten Flinte entsprechen. Da die Länge des Flintenpatronenlagers entweder in Inches/Zoll (") oder in Millimeter angegeben ist, wird das Flintenkaliber deshalb oft auch mit „Kaliber“ (s.o.)/„Patronenlagerlänge in Inches oder in mm“ angegeben, also etwa mit 12/70 oder mit 12/$2^{3}/_{4}$". Die Standardpatronenlagerlänge beim Kaliber 12 war vor Jahren noch 65 mm ($2^{1}/_{2}$") und liegt inzwischen bei 70 mm ($2^{3}/_{4}$"). Amerikanische Flinten und ein größerer Teil der 12er Selbstlade- und Pumpflinten haben eine Lagerlänge von 76 mm (3"), ihr Kaliber wird aufgrund der überdurchschnittlichen Leistung auch als Kaliber 12 Magnum oder 12/76 Magnum bezeichnet. Hülsen des besonders in den USA zunehmend populären Flintenkalibers 10 haben eine Gesamtlänge von 89 mm ($3^{1}/_{2}$"); wegen ihrer ebenfalls weit überdurchschnittlichen Leistung heißen die Patronen daher auch 10/89 Magnum. Es sollten niemals Schrotpatronen mit längeren Hülsen aus kürzeren Patronenlagern verschossen werden. Wenn sich in diesem Fall beim Abschuss die Hülse in den Übergangskonus zwischen Patronenlager und Lauf legt und deshalb einen Stau der Schrote und des Zwischenmittels verursacht, entsteht ein überhoher Gasdruck und es kann zu einer Waffensprengung kommen. Patronen mit kürzeren Hülsen können grundsätzlich aus längeren Flintenpatronenlagern verschossen werden, doch auch so ist ein erhöhter Gasdruck nicht auszuschließen. Die extra entwickelten Kaliber 12-Patronen mit 67,5 mm Hülsenlänge können gefahrlos sowohl in Flinten mit einem 70 mm als auch einem 65 mm Patronenlager verschossen werden.

Die Schrotschussgeschwindigkeit

Die Geschwindigkeit, mit der eine Schrotgarbe fliegt, wird oft unterschätzt. Die Geschwindigkeit (v = velocity) wird angegeben in Meter pro Sekunde (m/s). Während bei Büchsen die (stets abnehmende) Geschwindigkeit zumeist in 25 m-Schritten angegeben ist, v25 steht etwa für die Geschwindigkeit des Geschosses nach 25 m Flugbahn und v100 für die nach 100 m, wird bei Flinten mit einer v12,5 der

Schrote begonnen, da die Schrotgarbe nach etwa 12,5 m Flug ihre eindeutigste Form hat. Insbesondere wegen der zum Teil leichten Deformation einiger Schrote haben nicht alle Schrote exakt die gleiche Geschwindigkeit. Zudem kann die Geschwindigkeit der Einzelschrote auch von der im Lauf verwendeten Chokebohrung beeinflusst werden. Eine Garbe

Schrotpatrone, Kal. 12 gesamt in g	Schrot-gewicht	Einzelschrot-größe in mm	Gasdruck in bar	v12,5 in m/s
Kettner Skeet 24	24	2,0	580	330
Kettner Skeet 28	28	2,0	600	370
Kettner Skeet 32	32	2,0	620	360
Kettner Field 32	32	2,0-4,0	620	360-380
Kettner Nickel 32	32	2,3-3,2	560	330
Kettner Nickel 36	36	2,5-3,2	600	310
Rottweil Field	36	2,5-3,5	600	370-385
Rottweil Sport	28	2,0	600	380
Rottweil Steel	30	3,0-3,7	740	320
Fiocchi Field 28	28	2,7	600	270
Fiocchi Trap 24	24	2,41	600	330
Fiocchi Skeet 28	28	2,0	620	370

v12,5 = Geschwindigkeit, gemessen 12,5 m von der Laufmündung entfernt

von Bleischroten kann nach einer Entfernung von 30 m von der Laufmündung bereits eine Länge von 3 bis 5 m haben; die Länge einer Weicheisen-/Stahlschrotgarbe liegt dann lediglich bei 1,5 bis 2,5 m. Je nach der jagdlich und sportlich vorgesehenen Verwendung gibt es Schrotpatronen mit sehr verschiedenen Schrot- und Pulverladungen; in der entsprechenden Tabelle ist dies für das Kaliber 12 deutlich gemacht.

Wegen des geringeren spezifischen Gewichts von Weicheisen/Stahl und Zink fällt die Geschwindigkeit bei Verwendung dieses Schrotmaterials schneller aus als die der Bleischrote. Die Firma Rottweil hat diesbezüglich eine Faustregel errechnet. Man fand heraus, dass ein Weicheisen-/Stahlschrot mit einem Durchmesser von 3,2 mm und einem Gewicht von 0,134 g in etwa die gleiche Geschwindigkeit hat, wie ein Bleischrot von 2,7 mm Durchmesser, der ein Gewicht von 0,116 g hat.

	Schrot * in mm	v0	v12,5	v25	v35	v50
2,7 (Blei)	2,7	400	310	245	200	175
3,2 (Stahl)	3,2	400	290	225	175	150

v12,5 = Geschwindigkeit, gemessen 12,5 m von der Laufmündung entfernt
v25 = Geschwindigkeit, gemessen 25 m von der Laufmündung entfernt
v35 = Geschwindigkeit, gemessen 35 m von der Laufmündung entfernt
v50 = Geschwindigkeit, gemessen 50 m von der Laufmündung entfernt

FLUGZEIT

Die Geschwindigkeit der Schrote ist hinsichtlich des Schusses auf bewegte Ziele von großer Bedeutung. Obwohl die Geschwindigkeit von der Größe und Beschaffenheit der Schrote sowie der Pulverladung, also dem entstehenden Gasdruck, abhängt, kann über die Flugzeit der Schrote allgemein Folgendes gesagt werden:

- die Garbe erreicht in 0,029 Sekunden nach dem Abfeuern die Entfernung von 10 m,
- die Garbe erreicht in 0,063 Sekunden nach dem Abfeuern die Entfernung von 20 m,
- die Garbe erreicht in 0,1 Sekunden nach dem Abfeuern die Entfernung von 30 m,
- die Garbe erreicht in 0,143 Sekunden nach dem Abfeuern die Entfernung von 40 m,
- die Garbe erreicht in 0,2 Sekunden nach dem Abfeuern die Entfernung von 50 m.

Zudem muss bezüglich des Schrotschusses auch die Geschwindigkeit des Ziels berücksichtigt werden. Dabei kann man allgemein von den in der folgenden Tabelle angegebenen Werten ausgehen.

Beim Schrotschießen muss der Schütze in der Lage sein „mitzuschwingen“ und das Ziel nötigenfalls zu

	km/h	m/s
kleine Wurfscheibe	120	33
flüchtiges Flugwild	90	25
mittelgroße Wurfscheibe	88	24
regulär fliegendes Flugwild	70	19
langsam fliegender Greifvogel*	50	14
flüchtiges Reh*	35	10
schnell ziehendes Reh*	15	4

km/h = Kilometer pro Stunde
m/s = Meter pro Sekunde
*) in Deutschland nicht bzw. nicht mit Schrot zu bejagen

überholen oder abzudecken, damit die Schrotgarbe nicht hinter dem sich bewegenden Ziel „verpufft“. Das Betätigen des Abzuges in der Bewegung, beispielsweise, um ein sich schnell bewegendes Ziel zu verfolgen, ist gerade für statische Büchsenschützen sehr schwierig und erfordert sehr viel Training.

Die Auswahl der Schrote

Die Wahl der richtigen Schrotpatrone, geladen mit den für den vorgesehenen Zweck richtigen Schroten hängt von sehr vielen Faktoren ab, z. B.

- dem Waffenkaliber,
- dem verwendeten Chokelauf,
- den verwendeten Schroten, verbunden mit deren Streuungs- und Deckungsverhalten,
- dem zu bejagenden Wild oder der sportlichen Tontauben-Schießdisziplin,
- der Entfernung zum Ziel,
- wie der Schütze unterschiedliche Rückstoßstärken verkraftet.

Die Einzelschrotgröße wird entweder als mm-Durchmesser oder als festgelegte, allgemein gültige Schrotgrößennummer angegeben. Der Durchmesser der Einzelschrote spielt insbesondere im Zusammenhang mit dem mit der Flinte zu bejagenden Wild eine wichtige Rolle. Zudem ist bei der Jagd mit der Flinte auch die Schussentfernung von großer Bedeutung, also wie weit sich das zu beschießende Wild vom Schützen entfernt befindet. Die effektive zu beachtende Schussentfernung liegt bei Hasen weniger weit als etwa bei Fasanen. Grundsätzlich ist zu beachten, dass auf Wild aus nicht größerer Distanz als 35 m geschossen werden sollte. Ansonsten wäre nicht nur die Energie der Schrote eventuell bereits zu gering, sondern auch ihre Deckung.
Die Deckung wird auf eine Schussentfernung von 35 m mittels einer 16-Felder-Testscheibe, deren äußerer Ring einen Durchmesser von 75 cm hat, festgestellt. Die Schroteinschläge auf der Scheibe werden hinsichtlich ihrer Trefferprozente im Vergleich zur Anzahl der gesamten Schrote in der jeweiligen Patrone und hinsichtlich ihrer Regelmäßigkeit von Einschlag zu Einschlag geprüft. Die durch das Abschleifen der Schrote an der Laufwandung entstehenden Randschrote sind als außen liegende Einschläge auf der Testscheibe erkennbar.
Um mit Stahlschroten (Weicheisenschroten) die gleichen Trefferergebnisse zu erzielen, wie mit Bleischroten, auf deren gravierende Unterschiedlichkeiten ja bereits eingegangen wurde, kann grundsätzlich gesagt werden, dass stets erheblich größere Weicheisenschrote verwendet werden müssen. Genügt etwa für die Bejagung bestimmten Wildes die Verwendung von Bleischroten mit der Kugel-Nr. 5 (3 mm), so benötigt man bei der Verwendung von Weicheisenschroten für dieses Wild die Kugel-Nr. 3 (3,5 mm).

Verwendung von Bleischroten

Kugel -Nr.	Schrot * in mm	Einzelschrot-gewicht in g	Empfohlen für
9	2,0	0,05	Tontauben
71/2	2,4	0,08	Tontauben, Rebhuhn, Taube
7	2,5	0,09	Rebhuhn, Taube, Kaninchen
6	2,7	0,12	Rebhuhn, Taube, Kaninchen, Hase, Ente, Fasan
5	3,0	0,16	Hase, Ente, Fasan, Gans, Rabenvogel
4	3,3	0,20	Hase, Gans, Rabenvogel, Fuchs
3	3,5	0,25	Hase, Gans, Fuchs
2	3,8	0,30	Gans, Fuchs
1	4,0	0,37	Gans, Fuchs

Schrotpatronen sind in den verschiedensten Kalibern und Hülsenlängen sowie mit den unterschiedlichsten Schrotgrößen erhältlich. Deshalb kann in diesem Buch nicht auf sämtliche Schrotmunition eingegangen werden. Das vorhandene Angebot ist so groß, dass nur eine Auswahl bestimmter Schrotpatronenhersteller und Schrotpatronentypen angesprochen wird.

Die getroffene Auswahl ist wie folgt untergliedert:

- Überblick über jagdlich zu verwendende Schrotpatronen
  - mit Schroten aus Bismuth
  - mit Schroten aus Blei
  - mit Schroten aus Molyshot
  - mit Schroten aus Stahl (Weicheisen)
  - mit Schroten aus Zinn
  - mit Schroten aus Zink,
- Überblick über jagdlich zu verwendende Schrotpatronen,
- atypische Schrotpatronen.

Überblick über jagdlich zu verwendende Schrotpatronen

Es gibt eine enorme Menge unterschiedlicher, jagdlich zu verwendender Schrotpatronen. Neben dem Umstand, dass Schrotmunition für die Jagd teilweise große Differenzen zu Schrotmuntion, die für das sportliche Schießen konzipiert ist, hat, sollte sowohl für jagdliche als auch für sportliche Schrotmunition nochmals auf den derzeitigen Umbruch bezüglich der Verwendung von Bleischroten hingewiesen werden. Nicht nur in anderen europäischen Staaten sind Bestrebungen im Gange und mehr oder minder auch bereits Gesetz, die Verwendung von Schrotpatronen mit Bleischroten zu verbieten. Inwieweit der entsprechende Bann bereits verbindlich ist, erfährt man, je nach vorgesehener Verwendungsabsicht, am besten entweder

- beim Deutschen Jagdschutz-Verband e.V. (DJV), oder
- beim Deutschen Schützenbund e.V. (DSB).

Jagdliche Schrotpatronen mit Schroten aus Bismuth

Bismuth ist ein Metall, das bei der Verfeinerung von Kupfer, Gold, Blei, Zinn und Silber als Nebenprodukt anfällt. Es hat ein relativ hohes spezifisches Gewicht. Dies ist in der folgenden Tabelle, in der es mit Eisen, Stahl, Zink, Blei und anderen Metallen verglichen wird, zu erkennen.

Metallart	spezifisches Gewicht
Blei	11,34
Bismuth	9,8
Stahl	7,8
Zinn	7,3
Eisen	7,2 - 7,8
Zink	7,2
Molyshot	10,2

Bismuth-Schrote werden aus einer Legierung hergestellt, die zu 97 % aus Bismuth und zu 3 % aus Zinn besteht. Während Blei bekanntermaßen giftig ist, ist Bismuth eines der wenigen Schwermetalle, das ungiftig ist. Ein weiterer Vorteil von Bismuth ist, dass es relativ weich ist. Auf der Brinell-Härteskala liegt Bismuth bei lediglich 18, Blei bei 12 und die verschiedenen Stahlarten bei 290 bis 310. Die Verwendung von Bismuth-Schroten schadet den Läufen und Chokebohrungen nicht. Tests haben sogar ergeben, dass bei der Verwendung von Bismuth-Schroten weniger Randschrote entstehen – daraus ist zu schließen, dass Bismuth-Schrote an der Laufwandung sogar weniger abschmieren als Bleischrote. Bei Probeschüssen auf die oben beschriebene 16-Felder-Testscheibe wurde zudem festgestellt, dass die Deckung und Streuung der Bismuth-Schrote mindestens genauso gut und sogar etwas besser war, als die von Weicheisen-/Stahlschroten. In Deutschland hat sich als Alternative und Ersatz zu Blei zur Herstellung von Schroten zwar eher Weicheisen durchgesetzt, die Tests mit Bismuth ergeben jedoch, dass dieses Metallmaterial hier ebenso gut verwendet werden könnte. Allerdings, und das scheint der Punkt zu sein, ist Bismuth etwas teurer als Weicheisen und deshalb sind auch die entsprechenden Patronen teurer.

Bismuth Cartridge Company

Diese Firma gehört zur allseits bekannten Winchester-Gruppe und stellt Schrotpatronen mit Bismuth-Schroten her. Die nachfolgend vorgestellten angebotenen Patronen haben allesamt ein Zwischenmittel aus Kunststoff.

Bismuth-Patronen der Bismuth Cartridge Company.

Kaliber	Patrone Länge Zoll	mm	Ladungsgewicht Gramm	Schrote Durchmesser mm	Geschwindigkeit v1 m/s
10	3½	89	53	3,3 - 3,8	375
12	2½	63,5	28	2,5 - 3,3	380
12	2¾	70	32	2,5 - 2,7	383
12	2¾	70	35	2,7 - 3,3	372
12	2¾	70	35	2,7; 3,0; 3,3	405
12	2¾	70	39	2,7; 3,0; 3,3; 3,8	390
12	3	76	46	2,7; 3,0; 3,3; 3,8	380
12	3½	89	53	3,3 - 3,8	375
16	2¾	70	32	3,0 - 3,3	365
20	2¾	70	28	2,7 - 3,3	365
20	3	76	30	2,7; 3,0; 3,3; 3,8	380
28	2¾	70	18	2,5; 2,7; 3,3	380
.410	2½	63,5	12	2,5	380
.410	3	76	16	2,5; 2,7; 3,3	380

v1 = Geschwindigkeit der Schrotgarbe in Meter pro Sekunde, gemessen 1 m von der Laufmündung entfernt

Eley Alphamax

Eley Alphamax-Schrotpatronen haben eine rote Kunststoffpatronenhülse und ein umweltfreundliches Zwischenmittel aus Filz. Alphamax-Patronen gibt es nur wie nachfolgend beschrieben:

Kaliber	Patrone Länge Zoll	mm	Ladungsgewicht Gramm	Schrote Einzeldurchmesser mm
12	2¾	70	36	2,4; 2,6; 2,8; 3,1

Eley Alphamax-Schrotpatrone mit Bismuth-Schrotladung.

Eley Crown Squire

Auch die Kunststoffhülsen dieser Patronen sind rot und es wird ein Filzzwischenmittel verwendet. Diese Patronen gibt es in den nachfolgend genannten Konstellationen:

Kaliber	Patrone Länge Zoll	mm	Ladungsgewicht Gramm	Schrote Einzeldurchmesser mm
12	2⅝	67,5	28	2,0; 2,6; 2,8; 3,1

Eley Crown Squire-Schrotpatrone mit Bismuth-Schrotladung.

Eley Grand Prix HV-Schrotpatrone mit Bismuth-Schrotladung.

Eley Field Special

Die Patrone Eley Field Special hat eine gelbe Hülse und ebenfalls ein Zwischenmittel aus Filz. Sie wird als Kaliber 20 in folgenden Variationen angeboten:

Kaliber	Patrone Länge Zoll	mm	Ladungsgewicht Gramm	Schrote Einzeldurchmesser mm
20	$2\frac{3}{4}$	70	28,5	2,4; 2,6; 2,8; 3,1

Eley Field Special-Schrotpatrone mit Bismuth-Schrotladung.

Eley Grand Prix HV (High Velocity)

Die Patrone Eley Grand Prix HV, die wiederum eine rote Hülse und ein Filzzwischenmittel hat, entwickelt im Kaliber 12 eine Anfangsgeschwindigkeit von 400 m/s. Die Patrone gibt es in den nachfolgend genannten Konstellationen:

Kaliber	Patrone Länge Zoll	mm	Ladungsgewicht Gramm	Schrote Einzeldurchmesser mm
12	$2\frac{5}{8}$	67,5	32	2,0; 2,6; 2,8; 3,1

Jagdliche Schrotpatronen mit Schroten aus Blei

Rottweil Jagd mit brauner Papphülse

Diese Patrone wurde speziell entwickelt zur Verwendung in Jagdflinten mit kombinierten $^1/_4$- und $^3/_4$-Choke-Läufen. Die Papphülse und das gefettete Filzzwischenmittel sind schnell biologisch abbaubar. Rottweil Jagd-Patronen gibt es in den folgenden Kalibern und Schrotgrößen:

Kaliber	Patrone Länge Zoll	mm	Ladungsgewicht Gramm	Schrote Einzeldurchmesser mm
12	$2\frac{3}{4}$	70	36	2,5; 2,7; 3,0; 3,5
16	$2\frac{3}{4}$	70	31	2,5; 2,7; 3,0; 3,5
12 Streukr.	$2\frac{3}{4}$	70	34	2,75
16 Streukr.	$2\frac{3}{4}$	70	34	2,75

Rottweil Jagd mit brauner Papphülse mit Blei-Schrotladung.

Rottweil Magnum mit schwarzer Kunststoffhülse

Eine echte 3" (76 mm)-Magnum-Patrone mit einer schweren 52 g-Bleiladung. Die Patrone ist vornehmlich für die Jagd auf größeres Flugwild konzipiert. Waffen zum Verschießen der Rottweil Magnum müssen einen höheren Gasdruck (etwa 900 bar) aushalten. Die Patrone hat ein Kunststoffzwischenmittel mit Schrotkorb. Es gibt sie in den folgenden beiden Konstellationen:

Kaliber	Patrone			Schrote
	Länge		Ladungsgewicht	Einzeldurchmesser
	Zoll	mm	Gramm	mm
12	3	76	52	2,7; 3,0; 3,2; 3,7
20	3	76	52	2,7; 3,0; 3,2; 3,7

Rottweil Magnum mit 52 g-Blei-Schrotladung.

Rottweil Semi-Magnum mit schwarzer Kunststoffhülse

Diese Patrone verfügt über eine extra schwere Bleischrotladung, kann aber aus allen entsprechenden Flinten verschossen werden. Ihr maximaler Gasdruck liegt bei 650 bar. Die Patrone hat ein Kunststoffzwischenmittel mit Schrotkorb. Sie wird in den folgenden Ausführungen angeboten:

Kaliber	Patrone			Schrote
	Länge		Ladungsgewicht	Einzeldurchmesser
	Zoll	mm	Gramm	mm
12	2¾	70	40	2,7; 3,0; 3,2; 3,7; 4,0

Rottweil Semi-Magnum mit 40 g-Blei-Schrotladung.

Rottweil Tiger mit roter Kunststoffhülse

Trotz des Namens handelt es sich hierbei natürlich nicht um Munition zur Tigerjagd. Die Rottweil Tiger ist eine Allround-Patrone, insbesondere auch für ältere Flinten und es gibt sie in den folgenden Kalibern und Schrotgrößen:

Kaliber	Patrone			Schrote
	Länge		Ladungsgewicht	Einzeldurchmesser
	Zoll	mm	Gramm	mm
12	2⅝	67,5	32	2,5; 2,7; 3,0; 3,3; 3,5
16	2⅝	67,5	27	2,5; 2,7; 3,0; 3,3; 3,5
20	2⅝	67,5	25,5	2,5; 2,7; 3,0

Rottweil Tiger-Patrone.

Rottweil Waidmannsheil mit schwarzer Papphülse

Wie alle Rottweil-Schrotpatronen hat auch die Waidmannsheil einen besonders hohen metallenen Patronenbodenrand. Bei der Waidmannsheil wird ein gefettetes Filzzwischenmittel verwendet, das auch laufreinigend wirkt. Weil die Papphülse mit Parafinwachs eingelassen ist, ist sie zwar feuchtigkeitsresistent, jedoch gut biologisch abbaubar und deshalb umweltfreundlich. Es gibt die Rottweil Waidmannsheil Pappe in den folgenden Konstellationen:

Kaliber	Patrone			Schrote
	Länge		Ladungsgewicht	Einzeldurchmesser
	Zoll	mm	Gramm	mm
12	2¾	70	36	2,5; 2,7; 3,0; 3,2; 3,5; 4,0
16	2¾	70	31	2,5; 3,0; 3,5; 4,0

Rottweil Waidmannsheil mit schwarzer Papphülse.

Rottweil Waidmannsheil mit schwarzer Kunststoffhülse

Diese Patrone ist wegen ihrer Hülse aus Kunststoff für die jagdliche Verwendung bei schlechter, nasser Witterung bestimmt. Bei der Herstellung kommt ein Kunststoffzwischenmittel mit Schrotkorb zur Verwendung und es gibt die Rottweil Waidmannsheil Kunststoff in den folgenden Konstellationen:

Kaliber	Patrone			Schrote
	Länge		Ladungsgewicht	Einzeldurchmesser
	Zoll	mm	Gramm	mm
12	2¾	70	36	2,5; 2,7; 3,0; 3,2; 3,5; 3,7; 4,0; 4,2
16	2¾	70	31	2,5; 2,7; 3,0; 3,2; 3,5
20	2¾	70	27	2,5; 2,7; 3,0

Rottweil Waidmannsheil mit schwarzer Kunststoffhülse.

Molyshot der Kent Cartridge Company

Das Metallmaterial Molyshot hat nichts mit Molybdän zu tun, das zur Herstellung von Stahllegierungen verwendet wird. Molyshot ist viel weicher als eine Molybdänlegierung und hat mit einem spezifischen Gewicht, das bei 10,2 liegt, fast die gleichen Charakteristika wie Blei mit seinem spezifischen Gewicht von 11,4. Aufgrund dieser fast gleichen Masseneigenschaft ist die Energie von Molyshot bei der gleichen Schrotgröße höher als die von Bismuth-, Stahl- oder Zinkschroten. Zudem müssen deshalb keine Änderungen an den Chokebohrungen vorgenommen werden. Molyshot ist im Gegensatz zu Blei ungiftig. Das bei den entsprechenden Patronen verwendete Filzzwischenmittel ist biologisch sehr gut abbaubar, deshalb wurde es von der englischen Herstellerfirma „Biowad“ genannt und die Bezeichnung rechtlich geschützt.

Molyshot Hunter Eco

Die Molyshot Hunter Eco hat eine schwarze Kunststoffpatronenhülse und ein Filzzwischenmittel. Es gibt die entsprechende Molyshot-Patrone in den folgenden Konstellationen:

Kaliber	Patrone			Schrote
	Länge		Ladungsgewicht	Einzeldurchmesser
	Zoll	mm	Gramm	mm
16	2¾	70	32	3,0 - 3,3

Molyshot Hunter Eco-Patrone.

Molyshot Hunter Ecomag

Eine wirksame Patrone mit einer gelben Kunststoffpatronenhülse und einer etwas schwereren Schrotladung. Es gibt die Molyshot Hunter Ecomag in den folgenden Kalibern und Variationen:

Kaliber	Patrone			Schrote
	Länge		Ladungsgewicht	Einzeldurchmesser
	Zoll	mm	Gramm	mm
12	2¾	70	36	3,0 - 3,3
16	2¾	70	28	3,0 - 3,3

Molyshot Hunter Ecomag-Patrone.

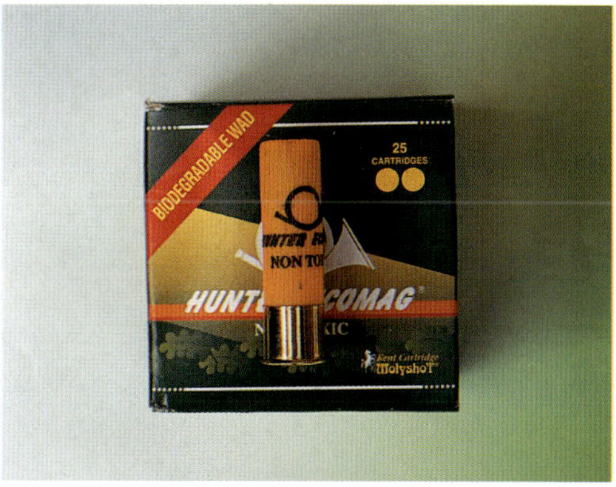

Jagdliche Schrotpatronen mit Schroten aus Stahl

Stahl- oder Weicheisenschrote ersetzten als erste die herkömmlichen Bleischrote. Stahlschrote wurden bereits in den 70er Jahren in den USA entwickelt, als man sich dort der Umweltbelastung durch jagdlich verwendete Bleischrote bewusst wurde. Zunächst wurde in den USA die Verwendung von Bleischroten zur Wasserjagd und dann auch zur Landjagd verboten. Um mit Stahl-/Weicheisenschroten mit ihrem geringeren spezifischen Gewicht die gleichen ballistischen Ergebnisse zu erzielen, wie mit Schroten aus Blei, muss die individuelle Schrotgröße verändert werden. Grundregel dabei ist, die Bleischrotgröße um jeweils drei vorhandene Schrotbezeichnungen zu steigern. Hat man z. B. Bleischrote Nr. 6 (2,7 mm), so sollte an Stahlschrot die Nr. 3 (3,5 mm) gewählt werden, um in etwa die gleiche Energie und Durchschlagskraft zu erreichen. Bevor man in seiner älteren Flinte Stahl-/Weicheisenschrote verschießt, sollte man sie erst von einem Büchsenmacher prüfen und nötigenfalls auch die Chokebohrungen im Lauf ändern lassen. So weit die Waffe nicht bereits amtlich auf die Verwendung von Stahlschroten beschossen ist und das entsprechende Prüfzeichen (Lilienform) trägt, sollte man einen Beschuss durchführen lassen. Ältere, leichtere Waffen halten dem höheren Gasdruck von Stahlschroten nicht stand. Neben den technischen Problemen kann die Verwendung auch zu anderen Nachteilen führen. Denn Stahlschrote im zubereiteten Wildbret können beim Kauen den Zähnen viel mehr Schaden als die weicheren Bleischrote zufügen.

Gamebore Pure Gold

Die Firma Gamebore Cartridge Company aus Hull, England, produziert sowohl für die jagdliche als auch für die sportliche Verwendung Schrotpatronen mit Stahl-/Weicheisenschroten. Die meisten Patro-

Gamebore Pure Gold-Patrone mit Stahlschroten.

nen sind sowohl mit Kunststoff- als auch mit Papphülsen erhältlich. Pure Gold-Patronen haben eine rote Kunststoffhülse und werden in folgenden Kalibern und Konstellationen angeboten:

Kaliber	Patrone			Schrote
	Länge		Ladungsgewicht	Einzeldurchmesser
	Zoll	mm	Gramm	mm
12	2⁵/₈	67,5	28	2,6
16	2⁵/₈	67,5	26	2,6; 2,8; 3,0; 3,3
20	2³/₄	70	28	2,6; 2,8; 3,0; 3,3

Gamebore Super Steel

Die spezielle Jagdpatrone Gamebore Super Steel hat eine grüne Kunststoffhülse und ein Kunststoffzwischenmittel mit Schrotkorb. Es gibt die Patrone im folgenden Kaliber und Variationen:

Kaliber	Patrone			Schrote
	Länge		Ladungsgewicht	Einzeldurchmesser
	Zoll	mm	Gramm	mm
12	2⁵/₈	67,5	24	2,0 - 2,4
12	2⁵/₈	67,5	28	2,0 - 2,4

Gamebore Super Steel-Patrone.

Gamebore Traditional Game

Diese Patrone hat eine gelbe, aus Kunststoff gefertigte Hülse und ein Kunststoffzwischenmittel mit Schrotkorb. Das Kaliber 20 hat eine sehr leichte Schrotladung und ist deshalb speziell für „Damenflinten" gedacht. Folgende Kaliber und Ausführungen sind auf dem Markt:

Kaliber	Patrone			Schrote
	Länge		Ladungsgewicht	Einzeldurchmesser
	Zoll	mm	Gramm	mm
12	2⁵/₈	67,5	32	2,4; 2,6; 2,8
20	2⁵/₈	70	21	2,6; 2,8; 3,0; 3,3

Gamebore Super Steel-Patrone.

Rottweil Steel-X-Range mit roter Kunststoffhülse

Die Firma Rottweil hat diese Patrone speziell für Länder entwickelt, wo die Verwendung von Bleischroten ganz oder teilweise verboten ist. Um die ballistischen Werte an die von Blei anzugleichen, hat man die Schrotgrößen entsprechend erhöht. Zur Schonung des Laufes befindet sich die Schrotladung in einem speziellen Schrotkorb, der an einem Kunststoffzwischenmittel angebracht ist.

Rottweil Steel-X-Range-Patrone.

Es gibt die Patrone nur im Kaliber 12 und mit den nachfolgend genannten Schrotgrößen:

Kaliber	Patrone			Schrote
	Länge		Ladungsgewicht	Einzeldurchmesser
	Zoll	mm	Gramm	mm
12	2¾	70	30	2,8; 3,5; 3,8

Rottweil Waidmannsheil Stahl mit grüner Papphülse

Sowohl die Papphülse als auch das verwendete Filzzwischenmittel sind biologisch hervorragend abbaubar. Der maximale Gasdruck der grünen Waidmannsheil liegt bei 740 bar und die Garbe hat eine Anfangsgeschwindigkeit (v2,5) von etwa 400 m/s. Derzeit wird eine Patrone Rottweil Waidmannsheil Stahl mit grüner Papphülse mit den folgenden Schrotgrößen nur im Kaliber 12/70 angeboten.

Kaliber	Patrone			Schrote
	Länge		Ladungsgewicht	Einzeldurchmesser
	Zoll	mm	Gramm	mm
12	2¾	70	30	3,2; 3,5; 3,7

Rottweil Waidmannsheil Stahl-Patrone.

Winchester Super-X

Die US-Firma Winchester baut zum jagdlichen Einsatz eine spezielle Stahlschrot-Magnum-Patrone. Diese hat eine rote, lange Kunststoffhülse und eine schwere Schrotladung. Es gibt Kaliber und Schrotgrößen in den folgenden Konstellationen:

Winchester Super-X Stahlschrotpatrone.

Kaliber	Patrone			Schrote
	Länge		Ladungsgewicht	Einzeldurchmesser
	Zoll	mm	Gramm	mm
12	3	76	39	2,8; 3,3; 3,5; 3,8; 4,0; 4,5
20	3	76	28	2,8 - 3,3

Schrotpatronen mit Schroten aus Zinn

Zinn ist ein silberfarbenes Weichmetall, das leicht verformbar ist. Es hat ein recht niedriges spezifisches Gewicht (7,3) und zählt deshalb zu den Halbschwermetallen. Ein Vorteil von Zinnschroten ist, dass sie aus allen Flinten verschossen werden können, ohne dass diese technisch angepasst sind. Zinn ist ungiftig, in der Form von Weißblech (Dosen) wird Zinn zur Verpackung von Lebensmitteln und auch zur Herstellung anderer Metalllegierungen verwendet.

Gamebore Tin Shot

Im Rahmen ihrer Versuche, Bleischrote durch andere Materialien zu ersetzen, entwickelte die britsche Firma Gamebore Patronen mit Schroten aus Zinn. Indem man die Schrotgröße adäquat vergrößerte, wurden auch entsprechende Auftreffenergien erreicht. Die Patronen haben eine transparente Kunststoffhülse, ein Kunststoffzwischenmittel und sind in den folgenden Variationen erhältlich:

Kaliber	Patrone			Schrote
	Länge		Ladungsgewicht	Einzeldurchmesser
	Zoll	mm	Gramm	mm
12	2⅝	67,5	23	3,3; 3,5; 3,8

Gamebore Tin Shot-Patrone mit Zinnschroten.

Schrotpatronen mit Schroten aus Zink

Schrotpatronen mit Schroten aus Zink sind von ihren ballistischen Eigenschaften eine Alternative zu Bleischrotpatronen. Mit seinem spezifischen Gewicht von 7,2 hat Zink in etwa die gleichen Eigenschaften wie Weicheisen. Im Vergleich hierzu ist die Verwendung von Zinkschroten besonders bei älteren Waffen vorzuziehen, denn mit dem weicheren Zink müssen die Läufe und Chokebohrungen nicht modifiziert werden. Die Zinkschrote entwickeln auf 12,5 m eine Geschwindigkeit v12,5 von etwa 310 m/s.

Hubertus Zink

Hubertus Zink-Patronen haben eine dicke, schwarze Papphülse und ein eingefettetes, laufreinigendes Zwischenmittel aus Filz. Zink ist gut biologisch abbaubar; die stählerne Bodenkappe verrottet am schlechtesten, wenn die abgeschossenen Jagdflintenpatronen, nicht zum Entsorgen eingesammelt, etwa im Wald liegen bleiben. Auch Zinkschrote mit ihrem spezifischen Gewicht von 7,2 müssen größer gehalten sein als die spezifisch schwereren Schrote aus schwereren Metallen. Folgende Kaliber und Ausführungen sind auf dem Markt:

Kaliber	Patrone			Schrote
	Länge		Ladungsgewicht	Einzeldurchmesser
	Zoll	mm	Gramm	mm
12	2 3/4	70	28	3,0 - 3,5
12	2 3/4	70	30	3,0 - 3,5
16	2 3/4	70	30	3,0 - 3,5
20	2 3/4	70	28	3,0 - 3,5

Hubertus Zink-Patrone.

Überblick über sportlich zu verwendende Schrotpatronen

In den meisten europäischen Staaten dürfen zum sportlichen Flintenschießen noch Patronen mit Bleischroten verwendet werden. Allerdings werden große umwelttechnische Auflagen bezüglich der Schießanlagen gestellt. Auf den Schießanlagen muss sich unter der ersten Erdschicht eine Kunststoffplane befinden, um zu verhindern, dass Bleiauswaschungen ins Grundwasser gelangen; die regelmäßig auszutauschende erste Erdschicht muss als Sondermüll entsorgt werden. Einige Sportschützenclubs und die Gesetze einiger Staaten beginnen nun, die Verwendung von Stahlschroten zu fordern.

Geco Special 24 mit roter Kunststoffhülse

Diese Patrone, die von Dynamit Nobel verkauft wird, wurde speziell zum Sportschießen entwickelt. Es gibt sie sowohl zum Trap- als auch zum Skeet-Schießen. Die Geco 24 hat ein Kunststoffzwischenmittel und es gibt sie nur im Kaliber 12.

Kaliber	Patrone			Schrote
	Länge		Ladungsgewicht	Einzeldurchmesser
	Zoll	mm	Gramm	mm
12 - Skeet	2 5/8	67,5	24	2,0
12 - Trap	2 3/8	67,5	24	2,4

Geco Special 24-Patrone mit Bleischroten.

Geco Special 28 mit roter Kunststoffhülse

Es handelt es sich um ein hochwertiges Produkt von Dynamit Nobel, das mit einer schwereren Schrotladung von 28 g speziell zum Tontaubenschießen entwickelt wurde. Die Geco 28 hat ein Kunststoffzwischenmittel und es gibt sie nur im Kaliber 12.

Geco Special 28-Patrone mit Bleischroten.

Kaliber	Patrone			Schrote
	Länge		Ladungsgewicht	Einzeldurchmesser
	Zoll	mm	Gramm	mm
12-Skeet	2 5/8	67,5	28	2,0
12-Trap	2 5/8	67,5	28	2,4

Geco Special 28 Streu mit roter Kunststoffhülse

Auch die Geco Special 28 Streu ist für das Wurfscheibenschießen gedacht, allerdings hier nur für die Disziplin Skeet. Für die kürzeren Skeet-Schussdistanzen hat die Patrone ein Streukreuzzwischenmittel, das die Schrotgarbe nach dem Verlassen des Laufs nochmals besonders auseinandertreibt und so auf die kurze Distanz eine bessere Deckung erbringt. Auch diese Patrone gibt es nur im Kaliber 12.

Kaliber	Patrone			Schrote
	Länge		Ladungsgewicht	Einzeldurchmesser
	Zoll	mm	Gramm	mm
12	2 5/8	67,5	28	2,0

Geco Special 28 Streu-Patrone mit Bleischroten.

Maionchi Skeet Gold

Eine weitere Munition speziell zum Skeet-Schießen ist die unter den Sportschützen ebenfalls weit verbreitete Patrone Maionchi Skeet Gold. Sie wird ebenfalls nur im Kaliber 12 angeboten und hat ein reguläres Kunststoffzwischenmittel.

Kaliber	Patrone			Schrote
	Länge		Ladungsgewicht	Einzeldurchmesser
	Zoll	mm	Gramm	mm
12	2 5/8	67,5	24	2,0

Maionchi Skeet Gold-Patrone.

Rottweil Club 28 Streu mit schwarzer Kunststoffhülse

Eine spezielle Streukreuzpatrone zum Skeet-Schießen mit Flinten im Kaliber 16. Das integrierte Streukreuz sorgt dafür, dass sich die Schrotgarbe kurzfristiger ausbreitet; deshalb sind Streukreuzpatronen auch sehr gut geeignet, wenn man mit Flinten mit engeren Chokebohrungen, etwa Voll- oder 3/4-Choke, auf kürzere Distanzen schießen will. Die Rottweil Club 28 Streu ist nur in der folgenden Konstellation erhältlich:

Kaliber	Patrone			Schrote
	Länge		Ladungsgewicht	Einzeldurchmesser
	Zoll	mm	Gramm	mm
16	2 5/8	67,5	28	2,0

Rottweil Club 28 Streu-Patrone.

Rottweil Steel-X-Range Trap und Skeet

Die Firma Rottweil, ebenfalls zu Dynamit Nobel gehörend, hat diese Patrone für Staaten herausgebracht, in denen schon keine Bleischrote mehr zum Tontaubenschießen verwendet werden dürfen. Die Stahlschrote in der Patrone, die eine rote Kunststoffhülse aufweist, befinden sich zur Laufschonung in einem am Kunststoffzwischenmittel integrierten Schrotkorb. Die Schrotpatrone ist nur in den folgenden Konstellationen erhältlich:

Kaliber	Patrone			Schrote
	Länge		Ladungsgewicht	Einzeldurchmesser
	Zoll	mm	Gramm	mm
12 - Skeet	2 3/4	70	28	2,3
12 - Trap	2 3/4	70	28	2,6

Rottweil Steel-X-Range Trap-Patrone.

Rottweil Subsonic Trap 28 mit grüner Kunststoffhülse

Eine Patrone, die speziell zur Verringerung der Lautstärke des Schussknalls beim Wurfscheibenschießen entwickelt wurde. Die Geschwindigkeit der Schrote bleibt unter der Schallgeschwindigkeit, die bei etwa 330 bis 340 m/s liegt. Aufgrund der langsamer fliegenden Schrote muss beim Schießen auf die fliegende Wurfscheibe weiter „vorgehalten“

Rottweil Subsonic Trap-Patrone.

werden, was ein intensives Training erfordert. Sie ist in folgender Konstellation erhältlich:

Kaliber	Patrone			Schrote
	Länge		Ladungsgewicht	Einzeldurchmesser
	Zoll	mm	Gramm	mm
12	$2^{5}/_{8}$	67,5	24	2,0

Rottweil Superskeet 24 mit roter Plastikhülse

Dabei handelt es sich um eine spezielle Skeetpatrone mit einer verringerten Schrotladung. Die Schrotpatrone mit Schrotkorb-Kunststoffzwischenmittel ist nur in folgender Variation erhältlich:

Kaliber	Patrone			Schrote
	Länge		Ladungsgewicht	Einzeldurchmesser
	Zoll	mm	Gramm	mm
12	$2^{5}/_{8}$	67,5	24	2,0

Rottweil Superskeet 24-Patrone.

Rottweil Superskeet 28 Streu mit roter Plastikhülse

Die Rottweil Superskeet 28 Streu-Patrone hat zur besseren Ausbreitung der Schrote nach dem Verlassen des Laufes wieder ein Streukreuz auf dem Zwischenmittel aufgesetzt. Es gibt die spezielle Skeetpatrone nur wie nachfolgend beschrieben:

Kaliber	Patrone			Schrote
	Länge		Ladungsgewicht	Einzeldurchmesser
	Zoll	mm	Gramm	mm
12	$2^{5}/_{8}$	67,5	28	2,0

Rottweil Superskeet 28-Patrone.

Rottweil Supersport 24 mit grüner Plastikhülse

Die Supersport 24 wurde von der zu Dynamit Nobel gehörenden Marke Rottweil zum Schießen der Schrotdisziplin Trap entwickelt. Aufgrund ihrer sehr guten Deckung kann sie aber auch zum Skeetschießen verwendet werden. Die Patrone hat ein Kunststoffzwischenmittel mit Schrotkorb und es gibt sie im Kaliber 12 nur wie nachfolgend beschrieben:

Kaliber	Patrone			Schrote
	Länge		Ladungsgewicht	Einzeldurchmesser
	Zoll	mm	Gramm	mm
12	$2^{5}/_{8}$	67,5	24	2,2

Rottweil Supersport 24-Patrone.

Rottweil Supertrap 24 mit blauer Plastikhülse

Die Rottweil Supertrap 24 ist eine reine Patrone zum Trapschießen. Die Bleischrotlegierung ist extra hart und die Schrotgarbe hält auf eine sehr lange Distanz relativ eng zusammen. Auch die Rottweil Supertrap 24 hat ein Kunststoffzwischenmittel und es gibt sie nur im Kaliber 12.

Kaliber	Patrone			Schrote
	Länge		Ladungsgewicht	Einzeldurchmesser
	Zoll	mm	Gramm	mm
12	$2^{5}/_{8}$	67,5	24	2,4

Rottweil Supertrap 24-Patrone.

Rottweil Supertrap 28 mit roter Plastikhülse

Die roten Supertrap 28-Patronen bieten den idealen Schrotgarbenzusammenhalt, kombiniert mit der richtigen Schrotgeschwindigkeit für das sportliche Trapschießen. Die Patrone verfügt über ein Kunststoffzwischenmittel mit Schrotkorb. Es gibt sie nur im Kaliber 12:

Kaliber	Patrone			Schrote
	Länge		Ladungsgewicht	Einzeldurchmesser
	Zoll	mm	Gramm	mm
12	$2^{5}/_{8}$	67,5	28	2,4

Rottweil Supertrap 28-Patrone.

Spezialpatronen

Patronen zum Schießen aus Flinten, die lediglich ein Projektil, ein Flintenlaufgeschoss, oder nur sehr wenige, extrem große Schrote (Posten) enthalten, können als Spezialflintenpatronen angesehen werden. Sowohl Flintenlaufgeschosse als auch Posten, die beide von weit mehr Herstellern angeboten werden als nur von Rottweil, werden nicht zum sportlichen Flintenschießen, sondern nur für jagdliche, aber auch polizeiliche Zwecke verwendet.

Rottweil Express

Die Geschossladung dieser Patrone besteht aus (Sau-)Posten, im englischen auch Buckshot genannt, die einzeln einen Durchmesser von bis zu 8,6 mm haben können und mit denen früher Schalenwild bejagt wurde. Die jagdliche Verwendung von Postenpatronen ist in Europa allerdings inzwischen fast überall verboten. Die Rottweil Express-Postenpatrone hat eine transparente Kunststoffhülse und ein Filzzwischenmittel mit einem zusätzlichen Kunststoffzwischenplättchen. Es gibt sie in den folgenden Kalibern und Postengrößen:

Kaliber	Patronenlänge Zoll	mm	Anzahl	Schrote Durchmesser in mm
12	$2\frac{5}{8}$	67,5	70	4,5
12	$2\frac{5}{8}$	67,5	43	5,2
12	$2\frac{5}{8}$	67,5	27	6,2
12	$2\frac{5}{8}$	67,5	12	7,5
12	$2\frac{5}{8}$	67,5	10	7,9
12	$2\frac{5}{8}$	67,5	9	8,6

Rottweil Express–Patrone mit Posten.

Rottweil Brenneke

Eine weitere vornehmlich jagdlich (aber auch polizeilich) verwendete Flintenmunition ist die Patrone mit einem Flintenlaufgeschoss. Das Flintenlaufgeschoss, englisch Slug, ist ein Einzelprojektil, das durch den glatten Flintenlauf getrieben wird. In Deutschland und in vielen anderen europäischen Ländern ist die Verwendung von Flintenlaufgeschossen zur Jagd auf Schalenwild zugelassen. Die bekannteste Patrone mit Flintenlaufgeschoss ist die Rottweil Brenneke. „Brenneke" ist bereits teilweise zum Synonym für „Flintenlaufgeschoss" geworden. Es gibt jedoch ähnlich konstruierte Flintenlaufgeschosse/Slugs von diversen anderen Herstellern.

Für die Jagd ist die Patrone mit Flintenlaufgeschoss oft lediglich ein Kompromiss, insbesondere wenn z. B. mit kombinierten Waffen schnell ein zweiter „Kugel"-Schuss „nachgeschossen" werden soll, wenn man also etwa mit einer Bockbüchsflinte auf einer Saudrückjagd die Büchsenpatrone abgefeuert hat und dann aus dem Schrotlauf noch ein Brenneke-Geschoss verschießt. Zwar bieten einige Hersteller auch spezielle gezogene Flintenläufe mit Zügen und Feldern zum Verschießen von Flintenlaufgeschossen an und besonders in den USA gibt es diesbezüglich auch sportliche Disziplinen zum Präzisionsschießen von Slugs auf bis zu 300 m, doch die so genannten Slugläufe sind eher die Ausnahme. Im regulär glatten Flintenlauf bekommt das Flintenlaufgeschoss seine notwendige Flugstabilität durch seine spezielle, Zügen und Feldern ähnliche Außenform. Insbesondere durch eine enge Chokebohrung getrieben fängt das Geschoss nach dem Verlassen des Laufens an, um die Längsachse zu rotieren.

Nachfolgend sehen Sie eine Datentafel, bezogen auf die angebotenen Rottweil Brenneke-Patronen. Die Daten wurden von Rottweil/Dynamit Nobel zur Verfügung gesellt.

Kaliber	Geschossgewicht in g	Gasdruck in bar	Geschwindigkeit in m/s v0	v25	v50	v75	v100
12	31,5	650	430	370	330	300	275
12/76	39	900	460	400	350	315	290
16	27	680	430	370	330	300	275
20	24	720	430	370	330	300	275

v0 = Geschossgeschwindigkeit an der Laufmündung
v25 = Geschossgeschwindigkeit 25 m von der Laufmündung entfernt
v50 = Geschossgeschwindigkeit 50 m von der Laufmündung entfernt
v75 = Geschossgeschwindigkeit 75 m von der Laufmündung entfernt
v100 = Geschossgeschwindigkeit 100 m von der Laufmündung entfernt

Rottweil Brenneke-Patrone mit Flintlaufgeschoss.

Schnitt durch die Rottweil Brenneke-Patrone.

8. Gesetzliche Bestimmungen bezüglich Jagd- und Sportflinten

Viele Staaten verbieten die Verwendung von Bleischroten, teilweise nur jeweils für den jagdlichen oder sportlichen Gebrauch und teilweise komplett. In Deutschland schreibt der Deutsche Jagdschutzverband zwar für die Wasserjagd jetzt die Verwendung von Weicheisen-/Stahlschroten vor und empfiehlt, aus Umweltschutzgründen auch allgemein von Blei- auf Stahlschrote umzusteigen, doch ein gesetzlich verbindliches Verbot von Bleischroten, wie etwa in den USA, wo diese schon vor Jahren für den jagdlichen Einsatz verboten wurden, gibt es nicht.

Die Verwendung von Schrot zur Jagd ist in Deutschland auf die Bejagung von Niederwild beschränkt, auf Hoch- und Schalenwild darf nach den jagdrechtlichen Bestimmungen nur mit Einzelprojektilen geschossen werden. Zuwiderhandlungen gegen dieses Verbot werden streng geahndet und haben in der Regel den Verlust des Jagdscheines zur Folge. Dass ausnahmsweise zugelassen wird, auf Hoch- oder Schalenwild mit einer Schrotwaffe zu schießen, kann man sich nur vorstellen, wenn etwa ein Jäger einen angefahrenen und schwer verletzten Hirschen tötet und so von seinen Leiden erlöst.
Hinsichtlich Selbstladewaffen gibt es in Deutschland die gesetzlich verbindliche Vorschrift, dass nur Waffen jagdlich eingesetzt werden dürfen, die eine Magazinkapazität von lediglich zwei Schuss haben. Waffen mit einer größeren Magazinkapazität müssen dauerhaft so abgeändert sein, dass insgesamt nur drei Patronen geladen werden können. Falls sportliche Disziplinen bestehen, die eine größere Magazinkapazität erfordern, können Selbstladeflinten- und Selbstladebüchsen auch mit Magazinen erworben werden, die mehr als zwei Patronen fassen. Sowohl im Fall des Sportschützen als auch im Falle des Jägers, der ausnahmsweise eine Selbstladeflinte mit einem Magazin für fünf oder acht Patronen erwerben will, muss dieser Kauf erst von der zuständigen Behörde geprüft und genehmigt werden.

Sportliches Flintenschießen

Tontaubenschießen ist eine sehr interessante Sportart. Grundsätzlich wird bei allen Tontaubendisziplinen von festgelegten Schützenständen aus geschossen. Die Tontauben, die von den Schroten im Fluge zerschlagen werden müssen (mindestens zwei Teile!), werden von einer Wurfmaschine in verschiedene Richtungen in verschiedenen Abgangswinkeln in die Luft katapultiert. Beim Skeetschießen werden zwei Tauben gleichzeitig gegeneinander geschleudert, der Schütze muss eine Doublette schießen. Die wichtigsten Tontaubendisziplinen werden nachfolgend beschrieben:

- Trap,
- Skeet,
- Jagdparcours,
- praktisches Flintenschießen.

Trap

Olympische Trap-Schießanlagen haben fünf Schützenstände. In einer Entfernung von 15 m vor den Ständen sind in einem 16 m breiten Graben von den Schützenständen insgesamt ebenfalls fünf Wurfmaschinen installiert.
Die Tontauben werden aus den jeweils vor den Ständen befindlichen Maschinen für jeden Schützen einzeln im Zufallsprinzip in unterschiedlichen Geschwindigkeiten in verschiedene Richtungen geschleudert. Nach dem Beschießen seiner Tontaube wechselt der jeweilige Schütze zum nächsten Schützenstand und wartet dort auf seine neue Taube. Beim sportlichen Trapschießen befindet sich der Schütze, bevor seine Tontaube ausgeworfen wird, bereits im Anschlag. Damit die Scheibe dann geschleudert wird, gibt er ein akustisches Zeichen. Beim jagdlichen Trapschießen ist der Schütze im Voranschlag und zieht den Hinterschaft erst in die Schulter, wenn er sein Zeichen gegeben hat und die Tontaube bereits katapultiert ist. Auf die fliegende Tontaube dürfen maximal zwei Schuss abgegeben

Wildschweine (Foto von Browning).

Skizze einer olympischen Trap-Schießanlage.

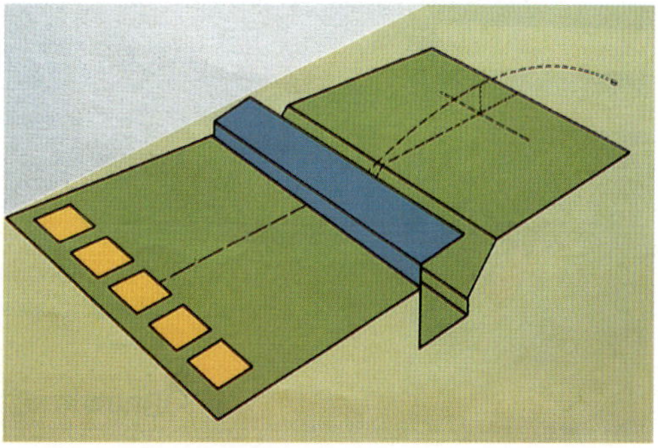

werden. Ein Durchgang beim sportlichen Trapschießen besteht aus 25 geworfenen Tauben. Bei internationalen Wettkämpfen werden fünf Durchgänge und abschließend eine Finalrunde zu jeweils 25 Wurfscheiben geschossen.
Tontaubenschießen erfordert sehr viel Konzentration. Trapflinten haben besonders lange Läufe (76 cm oder 81 cm) und eine möglichst enge Chokebohrung.
Eine Variation des olympischen Trapschießens ist die Disziplin Double Trap, die erstmals 1966 auch olympische Disziplin wurde. Dabei werden im gleichen Ablauf wie beim regulären Trapschießen jeweils zwei Wurfscheiben geworfen. Damen beschießen beim Double Trap während drei 20er Serien insgesamt 120 Tontauben. Männer beschießen während drei 25er Serien insgesamt 150 Tauben. Darauf gibt es bei den Damen und den Männern eine Finalrunde mit je 25 Tontauben.
Eine weitere Form des sportlichen Trapschießens ist das jagdliche Trapschießen. Dabei fliegen die Tontauben etwas langsamer und in begrenzteren Abgangswinkeln. Die Schützenstände und Wurfmaschinen befinden sich dabei nicht nebeneinander, sondern sind 15 Meter voneinandner entfernt jeweils in einer Art Viertelkreis angeordnet. Die Schützen schießen ebenfalls wieder nacheinander, allerdings beschießen sie nur eine Tontaube und haben dazu wieder maximal zwei Schuss zur Verfügung. Diese Beschränkung geht wohl darauf zurück, dass von Anfang an üblicherweise nur Bockdoppel- und reguläre Doppelfinten zum Tontaubenschießen verwendet wurden. Beim jagdlichen Trapschießen werden nur 15er Serien geschossen.
Bei einer vierten Variation des Trapschießens wird lediglich eine Wurfmaschine eingesetzt. Diese spezielle Konstruktion kann die Tontauben in sehr unterschiedlichen Geschwindigkeiten und Winkeln auswerfen (90 Grad horizontal und 35 Grad vertikal). Sie befindet sich in einem Grabenbunker, der zentrisch 15 m von den fünf wieder in einem Viertelkreis angeordneten Schützenständen entfernt ist. Pro Schützenabruf wird eine Tontaube geschleudert und der Schütze muss, nachdem er darauf maximal einen Doppelschuss gefeuert hat, den Stand wechseln.

Die Jagd mit der Flinte (Foto von Browning).

Skizze einer Schießanlage zum rein jagdlichen Trapschießen.

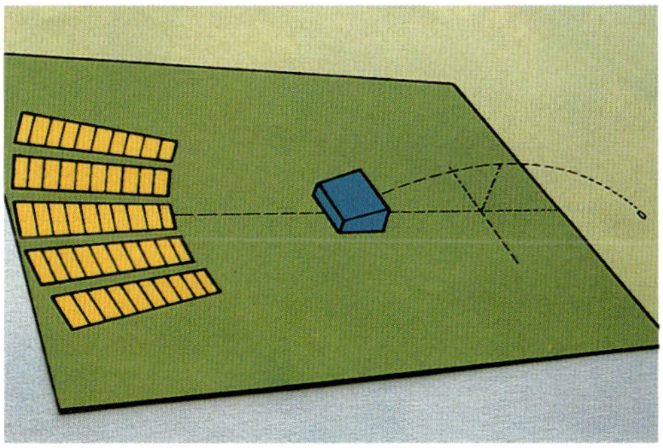

Skizze einer Skeet-Schießanlage.

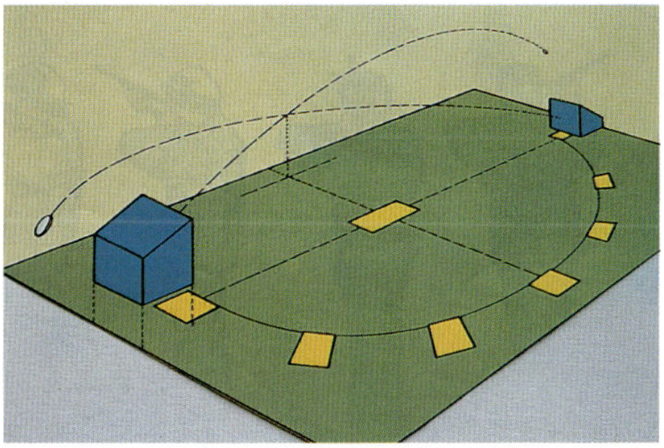

Skeet

Die Regeln für das Skeetschießen wurden bereits 1926 in den USA festgesetzt, Skeet ist also eine relativ alte Schießdisziplin. Auf der Skeetschießanlage gibt es sieben in einem Halbkreis angeordnete Schützenstände sowie einen achten Stand, der sich in der Mitte der imaginären Linie zwischen den beiden äußersten Schützenständen des Halbkreises befindet.

Auf jeder Seite des Halbkreisendes ist ein geschütztes „Haus" aufgebaut. Im so genannten Hochhaus auf der linken Seite befindet sich eine Tontaubenwurfmaschine in 10 Fuß (305 cm) Entfernung zum Boden und im so genannten Niederhaus auf der rechten Seite ist in 42 Zoll (107 cm) Höhe eine Wurfmaschine angebracht. Die aus den beiden Häusern katapultierten Tontauben müssen sich im Zentrum des von den Schützenständen gebildeten Halbkreises in einer Höhe von 15 Fuß (etwa 4,5 m) kreuzen. Auch beim Skeetschießen wird vom Schützen zwar „abgerufen", die Tontauben werden dann jedoch erst mit einer gewissen zeitlichen Verzögerung (1–3 Sekunden) ausgeworfen. Es wird aus dem so genannten jagdlichen Anschlag heraus geschossen, d. h. der Schaft wird erst zur Schulter gezogen, wenn die Tontaube geschleudert ist. Die Schussentfernung ist bei Skeet relativ gering, deshalb haben Skeetflinten eine weite Chokebohrung. Der übliche Einzelschrotdurchmesser bei Skeet ist 2 mm.

Die Schusssequenz und die Anzahl der katapultierten Wurfscheiben ist beim Skeetschießen folgende: Für den am weitesten rechts befindlichen Schützenstand 1 werden insgesamt drei Tauben geworfen, zunächst eine einzelne Taube aus dem Hochhaus, gefolgt von zwei Tontauben fast gleichzeitig, zunächst einer aus dem Hoch- und dann einer aus dem Niederhaus. Diese Sequenz wiederholt sich auf den Schützenständen 2 und 3. Auf Stand 4 wird lediglich auf je eine nacheinander aus den beiden Häusern geworfene Taube geschossen und auf den Ständen 5 und 6 wiederholt sich dann die erste Sequenz von den Ständen 1 bis 3. Von dem extrem links befindlichen Schützenstand 7 müssen dann wieder mit maximal zwei Schuss zwei Wurfscheiben beschossen werden, allerdings kommt die erste Taube diesmal aus dem Niederhaus. Für Stand 8 wird schließlich zunächst eine Taube aus dem Hoch- und dann fast gleichzeitig aus dem Niederhaus geschleudert, die der Schütze allerdings beide mit nur einem Schuss, einer so genannten Doublette, zu treffen hat. Ein komplette Skeetrunde besteht aus 25 Tontauben.

Jagdparcours

Die Abläufe bei der sportlichen Disziplin des Jagdparcours sind nicht exakt festgelegt. Grundsätzlich ist zwar bestimmt, aus welchen Übungen ein Jagdparcours bestehen muss, die zeitliche Abfolge und auch die individuelle Ausgestaltung der Übungen können jedoch variieren. Mit dem Jagdparcours sollen die unterschiedlichen Situationen der jagdlichen Praxis imitiert werden. Die Tontauben werden in sehr unterschiedlichen Abgangswinkeln und Geschwindigkeiten sowie aus variierenden Positionen heraus geworfen.

Besonders für Jäger, die seltener die Gelegenheit haben, an einer Jagd auf Niederwild teilzunehmen, bietet der Jagdparcours eine willkommene Alternative. Zwar sind für die Jagdparcoursdisziplin auch die regulären jagdlichen Doppel- und Bockdoppelflinten geeignet, einige Waffenhersteller bieten jedoch auch spezielle Jagdparcoursflinten an.

Skizze einer einfachen Jagdparcours-Schießanlage.

Die Wasserjagd auf Enten.

Nachfolgend wird beschrieben, mit welchen Situationen die Schützen auf den verschiedenen Ständen eines Jagdparcours zu rechnen haben:

Stand 1
Sich kreuzende Ziele: Die Tontauben kommen von links und von rechts, einzeln, eng zusammen oder paarweise. Auf diesem Stand wird die Jagd auf fliegende Waldschnepfen imitiert.

Jagdparcours, Stand 1: Sich kreuzende Ziele (Beretta Illustration).

Stand 2
Zugetriebene Ziele: Die Tontauben sollen Rebhühner und anderes Flugwild imitieren, das zum Schützen getrieben wird und bei diesem relativ hoch fliegend ankommt.

Jagdparcours, Stand 2: Zugetriebene Ziele (Beretta Illustration).

Stand 3
Wegfliegende Ziele: Einzelne Tontaube oder simultane Doubletten, die hoch über dem Schützen von diesem weg fliegen. Imitiert wird die Jagd auf Fasane.

Jagdparcours, Stand 3: Wegfliegende Ziele (Beretta Illustration).

Stand 4
Hereinkommende Turmziele: Die Tontauben werden aus einem Turm aus einer Höhe von 25 bis 30 m ausgeworfen, um dadurch hereinkommende Gänse und Fasanen zu imitieren. Dabei können zwei Scheiben gleichzeitig als Paar oder kurz hintereinander in unterschiedlichen Abgangswinkeln katapultiert werden.

Jagdparcours, Stand 4: Hereinkommende Turmziele (Beretta Illustration).

Jagdparcours, Stand 5: Fell- und Federziele (Beretta Illustration).

Stand 5

Fell- und Federziele: Zwei Tontauben werden kurz nacheinander ausgeworfen. Die eine davon fliegt nach oben, Flugwild imitierend, und die andere wird am Boden entlanggerollt, um so einen rennenden Hasen darzustellen.

Jagdparcours, Stand 6: Ziele aufsteigenden Wasserwildes (Beretta Illustration).

Stand 6

Ziele aufsteigenden Wasserwildes: Die Tontauben werden in einem Winkel von 70 Grad steil nach oben vom Schützen weg geworfen. Dadurch will man die Jagd auf rasch und steil vom Wasser aufsteigende, kleinere Wasservögel wiedergeben.

Russische Wurfscheibenschützen (Foto von Izhevsky/Baikal).

Jagdparcours, Stand 7: Überkopf-Ziele (Beretta Illustration).

Stand 7
Überkopf-Ziele: Simultan geschleuderte Tontaubenpaare, die hoch über die Köpfe der Schützen geworfen werden, um hoch fliegende Wildtauben zu simulieren.
Die Illustrationen stammen aus den Katalogen von Beretta und Browning und sind hier mit freundlicher Genehmigung dieser Firmen abgebildet.

Praktisches Flintenschießen

Nach sportlichen Regeln mit Selbstlade- oder Vorderschaftrepetierflinten auf speziellen Schießständen zu schießen, stammt wie viele andere Schießdisziplinen aus Amerika. Nach und nach hat das praktische Flintenschießen nun auch in einigen europäischen Staaten, etwa in Frankreich, Großbritannien, Österreich, Spanien, der Schweiz und Deutschland Einzug gehalten. Ein Parcours beim praktischen Flintenschießen besteht aus verschiedenen Übungen, bei denen jeweils die unterschiedlichsten Ziele beschossen werden müssen. Bei diesen kann es sich um Metallklappscheiben, Bowling Pins, Falling Plates (auch Pepper Poppers genannt) oder lediglich um Pappkartonscheiben handeln. Der Parcour muss in einer bestimmten Zeit beendet sein, das Ergebnis errechnet sich aus der Kombination von Zeit- und Trefferpunkten.
Die beliebteste Waffenklasse ist die der Flinten im Kaliber 12, die als „Major Class" bezeichnet wird; die Klasse Kaliber 20 ist die „Minor Class". Der Trend geht zu weiteren Waffenklassen, wie etwa Selbstladeflinten mit Aim Point-Zielgeräten und Laufkompensatoren.
Das praktische Flintenschießen mag wie verschiedene andere IPSC-Schießdisziplinen (International Practical Shooting Confederation, gegründet in den 50er Jahren u.a. von Colonel Jeff Cooper in den USA) sehr aggressiv wirken. IPSC-Schießen wird aber sehr seriös und sportlich betrieben und es gibt sogar Bestrebungen, es als olympische Disziplin zuzulassen. Auch europäische Staaten wie Österreich, Schweiz, Spanien und Deutschland richten inzwischen sowohl nationale als auch internationale IPSC-Meisterschaften inklusive der Disziplin des praktischen Flintenschießens aus. In Deutschland können im Gegensatz zu einigen anderen Staaten, zum praktischen Flintenschießen auch Waffen mit Magazinen für fünf oder acht Schuss verwendet werden. Das Verbot von Magazinen für mehr als zwei Patronen trifft hier nur für den jagdlichen Bereich zu. Dieser Vorteil steigert die Wettkampfchancen der deutschen IPSC-Flintenschützen.
Nachfolgend wird ein international anerkannter IPSC-Flintenparcours beschrieben.

Übung 1
Beschießen von fünf, in drei verschiedenen Entfernungen postierten Pappkartonscheiben – (Stand 1A) Entfernung: 20 m – (Stand 1B) Entfernung: 15 m – (Stand 1C) Entfernung: 10 m.

Übung 2
Beschießen von fünf Pappkartonscheiben in einer Entfernung von 15 m, die Flinte ist dabei mit fünf Schuss geladen, dann muss nachgeladen werden und es müssen fünf weitere Pappkartonscheiben (15 m Entfernung) beschossen werden.

Übung 3
Beschießen von fünf Pappkartonscheiben in einer Entfernung von 15 m von links nach rechts.

Übung 4
Beschießen von fünf Falling Plates aus Stahl, die in Entfernungen von 1 bis 13 m aufgestellt sind.

Übung 5
Von Stand A Beschießen von fünf Stahl-Falling Plates aus, die in Entfernungen von 1 bis 15 m aufgestellt sind. Dann läuft der Schütze mit der leeren Flinte zu Stand B, wo die Waffe rasch mit 4 Patronen geladen wird und dann vier weitere Stahlziele beschossen werden. Darauf lädt der Schütze 2 Schuss nach und beschießt damit zwei Pappkartonscheiben. Von Stand B läuft er zu Stand C und schießt dort auf fünf Pappkartonscheiben. Abschließend läuft der Schütze dann zu Stand D und muss dort einen in 10 m Entfernung postierten Bowling Pin umschießen. Mit dem Umfallen des Pins stoppt die Zeit. Jedes nicht getroffene Ziel gibt 20 Abzugspunkte. Ablauf und Ziele dieses Parcours sind variierbar. Man erkennt allgemein: das praktische Flintenschießen ist eine sehr interessante Sportart, die allerdings auch viel Training erfordert. Sicherheit ist jedenfalls gerade beim IPSC-Schießen absolut oberstes Gebot.

9. Explosionszeichnungen und Gebrauchssymbole

Explosionszeichnungen haben natürlich nichts mit Bombenexplosionen etc. zu tun. Der Begriff der Explosionszeichnung wird im Zusammenhang mit einer zeichnerischen Darstellung sämtlicher Einzelteile von Waffen verwendet. In dieser Enzyklopädie werden viele Begriffe verwendet, die für den Außenstehenden zunächst relativ unverständlich sind. Die meisten Flinten haben das gleiche Funktionskonzept und dieses lässt sich neben den Waffeneinzelteilen anhand der Explosionszeichnungen sehr gut erkennen.
Die Zeichnungen sind vereinfacht dargestellt und es sind auch nicht alle winzigen Einzelteile, Schräubchen und Federn der Flinten, sondern nur deren wichtigsten Teile aufgelistet.

Links: Bockdoppelflinte Modell „Dream“ von Bernardelli.

Feine Gravur einer Browning-Flinte „Ducks Unlimited“.

Die Explosionszeichnung auf der folgenden Seite stellt eine Bernardelli Vincent-Selbstladeflinte dar.

Teile-Nr.	Bezeichnung
1	Verschlussführungsstangenteil
2	Gaszylindergehäuse
3	Verschlussrücklauffeder
7	Federführungsstange zu 3
11	Laufeinheit
12	(Nr. nicht mehr sichtbar) Röhrenmagazinabschluss, vor Verschlussringen 66 und 67
13	Verschlussblock
14	Endstoppteil zu 13
17/18/19	Einheit zum Anheben der Patrone
35	Zerlegehebel
36	Auszieherkralle
39	Patronenzuführungsstange
40	Schlagbolzen/Zündstift
42	Schlagbolzenfeder
43	Vorderschaft
44	Sicherungsplatte zu 43
45	Korn
48	Schlaghahn
51	Abzugsfedergehäuse
52	Abzugsfeder
54	Verschlussfangfeder
55	Verschlussfangstück
56	Schwanzführungsteil zu 1 (Verschlussführungsstangenteil)
57	Blockierstück im Verschlussblock
58	Magazinabdeckung
60	Magazinverschlusskappe (vgl. *)
61	Magazinfeder
62	Gehäuse zu 61
63	Spannhebel
66	Verschlussring
67	Pistonring zu 66
68	Verschlussgehäuse/Systemkasten
69	Schaftkappe
70	Schraube zur Platte zu 69
72	Sicherungsknopf
74	Feder zu 72
76	Zuhaltungsstück
77	Stift zu 76

Explosionszeichnung einer Bernardelli Vincent-Selbstladeflinte.

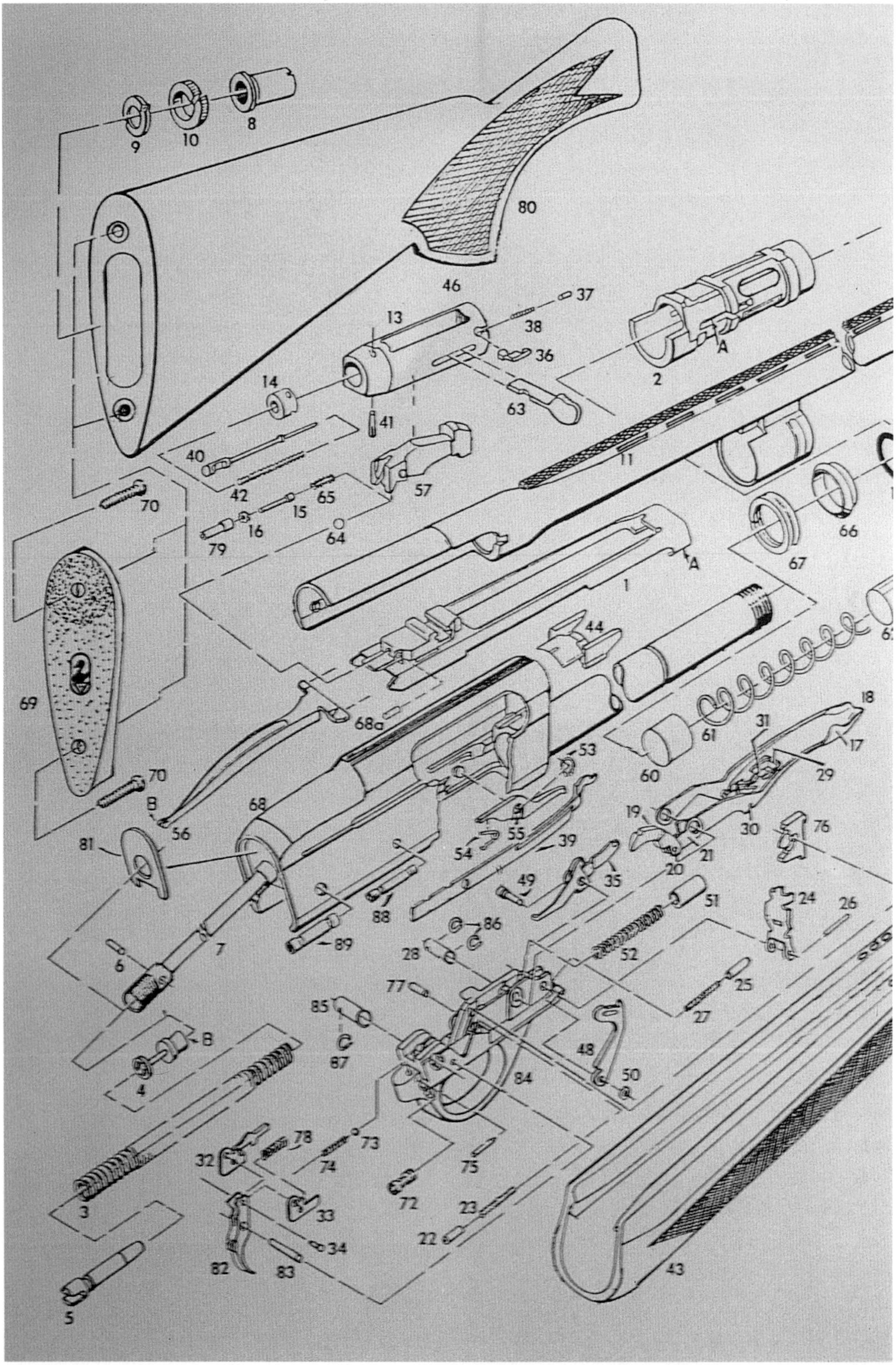

78	Feder zu 76
80	Hinterschaft mit Pistolengriff
81	Rückstoßplatte
82	Abzug
84	Abzugsbügel und Abzugssystemeinheit
88/89	Verstiftungen des Abzugsmechanismusses

(* Die Kapazität des Röhrenmagazins dieser Waffe kann dadurch variiert werden, dass ein zumeist hölzerner Stab vor die Magazinverschlusskappe (Teil Nr. 60) gesteckt wird.)

Fein gravierte Browning B 125 Bockdoppelflinte.

Die unten abgebildete Schnittzeichnung einer Benelli-Selbstladeflinte zeigt relativ gut auf, wie die einzelnen Teile der Flinte zusammenwirken.

Explosionszeichnung einer Benelli-Selbstladeflinte.

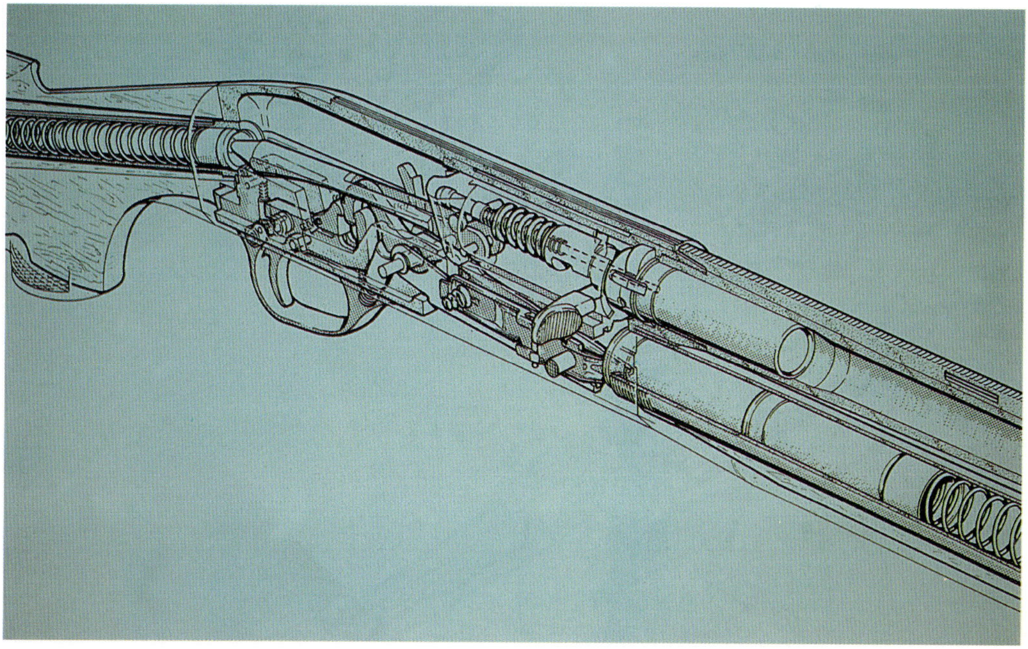

Abzugsmechanismus einer einläufigen Flinte, hier eines Benelli-Selbstladers.

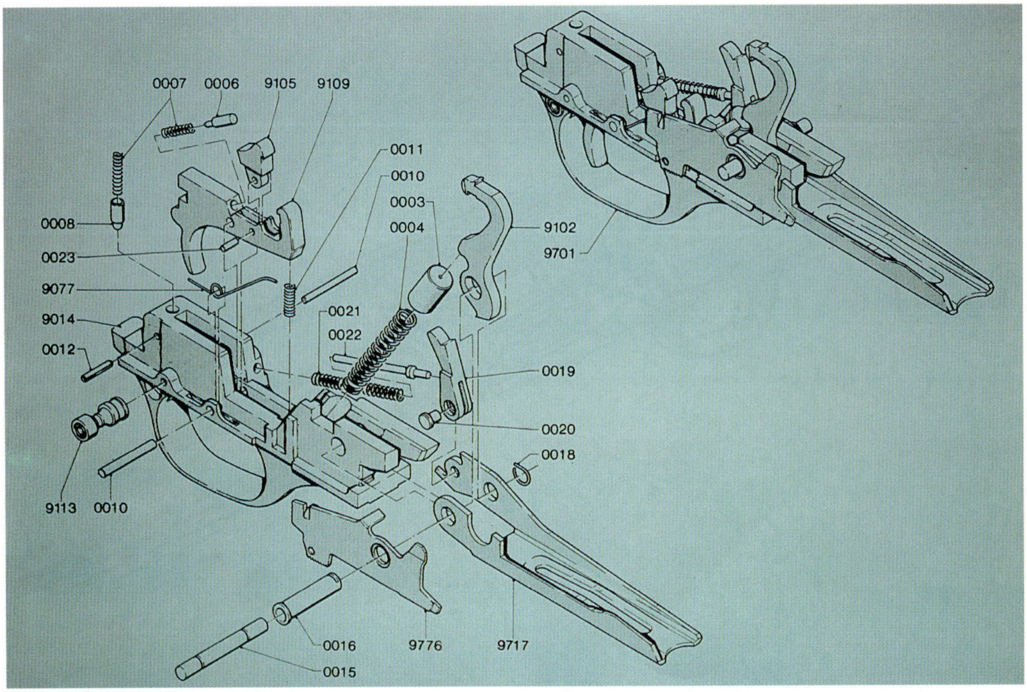

Der Abzugsmechanismus einer Flinte besteht aus einem oder zwei Abzügen. Die obige Zeichnung einer Benelli-Selbstladeflinte, soll diesbezüglich lediglich als Einzelbeispiel fungieren.
Die Abbildung der Teile auf Seite 69 gibt einen Überblick über die Teile einer Kipplaufflinte, hier einer Bockdoppelflinte der Firma Bernardelli, Modell „Dream“.

Teile-Nr.	Bezeichnung
1	Systemkasten/Basküle
2	Verschlusshebel
5	Feder zu 2
7	Laufverschlussblock
9	Sicherungsschieber
10	Feder zu 9
12	Abzugsbügel für Einabzug
14	Einabzug (einzelner Abzug)
18	Laufwahlschieber
19	Trägheitsblock
21	Zuhaltungsstück (eins pro Lauf)
22	Feder zu 21
24	Abzugsfeder oder -federn
27	Schlagstückfedernführungsstangen
28	Schlagstückfedern
29	Schlagstück für oben
30	Schlagstück für unten
32	Schlagbolzen
33	Federn zu 32
35	rechte Ejektorenstange
36	linke Ejektorenstange
37	Ejektor für den unteren Lauf
38	Ejektor für den oberen Lauf
39	Ejektorenfedernführungsstangen
40	Ejektorenfedern
41	rechtes Ejektoren-Zuhaltungsstück für den unteren Lauf
42	linkes Ejektoren-Zuhaltungsstück für den oberen Lauf
45	Vorderschaft
46	Scharnier für die Vorderschaftunterplatte
47	Vorderschaftunterplatte
50	Vorderschaftbefestigungsplatte
51	Vorderschaftbefestigungshaken
54	Laufbündel
55	Spannstange
56	Feder zu 55
57	Spannstangenfederführungsstange
59	Systemkastenabdeckplatte
60	Hinterschaft mit Pistolengriff
64	Hinterschaftbefestigungsschraube
65	Schaftkappenschrauben
66	Schaftkappe
67	Abzugsbügel für Doppelabzug
68	vorderer Abzug
69	hinterer Abzug
71	Abzugsmechanismusstangen
72	Doppelabzugssicherungsschieber
77	Stange für die automatische Sicherung (Waffe ist nach dem Brechen und Schließen automatisch gesichert)
78/79	Zielschienenkorne
80/81	Riemenbügel

Überblick über die Teile einer Bernardelli Dream-Bockdoppelflinte.

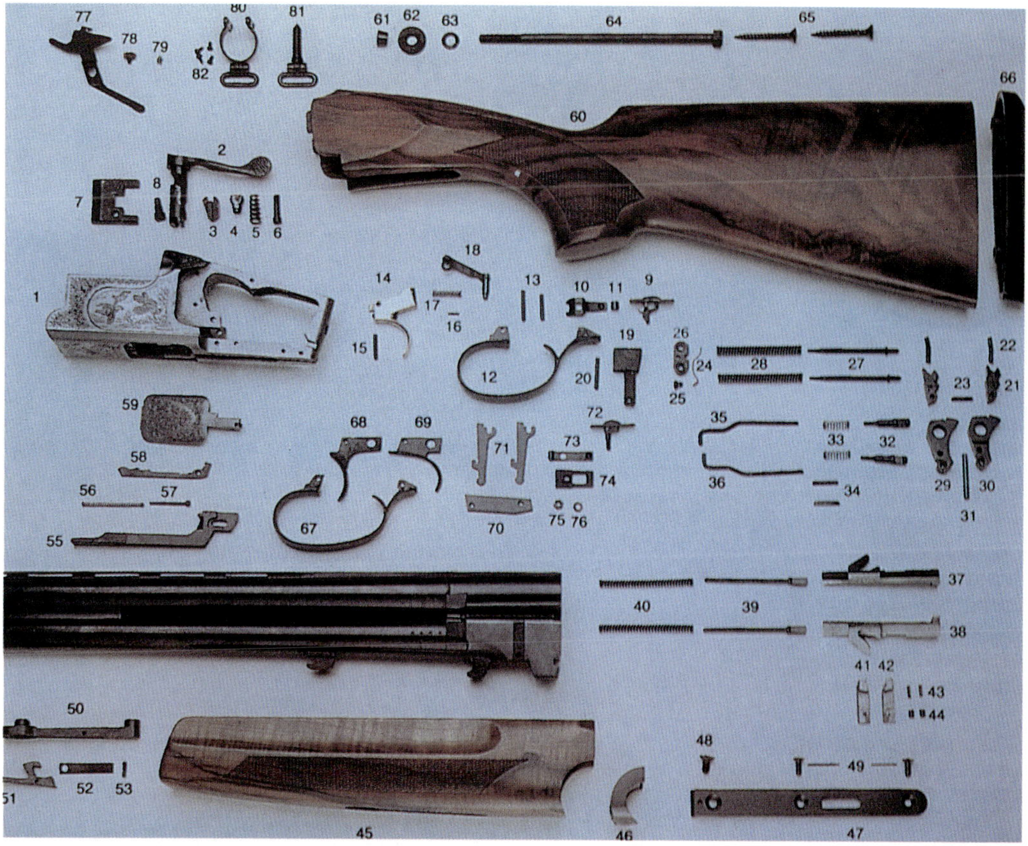

Erklärung der Gebrauchssymbole

In dieser Enzyklopädie sind jeder beschriebenen Waffe verschiedene Verwendungssymbole zugeordnet. Die Symbole sind jedoch lediglich als Grobeinstufung zu sehen und stellen keine festen Regeln dar. Zudem überschneidet sich einiges. Eine feine, alte englische Seitenschloss-Doppelflinte, tief mit Tiermotiven graviert und mit Goldeinlagen versehen, wird man etwa sowohl als Jagdwaffe als auch als Sportwaffe einstufen. Konkret ist sie wohl aber für beides nicht gebaut, sondern sicherlich vornehmlich als reines, teures Sammlerstück. Eine für das praktische IPSC-Flintenschießen geeignete Pumpflinte wird zumeist auch gleichzeitig eine klassische Polizeiflinte sein, obwohl sie der Hersteller ursprünglich mit längerem Lauf vielleicht sogar als Jagdflinte konzipiert hat. Die Gebrauchssymbole können also nur als Anhaltspunkte dienen.

Gebrauchssymbole

 Flinte oder kombiniertes Gewehr zur jagdlichen Verwendung

 Flinte zum sportlichen Schießen (Trap, Skeet, Jagdparcours)

 Flinte für die Disziplin „praktisches Flintenschießen“

 Flinte speziell zum Verschießen von Slugs (Flintenlaufgeschossen)

 Flinte mit besonders kurzem Lauf und/oder kurzem Schaft, dient vornehmlich polizeilichen Zwecken

10. Flinten (und kombinierte Gewehre) von A bis Z

American Arms

Die Firma American Arms hat ihren Sitz in Kansas City, Missouri. Die Firma importiert vornehmlich Waffen verschiedener europäischer Hersteller in die USA. Die Bockdoppelflinten der Firma stammen aus Fertigungen in Brescia, Italien, während die traditionellen Doppelflinten (Querflinten) aus der Baskenregion Spaniens stammen. Die Flinten sind auf den amerikanischen Markt abgestimmt; die Waffen im Kaliber 12 haben Patronenlagerlängen von 76 und 89 mm. American Arms verkauft auf dem US-Markt neben Flinten auch aus Europa importierte Kurzwaffen wie Kleinkaliber-Pistolen von Erma und Revolver von Sauer & Sohn. Zudem verkauft die Firma die hervorragenden Colt- und Remington-Schwarzpulver-Replika-Revolver von Uberti.

American Arms Basque

TECHNISCHE DATEN

Kaliber:	12, 20, 28 oder .410
Kammerlänge:	2¾", 3" oder 3½" (70, 76 oder 89 mm)
Anzahl der Läufe:	Doppelflinte (Querflinte)
System:	Kipplaufwaffe (Baskülverschluss)
Verriegelung:	Laufhaken
Abzug:	Ein- oder Doppelabzug
Gesamtgewicht:	2,9–3,4 kg
Gesamtlänge:	109 oder 114 cm
Lauflänge:	66 oder 71 cm
Hülsenentfernung:	Auszieher oder automatischer Ejektor
Choke:	Wechselchokeeinsätze
Visierung:	Laufschienenkorn
Sicherung:	Schiebesicherung auf dem Kolbenhals, gleichzeitig Laufwahlschieber

MERKMALE

– Material:	Stahl
– Finish:	komplett brüniert oder Lauf brüniert und Systemkasten unbehandelt und graviert
– Schaft:	Nussbaumholz, mit Pistolengriff oder englischer Schäftung

Die Basque-Modellreihe besteht aus den folgenden Flinten:

- „The Specialty“ im Kaliber 12/89, mit Patronenauszieher und Nussbaumholzschaft mit Pistolengriff,
- „The Gentry“ in allen oben genannten Kalibern, mit Patronenauszieher und Nussbaumholzschaft mit Pistolengriff,
- „The Brittany“ in den Kalibern 12 und 20, mit Patronenauszieher und Nussbaumholzschaft, englisch (gerade) geschäftet.

American Arms Silver

TECHNISCHE DATEN

Kaliber:	12, 20, 28 oder .410
Kammerlänge:	2¾", 3" oder 3½" (70, 76 oder 89 mm)
Anzahl der Läufe:	Bockdoppelflinte
System:	Kipplaufwaffe (Baskülverschluss)
Verriegelung:	Laufhaken
Abzug:	Einabzug
Gesamtgewicht:	2,9–4,2 kg
Gesamtlänge:	106 oder 121 cm
Lauflänge:	61 oder 76 cm
Hülsenentfernung:	Auszieher oder automatischer Ejektor
Choke:	feste Chokebohrungen oder Wechselchokeeinsätze
Visierung:	ventilierte Laufschiene und Laufschienenkorn
Sicherung:	Schiebesicherung auf dem Kolbenhals

MERKMALE

– Material: Stahl
– Finish: komplett brüniert oder Lauf brüniert und Systemkasten unbehandelt
– Schaft: Nussbaumholz, mit Pistolengriff oder Kunststoffschaft in Camouflage

Die Silver-Modellreihe besteht aus den Flinten:

- „Silver Upland Lite“ in Kaliber 12 oder 20, mit besonders leichter Basküle aus Aluminium (2,9 kg Gesamtgewicht),
- „Silver I“ in den oben genannten Kalibern, mit festen Chokebohrungen nach Wahl und Patronenauszieher,
- „Silver II“ wie Silver I, mit Wechselchokeeinsätzen und Ejektor,
- „Silver Sporting“ in Kaliber 12/76 und 20/76, mit Wechselchokeeinsätzen und Ejektor sowie ventilierten Laufmündungsbereichen,
- „Silver Magnum“ in Kaliber 10 oder 12, mit Auszieher oder Ejektor, in matt brüniertem- oder in Camouflage-Finish.

Armscor/KBI

Arms Corporation, kurz Armscor, hat ihren Sitz auf den Philippinen, wo die Firma sowohl Waffen als auch Munition produziert. Die Gewehre der Firma Armscor sind von hoher Qualität. Sie werden für den nord- und südamerikanischen Markt von der US-amerikanischen Firma KBI Inc., Harrisburg, Pennsylvania, importiert. KBI importiert zudem die Büchsen- und Flintenproduktpalette der Firma Sabatti aus der italienischen Region Brescia sowie Pistolen der ungarischen Firma FEG, wie etwa die PJK-9HP, bei der es sich um eine Kopie der bekannten FN-Browning High Power im Kaliber 9 mm Para handelt. FEG produziert auch eine Kopie der Walther PPK-Pistole, Kaliber 9 mm kurz und .22 lr.

Armscor Field

TECHNISCHE DATEN

Kaliber: 12
Kammerlänge: 3" (76 mm)
Anzahl der Läufe: Einzellauf
Magazin: Röhrenmagazin für 2 oder 5 Patronen
System: Vorderschaftrepetiersystem
Verriegelung: Vertikalblock
Abzug: Einzelabzug
Gesamtgewicht: 3,5 kg
Gesamtlänge: 120 cm
Lauflänge: 71 cm (28")
Hülsenentfernung: Repetierauszieher
Choke: feste ½-Chokebohrung oder Wechselchokeeinsätze

Visierung: Laufschienenkorn
Sicherung: Druckknopfsicherung vorne am Abzugsbügel

MERKMALE

– Material: Stahl
– Finish: brüniert
– Schaft: Hartholz

Armscor Riot Gun

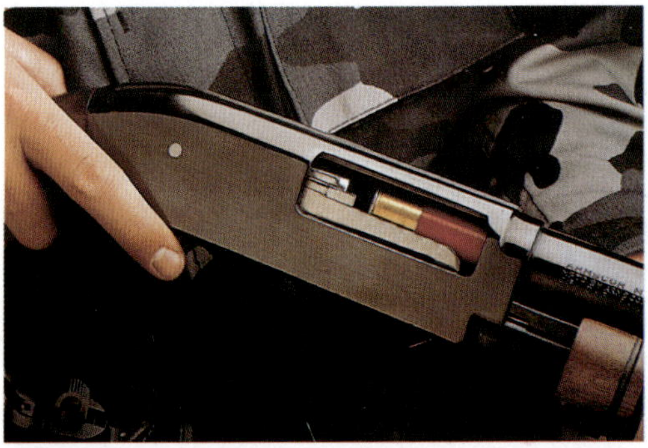

TECHNISCHE DATEN

Kaliber: 12
Kammerlänge: 3" (76 mm)
Anzahl der Läufe: Einzellauf
Magazin: Röhrenmagazin für 2 oder 5 Patronen
System: Vorderschaftrepetiersystem
Verriegelung: Vertikalblock
Abzug: Einzelabzug
Gesamtgewicht: 3,2 oder 3,3 kg
Gesamtlänge: 96 oder 99,7 cm
Lauflänge: 47 oder 50,8 cm (18½" oder 20")
Hülsenentfernung: Repetierauszieher
Choke: Zylinderbohrung
Visierung: Laufschienenkorn
Sicherung: Druckknopfsicherung vorne am Abzugsbügel

MERKMALE

– Material: Stahl
– Finish: brüniert
– Schaft: Hartholz

Aufgrund der großen Magazinkapazität und der kurzen Lauflänge ist die Waffe in einigen europäischen Staaten verboten bzw. nicht zur jagdlichen und sportlichen Verwendung zugelassen. In Deutschland ist die Flinte mit einem auf 2 Patronen beschränkten Magazin auf Jagdschein erhältlich, ansonsten benötigt man eine Erwerbsberechtigung in Form eines Waffenbesitzkarteneintrages.

Armscor Special Purpose

TECHNISCHE DATEN

Kaliber:	12
Kammerlänge:	3" (76 mm)
Anzahl der Läufe:	Einzellauf
Magazin:	Röhrenmagazin für 2 oder 7 Patronen
System:	Vorderschaftrepetiersystem
Verriegelung:	Vertikalblock
Abzug:	Einzelabzug
Gesamtgewicht:	3,4 kg
Gesamtlänge:	99,7 cm
Lauflänge:	50,8 cm (20")
Hülsenentfernung:	Repetierauszieher
Choke:	Zylinderbohrung
Visierung:	Laufschienenkorn
Sicherung:	Druckknopfsicherung vorne am Abzugsbügel

MERKMALE

– Material:	Stahl
– Finish:	mattschwarz brüniert
– Schaft:	Kunststoff, schwarz

Dieses Modell basiert auf der Combat-Flinte der britischen Elite-Einheit SAS (Special Air Service) und der britischen Armee. Die Pump-Flinte kann mittels eines 4-Patronen-Schnellladers sehr schnell nachgeladen werden. Aufgrund der großen Magazinkapazität und der kurzen Lauflänge ist die Waffe in einigen europäischen Staaten verboten bzw. nicht zur jagdlichen und sportlichen Verwendung zugelassen. In Deutschland ist die Flinte mit einem auf 2 Patronen beschränkten Magazin auf Jagdschein erhältlich, ansonsten benötigt man eine Erwerbsberechtigung in Form eines Waffenbesitzkarteneintrages.

Arrieta

Die spanische Firma Arrieta stellt bereits seit mehr als 80 Jahren Doppelflinten mit Seitenschlossen von einer hervorragenden Qualität her. Der Firmengründer Avelino Arrieta begann seine Karriere in der für ihre Waffenherstellung bekannten Region Eibar in Spanien. 1916 machte er sich als Büchsenmacher selbstständig und begann eigene Waffen zu bauen. Seine beiden Söhne José und Victor traten 1940 in die Firma ein. 1970 wurde das Unternehmen unter dem Namen „Manufacturas Arrieta" zu einer GmbH. Derzeit baut Arrieta ausschließlich feine Seitenschloss-Querflinten und beschäftigt hierzu 20 Büchsenmacher. Das Unternehmen wird inzwischen von den beiden Enkeln des Firmengründers, Juan Carlos und Asier Arrieta geführt.

Die Firma exportiert ihre Gewehre vornehmlich nach England, die USA, Italien und Deutschland. Jede Waffe wird noch auf Bestellung nach den Wünschen des Kunden und zum großen Teil noch von Hand gefertigt. Der Kunde kann sowohl die Lauf- und Gesamtlänge der Waffe bestimmen als auch ihre Chokebohrung und ihre Gravur. Die verwendeten Schäfte werden ebenfalls handgearbeitet und ölgeschliffen. Die edlen Nussbaumhölzer für die Schäfte werden von einem Spezialisten der Firma vornehmlich in den Pyrenäen, in Galicien und in Andalusien eingekauft. Als Stahl verwendet man Qualitätsstahl der Firma Bellota. Die Basküle kann auf Wunsch reich graviert und mit Goldeinlagen versehen werden.

Da auch Arrieta mit der Zeit geht, verfügt die Firma über eine eigene Webseite im Internet. Dafür hat der Manager für Öffentlichkeitsarbeit, Manuel Santos, gesorgt – suchen Sie nur nach „Arrieta". Freunde und Liebhaber traditionell handgearbeiteter Seitenschloss-Doppelflinten treffen mit Waffen von Arrieta eine hervorragende Wahl, allerdings sind Arrieta-Flinten natürlich auch recht teure Waffen.

Arrieta Modell 557 Seitenschloss

TECHNISCHE DATEN

Kaliber:	12, 16, 20, 28 oder .410
Kammerlänge:	2³/₄", 3" (70 oder 76 mm)
Anzahl der Läufe:	Doppelflinte (Querflinte)
System:	Kipplaufwaffe (Baskülverschluss)
Verriegelung:	Laufhaken
Abzug:	Doppelabzug
Gesamtgewicht:	3,1–3,3 kg
Gesamtlänge:	nach Wahl

Lauflänge: nach Wahl
Hülsenentfernung: automatischer Ejektor (Holland & Holland)
Choke: nach Wahl
Visierung: Laufschienenkorn
Sicherung: Schiebesicherung auf dem Kolbenhals, Gasaustrittsöffnungen an der Laufunterseite

MERKMALE
– Material: Stahl
– Finish: Laufbündel brüniert, Systemkasten unbehandelt mit gravierten Seitenplatten
– Schaft: ausgesuchtes Nussbaumholz, mit englischer (gerader) Schäftung

Arrieta Modell 570 Seitenschloss

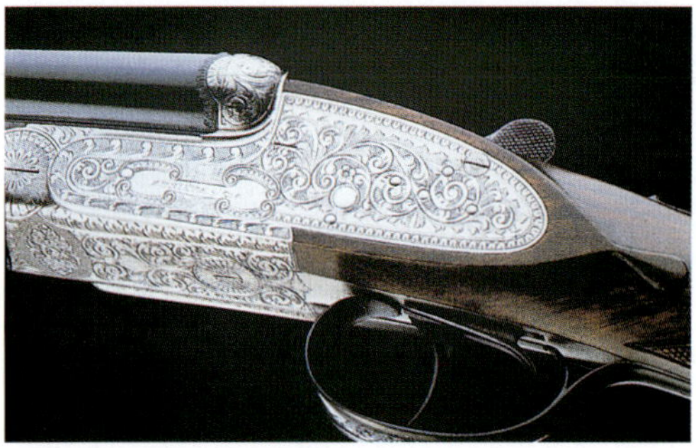

TECHNISCHE DATEN
Kaliber: 12, 16, 20, 28 oder .410
Kammerlänge: 2¾", 3" (70 oder 76 mm)
Anzahl der Läufe: Doppelflinte (Querflinte)
System: Kipplaufwaffe (Baskülverschluss)
Verriegelung: Laufhaken
Abzug: Doppelabzug
Gesamtgewicht: 3,1–3,3 kg
Gesamtlänge: nach Wahl
Lauflänge: nach Wahl
Hülsenentfernung: automatischer Ejektor (Holland & Holland)
Choke: nach Wahl
Visierung: Laufschienenkorn
Sicherung: Schiebesicherung auf dem Kolbenhals, Gasaustrittsöffnungen an der Laufunterseite

MERKMALE
– Material: Stahl
– Finish: Laufbündel brüniert, Systemkasten unbehandelt mit gravierten Seitenplatten
– Schaft: ausgesuchtes Nussbaumholz, mit englischer (gerader) Schäftung

Arrieta Modell 578 Seitenschloss

TECHNISCHE DATEN
Kaliber: 12, 16, 20, 28 oder .410
Kammerlänge: 2¾", 3" (70 oder 76 mm)
Anzahl der Läufe: Doppelflinte (Querflinte)
System: Kipplaufwaffe (Baskülverschluss)
Verriegelung: Laufhaken
Abzug: Doppelabzug
Gesamtgewicht: 3,1–3,3 kg
Gesamtlänge: nach Wahl
Lauflänge: nach Wahl
Hülsenentfernung: automatischer Ejektor (Holland & Holland)
Choke: nach Wahl
Visierung: Laufschienenkorn
Sicherung: Schiebesicherung auf dem Kolbenhals, Gasaustrittsöffnungen an der Laufunterseite

MERKMALE
- Material: Stahl
- Finish: Laufbündel brüniert, Systemkasten unbehandelt mit gravierten Seitenplatten
- Schaft: ausgesuchtes Nussbaumholz, mit englischer (gerader) Schäftung

Arrieta Modell 600 Seitenschloss

TECHNISCHE DATEN

Kaliber:	12, 16, 20, 28 oder .410
Kammerlänge:	$2^{3}/_{4}$", 3" (70 oder 76 mm)
Anzahl der Läufe:	Doppelflinte (Querflinte)
System:	Kipplaufwaffe (Baskülverschluss)
Verriegelung:	Laufhaken
Abzug:	Doppelabzug
Gesamtgewicht:	3,1–3,3 kg
Gesamtlänge:	nach Wahl
Lauflänge:	nach Wahl
Hülsenentfernung:	automatischer Ejektor (Holland & Holland)
Choke:	nach Wahl
Visierung:	Laufschienenkorn
Sicherung:	Schiebesicherung auf dem Kolbenhals, Gasaustrittsöffnungen an der Laufunterseite

MERKMALE

- Material:	Stahl
- Finish:	Laufbündel brüniert, Systemkasten unbehandelt mit gravierten Seitenplatten
- Schaft:	ausgesuchtes Nussbaumholz, mit englischer (gerader) Schäftung

Arrieta Modell 601 Seitenschloss

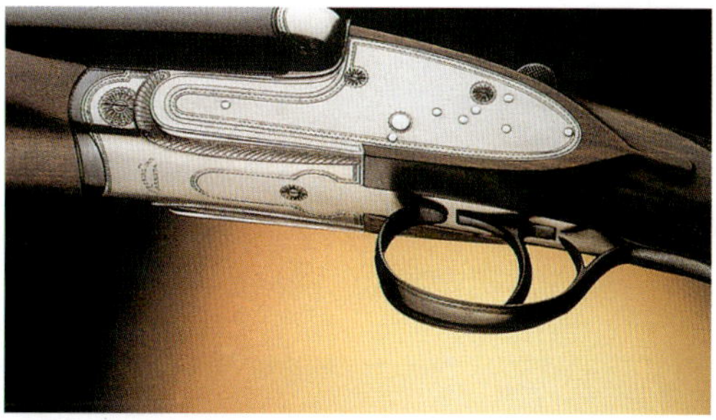

TECHNISCHE DATEN

Kaliber:	12, 16, 20, 28 oder .410
Kammerlänge:	$2^{3}/_{4}$", 3" (70 oder 76 mm)
Anzahl der Läufe:	Doppelflinte (Querflinte)
System:	Kipplaufwaffe (Baskülverschluss)
Verriegelung:	Laufhaken
Abzug:	Doppelabzug
Gesamtgewicht:	3,2–3,3 kg
Gesamtlänge:	nach Wahl
Lauflänge:	nach Wahl
Hülsenentfernung:	automatischer Ejektor (Holland & Holland)
Choke:	nach Wahl
Visierung:	Laufschienenkorn
Sicherung:	Schiebesicherung auf dem Kolbenhals

MERKMALE

- Material:	Stahl
- Finish:	Laufbündel brüniert, Systemkasten unbehandelt mit nur leicht gravierten Seitenplatten
- Schaft:	ausgesuchtes Nussbaumholz, mit Pistolengriff

Arrieta Modell 801 Seitenschloss

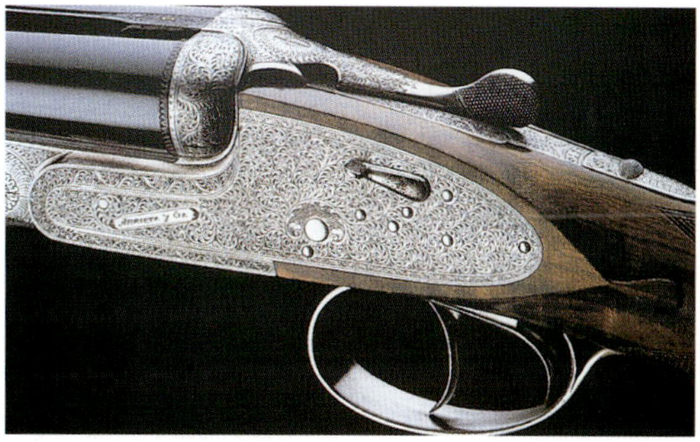

TECHNISCHE DATEN

Kaliber:	12, 16, 20, 28 oder .410
Kammerlänge:	$2^{3}/_{4}$", 3" (70 oder 76 mm)
Anzahl der Läufe:	Doppelflinte (Querflinte)
System:	Kipplaufwaffe (Baskülverschluss)
Verriegelung:	Laufhaken
Abzug:	Doppelabzug
Gesamtgewicht:	3,1–3,3 kg
Gesamtlänge:	nach Wahl
Lauflänge:	nach Wahl
Hülsenentfernung:	automatischer Ejektor (Holland & Holland)
Choke:	nach Wahl
Visierung:	Laufschienenkorn
Sicherung:	Schiebesicherung auf dem Kolbenhals

MERKMALE

- Material:	Stahl
- Finish:	Laufbündel brüniert, Systemkasten unbehandelt mit abnehmbaren, gravierten Seitenplatten
- Schaft:	ausgesuchtes Nussbaumholz, mit englischer (gerader) Schäftung

Arrieta Modell 802 Seitenschloss

TECHNISCHE DATEN

Kaliber:	12, 16, 20, 28 oder .410
Kammerlänge:	$2^{3}/_{4}$", 3" (70 oder 76 mm)
Anzahl der Läufe:	Doppelflinte (Querflinte)
System:	Kipplaufwaffe (Baskülverschluss)
Verriegelung:	Laufhaken

Abzug: Doppelabzug
Gesamtgewicht: 3,1–3,3 kg
Gesamtlänge: nach Wahl
Lauflänge: nach Wahl
Hülsenentfernung: automatischer Ejektor (Holland & Holland)
Choke: nach Wahl
Visierung: Laufschienenkorn
Sicherung: Schiebesicherung auf dem Kolbenhals

MERKMALE

- Material: Stahl
- Finish: Laufbündel brüniert, Systemkasten unbehandelt mit gravierten Seitenplatten
- Schaft: ausgesuchtes Nussbaumholz, mit englischer (gerader) Schäftung

Arrieta Modell 803 Seitenschloss

TECHNISCHE DATEN

Kaliber: 12, 16, 20, 28 oder .410
Kammerlänge: 2³/₄", 3" (70 oder 76 mm)
Anzahl der Läufe: Doppelflinte (Querflinte)
System: Kipplaufwaffe (Baskülverschluss)
Verriegelung: Laufhaken
Abzug: Doppelabzug
Gesamtgewicht: 3,1–3,3 kg
Gesamtlänge: nach Wahl
Lauflänge: nach Wahl
Hülsenentfernung: automatischer Ejektor (Holland & Holland)
Choke: nach Wahl
Visierung: Laufschienenkorn
Sicherung: Schiebesicherung auf dem Kolbenhals

MERKMALE

- Material: Stahl
- Finish: Laufbündel brüniert, Systemkasten unbehandelt mit abnehmbaren, gravierten Seitenplatten
- Schaft: ausgesuchtes Nussbaumholz, mit englischer (gerader) Schäftung

Arrieta Modell 871 Seitenschloss

TECHNISCHE DATEN

Kaliber: 12, 16, 20, 28 oder .410

Kammerlänge: 2³/₄", 3" (70 oder 76 mm)
Anzahl der Läufe: Doppelflinte (Querflinte)
System: Kipplaufwaffe (Baskülverschluss)
Verriegelung: Laufhaken
Abzug: Doppelabzug
Gesamtgewicht: 3,1–3,3 kg
Gesamtlänge: nach Wahl
Lauflänge: nach Wahl
Hülsenentfernung: automatischer Ejektor (Holland & Holland)
Choke: nach Wahl
Visierung: Laufschienenkorn
Sicherung: Schiebesicherung auf dem Kolbenhals

MERKMALE

- Material: Stahl
- Finish: Laufbündel brüniert, Systemkasten unbehandelt mit gravierten Seitenplatten
- Schaft: ausgesuchtes Nussbaumholz, mit englischer (gerader) Schäftung

Arrieta Modell 872 Seitenschloss

TECHNISCHE DATEN

Kaliber: 12, 16, 20, 28 oder .410
Kammerlänge: 2³/₄", 3" (70 oder 76 mm)
Anzahl der Läufe: Doppelflinte (Querflinte)
System: Kipplaufwaffe (Baskülverschluss)
Verriegelung: Laufhaken
Abzug: Doppelabzug
Gesamtgewicht: 3,1–3,3 kg
Gesamtlänge: nach Wahl
Lauflänge: nach Wahl
Hülsenentfernung: automatischer Ejektor (Holland & Holland)
Choke: nach Wahl

Visierung: Laufschienenkorn
Sicherung: Schiebesicherung auf dem Kolbenhals

MERKMALE

- Material: Stahl
- Finish: Laufbündel brüniert, Systemkasten unbehandelt mit abnehmbaren, gravierten Seitenplatten
- Schaft: ausgesuchtes Nussbaumholz, mit englischer (gerader) Schäftung

Arrieta Modell 873 Seitenschloss

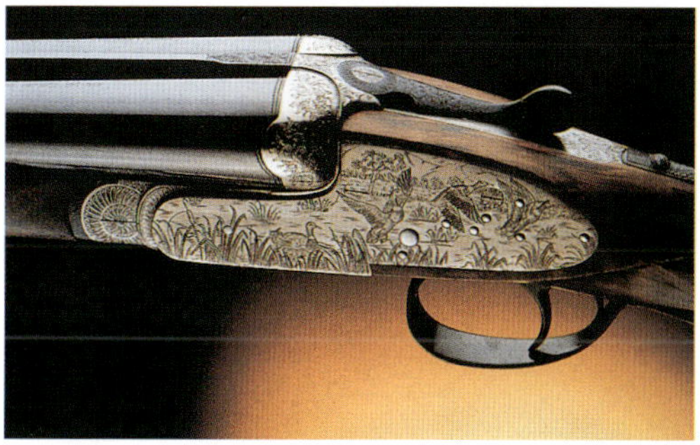

TECHNISCHE DATEN

Kaliber: 12, 16, 20, 28 oder .410
Kammerlänge: $2^{3}/_{4}$", 3" (70 oder 76 mm)
Anzahl der Läufe: Doppelflinte (Querflinte)
System: Kipplaufwaffe (Baskülverschluss)
Verriegelung: Laufhaken
Abzug: Doppelabzug
Gesamtgewicht: 3,2–3,3 kg
Gesamtlänge: nach Wahl
Lauflänge: nach Wahl
Hülsenentfernung: automatischer Ejektor (Holland & Holland)
Choke: nach Wahl
Visierung: Laufschienenkorn
Sicherung: Schiebesicherung auf dem Kolbenhals

MERKMALE

- Material: Stahl
- Finish: Laufbündel brüniert, Systemkasten unbehandelt mit abnehmbaren, gravierten Seitenplatten
- Schaft: Ausgesuchtes Nussbaumholz, mit Pistolengriff

Arrieta Modell 874 Seitenschloss

TECHNISCHE DATEN

Kaliber: 12, 16, 20, 28 oder .410
Kammerlänge: $2^{3}/_{4}$", 3" (70 oder 76 mm)
Anzahl der Läufe: Doppelflinte (Querflinte)
System: Kipplaufwaffe (Baskülverschluss)
Verriegelung: Laufhaken
Abzug: Doppelabzug
Gesamtgewicht: 3,1–3,3 kg
Gesamtlänge: nach Wahl
Lauflänge: nach Wahl

Hülsenentfernung: automatischer Ejektor (Holland & Holland)
Choke: nach Wahl
Visierung: Laufschienenkorn
Sicherung: Schiebesicherung auf dem Kolbenhals

MERKMALE

- Material: Stahl
- Finish: Laufbündel brüniert, Systemkasten und Seitenplatten brüniert mit Goldrand
- Schaft: ausgesuchtes Nussbaumholz, mit englischer (gerader) Schäftung

Arrieta Modell 875 Seitenschloss

TECHNISCHE DATEN

Kaliber: 12, 16, 20, 28 oder .410
Kammerlänge: $2^{3}/_{4}$", 3" (70 oder 76 mm)
Anzahl der Läufe: Doppelflinte (Querflinte)
System: Kipplaufwaffe (Baskülverschluss)
Verriegelung: Laufhaken
Abzug: Doppelabzug
Gesamtgewicht: 3,1–3,3 kg
Gesamtlänge: nach Wahl
Lauflänge: nach Wahl
Hülsenentfernung: automatischer Ejektor (Holland & Holland)
Choke: nach Wahl
Visierung: Laufschienenkorn
Sicherung: Schiebesicherung auf dem Kolbenhals

MERKMALE

- Material: Stahl
- Finish: Laufbündel brüniert, Systemkasten unbeh., mit abnehmbaren, grav. Seitenplatten mit Goldeinlagen

- Schaft:	ausgesuchtes Nussbaumholz, mit englischer (gerader) Schäftung

Abgebildet sind 875-Schwesternflinten mit fortlaufenden Herstellungsnummern.

Arrieta Modell 931 Seitenschloss

TECHNISCHE DATEN

Kaliber:	12, 16, 20, 28 oder .410
Kammerlänge:	2 3/4", 3" (70 oder 76 mm)
Anzahl der Läufe:	Doppelflinte (Querflinte)
System:	Kipplaufwaffe (Baskülverschluss)
Verriegelung:	Laufhaken
Abzug:	Doppelabzug
Gesamtgewicht:	3,1–3,3 kg
Gesamtlänge:	nach Wahl
Lauflänge:	nach Wahl
Hülsenentfernung:	automatischer Ejektor (Holland & Holland)
Choke:	nach Wahl
Visierung:	Laufschienenkorn
Sicherung:	Schiebesicherung auf dem Kolbenhals

MERKMALE

- Material:	Stahl
- Finish:	Laufbündel brüniert, Systemkasten unbehandelt mit gravierten Seitenplatten
- Schaft:	ausgesuchtes Nussbaumholz, mit englischer (gerader) Schäftung

Arrieta Express R-1 Doppel-Büchse

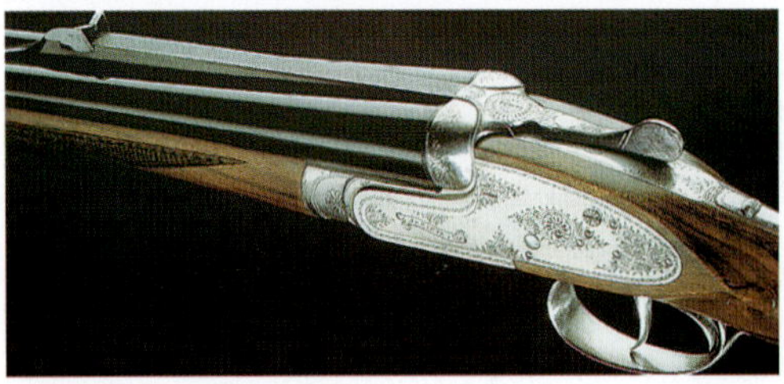

TECHNISCHE DATEN

Kaliber:	7x65R, 8x57JRS oder 9,3x74R
Kammerlänge:	s. Hülsenlänge (da Büchse)
Anzahl der Läufe:	Doppelbüchse (2 Büchsenläufe nebeneinander)
System:	Kipplaufwaffe (Baskülverschluss)
Verriegelung:	Laufhaken, verstärkt
Abzug:	Doppelabzug
Gesamtgewicht:	3,1–3,5 kg
Gesamtlänge:	104 oder 108 cm
Lauflänge:	60 oder 65 cm
Hülsenentfernung:	automatischer Ejektor
Choke:	entfällt, da gezogener Lauf (Büchse)
Visierung:	Fluchtvisier
Sicherung:	Schiebesicherung auf dem Kolbenhals

MERKMALE

- Material:	Stahl
- Finish:	Laufbündel brüniert, Systemkasten unbehandelt mit gravierten Seitenplatten
- Schaft:	ausgesuchtes Nussbaumholz, mit englischer (gerader) Schäftung

Arrieta Express R-2 Doppel-Büchse

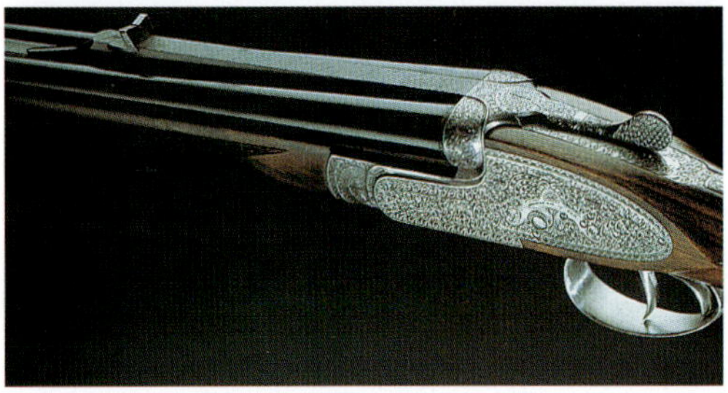

TECHNISCHE DATEN

Kaliber:	7x65R, 8x57JRS oder 9,3x74R
Kammerlänge:	s. Hülsenlänge (da Büchse)
Anzahl der Läufe:	Doppelbüchse (2 Büchsenläufe nebeneinander)
System:	Kipplaufwaffe (Baskülverschluss)
Verriegelung:	Laufhaken, verstärkt
Abzug:	Doppelabzug
Gesamtgewicht:	3,4–3,6 kg
Gesamtlänge:	108 cm
Lauflänge:	63,5 cm
Hülsenentfernung:	automatischer Ejektor
Choke:	entfällt, da gezogener Lauf (Büchse)
Visierung:	Fluchtvisier
Sicherung:	Schiebesicherung auf dem Kolbenhals

MERKMALE

- Material:	Stahl
- Finish:	Laufbündel brüniert, Systemkasten unbehandelt mit gravierten Seitenplatten
- Schaft:	ausgesuchtes Nussbaumholz, mit Pistolengriff

Arrieta Express R-3 Doppel-Büchse

TECHNISCHE DATEN

Kaliber:	7x65R, 8x57JRS oder 9,3x74R
Kammerlänge:	s. Hülsenlänge (da Büchse)

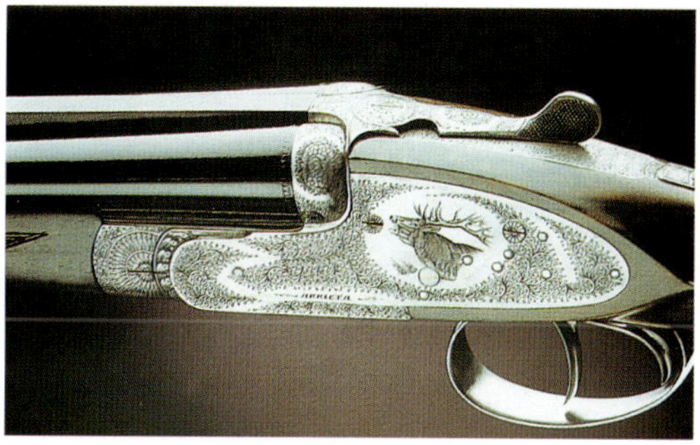

Anzahl der Läufe: Doppelbüchse (2 Büchsenläufe nebeneinander)
System: Kipplaufwaffe (Baskülverschluss)
Verriegelung: Laufhaken, verstärkt
Abzug: Doppelabzug
Gesamtgewicht: 3,3–3,5 kg
Gesamtlänge: nach Wahl
Lauflänge: nach Wahl
Hülsenentfernung: automatischer Ejektor
Choke: entfällt, da gezogener Lauf (Büchse)
Visierung: Fluchtvisier
Sicherung: Schiebesicherung auf dem Kolbenhals

MERKMALE
- Material: Stahl
- Finish: Laufbündel brüniert, Systemkasten unbehandelt mit gravierten Seitenplatten (spezielle Jagdgravur nach Wahl)
- Schaft: ausgesuchtes Nussbaumholz, mit englischer (gerader) Schäftung oder wahlweise stattdessen mit Pistolengriff

Aya

Die Waffenfabrik Aya besteht bereits seit 1917 in der Baskenregion Spaniens. In diesem Jahr wurde die Firma von Nicolás Aranzábal und Miguel Aguirre gegründet. Der Firmensitz ist die Stadt Eibar, einer der bekanntesten spanischen Waffenherstellungsorte. Aya produziert vornehmlich traditionelle Doppelflinten, die Seitenschlosswaffen der Firma sind weltberühmt. Die meisten der Aya-Flinten haben einen Laufhakenverschluss, kombiniert mit einem Kersten-Verschluss. Vor kurzem hat die Firma auch damit begonnen, Bockdoppelflinten zum sportlichen Schießen zu bauen.

Aya No. 1

TECHNISCHE DATEN
Kaliber: 12 oder 20
Kammerlänge: 2¾", 3" (70 oder 76 mm)
Anzahl der Läufe: Doppelflinte (Querflinte)
System: Kipplaufwaffe (Baskülverschluss)

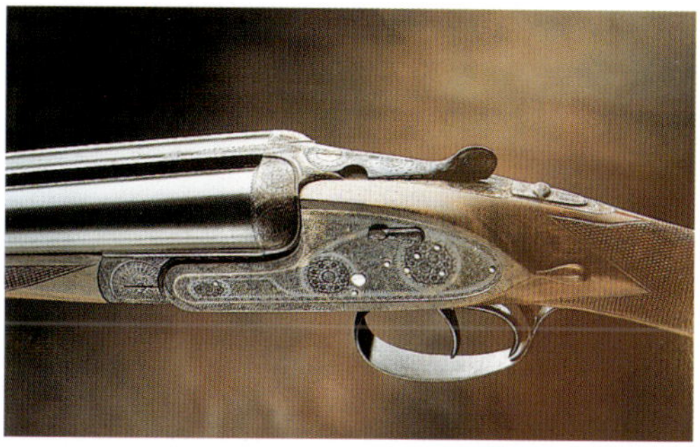

Verriegelung: doppelte Laufhaken
Abzug: Doppelabzug
Gesamtgewicht: 3,1–3,4 kg
Gesamtlänge: 109 oder 114 cm
Lauflänge: 66 oder 71 cm
Hülsenentfernung: automatischer Ejektor
Choke: nach Wahl
Visierung: Laufschienenkorn
Sicherung: automatisch nach dem Brechen gesichert, Schiebesicherung auf dem Kolbenhals, Signalstifte zur Anzeige des Spannzustands

MERKMALE
- Material: Stahl
- Finish: Laufbündel brüniert, Systemkasten buntgehärtet mit Blumengravur, Seitenplatten abnehmbar

Schaft: Nussbaumholz, mit englischer Schäftung

Aya No. 2

TECHNISCHE DATEN
Kaliber: 12, 16, 20, 28 oder .410
Kammerlänge: 2¾", 3" (70 oder 76 mm)
Anzahl der Läufe: Doppelflinte (Querflinte)
System: Kipplaufwaffe (Baskülverschluss)
Verriegelung: doppelte Laufhaken
Abzug: Doppelabzug
Gesamtgewicht: 3,1–3,8 kg
Gesamtlänge: 109 oder 124 cm
Lauflänge: 66 oder 76 cm
Hülsenentfernung: automatischer Ejektor
Choke: nach Wahl
Visierung: Laufschienenkorn

Sicherung: automatisch nach dem Brechen gesichert, Schiebesicherung auf dem Kolbenhals

MERKMALE

- Material: Stahl
- Finish: Laufbündel brüniert, Systemkasten buntgehärtet mit Gravur, Seitenplatten abnehmbar
- Schaft: Nussbaumholz, mit englischer Schäftung

Aya No. 4

TECHNISCHE DATEN

Kaliber: 12, 16, 20, 28 oder .410
Kammerlänge: 2¾", 3" (70 oder 76 mm)
Anzahl der Läufe: Doppelflinte (Querflinte)
System: Kipplaufwaffe (Baskülverschluss)
Verriegelung: doppelte Laufhaken
Abzug: Doppelabzug
Gesamtgewicht: 3,1–3,8 kg
Gesamtlänge: 109 oder 124 cm
Lauflänge: 66 oder 76 cm
Hülsenentfernung: automatischer Ejektor
Choke: nach Wahl
Visierung: Laufschienenkorn
Sicherung: automatisch nach dem Brechen gesichert, Schiebesicherung auf dem Kolbenhals

MERKMALE

- Material: Stahl
- Finish: Laufbündel brüniert, Systemkasten buntgehärtet
- Schaft: Nussbaumholz, mit englischer Schäftung oder mit Pistolengriff

Aya No. 4 Deluxe

TECHNISCHE DATEN

Kaliber: 12, 20, 28 oder .410
Kammerlänge: 2¾", 3" (70 oder 76 mm)
Anzahl der Läufe: Doppelflinte (Querflinte)
System: Kipplaufwaffe (Baskülverschluss)
Verriegelung: doppelte Laufhaken

Abzug: Einabzug oder Doppelabzug
Gesamtgewicht: 3,1–3,8 kg
Gesamtlänge: 109 oder 124 cm
Lauflänge: 66 oder 76 cm
Hülsenentfernung: automatischer Ejektor
Choke: nach Wahl
Visierung: Laufschienenkorn
Sicherung: automatisch nach dem Brechen gesichert, Schiebesicherung auf dem Kolbenhals

MERKMALE

- Material: Stahl
- Finish: Laufbündel brüniert, Systemkasten buntgehärtet und fein graviert
- Schaft: Nussbaumholz, mit englischer Schäftung

Aya XXV/BL

TECHNISCHE DATEN

Kaliber: 12 oder 20
Kammerlänge: 2¾", 3" (70 oder 76 mm)
Anzahl der Läufe: Doppelflinte (Querflinte)
System: Kipplaufwaffe (Baskülverschluss)
Verriegelung: doppelte Laufhaken
Abzug: Doppelabzug
Gesamtgewicht: 3,1 kg
Gesamtlänge: 109 cm
Lauflänge: 63,5 cm
Hülsenentfernung: automatischer Ejektor
Choke: nach Wahl
Visierung: Laufschienenkorn
Sicherung: automatisch nach dem Brechen gesichert, Schiebesicherung auf dem Kolbenhals

MERKMALE

- Material:	Stahl
- Finish:	Laufbündel brüniert, Systemkasten buntgehärtet mit Blumengravur
- Schaft:	Nussbaumholz, mit engl. Schäftung o. Pistolengriff

Aya XXV/SL

TECHNISCHE DATEN

Kaliber:	12 oder 20
Kammerlänge:	$2^3/_4$", 3" (70 oder 76 mm)
Anzahl der Läufe:	Doppelflinte (Querflinte)
System:	Kipplaufwaffe (Baskülverschluss)
Verriegelung:	doppelte Laufhaken
Abzug:	Doppelabzug
Gesamtgewicht:	3,1 kg
Gesamtlänge:	109 cm
Lauflänge:	63,5 cm
Hülsenentfernung:	automatischer Ejektor
Choke:	nach Wahl
Visierung:	Laufschienenkorn
Sicherung:	automatisch nach dem Brechen gesichert, Schiebesicherung auf dem Kolbenhals, Signalstifte zur Anzeige des Spannzustands

MERKMALE

- Material:	Stahl
- Finish:	Laufbündel brüniert, Systemkasten buntgehärtet mit Blumengravur, Seitenplatten abnehmbar
- Schaft:	Nussbaumholz, mit englischer Schäftung oder mit Pistolengriff

Aya No. 37/Super

TECHNISCHE DATEN

Kaliber:	12 oder 20
Kammerlänge:	Flintenlauf: $2^3/_4$", 3" (70 oder 76 mm)
Anzahl der Läufe:	Bockdoppelflinte (Läufe übereinander)
System:	Kipplaufwaffe (Baskülverschluss)
Verriegelung:	doppelte Laufhaken und Kerstenverschluss
Abzug:	Einabzug oder Doppelabzug
Gesamtgewicht:	3,7 kg
Gesamtlänge:	113 cm
Lauflänge:	71 cm
Hülsenentfernung:	automatischer Ejektor
Choke:	nach Wahl
Visierung:	Laufschienenkorn, ventilierte Schiene
Sicherung:	Schiebesicherung auf dem Kolbenhals

MERKMALE

- Material:	Stahl
- Finish:	Laufbündel brüniert, Systemkasten unbehandelt mit Arabeskengravur (Mod.37/Super A) oder mit Jagdgravur (B und C), Seitenplatten abnehmbar
- Schaft:	Nussbaumholz, mit Pistolengriff

Aya No. 53

TECHNISCHE DATEN

Kaliber:	12, 16 oder 20
Kammerlänge:	$2^3/_4$", 3" (70 oder 76 mm)
Anzahl der Läufe:	Doppelflinte (Querflinte)
System:	Kipplaufwaffe (Baskülverschluss)
Verriegelung:	doppelte Laufhaken
Abzug:	Doppelabzug
Gesamtgewicht:	3,1–3,8 kg
Gesamtlänge:	109–124 cm
Lauflänge:	66–76 cm
Hülsenentfernung:	automatischer Ejektor
Choke:	nach Wahl
Visierung:	Laufschienenkorn
Sicherung:	automatisch nach dem Brechen gesichert, Schiebesicherung auf dem Kolbenhals, Signalstifte zur Anzeige des Spannzustands

MERKMALE

- Material:	Stahl
- Finish:	Laufbündel brüniert, Systemkasten buntgehärtet mit Blumengravur, Seitenplatten abnehmbar
- Schaft:	Nussbaumholz, mit englischer Schäftung

Aya No. 56

TECHNISCHE DATEN

Kaliber: 12
Kammerlänge: 2¾" (70 mm)
Anzahl der Läufe: Doppelflinte (Querflinte)
System: Kipplaufwaffe (Baskülverschluss)
Verriegelung: doppelte Laufhaken
Abzug: Einabzug oder Doppelabzug
Gesamtgewicht: 3,1–3,4 kg
Gesamtlänge: 109 oder 114 cm
Lauflänge: 66 oder 71 cm
Hülsenentfernung: automatischer Ejektor
Choke: nach Wahl
Visierung: Laufschienenkorn
Sicherung: automatisch nach dem Brechen gesichert, Schiebesicherung auf dem Kolbenhals

MERKMALE

- Material: Stahl
- Finish: Laufbündel brüniert, Systemkasten buntgehärtet mit Arabeskengravur
- Schaft: Nussbaumholz, mit englischer Schäftung oder mit Pistolengriff

Aya Augusta

TECHNISCHE DATEN

Kaliber: 12
Kammerlänge: 2¾" (70 mm)
Anzahl der Läufe: Bockdoppelflinte (Läufe übereinander)
System: Kipplaufwaffe (Baskülverschluss)
Verriegelung: doppelte Laufhaken
Abzug: Einabzug oder Doppelabzug
Gesamtgewicht: 3,1–3,4 kg
Gesamtlänge: 109 oder 114 cm
Lauflänge: 66 oder 71 cm
Hülsenentfernung: automatischer Ejektor
Choke: nach Wahl
Visierung: Laufschienenkorn, ventilierte Schiene
Sicherung: Schiebesicherung auf dem Kolbenhals

MERKMALE

- Material: Stahl
- Finish: Laufbündel brüniert, Systemkasten mit Arabeskengravur
- Schaft: Nussbaumholz, mit Pistolengriff

Aya Coral Jagd, Trap oder Skeet

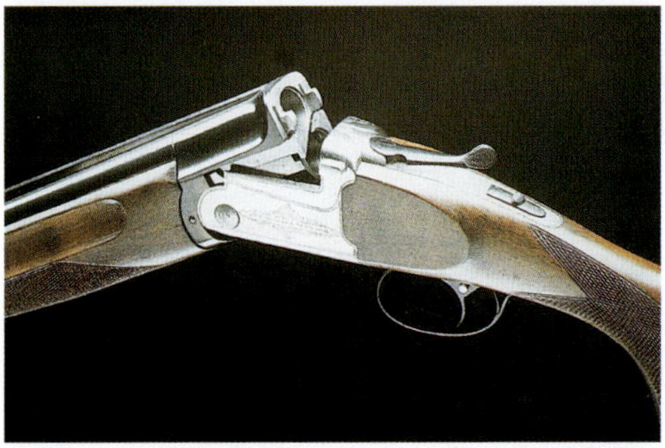

TECHNISCHE DATEN

Kaliber: 12 oder 20
Kammerlänge: 3" (76 mm)
Anzahl der Läufe: Bockdoppelflinte (Läufe übereinander)
System: Kipplaufwaffe (Baskülverschluss)
Verriegelung: doppelte Laufhaken und Kersten-Verschluss
Abzug: Einabzug oder Doppelabzug
Gesamtgewicht: 3,3–3,7 kg
Gesamtlänge: 111–125 cm
Lauflänge: 66–76 cm
Hülsenentfernung: automatischer Ejektor und Auszieher
Choke: Wechselchokeeinsätze: voll, ¾, ½, ¼, zylindrisch
Visierung: Laufschienenkorn, ventilierte Schiene
Sicherung: Schiebesicherung auf dem Kolbenhals

MERKMALE

- Material: Stahl
- Finish: Laufbündel brüniert, Systemkasten unbehandelt
- Schaft: Nussbaumholz, mit Pistolengriff

Aya Coral Deluxe Jagd oder Trap

TECHNISCHE DATEN

Kaliber: 12 oder 20
Kammerlänge: 3" (76 mm)

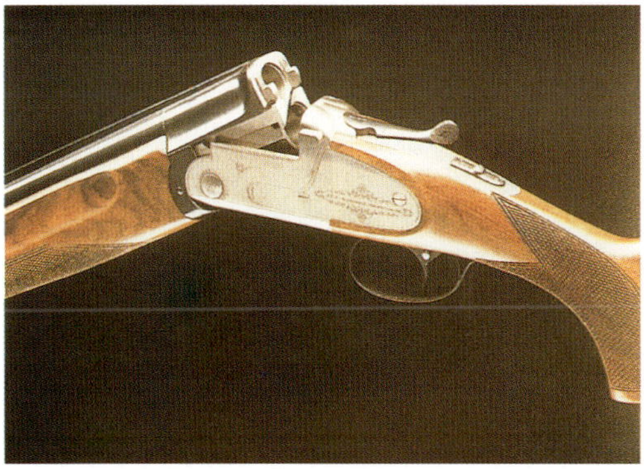

Anzahl der Läufe: Bockdoppelflinte (Läufe übereinander)
System: Kipplaufwaffe (Baskülverschluss)
Verriegelung: doppelte Laufhaken und Kersten-Verschluss
Abzug: Einabzug oder Doppelabzug
Gesamtgewicht: 3,3–3,7 kg
Gesamtlänge: 111–125 cm
Lauflänge: 66–76 cm
Hülsenentfernung: automatischer Ejektor und Auszieher
Choke: Wechselchokeeinsätze: voll, $^3/_4$, $^1/_2$, $^1/_4$, zylindrisch
Visierung: Laufschienenkorn, ventilierte Schiene
Sicherung: Schiebesicherung auf dem Kolbenhals

MERKMALE
- Material: Stahl
- Finish: Laufbündel brüniert, Systemkasten unbehandelt, mit gravierten Seitenplatten
- Schaft: Nussbaumholz, mit Pistolengriff

Aya Countryman

TECHNISCHE DATEN
Kaliber: 12 oder 20
Kammerlänge: $2^3/_4$" oder 3" (70 oder 76 mm)
Anzahl der Läufe: Doppelflinte (Querflinte)
System: Kipplaufwaffe (Baskülverschluss)
Verriegelung: doppelte Laufhaken
Abzug: Doppelabzug
Gesamtgewicht: 3,1–3,3 kg
Gesamtlänge: 109 oder 114 cm
Lauflänge: 66 oder 71 cm
Hülsenentfernung: automatischer Ejektor
Choke: nach Wahl
Visierung: Laufschienenkorn
Sicherung: automatisch nach dem Brechen gesichert, Schiebesicherung auf dem Kolbenhals

MERKMALE
- Material: Stahl
- Finish: Laufbündel brüniert, Systemkasten buntgehärtet mit Arabeskengravur
- Schaft: Nussbaumholz, mit englischer Schäftung oder mit Pistolengriff

Aya Excelsior Jagd, Trap oder Skeet

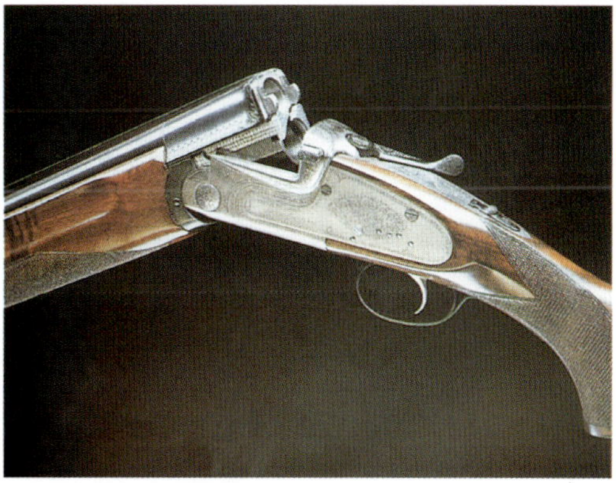

TECHNISCHE DATEN
Kaliber: 12 oder 20
Kammerlänge: 3" (76 mm)
Anzahl der Läufe: Bockdoppelflinte (Läufe übereinander)
System: Kipplaufwaffe (Baskülverschluss)
Verriegelung: doppelte Laufhaken und Kersten-Verschluss
Abzug: Einabzug oder Doppelabzug
Gesamtgewicht: 3,3–3,7 kg
Gesamtlänge: 111–125 cm
Lauflänge: 66–76 cm
Hülsenentfernung: automatischer Ejektor, wahlweise mit Auszieher
Choke: Wechselchokeeinsätze: voll, $^3/_4$, $^1/_2$, $^1/_4$, zylindrisch
Visierung: Laufschienenkorn, ventilierte Schiene
Sicherung: Schiebesicherung auf dem Kolbenhals

MERKMALE
- Material: Stahl
- Finish: Laufbündel brüniert, Systemkasten unbehandelt, mit gravierten Seitenplatten
- Schaft: Nussbaumholz, mit Pistolengriff

Aya Iberia

TECHNISCHE DATEN
Kaliber : 12
Kammerlänge : $2^3/_4$" (70 mm)

Anzahl der Läufe: Doppelflinte (Querflinte)
System: Kipplaufwaffe (Baskülverschluss)
Verriegelung: doppelte Laufhaken und Kerstenverschluss
Abzug: Doppelabzug
Gesamtgewicht: 2,7–3,4 kg
Gesamtlänge: 109 oder 122 cm
Lauflänge: 66 oder 71 cm
Hülsenentfernung: Auszieher
Choke: nach Wahl
Visierung: Laufschienenkorn
Sicherung: automatisch nach dem Brechen gesichert, Schiebesicherung auf dem Kolbenhals

MERKMALE
- Material: Stahl
- Finish: brüniert, Systemkasten buntgehärtet mit Arabeskengravur
- Schaft: Nussbaumholz, mit englischer Schäftung

Aya Yeoman

TECHNISCHE DATEN
Kaliber: 12
Kammerlänge: 2¾" (70 mm)
Anzahl der Läufe: Doppelflinte (Querflinte)
System: Kipplaufwaffe (Baskülverschluss)
Verriegelung: doppelte Laufhaken
Abzug: Doppelabzug
Gesamtgewicht: 2,7–3, kg
Gesamtlänge: 109 oder 122 cm
Lauflänge: 66 oder 71 cm
Hülsenentfernung: automatischer Ejektor
Choke: nach Wahl
Visierung: Laufschienenkorn
Sicherung: automatisch nach dem Brechen gesichert, Schiebesicherung auf dem Kolbenhals

MERKMALE
- Material: Stahl
- Finish: brüniert, Systemkasten buntgehärtet
- Schaft: Nussbaumholz, mit englischer Schäftung

Baikal/Izhevsky Mekhanichesky Zavod

Der Bau von Waffen durch das russische Unternehmen Izhevsky hat seinen Ursprung im Jahr 1885. Damals gab die russische Regierung den Auftrag, in Tula, Izhevsky und Sestroretsk mit der Produktion von militärischen und zivilen Schusswaffen zu beginnen. Die russische Revolution bereitete der Firma turbulente Zeiten. Dann wollte die neue Rote Armee die alten zaristischen Waffen- und Munitionsarsenale erneuern und modernisieren und man forcierte die Kapazitäten in Izhevsky. Das Unternehmen baute zwischen 1918 und 1920 fast 1,3 Millionen Waffen, davon 15 000 Maschinengewehre und 175 000 Nagant-Revolver, zudem wurden etwa 840 Millionen Patronen unterschiedlicher Kaliber hergestellt. Die riesigen Produktionskapazitäten von Izhevsky nutzte man dann auch im Zweiten Weltkrieg aus. 1949 begann das inzwischen zu Izhevsky Mekhanichesky Zavod umfirmierte Staatsunternehmen schließlich wieder mit dem Bau von Zivilwaffen, unter anderem auch von sportlichen Schrotflinten. Die doppelläufige Izh-49 basierte auf dem Sauer-Modell 9. 1954 brachte Izhevsky mit dem Modell Izh-54 eine Eigenkonstruktion heraus, die von den Waffeningenieuren Leonid Pugachyev und Anatoly Klimov entwickelt wurde. Die bekannteste Flinte der Firma, die Izh-27, kam 1973 auf den Markt. Izhevsky Mekhanichesky Zavod produziert unter dem russischen Kürzel Izh und im Westen unter dem Markennamen Baikal inzwischen eine größere Anzahl verschiedener jagdlicher und sportlicher Flinten und kombinierter Gewehre. Zudem baut die Firma auch Luftdruckwaffen, unter anderem das futuristisch anmutende Luftgewehr Izh 62, das mit einem Skelettschaft ausgestattet ist. Alle Baikal-Waffen gelten als ausnehmend preisgünstig, sehr

robust und zuverlässig. Wie dieses Foto eindeutig darlegt, ist die Firma Izhevsky/Baikal aber jedoch durchaus in der Lage, neben billigeren Waffen auch besondere Stücke herzustellen. Die hervorragenden Schäfte und feinen Gravuren sprechen für sich.

Baikal Izh-18EM-M Einlaufflinte

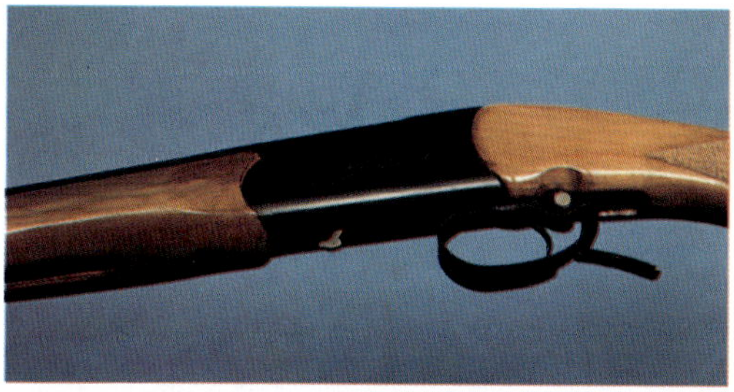

TECHNISCHE DATEN

Kaliber:	12, 20, 28, 32 und .410
Kammerlänge:	$2^{3}/_{4}$" oder 3" (70 oder 76 mm)
Anzahl der Läufe:	Einlaufflinte
System:	Kipplaufwaffe (Baskülverschluss)
Verriegelung:	Laufhaken, Öffnungshebel hinter dem Abzugsbügel
Abzug:	Einabzug
Gesamtgewicht:	2,6–2,8 kg
Gesamtlänge:	109 oder 114 cm
Lauflänge:	67,5 oder 72,5 cm
Hülsenentfernung:	manueller Ejektor (Hebel unter dem Systemkasten)
Choke:	nach Wahl: $^{1}/_{2}$-, $^{3}/_{4}$- oder Voll-Choke
Visierung:	Laufschienenkorn
Sicherung:	Druckknopfsicherung über dem Abzugsbügel

MERKMALE

- Material:	Stahl
- Finish:	brüniert, Systemkasten leicht graviert
- Schaft:	Buchenholz, mit Pistolengriff

Aufgrund des Verschlussmechanismusses und des manuellen Ejektors ist die Izh-18EM-M eine recht interessante Flinte.

Der Ejektor fungiert zunächst als reiner Patronenauszieher, die Patrone wird erst ausgeworfen, wenn der Öffnungshebel betätigt wird.

Baikal Izh-18M-M Einlaufflinte

TECHNISCHE DATEN

Kaliber:	12, 20, 28, 32 und .410
Kammerlänge:	$2^{3}/_{4}$" oder 3" (70 oder 76 mm)
Anzahl der Läufe:	Einlaufflinte
System:	Kipplaufwaffe (Baskülverschluss)
Verriegelung:	Laufhaken, Öffnungshebel hinter dem Abzugsbügel
Abzug:	Einabzug
Gesamtgewicht:	2,6–2,8 kg
Gesamtlänge:	109 oder 114 cm
Lauflänge:	67,5 oder 72,5 cm
Hülsenentfernung:	manueller Ejektor (Hebel unter dem Systemkasten)
Choke:	nach Wahl: $^{1}/_{2}$-, $^{3}/_{4}$- oder Voll-Choke
Visierung:	Laufschienenkorn
Sicherung:	Druckknopfsicherung über dem Abzugsbügel

MERKMALE

- Material:	Stahl
- Finish:	brüniert, Systemkasten leicht graviert
- Schaft:	Buchenholz, mit Pistolengriff

Baikal Izh-18MN Einlaufbüchse und -flinte

TECHNISCHE DATEN

Kaliber:	siehe nachfolgend
Kammerlänge:	Flintenlauf: 3" (76 mm)
Anzahl der Läufe:	Einlaufbüchse/-flinte
System:	Kipplaufwaffe (Baskülverschluss)
Verriegelung:	Laufhaken, Öffnungshebel hinter dem Abzugsbügel
Abzug:	Einabzug
Gesamtgewicht:	3,2 kg

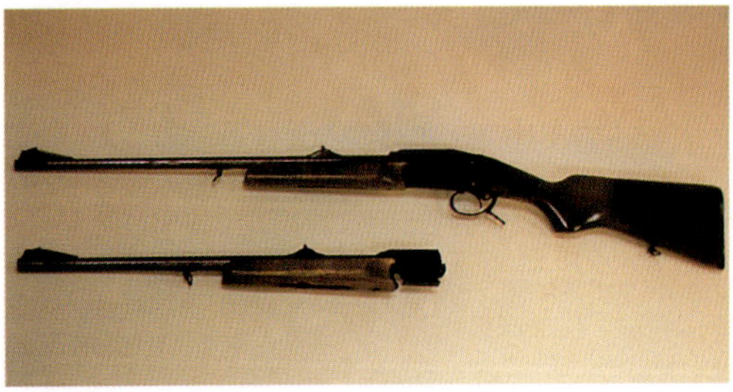

Gesamtlänge: 104 cm
Lauflänge: 60 cm
Hülsenentfernung: Auszieher
Choke: entfällt
Visierung: Büchsenvisierung
Sicherung: Druckknopfsicherung über dem Abzugsbügel

MERKMALE
- Material: Stahl
- Finish: brüniert, Systemkasten leicht graviert
- Schaft: Buchenholz, mit Pistolengriff

Erhältliche Kaliber/Büchsenkaliber: .222 Rem.; 5,6x 50R Mag.; 7x57R; 7x65R; 7,62x39, .308 Win. (7,62x51), 7,62x53R, 9,3x74R; Schrotkaliber: 12/70 und 12/76 mit glattem und gezogenem (Slug-)Lauf.

Baikal Izh-27E-CTK

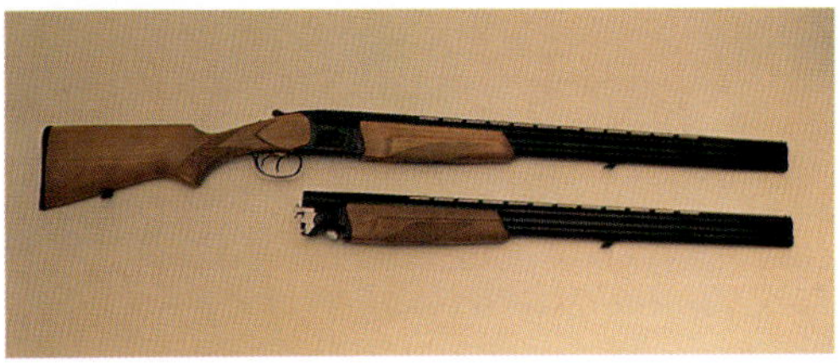

TECHNISCHE DATEN
Kaliber: 12
Kammerlänge: 3" (76 mm)
Anzahl der Läufe: Doppelflinte (Querflinte)
System: Kipplaufwaffe (Baskülverschluss)
Verriegelung: Laufhaken
Abzug: Doppelabzug
Gesamtgewicht: 3,4 kg
Gesamtlänge: 115 cm
Lauflänge: 72,5 cm
Hülsenentfernung: Auszieher
Choke: Voll-, Halb-Choke oder Skeet-Wechsellauf
Visierung: Laufschienenkorn, ventilierte Schiene
Sicherung: automatische Sicherung, Fallsicherung, Schiebesicherung auf dem Kolbenhals

MERKMALE
- Material: Stahl
- Finish : brüniert
- Schaft : Nussbaumholz, mit Pistolengriff

Baikal Izh-27EM-1C

TECHNISCHE DATEN
Kaliber: 12 oder 16
Kammerlänge: 2¾" oder 3" (70 oder 76 mm)
Anzahl der Läufe: Doppelflinte (Querflinte)
System: Kipplaufwaffe (Baskülverschluss)
Verriegelung: Laufhaken
Abzug: Einabzug
Gesamtgewicht: 3,4 kg
Gesamtlänge: 115 cm
Lauflänge: 72,5 cm
Hülsenentfernung: automatischer Ejektor
Choke: Voll-, Halb-Choke
Visierung: Laufschienenkorn, ventilierte Schiene
Sicherung: Schiebesicherung auf dem Kolbenhals

MERKMALE
- Material: Stahl
- Finish: brüniert
- Schaft: Buchen- oder Nussbaumholz, mit Pistolengriff

Baikal Izh-27EM-1C-M

TECHNISCHE DATEN
Kaliber: 12 oder 16
Kammerlänge: 2¾" oder 3" (70 oder 76 mm)
Anzahl der Läufe: Doppelflinte (Querflinte)
System: Kipplaufwaffe (Baskülverschluss)
Verriegelung: Laufhaken
Abzug: Einabzug

Gesamtgewicht: 3,4 kg
Gesamtlänge: 115 cm
Lauflänge: 72,5 cm
Hülsenentfernung: automatischer Ejektor
Choke: Voll-, Halb-Choke
Visierung: Laufschienenkorn, ventilierte Schiene
Sicherung: Schiebesicherung auf dem Kolbenhals

MERKMALE
- Material: Stahl
- Finish: brüniert
- Schaft: Buchen- oder Nussbaumholz, mit Pistolengriff

Baikal Izh-27M

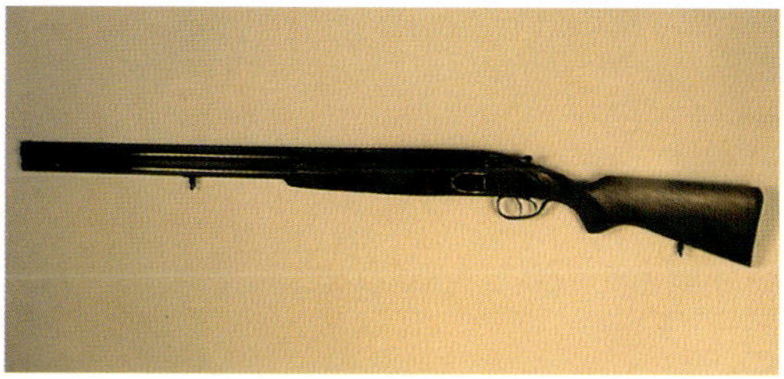

TECHNISCHE DATEN
Kaliber: 12, 16 oder 20
Kammerlänge: $2^{3}/_{4}$" oder 3" (70 oder 76 mm)
Anzahl der Läufe: Doppelflinte (Querflinte)
System: Kipplaufwaffe (Baskülverschluss)
Verriegelung: Laufhaken
Abzug: Doppelabzug
Gesamtgewicht: 3,4 kg
Gesamtlänge: 115 cm
Lauflänge: 72,5 cm
Hülsenentfernung: Auszieher
Choke: Voll-, Halb-Choke
Visierung: Laufschienenkorn, ventilierte Schiene
Sicherung: automatische Sicherung, Fallsicherung, Schiebesicherung auf dem Kolbenhals

MERKMALE
- Material: Stahl
- Finish: brüniert
- Schaft: Nussbaumholz, mit Pistolengriff

Baikal Izh-27M-1C-M

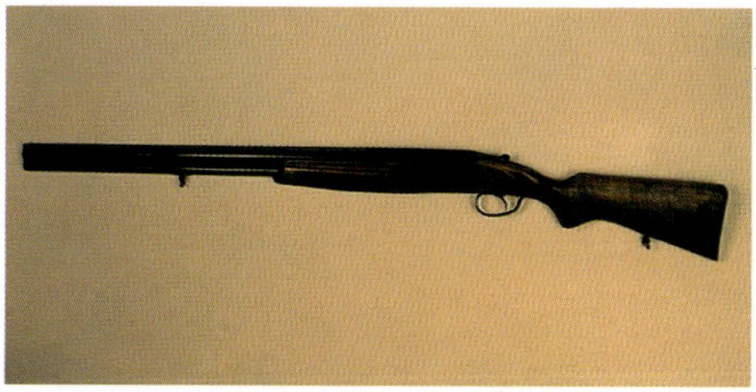

TECHNISCHE DATEN
Kaliber: 12, 16
Kammerlänge: $2^{3}/_{4}$" oder 3" (70 oder 76 mm)
Anzahl der Läufe: Doppelflinte (Querflinte)
System: Kipplaufwaffe (Baskülverschluss)
Verriegelung: Laufhaken
Abzug: Einabzug
Gesamtgewicht: 3,4 kg
Gesamtlänge: 115 cm
Lauflänge: 72,5 cm
Hülsenentfernung: Auszieher
Choke: Voll-, Halb-Choke
Visierung: Laufschienenkorn, ventilierte Schiene
Sicherung: automatische Sicherung, Fallsicherung, Schiebesicherung auf dem Kolbenhals

MERKMALE
- Material: Stahl
- Finish: brüniert
- Schaft: Nussbaumholz, mit Pistolengriff

Baikal Izh-39 Sport

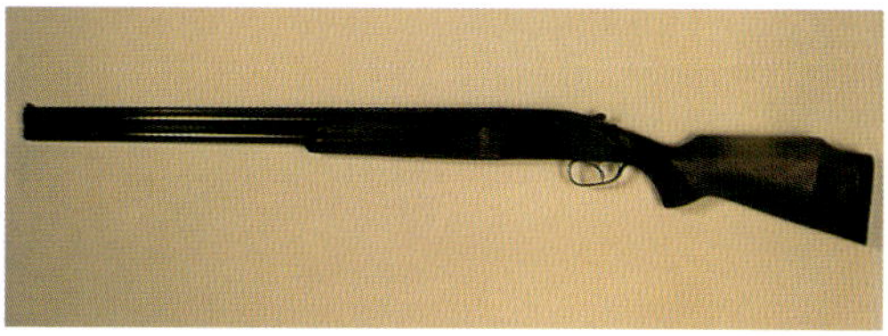

TECHNISCHE DATEN
Kaliber: 12
Kammerlänge: $2^{3}/_{4}$" (70 mm)
Anzahl der Läufe: Doppelflinte (Querflinte)
System: Kipplaufwaffe (Baskülverschluss)
Verriegelung: Laufhaken
Abzug: Einabzug
Gesamtgewicht: Skeet: 3,65 kg; Trap: 3,7 kg
Gesamtlänge: Skeet: 110 cm; Trap: 117,5 cm
Lauflänge: Skeet: 67,5 cm; Trap: 75 cm
Hülsenentfernung: Auszieher
Choke: Voll- oder Skeet-Choke
Visierung: Laufschienenkorn, ventilierte Schiene
Sicherung: automatische Sicherung, Fallsicherung, Schiebesicherung auf dem Kolbenhals

MERKMALE
- Material: Stahl
- Finish: brüniert
- Schaft: Nussbaumholz, mit Pistolengriff

Baikal Izh-39E Sport

TECHNISCHE DATEN
Kaliber: 12
Kammerlänge: $2^{3}/_{4}$" (70 mm)
Anzahl der Läufe: Doppelflinte (Querflinte)

System:	Kipplaufwaffe (Baskülverschluss)
Verriegelung:	Laufhaken
Abzug:	Einabzug
Gesamtgewicht:	Skeet: 3,65 kg; Trap: 3,7 kg
Gesamtlänge:	Skeet: 110 cm; Trap: 117,5 vcm
Lauflänge:	Skeet: 67,5 cm; Trap: 75 cm
Hülsenentfernung:	Auszieher
Choke:	Voll- oder Skeet-Choke
Visierung:	Laufschienenkorn, ventilierte Schiene
Sicherung:	automatische Sicherung, Fallsicherung, Schiebesicherung auf dem Kolbenhals

MERKMALE

- Material:	Stahl
- Finish:	brüniert
- Schaft:	Nussbaumholz, mit Pistolengriff

Baikal Izh-43

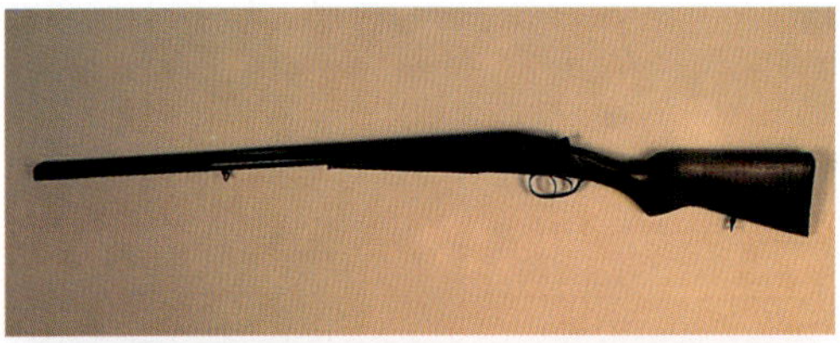

TECHNISCHE DATEN

Kaliber:	12 oder 16
Kammerlänge:	$2^{3}/_{4}$" (70 mm)
Anzahl der Läufe:	Doppelflinte (Querflinte)
System:	Kipplaufwaffe (Baskülverschluss)
Verriegelung:	doppelte Laufhaken
Abzug:	Doppelabzug
Gesamtgewicht:	3,4 kg
Gesamtlänge:	Skeet: 110 cm; Trap: 117,5 vcm
Lauflänge:	Skeet: 67,5 cm; Trap: 75 cm
Hülsenentfernung:	Auszieher
Choke:	Voll- oder Skeet-Choke
Visierung:	Laufschienenkorn, massive Schiene
Sicherung:	automatische Sicherung, Schiebesicherung auf dem Kolbenhals

MERKMALE

- Material:	Stahl
- Finish:	brüniert
- Schaft:	Birken-, Buchen oder Nussbaumholz

Diese Waffe gibt es als Model Izh-43-IC auch mit einem glatten Slug-Lauf, ausgerüstet mit einem Büchsenvisier.

Baikal Izh-43E

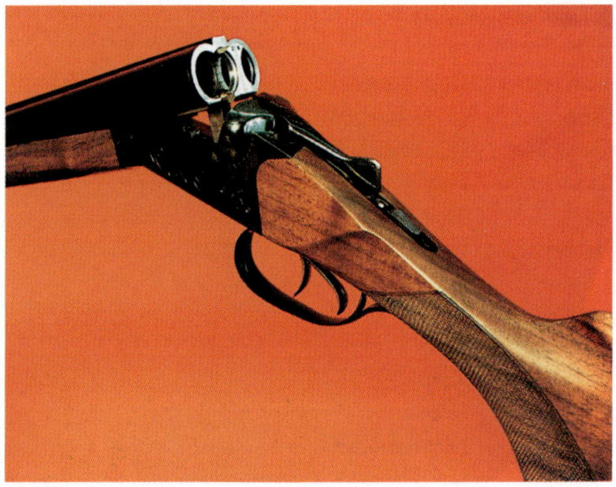

TECHNISCHE DATEN

Kaliber:	12 oder 16
Kammerlänge:	$2^{3}/_{4}$" (70 mm)
Anzahl der Läufe:	Doppelflinte (Querflinte)
System:	Kipplaufwaffe (Baskülverschluss)
Verriegelung:	doppelte Laufhaken
Abzug:	Doppelabzug
Gesamtgewicht:	3,4 kg
Gesamtlänge:	Skeet: 110 cm; Trap: 117,5 cm
Lauflänge:	Skeet: 67,5 cm; Trap: 75 cm
Hülsenentfernung:	Auszieher
Choke:	Voll- oder Skeet-Choke
Visierung:	Laufschienenkorn, massive Schiene
Sicherung:	automatische Sicherung, Schiebesicherung auf dem Kolbenhals

MERKMALE

- Material:	Stahl
- Finish:	brüniert
- Schaft:	Birken-, Buchen oder Nussbaumholz

Baikal Izh-81KM Pump-Action

Abgebildet ist die Izh-81KM Pump-Action-Version mit Behelfsanschlagschaft und besonders ausgeprägtem Pistolengriff.

TECHNISCHE DATEN

Kaliber:	12
Kammerlänge:	3" (76 mm)
Anzahl der Läufe:	Einzellauf
Magazin:	herausnehmbares Kastenmagazin für 5 Patronen
System:	Vorderschaftrepetiersystem
Verriegelung:	Vertikalblock
Abzug:	Einzelabzug
Gesamtgewicht:	3,4 kg
Gesamtlänge:	109, 113 oder 123 mm
Lauflänge:	56 cm (22"), 60 cm (23¾") oder 70 cm (27¾")
Hülsenentfernung:	Repetierauszieher
Choke:	Voll-, Zylinderchoke oder Wechselchokeeinsätze
Visierung:	Laufschienenkorn
Sicherung:	Druckknopfsicherung hinter dem Abzugsbügel

MERKMALE

- Material:	Lauf Stahl, Systemkasten Aluminium
- Finish:	brüniert
- Schaft:	Birken-, Buchen oder Nussbaumholz

Diese Flinte gibt es auch mit einem reinen Pistolengriff oder mit einem Behelfsanschlagschaft mit Pistolengriff. Soweit die Gesamtlänge der Waffe mit Pistolengriff aufgrund eines montierten besonders kurzen Laufes unter 60 cm gerät, handelt es sich dabei nach deutschem Recht nicht mehr um ein Gewehr, sondern bereits um eine Kurzwaffe, nämlich um eine Repetierwaffe.

Baikal Izh-81M Pump-Action

TECHNISCHE DATEN

Kaliber:	12
Kammerlänge:	3" (76 mm)
Anzahl der Läufe:	Einzellauf
Magazin:	Röhrenmagazin für 4 oder 6 Patronen
System:	Vorderschaftrepetiersystem
Verriegelung:	Vertikalblock
Abzug:	Einzelabzug
Gesamtgewicht:	3,4 kg
Gesamtlänge:	109, 113 oder 123 mm
Lauflänge:	56 cm (22"), 60 cm (23½") oder 70 cm (27½")
Hülsenentfernung:	Repetierauszieher
Choke:	Wechselchokeeinsätze
Visierung:	Laufschienenkorn
Sicherung:	Druckknopfsicherung hinter dem Abzugsbügel

MERKMALE

- Material:	Lauf Stahl, Systemkasten Aluminium
- Finish:	brüniert
- Schaft:	Birken-, Buchen oder Nussbaumholz

Diese Flinte gibt es auch mit einem reinen Pistolengriff oder mit einem Behelfsanschlagschaft mit Pistolengriff. Soweit die Gesamtlänge der Waffe mit Pistolengriff aufgrund eines montierten besonders kurzen Laufes unter 60 cm gerät, handelt es sich dabei nach deutschem Recht nicht mehr um ein Gewehr, sondern bereits um eine Kurzwaffe, nämlich um eine Repetierwaffe.

Baikal Izh-94 Bockbüchsflinte

TECHNISCHE DATEN

Kaliber:	siehe nachfolgend
Kammerlänge:	Flintenlauf: 2¾", 3" (70 oder 76 mm)
Anzahl der Läufe:	Bockbüchsflinte (Flinten- u. Büchsenlauf übereinander)
System:	Kipplaufwaffe (Baskülverschluss)
Verriegelung:	Laufhaken
Abzug:	Doppelabzug
Gesamtgewicht:	3,5 kg
Gesamtlänge:	105 cm
Lauflänge:	60 cm
Hülsenentfernung:	Auszieher
Choke:	Flintenlauf nach Wahl: ¼-, ½-, ¾- oder Vollchoke
Visierung:	verstellb. Büchsenvis., Zielfernrohrmon.(Prismaschiene)
Sicherung:	Schiebesicherung auf dem Kolbenhals, gleichzeitig Schieber zur Laufwahl

MERKMALE
- Material: Stahl
- Finish: brüniert
- Schaft: Nussbaumholz, mit Pistolengriff

Erhältliches Flintenkaliber: ausschließlich 12; erhältliche Büchsenkaliber: .222 Rem.; 5,6x50R Mag.; 6,5x55SE; 7x57R; 7x65R; 7,62x39, .308 Win. (7,62x51), 7,62x53R, 7,62x53R.

Baikal Izh-MP-251 Bockdoppelbüchse

TECHNISCHE DATEN

Kaliber:	.308 Win. (7,62x51)
Kammerlänge:	s. Hülsenlänge (da Büchse)
Anzahl der Läufe:	Bockbüchsflinte (Flinten- u. Büchsenlauf übereinander)
System:	Kipplaufwaffe (Baskülverschluss)
Verriegelung:	Laufhaken, Kerstenverschluss
Abzug:	Doppelabzug
Gesamtgewicht:	3,8 kg
Gesamtlänge:	105 cm
Lauflänge:	60 cm
Hülsenentfernung:	Auszieher
Choke:	entfällt
Visierung:	verstellbares Büchsenvisier, Prismaschiene für Zielfernrohrmontage
Sicherung:	automatisch nach dem Brechen gesichert, Schiebesicherung auf dem Kolbenhals, automatische Zündstiftsicherung

MERKMALE
- Material: Stahl
- Finish: brüniert
- Schaft: Buchen- oder Nussbaumholz

Baikal Bockbüchsflinte Modell Sever

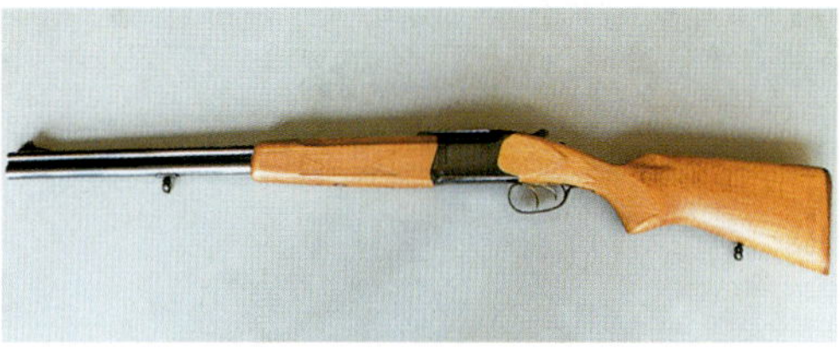

TECHNISCHE DATEN

Kaliber:	siehe nachfolgend
Kammerlänge:	Flintenlauf: $2\frac{3}{4}$", 3" (70 oder 76 mm)
Anzahl der Läufe:	Bockbüchsflinte (Flinten- u. Büchsenlauf übereinander)
System:	Kipplaufwaffe (Baskülverschluss)
Verriegelung:	Laufhaken
Abzug:	Doppelabzug
Gesamtgewicht:	3 oder 3,2 kg
Gesamtlänge:	105 oder 115 cm
Lauflänge:	50 oder 60 cm
Hülsenentfernung:	Auszieher
Choke:	Flintenlauf: $\frac{1}{2}$-Choke
Visierung:	verstellb. Büchsenvis., Prismasch. für Zielfernrohrmon.
Sicherung:	automatische Sich., Schiebesich. auf dem Kolbenhals

MERKMALE
- Material: Stahl
- Finish: brüniert
- Schaft: Buchen- oder Nussbaumholz, mit Pistolengriff

Erhältliches Flintenkaliber: 12 oder 20 (12/70 oder 20/76); erhältliche Büchsenkaliber: .22 l.r. oder .22 WMR (.22 Magnum) – aufgrund der Büchsenkaliber eine reine Schonzeit-Bockbüchsflinte.

Benelli

Die italienische Firma Benelli, gegründet am Anfang des 20. Jh., hat ihren Sitz in dem Ort Urbino. Benelli war zunächst vornehmlich bekannt als Produzent von Motorrädern, Maschinen und Werkzeugen. Seit 1967 baut Benelli Schusswaffen. Neben Selbstladepistolen, die ebenfalls einen sehr guten Ruf genießen, stellt die Firma auch eine Reihe von halbautomatischen Flinten her. Die technisch interessanteste der Benelli-Selbstladeflinten ist zweifelsohne das Modell M-3 Super 90. Diese Waffe kann von Selbstlade- auf manuellen Vorderschaftrepetiermechanismus umgestellt werden. Dazu muss der Schütze lediglich einen Stahlring vor dem Vorderschaft um eine halbe Umdrehung drehen. Genau so einfach ist es, die Waffe dann wieder in eine halbautomatische Selbstladeflinte zurückzuverwandeln. Viele Benelli-Flinten werden mit Wechselchokeeinsätzen angeboten; bei dieser Firma wird dieses System „Varichoke" genannt. Da einige Hersteller diesen Ausdruck für ihre manuell verstellbare Chokebohrung verwenden, kann es hier zu Missverständnissen kommen. Benelli bietet als Varichoke auswechselbare Chokeeinsätze mit $\frac{1}{4}$-, $\frac{1}{2}$-, $\frac{3}{4}$- und Voll- und Zylinderchoke-Würgebohrung an.

Benelli Executive I Standard

TECHNISCHE DATEN

Kaliber:	12

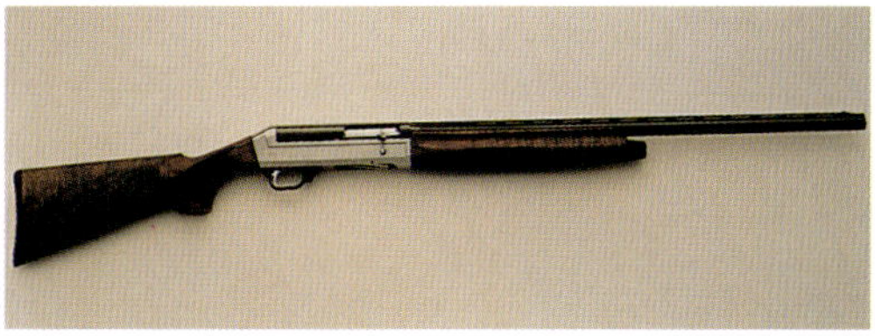

Kammerlänge: 3" (76 mm)
Anzahl der Läufe: Einzellauf
Magazin: Röhrenmagazin für 2 oder 5 Patronen
System: halbautomatisch (Rückstoßlader)
Verriegelung: Drehkammerverschluss
Abzug: Einzelabzug
Gesamtgewicht: 3,25 kg
Gesamtlänge: 126 cm
Lauflänge: 70 cm (27½")
Hülsenentfernung: Repetierauszieher
Choke: nach Wahl
Visierung: Laufschienenkorn, ventilierte Schiene
Sicherung: Druckknopfsicherung hinten am Abzugsbügel, mit roter Signalseite auf der rechten Seite; Verschlusssicherung

MERKMALE
- Material : Stahl
- Finish : brüniert, Systemkasten unbehandelt
- Schaft : ausgesuchtes Nussbaumholz, mit Pistolengriff

Benelli Executive I Varichoke

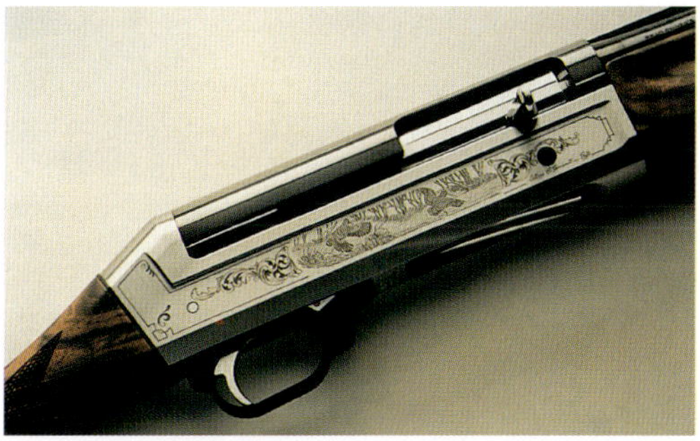

TECHNISCHE DATEN
Kaliber: 12
Kammerlänge: 3" (76 mm)
Anzahl der Läufe: Einzellauf
Magazin: Röhrenmagazin für 2 oder 5 Patronen
System: halbautomatisch (Rückstoßlader)
Verriegelung: Drehkammerverschluss
Abzug: Einzelabzug
Gesamtgewicht: 3,25 kg
Gesamtlänge: 126 cm
Lauflänge: 70 cm (27½")
Hülsenentfernung: Repetierauszieher
Choke: Wechselchokeeinsätze
Visierung: Laufschienenkorn, ventilierte Schiene
Sicherung: Druckknopfsicherung hinten am Abzugsbügel, mit roter Signalseite auf der rechten Seite; Verschlusssicherung

MERKMALE
- Material: Stahl
- Finish: brüniert; Systemkasten unbehandelt, mit einfacher Jagdmotivgravur
- Schaft: ausgesuchtes Nussbaumholz, mit Pistolengriff

Benelli Executive II Varichoke

TECHNISCHE DATEN
Kaliber: 12
Kammerlänge: 3" (76 mm)
Anzahl der Läufe: Einzellauf
Magazin: Röhrenmagazin für 2 oder 5 Patronen
System: halbautomatisch (Rückstoßlader)
Verriegelung: Drehkammerverschluss
Abzug: Einzelabzug
Gesamtgewicht: 3,25 kg
Gesamtlänge: 126 cm
Lauflänge: 70 cm (27½")
Hülsenentfernung: Repetierauszieher
Choke: Wechselchokeeinsätze
Visierung: Laufschienenkorn, ventilierte Schiene
Sicherung: Druckknopfsicherung hinten am Abzugsbügel, mit roter Signalseite auf der rechten Seite; Verschlusssicherung

MERKMALE
- Material: Stahl
- Finish: brüniert; Systemkasten unbehandelt, mit besserer Jagdmotivgravur
- Schaft: ausgesuchtes Nussbaumholz, mit Pistolengriff

Benelli Executive III Varichoke

TECHNISCHE DATEN
Kaliber: 12
Kammerlänge: 3" (76 mm)
Anzahl der Läufe: Einzellauf
Magazin: Röhrenmagazin für 2 oder 5 Patronen
System: halbautomatisch (Rückstoßlader)
Verriegelung: Drehkammerverschluss
Abzug: Einzelabzug
Gesamtgewicht: 3,25 kg

Gesamtlänge: 126 cm
Lauflänge: 70 cm (27½")
Hülsenentfernung: Repetierauszieher
Choke: Wechselchokeeinsätze
Visierung: Laufschienenkorn, ventilierte Schiene
Sicherung: Druckknopfsicherung hinten am Abzugsbügel, mit roter Signalseite auf der rechten Seite; Verschlusssicherung

MERKMALE
- Material: Stahl
- Finish: brüniert; Systemkasten unbehandelt, mit ausführlicherer Jagdmotivgravur mit Goldeinlagen
- Schaft: ausgesuchtes Nussbaumholz, mit Pistolengriff

Benelli M-1 Super 90 Hunter

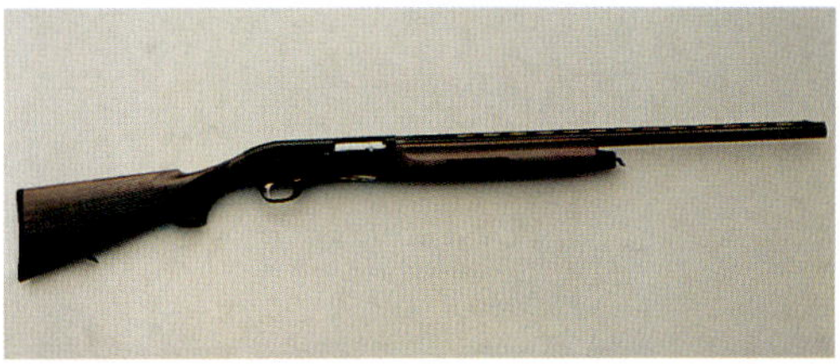

TECHNISCHE DATEN
Kaliber: 12
Kammerlänge: 3" (76 mm)
Anzahl der Läufe: Einzellauf
Magazin: Röhrenmagazin für 2 oder 5 Patronen
System: halbautomatisch (Rückstoßlader)
Verriegelung: Drehkammerverschluss
Abzug: Einzelabzug
Gesamtgewicht: 3,1 kg
Gesamtlänge: 126 cm
Lauflänge: 70 cm (27½")
Hülsenentfernung: Repetierauszieher
Choke: nach Wahl
Visierung: Laufschienenkorn, ventilierte Schiene
Sicherung: Druckknopfsicherung hinten am Abzugsbügel, mit roter Signalseite auf der rechten Seite; Verschlusssicherung

MERKMALE
- Material: Stahl
- Finish: mattschwarz brüniert
- Schaft: Nussbaumholz, mit Pistolengriff

Benelli M-1 Super 90 Hunter „All Weather“

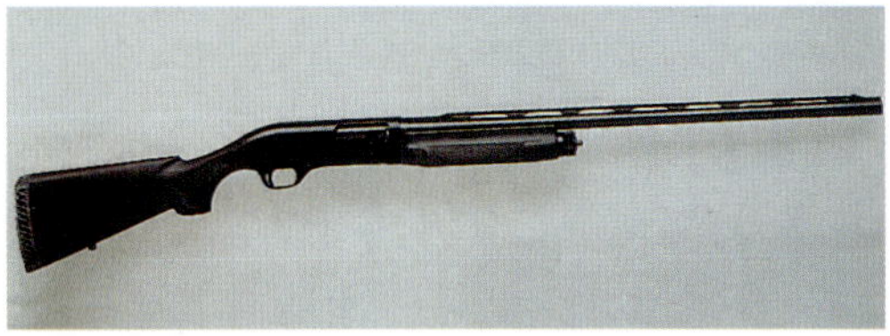

TECHNISCHE DATEN
Kaliber: 12
Kammerlänge: 3" (76 mm)
Anzahl der Läufe: Einzellauf
Magazin: Röhrenmagazin für 2 oder 5 Patronen
System: halbautomatisch (Rückstoßlader)
Verriegelung: Drehkammerverschluss
Abzug: Einzelabzug
Gesamtgewicht: 3,1 kg
Gesamtlänge: 126 cm
Lauflänge: 70 cm (27½")
Hülsenentfernung: Repetierauszieher
Choke: nach Wahl
Visierung: Laufschienenkorn, ventilierte Schiene
Sicherung: Druckknopfsicherung hinten am Abzugsbügel, mit roter Signalseite auf der rechten Seite; Verschlusssicherung

MERKMALE
- Material: Stahl
- Finish: mattschwarz brüniert
- Schaft: Nussbaumholz, mit Pistolengriff

Benelli M-1 Super 90 Standard

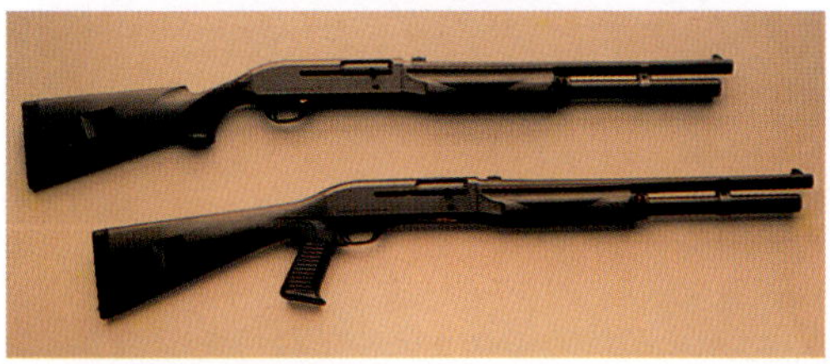

TECHNISCHE DATEN
Kaliber: 12
Kammerlänge: 3" (76 mm)
Anzahl der Läufe: Einzellauf
Magazin: Röhrenmagazin für 2 bis 6 Patronen
System: halbautomatisch (Rückstoßlader)
Verriegelung: Drehkammerverschluss
Abzug: Einzelabzug
Gesamtgewicht: 3,2 kg
Gesamtlänge: 106 cm

Lauflänge:	50 cm (19¾")
Hülsenentfernung:	Repetierauszieher
Choke:	Zylinderchoke
Visierung:	Laufschienenkorn, Laufabdeckung
Sicherung:	Druckknopfsicherung hinten am Abzugsbügel, mit roter Signalseite auf der rechten Seite; Verschlusssicherung

MERKMALE

- Material:	Stahl
- Finish:	mattschwarz brüniert
- Schaft:	Kunststoffschaft, mit Pistolengriff oder speziellem Pistolengriffschaft

Auf dem Foto sieht man die Benelli M-1 Super 90 mit dem Standardschaft mit Pistolengriff (o.) und mit dem Pistolengriffschaft (u.). Sowohl wegen des speziellen Schaftes als auch wegen der geringen Lauflänge ist die Flinte in einigen europäischen Ländern entweder nur jagdlich oder auch grundsätzlich verboten. Wegen der Gesamtlänge über 60 cm kann es in Deutschland entweder aufgrund einer Waffenbesitzkarte mit Erwerbsberechtigungseintrag oder mit auf 2 Patronen begrenztem Magazin erworben werden.

Benelli M-3 Super 90 Hunter Varichoke

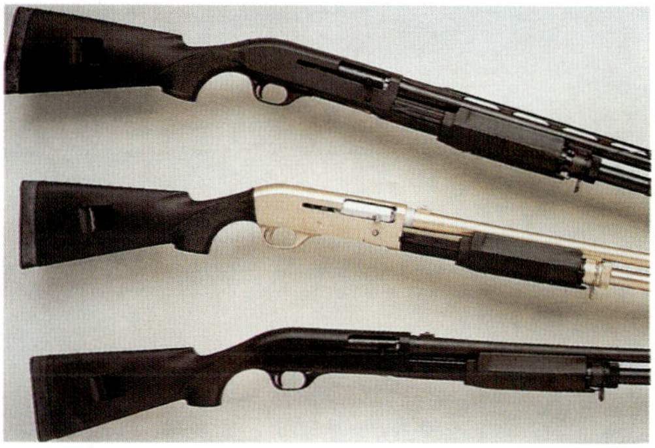

TECHNISCHE DATEN

Kaliber:	12
Kammerlänge:	3" (76 mm)
Anzahl der Läufe:	Einzellauf
Magazin:	Röhrenmagazin für 2 oder 8 Patronen
System:	halbautomatisch (Rückstoßlader), wahlweise Vorderschaftrepetiersystem
Verriegelung:	Drehkammerverschluss
Abzug:	Einzelabzug
Gesamtgewicht:	3,4 kg
Gesamtlänge:	122 cm
Lauflänge:	66 cm (26")
Hülsenentfernung:	Repetierauszieher
Choke:	Wechselchokeeinsätze
Visierung:	Laufschienenkorn, ventilierte Schiene
Sicherung:	Druckknopfsicherung hinten am Abzugsbügel, mit roter Signalseite auf der rechten Seite; Verschlusssicherung

MERKMALE

- Material:	Stahl
- Finish:	mattschwarz brüniert
- Schaft:	schwarzer Kunststoffschaft, mit Pistolengriff

Auf dem Foto sieht man die Benelli M-3 Super 90 Hunter Varichoke (o.), die M-3 Super 90 Chrome (M.) und die M-3 Super 90 Standard (u.). Die M-3 ist gleichzeitig Selbstlade- und Vorderschaftrepetierflinte (Pump-Action-Flinte). Zur Umstellung muss lediglich ein Ring, der sich vor dem Vorderschaft und dem vorderen Riemenbügel befindet, gedreht und eingerastet werden.

Benelli M-3 Super 90 Chrome

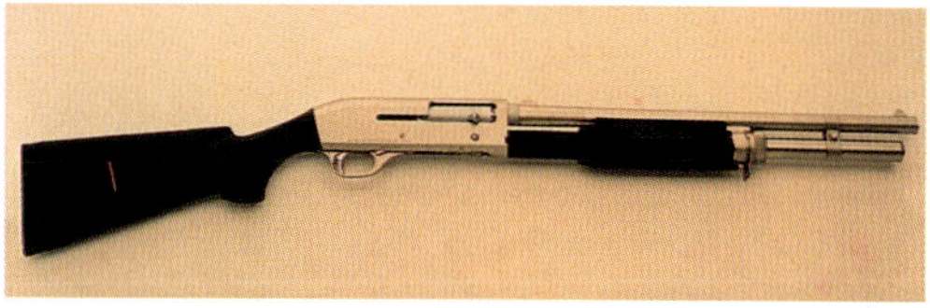

TECHNISCHE DATEN

Kaliber:	12
Kammerlänge:	3" (76 mm)
Anzahl der Läufe:	Einzellauf
Magazin:	Röhrenmagazin für 2, 6 oder 8 Patronen
System:	halbautomatisch (Rückstoßlader), wahlweise Vorderschaftrepetiersystem
Verriegelung:	Drehkammerverschluss
Abzug:	Einzelabzug
Gesamtgewicht:	3,3 kg
Gesamtlänge:	106 oder 122 cm
Lauflänge:	50 cm oder 66 cm (19¾" oder 26")
Hülsenentfernung:	Repetierauszieher
Choke:	Zylinderchoke
Visierung:	Laufschienenkorn, ventilierte Schiene
Sicherung:	Druckknopfsicherung hinten am Abzugsbügel, mit roter Signalseite auf der rechten Seite; Verschlusssicherung

MERKMALE

- Material:	Stahl
- Finish:	matt verchromt (Stainless Look)
- Schaft:	schwarzer Kunststoffschaft, Pistolengriff

Die M-3 Super 90 Chrome ist Selbstlade- und Vorderschaftrepetierflinte (Pump-Action-Flinte). Zur Umstellung muss ein Ring, der sich vor dem Vorderschaft und dem vorderen Riemenbügel befindet, gedreht und eingerastet werden. In einigen europäischen Ländern ist die Flinte jagdlich oder auch grundsätzlich verboten. Da die Gesamtlänge des Gewehres auch mit dem kurzen Lauf über 60cm liegt, kann es in Deutschland aufgrund einer Waffenbesitzkarte mit Erwerbsberechtigungseintrag oder mit auf 2 Patronen begrenztem Magazin aufgrund Jagdscheines erworben werden.

Benelli M-3 Super 90 Standard

TECHNISCHE DATEN

Kaliber:	12
Kammerlänge:	3" (76 mm)
Anzahl der Läufe:	Einzellauf
Magazin:	Röhrenmagazin für 2, 6 oder 8 Patronen
System:	halbautomatisch (Rückstoßlader), wahlweise Vorderschaftrepetiersystem
Verriegelung:	Drehkammerverschluss
Abzug:	Einzelabzug
Gesamtgewicht:	3,3 kg
Gesamtlänge:	106 oder 122 cm
Lauflänge:	50 oder 66 cm (19¾" oder 26")
Hülsenentfernung:	Repetierauszieher
Choke:	Zylinderchoke
Visierung:	Laufschienenkorn, ventilierte Schiene
Sicherung:	Druckknopfsicherung hinten am Abzugsbügel, mit roter Signalseite auf der rechten Seite; Verschlusssicherung

MERKMALE

- Material:	Stahl
- Finish:	mattschwarz
- Schaft:	schwarzer Kunststoffschaft, mit Pistolengriff

Die M-3 Super 90 ist gleichzeitig Selbstlade- und Vorderschaftrepetierflinte (Pump-Action-Flinte). Zur Umstellung muss lediglich ein Ring, der sich vor dem Vorderschaft und dem vorderen Riemenbügel befindet, gedreht und eingerastet werden. Sie ist in einigen europäischen Ländern entweder nur jagdlich oder auch grundsätzlich verboten. Da die Gesamtlänge des Gewehres auch mit dem kurzen Lauf über 60cm liegt, kann es in Deutschland aufgrund einer Waffenbesitzkarte mit Erwerbsberechtigungseintrag oder mit auf 2 Patronen begrenztem Magazin erworben werden.

Benelli Mancino, Linksversion

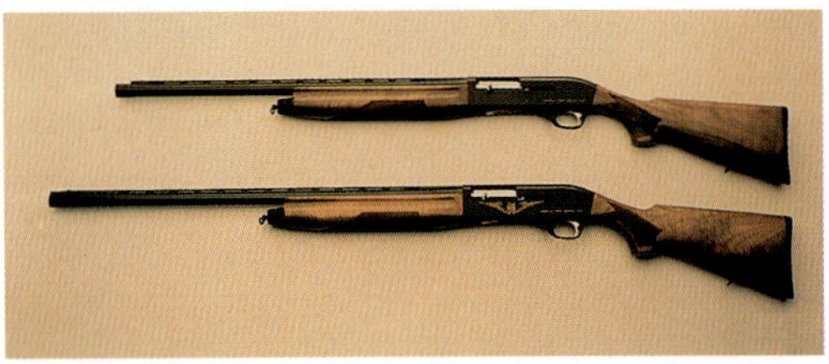

TECHNISCHE DATEN

Kaliber:	12
Kammerlänge:	3" (76 mm)
Anzahl der Läufe:	Einzellauf
Magazin:	Röhrenmagazin für 2 oder 5 Patronen
System:	halbautomatisch (Rückstoßlader)
Verriegelung:	Drehkammerverschluss
Abzug:	Einzelabzug
Gesamtgewicht:	3,1–3,3 kg
Gesamtlänge:	116 oder 126 cm
Lauflänge:	61 oder 70 cm (24" oder 27½")
Hülsenentfernung:	Repetierauszieher
Choke:	½- oder ¾-Choke, oder Wechselchokeeinsätze
Visierung:	Laufschienenkorn, ventilierte Schiene
Sicherung:	Druckknopfsicherung hinten am Abzugsbügel, mit roter Signalseite auf der rechten Seite; Verschlusssicherung

MERKMALE

- Material:	Stahl, Systemkasten: Aluminium
- Finish:	brüniert
- Schaft:	Nussbaumholz, Linksschaft mit Pistolengriff

Benelli Montefeltro 20E

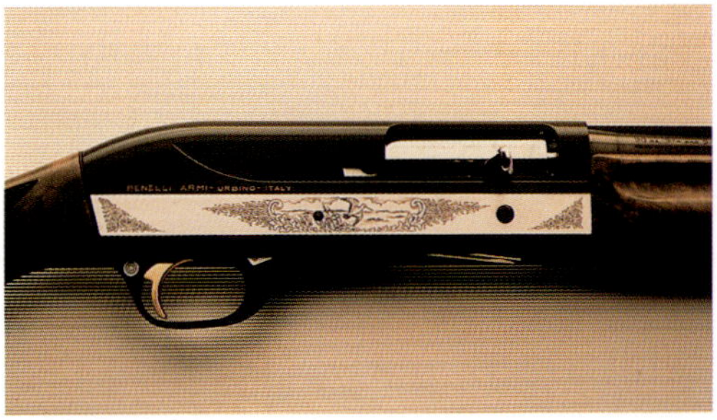

TECHNISCHE DATEN

Kaliber:	20
Kammerlänge:	3" (76 mm)
Anzahl der Läufe:	Einzellauf
Magazin:	Röhrenmagazin für 2 oder 5 Patronen
System:	halbautomatisch (Rückstoßlader)
Verriegelung:	Drehkammerverschluss
Abzug:	Einzelabzug
Gesamtgewicht:	3,2 kg
Gesamtlänge:	121 cm
Lauflänge:	65 cm (25⅝")
Hülsenentfernung:	Repetierauszieher
Choke:	nach Wahl
Visierung:	Laufschienenkorn, ventilierte Schiene
Sicherung:	Druckknopfsicherung hinten am Abzugsbügel, mit roter Signalseite auf der rechten Seite; Verschlusssicherung

MERKMALE

- Material:	Stahl, Systemkasten: Aluminium
- Finish:	brüniert, Systemkasten: Two Tone
- Schaft:	Nussbaumholz, mit Pistolengriff

Benelli Raffaello SL121 Varichoke

TECHNISCHE DATEN

Kaliber: 12
Kammerlänge: 2¾" (70 mm)
Anzahl der Läufe: Einzellauf
Magazin: Röhrenmagazin für 2 oder 5 Patronen
System: halbautomatisch (Rückstoßlader)
Verriegelung: Drehkammerverschluss
Abzug: Einzelabzug
Gesamtgewicht: 3,1 kg
Gesamtlänge: 116 cm
Lauflänge: 61 cm (24")
Hülsenentfernung: Repetierauszieher
Choke: Wechselchokeeinsätze
Visierung: Laufschienenkorn, ventilierte Schiene
Sicherung: Druckknopfsicherung hinten am Abzugsbügel, mit roter Signalseite auf der rechten Seite; Verschlusssicherung

MERKMALE

- Material: Stahl
- Finish: brüniert
- Schaft: Nussbaumholz, mit Pistolengriff

Benelli Raffaello SL123 Slug

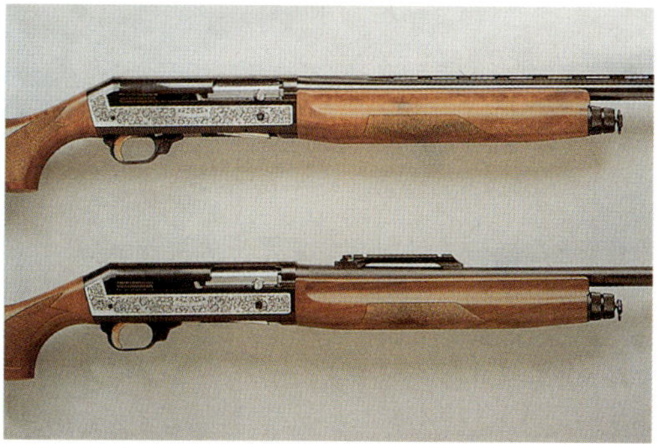

TECHNISCHE DATEN

Kaliber: 12
Kammerlänge: 3" (76 mm)
Anzahl der Läufe: Einzellauf
Magazin: Röhrenmagazin für 2 oder 5 Patronen
System: halbautomatisch (Rückstoßlader)
Verriegelung: Drehkammerverschluss
Abzug: Einzelabzug
Gesamtgewicht: 3,2 kg
Gesamtlänge: 106 cm
Lauflänge: 50 cm (19¾")
Hülsenentfernung: Repetierauszieher
Choke: Zylinderchoke
Visierung: Fluchtvisier, Prismaschiene für Optikmontage
Sicherung: Druckknopfsicherung hinten am Abzugsbügel, mit roter Signalseite auf der rechten Seite; Verschlusssicherung

MERKMALE

- Material: Stahl
- Finish: brüniert; Systemkasten unbehandelt mit einfacher Blumengravur
- Schaft: Nussbaumholz, mit Pistolengriff

Auf dem Foto sieht man die Benelli Raffaello SL123 Varichoke (o.) und die Raffaello SL123 Slug-Flinte. Die SL123 Slug ist zum Verschießen von Flintenlaufgeschossen konzipiert. Aufgrund ihres Fluchtvisiers und ihres kurzen Laufes ist sie jagdlich besonders gut für die Nachsuche auf Wildschweine geeignet. Als eine halbautomatische Selbstladewaffe darf auch die Benelli Raffaello SL123 Slug nur zur Jagd verwendet werden, wenn ihre Magazinkapazität auf 2 Patronen beschränkt ist.

Benelli Raffaello SL123 Varichoke

TECHNISCHE DATEN

Kaliber: 12
Kammerlänge: 2¾" (70 mm)
Anzahl der Läufe: Einzellauf
Magazin: Röhrenmagazin für 2 oder 5 Patronen
System: halbautomatisch (Rückstoßlader)
Verriegelung: Drehkammerverschluss
Abzug: Einzelabzug
Gesamtgewicht: 3,2 kg
Gesamtlänge: 116 cm
Lauflänge: 61 cm (24")
Hülsenentfernung: Repetierauszieher
Choke: Wechselchokeeinsätze
Visierung: Laufschienenkorn, ventilierte Schiene
Sicherung: Druckknopfsicherung hinten am Abzugsbügel, mit roter Signalseite auf der rechten Seite; Verschlusssicherung

MERKMALE

- Material: Stahl
- Finish: brüniert; Systemkasten unbehandelt mit Blumengravur
- Schaft: Nussbaumholz, mit Pistolengriff

Benelli Raffaello Special Lusso Varichoke

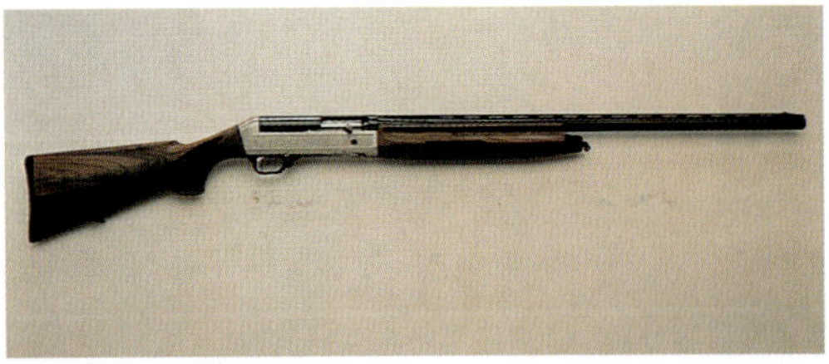

TECHNISCHE DATEN

Kaliber:	12
Kammerlänge:	$2^{3}/_{4}$" (70 mm)
Anzahl der Läufe:	Einzellauf
Magazin:	Röhrenmagazin für 2 oder 5 Patronen
System:	halbautomatisch (Rückstoßlader)
Verriegelung:	Drehkammerverschluss
Abzug:	Einzelabzug
Gesamtgewicht:	3,1 kg
Gesamtlänge:	112 cm
Lauflänge:	61 cm (24")
Hülsenentfernung:	Repetierauszieher
Choke:	Wechselchokeeinsätze
Visierung:	Laufschienenkorn, ventilierte Schiene
Sicherung:	Druckknopfsicherung hinten am Abzugsbügel, mit roter Signalseite auf der rechten Seite; Verschlusssicherung

MERKMALE

- Material:	Stahl
- Finish:	brüniert; Systemkasten vernickelt mit einfacher Blumengravur
- Schaft:	Nussbaumholz, mit Pistolengriff

Benelli Raffaello Special Magnum

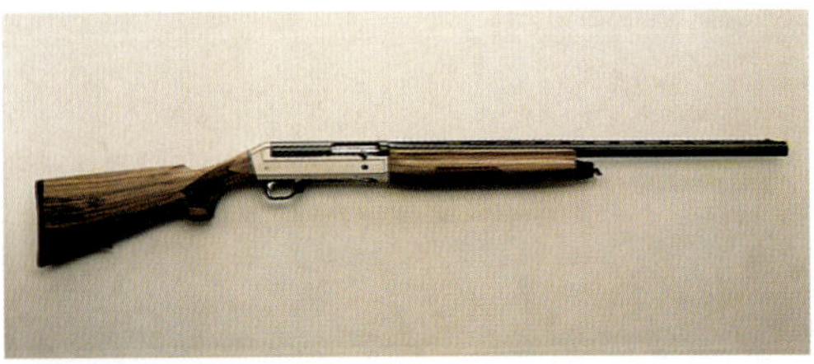

TECHNISCHE DATEN

Kaliber:	12
Kammerlänge:	3" (76 mm)
Anzahl der Läufe:	Einzellauf
Magazin:	Röhrenmagazin für 2 oder 5 Patronen
System:	halbautomatisch (Rückstoßlader)
Verriegelung:	Drehkammerverschluss
Abzug:	Einzelabzug
Gesamtgewicht:	3,3 kg
Gesamtlänge:	126 cm
Lauflänge:	75 cm ($29^{1}/_{2}$")
Hülsenentfernung:	Repetierauszieher
Choke:	Vollchoke
Visierung:	Laufschienenkorn, ventilierte Schiene
Sicherung:	Druckknopfsicherung hinten am Abzugsbügel, mit roter Signalseite auf der rechten Seite; Verschlusssicherung

MERKMALE

- Material:	Stahl
- Finish:	brüniert; Systemkasten vernickelt
- Schaft:	Nussbaumholz, mit Pistolengriff

Benelli Super Black Eagle

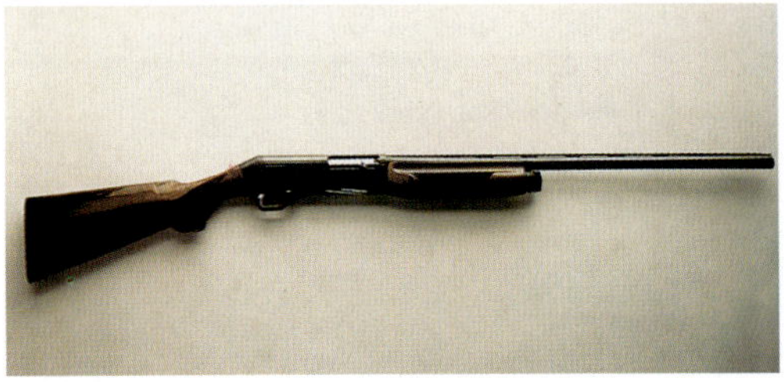

TECHNISCHE DATEN

Kaliber:	12
Kammerlänge:	$3^{1}/_{2}$" (89 mm)
Anzahl der Läufe:	Einzellauf
Magazin:	Röhrenmagazin für 2 oder 5 Patronen
System:	halbautomatisch (Rückstoßlader)
Verriegelung:	Drehkammerverschluss
Abzug:	Einzelabzug
Gesamtgewicht:	3,1–3,3 kg
Gesamtlänge:	106, 111 oder 116 cm
Lauflänge:	61, 66, oder 71 cm (24", 26" oder 28")
Hülsenentfernung:	Repetierauszieher
Choke:	nach Wahl
Visierung:	Laufschienenkorn, ventilierte Schiene
Sicherung:	Druckknopfsicherung hinten am Abzugsbügel, mit roter Signalseite auf der rechten Seite; Verschlusssicherung

MERKMALE

- Material:	Stahl
- Finish:	brüniert
- Schaft:	Nussbaumholz, mit Pistolengriff

Beretta

Beretta ist eine der ältesten Waffenfirmen Europas. Bereits im 15. Jahrhundert betrieb Bartolomeo Beretta im norditalienischen Gardone eine kleine Waffenwerkstatt. Er begann damit, Gewehrläufe für andere Waffenhersteller der Region zu fertigen. Sein Sohn, Giovanni, trat in Bartolomeos Fußstapfen und wurde schnell zu einem der bekanntesten italienischen Büchsenmacher. Unter Giovanni begann die Firma, sowohl hervorragende Flinten als auch ausgezeichnete Büchsen zu fertigen. Im 18. Jahrhundert übernahm Pietro Beretta das Zepter. Er erhielt Großaufträge zur Belieferung der napoleonischen Armeen. Nach der Schlacht von Waterloo, als der Militärwaffenmarkt zusammengebrochen war, beschäftigte sich Beretta mehr mit dem Bau von Jagd- und Sportwaffen. Pietros Sohn, Giuseppe, war besonders in der Phase von 1840 bis 1865 groß im Jagdwaffengeschäft. Guiseppes Sohn, wieder ein Pietro Beretta, begann Anfang des 20. Jahrhunderts damit, die Firma auf moderne Produktionstechniken umzustellen. Die auf ihn folgende Familiengeneration, Giuseppe und Carlo, machten aus Beretta ein multinationales Unternehmen mit Tochterfirmen und Niederlassungen in den USA, in Frankreich, in Griechenland und in Brasilien. Derzeit steht Ugo Gussali Beretta an der Spitze der Firma. Beretta hat heute einen großen Namen auf dem Gebiet der Militärwaffen, man baut aber auch hervorragende sportliche und jagdliche Büchsen und Flinten. Bei den Pistolen schaffte das Unternehmen den Durchbruch 1986 mit der Einführung der Beretta 92 F im Kaliber 9 mm Para als neue Dienstwaffe der amerikanischen Armee. Da die Amerikaner die Produktion der Waffe in den USA forderten, gründete Beretta dort die Firma Beretta USA Corp. mit Sitz in Accokeek, Maryland. Die meisten Flinten der Firma Beretta sind mit Läufen ausgerüstet, in die man verschiedene Wechselchokeeinsätze schrauben kann, neben den üblichen Chokeeinsätzen gibt es bei Beretta auch einen speziellen Skeet-Wechselchokeeinsatz. Aus allen Beretta-Flinten können problemlos auch Stahlschrote verschossen werden.

Beretta Modell ASE 90 Sporting

TECHNISCHE DATEN

Kaliber:	12
Kammerlänge:	2¾" (70 mm)
Anzahl der Läufe:	Bockdoppelflinte
System:	Kipplaufwaffe (Baskülverschluss)
Verriegelung:	Laufhaken, Flankenverschluss-Riegel rechts u. links neben dem oberen Lauf)
Abzug:	Einabzug
Gesamtgewicht:	3,6–4,0 kg
Gesamtlänge:	119–131 cm
Lauflänge:	71–86 cm (28"–33⅞")
Hülsenentfernung:	automatischer Ejektor
Choke:	Wechselchokeeinsätze
Visierung:	Laufschienenkorn, ventilierte Schiene
Sicherung:	Schiebesicherung auf dem Kolbenhals

MERKMALE

- Material:	Stahl
- Finish:	brüniert, auf Wunsch graviert
- Schaft:	Nussbaumholz, mit Pistolengriff

Diese Waffe gibt es als spezielle Trap-, Mono-Trap- und Skeet-Flinte in verschiedenen Ausführungen.

Beretta Modell A 302

TECHNISCHE DATEN

Kaliber:	12
Kammerlänge:	2¾" oder 3" (70 oder 76 mm)
Anzahl der Läufe:	Einzellauf
Magazin:	Röhrenmagazin für 2 Patronen

System:	halbautomatisch (Gasdrucklader)
Verriegelung:	Vertikalblockverschluss
Abzug:	Einzelabzug
Gesamtgewicht:	2,9–3,1 kg
Gesamtlänge:	111–121 cm
Lauflänge:	66–76 cm (26"–30")
Hülsenentfernung:	Repetierauszieher
Choke:	Wechselchokeeinsätze
Visierung:	Laufschienenkorn, ventilierte Schiene
Sicherung:	Druckknopfsicherung vorne am Abzugsbügel

MERKMALE

- Material:	Stahl, Systemkasten aus Aluminium
- Finish:	brüniert
- Schaft:	Nussbaumholz, mit Pistolengriff

Auf dem Foto ist das Modell A 302 (o.) und das Modell A 302 Super Lusso (u.) zu sehen.

Beretta Modell A 303 Deluxe

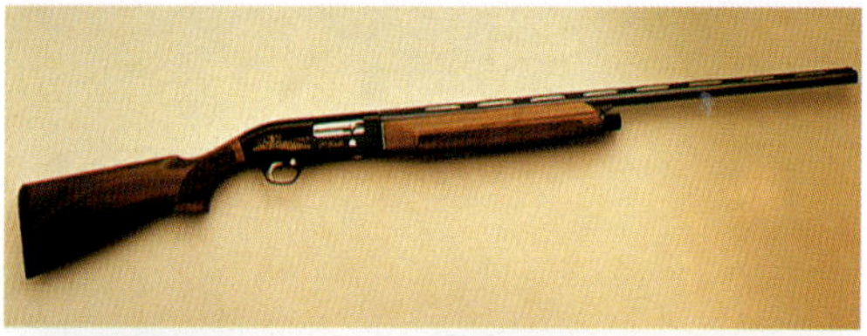

TECHNISCHE DATEN

Kaliber:	12
Kammerlänge:	2¾" oder 3" (70 oder 76 mm)
Anzahl der Läufe:	Einzellauf
Magazin:	Röhrenmagazin für 2 Patronen
System:	halbautomatisch (Gasdrucklader)
Verriegelung:	Vertikalblockverschluss
Abzug:	Einzelabzug
Gesamtgewicht:	2,7–3,4 kg
Gesamtlänge:	106–126 cm
Lauflänge:	61–81 cm (24"–32")
Hülsenentfernung:	Repetierauszieher
Choke:	Wechselchokeeinsätze
Visierung:	Laufschienenkorn, ventilierte Schiene
Sicherung:	Druckknopfsicherung vorne am Abzugsbügel

MERKMALE

- Material:	Stahl
- Finish:	brüniert
- Schaft:	Nussbaumholz, mit Pistolengriff

Beretta Modell A 303 Field

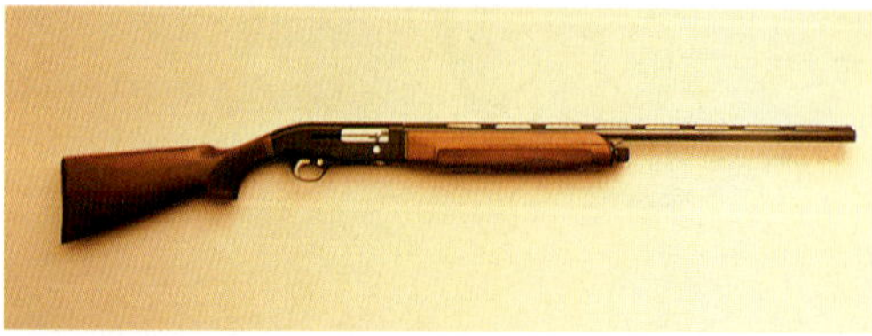

TECHNISCHE DATEN

Kaliber:	12
Kammerlänge:	2¾" oder 3" (70 oder 76 mm)
Anzahl der Läufe:	Einzellauf
Magazin:	Röhrenmagazin für 2 Patronen
System:	halbautomatisch (Gasdrucklader)
Verriegelung:	Vertikalblockverschluss
Abzug:	Einzelabzug
Gesamtgewicht:	3,3 kg
Gesamtlänge:	111–116 cm
Lauflänge:	61–71 cm (26"–28")
Hülsenentfernung:	Repetierauszieher
Choke:	Wechselchokeeinsätze
Visierung:	Laufschienenkorn, ventilierte Schiene
Sicherung:	Druckknopfsicherung vorne am Abzugsbügel

MERKMALE

- Material:	Stahl
- Finish:	brüniert
- Schaft:	Nussbaumholz, mit Pistolengriff

Beretta Modell A 303 Slug

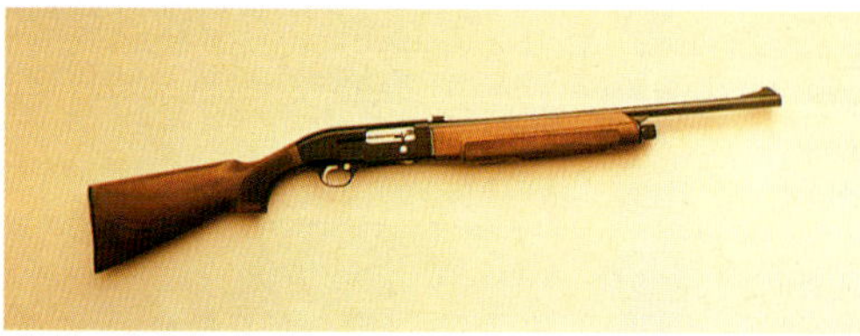

TECHNISCHE DATEN

Kaliber:	12 oder 20
Kammerlänge:	2¾" oder 3" (70 oder 76 mm)
Anzahl der Läufe:	Einzellauf
Magazin:	Röhrenmagazin für 2 Patronen
System:	halbautomatisch (Gasdrucklader)
Verriegelung:	Vertikalblockverschluss
Abzug:	Einzelabzug
Gesamtgewicht:	3,2 kg
Gesamtlänge:	104 cm
Lauflänge:	56 cm (22")
Hülsenentfernung:	Repetierauszieher
Choke:	Zylinderchoke (spezieller Slug-Lauf)
Visierung:	Büchsenvisier

Sicherung: Druckknopfsicherung vorne am Abzugsbügel

MERKMALE

- Material: Stahl
- Finish: brüniert
- Schaft: Nussbaumholz, mit Pistolengriff

Aufgrund ihres Büchsenvisiers und ihres kurzen Laufes ist diese Waffe jagdlich besonders gut für die Nachsuche auf Wildschweine geeignet. Als halbautomatische Selbstladewaffe darf auch die Beretta-Slugflinte allerdings nur zur Jagd verwendet werden, weil ihr Magazin lediglich 2 Patronen fasst.

Beretta Modell A 303 Skeet

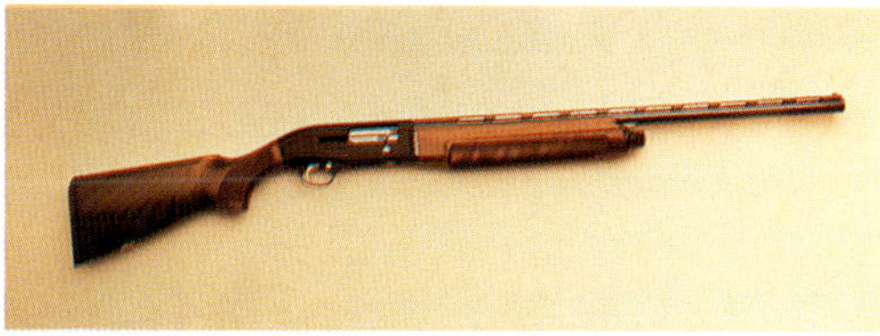

TECHNISCHE DATEN

Kaliber: 12 oder 20
Kammerlänge: 2¾" (70 mm)
Anzahl der Läufe: Einzellauf
Magazin: Röhrenmagazin für 2 Patronen
System: halbautomatisch (Gasdrucklader)
Verriegelung: Vertikalblockverschluss
Abzug: Einzelabzug
Gesamtgewicht: 2,8–3,2 kg
Gesamtlänge: 111 oder 116 cm
Lauflänge: 61 oder 71 cm (26"–28")
Hülsenentfernung: Repetierauszieher
Choke: Skeet-Choke
Visierung: Laufschienenkorn, ventilierte Schiene
Sicherung: Druckknopfsicherung vorne am Abzugsbügel

MERKMALE

- Material: Stahl
- Finish: brüniert
- Schaft: Nussbaumholz, mit Pistolengriff

Beretta Modell A 303 Trap

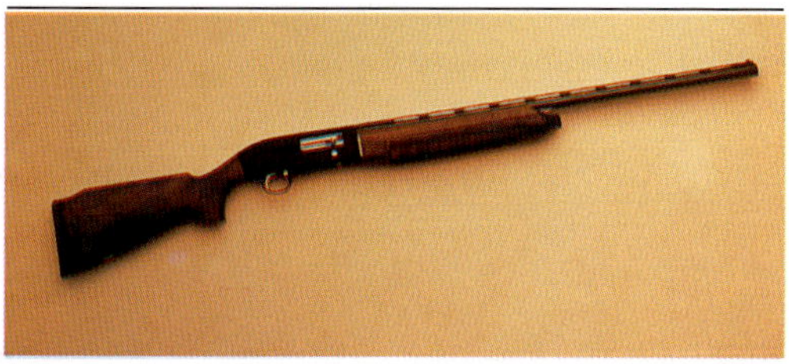

TECHNISCHE DATEN

Kaliber: 12
Kammerlänge: 2¾" (70 mm)
Anzahl der Läufe: Einzellauf
Magazin: Röhrenmagazin für 2 Patronen
System: halbautomatisch (Gasdrucklader)
Verriegelung: Vertikalblockverschluss
Abzug: Einzelabzug
Gesamtgewicht: 3,5–3,6 kg
Gesamtlänge: 120 oder 126 cm
Lauflänge: 76 oder 81 cm (30"–32")
Hülsenentfernung: Repetierauszieher
Choke: Voll- oder spez. Trap-Choke
Visierung: Laufschienenkorn, ventilierte Schiene
Sicherung: Druckknopfsicherung vorne am Abzugsbügel

MERKMALE

- Material: Stahl
- Finish: brüniert
- Schaft: Nussbaumholz, mit Pistolengriff

Beretta Modell A 303 Youth

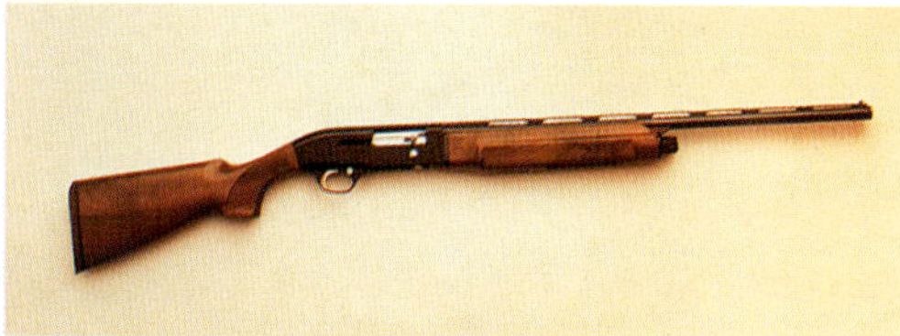

TECHNISCHE DATEN

Kaliber: 20
Kammerlänge: 2¾" (70 mm)
Anzahl der Läufe: Einzellauf
Magazin: Röhrenmagazin für 2 Patronen
System: halbautomatisch (Gasdrucklader)
Verriegelung: Vertikalblockverschluss
Abzug: Einzelabzug
Gesamtgewicht: 2,7 kg
Gesamtlänge: 104 cm
Lauflänge: 61 cm (24")
Hülsenentfernung: Repetierauszieher
Choke: Wechselchokeeinsätze
Visierung: Laufschienenkorn, ventilierte Schiene
Sicherung: Druckknopfsicherung vorne am Abzugsbügel

MERKMALE

- Material: Stahl
- Finish: brüniert
- Schaft: Nussbaumholz, mit Pistolengriff

Beretta Modell A 304

TECHNISCHE DATEN

Kaliber: 12
Kammerlänge: 2¾" oder 3" (70 oder 76 mm)
Anzahl der Läufe: Einzellauf

Magazin: Röhrenmagazin für 2 Patronen
System: halbautomatisch (Gasdrucklader)
Verriegelung: Vertikalblockverschluss
Abzug: Einzelabzug
Gesamtgewicht: 2,9–3,3 kg
Gesamtlänge: 111–126 cm
Lauflänge: 61–76 cm (24"–30")
Hülsenentfernung: Repetierauszieher
Choke: Wechselchokeeinsätze
Visierung: Laufschienenkorn, ventilierte Schiene
Sicherung: Druckknopfsicherung vorne am Abzugsbügel

MERKMALE
- Material: Stahl
- Finish: brüniert
- Schaft: Nussbaumholz, mit Pistolengriff

Beretta Modell A 304 Gold Lark

TECHNISCHE DATEN
Kaliber: 12
Kammerlänge: $2^{3}/_{4}$" oder 3" (70 oder 76 mm)
Anzahl der Läufe: Einzellauf
Magazin: Röhrenmagazin für 2 Patronen
System: halbautomatisch (Gasdrucklader)
Verriegelung: Vertikalblockverschluss
Abzug: Einzelabzug
Gesamtgewicht: 2,9–3,3 kg
Gesamtlänge: 111–126 cm
Lauflänge: 61–76 cm (24"–30")
Hülsenentfernung: Repetierauszieher
Choke: Wechselchokeeinsätze
Visierung: Laufschienenkorn, ventilierte Schiene
Sicherung: Druckknopfsicherung vorne am Abzugsbügel

MERKMALE
- Material : Stahl
- Finish : brüniert; Systemkasten graviert, mit Goldeinlagen
- Schaft : Nussbaumholz, mit Pistolengriff

Beretta Modell A 390 Gold Mallard

TECHNISCHE DATEN
Kaliber: 12
Kammerlänge: $2^{3}/_{4}$" oder 3" (70 oder 76 mm)
Anzahl der Läufe: Einzellauf
Magazin: Röhrenmagazin für 2 Patronen
System: halbautomatisch (Gasdrucklader)
Verriegelung: Vertikalblockverschluss
Abzug: Einzelabzug
Gesamtgewicht: 3,3–3,4 kg
Gesamtlänge: 111–126 cm
Lauflänge: 61–76 cm (24"–30")
Hülsenentfernung: Repetierauszieher
Choke: Wechselchokeeinsätze
Visierung: Laufschienenkorn, ventilierte Schiene
Sicherung: Druckknopfsicherung vorne am Abzugsbügel

MERKMALE
- Material: Stahl
- Finish: brüniert; Systemkasten wahlweise brüniert oder unbehandelt mit goldeingelegter Gravur
- Schaft: Nussbaumholz, mit Pistolengriff

Diese Beretta-Waffe gibt es als A 390 Sport Trap und Sport Super Trap, A 390 Sport Skeet und Sport Super Skeet und als A 390 Sporting und Super Sporting auch als spezielle Trap-, Skeet- und Sportflinte.

Beretta Modell A 390 Hunter Camo

TECHNISCHE DATEN

Kaliber: 12
Kammerlänge: 2¾" oder 3" (70 oder 76 mm)
Anzahl der Läufe: Einzellauf
Magazin: Röhrenmagazin für 2 Patronen
System: halbautomatisch (Gasdrucklader)
Verriegelung: Vertikalblockverschluss
Abzug: Einzelabzug
Gesamtgewicht: 3,3–3,4 kg
Gesamtlänge: 111–126 cm
Lauflänge: 61–76 cm (24"–30")
Hülsenentfernung: Repetierauszieher
Choke: Wechselchokeeinsätze
Visierung: Laufschienenkorn, ventilierte Schiene
Sicherung: Druckknopfsicherung vorne am Abzugsbügel

MERKMALE

- Material: Stahl
- Finish: spezielle Tarnfarbenlackierung
- Schaft: Kunststoffschaft mit spezieller Tarnfarbenlackierung mit Pistolengriff

Beretta Collection '95/'96

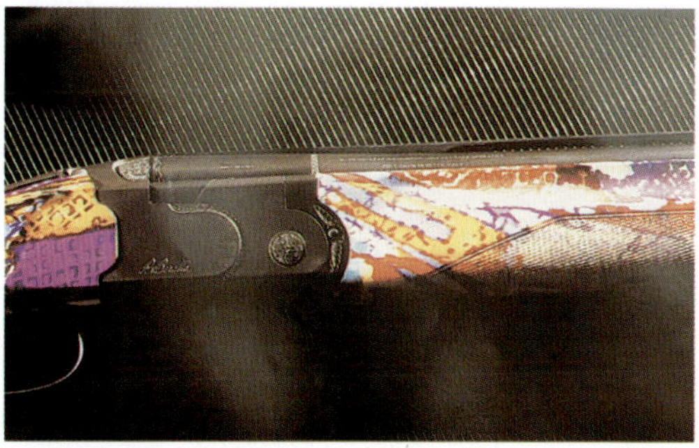

TECHNISCHE DATEN

Kaliber: 12
Kammerlänge: 2¾" oder 3" (70 oder 76 mm)
Anzahl der Läufe: Bockdoppelflinte
System: Kipplaufwaffe (Baskülverschluss)
Verriegelung: Laufhaken, Flankenverschluss
Abzug: Einabzug
Gesamtgewicht: 3,5 oder 3,6 kg
Gesamtlänge: 116 oder 120 cm
Lauflänge: 71 oder 76 cm (28" oder 30")
Hülsenentfernung: automatischer Ejektor
Choke: Wechselchokeeinsätze
Visierung: Laufschienenkorn, ventilierte Schiene
Sicherung: Schiebesicherung auf dem Kolbenhals

MERKMALE

- Material: Stahl
- Finish: brüniert, auf Wunsch graviert
- Schaft: Nussbaumholz, glanzlackiert und gefärbt, mit Pistolengriff

Beretta Modell 426E

TECHNISCHE DATEN

Kaliber: 12 oder 20
Kammerlänge: 2¾" oder 3" (70 oder 76 mm)
Anzahl der Läufe: Doppelflinte (Querflinte)
System: Kipplaufwaffe (Baskülverschluss)
Verriegelung: doppelte Laufhaken
Abzug: Einabzug
Gesamtgewicht: 3,0–3,3 kg
Gesamtlänge: 111–121 cm
Lauflänge: 67, 71 oder 76 cm (26⅜", 28" oder 30")
Hülsenentfernung: autom. Ejektor
Choke: ¾- u. ¼-, ¾- u. ½-, Voll- u. ½- oder ½- u. ¾-Choke
Visierung: Laufschienenkorn
Sicherung: Schiebesicherung auf dem Kolbenhals

MERKMALE

- Material: Stahl
- Finish: brüniert; Basküle u. Seitenplatten verchromt u. graviert
- Schaft: Nussbaumholz, mit Pistolengriff

Beretta Modell 451 EELL

TECHNISCHE DATEN

Kaliber:	12
Kammerlänge:	2 3/4" (70 mm)
Anzahl der Läufe:	Doppelflinte (Querflinte)
System:	Kipplaufwaffe (Baskülverschluss)
Verriegelung:	doppelte Laufhaken
Abzug:	Einabzug oder Doppelabzug
Gesamtgewicht:	3,0–3,3 kg
Gesamtlänge:	111–121 cm
Lauflänge:	66–75 cm (26"–29 1/2")
Hülsenentfernung:	automatischer Ejektor
Choke:	nach Wahl
Visierung:	Laufschienenkorn
Sicherung:	Schiebesicherung auf dem Kolbenhals

MERKMALE

- Material:	Stahl
- Finish:	brüniert; Basküle u. Seitenplatten versilbert und graviert
- Schaft:	Nussbaumholz, mit Pistolengriff o. englischer Schäftung

Beretta Modell 452 EELL

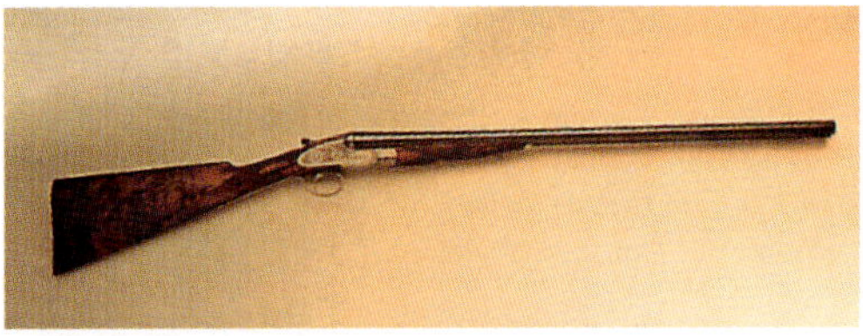

TECHNISCHE DATEN

Kaliber:	12
Kammerlänge:	2 3/4" oder auf Bestellung 3" (70 oder 76 mm)
Anzahl der Läufe:	Doppelflinte (Querflinte)
System:	Kipplaufwaffe (Baskülverschluss)
Verriegelung:	doppelte Laufhaken
Abzug:	Doppelabzug
Gesamtgewicht:	3,0–3,2 kg
Gesamtlänge:	111–120 cm
Lauflänge:	67, 71 oder 75 cm (26 3/8", 28" oder 29 1/2")
Hülsenentfernung:	automatischer Ejektor
Choke:	nach Wahl
Visierung:	Laufschienenkorn
Sicherung:	Schiebesicherung auf dem Kolbenhals

MERKMALE

- Material	: Stahl
- Finish	: brüniert; Basküle unbehandelt, Seitenplatten graviert
- Schaft	: ausgesuchtes Nussbaumholz, mit englischer Schäftung

Beretta Modell 455 EELL Express

TECHNISCHE DATEN

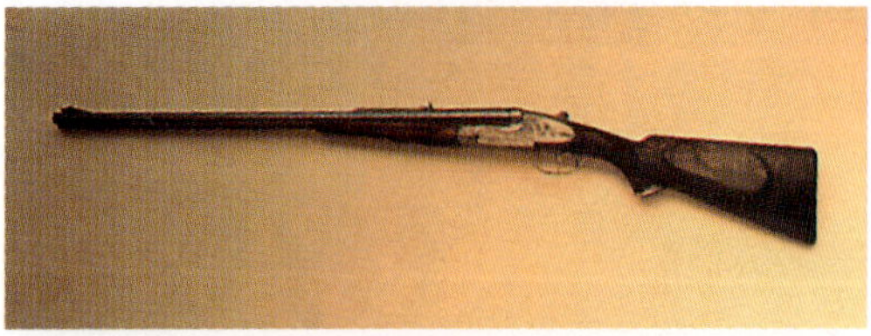

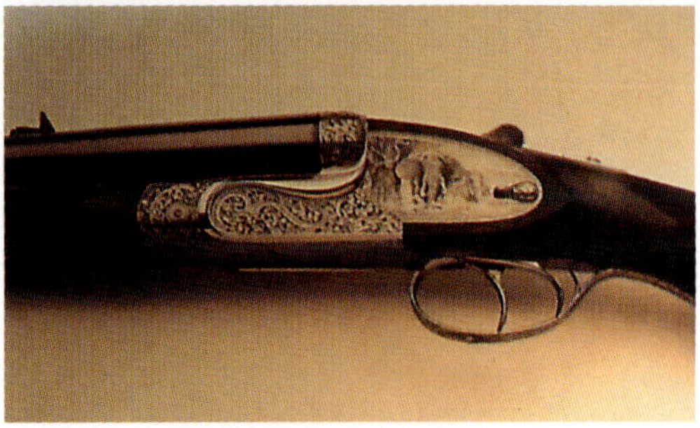

Kaliber:	siehe unten
Kammerlänge:	s. Hülsenlänge (da Büchse)
Anzahl der Läufe:	Doppelbüchse
System:	Kipplaufwaffe (Baskülverschluss)
Verriegelung:	doppelte Laufhaken u. Greener-Verschluss
Abzug:	Doppelabzug
Gesamtgewicht:	5,0 oder 5,1 kg
Gesamtlänge:	101 oder 106 cm
Lauflänge:	60 oder 65 cm (23 5/8" oder 25 5/8")
Hülsenentfernung:	automatischer Ejektor
Choke:	entfällt, da gezogene Büchsen-Läufe
Visierung:	Express-Visierung mit Klappkimme
Sicherung:	Schiebesicherung auf dem Kolbenhals

MERKMALE

- Material:	Stahl
- Finish:	brüniert; Basküle unbehandelt, Seitenplatten graviert
- Schaft:	Nussbaumholz, mit Pistolengriff

Erhältliche Kaliber: .375 H&H Magnum, .416 Rigby, .470 Nitro Express oder .500 Nitro Express.

Beretta Modell A 470 SH

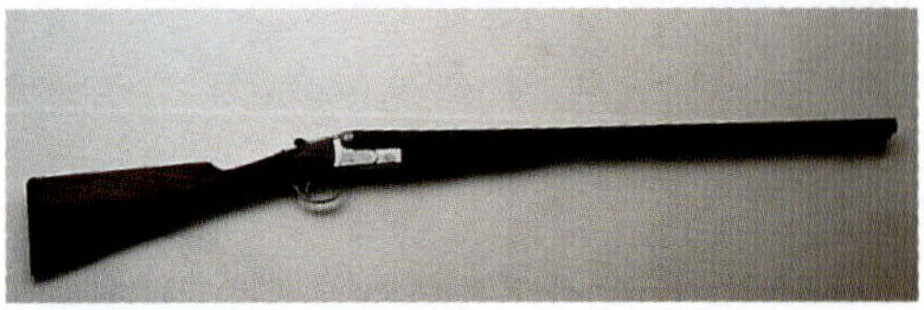

TECHNISCHE DATEN

Kaliber:	12 oder 20
Kammerlänge:	2 3/4" oder 3" (70 oder 76 mm)
Anzahl der Läufe:	Einzellauf
Magazin:	Röhrenmagazin für 2 Patronen
System:	halbautomatisch (Gasdrucklader)
Verriegelung:	Vertikalblockverschluss
Abzug:	Einzelabzug

Gesamtgewicht:	2,9–3,2 kg
Gesamtlänge:	108 oder 121 cm
Lauflänge:	61 oder 76 cm (24"–30")
Hülsenentfernung:	Repetierauszieher
Choke:	nach Wahl
Visierung:	Laufschienenkorn, ventilierte Schiene
Sicherung:	Druckknopfsicherung vorne am Abzugsbügel

MERKMALE

- Material:	Stahl
- Finish:	brüniert; Systemkasten-Seitenplatten vernickelt u. graviert
- Schaft:	Kunststoffschaft, mit Pistolengriff

Beretta Modell 626 E

TECHNISCHE DATEN

Kaliber:	12 oder 20
Kammerlänge:	$2^3/_4$" oder 3" (70 oder 76 mm)
Anzahl der Läufe:	Doppelflinte (Querflinte)
System:	Kipplaufwaffe (Baskülverschluss)
Verriegelung:	doppelte Laufhaken
Abzug:	Ein- oder Doppelabzug
Gesamtgewicht:	2,7–3,2 kg
Gesamtlänge:	112 oder 117 cm
Lauflänge:	66 oder 71 cm (26" oder 28")
Hülsenentfernung:	automatischer Ejektor
Choke:	nach Wahl, oder Wechselchokeeinsätze
Visierung:	Laufschienenkorn
Sicherung:	Schiebesicherung auf dem Kolbenhals

MERKMALE

- Material:	Stahl
- Finish:	brüniert; Basküle unbehandelt, Seitenplatten graviert
- Schaft:	ausgesuchtes Nussbaumholz, mit englischer Schäftung

Auf dem Foto ist oben die Beretta 626 E und unten das Modell 626 Onyx zu sehen.

Beretta Modell 626 Onyx

TECHNISCHE DATEN

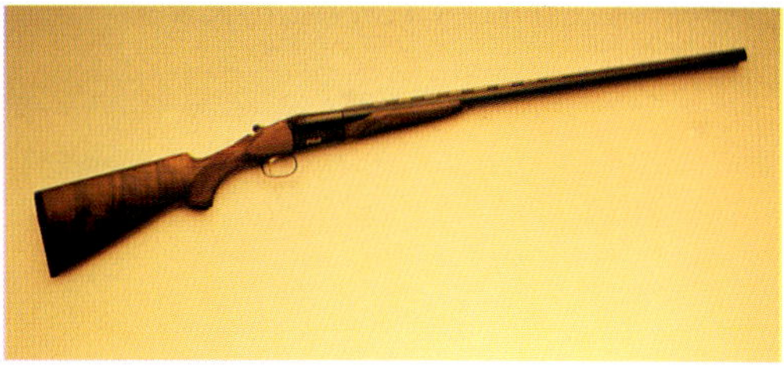

Kaliber:	12 oder 20
Kammerlänge:	$2^3/_4$" oder 3" (70 oder 76 mm)
Anzahl der Läufe:	Doppelflinte (Querflinte)
System:	Kipplaufwaffe (Baskülverschluss)
Verriegelung:	doppelte Laufhaken
Abzug:	Einabzug
Gesamtgewicht:	2,7–3,2 kg
Gesamtlänge:	112 cm
Lauflänge:	66 cm (26")
Hülsenentfernung:	automatischer Ejektor
Choke:	Wechselchokeeinsätze
Visierung:	Laufschienenkorn
Sicherung:	Schiebesicherung auf dem Kolbenhals

MERKMALE

- Material:	Stahl
- Finish:	brüniert
- Schaft:	ausgesuchtes Nussbaumholz, mit Pistolengriff

Beretta Modell 627 EELL

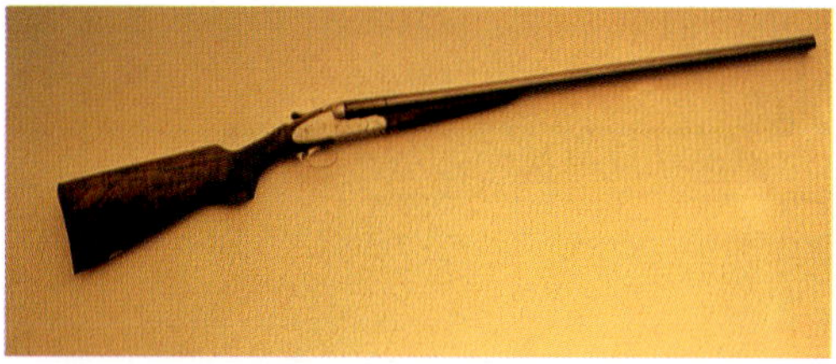

TECHNISCHE DATEN

Kaliber:	12
Kammerlänge:	$2^3/_4$" (70 mm)
Anzahl der Läufe:	Doppelflinte (Querflinte)
System:	Kipplaufwaffe (Baskülverschluss)
Verriegelung:	doppelte Laufhaken
Abzug:	Einabzug
Gesamtgewicht:	2,7–3,2 kg
Gesamtlänge:	112 oder 117 cm
Lauflänge:	66 oder 71 cm (26" oder 28")
Hülsenentfernung:	automatischer Ejektor
Choke:	$^1/_2$- u. Voll- oder $^1/_4$- u. $^3/_4$-Choke
Visierung:	Laufschienenkorn
Sicherung:	Schiebesicherung auf dem Kolbenhals

MERKMALE

- Material:	Stahl
- Finish:	brüniert; Basküle unbehandelt, Seitenplatten graviert (keine Seitenschlosse)
- Schaft:	ausgesuchtes Nussbaumholz, mit englischer Schäftung

Beretta Modell 627 EL Sporting Clays

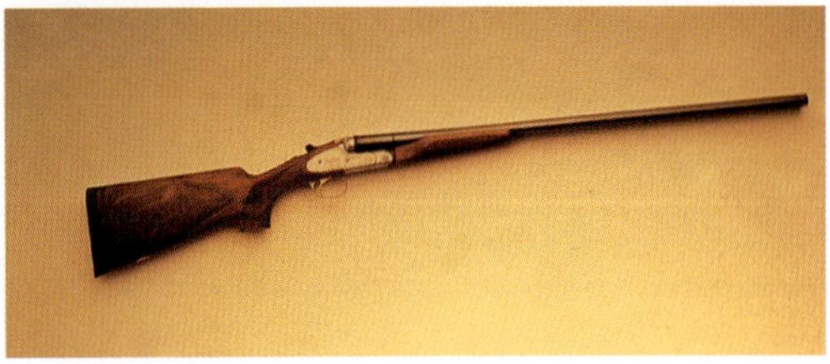

TECHNISCHE DATEN

Kaliber:	12
Kammerlänge:	2 3/4" (70 mm)
Anzahl der Läufe:	Doppelflinte (Querflinte)
System:	Kipplaufwaffe (Baskülverschluss)
Verriegelung:	doppelte Laufhaken
Abzug:	Einabzug
Gesamtgewicht:	3,2 kg
Gesamtlänge:	117 cm
Lauflänge:	71 cm (28")
Hülsenentfernung:	automatischer Ejektor
Choke:	1/2- u. Voll-Choke
Visierung:	Laufschienenkorn
Sicherung:	Schiebesicherung auf dem Kolbenhals

MERKMALE

- Material:	Stahl
- Finish:	brüniert; Basküle unbehandelt, Seitenplatten graviert (keine Seitenschlosse)
- Schaft:	Nussbaumholz, mit Pistolengriff

Beretta Modell S 680 Sporting

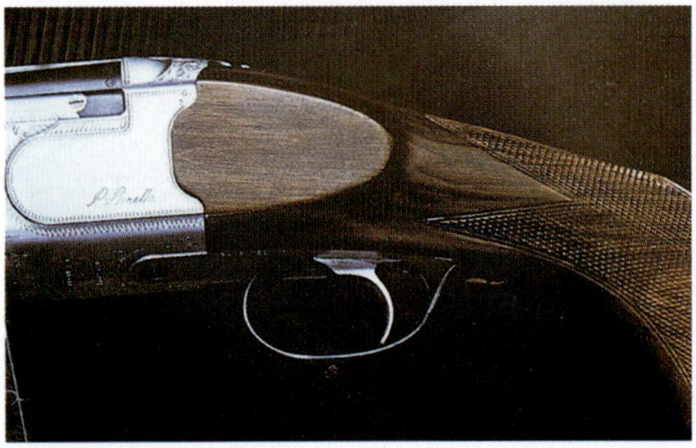

TECHNISCHE DATEN

Kaliber:	12
Kammerlänge:	2 3/4" (70 mm)
Anzahl der Läufe:	Bockdoppelflinte
System:	Kipplaufwaffe (Baskülverschluss)
Verriegelung:	Flankenverschluss (Beretta-Patent)
Abzug:	Einabzug
Gesamtgewicht:	3,45 bis 3,9 kg
Gesamtlänge:	111 oder 121 cm
Lauflänge:	67, 71 oder 76 cm (26 3/8", 28" oder 30")
Hülsenentfernung:	automatischer Ejektor
Choke:	3/4- u. 1/4-, 1/2- u. 1/4- sowie Voll- u. 3/4-Choke
Visierung:	Laufschienenkorn, ventilierte Schiene
Sicherung:	Schiebesicherung auf dem Kolbenhals

MERKMALE

- Material:	Stahl
- Finish:	brüniert, Basküle unbehandelt
- Schaft:	Nussbaumholz, mit Pistolengriff

Diese Waffe wird als S 680 Trap, S 680 Skeet und S 680 Sporting-Version hergestellt.

Beretta Modell S 682 Gold Sporting

TECHNISCHE DATEN

Kaliber:	12 oder 20
Kammerlänge:	2 3/4" (70 mm), 3" (76 mm) bei Kal. 20
Anzahl der Läufe:	Bockdoppelflinte
System:	Kipplaufwaffe (Baskülverschluss)
Verriegelung:	Flankenverschluss (Beretta-Patent)
Abzug:	Einabzug, einstellbar
Gesamtgewicht:	3,45 kg
Gesamtlänge:	116 oder 121 cm
Lauflänge:	71 oder 76 cm (28" oder 30")
Hülsenentfernung:	automatischer Ejektor
Choke:	Wechselchokeeinsätze
Visierung:	Laufschienenkorn, ventilierte Schiene
Sicherung:	Schiebesicherung auf dem Kolbenhals

MERKMALE

- Material:	Stahl
- Finish:	Läufe matt brüniert, Basküle unbehandelt
- Schaft:	Nussbaumholz, mit Pistolengriff

Beretta Modell S 682 Gold Super Trap, neues Modell

TECHNISCHE DATEN

Kaliber:	12
Kammerlänge:	2¾" (70 mm)
Anzahl der Läufe:	Bockdoppelflinte, Läufe mit Kompensatorschlitzen
System:	Kipplaufwaffe (Baskülverschluss)
Verriegelung:	Flankenverschluss (Beretta-Patent)
Abzug:	Einabzug
Gesamtgewicht:	3,85 kg
Gesamtlänge:	120 cm
Lauflänge:	76 cm (30")
Hülsenentfernung:	automatischer Ejektor
Choke:	Wechselchoke-Einsätze
Visierung:	Laufschienenkorn, ventilierte Schiene
Sicherung:	Schiebesicherung auf dem Kolbenhals

MERKMALE

- Material: Stahl
- Finish: Läufe matt brüniert; Basküle unbehandelt, grau
- Schaft: Nussbaumholz, Pistolengriff, verstellbare Backe

Beretta Modell S 682 Gold Super Trap, altes Modell

TECHNISCHE DATEN

Kaliber:	12
Kammerlänge:	2¾" (70 mm)
Anzahl der Läufe:	Bockdoppelflinte, Läufe mit Kompensatorschlitzen
System:	Kipplaufwaffe (Baskülverschluss)
Verriegelung:	Flankenverschluss (Beretta-Patent)
Abzug:	Einabzug
Gesamtgewicht:	3,85 kg
Gesamtlänge:	120 cm
Lauflänge:	76 cm (30")
Hülsenentfernung:	automatischer Ejektor
Choke:	Wechselchokeeinsätze
Visierung:	Laufschienenkorn, ventilierte Schiene
Sicherung:	Schiebesicherung auf dem Kolbenhals

MERKMALE

- Material: Stahl
- Finish: Läufe matt brüniert, Basküle unbehandelt
- Schaft: Nussbaumholz, Pistolengriff, verstellbare Backe

Beretta Modell S 682 Gold Trap Combo 12 und 20

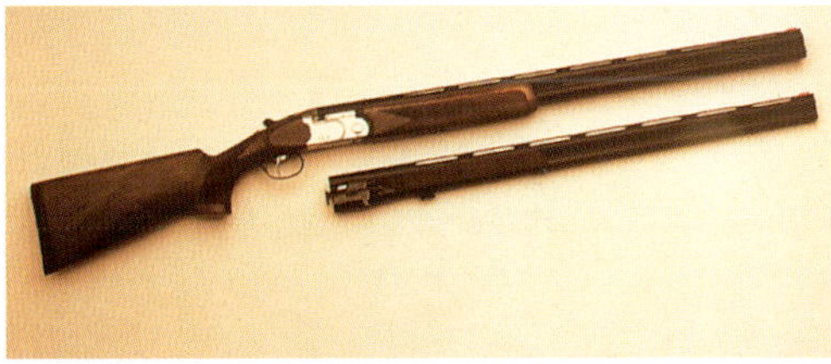

TECHNISCHE DATEN

Kaliber:	12 oder 20
Kammerlänge:	2¾" (70 mm)
Anzahl der Läufe:	Bockdoppelflinte
System:	Kipplaufwaffe (Baskülverschluss)
Verriegelung:	Flankenverschluss (Beretta-Patent)
Abzug:	Einabzug
Gesamtgewicht:	3,65 kg
Gesamtlänge:	120 cm
Lauflänge:	76 cm (30")
Hülsenentfernung:	automatischer Ejektor
Choke:	spez. Trap-Choke-Läufe
Visierung:	Laufschienenkorn, ventilierte Schiene
Sicherung:	Schiebesicherung auf dem Kolbenhals

MERKMALE

- Material: Stahl
- Finish: Läufe matt brüniert, Basküle unbehandelt
- Schaft: Nussbaumholz, mit Pistolengriff

Diese Waffe wird mit zwei Wechsellaufeinheiten ausgeliefert, eine im Kaliber 12 und die andere im Kaliber 20.

Beretta Modell S 682 Gold X Trap Combo

TECHNISCHE DATEN

Kaliber:	12

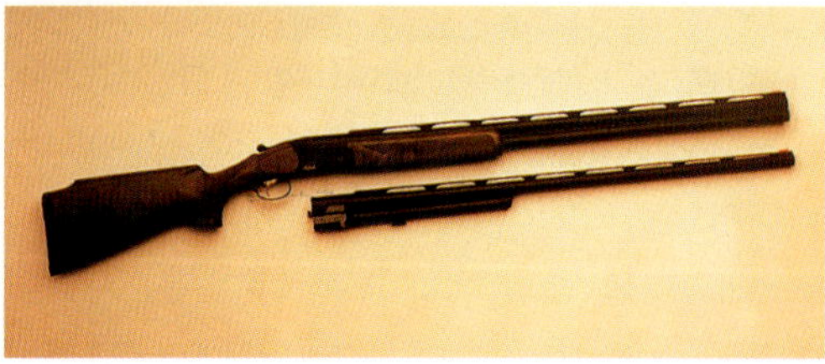

Kammerlänge: 2¾" (70 mm)
Anzahl der Läufe: Bockdoppelflinte
System: Kipplaufwaffe (Baskülverschluss)
Verriegelung: Flankenverschluss (Beretta-Patent)
Abzug: Einabzug
Gesamtgewicht: 3,7–4 kg
Gesamtlänge: 120–131 cm
Lauflänge: 76, 81 oder 86 cm (30", 33" oder 33⅞")
Hülsenentfernung: automatischer Ejektor
Choke: Wechselchokeeinsätze
Visierung: Laufschienenkorn, ventilierte Schiene
Sicherung: Schiebesicherung auf dem Kolbenhals

MERKMALE
- Material: Stahl
- Finish: brüniert
- Schaft: Nussbaumholz, mit Pistolengriff

Diese Waffe wird mit einer Wechsellaufeinheit mit nur einem Lauf ausgeliefert.

Beretta Modell S 686 Essential New Silver

TECHNISCHE DATEN
Kaliber: 12
Kammerlänge: 2¾" oder 3" (70 oder 76 mm)
Anzahl der Läufe: Bockdoppelflinte
System: Kipplaufwaffe (Baskülverschluss)
Verriegelung: Flankenverschluss (Beretta-Patent)
Abzug: Ein- oder Doppelabzug
Gesamtgewicht: 3,05 oder 3,1 kg
Gesamtlänge: 112–116 cm
Lauflänge: 67 oder 71 cm (26¾" oder 28")
Hülsenentfernung: automatischer Ejektor
Choke: Wechselchokeeinsätze
Visierung: Laufschienenkorn, ventilierte Schiene
Sicherung: Schiebesicherung auf dem Kolbenhals

MERKMALE
- Material: Stahl
- Finish: Läufe brüniert, Systemkasten vernickelt
- Schaft: Nussbaumholz, mit Pistolengriff

Beretta Modell S 686 Silver Pigeon Sporting

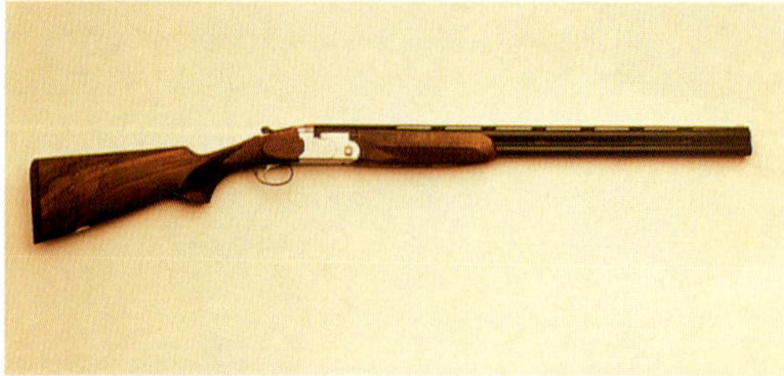

TECHNISCHE DATEN
Kaliber: 12 oder 20
Kammerlänge: 2¾" oder 3" (70 oder 76 mm)
Anzahl der Läufe: Bockdoppelflinte
System: Kipplaufwaffe (Baskülverschluss)
Verriegelung: Flankenverschluss (Beretta-Patent)
Abzug: Ein- oder Doppelabzug
Gesamtgewicht: 3,5 oder 3,6 kg
Gesamtlänge: 116,5 oder 120 cm
Lauflänge: 71 oder 75 cm (28" oder 29½")
Hülsenentfernung: automatischer Ejektor
Choke: Wechselchokeeinsätze
Visierung: Laufschienenkorn, ventilierte Schiene
Sicherung: Schiebesicherung auf dem Kolbenhals

MERKMALE
- Material: Stahl
- Finish: Läufe brüniert, Systemkasten versilbert mit leichter Gravur
- Schaft: Nussbaumholz, mit Pistolengriff

Beretta Modell S 686 Ultralight

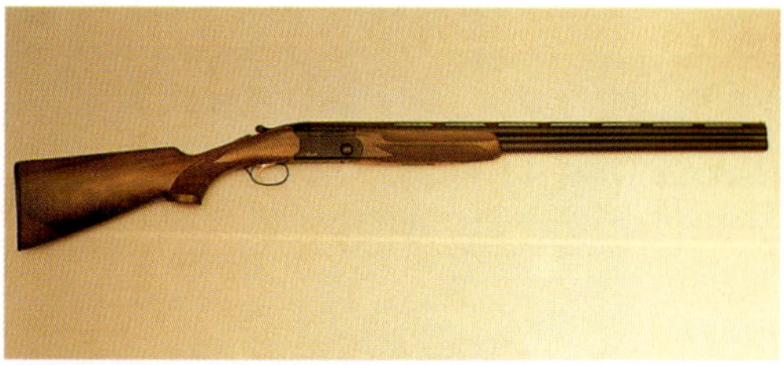

TECHNISCHE DATEN
Kaliber: 12
Kammerlänge: 2¾" (70 mm)
Anzahl der Läufe: Bockdoppelflinte
System: Kipplaufwaffe (Baskülverschluss)
Verriegelung: Flankenverschluss (Beretta-Patent)
Abzug: Ein- oder Doppelabzug
Gesamtgewicht: 2,6 oder 2,7 kg
Gesamtlänge: 112 oder 116 cm

Lauflänge: 67 oder 71 cm (26 3/8" oder 28")
Hülsenentfernung: automatischer Ejektor
Choke: Wechselchokeeinsätze
Visierung: Laufschienenkorn, ventilierte Schiene
Sicherung: Schiebesicherung auf dem Kolbenhals

MERKMALE

- Material: Stahl, Systemkasten aus Aluminium
- Finish: brüniert
- Schaft: Nussbaumholz, mit Pistolengriff

Beretta Modell S 687 EELL Diamond Pigeon

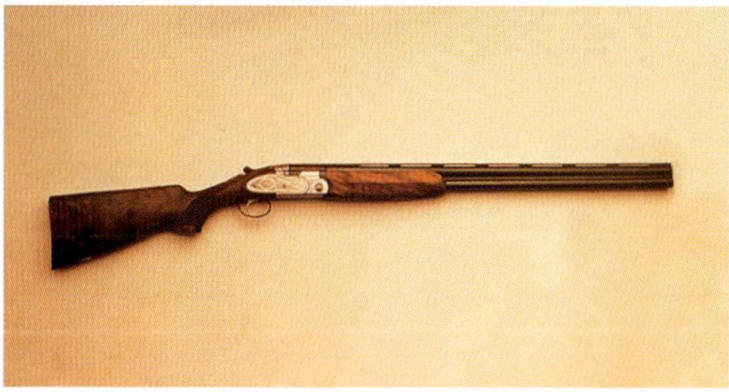

TECHNISCHE DATEN

Kaliber: 12, 20 oder 28
Kammerlänge: 2 3/4" oder 3" (70 oder 76 mm)
Anzahl der Läufe: Bockdoppelflinte
System: Kipplaufwaffe (Baskülverschluss)
Verriegelung: Flankenverschluss (Beretta-Patent)
Abzug: Einabzug
Gesamtgewicht: 3,1 oder 3,2 kg
Gesamtlänge: 112 oder 116 cm
Lauflänge: 66 oder 71 cm (26" oder 28")
Hülsenentfernung: automatischer Ejektor
Choke: nach Wahl oder Wechselchokeeinsätze
Visierung: Laufschienenkorn, ventilierte Schiene
Sicherung: Schiebesicherung auf dem Kolbenhals

MERKMALE

- Material: Stahl
- Finish: Läufe brüniert, Systemkasten versilbert mit leichter Gravur (keine Seitenschlosse)
- Schaft: ausgesuchtes Nussbaumholz, mit Pistolengriff

Beretta Modell S 687 EELL Diamond Pigeon Skeet Combo

TECHNISCHE DATEN

Kaliber: 12, 20, 28 oder .410
Kammerlänge: 2 3/4" (70 mm)
Anzahl der Läufe: Bockdoppelflinte
System: Kipplaufwaffe (Baskülverschluss)
Verriegelung: Flankenverschluss (Beretta-Patent)
Abzug: Einabzug
Gesamtgewicht: 3,3 oder 3,4 kg
Gesamtlänge: 116 cm

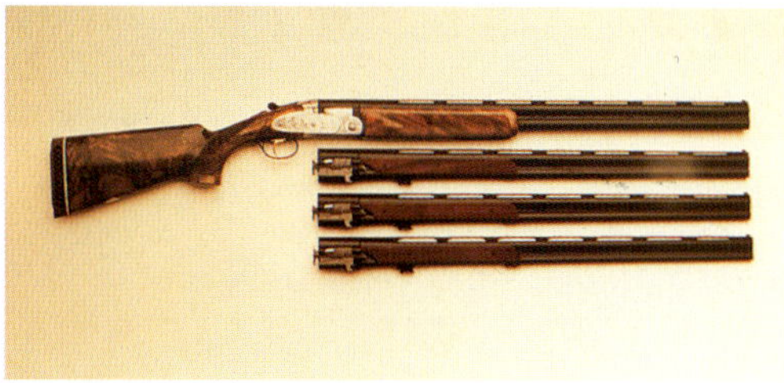

Lauflänge: 71 cm (28")
Hülsenentfernung: automatischer Ejektor
Choke: nach Wahl oder Wechselchokeeinsätze
Visierung: Laufschienenkorn, ventilierte Schiene
Sicherung: Schiebesicherung auf dem Kolbenhals

MERKMALE

- Material: Stahl
- Finish: Läufe brüniert, Systemkasten versilbert mit leichter Gravur (keine Seitenschlosse)
- Schaft: ausgesuchtes Nussbaumholz, mit Pistolengriff

Erhältlich mit Wechsellaufbündeln in den Kalibern 20, 28 und .410

Beretta Modell S 687 EL Gold Pigeon

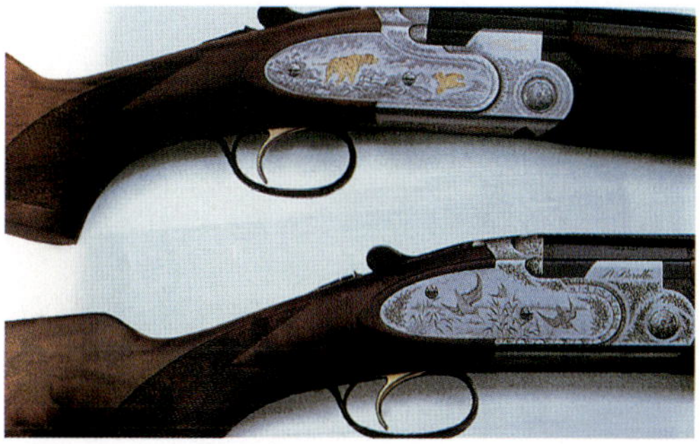

TECHNISCHE DATEN

Kaliber: 12, 20, 28 oder .410
Kammerlänge: 2 3/4", 3" oder 3 1/2" (70, 76 oder 89 mm)
Anzahl der Läufe: Bockdoppelflinte
System: Kipplaufwaffe (Baskülverschluss)
Verriegelung: Flankenverschluss (Beretta-Patent)
Abzug: Einabzug
Gesamtgewicht: 3,1 kg
Gesamtlänge: 116–126 cm
Lauflänge: 67–75 cm (26 3/8"–29 1/2")
Hülsenentfernung: automatischer Ejektor
Choke: Wechselchokeeinsätze
Visierung: Laufschienenkorn, ventilierte Schiene
Sicherung: Schiebesicherung auf dem Kolbenhals

MERKMALE

- Material: Stahl
- Finish: Läufe brüniert, Systemkasten versilbert, Seitenschloss-Seitenplatten mit Tierfigur-Goldeinlagen

- Schaft: ausgesuchtes Nussbaumholz, mit Pistolengriff

Abgebildet sind das Modell S 687 EL Gold Pigeon (o.) und das Modell S 687 EELL Diamond Pigeon (u.).

Beretta Modell S 687 Golden Onyx

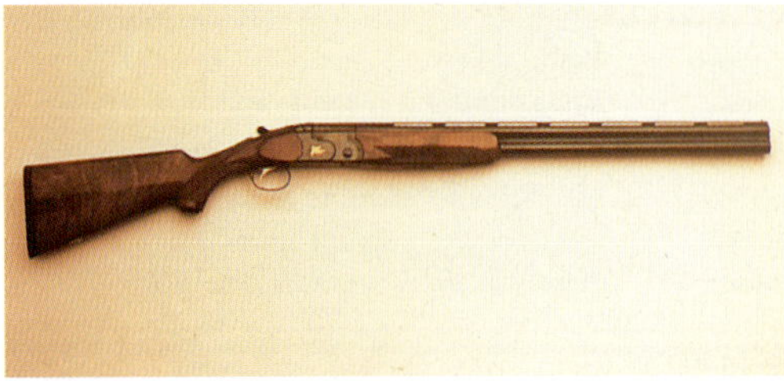

TECHNISCHE DATEN

Kaliber: 12 oder 20
Kammerlänge: $2^{3}/_{4}$" oder 3" (70 oder 76 mm)
Anzahl der Läufe: Bockdoppelflinte
System: Kipplaufwaffe (Baskülverschluss)
Verriegelung: Flankenverschluss (Beretta-Patent)
Abzug: Einabzug
Gesamtgewicht: 3 oder 3,1 kg
Gesamtlänge: 112 oder 116 cm
Lauflänge: 66 oder 71 cm (26" oder 28")
Hülsenentfernung: automatischer Ejektor
Choke: nach Wahl oder Wechselchokeeinsätze
Visierung: Laufschienenkorn, ventilierte Schiene
Sicherung: Schiebesicherung auf dem Kolbenhals

MERKMALE

- Material: Stahl
- Finish: Läufe brüniert, Systemkasten mit Vogelmotivgravur und Goldeinlagen
- Schaft: besonders ausgesuchtes Nussbaumholz, mit Pistolengriff

Beretta Modell S 687 Silver Pigeon Special

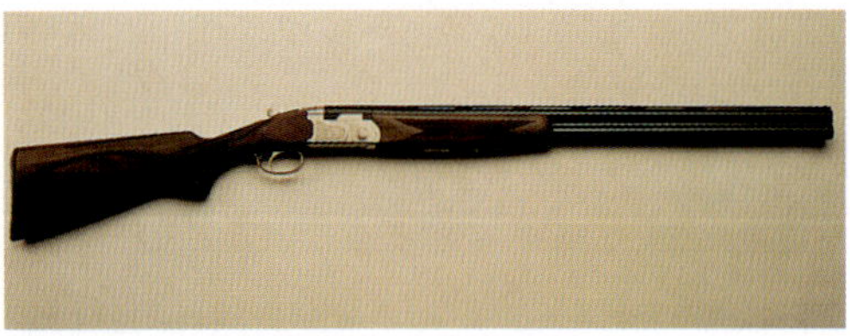

TECHNISCHE DATEN

Kaliber: 12 oder 20
Kammerlänge: $2^{3}/_{4}$" oder 3" (70 oder 76 mm)
Anzahl der Läufe: Bockdoppelflinte
System: Kipplaufwaffe (Baskülverschluss)
Verriegelung: Flankenverschluss (Beretta-Patent)
Abzug: Einabzug
Gesamtgewicht: 3 oder 3,1 kg
Gesamtlänge: 112 oder 116 cm

Lauflänge: 66 oder 71 cm (26" oder 28")
Hülsenentfernung: automatischer Ejektor
Choke: nach Wahl oder Wechselchokeeinsätze
Visierung: Laufschienenkorn, ventilierte Schiene
Sicherung: Schiebesicherung auf dem Kolbenhals

MERKMALE

- Material: Stahl
- Finish: Läufe brüniert, Systemkasten versilbert mit Gravur und Beretta-Logo
- Schaft: ausgesuchtes Nussbaumholz, mit Pistolengriff

Beretta Modell S 687 Sporting Deluxe

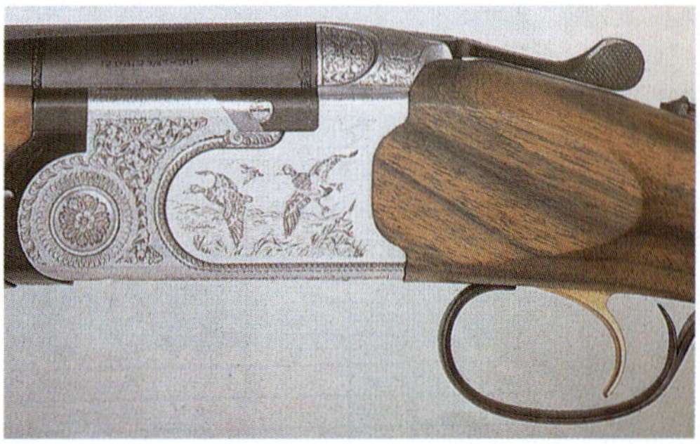

TECHNISCHE DATEN

Kaliber: 12
Kammerlänge: $2^{3}/_{4}$" (70 mm)
Anzahl der Läufe: Bockdoppelflinte
System: Kipplaufwaffe (Baskülverschluss)
Verriegelung: Flankenverschluss (Beretta-Patent)
Abzug: Einabzug
Gesamtgewicht: 3,4 oder 3,5 kg
Gesamtlänge: 116 oder 120 cm
Lauflänge: 71 oder 76 cm (28" oder 30")
Hülsenentfernung: automatischer Ejektor
Choke: Wechselchokeeinsätze
Visierung: Laufschienenkorn, ventilierte Schiene
Sicherung: Schiebesicherung auf dem Kolbenhals

MERKMALE

- Material: Stahl
- Finish: Läufe brüniert, Systemkasten unbehandelt mit Jagdmotivgravur
- Schaft: ausgesuchtes Nussbaumholz, mit Pistolengriff

Beretta Modell S 687 Ultralight

TECHNISCHE DATEN

Kaliber:	12
Kammerlänge:	2 3/4" (70 mm)
Anzahl der Läufe:	Bockdoppelflinte
System:	Kipplaufwaffe (Baskülverschluss)
Verriegelung:	Flankenverschluss (Beretta-Patent)
Abzug:	Einabzug
Gesamtgewicht:	2,6 kg
Gesamtlänge:	116 oder 120 cm
Lauflänge:	67 oder 71 cm (26 3/8" oder 28")
Hülsenentfernung:	automatischer Ejektor
Choke:	nach Wahl oder Wechselchokeeinsätze
Visierung:	Laufschienenkorn, ventilierte Schiene
Sicherung:	Schiebesicherung auf dem Kolbenhals

MERKMALE

- Material:	Stahl; Systemkasten aus Aluminium
- Finish:	Läufe brüniert, Systemkasten vernickelt mit Gravur
- Schaft:	Nussbaumholz, mit Pistolengriff

Abgebildet sind das Modell S 687 Ultralight (u.) und das Modell S 687 EELL Diamond Pigeon (o.).

Beretta Modell S 03 EELL

TECHNISCHE DATEN

Kaliber:	12
Kammerlänge:	2 3/4" (70 mm)
Anzahl der Läufe:	Bockdoppelflinte
System:	Kipplaufwaffe (Baskülverschluss)
Verriegelung:	Flankenverschluss (Beretta-Patent)
Abzug:	Einabzug
Gesamtgewicht:	3,25 kg
Gesamtlänge:	111 oder 121 cm
Lauflänge:	66–75 cm (26" oder 30")
Hülsenentfernung:	automatischer Ejektor
Choke:	Wechselchokeeinsätze
Visierung:	Laufschienenkorn, ventilierte Schiene
Sicherung:	Schiebesicherung auf dem Kolbenhals

MERKMALE

- Material:	Stahl
- Finish:	matt brüniert, Systemkasten unbehandelt, Kasten und Seitenschlossplatten graviert
- Schaft:	ausgesuchtes Nussbaumholz, mit Pistolengriff

Die abgebildete S 03 EELL kann bei Wunsch auch mit Blumengravuren geliefert werden.

Beretta Modell S 04 Trap/Skeet

TECHNISCHE DATEN

Kaliber:	12
Kammerlänge:	2 3/4" (70 mm)
Anzahl der Läufe:	Bockdoppelflinte
System:	Kipplaufwaffe (Baskülverschluss)
Verriegelung:	Flankenverschluss (Beretta-Patent)
Abzug:	Einabzug
Gesamtgewicht:	3,4 kg
Gesamtlänge:	115 oder 120 cm
Lauflänge:	Trap: 71 oder 75 cm (28" oder 29 1/2"); Skeet: 68 oder 71 cm (26 3/4" oder 28")
Hülsenentfernung:	automatischer Ejektor
Choke:	3/4- u. 1/4-, 1/2- u. Voll- oder Skeet-/Skeet-Choke
Visierung:	Laufschienenkorn, ventilierte Schiene
Sicherung:	Schiebesicherung auf dem Kolbenhals

MERKMALE

- Material:	Stahl
- Finish:	Läufe brüniert, Systemkasten unbehandelt, Kasten und Seitenschlossplatten graviert
- Schaft:	Nussbaumholz, mit Pistolengriff

Beretta Modell S 05 Gold Sporting

TECHNISCHE DATEN

Kaliber:	12

Kammerlänge: 2¾" (70 mm)
Anzahl der Läufe: Bockdoppelflinte
System: Kipplaufwaffe (Baskülverschluss)
Verriegelung: Flankenverschluss (Beretta-Patent)
Abzug: Einabzug
Gesamtgewicht: 3,4 kg
Gesamtlänge: 115 cm
Lauflänge: 71 cm (28")
Hülsenentfernung: automatischer Ejektor
Choke: Wechselchokeeinsätze
Visierung: Laufschienenkorn, ventilierte Schiene
Sicherung: Schiebesicherung auf dem Kolbenhals

MERKMALE

- Material: Stahl
- Finish: Läufe brüniert, Systemkasten unbehandelt, Kasten und Seitenschlossplatten graviert
- Schaft: ausgesuchtes Nussbaumholz, mit Pistolengriff

Beretta Modell S 05 Gold Trap

TECHNISCHE DATEN

Kaliber: 12
Kammerlänge: 2¾" (70 mm)
Anzahl der Läufe: Bockdoppelflinte
System: Kipplaufwaffe (Baskülverschluss)
Verriegelung: Flankenverschluss (Beretta-Patent)
Abzug: Einabzug
Gesamtgewicht: 3,7 kg
Gesamtlänge: 119 cm
Lauflänge: 76 cm (30")
Hülsenentfernung: automatischer Ejektor
Choke: Trap-Choke
Visierung: Laufschienenkorn, ventilierte Schiene
Sicherung: Schiebesicherung auf dem Kolbenhals

MERKMALE

- Material: Stahl
- Finish: Läufe brüniert, Systemkasten unbehandelt, Kasten und Seitenschlossplatten graviert
- Schaft: Nussbaumholz, mit Pistolengriff

Beretta Modell S 06

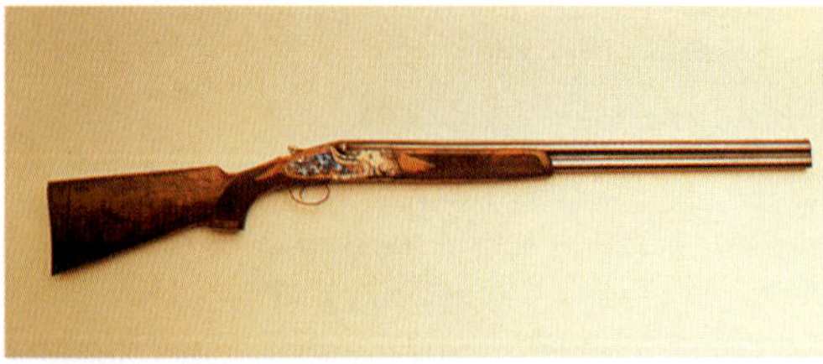

TECHNISCHE DATEN

Kaliber: 12
Kammerlänge: 2¾" oder 3" (70 oder 76 mm)
Anzahl der Läufe: Bockdoppelflinte
System: Kipplaufwaffe (Baskülverschluss)
Verriegelung: Flankenverschluss (Beretta-Patent)
Abzug: Einabzug
Gesamtgewicht: 3,3 oder 3,4 kg
Gesamtlänge: 111–121 cm
Lauflänge: 67, 71 oder 76 cm (26⅜", 28" oder 30")
Hülsenentfernung: automatischer Ejektor
Choke: nach Wahl oder Wechselchokeeinsätze
Visierung: Laufschienenkorn, ventilierte Schiene
Sicherung: Schiebesicherung auf dem Kolbenhals

MERKMALE

- Material: Stahl
- Finish: Läufe brüniert, Systemkasten und Seitenschlossplatten buntgehärtet
- Schaft: Nussbaumholz, mit Pistolengriff oder mit englischer Schäftung

Beretta Modell S 06 EL

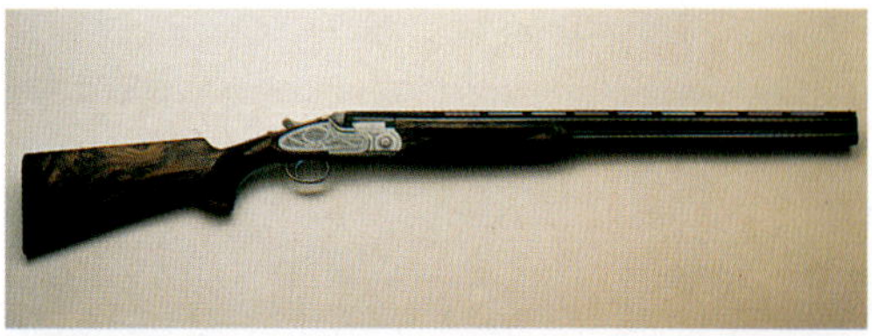

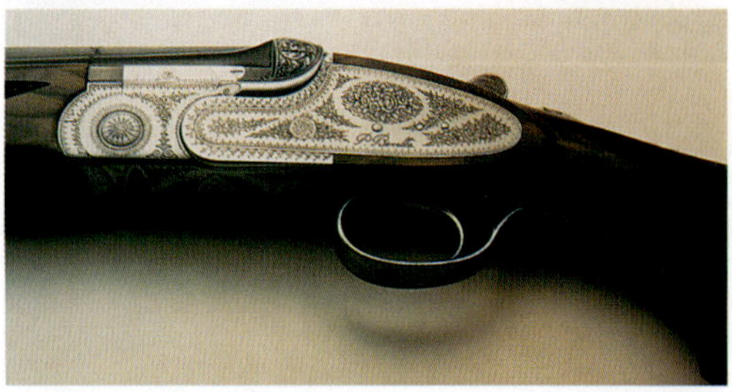

TECHNISCHE DATEN

Kaliber: 12
Kammerlänge: 2¾" oder 3" (70 oder 76 mm)
Anzahl der Läufe: Bockdoppelflinte
System: Kipplaufwaffe (Baskülverschluss)

Verriegelung:	Flankenverschluss (Beretta-Patent)
Abzug:	Einabzug
Gesamtgewicht:	3,3 oder 3,4 kg
Gesamtlänge:	111–121 cm
Lauflänge:	67, 71 oder 76 cm (26⅜", 28" oder 30")
Hülsenentfernung:	automatischer Ejektor
Choke:	nach Wahl oder Wechselchokeeinsätze
Visierung:	Laufschienenkorn, ventilierte Schiene
Sicherung:	Schiebesicherung auf dem Kolbenhals

MERKMALE

- Material: Stahl
- Finish: Läufe brüniert, Systemkasten und Seitenschlossplatten versilbert und graviert
- Schaft: Nussbaumholz, mit Pistolengriff oder mit englischer Schäftung

Beretta Modell S 06 EELL

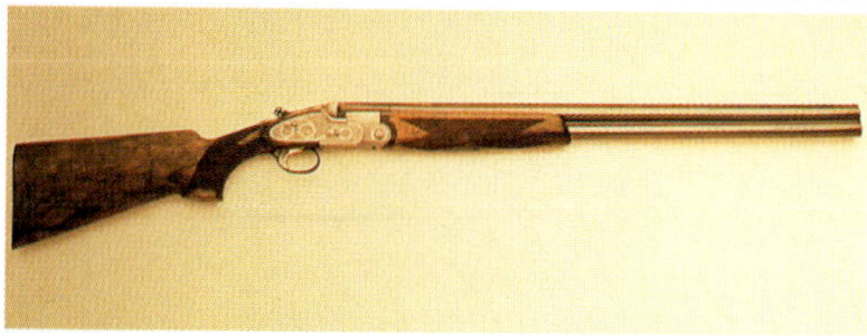

TECHNISCHE DATEN

Kaliber:	12
Kammerlänge:	2¾" oder 3" (70 oder 76 mm)
Anzahl der Läufe:	Bockdoppelflinte
System:	Kipplaufwaffe (Baskülverschluss)
Verriegelung:	Flankenverschluss (Beretta-Patent)
Abzug:	Ein- oder Doppelabzug
Gesamtgewicht:	3,3 oder 3,4 kg
Gesamtlänge:	111–121 cm
Lauflänge:	67, 71 oder 76 cm (26⅜", 28" oder 30")
Hülsenentfernung:	automatischer Ejektor
Choke:	nach Wahl oder Wechselchokeeinsätze
Visierung:	Laufschienenkorn, ventilierte Schiene
Sicherung:	Schiebesicherung auf dem Kolbenhals

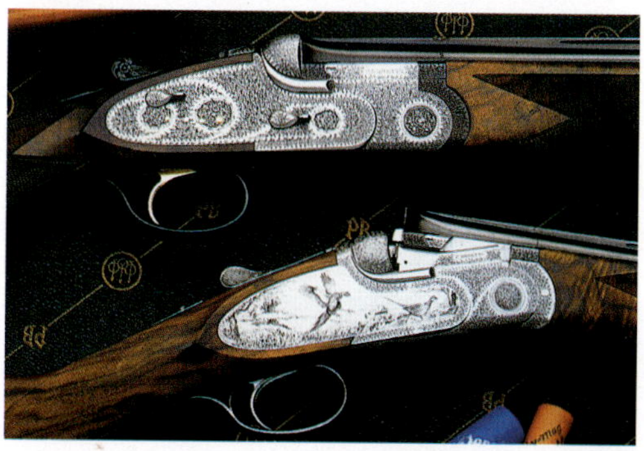

MERKMALE

- Material: Stahl
- Finish: Läufe brüniert, Systemkasten und handabnehmbare Seitenschlossplatten versilbert und fein graviert
- Schaft: ausgesuchtes Nussbaumholz, mit Pistolengriff oder mit englischer Schäftung

Die Nahaufnahmen der gravierten BasküIen zeigen oben die des Modells S 06 EELL und unten des Modells S 09.

Beretta Modell S 09

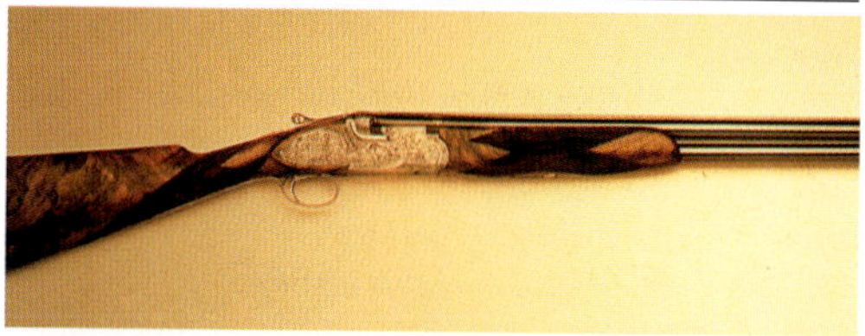

TECHNISCHE DATEN

Kaliber:	12, 20, 28 oder .410
Kammerlänge:	2¾" oder 3" (70 oder 76 mm)
Anzahl der Läufe:	Bockdoppelflinte
System:	Kipplaufwaffe (Baskülverschluss)
Verriegelung:	Flankenverschluss (Beretta-Patent)
Abzug:	Ein- oder Doppelabzug
Gesamtgewicht:	3,25–3,4 kg
Gesamtlänge:	111–121 cm
Lauflänge:	67, 71 oder 76 cm (26⅜", 28" oder 30")
Hülsenentfernung:	automatischer Ejektor
Choke:	nach Wahl oder Wechselchokeeinsätze
Visierung:	Laufschienenkorn, massive oder ventilierte Schiene
Sicherung:	Schiebesicherung auf dem Kolbenhals

MERKMALE

- Material: Stahl
- Finish: Läufe brüniert, Systemkasten und handabnehmbare Seitenschlossplatten versilbert und graviert (Jagdmotive)
- Schaft: ausgesuchtes Nussbaumholz, mit Pistolengriff oder mit englischer Schäftung

Beretta S 09/20

TECHNISCHE DATEN

Kaliber:	20

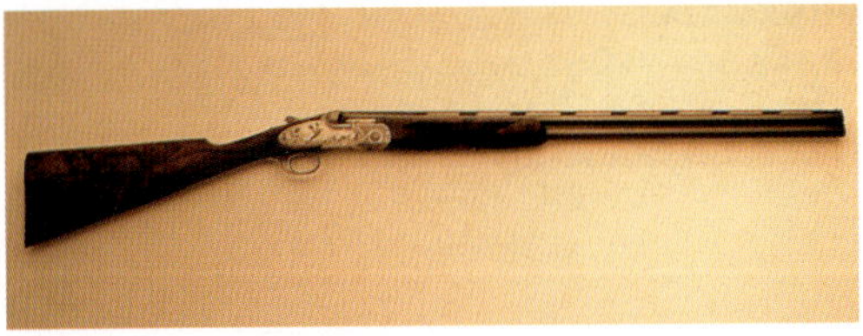

Kammerlänge: 3" (76 mm)
Anzahl der Läufe: Bockdoppelflinte
System: Kipplaufwaffe (Baskülverschluss)
Verriegelung: Flankenverschluss (Beretta-Patent)
Abzug: Ein- oder Doppelabzug
Gesamtgewicht: 3,2–3,4 kg
Gesamtlänge: 111–121 cm
Lauflänge: 67, 71 oder 76 cm ($26^3/_8$", 28" oder 30")
Hülsenentfernung: automatischer Ejektor
Choke: fest, nach Wahl
Visierung: Flintenkorn, ventilierte Schiene
Sicherung: Schiebesicherung auf dem Kolbenhals

MERKMALE
- Material: Stahl
- Finish: Läufe brüniert, Systemkasten und Seitenschlossplatten versilbert und graviert (Jagdmotive)
- Schaft: ausgesuchtes Nussbaumholz, mit Pistolengriff oder mit gerader, englischer Schäftung

Beretta Modell SS 06 Express

TECHNISCHE DATEN
Kaliber: .375 H&H Mag.; 9,3x74R; .458 Win. Mag.
Kammerlänge: s. Hülsenlänge (da Büchse)
Anzahl der Läufe: Bockdoppelbüchse (2 Büchsenläufe übereinander)
System: Kipplaufwaffe (Baskülverschluss)
Verriegelung: Flankenverschluss (Beretta-Patent), verstärkt
Abzug: Doppelabzug
Gesamtgewicht: 5 kg
Gesamtlänge: 108 cm
Lauflänge: 65 cm ($25^5/_8$")
Hülsenentfernung: automatischer Ejektor
Choke: entfällt, da gezogener Lauf (Büchse)
Visierung: Büchsenvisierung mit Klappkimmen
Sicherung: automatische Sicherung, Schiebesicherung auf dem Kolbenhals

MERKMALE
- Material: Stahl
- Finish: Läufe brüniert, Systemkasten und Seitenschlossplatte buntgehärtet
- Schaft: Nussbaumholz, mit Pistolengriff und Backe

Beretta Modell SS 06 EELL Express

TECHNISCHE DATEN
Kaliber: .375 H&H Mag.; 9,3x74R; .458 Win. Mag.
Kammerlänge: s. Hülsenlänge (da Büchse)
Anzahl der Läufe: Bockdoppelbüchse (2 Büchsenläufe übereinander)
System: Kipplaufwaffe (Baskülverschluss)
Verriegelung: Flankenverschluss (Beretta-Patent), verstärkt
Abzug: Doppelabzug
Gesamtgewicht: 5 kg
Gesamtlänge: 108 cm
Lauflänge: 65 cm ($25^5/_8$")
Hülsenentfernung: automatischer Ejektor
Choke: entfällt, da gezogener Lauf (Büchse)
Visierung: Büchsenvisierung mit Klappkimmen
Sicherung: automatische Sicherung, Schiebesicherung auf dem Kolbenhals

MERKMALE
- Material: Stahl
- Finish: Läufe brüniert, Systemkasten und Seitenschlossplatten buntgehärtet, mit Jagdmotivgravur und Goldeinlagen
- Schaft: ausgesuchtes Nussbaumholz, mit Pistolengriff und Backe

Beretta Modell RS 202

TECHNISCHE DATEN
Kaliber: 12
Kammerlänge: $2^3/_4$" (70 mm)
Anzahl der Läufe: Einzellauf
Magazin: Röhrenmagazin für 2 Patronen

System:	Vorderschaftrepetiersystem
Verriegelung:	Vertikalblock
Abzug:	Einzelabzug
Gesamtgewicht:	3,2 kg
Gesamtlänge:	112–126 cm
Lauflänge:	61–76 cm (24"–30")
Hülsenentfernung:	Repetierauszieher
Choke:	fest, nach Wahl
Visierung:	Flintenkorn, ventilierte Schiene
Sicherung:	Druckknopfsicherung vorne am Abzugsbügel

MERKMALE

- Material:	Stahl, Systemkasten aus Aluminium
- Finish:	mattschwarz brüniert
- Schaft:	Nussbaumholz, mit Pistolengriff

Auf dem Foto sieht man oben das Modell RS 202 und unten das Modell 1201 FP.

Beretta Modell 1200 F

TECHNISCHE DATEN

Kaliber:	12
Kammerlänge:	$2^{3}/_{4}$" (70 mm)
Anzahl der Läufe:	Einzellauf
Magazin:	Röhrenmagazin für 2 Patronen
System:	halbautomatisch (Rückstoßlader)
Verriegelung:	Drehkammerverschluss
Abzug:	Einzelabzug
Gesamtgewicht:	3,25 kg
Gesamtlänge:	107 cm
Lauflänge:	71 cm (28")
Hülsenentfernung:	Repetierauszieher
Choke:	Voll-, $^{3}/_{4}$- oder $^{1}/_{2}$-Choke
Visierung:	Flintenkorn, ventilierte Schiene
Sicherung:	Druckknopfsicherung hinten am Abzugsbügel

MERKMALE

- Material:	Stahl, Systemkasten aus Aluminium
- Finish:	mattschwarz brüniert
- Schaft:	schwarzer Kunststoffschaft, mit Pistolengriff

Beretta Modell 1201 FP

TECHNISCHE DATEN

Kaliber:	12
Kammerlänge:	$2^{3}/_{4}$" oder 3" (70 oder 76 mm)
Anzahl der Läufe:	Einzellauf
Magazin:	Röhrenmagazin für 2 oder 6 Patronen

System:	halbautomatisch (Rückstoßlader)
Verriegelung:	Drehkammerverschluss
Abzug:	Einzelabzug
Gesamtgewicht:	2,85 kg
Gesamtlänge:	106 mm
Lauflänge:	51 mm (20")
Hülsenentfernung:	Repetierauszieher
Choke:	Zylinder-Choke
Visierung:	verstellbares Büchsenvisier
Sicherung:	Druckknopfsicherung hinten am Abzugsbügel

MERKMALE

- Material:	Stahl, Systemkasten aus Aluminium
- Finish:	mattschwarz brüniert
- Schaft:	schwarzer Kunststoffschaft, mit Pistolengriff

Auf dem Foto sieht man oben das Modell RS 202 P und unten das Modell 1201 FP. Obwohl die Waffen gerade zur Sportdisziplin des praktischen Flintenschießens sehr beliebt sind, sind sie in einigen europäischen Ländern entweder nur jagdlich oder auch grundsätzlich verboten. Da die Gesamtlänge der Gewehre über 60 cm liegt, können sie in Deutschland entweder aufgrund einer Waffenbesitzkarte mit Erwerbsberechtigungseintrag oder bei der 1201 FP mit auf 2 Patronen begrenztem Magazin, aufgrund Jagdscheines erworben werden.

Bernardelli

Die ebenfalls norditalienische Firma Bernardelli, begann bereits 1721 in Gardone mit dem Bau von

VBG

Vincenzo Bernardelli s.p.a

Waffen. 1865, nach der Vereinigung Italiens, ließ Vincenzo Bernardelli sein Unternehmen offiziell registrieren.

Die Firma ist vor allem wegen ihrer prachtvollen Schrotflinten bekannt, die es auf die verschiedensten Arten graviert gibt, etwa wegen seiner bekannten Modelle Saturn, Hemingway oder Holland. Ein erheblicher Teil der Flintenpalette besteht aus traditionellen Querflinten, Bernardelli baut sogar noch zwei davon mit außen liegenden Hahnen, die Modelle Italia und Italia Extra.

Ein Teil der Bernardelli-Flinten besitzt Pseudo-Seitenplatten, die den Anschein erwecken sollen, dass die Waffen mit Seitenschlossen ausgestattet sind. Die echten, feinen Seitenschloss-Waffen der Firma, etwa die der Holland-Serie, sind bereits an ihren Modellnamen zu erkennen.

Bernardelli baut auch verschiedene Kleinkaliber-Sportpistolen und Großkaliberpistolen zum polizeilichen und sportlichen Einsatz. Für die Jagd auf Großwild fertigt die Firma auch eine namhafte Serie von Doppel- und Bockdoppelbüchsen. Mehrläufige jagdliche Büchsen werden oft, auch von Bernardelli, als Express-Büchsen bezeichnet.

Bernardelli Comb 2000 Bockbüchsflinte

TECHNISCHE DATEN

Kaliber:	siehe nachfolgend
Kammerlänge:	Flintenlauf: 2¾" (70 mm)
Anzahl der Läufe:	Bockbüchsflinte (Flinten- u. Büchsenlauf übereinander)
System:	Kipplaufwaffe (Baskülverschluss)
Verriegelung:	Laufhaken
Abzug:	Doppelabzug; vorderer Abzug mit Rückstecher
Gesamtgewicht:	3,1 kg
Gesamtlänge:	104 cm
Lauflänge:	60 cm (23⅝")
Hülsenentfernung:	Auszieher
Choke:	Flintenlauf mit Wechselchokeeinsätzen
Visierung:	verstellbare Büchsenvisierung, Prismaschiene für Optikmontage
Sicherung:	Schiebesicherung auf dem Kolbenhals

MERKMALE

- Material:	Stahl
- Finish:	Läufe brüniert; Systemkasten unbehandelt, mit Gravur
- Schaft:	Nussbaumholz, mit Pistolengriff und Backe

Erhältliche Flintenkaliber: 12 oder 16; erhältliche Büchsenkaliber: .22 Hornet; .222 Rem.; 5,6x50R Mag.; .243 Win.; 6,5x55; 6,5x57R; .270 Win.; 7x57R; 7x65R; .308 Win.; .30-06; 8x57 JRS; 9,3x74R.

Bernardelli Dream Field

TECHNISCHE DATEN

Kaliber:	12 oder 20
Kammerlänge:	2¾" oder 3" (70 oder 76 mm)
Anzahl der Läufe:	Bockdoppelflinte
System:	Kipplaufwaffe (Baskülverschluss)
Verriegelung:	Laufhaken
Abzug:	Einabzug
Gesamtgewicht:	3–3,2 kg
Gesamtlänge:	112, 117 oder 122 cm
Lauflänge:	66, 71 oder 76 cm (26", 28" oder 30")
Hülsenentfernung:	automatischer Ejektor
Choke:	fest, nach Wahl oder Wechselchokeeinsätze
Visierung:	Flintenkorn, ventilierte Schiene
Sicherung:	Schiebesicherung auf dem Kolbenhals, beim Brechen automatisch gesichert

MERKMALE

- Material:	Stahl
- Finish:	Läufe brüniert, Systemkasten unbehandelt und graviert
- Schaft:	Nussbaumholz, mit Pistolengriff

Bernardelli Dream Sporting, Trap und Skeet

TECHNISCHE DATEN

Kaliber:	12

Kammerlänge: 3" (76 mm)
Anzahl der Läufe: Bockdoppelflinte
System: Kipplaufwaffe (Baskülverschluss)
Verriegelung: Laufhaken
Abzug: Einabzug
Gesamtgewicht: 3–3,2 kg
Gesamtlänge: 117 oder 122 cm
Lauflänge: Sporting, Skeet: 71 cm (28"); Trap: 75 cm (29½")
Hülsenentfernung: automatischer Ejektor
Choke: Sporting: Wechselchokeeinsätze; Skeet: Skeet/Skeet-Choke; Trap: Voll/Voll-Choke
Visierung: Flintenkorn, 11 mm breite ventilierte Schiene
Sicherung: Schiebesicherung auf dem Kolbenhals

MERKMALE
- Material: Stahl
- Finish: Läufe brüniert, Systemkasten
- Schaft: Nussbaumholz, mit Pistolengriff

Bernardelli Express 2000

TECHNISCHE DATEN
Kaliber: 7x65R; .30-06; 8x57JRS; 9,3x74R
Kammerlänge: s. Hülsenlänge (da Büchse)
Anzahl der Läufe: Bockdoppelbüchse (2 Büchsenläufe übereinander)
System: Kipplaufwaffe (Baskülverschluss)
Verriegelung: Laufhaken, verstärkt
Abzug: Doppelabzug
Gesamtgewicht: 3,1–3,3 kg

Gesamtlänge: 103 oder 108 cm
Lauflänge: 55 oder 60 cm (21⅝" oder 23⅝")
Hülsenentfernung: automatischer Ejektor
Choke: entfällt, da gezogener Lauf (Büchse)
Visierung: Büchsen-Klappvisier auf Fluchtvisierschiene, mit Vorrichtung zur Optikmontage
Sicherung: Schiebesicherung auf dem Kolbenhals

MERKMALE
- Material: Stahl
- Finish: komplett brüniert oder Läufe brüniert und Systemkasten unbehandelt
- Schaft: ausgesuchtes Nussbaumholz, mit Pistolengriff und Backe

Auf dem Foto sieht man oben das Modell Express 2000 mit dem unbehandelten Systemkasten, darunter dieses Modell mit dem brünierten Systemkasten und im Weiteren die Bernardelli-Gewehre Express VB und Express VB Deluxe. Die beiden letzten Modelle sind Doppelbüchsen (mit nebeneinander liegenden Büchsläufen).

Bernardelli Express VB-E

TECHNISCHE DATEN
Kaliber: 7x65R; .30-06; 8x57JRS; 9,3x74R; .375 H&H Mag.
Kammerlänge: s. Hülsenlänge (da Büchse)
Anzahl der Läufe: Doppelbüchse (2 Büchsenläufe nebeneinander)
System: Kipplaufwaffe (Baskülverschluss)
Verriegelung: Laufhaken, verstärkt
Abzug: Ein- oder Doppelabzug
Gesamtgewicht: 3,1–3,6 kg
Gesamtlänge: 103 oder 108 cm
Lauflänge: 55 oder 60 cm (21⅝" oder 23⅝")
Hülsenentfernung: automatischer Ejektor, als Modell VB mit Auszieher
Choke: entfällt, da gezogener Lauf (Büchse)
Visierung: Büchsen-Klappvisier auf Fluchtvisierschiene, mit Vorrichtung zur Optikmontage
Sicherung: Schiebesicherung auf dem Kolbenhals

MERKMALE
- Material: Stahl
- Finish: komplett brüniert oder Läufe brüniert und Systemkasten unbehandelt
- Schaft: ausgesuchtes Nussbaumholz, mit Pistolengriff und Backe

Auf dem Foto sieht man oben das Modell Express 2000 mit dem unbehandelten Systemkasten, darunter dieses Modell mit dem brünierten Systemkasten und im Weiteren die Bernardelli-Gewehre Express VB und Express VB Deluxe.

Bernardelli Express VB Deluxe

TECHNISCHE DATEN
Kaliber: 7x65R; .30-06; 8x57JRS; 9,3x74R; .375 H&H Mag.
Kammerlänge: s. Hülsenlänge (da Büchse)
Anzahl der Läufe: Doppelbüchse (2 Büchsenläufe nebeneinander)
System: Kipplaufwaffe (Baskülverschluss)
Verriegelung: Laufhaken, verstärkt

Abzug: Ein- oder Doppelabzug
Gesamtgewicht: 3,1–3,6 kg
Gesamtlänge: 103 oder 108 cm
Lauflänge: 55 oder 60 cm ($21^5/_8$" oder $23^5/_8$")
Hülsenentfernung: automatischer Ejektor, als Modell VB mit Auszieher
Choke: entfällt, da gezogener Lauf (Büchse)
Visierung: Büchsen-Klappvisier auf Fluchtvisierschiene, mit Vorrichtung zur Optikmontage
Sicherung: Schiebesicherung auf dem Kolbenhals

MERKMALE
- Material: Stahl
- Finish: Läufe brüniert und Systemkasten unbehandelt, Seitenplatten graviert (keine Seitenschlosse)
- Schaft: ausgesuchtes Nussbaumholz, mit Pistolengriff und Backe

Abgebildet sind das Modell Express 2000 mit unbehandeltem und brüniertem Systemkasten sowie die ExpressVB u. ExpressVB Deluxe.

Bernardelli Express Minerva

TECHNISCHE DATEN
Kaliber: 9,3x74R
Kammerlänge: s. Hülsenlänge (da Büchse)
Anzahl der Läufe: Doppelbüchse (2 Büchsenläufe nebeneinander)
System: Kipplaufwaffe (Baskülverschluss)
Verriegelung: Laufhaken, verstärkt
Abzug: Doppelabzug
Gesamtgewicht: 3,3–3,4 kg
Gesamtlänge: 103 oder 113 cm
Lauflänge: 55 oder 65 cm ($21^5/_8$" oder $25^5/_8$")
Hülsenentfernung: Auszieher
Choke: entfällt, da gezogener Lauf (Büchse)
Visierung: Büchsen-Klappvisier, mit Vorrichtung zur Optikmontage
Sicherung: Schiebesicherung auf dem Kolbenhals

MERKMALE
- Material: Stahl
- Finish: Läufe brüniert und Systemkasten unbehandelt, außen liegende Spannhahne
- Schaft: ausgesuchtes Nussbaumholz, mit Pistolengriff

Auf dem Foto sieht man oben das Modell Express 2000 und darunter die Bernardelli-Gewehre Express VB Deluxe und Express Minerva.

Bernardelli Hemingway Lightweight

TECHNISCHE DATEN
Kaliber: 12, 16 oder 20
Kammerlänge: $2^3/_4$" (70 mm)
Anzahl der Läufe: Doppelflinte (Querflinte)
System: Kipplaufwaffe (Baskülverschluss)
Verriegelung: Laufhaken
Abzug: Ein- oder Doppelabzug
Gesamtgewicht: 2,8 kg
Gesamtlänge: 109 oder 114 cm
Lauflänge: 66 oder 71 cm (26" oder 28")
Hülsenentfernung: automatischer Ejektor
Choke: fest, nach Wahl
Visierung: Flintenkorn
Sicherung: Schiebesicherung auf dem Kolbenhals

MERKMALE
- Material: Stahl
- Finish: Läufe brüniert, Systemkasten unbehandelt und graviert
- Schaft: Nussbaumholz, mit gerader, englischer Schäftung

Auf dem Foto sieht man oben das Modell Hemingway Lightweigth, darunter die Hemingway Deluxe.

Bernardelli Hemingway Deluxe Seitenschloss

TECHNISCHE DATEN
Kaliber: 12, 16, 20 oder 28
Kammerlänge: $2^3/_4$" (70 mm)
Anzahl der Läufe: Doppelflinte (Querflinte)
System: Kipplaufwaffe (Baskülverschluss)
Verriegelung: Laufhaken
Abzug: Ein- oder Doppelabzug
Gesamtgewicht: 2,8–3,2 kg
Gesamtlänge: 112 oder 122 cm
Lauflänge: 66–77 cm (26"–30")
Hülsenentfernung: automatischer Ejektor
Choke: fest, nach Wahl
Visierung: Flintenkorn
Sicherung: Schiebesicherung auf dem Kolbenhals

MERKMALE
- Material: Stahl
- Finish: Läufe brüniert, Systemkasten und Seitenplatten unbehandelt und graviert, Seitenschlosse

- Schaft: besonders ausgesuchtes Nussbaumholz, mit gerader, englischer Schäftung

Auf dem Foto auf S. 116 sieht man oben das Modell Hemingway Lightweigth und darunter die Flinte Hemingway Deluxe.

Bernardelli Holland VB Seitenschloss

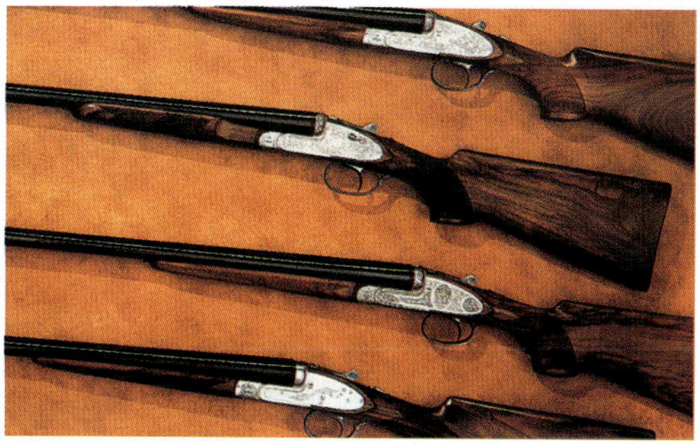

TECHNISCHE DATEN

Kaliber:	12
Kammerlänge:	$2^{3}/_{4}$" (70 mm)
Anzahl der Läufe:	Doppelflinte (Querflinte)
System:	Kipplaufwaffe (Baskülverschluss)
Verriegelung:	Laufhaken
Abzug:	Ein- oder Doppelabzug
Gesamtgewicht:	3,2–3,4 kg
Gesamtlänge:	109 oder 114 cm
Lauflänge:	66–71 cm (26"–28")
Hülsenentfernung:	automatischer Ejektor
Choke:	fest, nach Wahl
Visierung:	Flintenkorn
Sicherung:	Schiebesicherung auf dem Kolbenhals

MERKMALE

- Material: Stahl
- Finish: Läufe brüniert, Systemkasten und Seitenplatten unbehandelt und graviert, Holland & Holland-Seitenschlosse
- Schaft: besonders ausgesuchtes Nussbaumholz, mit Pistolengriff

Auf dem Foto sieht man oben das Modell Holland VB-E (mit Gravur im englischen Stil), darunter das Modell VB-Extra (mit abnehmbaren Seitenschlossplatten) und im Weiteren die Bernardelli-Flinten Holland VB-E2 (mit Blumengravur) und Holland Standard.

Bernardelli Holland VB Liscio Seitenschloss

TECHNISCHE DATEN

Kaliber:	12
Kammerlänge:	$2^{3}/_{4}$" (70 mm)
Anzahl der Läufe:	Doppelflinte (Querflinte)
System:	Kipplaufwaffe (Baskülverschluss)
Verriegelung:	Laufhaken
Abzug:	Ein- oder Doppelabzug

Gesamtgewicht:	3,3 kg
Gesamtlänge:	104 oder 114 cm
Lauflänge:	61–71 cm (24"–28")
Hülsenentfernung:	automatischer Ejektor
Choke:	fest, nach Wahl
Visierung:	Flintenkorn
Sicherung:	Schiebesicherung auf dem Kolbenhals

MERKMALE

- Material: Stahl
- Finish: Läufe brüniert, Systemkasten und Seitenplatten unbehandelt und graviert, mit Goldeinlagen, Holland & Holland-Seitenschlosse
- Schaft: besonders ausgesuchtes Nussbaumholz, mit gerader, englischer Schäftung

Bernardelli Italia / Italia Extra mit außen liegenden Spannhahnen

TECHNISCHE DATEN

Kaliber:	12, 16 oder 20
Kammerlänge:	$2^{3}/_{4}$" oder 3" (70 oder 76 mm)
Anzahl der Läufe:	Doppelflinte (Querflinte)
System:	Kipplaufwaffe (Baskülverschluss)
Verriegelung:	Laufhaken, Purdey-Verschluss
Abzug:	Doppelabzug
Gesamtgewicht:	3–3,2 kg
Gesamtlänge:	122 cm
Lauflänge:	70 cm ($27^{1}/_{2}$")
Hülsenentfernung:	Auszieher
Choke:	$^{1}/_{2}$- und Vollchoke
Visierung:	Flintenkorn, vertiefte Schiene
Sicherung:	Hahnsicherheitsrast

MERKMALE

- Material: Stahl
- Finish: Läufe brüniert und Systemkasten und Seitenplatten unbehandelt, außen liegende Spannhahne
- Schaft: ausges. Nussbaumholz, mit gerader, englischer Schäftung

Auf dem Foto sieht man oben das Modell Italia, darunter die Bernardelli-Flinte Italia Extra, die Deluxe-Version.

Bernardelli Roma 5

TECHNISCHE DATEN

Kaliber: 12, 20 oder 28
Kammerlänge: 2¾" oder 3" (70 oder 76 mm)
Anzahl der Läufe: Doppelflinte (Querflinte)
System: Kipplaufwaffe (Baskülverschluss)
Verriegelung: Laufhaken, Purdey-Verschluss
Abzug: Doppelabzug
Gesamtgewicht: 2,7–3 kg
Gesamtlänge: 113–122 cm
Lauflänge: 66–76 cm (26"–30")
Hülsenentfernung: automatischer Ejektor
Choke: ½- und Voll- oder ¾- und ¼-Choke
Visierung: Flintenkorn
Sicherung: Schiebesicherung auf dem Kolbenhals, beim Brechen automatisch gesichert

MERKMALE

- Material: Stahl
- Finish: Läufe brüniert, Systemkasten und Seitenplatten unbehandelt und graviert (keine Seitenschlosse)
- Schaft: Nussbaumholz, mit gerader, englischer Schäftung

Auf dem Foto sieht man oben das Modell Roma 5 und darunter die Bernardelli-Flinte Roma 6.

Bernardelli Roma 6

TECHNISCHE DATEN:

Kaliber: 12 oder 20
Kammerlänge: 2¾" (70 mm) oder 3" (76 mm) bzgl. Kal. 20
Anzahl der Läufe: Doppelflinte (Querflinte)
System: Kipplaufwaffe (Baskülverschluss)
Verriegelung: Laufhaken, Purdey-Verschluss
Abzug: Doppelabzug
Gesamtgewicht: 3–3,2 kg
Gesamtlänge: 112, 117 oder 122 cm
Lauflänge: 66, 71 oder 76 cm (26", 28" oder 30")
Hülsenentfernung: automatischer Ejektor
Choke: fest, nach Wahl
Visierung: Flintenkorn
Sicherung: Schiebesicherung auf dem Kolbenhals, beim Brechen automatisch gesichert

MERKMALE

- Material: Stahl
- Finish: Läufe brüniert, Systemkasten und Seitenplatten unbehandelt und graviert (keine Seitenschlosse)
- Schaft: ausges. Nussbaumholz, mit gerader, englischer Schäftung

Auf dem Foto sieht man oben das Modell Roma 5 und darunter die Bernardelli-Flinte Roma 6.

Bernardelli Roma 7, Roma 8 und Roma 9

TECHNISCHE DATEN

Kaliber: 12, 20 oder 28
Kammerlänge: 2¾" oder 3" (70 oder 76 mm)
Anzahl der Läufe: Doppelflinte (Querflinte)
System: Kipplaufwaffe (Baskülverschluss)
Verriegelung: Laufhaken, Purdey-Verschluss
Abzug: Ein- oder Doppelabzug
Gesamtgewicht: 3–3,4 kg
Gesamtlänge: 117 oder 122 cm
Lauflänge: 71 oder 76 cm (28" oder 30")
Hülsenentfernung: automatischer Ejektor
Choke: fest, nach Wahl
Visierung: Flintenkorn
Sicherung: Schiebesicherung auf dem Kolbenhals, beim Brechen automatisch gesichert

MERKMALE

- Material: Stahl
- Finish: Läufe brüniert, Systemkasten und Seitenplatten unbehandelt und graviert (keine Seitenschlosse)
- Schaft: ausgesuchtes Nussbaumholz, mit gerader, englischer Schäftung

Auf dem Foto sieht man oben das Modell Roma 9, darunter die beiden Bernardelli-Flinten Roma 8 und Roma 7.

Bernardelli Saturno 200

TECHNISCHE DATEN

Kaliber: 12 oder 20
Kammerlänge: 2 3/4" (70 mm) oder 3" (76 mm) bzgl. Kal. 20
Anzahl der Läufe: Bockdoppelflinte
System: Kipplaufwaffe (Baskülverschluss)
Verriegelung: Laufhaken
Abzug: Ein- oder Doppelabzug
Gesamtgewicht: 2,8 kg
Gesamtlänge: 109–118 cm
Lauflänge: 65–75 cm (25 5/8"–29 1/2")
Hülsenentfernung: automatischer Ejektor
Choke: fest, nach Wahl oder Wechselchokeeinsätze
Visierung: Flintenkorn, ventilierte Schiene
Sicherung: Schiebesicherung auf dem Kolbenhals

MERKMALE

- Material: Stahl
- Finish: Läufe brüniert, Systemkasten und Seitenplatten unbehandelt und graviert (keine Seitenschlosse)
- Schaft: Nussbaumholz, mit Pistolengriff

Auf dem Foto sieht man oben das Modell Saturno 200, darunter das Modell Saturno Luck Hunting sowie die Flinten Saturno Luck Blue (brünierter Systemkasten) und Saturno Luck Argent (unbehandelter Systemkasten).

Bernardelli Saturno Luck

TECHNISCHE DATEN

Kaliber: 12
Kammerlänge: 2 3/4" (70 mm)
Anzahl der Läufe: Bockdoppelflinte
System: Kipplaufwaffe (Baskülverschluss)
Verriegelung: Laufhaken
Abzug: Ein- oder Doppelabzug
Gesamtgewicht: 3,1–3,2 kg
Gesamtlänge: 109–119 cm
Lauflänge: 65–76 cm (25 5/8"–30")
Hülsenentfernung: automatischer Ejektor
Choke: Wechselchokeeinsätze
Visierung: Flintenkorn, ventilierte Schiene
Sicherung: Schiebesicherung auf dem Kolbenhals

MERKMALE

- Material: Stahl
- Finish: komplett brüniert (Luck Blue) oder Läufe brüniert und Systemkasten unbehandelt (Luck Hunting und Argent)
- Schaft: Nussbaumholz, mit Pistolengriff

Auf dem Foto sieht man oben das Modell Saturno 200, darunter das Modell Saturno Luck Hunting und im Weiteren die Bernardelli-Flinten Saturno Luck Blue (mit brüniertem Systemkasten) und Saturno Luck Argent (mit unbehandeltem Systemkasten).

Bernardelli Sporting Clays, Skeet und Trap

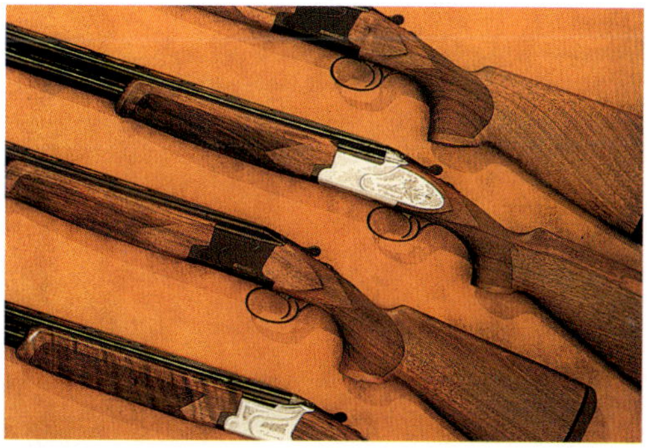

TECHNISCHE DATEN

Kaliber: 12
Kammerlänge: 2 3/4" (70 mm)
Anzahl der Läufe: Bockdoppelflinte
System: Kipplaufwaffe (Baskülverschluss)
Verriegelung: Laufhaken
Abzug: Einabzug
Gesamtgewicht: 3,2–3,6 kg
Gesamtlänge: 114 oder 119 cm
Lauflänge: 71 oder 76 cm (28" oder 30")
Hülsenentfernung: automatischer Ejektor
Choke: Wechselchokeeinsätze
Visierung: Flintenkorn, ventilierte Schiene
Sicherung: Schiebesicherung auf dem Kolbenhals

MERKMALE

- Material: Stahl
- Finish: komplett brüniert oder Läufe brüniert und Systemkasten unbehandelt und graviert
- Schaft: Nussbaumholz, mit Pistolengriff

Auf dem Foto sieht man oben das Modell Pull Trap, darunter das Modell Saturno Sporting (mit gravierten Seitenplatten) und im Weiteren die Bernardelli-Flinten Pull Skeet und 115 S.

Bernardelli Uberto 2

TECHNISCHE DATEN

Kaliber:	12, 20 oder 28
Kammerlänge:	2¾" oder 3" (70 oder 76 mm)
Anzahl der Läufe:	Doppelflinte (Querflinte)
System:	Kipplaufwaffe (Baskülverschluss)
Verriegelung:	Laufhaken, Purdey-Verschluss
Abzug:	Ein- oder Doppelabzug
Gesamtgewicht:	3,2–3,4 kg
Gesamtlänge:	109–127 cm
Lauflänge:	65–75 cm (25⅝" oder 29½")
Hülsenentfernung:	wahlweise automatischer Ejektor oder Auszieher
Choke:	½- und Voll- oder ¾- und ¼-Choke
Visierung:	Flintenkorn
Sicherung:	Schiebesicherung auf dem Kolbenhals

MERKMALE

- Material:	Stahl
- Finish:	Läufe brüniert, Systemkasten unbehandelt und graviert
- Schaft:	Nussbaumholz, mit gerader, englischer Schäftung

Auf dem Foto sieht man oben das Modell Uberto 112 und darunter die Bernardelli-Flinte Uberto 2.

Bernardelli Uberto 112

TECHNISCHE DATEN

Kaliber:	12
Kammerlänge:	2¾" (70 mm)
Anzahl der Läufe:	Doppelflinte (Querflinte)
System:	Kipplaufwaffe (Baskülverschluss)
Verriegelung:	Laufhaken, Purdey-Verschluss
Abzug:	Ein- oder Doppelabzug
Gesamtgewicht:	3,2–3,4 kg
Gesamtlänge:	109–127 cm
Lauflänge:	65–75 cm (25⅝" oder 29½")
Hülsenentfernung:	wahlweise automatischer Ejektor oder Auszieher
Choke:	fest, nach Wahl oder Wechselchokeeinsätze
Visierung:	Flintenkorn
Sicherung:	Schiebesicherung auf dem Kolbenhals

MERKMALE

- Material:	Stahl
- Finish:	Läufe brüniert, Systemkasten unbehandelt und graviert
- Schaft:	Nussbaumholz, mit Pistolengriff

Auf dem Foto sieht man oben das Modell Uberto 112 und darunter die Bernardelli-Flinte Uberto 2.

Bernardelli Uberto 2 Slug

TECHNISCHE DATEN

Kaliber:	12
Kammerlänge:	3" (76 mm)
Anzahl der Läufe:	Doppelflinte (Querflinte)
System:	Kipplaufwaffe (Baskülverschluss)
Verriegelung:	Laufhaken
Abzug:	Doppelabzug
Gesamtgewicht:	3,2 kg
Gesamtlänge:	106 cm
Lauflänge:	60 cm (23⅝")
Hülsenentfernung:	automatischer Ejektor
Choke:	Zylinder-Choke
Visierung:	Büchsen-Klappvisier, mit Vorrichtung zur Optikmontage
Sicherung:	Schiebesicherung auf dem Kolbenhals

MERKMALE

- Material:	Stahl
- Finish:	Läufe brüniert, Systemkasten unbehandelt und graviert
- Schaft:	Nussbaumholz, mit Pistolengriff

Auf dem Foto sieht man oben das Modell Uberto 200 Slug und darunter die Bernardelli-Flinte Uberto 2 Slug.

Bernardelli Uberto 200 Slug

TECHNISCHE DATEN

Kaliber:	12
Kammerlänge:	3" (76 mm)
Anzahl der Läufe:	Bockdoppelflinte
System:	Kipplaufwaffe (Baskülverschluss)
Verriegelung:	Laufhaken
Abzug:	Doppelabzug
Gesamtgewicht:	3,2 kg
Gesamtlänge:	104 cm
Lauflänge:	60 cm (23⅝")
Hülsenentfernung:	automatischer Ejektor

Choke:	Zylinder-Choke
Visierung:	Büchsen-Klappvisier, mit Vorrichtung zur Optikmontage
Sicherung:	Schiebesicherung auf dem Kolbenhals

MERKMALE

- Material:	Stahl
- Finish:	Läufe brüniert, Systemkasten unbehandelt und graviert
- Schaft:	Nussbaumholz, mit Pistolengriff

Auf dem Foto sieht man oben das Modell Uberto 200 Slug und darunter die Bernardelli-Flinte Uberto 2 Slug.

Bernardelli Vincent

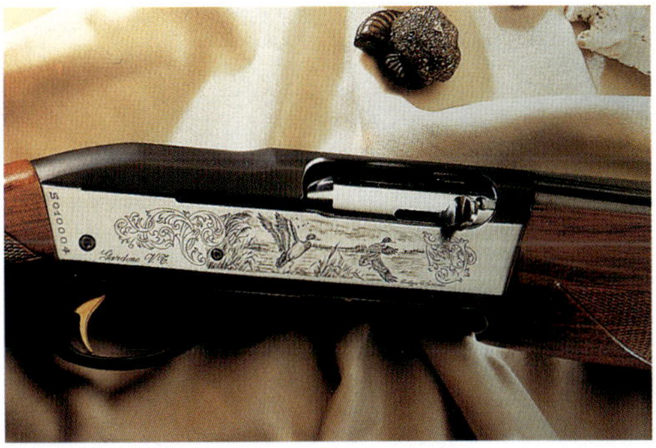

TECHNISCHE DATEN

Kaliber:	12
Kammerlänge:	3" (76 mm)
Anzahl der Läufe:	Einzellauf
Magazin:	Röhrenmagazin für 2 oder 3 Patronen
System:	halbautomatisch (Gasdrucklader)
Verriegelung:	Vertikalblock
Abzug:	Einzelabzug
Gesamtgewicht:	3,1–3,5 kg
Gesamtlänge:	102–122 cm
Lauflänge:	54,6–75 cm (21½"–29½")
Hülsenentfernung:	Repetierauszieher
Choke:	Wechselchokeeinsätze
Visierung:	Flintenkorn, ventilierte Schiene
Sicherung:	Druckknopfsicherung hinten am Abzugsbügel

MERKMALE

- Material:	Stahl, Systemkasten aus Aluminium
- Finish:	komplett brüniert oder Lauf brüniert und Systemkasten unbehandelt und graviert (Vincent Deluxe)
- Schaft:	Nussbaumholz, mit Pistolengriff

Diese Waffe ist in einigen europäischen Ländern entweder nur jagdlich oder auch grundsätzlich verboten. Da die Gesamtlänge des Gewehres über 60 cm liegt, kann es in Deutschland entweder aufgrund einer Waffenbesitzkarte mit Erwerbsberechtigungseintrag oder, mit auf 2 Patronen begrenztem Magazin, aufgrund Jagdscheines erworben werden.

Blaser

Die deutsche Blaser Jagdwaffen GmbH wurde 1977 von Horst Blaser in Isny, Baden-Württemberg, gegründet. Der Ort Isny liegt im Allgäuer Voralpenland relativ nahe an der österreichischen und Schweizer Grenze. 1986 wurde die Firma von ihrem bisherigen leitenden Büchsenmacher Gerhard Blenk übernommen, der sich inzwischen mit ihr in der schweizerischen SIG-Gruppe integriert hat. Blaser spezialisiert sich auf den Bau hervorragender Jagdwaffen, die teilweise reich graviert auch in Luxusausführungen angeboten werden. Anfänglich handelte es sich bei den Gewehren von Blaser ausschließlich um Kipplaufwaffen, Flinten, Büchsen und kombinierten Gewehren, mit Baskülverschlüssen. Inzwischen ist die Firma auch wegen ihrer erstklassigen Repetierbüchse, dem Modell Blaser R 93, berühmt. Die meisten der Blaser-Waffen, die alle auf modernsten CNC-Maschinen gefertigt werden und deshalb keinerlei Fertigungstoleranzen aufweisen, können unmittelbar ab Werk mit dem Mag-Na-Port-Rückstoßdämpfungssystem ausgerüstet oder mit einer speziellen Rückschlagverminderungskonstruktion im Hinterschaft ausgeliefert werden.
Die bietet ihre Gewehre auch komplett montiert mit Zielfernrohren namhafter Hersteller wie Zeiss, Swarowski oder Schmidt & Bender an.

Blaser Bockbüchsflinte BBF 95

TECHNISCHE DATEN

Kaliber:	siehe nachfolgend
Kammerlänge:	siehe nachfolgend
Anzahl der Läufe:	Bockbüchsflinte (Flinten- u. Büchsenlauf übereinander)
System:	Kipplaufwaffe (Baskülverschluss)

Verriegelung:	Laufhaken, verstärkt
Abzug:	Doppelabzug, vord. Abzug mit Rückstecher
Gesamtgewicht:	2,8–3 kg
Gesamtlänge:	102 cm
Lauflänge:	60 cm ($23\frac{5}{8}$")
Hülsenentfernung:	Auszieher
Choke:	Flintenlauf fest, nach Wahl, für Stahlschrote geeignet
Visierung:	Büchsen-Klappvisier, mit Vorrichtung zur Zielfernrohrmontage
Sicherung:	automatische Sicherung, Handspannschieber

MERKMALE

- Material:	Stahl
- Finish:	Laufbündel brüniert; Systemkasten unbehandelt, mit gravierten Seitenplatten, nach Wahl
- Schaft:	besonders ausgesuchtes Nussbaumholz, mit Pistolengriff und Backe

Erhältliche Flintenkaliber: 12/70, 16/70, 20/70 oder 20/76; erhältliche Büchsenkaliber: von .22 Hornet bis 9,3x74R.

Blaser Bockbüchsflinte BBF 700/88

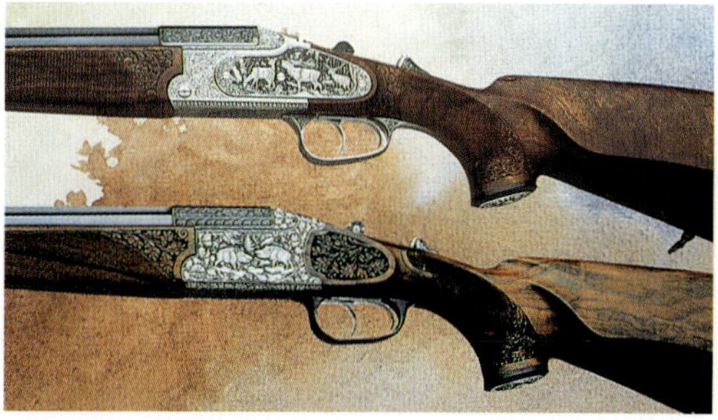

TECHNISCHE DATEN

Kaliber:	siehe nachfolgend
Kammerlänge:	siehe nachfolgend
Anzahl der Läufe:	Bockbüchsflinte (Flinten- u. Büchsenlauf übereinander)
System:	Kipplaufwaffe (Baskülverschluss)
Verriegelung:	Laufhaken, verstärkt
Abzug:	Doppelabzug, vorderer Abzug mit Rückstecher
Gesamtgewicht:	2,6–3,2 kg
Gesamtlänge:	103 cm
Lauflänge:	60 cm ($23\frac{5}{8}$")
Hülsenentfernung:	automatischer Ejektor oder wahlweise Auszieher
Choke:	Flintenlauf Voll-Choke, für Stahlschrote geeignet
Visierung:	Büchsenvisier, mit Vorrichtung zur Zielfernrohrmontage
Sicherung:	automatische Sicherung, Handspannschieber

MERKMALE

- Material:	Stahl
- Finish:	Laufbündel brüniert; Systemkasten unbehandelt, mit gravierten Seitenplatten, nach Wahl
- Schaft:	besonders ausgesuchtes Nussbaumholz, mit Pistolengriff und Backe

Erhältliche Flintenkaliber: 12/70, 16/70, 20/70 oder 20/76; erhältliche Büchsenkaliber: .17 Rem.; .22 Hornet; .222 Rem.; .222 Rem. Mag.; 5,6x50R Mag.; 5,6x52R; 6x62 Frères; 6x62R Frères; .243 Win.; .25-06; 6,5x57R; 6,5x65R; .270 Win.; 7x57R; 7x65R; .308 Win.; .30-06; .30R Blaser; 8x57JRS; 8x75RS; 9,3x74R.

Auf dem Foto ist oben das Modell Blaser BBF 700/88 Super Exclusiv und unten das Modell BBF 700/88 Exclusiv zu sehen. Beide Waffen sind reich graviert, ihre Schäfte sind aus besonders schön gemasertem Nussbaumwurzelholz und teilweise verschnitten.

Blaser Bergstutzen B 750/88

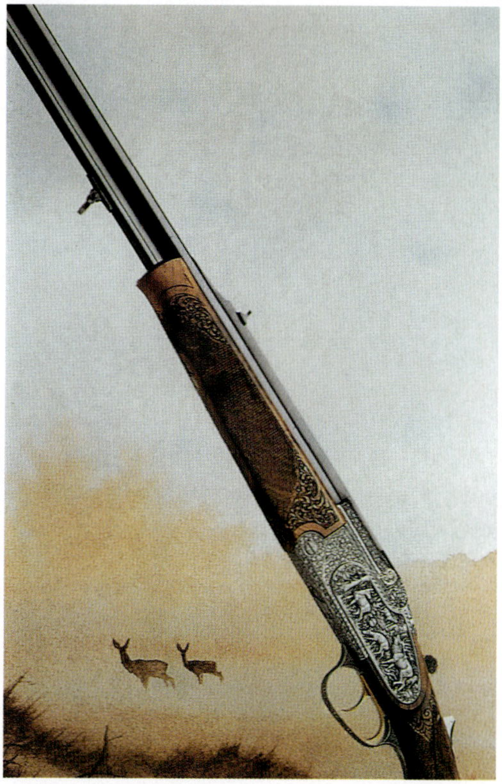

TECHNISCHE DATEN

Kaliber:	siehe nachfolgend
Kammerlänge:	s. Hülsenlänge (da Büchse)
Anzahl der Läufe:	2 Büchsenläufe in unterschiedlichen Kalibern übereinander (Bergstutzen)
System:	Kipplaufwaffe (Baskülverschluss)
Verriegelung:	Laufhaken, verstärkt
Abzug:	Doppelabzug, vorderer Abzug mit Rückstecher
Gesamtgewicht:	2,6–3,2 kg
Gesamtlänge:	103 cm
Lauflänge:	60 cm ($23\frac{5}{8}$")
Hülsenentfernung:	Auszieher

Choke: entfällt, da gezogene Läufe (Büchse)
Visierung: Büchsenvisier, mit Vorrichtung zur Zielfernrohrmontage
Sicherung: automatische Sicherung, Handspannschieber

MERKMALE

- Material: Stahl
- Finish: Laufbündel brüniert; Systemkasten unbehandelt, mit gravierten Seitenplatten, nach Wahl (Jagdmotive)
- Schaft: besonders ausgesuchtes Nussbaumholz, mit Pistolengriff und Backe

Erhältliche Kaliber (oberer Lauf): .17 Rem.; .22 Hornet; .222 Rem.; .222 Rem. Mag.; 5,6x50R Mag.; 5,6x52R; erhältliche Kaliber (unterer Lauf): 5,6x50R Mag.; 5,6x52R; 6x62R Frères; .243 Win.; .25-06; 6,5x57R; 6,5x65R; .270 Win.; 7x57R; 7x65R; .308 Win.; .30-06; .30R Blaser; 8x57JRS; 8x75RS; 9,3x74R.
Die Waffe ist mit unterschiedlich gravierten Seitenplatten erhältlich, ihr Schaft ist teilweise aus besonders schön gemasertem Nussbaumwurzelholz.

Blaser Bergstutzen B 860/88

TECHNISCHE DATEN

Kaliber: siehe nachfolgend
Kammerlänge: s. Hülsenlänge (da Büchse)
Anzahl der Läufe: 2 Büchsenläufe in unterschiedlichen Kalibern übereinander (Bergstutzen)
System: Kipplaufwaffe (Baskülverschluss)
Verriegelung: Laufhaken, verstärkt
Abzug: Doppelabzug, vord. Abzug mit Rückstecher
Gesamtgewicht: 3,2–3,6 kg
Gesamtlänge: 103 cm
Lauflänge: 60 cm ($23\frac{5}{8}$")
Hülsenentfernung: Auszieher
Choke: entfällt, da gezogene Läufe (Büchse)
Visierung: Büchsenvisier, mit Vorrichtung zur Zielfernrohrmontage
Sicherung: automatische Sicherung, Handspannschieber

MERKMALE

- Material: Stahl
- Finish: Laufbündel brüniert; Systemkasten unbehandelt, mit gravierten Seitenplatten, nach Wahl (Jagdmotive)
- Schaft: besonders ausgesuchtes Nussbaumholz, mit Pistolengriff und Backe

Erhältliche Kaliber (oberer Lauf): .222 Rem.; .222 Rem. Mag.; 5,6x50R Mag.; 5,6x52R; 6x62R Frères; .243 Win.; 6,5x57R; 7x65R; 7 mm Rem. Mag.; .30-06; .300 Win. Mag.; 8x75 RS; erhältliche Kaliber (unterer Lauf): 7x65R; 7 mm Rem. Mag.; .30-06; .30R Blaser; .300 Win. Mag.; .300 Weatherby Mag.; 8x68S; 8x75 RS; .375 H&H Mag.; 9,3x62; 9,3x64; 9,3x74R.
Für diese Waffe werden auch Flintenwechselläufe angeboten. Die Waffe ist mit unterschiedlich gravierten Seitenplatten erhältlich.

Blaser Bockdrilling BD 880

TECHNISCHE DATEN

Kaliber:	siehe nachfolgend
Kammerlänge:	siehe nachfolgend
Anzahl der Läufe:	1 Flintenlauf und darunter seitlich versetzt 2 Büchsenläufe in unterschiedlichen Kalibern (Bockdrilling)
System:	Kipplaufwaffe (Baskülverschluss)
Verriegelung:	Laufhaken, verstärkt
Abzug:	Doppelabzug, vorderer Abzug mit Rückstecher
Gesamtgewicht:	3,1 kg
Gesamtlänge:	102 cm
Lauflänge:	60 cm ($23^{5}/_{8}$")
Hülsenentfernung:	Auszieher
Choke:	fest, nach Wahl (Flintenlauf)
Visierung:	Büchsenvisier, mit Vorrichtung zur Zielfernrohrmontage
Sicherung:	automatische Sicherung, Handspannschieber, Laufwahlhebel und Laufwahlindikator

MERKMALE

- Material:	Stahl
- Finish:	Laufbündel brüniert; Systemkasten unbehandelt, mit grav. Seitenplatten, nach Wahl (Arabesken oder Jagdmotive)
- Schaft:	bsd. ausges. Nussbaumholz, mit Pistolengriff und Backe

Erhältliche Flintenkaliber: 16/70; 20/70 oder 20/76; erhältliches Büchsenkaliber (kleinkalibriger Lauf): .22 Hornet; erhältliche Büchsenkaliber (großkalibriger Lauf): .222 Rem.; .222 Rem. Mag.; 5,6x50R Mag.; 5,6x52R; 6x62R Frères; .243 Win.; 6,5x57R; 6,5x65R; .270 Win.; 7x57R; 7x65R; .308 Win.; .30-06; .30R Blaser; 8x57JRS; 8x75RS; 9,3x74R.

Browning

Der legendäre Amerikaner John Moses Browning lebte von 1855 bis 1926. Browning entwickelte ab 1883 die verschiedensten Schusswaffen, teilweise arbeitete er dabei mit Oliver Winchester zusammen. 1898 meldete Browning seine Konstruktion einer ersten halbautomatischen Flinte, des Modells „Automatic-5“, zum Patent an. Browning wollte die Rechte zur Produktion der Waffe an die Firma Winchester verkaufen, aber Winchester lehnte den Kauf ab weil Browning einen zu hohen Preis gefordert hatte und weil die Produktionsmaschinen von Winchester nicht für den Bau der komplizierten Waffe ausreichten. Danach schlug auch John M. Brownings Versuch, die Rechte an der Flinte der Firma Remington zu verkaufen, fehl. So ging Browning schließlich nach Europa und bot seinen Entwurf dort an. Die belgische Firma Fabrique National (FN) mit Sitz in Herstal, die bereits verschiedene Pistolenentwürfe Brownings fertigte, zögerte auch nicht, sein dann sehr erfolgreiches Selbstladeflintenprojekt „Automatic-5“ zu verwirklichen. 1925 entwickelte John Browning dann seine B 25-Bockdoppelflinte, mit dem damals revolutionären Konzept zweier übereinander liegender Läufe. Diese feine Waffe wird heute noch gebaut. Im Jahr der Vorstellung der B 25, 1926, starb John M. Browning überraschend an den Folgen eines im belgischen Liège erlittenen Herzanfalles. Sein Sohn, Val Browning, führte die Arbeiten seines Vaters fort.

Der FN/Browning-Konzern, umfasst heute auch Niederlassungen in den Vereinigten Staaten und in Kanada. Er arbeitet eng mit dem Munitionsgiganten Winchester zusammen und gehört zur Winchester-Gruppe. Neben der berühmten ersten Selbstladepistole mit zweireihigem Magazin, der FN/Browning High Power (HP-35), baut die Firma heute auch andere Pistolen sowie verschiedene beliebte Flinten und auch Büchsen für jagdliche und sportliche Zwecke. Einen Teil seiner Büchsen und Flinten lässt FN/Browning inzwischen in Japan von Miroku fertigen. Die teureren, weiterhin in Belgien und den USA gefertigten Stücke, vor allem die renommierten FN/Browning-Bockdoppelflinten, werden auch mit prachtvollen Gravuren auf den Systemkästen angeboten. 1992 begann man bei Browning die Flintenläufe im Vergleich zu den Kaliberwerten minimal weiter herzustellen. Während etwa reguläre 12er Läufe eine Durchmesser von 18,4 cm haben, haben die Läufe der Flinten von Browning einen Durchmesser von etwa 18,9 cm. Die Firmenentwickler hatten festgestellt, dass ein etwas größerer Laufdurchmesser Vorteile bringt. Einesteils soll die Energie der Schrotgarbe vergrößert werden, weil die Reibung der Schrote an der Laufwandung etwas verringert wird, andernteils soll es wegen der minimal geringeren Tendenz zur Deformation der Schrote im Lauf bei Schuss zu weniger auswandernden Randschroten kommen.

Browning Modell Anson

TECHNISCHE DATEN

Kaliber:	12
Kammerlänge:	$2^{3}/_{4}$" (70 mm)

Anzahl der Läufe:	Doppelflinte (Querflinte)
System:	Kipplaufwaffe (Baskülverschluss)
Verriegelung:	Laufhaken
Abzug:	Doppelabzug
Gesamtgewicht:	3 kg
Gesamtlänge:	114,5 cm
Lauflänge:	72 cm (28¾")
Hülsenentfernung:	automatischer Ejektor
Choke:	fest, nach Wahl
Visierung:	Flintenkorn
Sicherung:	Schiebesicherung auf dem Kolbenhals

MERKMALE

- Material:	Stahl
- Finish:	brüniert
- Schaft:	Nussbaumholz, mit gerader, englischer Schäftung

Auf dem Foto ist das Modell Anson 23 abgebildet. Die Waffe ist auch mit Seitenschlossen erhältlich.

Browning Modell Auto-5

TECHNISCHE DATEN

Kaliber:	12 oder 20
Kammerlänge:	2¾" oder 3" (70 oder 76 mm)
Anzahl der Läufe:	Einzellauf
Magazin:	Röhrenmagazin für 2 oder 5 Patronen
System:	halbautomatisch (Rückstoßlader)
Verriegelung:	Vertikalblock
Abzug:	Einzelabzug
Gesamtgewicht:	2,9–4 kg
Gesamtlänge:	105,5–130,2 cm
Lauflänge:	56–76 cm (22"–30")
Hülsenentfernung:	Repetierauszieher
Choke:	Invector plus Choke
Visierung:	Flintenkorn, ventilierte Schiene
Sicherung:	Druckknopfsicherung hinten am Abzugsbügel

MERKMALE

- Material:	Stahl
- Finish:	brüniert
- Schaft:	Nussbaumholz oder schwarzer Kunststoff, mit Pistolengriff

Browning Modell B 25 Hunter

TECHNISCHE DATEN

Kaliber:	12
Kammerlänge:	2¾" (70 mm)
Anzahl der Läufe:	Bockdoppelflinte
System:	Kipplaufwaffe (Baskülverschluss)
Verriegelung:	Laufhaken
Abzug:	Einabzug
Gesamtgewicht:	3,4 kg
Gesamtlänge:	115 cm
Lauflänge:	71 cm (28")
Hülsenentfernung:	automatischer Ejektor
Choke:	fest, nach Wahl
Visierung:	Flintenkorn, 6 mm breite, ventilierte Schiene
Sicherung:	Schiebesicherung auf dem Kolbenhals

MERKMALE

- Material:	Stahl
- Finish:	Läufe brüniert, Systemkasten graviert (keine Seitenschlosse)
- Schaft:	Nussbaumholz, mit Pistolengriff

Browning Modell B 25 Sporting

TECHNISCHE DATEN

Kaliber:	12
Kammerlänge:	2¾" (70 mm)
Anzahl der Läufe:	Bockdoppelflinte
System:	Kipplaufwaffe (Baskülverschluss)
Verriegelung:	Laufhaken
Abzug:	Einabzug
Gesamtgewicht:	3,45 kg
Gesamtlänge:	120 cm
Lauflänge:	76 cm (30")
Hülsenentfernung:	automatischer Ejektor
Choke:	fest, nach Wahl
Visierung:	Flintenkorn, 8 mm breite, ventilierte Schiene

Sicherung:	Schiebesicherung auf dem Kolbenhals, Laufwahlschieber

MERKMALE

- Material:	Stahl
- Finish:	Läufe brüniert, Systemkasten unbehandelt und graviert
- Schaft:	Nussbaumholz, mit Pistolengriff

Andere Modelle aus der B 25-Sportflintenserie sind die B 25 Sporting 205 mit 71 cm (28") langem Lauf, die 207 mit 76 cm (30") und die 208 mit 81 cm langem (32")-Lauf.

Browning Modell B 25 Trap Special

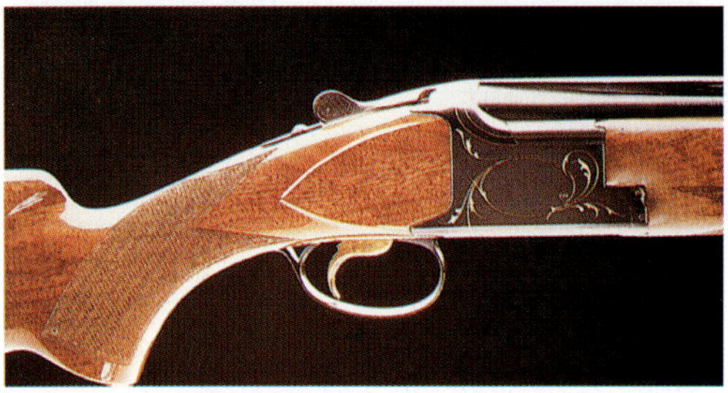

TECHNISCHE DATEN

Kaliber:	12
Kammerlänge:	2 3/4" (70 mm)
Anzahl der Läufe:	Bockdoppelflinte
System:	Kipplaufwaffe (Baskülverschluss)
Verriegelung:	Laufhaken
Abzug:	Einabzug
Gesamtgewicht:	3,54 kg
Gesamtlänge:	120 cm
Lauflänge:	76 cm (30")
Hülsenentfernung:	automatischer Ejektor
Choke:	Trap-Choke
Visierung:	Flintenkorn, 16 mm breite, ventilierte Schiene
Sicherung:	Schiebesicherung auf dem Kolbenhals, Laufwahlschieber

MERKMALE

- Material:	Stahl
- Finish:	Läufe brüniert, Systemkasten unbehandelt und graviert
- Schaft:	Nussbaumholz, mit Pistolengriff

Browning Modell B 125 Hunter

TECHNISCHE DATEN

Kaliber:	12
Kammerlänge:	2 3/4" (70 mm)
Anzahl der Läufe:	Bockdoppelflinte
System:	Kipplaufwaffe (Baskülverschluss)
Verriegelung:	Laufhaken
Abzug:	Einabzug
Gesamtgewicht:	3,25 oder 3,3 kg
Gesamtlänge:	119 oder 124 cm

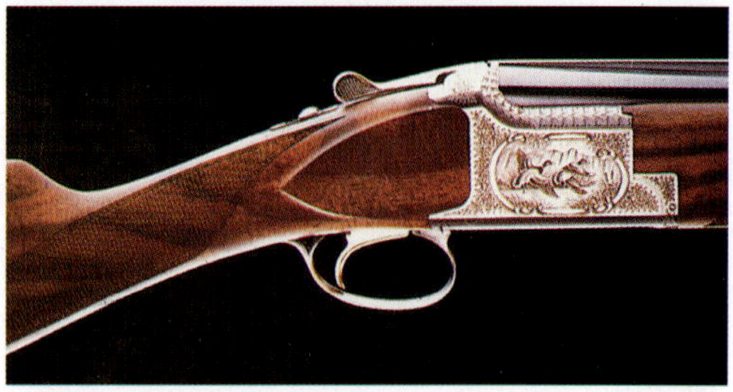

Lauflänge:	71 oder 76 cm (28" oder 30")
Hülsenentfernung:	automatischer Ejektor
Choke:	fest, nach Wahl
Visierung:	Flintenkorn, 12 mm breite, ventilierte Schiene
Sicherung:	Schiebesicherung auf dem Kolbenhals

MERKMALE

- Material:	Stahl
- Finish:	Läufe brüniert, Systemkasten unbehandelt, teils unterschiedlich graviert
- Schaft:	Nussbaumholz, mit Pistolengriff oder mit gerader, englischer Schäftung

Aus der B 125-Flintenserie gibt es die verschiedensten Modelle, etwa die Flinten B 125 Double Sporting, Special Sporting Europe, Superlight und Trap F1.

Browning Modell B 127 Hunter

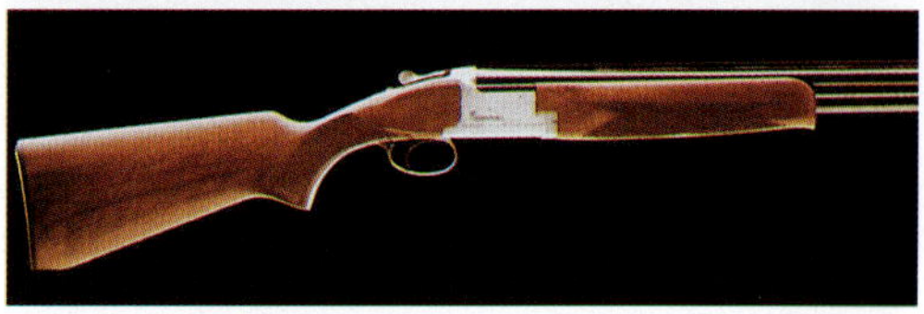

TECHNISCHE DATEN

Kaliber:	12
Kammerlänge:	2 3/4" (70 mm)
Anzahl der Läufe:	Bockdoppelflinte
System:	Kipplaufwaffe (Baskülverschluss)
Verriegelung:	Laufhaken
Abzug:	Einabzug
Gesamtgewicht:	3,1 kg
Gesamtlänge:	119 oder 124 cm
Lauflänge:	71 oder 76 cm (28" oder 30")
Hülsenentfernung:	automatischer Ejektor
Choke:	1/4- u. 3/4- oder 1/2- u. Voll-Choke
Visierung:	Flintenkorn, 7 mm breite, ventilierte Schiene
Sicherung:	Schiebesicherung auf dem Kolbenhals, Laufwahlschieber

MERKMALE

- Material:	Stahl, Systemkasten aus Aluminium
- Finish:	Läufe brüniert, Systemkasten unbehandelt
- Schaft:	Nussbaumholz, mit Pistolengriff

Browning Modell B 325

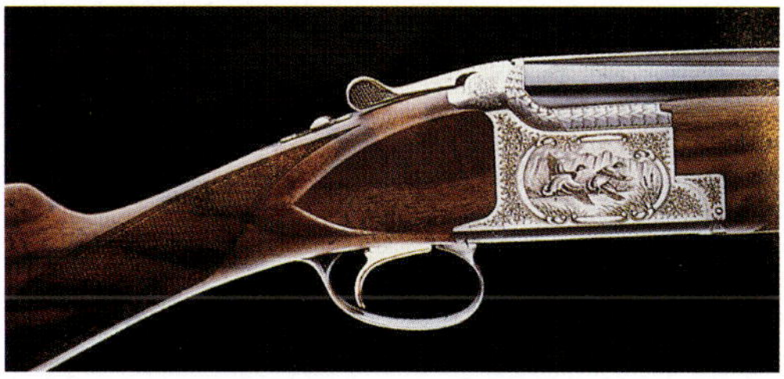

TECHNISCHE DATEN

Kaliber: 12 oder 20
Kammerlänge: 2 3/4" (70 mm)
Anzahl der Läufe: Bockdoppelflinte
System: Kipplaufwaffe (Baskülverschluss)
Verriegelung: Laufhaken
Abzug: Einabzug
Gesamtgewicht: 2,8–3,4 kg
Gesamtlänge: 111 oder 121 cm
Lauflänge: 66 oder 76 cm (26" oder 30")
Hülsenentfernung: automatischer Ejektor
Choke: Invector-Wechselchokeeinsätze
Visierung: Flintenkorn, 6 mm breite, ventilierte Schiene
Sicherung: Schiebesicherung auf dem Kolbenhals, Laufwahlschieber

MERKMALE

- Material: Stahl
- Finish: Läufe brüniert, Systemkasten unbehandelt und leicht graviert
- Schaft: Nussbaumholz, mit Pistolengriff

Browning Modell B 425 Hunter

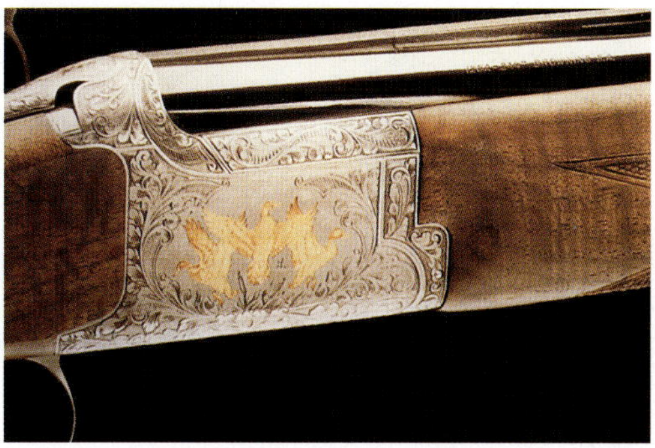

TECHNISCHE DATEN

Kaliber: 12 oder 20
Kammerlänge: 2 3/4" (70 mm) oder 3" (76 mm) bzgl. Kal. 20
Anzahl der Läufe: Bockdoppelflinte
System: Kipplaufwaffe (Baskülverschluss)
Verriegelung: Laufhaken
Abzug: Einabzug
Gesamtgewicht: 2,85–3,1 kg
Gesamtlänge: 110 oder 116 cm
Lauflänge: 66 oder 76 cm (26" oder 30")
Hülsenentfernung: automatischer Ejektor
Choke: fest, nach Wahl, oder Invector-Wechselchokeeinsätze
Visierung: Flintenkorn, 6,2 mm breite, ventilierte Schiene
Sicherung: Schiebesicherung auf dem Kolbenhals

MERKMALE

- Material: Stahl
- Finish: Läufe brüniert, Systemkasten unbehandelt und graviert
- Schaft: Nussbaumholz, mit Pistolengriff

Browning Modell B 425 Sporting Clays

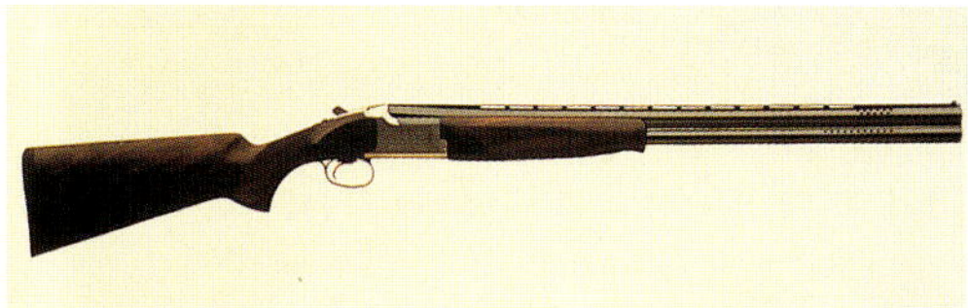

TECHNISCHE DATEN

Kaliber: 12 oder 20
Kammerlänge: 2 3/4" (70 mm)
Anzahl der Läufe: Bockdoppelflinte, Läufe mit Kompensatorbohrungen
System: Kipplaufwaffe (Baskülverschluss)
Verriegelung: Laufhaken
Abzug: Einabzug
Gesamtgewicht: 3,1–3,6 kg
Gesamtlänge: 116 oder 126 cm
Lauflänge: 71 oder 81 cm (28" oder 32")
Hülsenentfernung: automatischer Ejektor
Choke: Invector Plus-Wechselchokeeinsätze
Visierung: Flintenkorn, 10 mm breite, ventilierte Schiene
Sicherung: Schiebesicherung auf dem Kolbenhals, Laufwahlschieber

MERKMALE

- Material: Stahl
- Finish: Läufe brüniert, Systemkasten unbehandelt
- Schaft: Nussbaumholz, mit Pistolengriff

Von diesem Modell gibt es eine spezielle Wettkampfwaffe für Damen, die Flinte B 425-WSSF (Women's Shooting Sports Foundation), die eine besondere Brünierung aufweist.

Browning Modell B 2000

TECHNISCHE DATEN

Kaliber: 12
Kammerlänge: 2 3/4" (70 mm)
Anzahl der Läufe: Einzellauf
Magazin: Röhrenmagazin für 2 oder max. 5 Patronen
System: halbautomatisch (Gasdrucklader)
Verriegelung: Vertikalblock
Abzug: Einzelabzug
Gesamtgewicht: 3,1–3,5 kg
Gesamtlänge: 123–138 cm
Lauflänge: 66–81 cm (26"–32")
Hülsenentfernung: Repetierauszieher

Choke:	fest, nach Wahl
Visierung:	Flintenkorn, 6 mm breite, ventilierte Schiene
Sicherung:	Druckknopfsicherung hinten am Abzugsbügel

MERKMALE

- Material:	Stahl
- Finish:	brüniert
- Schaft:	Nussbaumholz, mit Pistolengriff

Das Magazin dieser Waffe wird durch die links am Systemkasten befindliche Ladeöffnung befüllt.

Browning Modell BPS (Browning Pump Shotgun) Hunter

TECHNISCHE DATEN

Kaliber:	10 oder 12
Kammerlänge:	3" oder 3 3/4" (76 oder 89 mm)
Anzahl der Läufe:	Einzellauf
Magazin:	Röhrenmagazin für max. 5 Patronen
System:	Vorderschaftrepetiersystem
Verriegelung:	Vertikalblock
Abzug:	Einzelabzug
Gesamtgewicht:	3,37–4,3 kg
Gesamtlänge:	108–129,6 cm
Lauflänge:	51–76 cm (22"–30")
Hülsenentfernung:	Repetierauszieher
Choke:	Invector-Wechselchokeeinsätze
Visierung:	Flintenkorn, 8 mm breite, ventilierte Schiene
Sicherung:	Schiebesicherung hinten oben auf dem Systemkasten

MERKMALE

- Material:	Stahl
- Finish:	brüniert
- Schaft:	Nussbaumholz, mit Pistolengriff

Browning Modell BPS 28 Hunting

TECHNISCHE DATEN

Kaliber:	28
Kammerlänge:	2 3/4" (70 mm)
Anzahl der Läufe:	Einzellauf
Magazin:	Röhrenmagazin für max. 4 Patronen
System:	Vorderschaftrepetiersystem
Verriegelung:	Vertikalblock
Abzug:	Einzelabzug
Gesamtgewicht:	3,18–3,2 kg
Gesamtlänge:	119–124 cm
Lauflänge:	66 oder 71 cm (26" oder 28")
Hülsenentfernung:	Repetierauszieher
Choke:	Invector-Wechselchokeeinsätze
Visierung:	Flintenkorn, 8 mm breite, ventilierte Schiene
Sicherung:	Schiebesicherung hinten oben auf dem Systemkasten

MERKMALE

- Material:	Stahl
- Finish:	brüniert
- Schaft:	Nussbaumholz, mit Pistolengriff

Browning Modell BPS Stalker

TECHNISCHE DATEN

Kaliber:	12
Kammerlänge:	3" (76 mm)
Anzahl der Läufe:	Einzellauf
Magazin:	Röhrenmagazin für max. 5 Patronen
System:	Vorderschaftrepetiersystem
Verriegelung:	Vertikalblock

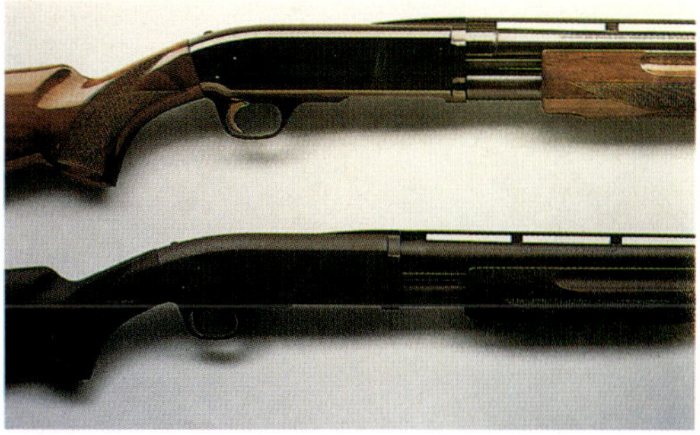

Abzug:	Einzelabzug
Gesamtgewicht:	3,37–3,51 kg
Gesamtlänge:	108–129 cm
Lauflänge:	51–76 cm (22"–30")
Hülsenentfernung:	Repetierauszieher
Choke:	Invector-Wechselchokeeinsätze
Visierung:	Flintenkorn, ventilierte Schiene
Sicherung:	Schiebesicherung hinten oben auf dem Systemkasten

MERKMALE

- Material:	Stahl
- Finish:	mattschwarz brüniert
- Schaft:	Kunststoffschaft, schwarz, mit Pistolengriff

Auf dem Foto ist oben das Modell BPS Hunter und unten die Pump-Flinte BPS Stalker abgebildet.
Die besonders robuste Stalker-Flinte ist speziell für den Einsatz bei schlechten Witterungsverhältnissen konzipiert.

Browning Modell BPS Trombone

TECHNISCHE DATEN

Kaliber:	12
Kammerlänge:	3" (76 mm)
Anzahl der Läufe:	Einzellauf
Magazin:	Röhrenmagazin für max. 4 Patronen
System:	Vorderschaftrepetiersystem
Verriegelung:	Vertikalblock
Abzug:	Einzelabzug
Gesamtgewicht:	3,2–3,3 kg
Gesamtlänge:	119–124 cm
Lauflänge:	66 oder 71 cm (26" oder 28")
Hülsenentfernung:	Repetierauszieher
Choke:	Invector Plus-Wechselchokeeinsätze
Visierung:	Flintenkorn, 8 mm breite, ventilierte Schiene
Sicherung:	Schiebesicherung hinten oben auf dem Systemkasten

MERKMALE

- Material:	Stahl
- Finish:	brüniert
- Schaft:	Nussbaumholz, mit Pistolengriff

Browning Modell BT 100 Trap

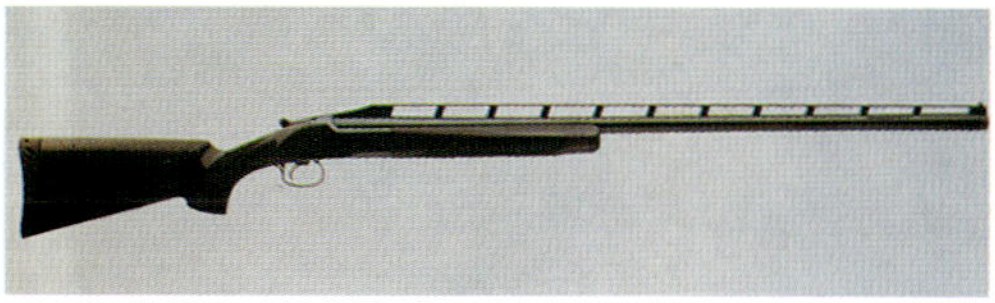

TECHNISCHE DATEN

Kaliber:	12
Kammerlänge:	$2^{3}/_{4}$" (70 mm)
Anzahl der Läufe:	Einzellauf, mit Kompensatorbohrungen
System:	Kipplaufwaffe (Baskülverschluss)
Verriegelung:	Laufhaken
Abzug:	Einabzug
Gesamtgewicht:	3,8–3,9 kg
Gesamtlänge:	123,2–129 cm
Lauflänge:	81–86 cm (32"–34")
Hülsenentfernung:	automatischer Ejektor, abschaltbar
Choke:	Invector Plus-Wechselchokeeinsätze
Visierung:	Flintenkorn, erhöhte, ventilierte Schiene
Sicherung:	Druckknopfsicherung hinten am Abzugsbügel

MERKMALE

- Material:	Stahl
- Finish:	brüniert
- Schaft:	Nussbaumholz, mit Pistolengriff und verstellbarer Backe, Monte-Carlo-Schaft oder Lochschaft

Der Abzugswiderstand des herausnehmbaren Abzugssystems dieser Waffe kann zwischen 1,6 und 2,5 kg eingestellt werden. Im Abzugssystem befindet sich auch ein Wahlhebel zur Abschaltung des automatischen Ejektors. Die BT 100 Trap-Flintenserie beinhaltet auch eine Version aus rostträgem Stainless-Stahl und eine Waffe mit Lochschaft.

Browning Modell Citori

TECHNISCHE DATEN

Kaliber:	12, 20, 28 oder .410
Kammerlänge:	$2^{3}/_{4}$", 3" oder $3^{1}/_{2}$" (70, 76 mm oder 89 mm)
Anzahl der Läufe:	Bockdoppelflinte
System:	Kipplaufwaffe (Baskülverschluss)

Verriegelung: Laufhaken
Abzug: Einabzug
Gesamtgewicht: 2,72–3,97 kg
Gesamtlänge: 104,2–119,4 cm
Lauflänge: 61–76 cm (24"–30")
Hülsenentfernung: automatischer Ejektor
Choke: Invector Plus-Wechselchokeeinsätze
Visierung: Flintenkorn, ventilierte Schiene
Sicherung: Schiebesicherung auf dem Kolbenhals

MERKMALE
- Material: Stahl
- Finish: komplett brüniert oder Läufe brüniert und Systemkasten unbehandelt und graviert
- Schaft: Nussbaumholz, mit Pistolengriff

Aus der Browning Citori-Flintenserie gibt es die verschiedensten Modelle, etwa die Flinten Lightning, High Grade, Ultra Sporting Clays, sowie auch Premiere-Ausführungen wie die Magnum Hunter, Sporting Hunter, Superlight und Upland Special.

Browning Modell Gold 10 Semi-Auto

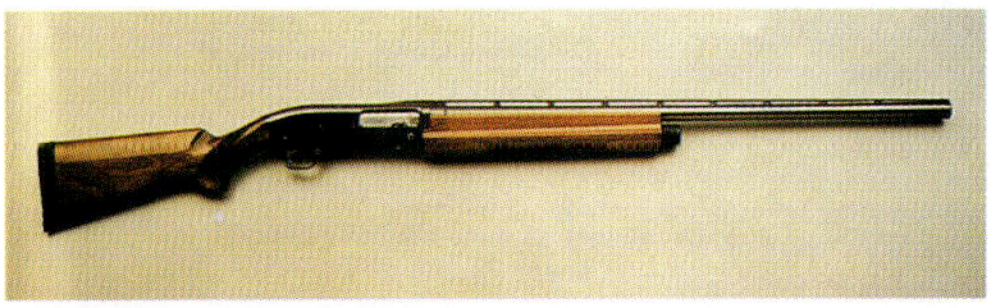

TECHNISCHE DATEN
Kaliber: 10
Kammerlänge: $3^{1}/_{2}$" (89 mm)
Anzahl der Läufe: Einzellauf
Magazin: Röhrenmagazin für 2 oder max. 5 Patronen
System: halbautomatisch (Gasdrucklader)
Verriegelung: Vertikalblock
Abzug: Einzelabzug
Gesamtgewicht: 4,73–4,9 kg
Gesamtlänge: 122, 127, 132 cm
Lauflänge: 66, 71 oder 76 cm (26", 28" oder 30")
Hülsenentfernung: Repetierauszieher
Choke: Invector Plus-Wechselchokeeinsätze
Visierung: Flintenkorn, ventilierte Schiene
Sicherung: Druckknopfsicherung vorne am Abzugsbügel

MERKMALE
- Material: Stahl
- Finish: brüniert oder matt für die Stalker-Modelle
- Schaft: Nussbaumholz, mit Pistolengriff, oder Kunststoff, schwarz, für die Stalker-Modelle

Die Browning Gold 10-Selbstladeflintenserie gibt es als Hunter- und Stalker-Modelle. Die Stalker-Versionen sind matt brüniert und haben einen schwarzen Kunststoffschaft. Sie sind besonders in den USA sehr beliebte Jagdwaffen.

Browning Modell Gold 12 und 20 Hunter/ Stalker/Deer Hunter/Sporting Clays

TECHNISCHE DATEN
Kaliber: 12 oder 20
Kammerlänge: $2^{3}/_{4}$", 3" oder $3^{1}/_{2}$" (70, 76 oder 89 mm)
Anzahl der Läufe: Einzellauf
Magazin: Röhrenmagazin für 2 oder max. 4 Patronen
System: halbautomatisch (Gasdrucklader)
Verriegelung: Vertikalblock
Abzug: Einzelabzug
Gesamtgewicht: 3,11–4,9 kg
Gesamtlänge: 108–129,6 cm
Lauflänge: 56, 66, 71 oder 76 cm (22", 26", 28" oder 30")
Hülsenentfernung: Repetierauszieher
Choke: Invector Plus-Wechselchokeeinsätze
Visierung: Flintenkorn, ventilierte Schiene
Sicherung: Druckknopfsicherung vorne am Abzugsbügel

MERKMALE
- Material: Stahl, Systemkasten aus Aluminium
- Finish: brüniert oder matt für die Stalker-Modelle
- Schaft: Nussbaumholz, mit Pistolengriff, oder Kunststoff, schwarz, für die Stalker-Modelle

Browning Modell Light Sporting 802 ES

TECHNISCHE DATEN
Kaliber: 12
Kammerlänge: $2^{3}/_{4}$" (70 mm)
Anzahl der Läufe: Bockdoppelflinte
System: Kipplaufwaffe (Baskülverschluss)
Verriegelung: Laufhaken

Abzug:	Einabzug
Gesamtgewicht:	3,4 kg
Gesamtlänge:	114 cm
Lauflänge:	71 cm (28")
Hülsenentfernung:	automatischer Ejektor
Choke:	Invector Plus-Wechselchokeeinsätze
Visierung:	Flintenkorn, 6,2 mm breite, ventilierte Schiene
Sicherung:	Schiebesicherung auf dem Kolbenhals, Laufwahlschieber

MERKMALE

- Material:	Stahl, Systemkasten aus Aluminium
- Finish:	brüniert
- Schaft:	Nussbaumholz, mit Pistolengriff

Zusätzlich zu den Invector Plus-Wechselchokeeinsätzen gibt es für die Läufe dieser Waffe auch Invector Plus 2-Choke-Schraubaufsätze, die die Gesamtlänge der Flinte um etwa 5 cm erhöhen. Soweit auf die Plus 2-Aufsätze noch Plus 4-Aufsätze aufgeschraubt werden erhöht sich die Waffenlänge um insgesamt 10 cm. Die längere Lauflänge gibt der Waffe den Zusatz ES, was für „Extended Swing" steht. Die abgebildete Waffe hat sowohl die Plus 2- als auch die Plus 4-Aufsätze aufgeschraubt.

Browning Modell Special Sporting Clays

TECHNISCHE DATEN

Kaliber:	12
Kammerlänge:	$2^{3}/_{4}$" (70 mm)
Anzahl der Läufe:	Bockdoppelflinte, mit Kompensatorbohrungen
System:	Kipplaufwaffe (Baskülverschluss)
Verriegelung:	Laufhaken
Abzug:	Einabzug
Gesamtgewicht:	3,4–3,6 kg
Gesamtlänge:	109,2–114,3 cm
Lauflänge:	66 oder 71 cm (26" oder 28")
Hülsenentfernung:	automatischer Ejektor
Choke:	Invector Plus-Wechselchokeeinsätze
Visierung:	Flintenkorn, ventilierte Schiene
Sicherung:	Schiebesicherung auf dem Kolbenhals

MERKMALE

- Material:	Stahl
- Finish:	brüniert
- Schaft:	Nussbaumholz, mit Pistolengriff

Browning Modell Ultra Sporter Stainless

TECHNISCHE DATEN

Kaliber:	12
Kammerlänge:	$2^{3}/_{4}$" (70 mm)
Anzahl der Läufe:	Bockdoppelflinte, mit Kompensatorbohrungen
System:	Kipplaufwaffe (Baskülverschluss)
Verriegelung:	Laufhaken
Abzug:	Einabzug
Gesamtgewicht:	3,6–3,8 kg
Gesamtlänge:	114,3–124,5 cm
Lauflänge:	71, 76 oder 81 cm (28", 30" oder 32")
Hülsenentfernung:	automatischer Ejektor
Choke:	Invector Plus-Wechselchokeeinsätze
Visierung:	Flintenkorn, ventilierte Schiene
Sicherung:	Schiebesicherung auf dem Kolbenhals

MERKMALE

- Material:	Stahl, Systemkasten aus rostträgem Stainless-Stahl
- Finish:	brüniert, Systemkasten unbehandelt
- Schaft:	Nussbaumholz, mit Pistolengriff

Diese Waffe ist als Modell Ultra Skeet, Ultra Sport und Ultra Sporter auch in komplett brünierten Versionen erhältlich.

Chapuis

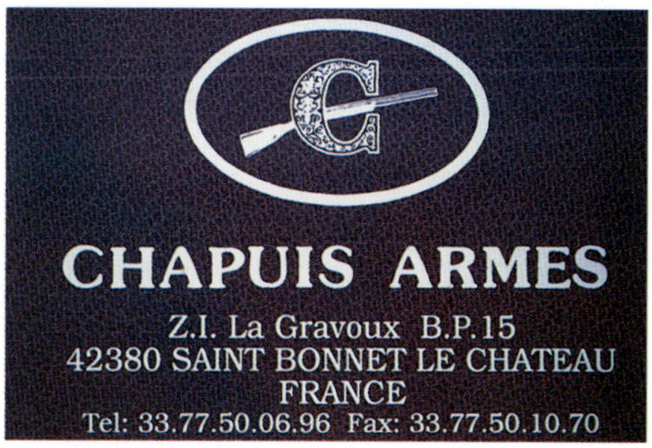

Die französische Stadt St. Étienne war lange Zeit ein Zentrum der Waffenindustrie in Frankreich. Während des 18. und 19. Jh. begann sich in der umliegenden Gegend bezüglich der Lieferung von Waffenteilen nach St. Étienne eine regelrechte Heimarbeitindustrie zu entwickeln. Man stellte in Heimarbeit vor allem Rohläufe und Rohbaskülen her, die dann in den großen Waffenfabriken Saint-Étiennes endgefertigt wurden. André Chapuis aus dem kleinen, an der Loire gelegenen Dorf Saint-

Bonnet-le-Château war Ende des 19. Jh. einer dieser Heimarbeits-Büchsenmacher. Chapuis' Spezialität war der Bau von Läufen und Systemen. Da schließlich auch sein Sohn Jean in der Waffenindustrie tätig werden wollte, beschlossen Vater und Sohn, einen eigenen kleinen Familienbetrieb zu begründen und in Handarbeit komplette Waffen zu bauen. Sie fertigten v. a. Jagdflinten und -büchsen. Nachdem die Produktion während des Zweiten Weltkrieges hatte gestoppt werden müssen, nahm man nach 1945 die Arbeit sofort wieder auf. Unter Leitung des heutigen Chefs, René Chapuis, hat sich die Firma inzwischen besonders auf dem Gebiet der Kipplaufflinten und -büchsen einen sehr guten Namen gemacht.

Chapuis Modell Alfa R Alfa

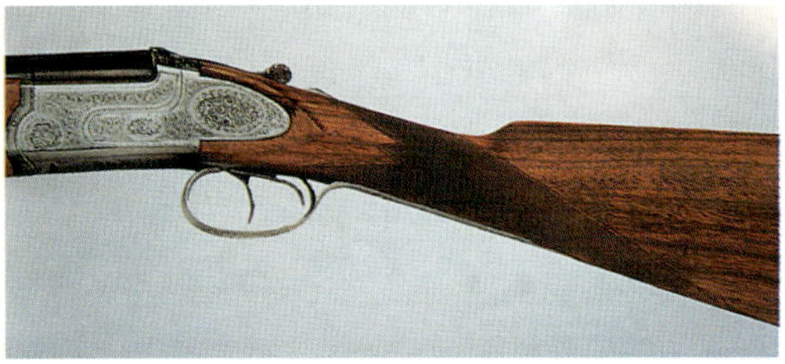

TECHNISCHE DATEN

Kaliber:	12 oder 16
Kammerlänge:	$2^3/_4$" (70 mm)
Anzahl der Läufe:	Bockdoppelflinte
System:	Kipplaufwaffe (Baskülverschluss)
Verriegelung:	Laufhaken
Abzug:	Doppelabzug
Gesamtgewicht:	2,85 kg
Gesamtlänge:	113 cm
Lauflänge:	70 cm ($27^1/_2$")
Hülsenentfernung:	automatischer Ejektor
Choke:	$^3/_4$- u. $^1/_4$- oder $^1/_2$- u. Zylinder-Choke
Visierung:	Flintenkorn, ventilierte Schiene
Sicherung:	Schiebesicherung auf dem Kolbenhals

MERKMALE

- Material:	Stahl
- Finish:	brüniert, Systemkasten unbehandelt und graviert
- Schaft:	Nussbaumholz, mit gerader, englischer Schäftung

Chapuis Modell Alfa UG Alfa

TECHNISCHE DATEN

Kaliber:	12 oder 16
Kammerlänge:	$2^3/_4$" (70 mm)
Anzahl der Läufe:	Bockdoppelflinte
System:	Kipplaufwaffe (Baskülverschluss)
Verriegelung:	Laufhaken
Abzug:	Doppelabzug
Gesamtgewicht:	2,55–2,9 kg

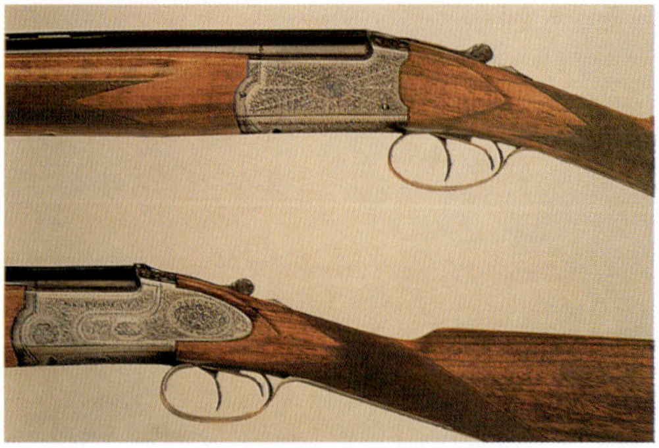

Gesamtlänge:	103–113 cm
Lauflänge:	60–70 cm ($23^5/_8$" oder $27^1/_2$")
Hülsenentfernung:	RG Alfa: autom. Ejektor; UG Alfa: Auszieher
Choke:	fest, nach Wahl
Visierung:	Flintenkorn, ventilierte Schiene
Sicherung:	Schiebesicherung auf dem Kolbenhals

MERKMALE

- Material:	Stahl
- Finish:	brüniert, Systemkasten unbehandelt und graviert
- Schaft:	Nussbaumholz, mit gerader, englischer Schäftung

Auf dem Foto ist oben das Modell Chapuis UG Alfa und unten das Modell RG Alfa abgebildet.

Chapius Modell Prestige Double-Express

TECHNISCHE DATEN

Kaliber:	7x65R; 8x57JRS; 9,3x74R
Kammerlänge:	s. Hülsenlänge (da Büchse)
Anzahl der Läufe:	Doppelbüchse (2 Büchsenläufe nebeneinander)

System:	Kipplaufwaffe (Baskülverschluss)
Verriegelung:	doppelte Laufhaken
Abzug:	Doppelabzug
Gesamtgewicht:	3,2 kg
Gesamtlänge:	102,5 cm
Lauflänge:	60 cm (23⅝")
Hülsenentfernung:	automatischer Ejektor
Choke:	entfällt, da gezogene Läufe (Büchse)
Visierung:	Büchsenvisier, mit Prismaschiene zur Zielfernrohrmontage
Sicherung:	Schiebesicherung am Kolbenhals

MERKMALE

- Material:	Stahl
- Finish:	Laufbündel brüniert; Systemkasten unbehandelt, mit gravierten Seitenplatten (Jagdmotive)
- Schaft:	ausgesuchtes Nussbaumholz, mit Pistolengriff und Backe oder mit gerader, englischer Schäftung

Diese feine Waffe wird mit einen Zeiss-Zielfernrohr 1,5–6x42 und einem Wechsellauf in den Flintenkalibern 12 oder 20 in einem edlen Lederkoffer ausgeliefert.

Chapuis Modell Prestige Progress H&H Seitenschlosse

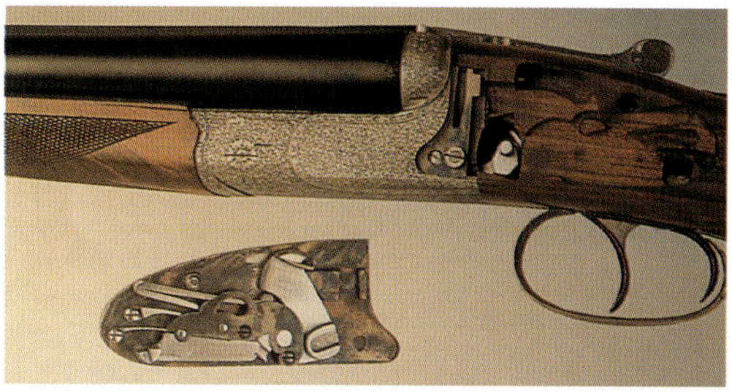

TECHNISCHE DATEN

Kaliber:	12 oder 20
Kammerlänge:	2¾" (70 mm)
Anzahl der Läufe:	Doppelflinte (Querflinte)
System:	Kipplaufwaffe (Baskülverschluss)
Verriegelung:	doppelte Laufhaken
Abzug:	Doppelabzug
Gesamtgewicht:	2,7–2,9 kg
Gesamtlänge:	121 cm
Lauflänge:	70 cm (27½")
Hülsenentfernung:	nach Wahl
Choke:	¾- u. ¼-Choke oder fest, nach Wahl
Visierung:	Flintenkorn
Sicherung:	Schiebesicherung auf dem Kolbenhals

MERKMALE

- Material:	Stahl
- Finish:	brüniert, Systemkasten und abnehmbare Seitenschlossplatten unbehandelt und graviert
- Schaft:	besonders ausgesuchtes Nussbaumholz, mit gerader, englischer Schäftung

Chapuis Modell Progress Double-Express

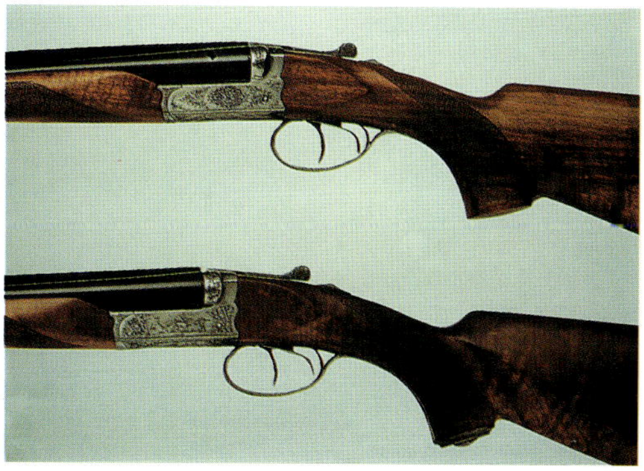

TECHNISCHE DATEN

Kaliber:	7x65R; 8x57JRS; 9,3x74R
Kammerlänge:	s. Hülsenlänge (da Büchse)
Anzahl der Läufe:	Doppelbüchse (2 Büchsenläufe nebeneinander)
System:	Kipplaufwaffe (Baskülverschluss)
Verriegelung:	doppelte Laufhaken
Abzug:	Doppelabzug
Gesamtgewicht:	3,2 kg
Gesamtlänge:	102,5 cm
Lauflänge:	60 cm (23⅝")
Hülsenentfernung:	automatischer Ejektor oder Auszieher
Choke:	entfällt, da gezogene Läufe (Büchse)
Visierung:	Büchsenvisier
Sicherung:	Schiebesicherung am Kolbenhals

MERKMALE

- Material:	Stahl
- Finish:	Laufbündel brüniert; Systemkasten unbehandelt und graviert
- Schaft:	Nussbaumholz, mit Pistolengriff und Backe

Auf dem Foto ist oben das Modell UG Express mit Auszieher und unten das Modell RG Express mit automatischen Ejektoren abgebildet.

Chapuis Modell Progress HG

TECHNISCHE DATEN

Kaliber:	12, 16 oder 20
Kammerlänge:	2¾" oder 3" (70 oder 76 mm)

Anzahl der Läufe: Doppelflinte (Querflinte)
System: Kipplaufwaffe (Baskülverschluss)
Verriegelung: doppelte Laufhaken
Abzug: Doppelabzug
Gesamtgewicht: 2,8 oder 2,9 kg
Gesamtlänge: 112 cm
Lauflänge: 70 cm (27½")
Hülsenentfernung: nach Wahl
Choke: ¾- u. ¼-Choke
Visierung: Flintenkorn
Sicherung: Schiebesicherung auf dem Kolbenhals

MERKMALE
- Material: Stahl
- Finish: brüniert, Systemkasten unbehandelt und graviert
- Schaft: Nussbaumholz, mit gerader, englischer Schäftung

Chapuis Modell Progress HG Deluxe

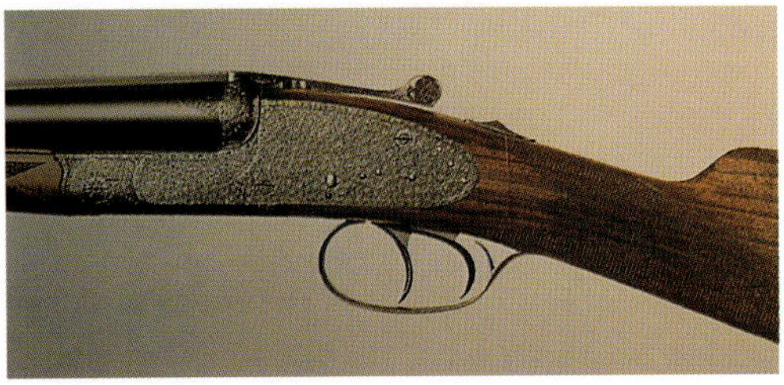

TECHNISCHE DATEN
Kaliber: 12
Kammerlänge: 2¾" (70 mm)
Anzahl der Läufe: Doppelflinte (Querflinte)
System: Kipplaufwaffe (Baskülverschluss)
Verriegelung: doppelte Laufhaken
Abzug: Doppelabzug
Gesamtgewicht: 2,55 kg
Gesamtlänge: 113 cm
Lauflänge: 60 cm (23⅝")
Hülsenentfernung: automatischer Ejektor
Choke: ¼- u. ½- oder Zylinder- und ½-Choke
Visierung: Flintenkorn
Sicherung: Schiebesicherung auf dem Kolbenhals

MERKMALE
- Material: Stahl
- Finish: brüniert, Systemkasten unbehandelt und graviert
- Schaft: ausges. Nussbaumholz, mit gerader, englischer Schäftung

Chapuis Modell Progress RGP Mixte

TECHNISCHE DATEN
Kaliber: siehe unten
Kammerlänge: Flintenlauf: 3" (76 mm)
Anzahl der Läufe: Büchsflinte (Büchsen- u. Flintenlauf nebeneinander)
System: Kipplaufwaffe (Baskülverschluss)
Verriegelung: doppelte Laufhaken
Abzug: Doppelabzug

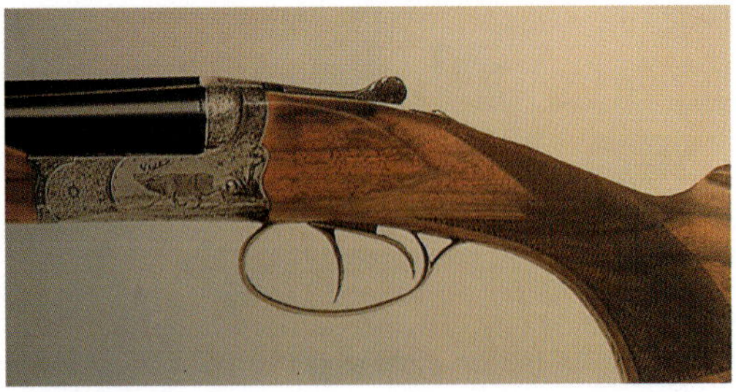

Gesamtgewicht: 3,2 kg
Gesamtlänge: 113 cm
Lauflänge: 60 cm (23⅝")
Hülsenentfernung: Auszieher
Choke: zylindrisch (Flintenlauf)
Visierung: Büchsenvisier
Sicherung: Schiebesicherung am Kolbenhals

MERKMALE
- Material: Stahl
- Finish: Laufbündel brüniert; Systemkasten unbehandelt und graviert
- Schaft: ausgesuchtes Nussbaumholz, mit Pistolengriff und Backe

Erhältliche Flintenkaliber: 12 oder 20; erhältliche Büchsenkaliber: 6,5x57R; 7x65R; 8x57JRS; 9,3x74R.

Colt's Manufacturing Company Inc.

Die weltbekannte Firma Colt hat ihren Sitz in Hartford, Connecticut, an der Ostküste der Vereinigten Staaten. Colt baut bereits seit mehr als 160 Jahren Waffen, zunächst nur Revolver, seit Beginn dieses Jahrhunderts auch Gewehre und Selbstladepistolen. 1911 brachte die Firma ihre berühmte halbautomatische Selbstladepistole Colt Modell 1911 im Kaliber .45 ACP auf den Markt, die John M. Browning entwickelt hatte. An Gewehren produzierte Colt im Laufe der Jahre unter anderem das Modell „Colteer", einen Sattelkarabiner im Kaliber .22 l.r. Auch baute Colt anfänglich eine Pump-Action-Flinte, das Modell „Standard". Zwar sind die meisten Langwaffen von Colt, weil nicht mehr gebaut, inzwischen zu reinen Sammlerwaffen geworden, mit dem militärischen Selbstlade-Sturmgewehr Colt M-16 und seinen nachfolgenden Zivilversionen, die unter dem Namen AR-15 vermarktet wurden, hat die Firma dann aber einen wahren Siegeszug angetreten. Insgesamt baute Colt fast 3,5 Millionen M-16/AR-15-Gewehre. 1995 brachte die Colt's Manufacturing

Company schließlich wieder eine Bockdoppelflinte auf den Markt, das Modell „Armsmear".

Colt Modell Armsmear

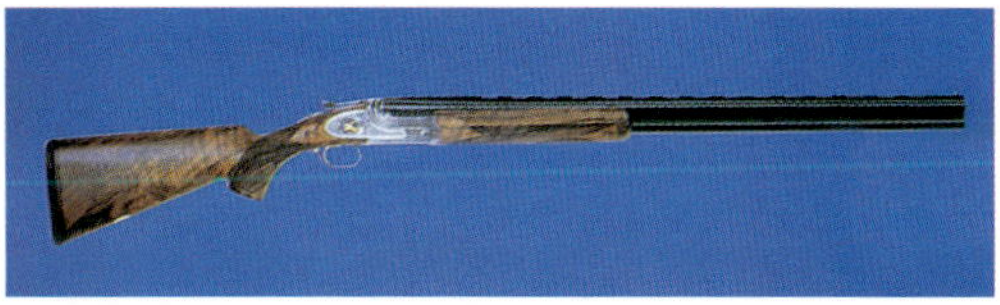

TECHNISCHE DATEN

Kaliber:	12
Kammerlänge:	$2^{3}/_{4}$" (70 mm)
Anzahl der Läufe:	Bockdoppelflinte
System:	Kipplaufwaffe (Baskülverschluss)
Verriegelung:	Laufhaken
Abzug:	Einabzug
Gesamtgewicht:	2,8 kg
Gesamtlänge:	113 oder 118 cm
Lauflänge:	71 oder 76 cm (28" oder 30")
Hülsenentfernung:	automatischer Ejektor
Choke:	Wechselchokeeinsätze
Visierung:	Flintenkorn, ventilierte Schiene
Sicherung:	Schiebesicherung auf dem Kolbenhals

MERKMALE

- Material:	Stahl
- Finish:	Läufe brüniert; CS 1000: Systemkasten unbehandelt und graviert (Jagdmotive); CS 2000: Systemkasten unbehandelt und reich graviert mit Goldeinlagen
- Schaft:	europäisches Nussbaumholz, mit Pistolengriff

Cosmi Americo & Figlio

Die italienische Waffenfirma Cosmi aus Ancona produziert Flinten, die technisch äußerst interessant sind. Der Firmengründer ist Ditta Cosmi, der seine Unternehmen bereits 1930 aus der Taufe hob.

Im Vorderschaft der Cosmi-Flinte ist ein Röhrenmagazin untergebracht, das durch eine an der Unterseite des Systemkastens befindliche Ladeöffnung geladen wird. Beim Selbstladerepetiervorgang läuft nicht nur der Verschluss zurück, sondern, auf speziellen Schienen im Baskülenbereich geführt, auch der Lauf. Die Waffe wird mit einem Spanngreifer durchgeladen und gespannt. Der halb-automatische Verschlussmechanismus basiert auf einem Inertia-Blockverschluss. Als technische Besonderheit kann der vordere Waffenteil abgekippt werden, die Flinte ist also quasi gleichzeitig Selbstlade- und Kipplaufwaffe. Der Kippmechanismus verriegelt nach dem englischen Westley-Richards-System.

Cosmi baut alle seine Flinten ausschließlich nach individuellen Kundenwünschen; unter anderem kann der Systemkasten daher auch handgraviert geliefert werden.

Cosmi Semi-Auto

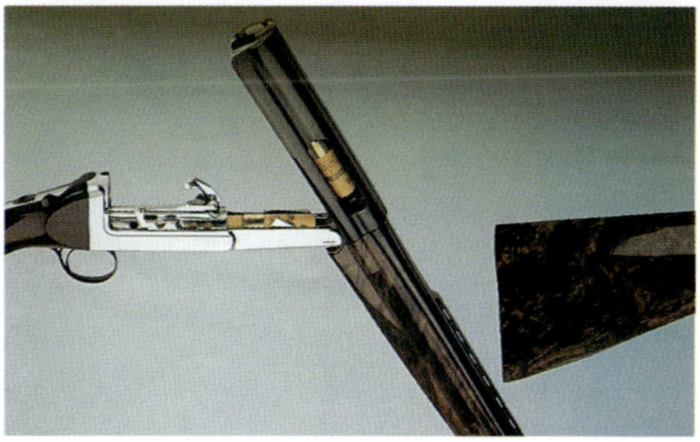

TECHNISCHE DATEN

Kaliber:	12 oder 20
Kammerlänge:	$2^{3}/_{4}$" oder 3" (70 oder 76 mm)
Anzahl der Läufe:	Einzellauf
Magazin:	Röhrenmagazin für 2, 3 oder 8 Patronen
System:	halbautomatisch (zusätzlich: Kipplauf)
Verriegelung:	Inertia-Block mit Rückstoß-Lauf
Abzug:	Einzelabzug
Gesamtgewicht:	ca. 3–3,5 kg
Gesamtlänge:	nach Wahl
Lauflänge:	nach Wahl
Hülsenentfernung:	Repetierauszieher
Choke:	fest, nach Wahl, oder Wechselchokeeinsätze
Visierung:	Flintenkorn, ventilierte Schiene
Sicherung:	Druckknopfsicherung hinten am Abzugsbügel

MERKMALE

- Material:	Stahl, Läufe aus Boehler-Antinit-Stahl
- Finish:	brüniert, Systemkasten vernickelt
- Schaft:	ausgesuchtes Nussbaumholz, mit Pistolengriff oder mit englischer Schäftung

Von dieser Flinte gibt es auch eine Leicht-Version mit Titan-Teilen.

CZ (Brünner)

Die Firma CZ, was abgekürzt für „Ceska Zbrojovka“ steht, hat ihren Sitz nicht, worauf der häufig in Deutschland verwendete Firmenname „Brno“ oder „Brünner“ schließen ließe, im tschechischen Brünn, sondern in Uhersky Brod, einem kleinen Ort in der Nähe von Brünn, am Fuße der Karpaten. Die frühere Tschechoslowakei hat eine lange Tradition im Bau von Schusswaffen. Seit dem Ersten Weltkrieg baute man vornehmlich in den dortigen Firmen Zbrojovka Brno, Ceska Zbrojovka Strakonice und Zavody Skoda auch Militärwaffen. Die erstgenannte, direkt in Brno (Brünn) beheimatete Firma wurde durch die Entwicklung des leichten Maschinengewehres 2-GB-33 bekannt. Bezüglich dieser Waffe verkaufte man eine Produktionslizenz an den englischen Staatsbetrieb Enfield Royal Ordnance Factory, der das Maschinengewehr dann unter dem Namen „Bren Gun“ weltberühmt machte. Die eigentliche Firma CZ entstand im Juli 1936 aus dem Werk CZ Strakonice, was selbst wieder aus der Firma CZ Brno entstanden war. Während des Zweiten Weltkrieges wurde CZ von den deutschen Besatzern in „Böhmische Waffenwerke“ umbenannt; man baute vornehmlich Maschinengewehre für die deutsche Armee. Nach dem Ende des Zweiten Weltkrieges kam die gesamte Region unter russische Kontrolle.

Die neuen kommunistischen Machthaber machten CZ 1947 zum Staatsbetrieb und man produzierte in extremen Stückzahlen insbesondere militärische Kalashnikov-Sturmgewehre. Da die Firma dann vornehmlich Motorräder herstellte, wurde ihr Name etwa 1956 in Ceska Zavody Motocyclove umbenannt. 1958 zog das Unternehmen an seinen jetzigen Sitz in Uhersky Brod. Die Produktpalette an Waffen hat sich seither ständig vergrößert. Seitdem die Firma nun in ihrer jetzigen Form besteht, spezialisiert sie sich auch immer mehr auf den Bau hervorragender Pistolen und jagdlicher Langwaffen.

CZ ist heute einer der weltweit größten Produzenten von Hand- und Faustfeuerwaffen, die Firma exportiert ihre Produkte in mehr als 70 Länder weltweit. Die aktuellen CZ-Verkaufsprodukte bestehen aus Repetierbüchsen aller Kaliber, kombinierten Kipplaufgewehren, Flinten, aus verschiedenen halbautomatischen Selbstladepistolen sowie auch aus Luftdruckwaffen. In der Zeit des Kalten Krieges waren die CZ-Produkte zwar in der westlichen Welt wenig bekannt, inzwischen sind sie aber wegen ihres besonders guten Preis-Leistungsverhältnisses äußerst populär und werden sehr gerne gekauft.

CZ Modell 581

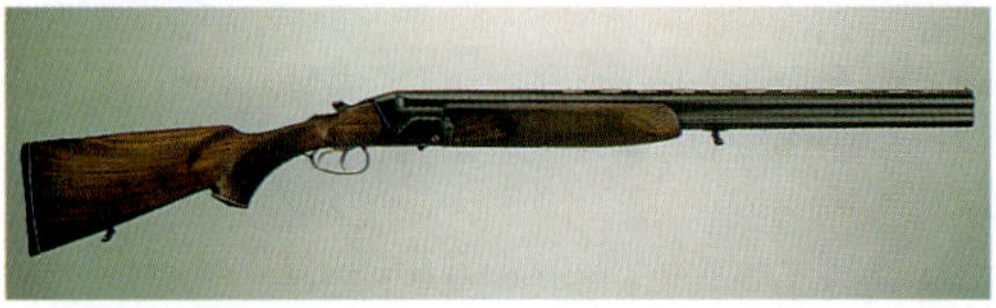

TECHNISCHE DATEN

Kaliber:	12
Kammerlänge:	2³/₄" (70 mm)
Anzahl der Läufe:	Bockdoppelflinte
System:	Kipplaufwaffe (Baskülverschluss)
Verriegelung:	Kerstenverschluss und Laufhaken
Abzug:	Ein- oder Doppelabzug
Gesamtgewicht:	3,9 kg
Gesamtlänge:	115 cm
Lauflänge:	71 cm (28")
Hülsenentfernung:	automatischer Ejektor
Choke:	Wechselchokeeinsätze
Visierung:	Flintenkorn, ventilierte Schiene
Sicherung:	automatische Sicherung; Schiebesicherung auf dem Kolbenhals; Laufwahlschieber; Fallsicherung

MERKMALE

- Material:	Stahl
- Finish:	brüniert
- Schaft:	ausgesuchtes Nussbaumholz, mit Pistolengriff

CZ Modell 584 Bockbüchsflinte

TECHNISCHE DATEN

Kaliber:	siehe unten
Kammerlänge:	Flintenlauf: 2³/₄" (70 mm)
Anzahl der Läufe:	Bockbüchsflinte (Büchsen- u. Flintenlauf übereinander)
System:	Kipplaufwaffe (Baskülverschluss)
Verriegelung:	Kerstenverschluss und Laufhaken
Abzug:	Doppelabzug
Gesamtgewicht:	3,5 kg
Gesamtlänge:	105,5 cm
Lauflänge:	62 cm (24³/₈")

Hülsenentfernung:	Auszieher
Choke:	fest, nach Wahl (Flintenlauf)
Visierung:	Büchsen-Klappvisier
Sicherung:	automatische Sicherung; Schiebesicherung auf dem Kolbenhals; Laufwahlschieber; Fallsicherung

MERKMALE

- Material:	Stahl
- Finish:	brüniert
- Schaft:	ausgesuchtes Nussbaumholz, mit Pistolengriff

Erhältliches Flintenkaliber: 12; erhältliche Büchsenkaliber: .222 Rem.; .223 Rem.; 5,6x52 Savage; .243 Win.; 7x57R; 7x65R; .308 Win.; .30-06; zudem sind auf speziellen Kundenwunsch und verbindliche Vorbestellung weitere Büchsenkaliber lieferbar.

Dakota Arms

Die Firma Dakota Arms Company Inc. ist eine relativ neue und verhältnismäßig kleine amerikanische Waffenfirma. Ihr Gründer, Don Allen, arbeitete bis 1984 als Pilot einer Boing 727 bei der US-Fluggesellschaft Northwest Airlines. Seit 1962 hatte er allerdings bereits in seiner Freizeit auf der Basis des Winchester 70-Systems sehr erfolgreich Custom-Repetierbüchsen gebaut. Nach seiner Pensionierung gründete er 1984 mit seiner Frau zusammen in Sturgis im US-Bundesstaat South Dakota die Firma Dakota Arms.
Der erste Repetierer, den Allen dann in Serie fertigte, war sein Modell Dakota 76, das 1987 vorgestellt wurde. Nachdem Allen dann insgesamt sechs verschiedene Repetierbüchsenmodelle zur Jagd auf mittelschweres bis schweres Wild herausgebracht hatte, stellte er im Herbst 1995 schließlich auch eine traditionelle Doppelflinte vor. Diese Flinte ist von allerhöchster Güte, ihre superbe Herstellungsqualität kann mit der von Waffen von Parker und Fox verglichen werden. Die Doppelflinte wird zusammen mit dem Fachbuch „Game Gun“ des US-Autors Richard S. Grozik in einem edlen Lederkoffer ausgeliefert.
Man kann die American Legend Flinte auch als nummerngleiches Schwesternflintenpaar in den Kalibern 20 und 12 erwerben. Allerdings schlagen die Schwesternflinten dann mit einem Preis von um die 50 000 Dollar zu Buche.

Dakota American Legend 20 Limited Edition Juxtaposé

TECHNISCHE DATEN

Kaliber:	20 (auf Kundenwunsch auch Kal. 12)
Kammerlänge:	$2\frac{3}{4}$" (70 mm)
Anzahl der Läufe:	Doppelflinte (Querflinte)
System:	Kipplaufwaffe (Baskülverschluss)
Verriegelung:	doppelte Laufhaken
Abzug:	Doppelabzug
Gesamtgewicht:	3 kg
Gesamtlänge:	115 cm
Lauflänge:	69 cm ($27\frac{7}{8}$")
Hülsenentfernung:	automatischer Ejektor
Choke:	fest, nach Wahl
Visierung:	Flintenkorn
Sicherung:	Schiebesicherung auf dem Kolbenhals

MERKMALE

- Material:	Stahl
- Finish:	brüniert, Systemkasten unbehandelt und graviert
- Schaft:	besonders ausgesuchtes, englisches Nussbaumholz, mit gerader, englischer Schäftung

Diese Ausnahmeflinte wird in einer dermaßen hohen Qualität hergestellt, dass sie eher ein reines Sammlerstück, als eine Waffe für den täglichen Gebrauch ist. Der Basispreis der Flinte liegt bei 18 000 Dollar, Extras sind jederzeit möglich, ein Pistolengriff kostet etwa 350 Dollar mehr, ein Einabzug 750 Dollar.
Dakota fertigt auch spezielle Custom-Versionen der Waffe nach Kundenwünschen. Zudem wird angenommen, dass die Firma mit noch weiteren Sondereditionen ihrer edlen Flinte herauskommt.

Fabarm

Bei der Firma Fabarm handelt es sich um ein ultramodernes italienisches Unternehmen. Sie hat ihren Sitz in Travagliato in der Region Brescia. Der Firmenname ist von „Fabbrica Bresciana Armi“ abgeleitet. Die Produktpalette des Unternehmens umfasst neben diversen sowohl jagdlichen als auch sportli-

chen Bockdoppelflinten auch hervorragende Querflinten sowohl ohne als auch mit Seitenschlossen. Zudem gibt es Selbstlade- und Vorderschaftrepetierflinten, die, wie das Modell SDASS Riot Gun, teilweise speziell für den polizeilichen Einsatz konzipiert sind. Als Stahl verwendet Fabarm Nickel-Chrom-Molybdän-Stahl. Für die teilweise vorhandenen Leichtmetall-Systemkästen verwendet man Ergal 55-Aluminium. Als Schaftmaterial wird Nussbaumholz verwendet, es sei denn die Waffen haben Kunststoffschäfte. Ein Teil der Fabarm-Flintenläufe ist für die Aufnahme von Wechselchoke-Einsätzen vorbereitet, die es in zylindrisch, $^1/_4$-, $^1/_2$-, $^3/_4$- und Vollchoke gibt. Speziell zur Verwendung von Stahlschroten gibt es Einsätze in $^1/_2$- und Vollchoke. Einige der Flinten der Firma können auch mit einem verstellbaren Multi-Choke-System ausgestattet werden.

Fabarm Beta Europe Field

TECHNISCHE DATEN

Kaliber:	12
Kammerlänge:	$2^3/_4$" (70 mm)
Anzahl der Läufe:	Doppelflinte (Querflinte)
System:	Kipplaufwaffe (Baskülverschluss)
Verriegelung:	doppelte Laufhaken
Abzug:	Ein- oder Doppelabzug
Gesamtgewicht:	2,95 kg
Gesamtlänge:	114 cm
Lauflänge:	71 cm (28")
Hülsenentfernung:	automatischer Ejektor
Choke:	fest, $^3/_4$- u. Vollchoke
Visierung:	Flintenkorn
Sicherung:	Schiebesicherung auf dem Kolbenhals

MERKMALE

- Material:	Stahl
- Finish:	brüniert, Systemkasten und Seitenplatten unbehandelt und graviert (eine Seitenschlosse)
- Schaft:	Nussbaumholz, mit gerader, englischer Schäftung

Fabarm Ellegi Inner-Choke

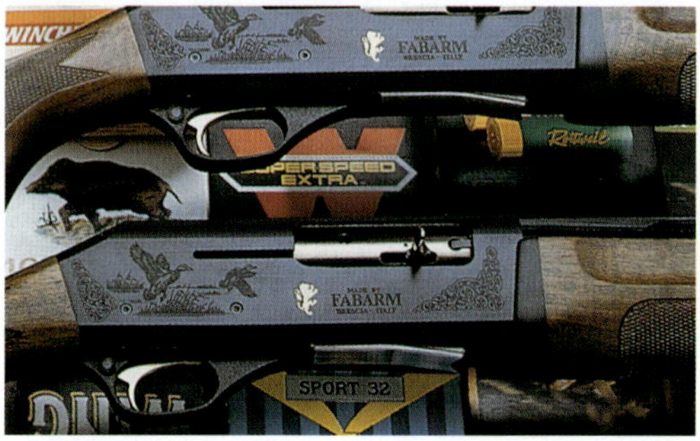

TECHNISCHE DATEN

Kaliber:	12
Kammerlänge:	3" (76 mm)
Anzahl der Läufe:	Einzellauf
Magazin:	Röhrenmagazin für 2 oder 3 Patronen
System:	halbautomatisch (Gasdrucklader)
Verriegelung:	Vertikalblockverschluss
Abzug:	Einzelabzug
Gesamtgewicht:	3,1–3,3 kg
Gesamtlänge:	121, 125 oder 130 cm
Lauflänge:	66, 71 oder 76 cm (26", 28" oder 30")
Hülsenentfernung:	Repetierauszieher
Choke:	Inner-Choke-Set: $^1/_2$-, $^3/_4$- oder Vollchoke
Visierung:	Flintenkorn, ventilierte Schiene
Sicherung:	Druckknopfsicherung hinten am Abzugsbügel

MERKMALE

- Material:	Stahl, Systemkasten aus Aluminium
- Finish:	brüniert
- Schaft:	Nussbaumholz, mit Pistolengriff

Fabarm Euro 3

TECHNISCHE DATEN

Kaliber:	12
Kammerlänge:	3" (76 mm)
Anzahl der Läufe:	Einzellauf
Magazin:	Röhrenmagazin für 2 Patronen
System:	halbautomatisch (Gasdrucklader)
Verriegelung:	Vertikalblockverschluss
Abzug:	Einzelabzug
Gesamtgewicht:	2,75 kg

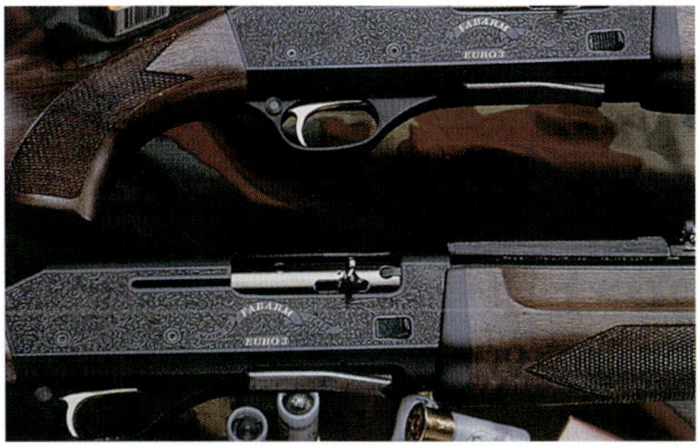

Gesamtlänge:	117 cm
Lauflänge:	62 cm (24 3/8")
Hülsenentfernung:	Repetierauszieher
Choke:	fest, 1/4-Choke
Visierung:	Flintenkorn, ventilierte Schiene
Sicherung:	Druckknopfsicherung hinten am Abzugsbügel

MERKMALE

- Material: Stahl, Systemkasten aus Aluminium
- Finish: brüniert
- Schaft: Nussbaumholz, mit Pistolengriff

Fabarm Gamma Lux Competition Sporting

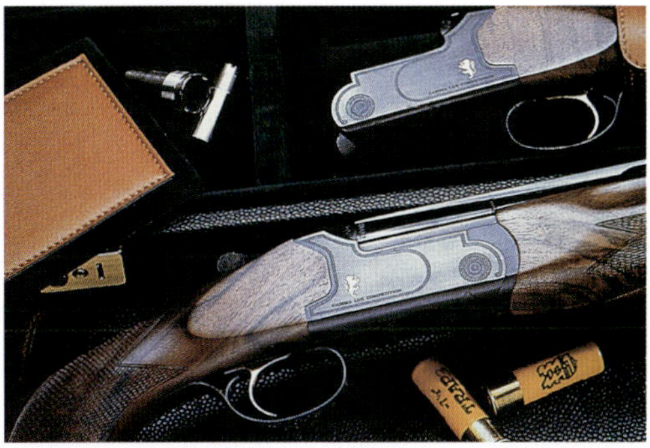

TECHNISCHE DATEN

Kaliber:	12 oder 20
Kammerlänge:	2 3/4" (70 mm), für Kal. 20: 3" (76 mm)
Anzahl der Läufe:	Bockdoppelflinte
System:	Kipplaufwaffe (Baskülverschluss)
Verriegelung:	Laufhaken
Abzug:	Einabzug
Gesamtgewicht:	3,2–3,4 kg
Gesamtlänge:	127, 130, oder 132 cm
Lauflänge:	71, 74 oder 76 cm (28", 29" oder 30")
Hülsenentfernung:	automatischer Ejektor
Choke:	Inner-Choke-Set
Visierung:	Flintenkorn, ventilierte Schiene
Sicherung:	Schiebesicherung auf dem Kolbenhals

MERKMALE

- Material: Stahl
- Finish: brüniert
- Schaft: Nussbaumholz, mit Pistolengriff

Fabarm Gamma Lux Hunter

TECHNISCHE DATEN

Kaliber:	12
Kammerlänge:	2 3/4" (70 mm)
Anzahl der Läufe:	Bockdoppelflinte
System:	Kipplaufwaffe (Baskülverschluss)
Verriegelung:	Laufhaken
Abzug:	Einabzug
Gesamtgewicht:	3,15–3,25 kg
Gesamtlänge:	115 cm
Lauflänge:	71 cm (28")
Hülsenentfernung:	automatischer Ejektor
Choke:	fest, 1/2- u. Voll- oder Inner-Choke-Set
Visierung:	Flintenkorn, ventilierte Schiene
Sicherung:	Schiebesicherung auf dem Kolbenhals

MERKMALE

- Material: Stahl
- Finish: Läufe brüniert, Systemkasten unbehandelt
- Schaft: Nussbaumholz, mit Pistolengriff

Fabarm Gamma Lux Superlight Hunter

TECHNISCHE DATEN

Kaliber:	12 oder 20
Kammerlänge:	2 3/4" (70 mm), für Kal. 20: 3" (76 mm)
Anzahl der Läufe:	Bockdoppelflinte
System:	Kipplaufwaffe (Baskülverschluss)

Verriegelung: Laufhaken
Abzug: Einabzug
Gesamtgewicht: 2,4–2,75 kg
Gesamtlänge: 109 oder 114 cm
Lauflänge: 66 oder 71 cm (26" oder 28")
Hülsenentfernung: automatischer Ejektor
Choke: fest, $^3/_4$- u. $^1/_4$-, $^1/_2$- u. Voll- oder Inner-Choke-Set
Visierung: Flintenkorn, ventilierte Schiene
Sicherung: Schiebesicherung auf dem Kolbenhals

MERKMALE
- Material: Stahl, Systemkasten aus Aluminium
- Finish: Läufe brüniert, Systemkasten unbehandelt
- Schaft: Nussbaumholz, mit Pistolengriff

Fabarm Gamma Max Luxus

TECHNISCHE DATEN
Kaliber: 12 oder 20
Kammerlänge: 2$^3/_4$" (70 mm), für Kal. 20: 3" (76 mm)
Anzahl der Läufe: Bockdoppelflinte
System: Kipplaufwaffe (Baskülverschluss)
Verriegelung: Laufhaken
Abzug: Einabzug
Gesamtgewicht: 3,2–3,4 kg
Gesamtlänge: 127, 130, oder 132 cm
Lauflänge: 71, 74 oder 76 cm (28", 29" oder 30")
Hülsenentfernung: automatischer Ejektor
Choke: Inner-Choke-Set
Visierung: Flintenkorn, ventilierte Schiene
Sicherung: Schiebesicherung auf dem Kolbenhals

MERKMALE
- Material: Stahl
- Finish: brüniert, Systemkasten unbehandelt
- Schaft: ausges. Nussbaumholz, mit Pistolengriff

Fabarm SDASS Police Martial 20 (R2)

TECHNISCHE DATEN
Kaliber: 12
Kammerlänge: 3" (76 mm)
Anzahl der Läufe: Einzellauf
Magazin: Röhrenmagazin für 7 Patronen
System: Vorderschaftrepetiersystem

Verriegelung: Vertikalblockverschluss
Abzug: Einzelabzug
Gesamtgewicht: 2,75 kg
Gesamtlänge: 105 cm
Lauflänge: 50 cm (19$^3/_4$")
Hülsenentfernung: Repetierauszieher
Choke: zylindrisch
Visierung: Flintenkorn
Sicherung: Druckknopfsicherung hinten am Abzugsbügel, Verschlussfanghebel vor dem Abzugsbügel, Verschlusssicherung

MERKMALE
- Material: Stahl, Systemkasten aus Aluminium
- Finish: matt brüniert
- Schaft: schwarzer Kunststoffschaft, mit Pistolengriff

Für diese Waffe gibt es auch eines speziellen Pistolengriffhinterschaft. In einigen europäischen Staaten, etwa in Großbritannien, ist die Fabarm SDASS Police-Pumpflinte aufgrund ihrer geringen Lauflänge und aufgrund ihrer großen Magazinkapazität verboten. In Deutschland kann die Behörde bei Vorlage eines Bedürfnisses eine Erwerbsberechtigung dafür ausstellen; auch kann Sie als Repetierwaffe aufgrund Jagdscheines erworben werden.

FAIR-Techni Mec

Die italienische Firma FAIR-Techni Mec wurde 1971 als Nachfolgeunternehmen der Firma Isidoro

Rizzini & Co. gegründet. Firmensitz ist der kleine Ort Marcheno in der bekannten italienischen Waffenregion Brescia.
Das relativ junge, sehr moderne Unternehmen kann sich daher auf die jahrhundertealte Waffenherstellungstradition der Gegend stützen. Allerdings verwendet FAIR Computer kontrollierte Technik (Cad-Cam) und fortschrittliche CNC-Herstellungsverfahren für den Bau seiner Waffen. Die Basküllen (Systemkästen) der FAIR-Flinten haben je nach Modell entweder silbersatinierte Chromoberflächen, polierte Stahl- oder brünierte Oberflächen. Das nationale italienische Beschussamt in Gardone testet die FAIR-Flinten mit einem Druck von 1200 bar, das heißt die Waffen sind hervorragend für die Verwendung von Stahlschroten geeignet. Die Läufe einiger Modell haben Wechselchoke-Einsatz-Vorrichtungen; das System wird von FAIR Interchoke bezeichnet.

FAIR Imperial II

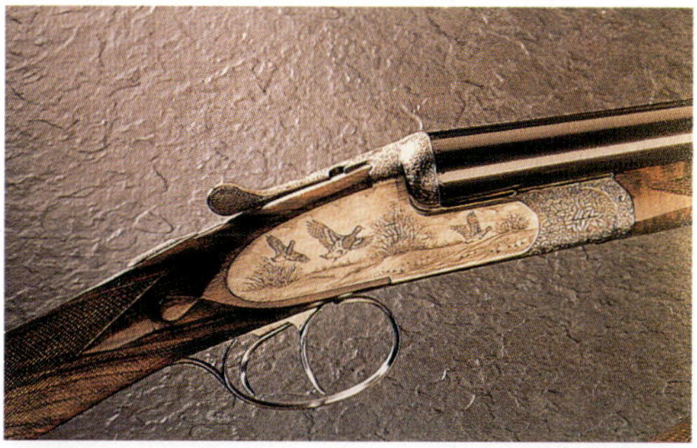

TECHNISCHE DATEN

Kaliber:	12, 20, 28 oder .410
Kammerlänge:	$2^{3}/_{4}$" (70 mm), für Kal. 20: 3" (76 mm)
Anzahl der Läufe:	Doppelflinte (Querflinte)
System:	Kipplaufwaffe (Baskülverschluss)
Verriegelung:	Laufhaken
Abzug:	Doppelabzug
Gesamtgewicht:	2,8–3,2 kg
Gesamtlänge:	112–122 cm
Lauflänge:	66–76 cm (26"–30")
Hülsenentfernung:	automatischer Ejektor
Choke:	fest, nach Wahl
Visierung:	Flintenkorn
Sicherung:	Schiebesicherung auf dem Kolbenhals

MERKMALE

- Material:	Stahl
- Finish:	brüniert, Systemkasten und Seitenplatten unbehandelt und graviert (keine Seitenschlosse)
- Schaft:	ausges. Nussbaumholz, mit gerader, englischer Schäftung

FAIR LX 680

TECHNISCHE DATEN

Kaliber:	12
Kammerlänge:	$2^{3}/_{4}$" (70 mm)
Anzahl der Läufe:	Bockdoppelflinte
System:	Kipplaufwaffe (Baskülverschluss)
Verriegelung:	Laufhaken
Abzug:	Einabzug
Gesamtgewicht:	3,1 kg
Gesamtlänge:	114 cm
Lauflänge:	70 cm ($27^{1}/_{2}$")
Hülsenentfernung:	automatischer Ejektor
Choke:	$^{1}/_{2}$- u. Voll- oder Interchoke
Visierung:	Flintenkorn, 7 mm breite, ventilierte Schiene
Sicherung:	Schiebesicherung auf dem Kolbenhals

MERKMALE

- Material:	Stahl
- Finish:	brüniert, Systemkasten mit silbersatinierter Oberfläche, graviert mit Blumen- und Jagdmotiven
- Schaft:	Nussbaumholz, mit Pistolengriff

FAIR LX 902

TECHNISCHE DATEN

Kaliber:	12 oder 20
Kammerlänge:	$2^{3}/_{4}$" (70 mm), für Kal. 20: 3" (76 mm)
Anzahl der Läufe:	Bockdoppelflinte
System:	Kipplaufwaffe (Baskülverschluss)
Verriegelung:	Laufhaken
Abzug:	Einabzug
Gesamtgewicht:	2,75 oder 3,15 kg
Gesamtlänge:	114 cm
Lauflänge:	68 oder 70 cm ($26^{3}/_{4}$" oder $27^{1}/_{2}$")
Hülsenentfernung:	automatischer Ejektor
Choke:	$^{1}/_{2}$- u. Voll-, $^{1}/_{4}$- u. $^{3}/_{4}$- oder Interchoke
Visierung:	Flintenkorn, 7 mm breite, ventilierte Schiene
Sicherung:	Schiebesicherung auf dem Kolbenhals

MERKMALE

- Material:	Stahl
- Finish:	brüniert, Systemkasten mit silbersatinierter Oberfläche, grav. mit Blumen- und Jagdmotiven, keine Seitenschlosse
- Schaft:	Nussbaumholz, mit gerader, englischer Schäftung

FAIR SRC 622

TECHNISCHE DATEN

Kaliber:	12, 28 oder .410
Kammerlänge:	$2^{3}/_{4}$" oder 3" (70 oder 76 mm)
Anzahl der Läufe:	Bockdoppelflinte
System:	Kipplaufwaffe (Baskülverschluss)
Verriegelung:	Laufhaken
Abzug:	Einabzug
Gesamtgewicht:	2,75 kg
Gesamtlänge:	111 cm
Lauflänge:	68 cm ($26^{3}/_{4}$")
Hülsenentfernung:	automatischer Ejektor
Choke:	$^{1}/_{4}$- u. $^{3}/_{4}$-Choke; Interchoke für Kal. 20
Visierung:	Flintenkorn, 6 mm breite, ventilierte Schiene
Sicherung:	Schiebesicherung auf dem Kolbenhals

MERKMALE

- Material:	Stahl
- Finish:	brüniert, Systemkasten mit silbersatinierter Oberfläche, grav. mit Blumen- und Jagdmotiven, keine Seitenschlosse
- Schaft:	Nussbaumholz, mit Pistolengriff

FAIR SRL 702 Trap

TECHNISCHE DATEN

Kaliber:	12 oder 20 (SRC 702)
Kammerlänge:	$2^{3}/_{4}$" (70 mm)
Anzahl der Läufe:	Bockdoppelflinte
System:	Kipplaufwaffe (Baskülverschluss)
Verriegelung:	Laufhaken
Abzug:	Einabzug
Gesamtgewicht:	3,35 oder 3,7 kg
Gesamtlänge:	118 oder 121 cm
Lauflänge:	74 oder 76 cm ($29^{1}/_{8}$" oder 30")
Hülsenentfernung:	automatischer Ejektor
Choke:	$^{3}/_{4}$- u. Voll-Choke
Visierung:	Flintenkorn, 9 oder 11 mm breite, ventilierte Schiene
Sicherung:	Schiebesicherung auf dem Kolbenhals

MERKMALE

- Material:	Stahl
- Finish:	brüniert, Systemkasten mit Goldeinlageumrandung
- Schaft:	Nussbaumholz, mit Pistolengriff

FAIR SRL 802 Skeet

TECHNISCHE DATEN

Kaliber:	12 oder 20 (SRC 802)
Kammerlänge:	$2^{3}/_{4}$" (70 mm)
Anzahl der Läufe:	Bockdoppelflinte
System:	Kipplaufwaffe (Baskülverschluss)
Verriegelung:	Laufhaken
Abzug:	Einabzug

Gesamtgewicht: 3,15 oder 3,4 kg
Gesamtlänge: 114, 116 oder 118 cm
Lauflänge: 66, 68 oder 70 cm (26", 26¾" oder 27½")
Hülsenentfernung: automatischer Ejektor
Choke: zylindrisch (beide Läufe)
Visierung: Flintenkorn, 9 oder 11 mm breite, ventilierte Schiene
Sicherung: Schiebesicherung auf dem Kolbenhals

MERKMALE

- Material: Stahl
- Finish: brüniert, Systemkasten mit silbersatinierter Oberflächen, im englischen Stil graviert, keine Seitenschlosse
- Schaft: Nussbaumholz, mit Pistolengriff

Fanzoj

Die österreichische Firma Johann Fanzoj Jagdwaffen hat ihren Sitz in Ferlach, das bereits seit dem 16. Jahrhundert wegen seiner Waffenfertigungsbetriebe berühmt ist. In früheren Zeiten fertigte man dort vor allem Militärgewehre. Seit 200 Jahren konzentriert man sich aber mehr auf den Bau handgefertigter Jagdkipplaufbüchsen von höchster Qualität. Die Firma Fanzoj, die bereits seit 1760 existiert, hat sich auf die Herstellung von besonders feinen Jagdwaffen spezialisiert. So ist etwa der Fanzoj-Büchsdrilling ein absolutes Unikat höchster Büchsenmacherkunst. Die Firma stellt jede ihrer Spitzenwaffen mit allergrößter Sorgfalt und Liebe zum Detail her.

Fanzoj Büchsdrilling

TECHNISCHE DATEN

Kaliber: nach Wunsch; alle existenten Kaliber und Kombinationen sind möglich
Kammerlänge: s. Hülsenlänge (da Büchse)
Anzahl der Läufe: Tripelbüchse (3 Büchsenläufe übereinander)
System: Kipplaufwaffe (Baskülverschluss)
Verriegelung: Kersten-Verschluss, doppelte Laufhaken
Abzug: Doppelabzug
Gesamtgewicht: ca. 4,5 kg
Gesamtlänge: 107 cm
Lauflänge: 61 cm (24")
Hülsenentfernung: Auszieher
Choke: entfällt, da gezogene Läufe (Büchse)
Visierung: Büchsenvisier, fest, mit Vorrichtung zur Zielfernrohrmontage
Sicherung: Schiebesicherung am Kolbenhals, Laufwahlschieber

MERKMALE

- Material: Stahl
- Finish: brüniert, Systemkasten unbehandelt und fein graviert
- Schaft: besonders ausgesuchtes Nussbaumholz, mit Pistolengriff und Backe oder mit gerader, englischer Schäftung

Die obige Nahaufnahme zeigt deutlich die drei übereinander liegenden (Büchsen-)Läufe der speziellen Waffe. Oben sind beidseitig die schweren Verschlussblöcke zu sehen. Bei einem solchen Verschluss spricht man von einem Kersten- oder auch Doppel-Greener-Verschluss.

Fanzoj Express Doppelbüchse

TECHNISCHE DATEN

Kaliber: nach Wunsch; alle existenten Kaliber
Kammerlänge: s. Hülsenlänge (da Büchse)
Anzahl der Läufe: Doppelbüchse (2 Büchsenläufe nebeneinander)
System: Kipplaufwaffe (Baskülverschluss)
Verriegelung: abgewandelter Greener-Verschluss, doppelte Laufhaken
Abzug: Doppelabzug
Gesamtgewicht: ca. 4,5 kg
Gesamtlänge: 107 cm
Lauflänge: 61 cm (24")
Hülsenentfernung: Auszieher
Choke: entfällt, da gezogene Läufe (Büchse)
Visierung: Büchsen-Klappvisier, mit Vorr. zur Zielfernrohrmontage
Sicherung: Schiebesicherung am Kolbenhals

MERKMALE

- Material:	Stahl
- Finish:	brüniert; Systemkasten unbehandelt und graviert
- Schaft:	bsd. ausgesuchtes Nussbaumholz, mit Pistolengriff und Backe oder mit gerader, englischer Schäftung

Die obige Nahaufnahme zeigt oben zwischen den Läufen deutlich den abgewandelten Greener-Verschluss. Im Gegensatz zum rechteckigen Block des regulären Greener-Verschlusses ist der Block hier konisch, was hinsichtlich der Herstellung sehr arbeitsintensiv und damit auch teuer ist. Die Waffe ist aber definitiv nicht nur vom Preis her absolute Spitzenklasse.

Fanzoj Express Bockdoppelbüchse .470 NE

TECHNISCHE DATEN

Kaliber:	.470 Nitro Express
Kammerlänge:	s. Hülsenlänge (da Büchse)
Anzahl der Läufe:	Bockdoppelbüchse (2 Büchsenläufe übereinander)
System:	Kipplaufwaffe (Baskülverschluss)
Verriegelung:	Kersten-Verschluss, doppelte Laufhaken
Abzug:	Doppelabzug
Gesamtgewicht:	ca. 4,5 kg
Gesamtlänge:	107 cm
Lauflänge:	61 cm (24")
Hülsenentfernung:	automatischer Ejektor
Choke:	entfällt, da gezogene Läufe (Büchse)
Visierung:	Büchsen-Klappvisier, mit Vorr. zur Zielfernrohrmontage
Sicherung:	Schiebesicherung am Kolbenhals

MERKMALE

- Material:	Stahl
- Finish:	Achtkantläufe brüniert; Systemkasten unbehandelt und graviert
- Schaft:	bsd. ausges. Nussbaumholz, mit Pistolengriff und Backe

Fanzoj Express Doppelbüchse .470 NE Seitenschlosse

TECHNISCHE DATEN

Kaliber:	.470 Nitro Express
Kammerlänge:	s. Hülsenlänge (da Büchse)
Anzahl der Läufe:	Doppelbüchse (2 Büchsenläufe nebeneinander)
System:	Kipplaufwaffe (Baskülverschluss)
Verriegelung:	abgewandelter Greener-Verschluss, doppelte Laufhaken
Abzug:	Doppelabzug
Gesamtgewicht:	ca. 4,5 kg
Gesamtlänge:	107 cm
Lauflänge:	61 cm (24")
Hülsenentfernung:	automatischer Ejektor
Choke:	entfällt, da gezogene Läufe (Büchse)
Visierung:	Büchsenvisier, fest, mit Vorr. zur Zielfernrohrmontage
Sicherung:	Schiebesicherung am Kolbenhals

MERKMALE

- Material:	Stahl
- Finish:	brüniert; Systemkasten und Seitenplatten unbehandelt und graviert; H&H-Seitenschlosse
- Schaft:	besonderes kaukasisches Nussbaumholz, mit Pistolengriff und Backe

Fanzoj Büchsdrilling Super

TECHNISCHE DATEN

Kaliber:	siehe unten
Kammerlänge:	s. Hülsenlänge (da Büchse)
Anzahl der Läufe:	Tripelbüchse (3 Büchsenläufe übereinander)
System:	Kipplaufwaffe (Baskülverschluss)
Verriegelung:	Kersten-Verschluss, doppelte Laufhaken
Abzug:	Doppelabzug
Gesamtgewicht:	ca. 4,5 kg
Gesamtlänge:	104 cm
Lauflänge:	61 cm (24")
Hülsenentfernung:	Auszieher
Choke:	entfällt, da gezogene Läufe (Büchse)
Visierung:	Büchsenvisier, fest, mit Vorr. zur Zielfernrohrmontage
Sicherung:	Schiebesicherung am Kolbenhals, Laufwahlschieber

MERKMALE

- Material:	Stahl
- Finish:	brüniert, Systemkasten unbehandelt und fein graviert (Jagdmotive), keine Seitenschlosse
- Schaft:	besonderes kaukasisches Nussbaumholz, mit Pistolengriff und Backe oder mit gerader, englischer Schäftung

Erhältliche Kaliber: .22 Hornet (oberer Lauf); 6,5x 57R (mittlerer Lauf); 9,3x74R (unterer Lauf). Die Waffe wird mit einem Zeiss-Zielfernrohr Diavari 2,5-10x48, eingeschossen auf 100 m, ausgeliefert.

Fausti cav. Stefano & Figlie

FABBRICA D'ARMI
FAUSTI CAV. STEFANO
& Figlie s.n.c.

Stefano Fausti gründete seinen Waffenherstellungsbetrieb in Marcheno, gelegen in der italienischen Waffenregion Valle Trompia. Zunächst exportierte er seine Waffen vornehmlich nach Nord- und Südamerika, inzwischen werden Fausti-Waffen aber auch in Europa verkauft. Die hohe Fertigungsqualität seiner Waffen erreicht das Unternehmen durch die fast ausschließliche Verwendung von computergesteuerten CNC-Maschinen. Zur Entwicklung und zur Design-Ausgestaltung der Fausti-Modelle werden Cad-Cam-Computersysteme verwendet. Pro Monat produziert das Unternehmen etwa 1000 Waffen. Fast alle davon haben auswechselbare Schäfte und für fast alle, sowohl für die Standard- als auch die Leichtversionen, werden auch Wechselläufe in den Kalibern 10, 12 und 20 angeboten. Die Firma ist sehr um ihre einzelnen Kunden bemüht und bietet daher auch die Service-Inspektion seiner Modelle direkt im Unternehmen an.
Die zur Fausti-Gruppe gehörende Firma V.I.T. ist Teilezulieferer für Fausti und andere Waffenunternehmen. Stefano Faustis drei Töchter, Elena, Giovanna und Barbara, sind Repräsentanten des Zuliefererunternehmens. Teile ihrer drei Vornamen finden sich in der Fausti-Flinte, Modell Elgioba wieder, die 1966 auf den Markt kam.

Fausti Classic

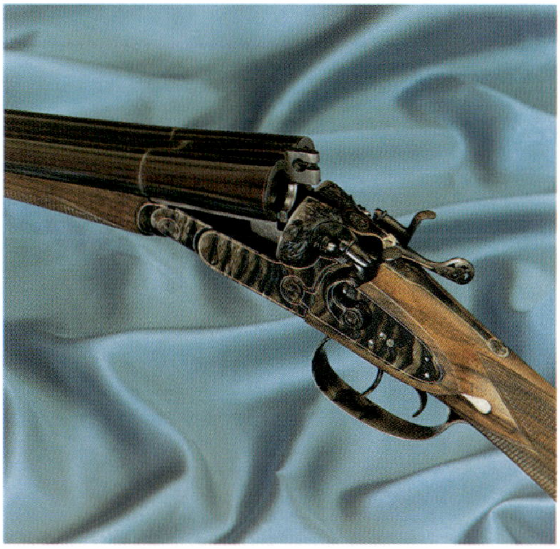

TECHNISCHE DATEN

Kaliber:	12, 16, 20, 24, 28, 32 oder .410
Kammerlänge:	2¾" oder 3" (70 oder 76 mm)
Anzahl der Läufe:	(Hahn-)Doppelflinte (Querflinte)
System:	Kipplaufwaffe (Baskülverschluss)
Verriegelung:	Greener-Verschluss, Laufhaken
Abzug:	Doppelabzug
Gesamtgewicht:	3,2 oder 3,4 kg
Gesamtlänge:	109 oder 114 cm
Lauflänge:	66 oder 71 cm (26" oder 28")

Hülsenentfernung: Auszieher
Choke: $^1/_4$- u. $^1/_2$- oder $^1/_2$- u. Voll-Choke
Visierung: Flintenkorn, 10 mm breite, tief liegende Schiene
Sicherung: Schiebesicherung auf dem Kolbenhals

MERKMALE
- Material: Stahl
- Finish: brüniert, Systemkasten u. H&H-Seitenplatten unbehandelt und graviert, Seitenschlosse, außen liegende Hahne
- Schaft: besonders ausgesuchtes Nussbaumholz, mit Pistolengriff oder englischer Schäftung

Fausti Dallas

TECHNISCHE DATEN
Kaliber: 10
Kammerlänge: $3^3/_4$" (89 mm)
Anzahl der Läufe: Bockdoppelflinte
System: Kipplaufwaffe (Baskülverschluss)
Verriegelung: Laufhaken
Abzug: Ein- oder Doppelabzug
Gesamtgewicht: 3,4 oder 3,6 kg
Gesamtlänge: 112 oder 126 cm
Lauflänge: 66 oder 81 cm (26" oder 32")
Hülsenentfernung: Auiszieher
Choke: Multichoke
Visierung: Flintenkorn, 12 mm breite, ventilierte Schiene
Sicherung: Schiebesicherung auf dem Kolbenhals, Laufwahlhebel vor dem Abzugsbügel

MERKMALE
- Material: Stahl
- Finish: brüniert
- Schaft: Nussbaumholz, mit Pistolengriff

Flinten im Kaliber 10 werden in den USA vornehmlich für die Jagd auf wilde Truthähne verwendet. In einigen europäischen Ländern darf das große Kaliber jagdlich nicht verwendet werden.

Fausti Elegant EL

TECHNISCHE DATEN
Kaliber: 12, 16, 20, 24, 28, 32 oder .410
Kammerlänge: $2^3/_4$" oder 3" (70 oder 76 mm)

Anzahl der Läufe: Bockdoppelflinte
System: Kipplaufwaffe (Baskülverschluss)
Verriegelung: Laufhaken
Abzug: Ein- oder Doppelabzug
Gesamtgewicht: 3–3,2 kg
Gesamtlänge: 112, 117 oder 122 cm
Lauflänge: 66, 71 oder 76 cm (26", 28" oder 30")
Hülsenentfernung: Auszieher oder automatischer Ejektor
Choke: $^1/_4$- u. $^1/_2$-, $^1/_2$- u. Voll-, oder $^3/_4$- u. Voll-Choke
Visierung: Flintenkorn, 7 mm breite, ventilierte Schiene
Sicherung: Schiebesicherung auf dem Kolbenhals, Laufwahlhebel vor dem Abzugsbügel

MERKMALE
- Material: Stahl
- Finish: brüniert, oder brüniert und Systemkasten unbehandelt
- Schaft: Nussbaumholz, mit Pistolengriff

Fausti Elegant Standard

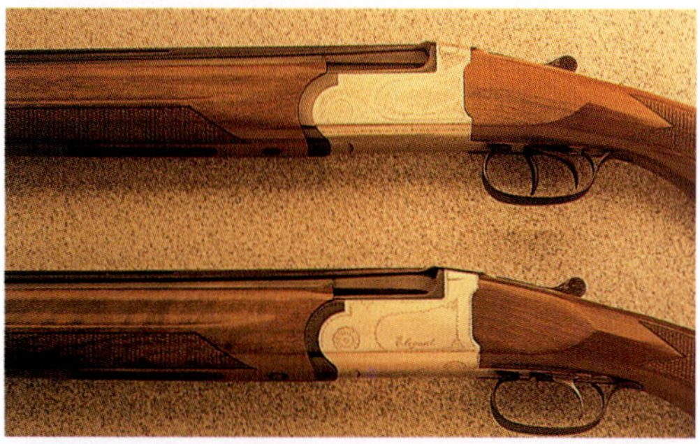

TECHNISCHE DATEN
Kaliber: 12, 16, 20, 24, 28, 32 oder .410
Kammerlänge: $2^3/_4$" oder 3" (70 oder 76 mm)
Anzahl der Läufe: Bockdoppelflinte
System: Kipplaufwaffe (Baskülverschluss)
Verriegelung: Laufhaken
Abzug: Ein- oder Doppelabzug
Gesamtgewicht: 3–3,2 kg
Gesamtlänge: 112, 117 oder 122 cm
Lauflänge: 66, 71 oder 76 cm (26", 28" oder 30")
Hülsenentfernung: Auszieher oder automatischer Ejektor
Choke: $^1/_4$- u. $^1/_2$-, $^1/_2$- u. Voll-, oder $^3/_4$- u. Voll-Choke
Visierung: Flintenkorn, 7 mm breite, ventilierte Schiene
Sicherung: Schiebesicherung auf dem Kolbenhals, Laufwahlhebel vor dem Abzugsbügel

MERKMALE

- Material: Stahl
- Finish: brüniert, oder brüniert und Systemkasten unbehandelt
- Schaft: Nussbaumholz, mit Pistolengriff

Diese Flinte wird auch als spezielle Trap-, Skeet- und Sporting Clays-Version angeboten.

Fausti Elgioba

TECHNISCHE DATEN

Kaliber:	12, 16, 20, 24, 28, 32 oder .410
Kammerlänge:	2$^{3}/_{4}$" oder 3" (70 oder 76 mm)
Anzahl der Läufe:	Bockdoppelflinte
System:	Kipplaufwaffe (Baskülverschluss)
Verriegelung:	Laufhaken
Abzug:	Ein- oder Doppelabzug
Gesamtgewicht:	3–3,2 kg
Gesamtlänge:	112, 117 oder 122 cm
Lauflänge:	66, 71 oder 76 cm (26", 28" oder 30")
Hülsenentfernung:	automatischer Ejektor
Choke:	$^{1}/_{4}$- u. $^{1}/_{2}$-, $^{1}/_{2}$- u. Voll-, $^{3}/_{4}$- u. Voll-Choke, oder Wechselchokeeinsätze
Visierung:	Flintenkorn, 7 mm breite, ventilierte Schiene
Sicherung:	Schiebesicherung auf dem Kolbenhals

MERKMALE

- Material: Stahl
- Finish: brüniert
- Schaft: Nussbaumholz, mit Pistolengriff, auch in Camouflage-Lackierung erhältlich

Fausti Leader Sporting

TECHNISCHE DATEN

Kaliber:	12 oder 20
Kammerlänge:	2$^{3}/_{4}$" oder 3" (70 oder 76 mm)
Anzahl der Läufe:	Bockdoppelflinte
System:	Kipplaufwaffe (Baskülverschluss)
Verriegelung:	Laufhaken
Abzug:	Ein- oder Doppelabzug
Gesamtgewicht:	3,2–3,6 kg
Gesamtlänge:	109–119 cm
Lauflänge:	66, 71 oder 76 cm (26", 28" oder 30")

Hülsenentfernung:	automatischer Ejektor
Choke:	fest, nach Wahl, oder Wechselchoke-Einsätze
Visierung:	Flintenkorn, 7 oder 10 mm breite, ventilierte Schiene
Sicherung:	Schiebesicherung auf dem Kolbenhals, Laufwahlhebel vor dem Abzugsbügel

MERKMALE

- Material: Stahl
- Finish: brüniert, Systemkasten unbehandelt; SP- u. FP-Modelle mit gravierten Seitenplatten (keine Seitenschlosse)
- Schaft: Nussbaumholz, mit Pistolengriff

Fausti Leader ST Hunting

TECHNISCHE DATEN

Kaliber:	12, 16 oder 20
Kammerlänge:	2$^{3}/_{4}$" oder 3" (70 oder 76 mm)
Anzahl der Läufe:	Bockdoppelflinte
System:	Kipplaufwaffe (Baskülverschluss)
Verriegelung:	Laufhaken
Abzug:	Ein- oder Doppelabzug
Gesamtgewicht:	3–3,2 kg
Gesamtlänge:	112, 117 oder 122 cm
Lauflänge:	66, 71 oder 76 cm (26", 28" oder 30")
Hülsenentfernung:	automatischer Ejektor
Choke:	$^{1}/_{4}$- u. $^{1}/_{2}$-, $^{1}/_{2}$- u. Voll-, $^{3}/_{4}$- u. Voll-Choke
Visierung:	Flintenkorn, 7 mm breite, ventilierte Schiene
Sicherung:	Schiebesicherung auf dem Kolbenhals, Laufwahlhebel vor dem Abzugsbügel

MERKMALE

- Material: Stahl

- Finish: brüniert, Systemkasten unbehandelt und mit Jagdmotiven graviert
- Schaft: Nussbaumholz, mit Pistolengriff

Diese Flinte ist mit einem 23" (58,4 cm) langen, gezogenen Lauf mit einer Zylinderbohrung auch als spezielle Slug-Flinte erhältlich.

Fausti Leader Trap EL/Skeet EL

TECHNISCHE DATEN

Kaliber:	12 oder 20
Kammerlänge:	$2^{3}/_{4}$" (70 mm)
Anzahl der Läufe:	Bockdoppelflinte
System:	Kipplaufwaffe (Baskülverschluss)
Verriegelung:	Laufhaken
Abzug:	Einabzug
Gesamtgewicht:	3,2–3,6 kg
Gesamtlänge:	109–119 cm
Lauflänge:	Trap: 76 cm (30"); Skeet: 66 o. 71 cm (26" oder 28")
Hülsenentfernung:	automatischer Ejektor
Choke:	Trap: $^{3}/_{4}$- u. Voll-Choke; Skeet: zylindrisch u. Skeet-Choke
Visierung:	Flintenkorn, 10 mm breite, ventilierte Schiene
Sicherung:	Schiebesicherung auf dem Kolbenhals, Laufwahlhebel vor dem Abzugsbügel

MERKMALE

- Material: Stahl
- Finish: brüniert, Systemkasten unbehandelt oder bei Gold-Serie mit Goldumrandung
- Schaft: Nussbaumholz, mit Pistolengriff

Fausti Progress

TECHNISCHE DATEN

Kaliber:	12
Kammerlänge:	3" (76 mm)
Anzahl der Läufe:	Einzellauf
Magazin:	Röhrenmagazin für 2 oder 4 Patronen
System:	halbautomatisch (Gasdrucklader)
Verriegelung:	Vertikalblockverschluss
Abzug:	Einzelabzug
Gesamtgewicht:	3,1 kg
Gesamtlänge:	114 cm
Lauflänge:	71 cm (28")

Hülsenentfernung:	Repetierauszieher
Choke:	Multichoke
Visierung:	Flintenkorn, 7 mm breite, ventilierte Schiene
Sicherung:	Druckknopfsicherung hinten am Abzugsbügel

MERKMALE

- Material: Stahl, Systemkasten aus Aluminium (Ergal 55)
- Finish: brüniert, Systemkasten unbehandelt und graviert
- Schaft: Nussbaumholz, mit Pistolengriff

Fausti Progress II

TECHNISCHE DATEN

Kaliber:	12, 16, 20, 24, 28, 32 oder .410
Kammerlänge:	$2^{3}/_{4}$" oder 3" (70 oder 76 mm)
Anzahl der Läufe:	Einzellauf
Magazin:	Röhrenmagazin für 2, 4, oder 5 Patronen
System:	halbautomatisch (Gasdrucklader)
Verriegelung:	Vertikalblockverschluss
Abzug:	Einzelabzug
Gesamtgewicht:	3,0–3,2 kg
Gesamtlänge:	114 cm
Lauflänge:	66, 71 oder 76 cm (26", 28" oder 30")
Hülsenentfernung:	Repetierauszieher
Choke:	Multichoke
Visierung:	Flintenkorn, ventilierte Schiene
Sicherung:	Druckknopfsicherung hinten am Abzugsbügel

MERKMALE

- Material: Stahl, Systemkasten aus Aluminium (Ergal 55)
- Finish: brüniert, Systemkasten unbehandelt und graviert
- Schaft: Nussbaumholz, mit Pistolengriff

Fausti Senator Holland & Holland

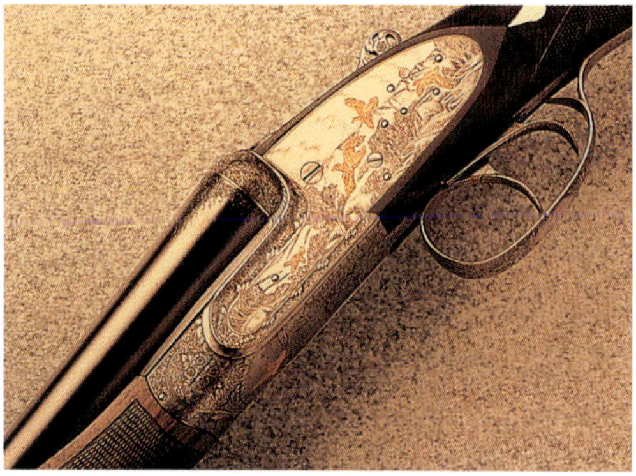

TECHNISCHE DATEN

Kaliber:	12, 16 oder 20
Kammerlänge:	2 3/4" oder 3" (70 oder 76 mm)
Anzahl der Läufe:	Doppelflinte (Querflinte)
System:	Kipplaufwaffe (Baskülverschluss)
Verriegelung:	Greener-Verschluss, Laufhaken
Abzug:	Ein- oder Doppelabzug
Gesamtgewicht:	3,2–3,4 kg
Gesamtlänge:	109 oder 114 cm
Lauflänge:	66 oder 71 cm (26" oder 28")
Hülsenentfernung:	Auszieher oder automatischer Ejektor
Choke:	1/4- u. 1/2- oder 1/2- u. Voll-Choke
Visierung:	Flintenkorn, 10 mm breite Schiene
Sicherung:	Schiebesicherung auf dem Kolbenhals, Laufwahlhebel vor dem Abzugsbügel

MERKMALE

- Material:	Stahl
- Finish:	brüniert, Systemkasten u. H&H-Seitenplatten unbehandelt und graviert, Seitenschlosse
- Schaft:	besonders ausgesuchtes Nussbaumholz, mit Pistolengriff oder englischer Schäftung

Fausti Style EL

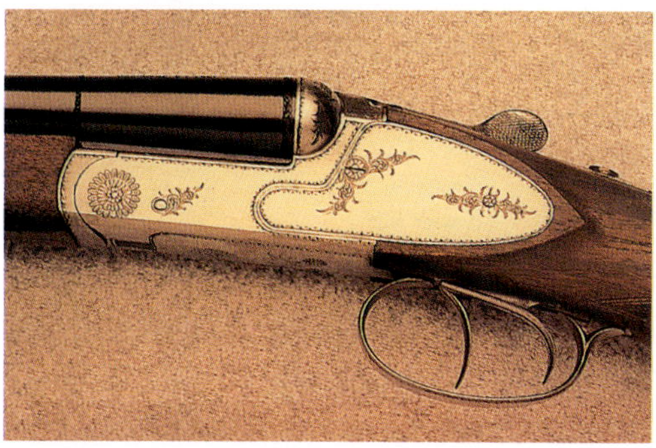

TECHNISCHE DATEN

Kaliber:	12, 16, 20, 24, 28, 32 oder .410
Kammerlänge:	2 3/4" oder 3" (70 oder 76 mm)
Anzahl der Läufe:	Doppelflinte (Querflinte)
System:	Kipplaufwaffe (Baskülverschluss)
Verriegelung:	Greener-Verschluss, Laufhaken
Abzug:	Doppelabzug
Gesamtgewicht:	3,2–3,4 kg
Gesamtlänge:	109 oder 119 cm
Lauflänge:	66, 71 oder 76 cm (26", 28" oder 30")
Hülsenentfernung:	Auszieher oder automatischer Ejektor
Choke:	1/4- u. 1/2-, 1/2- u. Voll- oder 1/4- und Voll-Choke
Visierung:	Flintenkorn, 10 mm breite, tief liegende Schiene
Sicherung:	Schiebesicherung auf dem Kolbenhals

MERKMALE

- Material:	Stahl
- Finish:	brüniert, Systemkasten unbehandelt und graviert, keine Seitenschlosse
- Schaft:	ausgesuchtes Nussbaumholz, mit gerader, englischer Schäftung

Fausti Style ST

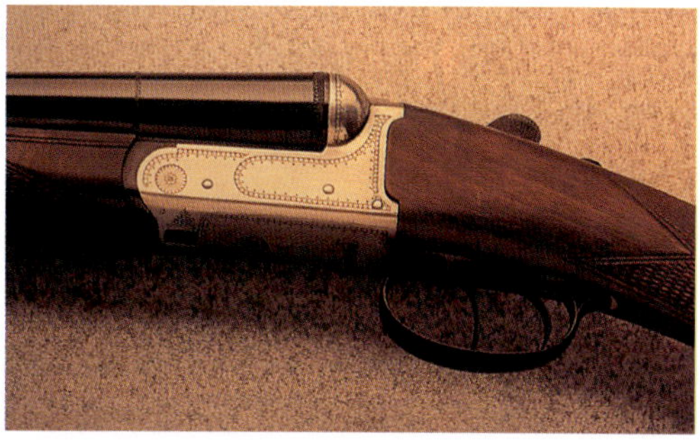

TECHNISCHE DATEN

Kaliber:	12, 16, 20, 24, 28, 32 oder .410
Kammerlänge:	2 3/4" oder 3" (70 oder 76 mm)
Anzahl der Läufe:	Doppelflinte (Querflinte)
System:	Kipplaufwaffe (Baskülverschluss)
Verriegelung:	Greener-Verschluss, Laufhaken
Abzug:	Doppelabzug
Gesamtgewicht:	3,2–3,4 kg
Gesamtlänge:	109 oder 114 cm
Lauflänge:	66, 71 oder 76 cm (26", 28" oder 30"), Modell Canard: 81 cm (32")
Hülsenentfernung:	Auszieher oder automatischer Ejektor
Choke:	1/4- u. 1/2-, 1/2- u. Voll- oder 3/4- und Voll-Choke
Visierung:	Flintenkorn, 10 mm breite, tief liegende Schiene
Sicherung:	Schiebesicherung auf dem Kolbenhals

MERKMALE

- Material:	Stahl
- Finish:	brüniert, Systemkasten unbehandelt und graviert, keine Seitenschlosse, Laufwechsel möglich
- Schaft:	ausgesuchtes Nussbaumholz, mit Pistolengriff oder mit gerader, englischer Schäftung

Ferlach

Der Ort Ferlach in der Nähe der österreichischen Stadt Klagenfurt ist bereits seit dem 16. Jahrhundert wegen seines erstklassigen Büchsenmacherhandwerks bekannt. Bis etwa 1900 fertigte man in Ferlach vornehmlich Militärwaffen, nicht nur für die österreichische Armee, sondern auch für den Export. 1850 gründeten die in Ferlach ansässigen Büchsenmacher eine gemeinsame Büchenmacherinnung und diese wiederum hob eine inzwischen weltweit berühmte, örtliche Büchsenmacherschule aus der Taufe. Seit etwa hundert Jahren konzentrieren sich die Ferlacher Betriebe auf den Bau von Kleinserien handgefertigter und exklusiver Flinten, Jagdbüchsen und kombinierter Gewehre. Das besondere an den Ferlacher Waffen ist, dass solche edlen Stücke praktisch niemand anders mehr baut. Besonders drei- und auch vierläufige Ferlacher Kipplaufwaffen sind das höchste, was man sich an Büchsenmacherkunst vorstellen kann.

Ferlacher Seitenschloss-Doppelflinte 17E

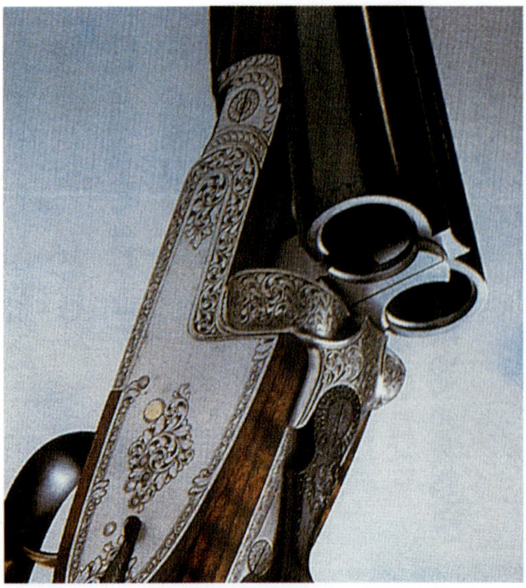

TECHNISCHE DATEN

Kaliber:	12
Kammerlänge:	$2\frac{3}{4}$" (70 mm)
Anzahl der Läufe:	Doppelflinte (Querflinte)
System:	Kipplaufwaffe (Baskülverschluss)
Verriegelung:	doppelte Laufhaken
Abzug:	Doppelabzug
Gesamtgewicht:	3,1 kg
Gesamtlänge:	114 cm
Lauflänge:	72 cm ($28\frac{3}{8}$")
Hülsenentfernung:	automatischer Ejektor
Choke:	fest, nach Wahl
Visierung:	Flintenkorn
Sicherung:	Schiebesicherung auf dem Kolbenhals

MERKMALE

- Material:	Stahl
- Finish:	brüniert, Systemkasten und abnehmbare Seitenplatten unbehandelt und graviert (Blumenmuster), Seitenschlosse
- Schaft:	ausgesuchtes österreichisches Nussbaumholz, mit gerader, englischer Schäftung

Ferlacher Bockdoppelflinte 20E

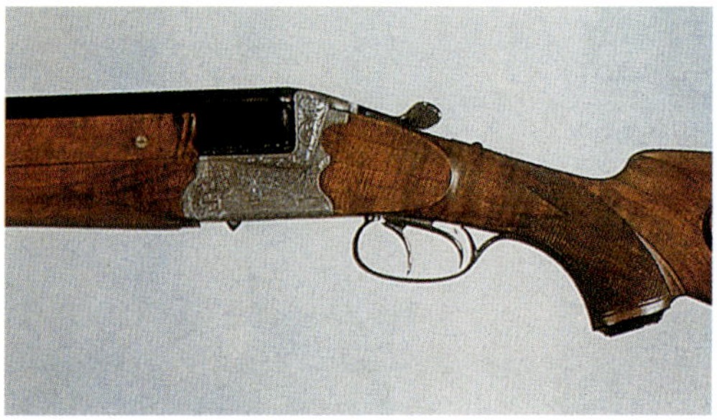

TECHNISCHE DATEN

Kaliber:	12
Kammerlänge:	$2\frac{3}{4}$" (70 mm)
Anzahl der Läufe:	Bockdoppelflinte
System:	Kipplaufwaffe (Baskülverschluss)
Verriegelung:	doppelte Laufhaken, Kerstenverschluss
Abzug:	Doppelabzug
Gesamtgewicht:	3,42 kg
Gesamtlänge:	115 cm
Lauflänge:	71 cm (28")
Hülsenentfernung:	automatischer Ejektor
Choke:	fest, nach Wahl
Visierung:	Flintenkorn
Sicherung:	Schiebesicherung auf dem Kolbenhals

MERKMALE

- Material:	Stahl
- Finish:	brüniert, Systemkasten unbehandelt und graviert
- Schaft:	ausgesuchtes Nussbaumholz, mit Pistolengriff und Backe

Ferlacher Seitenschloss-Bockdoppelflinte 24E

TECHNISCHE DATEN

Kaliber:	12
Kammerlänge:	$2\frac{3}{4}$" (70 mm)
Anzahl der Läufe:	Bockdoppelflinte
System:	Kipplaufwaffe (Baskülverschluss)
Verriegelung:	doppelte Laufhaken, Kerstenverschluss
Abzug:	Einabzug
Gesamtgewicht:	3,42 kg
Gesamtlänge:	115 cm
Lauflänge:	71 cm (28")
Hülsenentfernung:	automatischer Ejektor
Choke:	fest, nach Wahl
Visierung:	Flintenkorn, ventilierte Schiene
Sicherung:	Schiebesicherung auf dem Kolbenhals, Laufwahlschieber

MERKMALE

- Material:	Stahl
- Finish:	brüniert, Systemkasten unbehandelt und graviert, Seitenschlosse
- Schaft:	ausgesuchtes Nussbaumholz, mit gerader, englischer Schäftung

Ferlacher Bockbüchsflinte 33

TECHNISCHE DATEN:

Kaliber:	Flintenlauf (oben): 12; Büchsenlauf (unten): nach Wahl
Kammerlänge:	Flintenlauf: $2\frac{3}{4}$" (70 mm)
Anzahl der Läufe:	Bockbüchsflinte (Flinten- u. Büchsenlauf übereinander)
System:	Kipplaufwaffe (Baskülverschluss)
Verriegelung:	doppelte Laufhaken, Kerstenverschluss
Abzug:	Doppelabzug
Gesamtgewicht:	3,5 kg
Gesamtlänge:	110 cm
Lauflänge:	66 cm (26")
Hülsenentfernung:	automatischer Ejektor
Choke:	Flintenlauf: fest, nach Wahl
Visierung:	Büchsen-Klappvisier, Vorrichtung für Optikmontage
Sicherung:	Schiebesicherung auf dem Kolbenhals, Laufwahlschieber

MERKMALE

- Material:	Stahl
- Finish:	brüniert, Systemkasten und Seitenplatten unbehandelt und graviert
- Schaft:	ausgesuchtes Nussbaumholz, mit Pistolengriff und Backe

Ferlacher Hahn-Bockbüchsflinte 33H

TECHNISCHE DATEN

Kaliber:	Flintenlauf (oben): 12; Büchsenlauf (unten): nach Wahl
Kammerlänge:	Flintenlauf: $2\frac{3}{4}$" (70 mm)
Anzahl der Läufe:	Bockbüchsflinte (Flinten- u. Büchsenlauf übereinander)
System:	Kipplaufwaffe (Baskülverschluss) mit außen liegenden Spannhahnen
Verriegelung:	doppelte Laufhaken, Kersten-Verschluss
Abzug:	Doppelabzug
Gesamtgewicht:	3,3 kg
Gesamtlänge:	108 cm
Lauflänge:	64 cm ($25\frac{1}{4}$")
Hülsenentfernung:	Auszieher
Choke:	Flintenlauf: fest, nach Wahl

Visierung: Büchsen-Klappvisier, Vorrichtung für Optikmontage
Sicherung: Schiebesicherung auf dem Kolbenhals, Laufwahlschieber

MERKMALE

- Material: Stahl
- Finish: brüniert, Systemkasten und Seitenplatten unbehandelt und graviert (Jagdmotive)
- Schaft: ausgesuchtes Nussbaumholz, mit Pistolengriff und Backe

Ferlacher Bockdrilling Modell 41

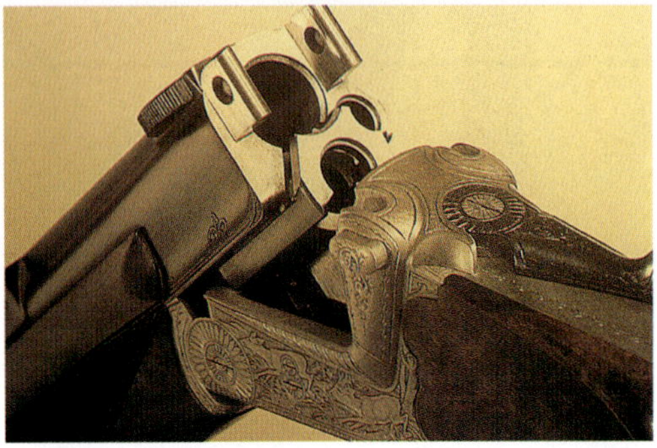

TECHNISCHE DATEN

Kaliber: siehe nachfolgend
Kammerlänge: Flintenlauf: $2^{3}/_{4}$" (70 mm)
Anzahl der Läufe: 1 Flintenlauf und darunter seitlich versetzt 2 Büchsenläufe in unterschiedlichen Kalibern (Bockdrilling)
System: Kipplaufwaffe (Baskülverschluss)
Verriegelung: doppelte Laufhaken, Kerstenverschluss
Abzug: Doppelabzug
Gesamtgewicht: 3,5 kg
Gesamtlänge: 103 cm
Lauflänge: 61 cm (24")
Hülsenentfernung: Auszieher
Choke: fest, nach Wahl (Flintenlauf)
Visierung: Büchsen-Klappvisier, Vorrichtung für Optikmontage
Sicherung: Schiebesicherung auf dem Kolbenhals, Laufwahlschieber für die Büchsenläufe

MERKMALE

- Material: Stahl
- Finish: brüniert, Systemkasten unbehandelt und graviert (Jagdmotive)
- Schaft: ausgesuchtes Nussbaumholz, mit Pistolengriff und Backe

Erhältliches Flintenkaliber: 12; erhältliche Büchsenkaliber (großkalibriger Lauf): nach Wahl; erhältliches Büchsenkaliber (kleinkalibriger Lauf): .22 l.r. oder .22 WMR .

Ferlacher Drilling Modell 50

TECHNISCHE DATEN

Kaliber: siehe nachfolgend
Kammerlänge: Flintenlauf: $2^{3}/_{4}$" (70 mm)

Anzahl der Läufe: 2 Flintenläufe nebeneinander und darunter 1 Büchsenlauf (Drilling)
System: Kipplaufwaffe (Baskülverschluss)
Verriegelung: doppelte Laufhaken, Greener-Verschluss
Abzug: Doppelabzug
Gesamtgewicht: 3,4 kg
Gesamtlänge: 107 cm
Lauflänge: 65 cm ($25^{5}/_{8}$")
Hülsenentfernung: Auszieher
Choke: fest, nach Wahl (Flintenlauf)
Visierung: Büchsen-Klappvisier, Vorrichtung für Optikmontage
Sicherung: Schiebesicherung auf dem Kolbenhals, Laufwahlschieber für die Büchsenläufe

MERKMALE

- Material: Stahl
- Finish: brüniert, Systemkasten unbeh. und graviert (Jagdmotive)
- Schaft: ausgesuchtes Nussbaumholz, mit Pistolengriff und Backe

Erhältliches Flintenkaliber (beide Läufe): 12; erhältliche Büchsenkaliber: nach Wahl.

Ferlacher Büchsdrilling Modell 55

TECHNISCHE DATEN

Kaliber: siehe nachfolgend
Kammerlänge: Flintenlauf: $2^{3}/_{4}$" (70 mm)
Anzahl der Läufe: 2 Büchsenläufe nebeneinander, darunter 1 Flintenlauf

System: Kipplaufwaffe (Baskülverschluss)
Verriegelung: doppelte Laufhaken, Greener-Verschluss
Abzug: Doppelabzug
Gesamtgewicht: 3,5 kg
Gesamtlänge: 104 cm
Lauflänge: 61 cm (24")
Hülsenentfernung: Auszieher
Choke: fest, nach Wahl (Flintenlauf)
Visierung: Büchsen-Klappvisier, Vorrichtung für Optikmontage
Sicherung: Schiebesicherung auf dem Kolbenhals, Laufwahlschieber seitlich links am Schaft hinter den Seitenplatten

MERKMALE
- Material: Stahl
- Finish: brüniert, Systemkasten unbehandelt und graviert (Jagdmotive)
- Schaft: ausgesuchtes Nussbaumholz, mit Pistolengriff und Backe

Erhältliche Büchsenkaliber (beide oberen Läufe): nach Wahl; erhältliches Flintenkaliber: 12.

Ferlacher Express-Seitenschloss-Doppelbüchse 63E

TECHNISCHE DATEN
Kaliber: nach Wahl von Kal. 7x65R bis .458 Win. Mag.
Kammerlänge: s. Hülsenlänge (da Büchse)
Anzahl der Läufe: Doppelbüchse (2 Büchsenläufe nebeneinander)
System: Kipplaufwaffe (Baskülverschluss)
Verriegelung: doppelte Laufhaken, Greener-Verschluss
Abzug: Doppelabzug
Gesamtgewicht: 3,5–4,5 kg
Gesamtlänge: 104–114 cm
Lauflänge: 61, 63,5 oder 66 cm (24", 25" oder 26")
Hülsenentfernung: automatischer Ejektor
Choke: entfällt, da gezogene Läufe (Büchse)
Visierung: Büchsen-Express-Klappvisier, Vorrichtung für Optikmontage
Sicherung: autom. Sicherung, Schiebesicherung auf dem Kolbenhals

MERKMALE
- Material: Stahl
- Finish: brüniert, Systemkasten u. Seitenplatten unbehandelt und graviert (Jagdmotive)
- Schaft: besonders ausgesuchtes Nussbaumholz, mit Pistolengriff und Backe

Ferlacher Express-Seitenschloss-Bockdoppelbüchse 66E

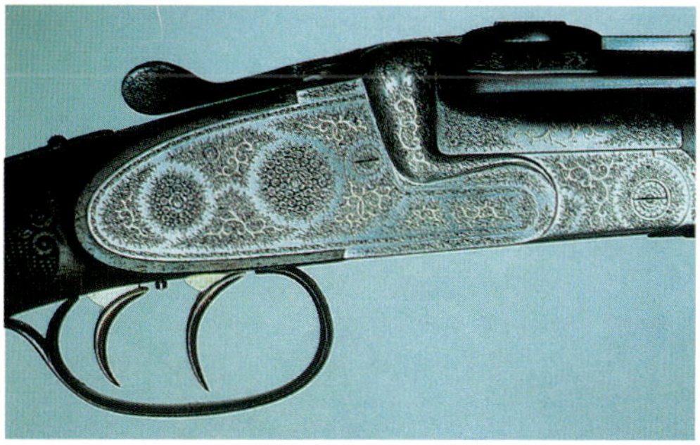

TECHNISCHE DATEN
Kaliber: nach Wahl
Kammerlänge: s. Hülsenlänge (da Büchse)
Anzahl der Läufe: Bockdoppelbüchse (2 Büchsenläufe übereinander)
System: Kipplaufwaffe (Baskülverschluss)
Verriegelung: doppelte Laufhaken, Kersten-Verschluss
Abzug: Doppelabzug
Gesamtgewicht: 3,5–4,5 kg
Gesamtlänge: 104–114 cm
Lauflänge: 61 oder 66 cm (24" oder 26")
Hülsenentfernung: automatischer Ejektor
Choke: entfällt, da gezogene Läufe (Büchse)
Visierung: Büchsen-Express-Klappvisier, Vorrichtung für Optikmontage
Sicherung: automatische Sicherung, Schiebesicherung auf dem Kolbenhals

MERKMALE
- Material: Stahl
- Finish: brüniert, Systemkasten und Seitenplatten unbehandelt und graviert (Jagdmotive)
- Schaft: besonders ausgesuchtes Nussbaumholz, mit Pistolengriff und Backe

Ferlacher Leichter Bergstutzen Modell 68

TECHNISCHE DATEN

Kaliber:	oberer Lauf: .22 l.r. oder .22 WMR; unterer Lauf: nach Wahl, bis Kal. 5,6x50R Mag.
Kammerlänge:	s. Hülsenlänge (da Büchse)
Anzahl der Läufe:	2 Büchsenläufe in unterschiedlichen Kalibern übereinander (Bergstutzen)
System:	Kipplaufwaffe (Baskülverschluss)
Verriegelung:	doppelte Laufhaken, Kersten-Verschluss
Abzug:	Doppelabzug
Gesamtgewicht:	3,3 oder 3,6 kg
Gesamtlänge:	104 oder 108 cm
Lauflänge:	61 oder 63,5 cm (24" oder 25")
Hülsenentfernung:	Auszieher
Choke:	entfällt, da gezogene Läufe (Büchse)
Visierung:	Büchsen-Klappvisier, Vorrichtung für Optikmontage
Sicherung:	autom. Sicherung, Schiebesicherung auf dem Kolbenhals

MERKMALE

- Material:	Stahl
- Finish:	brüniert, Systemkasten und Seitenplatten unbehandelt und graviert (Jagdmotive)
- Schaft:	besonders ausgesuchtes Nussbaumholz, mit Pistolengriff und Backe

Ferlacher Vierling Modell 90

TECHNISCHE DATEN

Kaliber:	siehe nachfolgend
Kammerlänge:	Flintenlauf: 2¾" (70 mm)
Anzahl der Läufe:	2 Flintenläufe nebeneinander, mittig darüber und darunter je ein Büchsenlauf in unterschiedlichen Kalibern
System:	Kipplaufwaffe (Baskülverschluss)
Verriegelung:	doppelte Laufhaken, abgewandelter Greener-Verschluss
Abzug:	Doppelabzug
Gesamtgewicht:	3,9 kg
Gesamtlänge:	103 cm
Lauflänge:	60 cm (23⅝")
Hülsenentfernung:	Auszieher
Choke:	fest, nach Wahl (Flintenläufe)
Visierung:	Büchsen-Klappvisier, Vorrichtung für Optikmontage
Sicherung:	Schiebesicherung auf dem Kolbenhals, Laufwahlschieber

MERKMALE

- Material:	Stahl
- Finish:	brüniert, Systemkasten unbehandelt und graviert (Jagdmotive)
- Schaft:	ausgesuchtes Nussbaumholz, mit Pistolengriff und Backe

Erhältliche Büchsenkaliber: .22 l.r. oder .22 WMR (oberer Lauf), nach Wahl (unterer Lauf); erhältliches Flintenkaliber: 12 (beide Flintenläufe).

Ferlacher Vierling Modell 91

TECHNISCHE DATEN

Kaliber:	siehe nachfolgend
Kammerlänge:	Flintenlauf: 2¾" (70 mm)
Anzahl der Läufe:	2 Büchsenläufe in unterschiedlichen Kalibern nebeneinander und mittig darüber und darunter je ein gleichkalibriger Flintenlauf
System:	Kipplaufwaffe (Baskülverschluss)
Verriegelung:	doppelte Laufhaken, Kersten-Verschluss
Abzug:	Doppelabzug
Gesamtgewicht:	3,9 kg
Gesamtlänge:	103 cm
Lauflänge:	60 cm (23⅝")
Hülsenentfernung:	Auszieher
Choke:	fest, nach Wahl (Flintenläufe)
Visierung:	Büchsen-Klappvisier, Vorrichtung für Optikmontage
Sicherung:	Schiebesicherung auf dem Kolbenhals, Laufwahlschieber

MERKMALE

- Material:	Stahl
- Finish:	brüniert, Systemkasten unbehandelt und graviert (Jagdmotive)
- Schaft:	ausgesuchtes Nussbaumholz, mit Pistolengriff und Backe

Erhältliche Büchsenkaliber: .22 l.r. oder .22 WMR (rechter Lauf), nach Wahl (linker Lauf); erhältliches Flintenkaliber: 12 (beide Flintenläufe).

Ferlib

Die Gegend um die italienische Stadt Gardone Valle Trompia in der italienischen Region Brescia ist bereits seit Jahrhunderten mit dem Büchsenmacherhandwerk verbunden. Die relativ kleine Firma Ferlib di Tanfoglio Ivano hat ihren Sitz in der Stadt. Ferlib ist besonders wegen der hervorragenden Gravuren auf seinen Waffen bekannt. Weltberühmt wurde die Firma etwa mit ihrer Picasso-Flinte „Omaggio a Picasso" (Hommage an Picasso). Diese edle Waffe mit Holland & Holland-Seitenschlossen weist eine Gravur auf, die an die Werke Picassos erinnert. Ein weiteres berühmtes Ferlib-Gewehr ist das Modell „Tra Gli Uliveti", eine Seitenschloss-Doppelflinte die mit Jagdmotiven graviert ist. Die meisten Ferlib-Waffen werden erst auf Bestellung gefertigt. Die Kunden wählen nach Gravurdesignmustern der Firma aus oder sie legen ihre eigenen, persönlichen Designvorstellungen vor. Da die Firma Ferlib ihre Waffen vornehmlich von Hand nach den spezifischen Kundenwünschen baut, sind die nachfolgend angegebenen Waffendaten lediglich als grobe Richtlinien zu sehen. Dies gilt insbesondere auch für die Angaben hinsichtlich der Schäfte, denn die Ferlib-Flinten werden sowohl mit Hinterschäften mit Pistolengriffen als auch mit geraden, englischen Schäften hergestellt.

Ferlib Fantasy

TECHNISCHE DATEN

Kaliber:	12, 16, 20 oder 28
Kammerlänge:	2³/₄" (70 mm)
Anzahl der Läufe:	Doppelflinte (Querflinte)
System:	Kipplaufwaffe (Baskülverschluss)
Verriegelung:	Greener-Verschluss, Laufhaken

Abzug:	Einabzug
Gesamtgewicht:	3,4–3,6 kg
Gesamtlänge:	111–124 cm
Lauflänge:	63–76 cm (24³/₄" oder 29⁷/₈")
Hülsenentfernung:	nach Wahl
Choke:	fest, nach Wahl
Visierung:	Flintenkorn
Sicherung:	Schiebesicherung auf dem Kolbenhals

MERKMALE

- Material:	Stahl
- Finish:	brüniert, Systemkasten und Seitenplatten unbehandelt und reich graviert, Seitenschlosse
- Schaft:	besonders ausgesuchtes Nussbaumholz, mit Pistolengriff

Ferlib Premier

TECHNISCHE DATEN

Kaliber:	12, 16, 20 oder 28
Kammerlänge:	2³/₄" (70 mm)
Anzahl der Läufe:	Doppelflinte (Querflinte)
System:	Kipplaufwaffe (Baskülverschluss)
Verriegelung:	Greener-Verschluss, Laufhaken
Abzug:	Einabzug
Gesamtgewicht:	3,4–3,6 kg
Gesamtlänge:	111–124 cm
Lauflänge:	63–76 cm (24³/₄" oder 29⁷/₈")
Hülsenentfernung:	nach Wahl
Choke:	fest, nach Wahl

Visierung: Flintenkorn
Sicherung: Schiebesicherung auf dem Kolbenhals

MERKMALE

- Material: Stahl
- Finish: brüniert, Systemkasten unbehandelt und reich graviert
- Schaft: ausgesuchtes Nussbaumholz

Ferlib Rex

TECHNISCHE DATEN

Kaliber: 12, 16, 20 oder 28
Kammerlänge: $2^{3}/_{4}$" (70 mm)
Anzahl der Läufe: Doppelflinte (Querflinte)
System: Kipplaufwaffe (Baskülverschluss)
Verriegelung: Greener-Verschluss, Laufhaken
Abzug: Doppelabzug
Gesamtgewicht: 3,4–3,6 kg
Gesamtlänge: 111–124 cm
Lauflänge: 63–76 cm ($24^{3}/_{4}$" oder $29^{7}/_{8}$")
Hülsenentfernung: nach Wahl
Choke: fest, nach Wahl
Visierung: Flintenkorn
Sicherung: Schiebesicherung auf dem Kolbenhals

MERKMALE

- Material: Stahl
- Finish: brüniert, Systemkasten unbehandelt und reich graviert, Seitenschlosse
- Schaft: besonders ausgesuchtes Nussbaumholz

Ferlib Tra Gli Uliveti

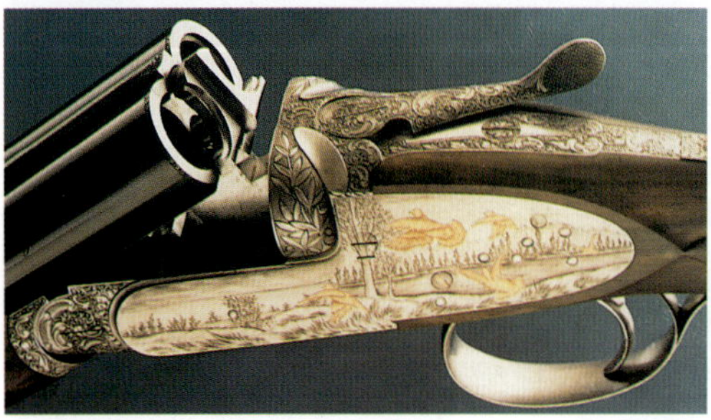

TECHNISCHE DATEN

Kaliber: 12, 16, 20 oder 28
Kammerlänge: $2^{3}/_{4}$" (70 mm)
Anzahl der Läufe: Doppelflinte (Querflinte)
System: Kipplaufwaffe (Baskülverschluss)
Verriegelung: Greener-Verschluss, Laufhaken
Abzug: Einabzug
Gesamtgewicht: 3,4–3,6 kg
Gesamtlänge: 111–124 cm
Lauflänge: 63–76 cm ($24^{3}/_{4}$" oder $29^{7}/_{8}$")
Hülsenentfernung: nach Wahl
Choke: fest, nach Wahl
Visierung: Flintenkorn
Sicherung: Schiebesicherung auf dem Kolbenhals

MERKMALE

- Material: Stahl
- Finish: brüniert, Systemkasten unbehandelt und reich graviert, Seitenschlosse
- Schaft: besonders ausgesuchtes Nussbaumholz

A.H. Fox

Die handgefertigten Flinten der Firma A.H. Fox Shotguns wurden zwischen 1905 und 1931 in Pennsylvania in den den Vereinigten Staaten hergestellt. US-Präsident Theodor Roosevelt hatte 1909 eine Fox FE Grade-Flinte für einen Jagdtrip nach Afrika geschenkt erhalten. Von Fox-Waffen dieses Typs wurden, in den Kalibern 12 und 20, nur 3500 Stück gebaut.

Seit 1994 stellt nun die amerikanische Firma Connecticut Shotgun Manufacturing Co. wieder auf die alte traditionelle Weise Fox-Flinten her. Jede der edlen Waffen wird einzeln nach Kundenwünschen angefertigt. Als Schaftmaterial wird ausschließlich besonders ausgesuchtes türkisches Nussbaumwurzelholz verwendet.

Fox-Flinten sind ausschließlich Querflinten und ihre Qualität und die zu ihrer Herstellung verwendete Büchsenmacherkunst ist absolut superb. Insbesondere alte Fox-Flinten werden in den USA wie Gold und Diamanten als hervorragende Geldanlage gesehen. Der Basispreis einer heute hergestellten Fox-Waffe liegt – noch ohne Gravur – bereits zwischen 9500 und 26 000 Dollar.

Fox CE Grade

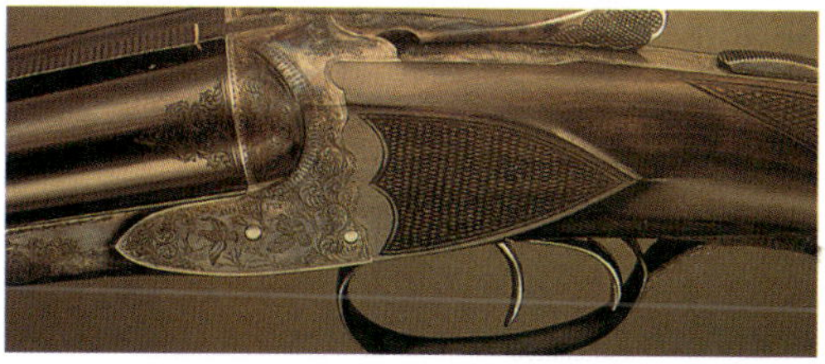

TECHNISCHE DATEN

Kaliber: 12, 20, 28 oder .410
Kammerlänge: 3" (76 mm)
Anzahl der Läufe: Doppelflinte (Querflinte)
System: Kipplaufwaffe (Baskülverschluss)
Verriegelung: Greener-Verschluss, doppelte Laufhaken
Abzug: Doppelabzug
Gesamtgewicht: 2,7–3,2 kg
Gesamtlänge: nach Wahl
Lauflänge: nach Wahl
Hülsenentfernung: nach Wahl
Choke: fest, nach Wahl
Visierung: goldenes Flintenkorn
Sicherung: Schiebesicherung auf dem Kolbenhals

MERKMALE

- Material: Stahl
- Finish: brüniert, Systemkasten buntgehärtet und reich graviert (Design nach Wahl)
- Schaft: besonders ausgesuchtes türkisches Nussbaumholz, mit gerader, englischer Schäftung

Fox DE-20 Grade

TECHNISCHE DATEN

Kaliber: 20
Kammerlänge: 3" (76 mm)
Anzahl der Läufe: Doppelflinte (Querflinte)
System: Kipplaufwaffe (Baskülverschluss)
Verriegelung: Greener-Verschluss, doppelte Laufhaken
Abzug: Doppelabzug
Gesamtgewicht: 2,7–3,2 kg
Gesamtlänge: nach Wahl
Lauflänge: nach Wahl
Hülsenentfernung: nach Wahl
Choke: fest, nach Wahl
Visierung: goldenes Flintenkorn
Sicherung: Schiebesicherung auf dem Kolbenhals

MERKMALE

- Material: Stahl
- Finish: brüniert, Systemkasten buntgehärtet und reich graviert (Design nach Wahl)
- Schaft: besonders ausgesuchtes türkisches Nussbaumholz, mit gerader, englischer Schäftung

Fox FE Grade

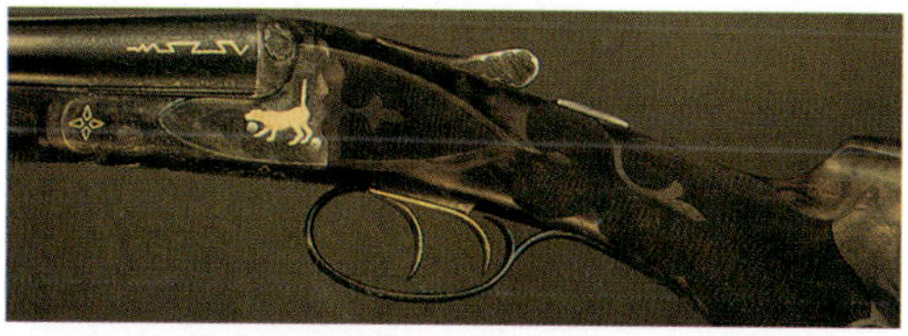

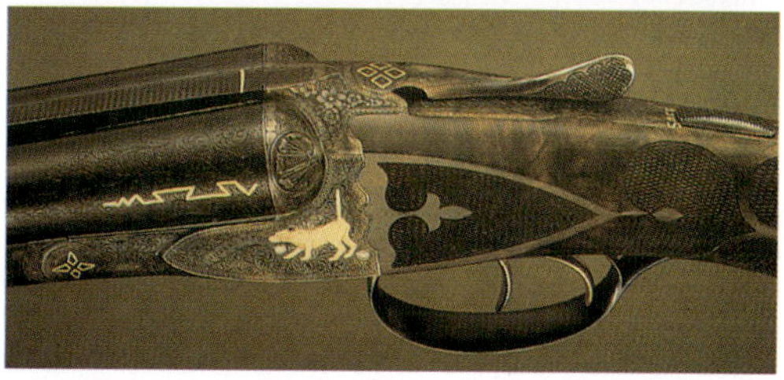

TECHNISCHE DATEN

Kaliber: 12, 16, 20 oder 28
Kammerlänge: 3" (76 mm)
Anzahl der Läufe: Doppelflinte (Querflinte)
System: Kipplaufwaffe (Baskülverschluss)
Verriegelung: Greener-Verschluss, doppelte Laufhaken
Abzug: Doppelabzug
Gesamtgewicht: 2,7–3,2 kg
Gesamtlänge: nach Wahl
Lauflänge: nach Wahl
Hülsenentfernung: nach Wahl
Choke: fest, nach Wahl
Visierung: goldenes Flintenkorn
Sicherung: Schiebesicherung auf dem Kolbenhals

MERKMALE

- Material: Stahl
- Finish: brüniert, Systemkasten buntgehärtet und reich graviert, mit Goldeinlagen (Design nach Wahl)
- Schaft: besonders ausgesuchtes türkisches Nussbaumholz, mit gerader, englischer Schäftung

Fox Special Grade

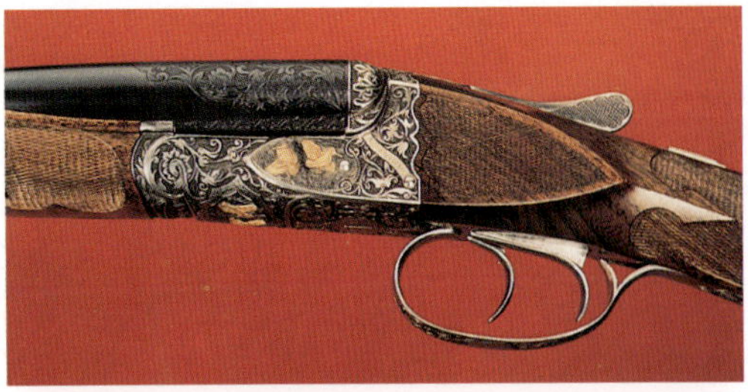

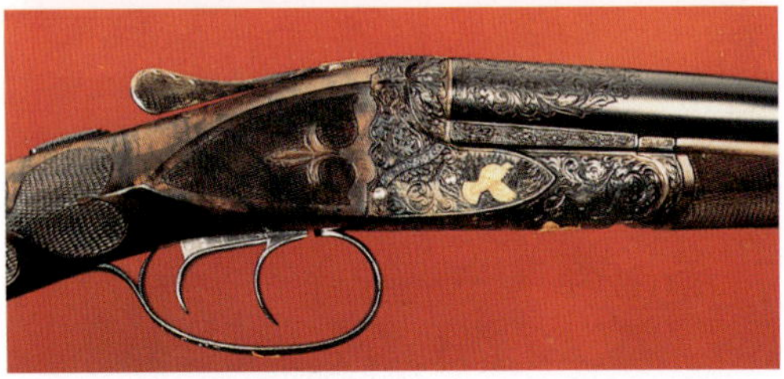

TECHNISCHE DATEN

Kaliber:	12, 16 oder 20
Kammerlänge:	3" (76 mm)
Anzahl der Läufe:	Doppelflinte (Querflinte)
System:	Kipplaufwaffe (Baskülverschluss)
Verriegelung:	Greener-Verschluss, doppelte Laufhaken
Abzug:	Doppelabzug
Gesamtgewicht:	2,7–3,2 kg
Gesamtlänge:	nach Wahl
Lauflänge:	nach Wahl
Hülsenentfernung:	nach Wahl
Choke:	fest, nach Wahl
Visierung:	goldenes Flintenkorn
Sicherung:	Schiebesicherung auf dem Kolbenhals

MERKMALE

- Material: Stahl
- Finish: brüniert, Systemkasten buntgehärtet und reich graviert, mit Goldeinlagen (Design nach Wahl)
- Schaft: besonders ausgesuchtes türkisches Nussbaumholz, mit gerader, englischer Schäftung

Fox XE Grade

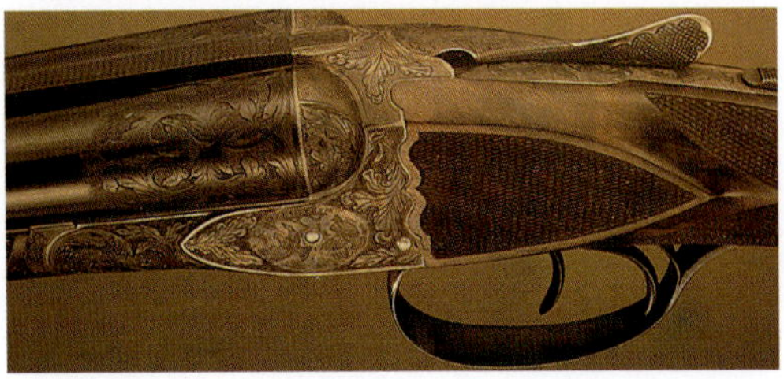

TECHNISCHE DATEN

Kaliber:	16, 20, 28 oder .410
Kammerlänge:	3" (76 mm)
Anzahl der Läufe:	Doppelflinte (Querflinte)
System:	Kipplaufwaffe (Baskülverschluss)
Verriegelung:	Greener-Verschluss, doppelte Laufhaken
Abzug:	Doppelabzug
Gesamtgewicht:	2,7–3,2 kg
Gesamtlänge:	nach Wahl
Lauflänge:	nach Wahl
Hülsenentfernung:	nach Wahl
Choke:	fest, nach Wahl
Visierung:	goldenes Flintenkorn
Sicherung:	Schiebesicherung auf dem Kolbenhals

MERKMALE

- Material: Stahl
- Finish: brüniert, Systemkasten buntgehärtet und reich graviert (Design nach Wahl)
- Schaft: besonders ausgesuchtes türkisches Nussbaumholz, mit gerader, englischer Schäftung

Franchi

Die Waffenherstellungsfirma Luigi Franchi hat ihren Sitz in Fornaci in der norditalienischen Region Brescia. Das heute sehr moderne Unternehmen blickt auf eine jahrhundertealte Büchsenmachertradition zurück. Franchi baut neben verschiedenen hervorragenden Bockdoppelflinten auch diverse Selbstladeflintenmodelle. Bis 1985 baute man auch noch einige traditionelle Querflinten, wie etwa die Imperiale Montecarlo Extra mit Seitenschlossen, die Astore-Doppelflinte oder die Modelle Albatros und Franchi 300. Diese Waffen wurden leider aus der Produktion genommen.
Die bekanntesten Franchi-Produkte sind inzwischen die so genannten Riot-Guns der Firma, die Modelle SPAS-12 (1983 eingeführt) und SPAS-15. Beide Waffen sind sowohl Pumprepetier- als auch Selbstladeflinten, denn sie können von dem einen auf das andere System umgestellt werden.

Franchi Alcione 97.12

TECHNISCHE DATEN

Kaliber:	12

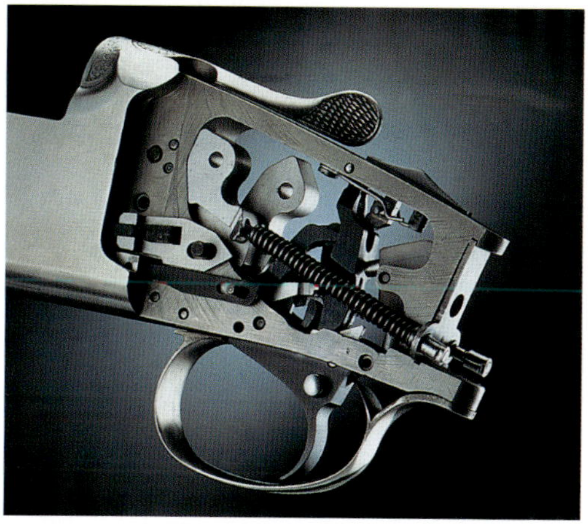

Kammerlänge:	$2\frac{3}{4}$" oder 3" (70 oder 76 mm)
Anzahl der Läufe:	Bockdoppelflinte
System:	Kipplaufwaffe (Baskülverschluss)
Verriegelung:	Laufhaken
Abzug:	Einabzug mit Laufwahlknopf oder Doppelabzug
Gesamtgewicht:	3–3,2 kg
Gesamtlänge:	115–124 cm
Lauflänge:	62–71 cm (24"–28")
Hülsenentfernung:	automatischer Ejektor
Choke:	fest, nach Wahl, oder Franchok-Wechselchokeeinsätze
Visierung:	Flintenkorn, ventilierte Schiene
Sicherung:	Schiebesicherung auf dem Kolbenhals

MERKMALE

- Material:	Stahl
- Finish:	brüniert, Systemkasten unbehandelt
- Schaft:	Nussbaumholz, mit Pistolengriff

Für diese Flinten gibt es mehrere Wechselläufe mit unterschiedlichen Lauflängen.

Franchi Alcione SL.12

TECHNISCHE DATEN

Kaliber:	12
Kammerlänge:	$2\frac{3}{4}$" oder 3" (70 oder 76 mm)
Anzahl der Läufe:	Bockdoppelflinte
System:	Kipplaufwaffe (Baskülverschluss)
Verriegelung:	Laufhaken
Abzug:	Einabzug mit Laufwahlknopf oder Doppelabzug
Gesamtgewicht:	3–3,2 kg
Gesamtlänge:	115–124 cm
Lauflänge:	62–71 cm (24"–28")

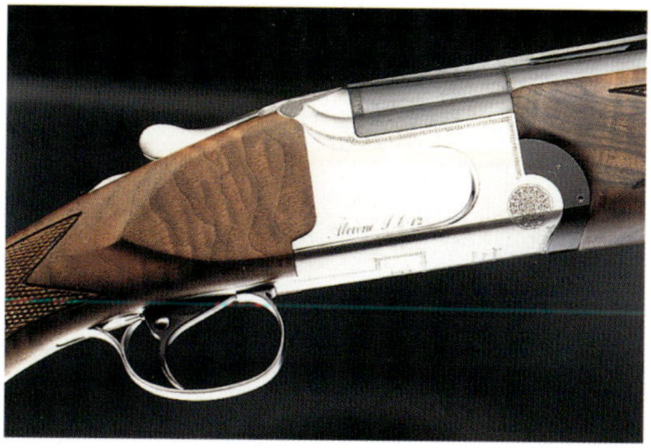

Hülsenentfernung:	automatischer Ejektor
Choke:	fest, nach Wahl, oder Franchok-Wechselchokeeinsätze
Visierung:	Flintenkorn, ventilierte Schiene
Sicherung:	Schiebesicherung auf dem Kolbenhals

MERKMALE

- Material:	Stahl
- Finish:	brüniert, Systemkasten unbehandelt
- Schaft:	Nussbaumholz, mit Pistolengriff

Auch für diese Flinten gibt es mehrere Wechselläufe mit unterschiedlichen Lauflängen.

Franchi Alcione 2000 SX

TECHNISCHE DATEN

Kaliber:	12
Kammerlänge:	$2\frac{3}{4}$" (70 mm)
Anzahl der Läufe:	Bockdoppelflinte
System:	Kipplaufwaffe (Baskülverschluss)
Verriegelung:	Laufhaken
Abzug:	Einabzug mit Laufwahlknopf oder Doppelabzug
Gesamtgewicht:	3,1–3,2 kg
Gesamtlänge:	115–124 cm
Lauflänge:	62–71 cm (24"–28")
Hülsenentfernung:	automatischer Ejektor
Choke:	fest, nach Wahl, oder Franchok-Wechselchokeeinsätze
Visierung:	Flintenkorn, ventilierte Schiene
Sicherung:	Schiebesicherung auf dem Kolbenhals

MERKMALE

- Material: Stahl
- Finish: brüniert, Systemkasten unbehandelt und graviert
- Schaft: Nussbaumholz, mit Pistolengriff

Franchi Dominator

TECHNISCHE DATEN

Kaliber:	12
Kammerlänge:	$2\,^3/_4$" (70 mm)
Anzahl der Läufe:	Bockdoppelflinte
System:	Kipplaufwaffe (Baskülverschluss)
Verriegelung:	Laufhaken
Abzug:	Einabzug mit Laufwahlknopf oder Doppelabzug
Gesamtgewicht:	3–3,1 kg
Gesamtlänge:	115–122 cm
Lauflänge:	71, 74 oder 76 cm (28", $29\,^1/_8$" oder 30")
Hülsenentfernung:	automatischer Ejektor
Choke:	fest, nach Wahl, oder Franchok-Wechselchokeeinsätze
Visierung:	Flintenkorn, ventilierte Schiene
Sicherung:	Schiebesicherung auf dem Kolbenhals

MERKMALE

- Material: Stahl
- Finish: brüniert
- Schaft: Nussbaumholz, mit Pistolengriff

Franchi Falconet 97.12

TECHNISCHE DATEN

Kaliber:	12
Kammerlänge:	$2\,^3/_4$" (70 mm)
Anzahl der Läufe:	Bockdoppelflinte
System:	Kipplaufwaffe (Baskülverschluss)
Verriegelung:	Laufhaken
Abzug:	Einabzug mit Laufwahlknopf oder Doppelabzug
Gesamtgewicht:	2,8 kg
Gesamtlänge:	115–120 cm
Lauflänge:	66–71 cm (26"–28")
Hülsenentfernung:	automatischer Ejektor
Choke:	fest, nach Wahl, oder Franchok-Wechselchokeeinsätze
Visierung:	Flintenkorn, ventilierte Schiene
Sicherung:	Schiebesicherung auf dem Kolbenhals

MERKMALE

- Material: Stahl, Systemkasten aus Aluminium
- Finish: brüniert, Systemkasten unbehandelt und reich graviert
- Schaft: Nussbaumholz, mit Pistolengriff

Für diese Flinten gibt es mehrere Wechselläufe mit unterschiedlichen Lauflängen.

Franchi Falconet 2000 SL

TECHNISCHE DATEN

Kaliber:	12
Kammerlänge:	$2\,^3/_4$" (70 mm)
Anzahl der Läufe:	Bockdoppelflinte
System:	Kipplaufwaffe (Baskülverschluss)
Verriegelung:	Laufhaken
Abzug:	Einabzug mit Laufwahlknopf oder Doppelabzug
Gesamtgewicht:	2,7–2,8 kg
Gesamtlänge:	112–120 cm
Lauflänge:	62–71 cm (24"–28")
Hülsenentfernung:	automatischer Ejektor
Choke:	fest, nach Wahl, oder Franchok-Wechselchokeeinsätze
Visierung:	Flintenkorn, ventilierte Schiene
Sicherung:	Schiebesicherung auf dem Kolbenhals

MERKMALE

- Material: Stahl, Systemkasten aus Aluminium
- Finish: brüniert
- Schaft: Nussbaumholz, mit Pistolengriff

Franchi Sous Bois

TECHNISCHE DATEN

Kaliber:	12
Kammerlänge:	$2\,^3/_4$" (70 mm)

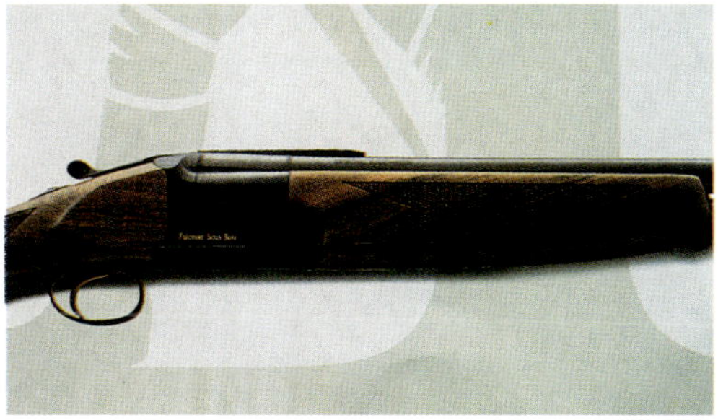

Anzahl der Läufe: Bockdoppelflinte
System: Kipplaufwaffe (Baskülverschluss)
Verriegelung: Laufhaken
Abzug: Einabzug mit Laufwahlknopf
Gesamtgewicht: 2,6 kg
Gesamtlänge: 112 cm
Lauflänge: 62 cm (24")
Hülsenentfernung: automatischer Ejektor
Choke: oberer Lauf: $^{1}/_{2}$-Choke, unterer: gezogen (für Slugs)
Visierung: Flintenkorn, angedeutetes Fluchtvisier
Sicherung: Schiebesicherung auf dem Kolbenhals

MERKMALE
- Material: Stahl, Systemkasten aus Aluminium
- Finish: brüniert
- Schaft: Nussbaumholz, mit Pistolengriff

Franchi Grand Prix 90 VL

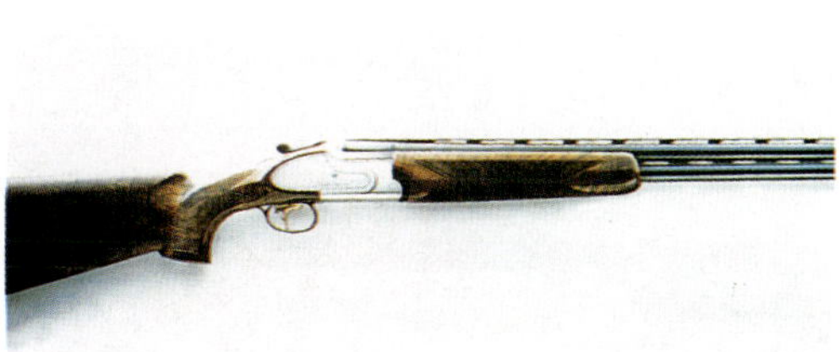

TECHNISCHE DATEN
Kaliber: 12
Kammerlänge: $2^{3}/_{4}$" (70 mm)
Anzahl der Läufe: Bockdoppelflinte
System: Kipplaufwaffe (Baskülverschluss)
Verriegelung: Laufhaken
Abzug: Einabzug mit Einstellmöglichkeit
Gesamtgewicht: 3–3,2 kg
Gesamtlänge: 115–122 cm
Lauflänge: 71, 74 oder 76 cm (28", $29^{1}/_{8}$" oder 30")
Hülsenentfernung: automatischer Ejektor
Choke: fest, nach Wahl oder Franchok-Wechselchoke-einsätze
Visierung: Flintenkorn, ventilierte Schiene
Sicherung: Schiebesicherung auf dem Kolbenhals

MERKMALE
- Material: Stahl
- Finish: brüniert, Systemkasten unbehandelt (keine Seitenschlosse)
- Schaft: Nussbaumholz, mit Pistolengriff

Franchi Pump PA-8L

TECHNISCHE DATEN
Kaliber: 12
Kammerlänge: 3" (76 mm)
Anzahl der Läufe: Einzellauf
Magazin: Röhrenmagazin für 3 bis 7 Patronen
System: Vorderschaftrepetiersystem
Verriegelung: Vertikalblockverschluss
Abzug: Einzelabzug
Gesamtgewicht: 3 kg
Gesamtlänge: 107 cm
Lauflänge: 47,5 oder 61 cm ($18^{3}/_{4}$" oder $23^{5}/_{8}$")
Hülsenentfernung: Repetierauszieher
Choke: Variomix-Aufschraub-Chokeeinsätze
Visierung: Laufkorn
Sicherung: Druckknopfsicherung vorn am Abzugsbügel

MERKMALE
- Material: Stahl
- Finish: matt brüniert
- Schaft: Metallklappschaft, schwarzer Kunststoffvorderschaft, mit Pistolengriff

Diese Waffe ist als Modell PA-7 auch mit einem schwarz lackierten Holzschaft mit speziellem Pistolengriffhinterschaft sowie als Model PA-8E mit einem Kunststoffhinterschaft erhältlich. In einigen europäischen Staaten, etwa in Großbritannien, ist die Franchi-Pumpflinte aufgrund ihrer geringen Lauflänge und aufgrund ihrer großen Magazinkapazität verboten. In Deutschland ist lediglich die Version mit dem Klappschaft nicht zugelassen und die Behörde kann für die anderen Versionen bei Vorlage eines Bedürfnisses eine Erwerbsberechtigung ausstellen; auch können sie aufgrund Jagdscheines als Repetierwaffen erworben werden.

Franchi SPAS-12

TECHNISCHE DATEN

Kaliber:	12
Kammerlänge:	$2^3/_4$" (70 mm)
Anzahl der Läufe:	Einzellauf
Magazin:	Röhrenmagazin für 3 bis 7 Patronen
System:	halbautomatisch (Gasdrucklader), wahlweise Vorderschaftrepetiersystem
Verriegelung:	Vertikalblockverschluss
Abzug:	Einzelabzug
Gesamtgewicht:	4 kg
Gesamtlänge:	107 cm
Lauflänge:	55 cm ($21^5/_8$")
Hülsenentfernung:	Repetierauszieher
Choke:	Variomix-Aufschraub-Chokeeinsätze
Visierung:	Büchsenvisier
Sicherung:	Druckknopfsicherung vorn am Abzugsbügel

MERKMALE

- Material:	Stahl
- Finish:	matt brüniert
- Schaft:	Metallklappschaft oder schwarzer Kunststoffschaft, mit ausgeprägtem Pistolengriff

Bei dieser Waffe kann mittels eines Umschalters, der sich vorne unter dem Vorderschaft befindet, einfach zwischen Selbstlade- und Vorderschaftrepetiersystem gewählt werden. In Großbritannien ist die Franchi SPAS-12 aufgrund ihrer geringen Lauflänge und aufgrund ihrer großen Magazinkapazität verboten. In Deutschland ist sie verboten, weil sie den Anschein einer automatischen Kriegswaffe erweckt. Die Behörden können keine Erwerbsberechtigung für die Flinte ausstellen

Franchi SPAS-15

TECHNISCHE DATEN

Kaliber:	12
Kammerlänge:	$2^3/_4$" (70 mm)
Anzahl der Läufe:	Einzellauf
Magazin:	Kastenmagazin für 2 oder 8 Patronen
System:	halbautomatisch (Gasdrucklader), wahlweise Vorderschaftrepetiersystem
Verriegelung:	Vertikalblockverschluss
Abzug:	Einzelabzug
Gesamtgewicht:	3,9 oder 4,1 kg
Gesamtlänge:	98 oder 100 cm
Lauflänge:	45 cm ($17^3/_4$")
Hülsenentfernung:	Repetierauszieher
Choke:	Variomix-Aufschraub-Chokeeinsätze
Visierung:	Büchsenvisier, verstellbar
Sicherung:	Druckknopfsicherung vorn am Abzugsbügel, Griffstücksicherung am Pistolengriff

MERKMALE

- Material:	Stahl, Systemkasten aus Aluminium
- Finish:	matt brüniert
- Schaft:	Metallklappschaft oder schwarz lackierter Holzschaft, mit ausgeprägtem Pistolengriff

Bei dieser Waffe kann mittels eines Umschalters, der sich vorne unter dem Vorderschaft befindet, einfach zwischen Selbstlade- und Vorderschaftrepetiersystem gewählt werden. In einigen europäischen Staaten, etwa in Großbritannien, ist die Franchi SPAS-15 aufgrund ihrer geringen Lauflänge und aufgrund ihrer großen Magazinkapazität verboten. In Deutschland ist sie verboten, weil sie den Anschein einer automatischen Kriegswaffe erweckt. Die Behörden können keine Erwerbsberechtigungen für diese Flinte ausstellen.

Franchi Sporting 2000

TECHNISCHE DATEN

Kaliber:	12
Kammerlänge:	$2^3/_4$" (70 mm)
Anzahl der Läufe:	Bockdoppelflinte
System:	Kipplaufwaffe (Baskülverschluss)
Verriegelung:	Laufhaken
Abzug:	Einabzug
Gesamtgewicht:	3,45 kg
Gesamtlänge:	115 oder 120 cm
Lauflänge:	71 oder 76 cm (28" oder 30")
Hülsenentfernung:	automatischer Ejektor
Choke:	fest, $^1/_2$- u. Voll-Choke oder Franchok-Wechselchoke
Visierung:	Flintenkorn, ventilierte Schiene
Sicherung:	Schiebesicherung auf dem Kolbenhals

MERKMALE

- Material:	Stahl

- Finish:	brüniert
- Schaft:	Nussbaumholz, mit Pistolengriff

Franchi 48 AL

TECHNISCHE DATEN

Kaliber:	12, 20 oder 28
Kammerlänge:	2¾" (70 mm)
Anzahl der Läufe:	Einzellauf
Magazin:	Röhrenmagazin für 2 Patronen
System:	halbautomatisch (Rückstoßlader)
Verriegelung:	Drehkammerverschluss
Abzug:	Einzelabzug
Gesamtgewicht:	2,6–2,9 kg
Gesamtlänge:	104–120 cm
Lauflänge:	60–76 cm (23⅝"–30")
Hülsenentfernung:	Repetierauszieher
Choke:	fest, ½-, ¾-, Voll-Choke oder Franchok-Wechselchokeeinsätze
Visierung:	Flintenkorn, ventilierte Schiene
Sicherung:	Druckknopfsicherung hinten am Abzugsbügel

MERKMALE

- Material:	Stahl, Systemkasten aus Aluminium
- Finish:	brüniert
- Schaft:	Nussbaumholz, mit Pistolengriff

Franchi 48 AL Black Magic

TECHNISCHE DATEN

Kaliber:	12, 20 oder 28
Kammerlänge:	2¾" (70 mm)
Anzahl der Läufe:	Einzellauf
Magazin:	Röhrenmagazin für 2 Patronen
System:	halbautomatisch (Rückstoßlader)
Verriegelung:	Drehkammerverschluss
Abzug:	Einzelabzug
Gesamtgewicht:	2,6–2,9 kg
Gesamtlänge:	104–120 cm
Lauflänge:	60–76 cm (23⅝"–30")
Hülsenentfernung:	Repetierauszieher
Choke:	fest oder Franchok-Wechselchokeeinsätze
Visierung:	Flintenkorn, ventilierte Schiene
Sicherung:	Druckknopfsicherung hinten am Abzugsbügel

MERKMALE

- Material:	Stahl, Systemkasten aus Aluminium
- Finish:	schwarz brüniert, mit dekorativen Einfassungslinien
- Schaft:	Nussbaumholz, mit Pistolengriff

Franchi 610 VSL Variopress

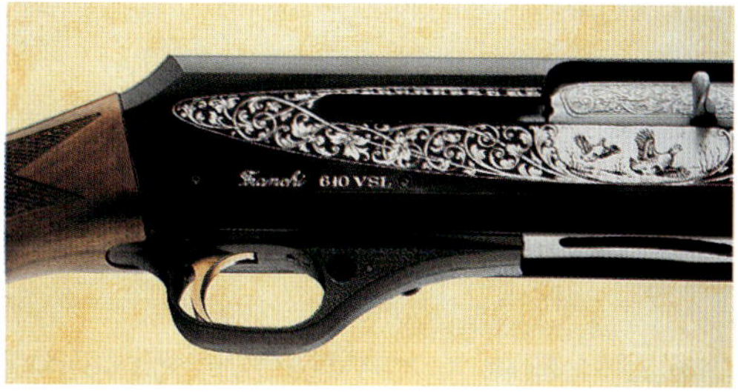

TECHNISCHE DATEN

Kaliber:	12
Kammerlänge:	3" (76 mm)
Anzahl der Läufe:	Einzellauf
Magazin:	Röhrenmagazin für 2 Patronen
System:	halbautomatisch (Rückstoßlader)
Verriegelung:	Drehkammerverschluss
Abzug:	Einzelabzug
Gesamtgewicht:	3,2 – 3,3 kg
Gesamtlänge:	104–120 cm
Lauflänge:	60–76 cm (23⅝"–30")
Hülsenentfernung:	Repetierauszieher
Choke:	fest oder wahlweise Franchok- oder Variomix-Wechselchoke
Visierung:	Flintenkorn, ventilierte Schiene
Sicherung:	Druckknopfsicherung vorn am Abzugsbügel

MERKMALE

- Material:	Stahl, Systemkasten aus Aluminium
- Finish:	brüniert, Systemkasten matt, mit dekorativen Einfassungslinien
- Schaft:	Nussbaumholz, mit Pistolengriff

Der Gaskolben dieser Selbstladeflinte ist von einer Spiralfeder umgegeben, die den Rückstoß teilweise absorbiert. Dadurch können Schrotpatronen mit sehr unterschiedlich harten Ladungen verschossen werden.

Franchi 612/620 VS Variopress

TECHNISCHE DATEN

Kaliber:	12 oder 20
Kammerlänge:	3" (76 mm)

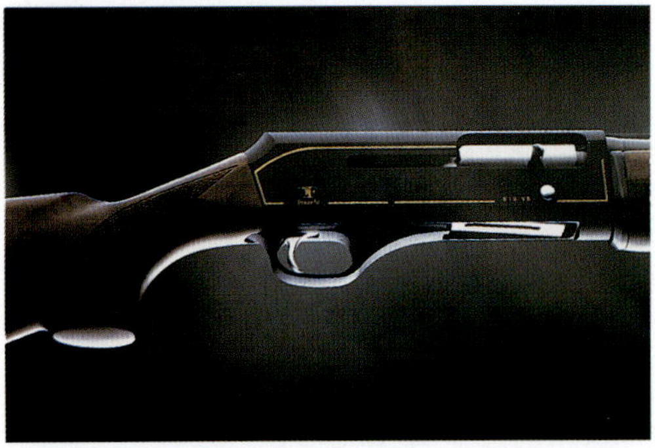

Anzahl der Läufe: Einzellauf
Magazin: Röhrenmagazin für 2 Patronen
System: halbautomatisch (Rückstoßlader)
Verriegelung: Drehkammerverschluss
Abzug: Einzelabzug
Gesamtgewicht: 2,65–3,2 kg
Gesamtlänge: 104–120 cm
Lauflänge: 60–76 cm ($23\frac{5}{8}$"–30")
Hülsenentfernung: Repetierauszieher
Choke: fest oder Franchok-Wechselchokeeinsätze
Visierung: Flintenkorn, ventilierte Schiene
Sicherung: Druckknopfsicherung vorn am Abzugsbügel

MERKMALE

- Material: Stahl, Systemkasten aus Aluminium
- Finish: brüniert, Systemkasten matt, mit dekorativen Einfassungslinien
- Schaft: Nussbaumholz, mit Pistolengriff

Der Gaskolben dieser Selbstladeflinte ist von einer Spiralfeder umgegeben, die den Rückstoß teilweise absorbiert. Dadurch können Schrotpatronen mit sehr unterschiedlich harten Ladungen verschossen werden.

Franchi 612 VS/VSGL Variopress

TECHNISCHE DATEN

Kaliber: 12 oder 20
Kammerlänge: 3" (76 mm)
Anzahl der Läufe: Einzellauf
Magazin: Röhrenmagazin für 2 Patronen
System: halbautomatisch (Rückstoßlader)

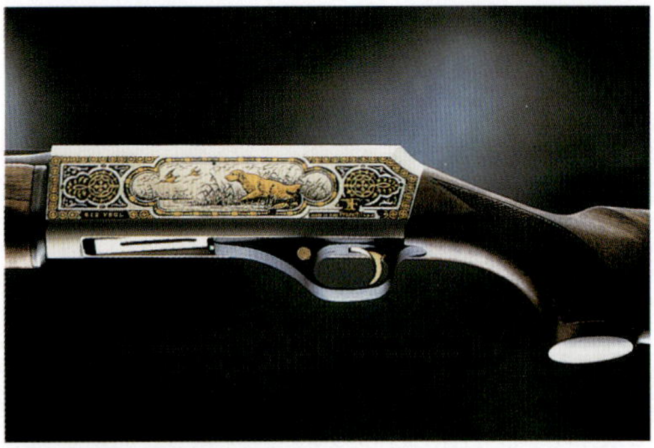

Verriegelung: Drehkammerverschluss
Abzug: Einzelabzug
Gesamtgewicht: 2,65–3,2 kg
Gesamtlänge: 104–120 cm
Lauflänge: 60–76 cm ($23\frac{5}{8}$"–30")
Hülsenentfernung: Repetierauszieher
Choke: fest oder Franchok-Wechselchokeeinsätze
Visierung: Flintenkorn, ventilierte Schiene
Sicherung: Druckknopfsicherung vorn am Abzugsbügel

MERKMALE

- Material: Stahl, Systemkasten aus Aluminium
- Finish: brüniert, Systemkasten brüniert und graviert, mit goldeingelegten Jagdmotiven (612 VSL), oder unbehandelt und graviert, mit goldeingelegten Jagdmotiven (612 VSGL)
- Schaft: Nussbaumholz, mit Pistolengriff

Der Gaskolben dieser Selbstladeflinte ist von einer Spiralfeder umgegeben, die den Rückstoß teilweise absorbiert. Dadurch können Schrotpatronen mit sehr unterschiedlich harten Ladungen verschossen werden.

Frankonia

Frankonia Jagd

Die Firma Waffen-Frankonia wurde 1907 von Nikolaus Hofmann im nordbayerischen Würzburg gegründet. Im Laufe der Jahrzehnte wuchs die Firma von einer kleinen Büchsenmacherwerkstatt zu einem Großunternehmen. 1945 wurde das Firmenareal zwar durch Bomben der Allierten zerstört. 1956 hatte Hofmanns Sohn Alfred das Unternehmen aber bereits wieder aufgebaut und begann mit 80 Mitarbeitern von Neuem. Mitte der 70er Jahre wurde die Firma in Frankonia Jagd umbenannt. Frankonia, einer der größten Waffenhandelsbetriebe Deutschlands, vertreibt heute auf dem Postwege ein großangelegtes, gut sortiertes Angebot aus dem Bereich der Waffen, des Waffenzubehörs und der einschlägigen, jagdbezogenen Bekleidung. Die diversen Frankonia-Filialen in ganz Deutschland, die allesamt über eigene Büchsenmacherwerkstätten verfügen, wo kleinere Reparaturen auch vor Ort vorgenommen werden können, entstanden vornehmlich aus übernommenen alteingesessenen Betrieben. Seit etwa 10 Jahren ist Frankonia Jagd auch europaweit aktiv, Filialen gibt es in Frankreich, Belgien, Dänemark und der Tschechischen Republik. In der zentralen Büchsenmacherwerkstatt im Würzburger Raum werden individuelle Kundenwünsche verwirklicht und auch spezielle Gravurarbeiten ausgeführt. In seiner zentralen Büchsenmacherwerkstatt, die auch spezielle Büchsenmacher-Ausbildungskurse anbietet, produziert die Firma Frankonia Jagd auf der Basis des berühmten Mauser 98-Systems unter dem Namen Frankonia Favorit eine eigene Serie von Repetierbüchsen. An Flinten und kombinierten Gewehren bietet Frankonia, teils unter eigenem Produktnamen, vornehmlich Waffen aus italienischer oder osteuropäischer Fertigung an.

Frankonia Astore Doppelflinte

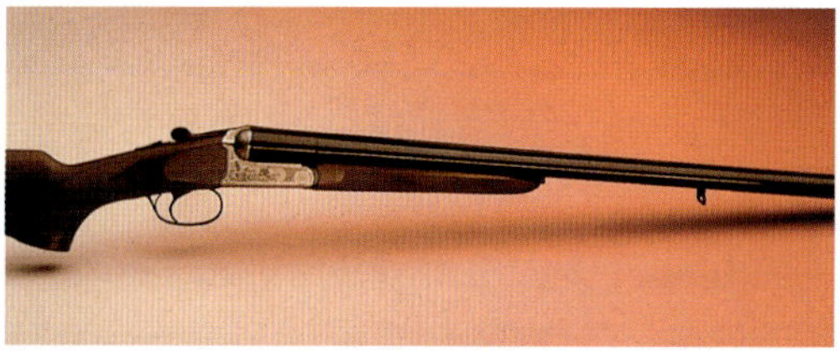

TECHNISCHE DATEN

Kaliber:	12
Kammerlänge:	$2^{3}/_{4}$" (70 mm)
Anzahl der Läufe:	Doppelflinte (Querflinte)
System:	Kipplaufwaffe (Baskülverschluss)
Verriegelung:	Laufhaken
Abzug:	Einabzug
Gesamtgewicht:	3,2 kg
Gesamtlänge:	115 cm
Lauflänge:	70 cm ($27^{1}/_{2}$")
Hülsenentfernung:	automatischer Ejektor oder nur Auszieher
Choke:	fest, $^{1}/_{2}$- und Voll-Choke
Visierung:	Flintenkorn
Sicherung:	Schiebesicherung auf dem Kolbenhals, kein Laufwahlschieber

MERKMALE

- Material:	Stahl
- Finish:	brüniert, Systemkasten unbehandelt und graviert (Jagdmotive)
- Schaft:	Nussbaumholz, mit Pistolengriff

Frankonia/Baikal Einlaufflinte

TECHNISCHE DATEN

Kaliber:	12
Kammerlänge:	$2^{3}/_{4}$" oder 3" (70 oder 76 mm)
Anzahl der Läufe:	Einlaufflinte
System:	Kipplaufwaffe (Baskülverschluss)
Verriegelung:	Laufhaken, Verriegelungshebel hinter dem Abzugsbügel
Abzug:	Einabzug
Gesamtgewicht:	2,6 kg
Gesamtlänge:	115 cm
Lauflänge:	73 cm ($29^{1}/_{2}$")
Hülsenentfernung:	automatischer Ejektor oder nur Auszieher
Choke:	fest, Voll-Choke
Visierung:	Laufkorn
Sicherung:	Sicherungsknopf im Abzugsbügel

MERKMALE

- Material:	Stahl
- Finish:	brüniert
- Schaft:	Hartholz, mit Pistolengriff

Frankonia/Baikal Taiga Doppelflinte

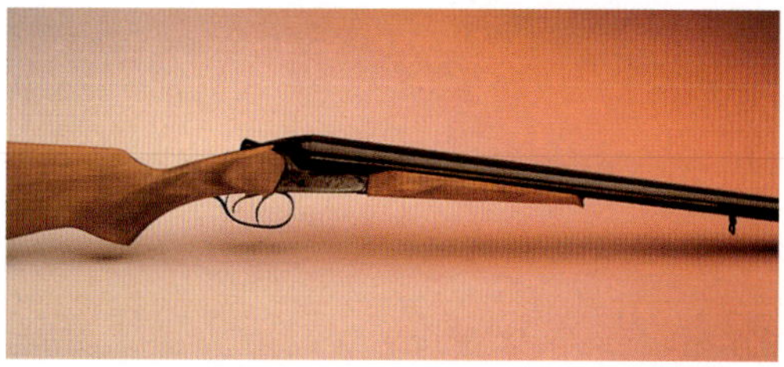

TECHNISCHE DATEN

Kaliber:	12
Kammerlänge:	$2^{3}/_{4}$" (70 mm)
Anzahl der Läufe:	Doppelflinte (Querflinte)
System:	Kipplaufwaffe (Baskülverschluss)
Verriegelung:	Laufhaken
Abzug:	Doppelabzug
Gesamtgewicht:	3,2 kg
Gesamtlänge:	112 cm
Lauflänge:	72 cm ($28^{3}/_{8}$")
Hülsenentfernung:	automatischer Ejektor oder nur Auszieher
Choke:	fest, $^{1}/_{2}$- und Voll-Choke
Visierung:	Flintenkorn
Sicherung:	Schiebesicherung auf dem Kolbenhals

MERKMALE

- Material: Stahl
- Finish: brüniert
- Schaft: Hartholz, mit Pistolengriff

Frankonia/Baikal Tundra Super BDF

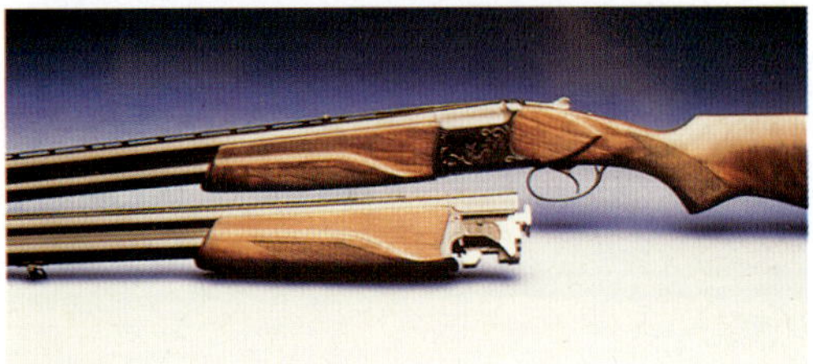

TECHNISCHE DATEN

Kaliber:	12
Kammerlänge:	$2\frac{3}{4}$" (70 mm)
Anzahl der Läufe:	Bockdoppelflinte
System:	Kipplaufwaffe (Baskülverschluss)
Verriegelung:	Laufhaken
Abzug:	Einabzug
Gesamtgewicht:	3,1–3,3 kg
Gesamtlänge:	112 cm
Lauflänge:	73 cm ($28\frac{1}{4}$")
Hülsenentfernung:	automatischer Ejektor oder nur Auszieher
Choke:	fest, $\frac{1}{2}$- und Voll-Choke
Visierung:	Flintenkorn, ventilierte Schiene
Sicherung:	Schiebesicherung auf dem Kolbenhals, Laufwahlschieber

MERKMALE

- Material: Stahl
- Finish: brüniert
- Schaft: Nussbaumholz, mit Pistolengriff

Für diese robuste russische Flinte wird ein Wechsellauf von 67 cm Länge ($26\frac{3}{8}$") angeboten, der ideal zum Skeet-Schießen ist.

Frankonia Bockbüchsflinte

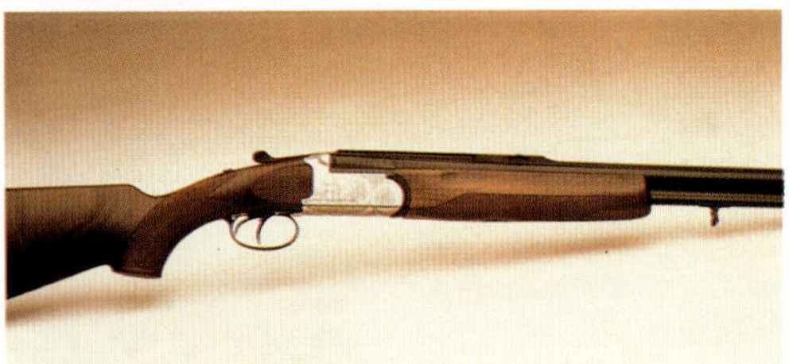

TECHNISCHE DATEN

Kaliber:	siehe nachfolgend
Kammerlänge:	Flintenlauf: $2\frac{3}{4}$" (70 mm)
Anzahl der Läufe:	Bockbüchsflinte (Flinten- u. Büchsenlauf übereinander)
System:	Kipplaufwaffe (Baskülverschluss)
Verriegelung:	Laufhaken
Abzug:	Doppelabzug
Gesamtgewicht:	3,2 kg
Gesamtlänge:	114 cm
Lauflänge:	65 cm ($25\frac{5}{8}$")
Hülsenentfernung:	Ejektor
Choke:	Flintenlauf fest, nach Wahl
Visierung:	Büchsen-Klappvisier, Prismaschiene für Zielfernrohrmontage
Sicherung:	Schiebesicherung auf dem Kolbenhals

MERKMALE

- Material: Stahl
- Finish: brüniert, Systemkasten unbehandelt und graviert
- Schaft: Nussbaumholz, mit Pistolengriff

Erhältliches Flintenkaliber: ausschließlich 12; erhältliche Büchsenkaliber: .222 Rem.; 6,5x57R; 7x65R; .30-06 .

Frankonia Bockbüchsflinte Luxus

TECHNISCHE DATEN

Kaliber:	siehe nachfolgend
Kammerlänge:	Flintenlauf: $2\frac{3}{4}$" (70 mm)
Anzahl der Läufe:	Bockbüchsflinte (Flinten- u. Büchsenlauf übereinander)
System:	Kipplaufwaffe (Baskülverschluss)
Verriegelung:	Laufhaken
Abzug:	Doppelabzug
Gesamtgewicht:	3,3 kg
Gesamtlänge:	114 cm
Lauflänge:	65 cm ($25\frac{5}{8}$")
Hülsenentfernung:	automatischer Ejektor
Choke:	Flintenlauf fest, nach Wahl
Visierung:	Büchsen- Klappvisier, Prismaschiene für Zielfernrohr
Sicherung:	Schiebesicherung auf dem Kolbenhals

MERKMALE

- Material: Stahl
- Finish: brüniert, Systemkasten unbehandelt und graviert (Jagdmotive)
- Schaft: Nussbaumholz, mit Pistolengriff und Backe

Erhältliches Flintenkaliber: ausschließlich 12; erhältliche Büchsenkaliber: .222 Rem.; 6,5x57R; 7x65R; .30-06 .

Frankonia/Brünner 500 Bockbüchsflinte

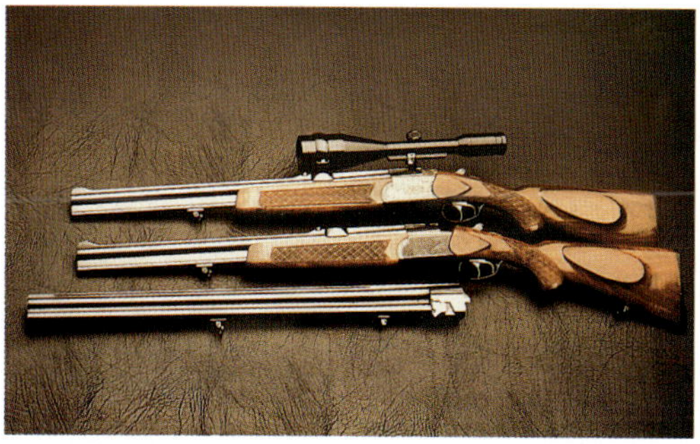

TECHNISCHE DATEN

Kaliber:	siehe nachfolgend
Kammerlänge:	Flintenlauf: $2^{3}/_{4}$" (70 mm)
Anzahl der Läufe:	Bockbüchsflinte (Flinten- u. Büchsenlauf übereinander)
System:	Kipplaufwaffe (Baskülverschluss)
Verriegelung:	Purdey-Verschluss, Laufhaken
Abzug:	Doppelabzug
Gesamtgewicht:	3,3 kg
Gesamtlänge:	100 cm
Lauflänge:	60 cm ($23^{5}/_{8}$")
Hülsenentfernung:	automatischer Ejektor
Choke:	Flintenlauf fest, Voll-Choke
Visierung:	Büchsen-Klappvisier, Prismaschiene für Zielfernrohr
Sicherung:	Schiebesicherung auf dem Kolbenhals

MERKMALE

- Material:	Stahl
- Finish:	brüniert
- Schaft:	Nussbaumholz, mit Pistolengriff und Backe

Erhältliches Flintenkaliber: ausschließlich 12; erhältliche Büchsenkaliber: .222 Rem.; 5,6x50R Mag.; 5,6x52R; 7x57R; 7x65R; .243 Win.; .308 Win.; .30-06 . Für diese Waffe gibt es verschiedene Wechselläufe in unterschiedlichen Kalibern, darunter auch einen reinen Bockdoppelflintenwechsellauf, Kaliber 12, mit $^{3}/_{4}$- und Voll-Choke.

Frankonia/Ayora Hahndoppelflinte

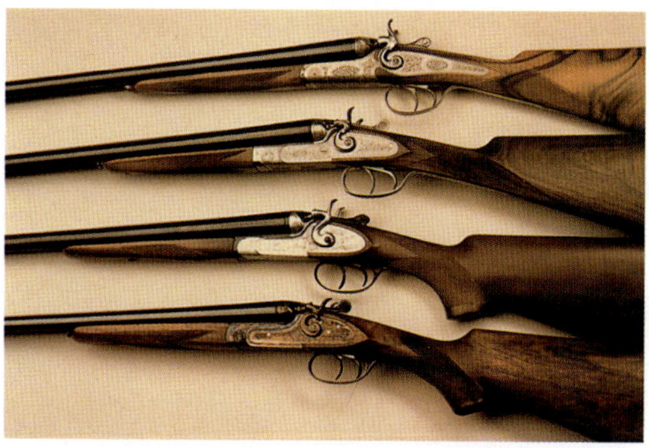

TECHNISCHE DATEN

Kaliber:	12, 16 oder 20
Kammerlänge:	$2^{3}/_{4}$" (70 mm)
Anzahl der Läufe:	Hahndoppelflinte (Querflinte)
System:	Kipplaufwaffe (Baskülverschluss)
Verriegelung:	doppelte Laufhaken
Abzug:	Doppelabzug
Gesamtgewicht:	3,2 kg
Gesamtlänge:	125 cm
Lauflänge:	71 cm (28")
Hülsenentfernung:	automatischer Ejektor
Choke:	fest, $^{1}/_{2}$- und Voll-Choke
Visierung:	Flintenkorn
Sicherung:	Hahnsicherheitsrast

MERKMALE

- Material:	Stahl
- Finish:	brüniert, Systemkasten und Seitenplatten buntgehärtet
- Schaft:	Nussbaumholz, mit Pistolengriff

Auf dem Foto sind von unten nach oben abgebildet die Modelle Frankonia/Ayora, Frankiona/Italia, Frankonia/Bernardelli und Frankonia/Siace Deluxe 370 B.

Frankonia/Italia Hahndoppelflinte

TECHNISCHE DATEN

Kaliber:	12
Kammerlänge:	$2^{3}/_{4}$" (70 mm)
Anzahl der Läufe:	Hahndoppelflinte (Querflinte)
System:	Kipplaufwaffe (Baskülverschluss)
Verriegelung:	doppelte Laufhaken
Abzug:	Doppelabzug
Gesamtgewicht:	3,1 kg
Gesamtlänge:	120 cm
Lauflänge:	70 cm ($27^{1}/_{2}$")
Hülsenentfernung:	automatischer Ejektor
Choke:	fest, $^{1}/_{2}$- und Voll-Choke
Visierung:	Flintenkorn
Sicherung:	Hahnsicherheitsrast

MERKMALE

- Material:	Stahl
- Finish:	brüniert, Systemkasten unbehandelt und Seitenplatten graviert (Jagdmotive)
- Schaft:	Nussbaumholz, mit Pistolengriff

Auf dem Foto sind von unten nach oben abgebildet die Modelle Frankonia/Ayora, Frankiona/Italia, Frankonia/Bernardelli und Frankonia/Siace Deluxe 370 B.

Frankonia/Bernardelli Hahndoppelflinte

TECHNISCHE DATEN

Kaliber:	12
Kammerlänge:	$2^{3}/_{4}$" (70 mm)
Anzahl der Läufe:	Hahndoppelflinte (Querflinte)
System:	Kipplaufwaffe (Baskülverschluss)

Verriegelung: doppelte Laufhaken
Abzug: Doppelabzug
Gesamtgewicht: 3,2 kg
Gesamtlänge: 122 cm
Lauflänge: 70 cm ($27^1/_2$")
Hülsenentfernung: nur Auszieher
Choke: fest, $^3/_4$- und Voll-Choke
Visierung: Flintenkorn
Sicherung: Hahnsicherheitsrast

MERKMALE
- Material: Stahl
- Finish: brüniert, Systemkasten unbehandelt und Seitenplatten graviert (Jagdmotive)
- Schaft: Nussbaumholz, mit gerader, englischer Schäftung

Das Foto zeigt die Modelle Frankonia/Ayora, Frankonia/Italia, Frankonia/Bernardelli und Frankonia/Siace Deluxe 370 B (von unten nach oben).

Frankonia / Siace Deluxe 370 B Hahndoppelflinte

TECHNISCHE DATEN
Kaliber: 12
Kammerlänge: $2^3/_4$" (70 mm)
Anzahl der Läufe: Hahndoppelflinte (Querflinte)
System: Kipplaufwaffe (Baskülverschluss)
Verriegelung: doppelte Laufhaken
Abzug: Doppelabzug
Gesamtgewicht: 3,1 kg
Gesamtlänge: 123 cm
Lauflänge: 71 cm (28")
Hülsenentfernung: automatischer Ejektor
Choke: fest, $^1/_2$- und Voll-Choke
Visierung: Flintenkorn
Sicherung: Hahnsicherheitsrast

MERKMALE
- Material: Stahl
- Finish: brüniert, Systemkasten unbehandelt und Seitenplatten graviert (Blumenmotive)
- Schaft: Nussbaumholz, mit gerader, englischer Schäftung

Das Foto zeigt die Modelle Frankonia/Ayora, Frankonia/Italia, Frankonia/Bernardelli und Frankonia/Siace Deluxe 370 B (von unten nach oben).

Frankonia / Fias Mercury Jaguar

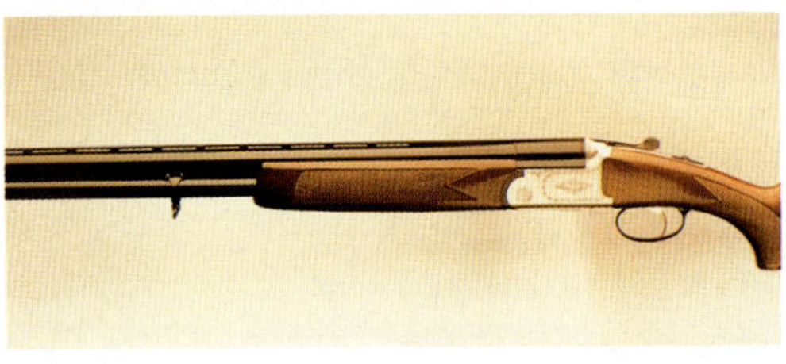

TECHNISCHE DATEN
Kaliber: 12
Kammerlänge: $2^3/_4$" (70 mm)
Anzahl der Läufe: Bockdoppelflinte
System: Kipplaufwaffe (Baskülverschluss)
Verriegelung: doppelte Laufhaken
Abzug: Einabzug
Gesamtgewicht: 3,2 kg
Gesamtlänge: 110 cm
Lauflänge: 70 cm ($27^3/_4$")
Hülsenentfernung: automatischer Ejektor oder nur Auszieher
Choke: fest, $^1/_2$- und Voll-Choke
Visierung: Flintenkorn, ventilierte Schiene
Sicherung: Schiebesicherung auf dem Kolbenhals, gleichzeitig Laufwahlschieber

MERKMALE
- Material: Stahl
- Finish: brüniert, Systemkasten unbehandelt
- Schaft: Nussbaumholz, mit Pistolengriff

Diese Waffe wird auch mit Doppelabzug und mit einem 68 cm ($26^3/_4$") langen Lauf mit $^1/_4$- und $^3/_4$-Choke angeboten.

Frankonia Scirocco

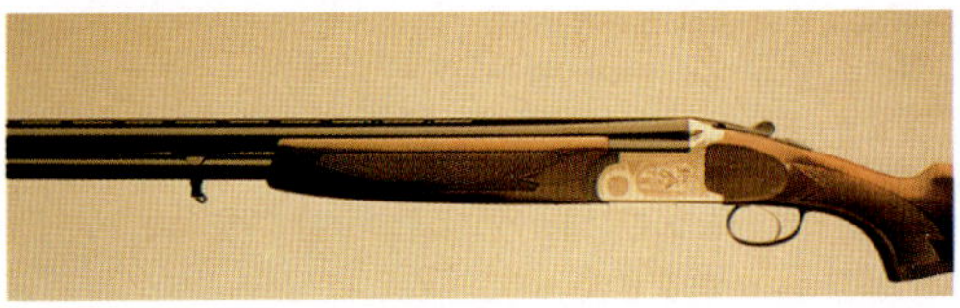

TECHNISCHE DATEN
Kaliber: 12
Kammerlänge: $2^3/_4$" (70 mm)
Anzahl der Läufe: Bockdoppelflinte
System: Kipplaufwaffe (Baskülverschluss)
Verriegelung: doppelte Laufhaken
Abzug: Einabzug
Gesamtgewicht: 3,3 kg
Gesamtlänge: 112 cm
Lauflänge: 70 cm ($27^1/_2$")
Hülsenentfernung: automatischer Ejektor oder nur Auszieher
Choke: fest, $^1/_2$- und Voll-Choke
Visierung: Flintenkorn, ventilierte Schiene
Sicherung: Schiebesicherung auf dem Kolbenhals

MERKMALE
- Material: Stahl
- Finish: brüniert, Systemkasten unbehandelt und graviert (Jagdmotive)
- Schaft: Nussbaumholz, mit Pistolengriff

Diese Waffe gibt es in verschiedenen Versionen: mit Ejektor, mit Patronenauszieher, mit Doppelabzug sowie als Leichtmodell (Gewicht 2,9 kg).

Frankonia Deluxe Seitenschloss-Doppelflinte

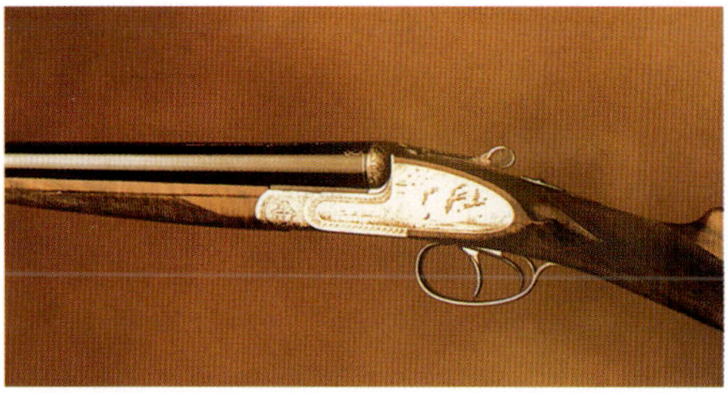

TECHNISCHE DATEN

Kaliber:	12
Kammerlänge:	$2\frac{3}{4}$" (70 mm)
Anzahl der Läufe:	Doppelflinte (Querflinte)
System:	Kipplaufwaffe (Baskülverschluss)
Verriegelung:	doppelte Laufhaken
Abzug:	Doppelabzug
Gesamtgewicht:	3,2 kg
Gesamtlänge:	123 cm
Lauflänge:	71 cm (28")
Hülsenentfernung:	automatischer Ejektor
Choke:	fest, $\frac{1}{2}$- und Voll-Choke
Visierung:	Flintenkorn
Sicherung:	Schiebesicherung auf dem Kolbenhals

MERKMALE

- Material:	Stahl
- Finish:	brüniert, Systemkasten unbehandelt, Seitenschlossplatten graviert (Jagdmotive)
- Schaft:	ausgesuchtes Nussbaumholz, mit gerader, englischer Schäftung

Gaucher Armes

Die französische Waffenfirma Gaucher wurde 1834 im klassischen französischen Waffenort St. Étienne von Antoine Gaucher gegründet. Bis zum Ersten Weltkrieg produzierte Gaucher vor allem schwere Express-Doppelbüchsen für die Großwildjagd. Dann wurden nach und nach auch leichtere Waffen in die Produktpalette der Firma mit aufgenommen. Das heutige Programm von Gaucher besteht sowohl aus Doppelbüchsen, Flinten, Kleinkaliberbüchsen, Schallabsorbergewehren und einschüssigen Pistolen zum Silhouettenschießen. Gaucher-Waffen haben ein gutes Preis-Leistungs-Verhältnis und sind ideale Alltags-„Werkzeuge“. Die Kipplaufflinten haben neben doppelten Laufhaken auch abgewandelte Greener-Verschlüsse nach der Art von Webley & Scott-Waffen.

Gaucher Bivouac Express Doppelbüchse

TECHNISCHE DATEN

Kaliber:	9,3x74R, 8x57JRS oder 7x65R
Kammerlänge:	s. Hülsenlänge (da Büchse)
Anzahl der Läufe:	Doppelbüchse (2 Büchsenläufe nebeneinander)
System:	Kipplaufwaffe (Baskülverschluss)
Verriegelung:	doppelte Laufhaken, Webley & Scott-Verschluss
Abzug:	Doppelabzug
Gesamtgewicht:	3,1–3,4 kg
Gesamtlänge:	105 cm
Lauflänge:	60 cm ($23\frac{5}{8}$")
Hülsenentfernung:	Auszieher
Choke:	entfällt, da gezogener Lauf (Büchse)
Visierung:	Büchsen-Express-Klappvisier, mit Vorrichtung zur Optikmontage
Sicherung:	Schiebesicherung auf dem Kolbenhals

MERKMALE

- Material:	Stahl
- Finish:	brüniert, Systemkasten und Seitenplatten unbehandelt und graviert, keine Seitenschlosse
- Schaft:	Nussbaumholz, mit Pistolengriff und Backe, oder mit englischer Schäftung

Gaucher 801 Sport

TECHNISCHE DATEN

Kaliber:	12 oder 16
Kammerlänge:	$2\frac{3}{4}$" (70 mm)
Anzahl der Läufe:	Doppelflinte (Querflinte)
System:	Kipplaufwaffe (Baskülverschluss)
Verriegelung:	doppelte Laufhaken, Webley & Scott-Verschluss

Abzug: Doppelabzug
Gesamtgewicht: 3 kg
Gesamtlänge: 116 cm
Lauflänge: 70 cm (27½")
Hülsenentfernung: automatischer Ejektor
Choke: fest, ½- und Voll-Choke
Visierung: Flintenkorn
Sicherung: Schiebesicherung auf dem Kolbenhals

MERKMALE

- Material: Stahl
- Finish: brüniert
- Schaft: Nussbaumholz, mit Pistolengriff

Gaucher 802 Deluxe

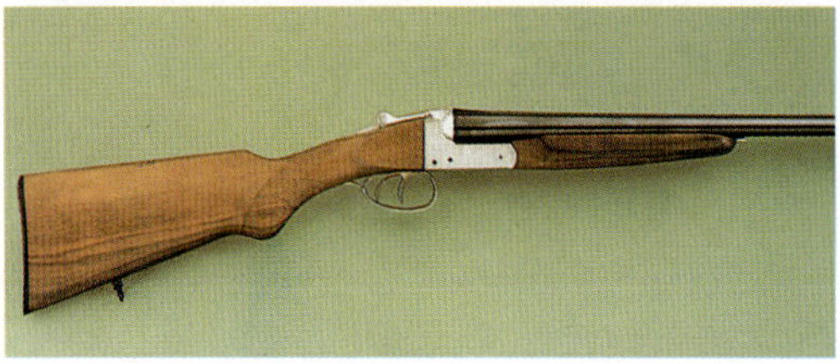

TECHNISCHE DATEN

Kaliber: 12, 16 oder 20
Kammerlänge: 2¾" (70 mm)
Anzahl der Läufe: Doppelflinte (Querflinte)
System: Kipplaufwaffe (Baskülverschluss)
Verriegelung: doppelte Laufhaken, Webley & Scott-Verschluss
Abzug: Doppelabzug
Gesamtgewicht: 3 kg
Gesamtlänge: 116 cm
Lauflänge: 70 cm (27½")
Hülsenentfernung: automatischer Ejektor
Choke: fest, ½- und Voll-Choke
Visierung: Flintenkorn
Sicherung: Schiebesicherung auf dem Kolbenhals

MERKMALE

- Material: Stahl
- Finish: brüniert, Systemkasten matt verchromt
- Schaft: Nussbaumholz, mit Pistolengriff

Gaucher 804 Magnum

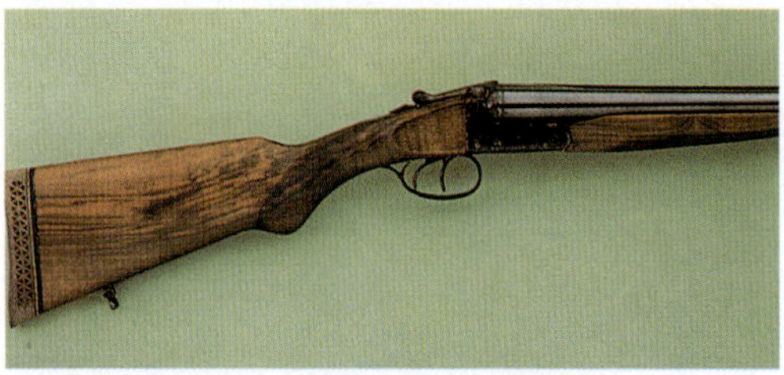

TECHNISCHE DATEN

Kaliber: 12
Kammerlänge: 3" (76 mm)
Anzahl der Läufe: Doppelflinte (Querflinte)
System: Kipplaufwaffe (Baskülverschluss)
Verriegelung: doppelte Laufhaken, Webley & Scott-Verschluss
Abzug: Doppelabzug
Gesamtgewicht: 3,2 kg
Gesamtlänge: 126 cm
Lauflänge: 80 cm (31½")
Hülsenentfernung: automatischer Ejektor
Choke: fest, ½- und Voll-Choke
Visierung: Flintenkorn
Sicherung: Schiebesicherung auf dem Kolbenhals

MERKMALE

- Material: Stahl
- Finish: brüniert
- Schaft: Nussbaumholz, mit Pistolengriff

Gaucher 809 Excellence

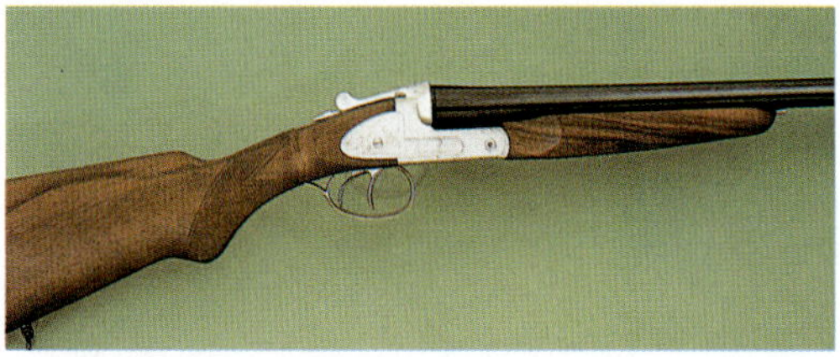

TECHNISCHE DATEN

Kaliber: 12, 16 oder 20
Kammerlänge: 2¾" (70 mm)
Anzahl der Läufe: Doppelflinte (Querflinte)
System: Kipplaufwaffe (Baskülverschluss)
Verriegelung: doppelte Laufhaken, Webley & Scott-Verschluss
Abzug: Doppelabzug
Gesamtgewicht: 3,1 kg
Gesamtlänge: 116 cm
Lauflänge: 70 cm (27¾")
Hülsenentfernung: automatischer Ejektor
Choke: fest, ¾- und Voll-Choke
Visierung: Flintenkorn
Sicherung: Schiebesicherung auf dem Kolbenhals

MERKMALE

- Material: Stahl
- Finish: brüniert, Systemkasten matt verchromt, mit Seitenschlossplatten
- Schaft: Nussbaumholz, mit Pistolengriff

Gaucher 813 Excellence

TECHNISCHE DATEN

Kaliber: 20

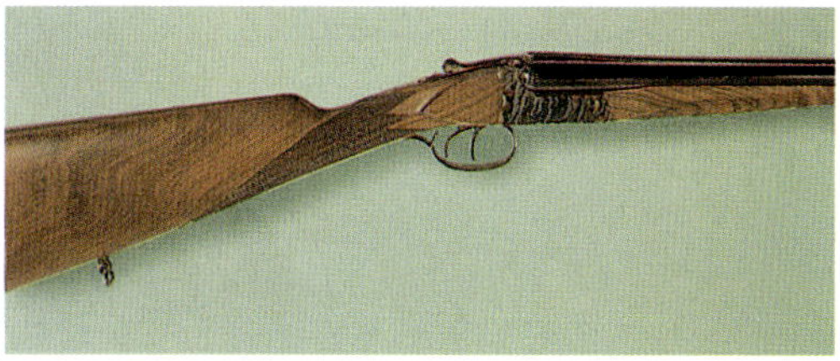

Kammerlänge:	2¾" (70 mm)
Anzahl der Läufe:	Doppelflinte (Querflinte)
System:	Kipplaufwaffe (Baskülverschluss)
Verriegelung:	doppelte Laufhaken, Webley & Scott-Verschluss
Abzug:	Doppelabzug
Gesamtgewicht:	2,5 kg
Gesamtlänge:	116 cm
Lauflänge:	70 cm (27½")
Hülsenentfernung:	automatischer Ejektor
Choke:	fest, ½- und Voll-Choke
Visierung:	Flintenkorn
Sicherung:	Schiebesicherung auf dem Kolbenhals

MERKMALE

- Material:	Stahl
- Finish:	brüniert, Systemkasten buntgehärtet
- Schaft:	Nussbaumholz, mit gerader, englischer Schäftung

Gaucher 830 Special

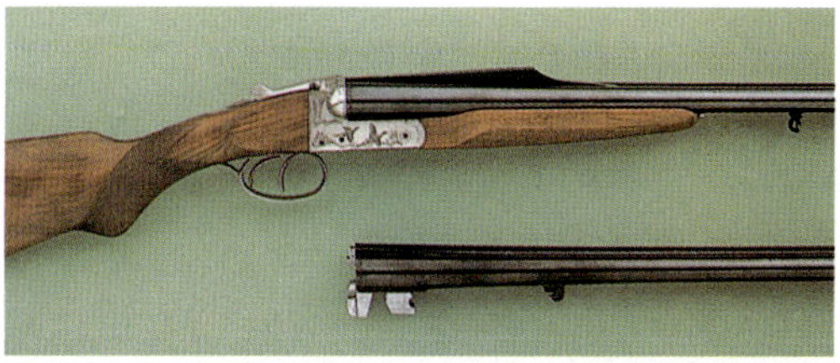

TECHNISCHE DATEN

Kaliber:	12
Kammerlänge:	2¾" (70 mm)
Anzahl der Läufe:	Doppelflinte (Querflinte)
System:	Kipplaufwaffe (Baskülverschluss)
Verriegelung:	doppelte Laufhaken, Webley & Scott-Verschluss
Abzug:	Doppelabzug
Gesamtgewicht:	3,1 kg
Gesamtlänge:	105 cm
Lauflänge:	56 cm (22")
Hülsenentfernung:	automatischer Ejektor
Choke:	fest, Zylinder- und Voll-Choke
Visierung:	Fluchtvisierschiene, Flintenkorn
Sicherung:	Schiebesicherung auf dem Kolbenhals

MERKMALE

- Material:	Stahl
- Finish:	brüniert, Systemkasten unbehandelt und graviert (Jagdmotive)
- Schaft:	Nussbaumholz, mit Pistolengriff

Der rechte Lauf dieser Flinte mit Fluchtvisierschiene ist für den speziellen Gebrauch von Slugs (Flintenlaufgeschossen) gezogen, weist also Züge und Felder auf. Es gibt für die Waffe auch einen 70 cm (27½") langen Wechsellauf (auf dem Foto darunter abgebildet).
Da die Gesamtlänge des Gewehres über 60 cm liegt, kann es in Deutschland entweder aufgrund einer Waffenbesitzkarte mit Erwerbsberechtigungseintrag oder aufgrund Jagdscheines erworben werden.

Gaucher 831 Becassier

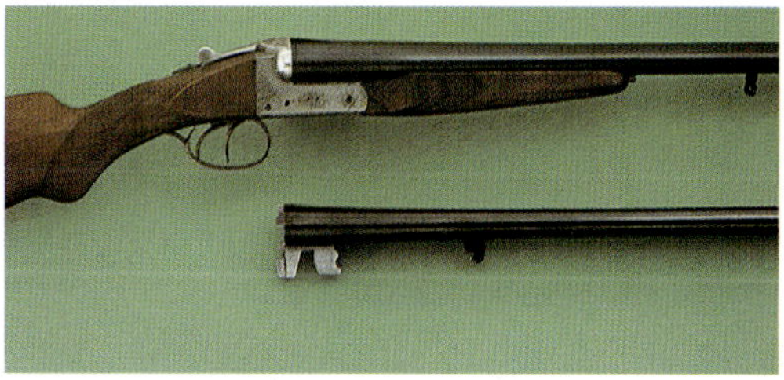

TECHNISCHE DATEN

Kaliber:	12
Kammerlänge:	3" (76 mm)
Anzahl der Läufe:	Doppelflinte (Querflinte)
System:	Kipplaufwaffe (Baskülverschluss)
Verriegelung:	doppelte Laufhaken, Webley & Scott-Verschluss
Abzug:	Doppelabzug
Gesamtgewicht:	2,6 kg
Gesamtlänge:	115 cm
Lauflänge:	60 cm (23⅝")
Hülsenentfernung:	automatischer Ejektor
Choke:	fest, Zylinder- und ½-Choke
Visierung:	Flintenkorn
Sicherung:	Schiebesicherung auf dem Kolbenhals

MERKMALE

- Material:	Stahl
- Finish:	brüniert, Systemkasten unbehandelt und graviert (Jagdmotive)
- Schaft:	Nussbaumholz, mit Pistolengriff

Der rechte Lauf dieser Flinte mit Fluchtvisierschiene ist für den speziellen Gebrauch von Slugs (Flintenlaufgeschossen) gezogen, weist also Züge und Felder auf. Es gibt für die Waffe auch einen 70 cm (27½") langen Wechsellauf.

Gaucher 830 Simplarm

TECHNISCHE DATEN:

Kaliber:	12
Kammerlänge:	2¾" (70 mm)
Anzahl der Läufe:	Einlaufflinte
System:	Kipplaufwaffe (Baskülverschluss)

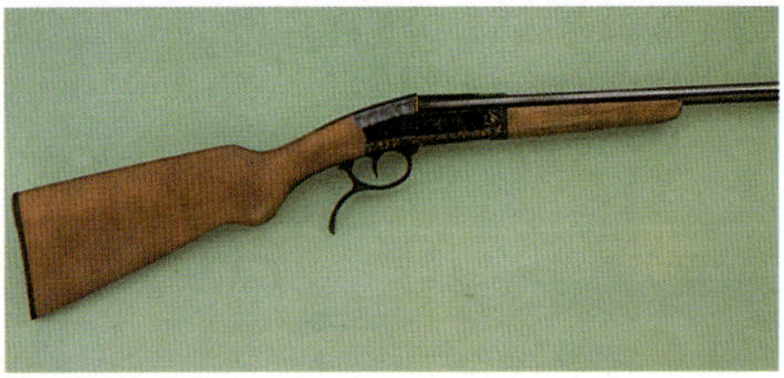

Verriegelung: Laufhaken, Verschlusshebel hinter dem Abzugsbügel
Abzug: Einabzug
Gesamtgewicht: 2,7 kg
Gesamtlänge: 122 cm
Lauflänge: 80 cm (31½")
Hülsenentfernung: automatischer Ejektor
Choke: fest, Voll-Choke
Visierung: Flintenkorn
Sicherung: Verschlusssicherung

MERKMALE
- Material: Stahl
- Finish: Brüniert, Systemkasten buntgehärtet
- Schaft: Hartholz, mit Pistolengriff

Gazalan

Gazalan ist der Produktname der Connecticut Shotgun Manufacturing Company, die ihren Sitz in New Britain im US-Staat Connecticut hat. Unter dem Namen Gazalan produziert die Firma ein große Palette von in den USA handgefertigten Waffen. Gazalan-Gewehre gibt es erst seit 1994, sie sind vor allem wegen der Qualität ihrer Gravuren bekannt. Ein Stück eines edlen Gazalan-Schwesternflintenpaares haben etwa die italienischen Meistergraveure Stefano und Giancarlo Pedretti bearbeitet, das andere Stück wurde von Staduto Giovanni von der Firma Creative Arts graviert. Gazalan-Flinten werden nur auf Kundenbestellung gebaut und graviert. Deshalb gibt es nachfolgend praktisch keine generell gültigen Waffendaten, die Waffen- und Lauflängen und auch die verwendeten Chokebohrungen werden individuell von den Kunden bestimmt. Das besonders ausgesuchte Nussbaumwurzelholz, das für Gazalan-Waffen verwendet wird, stammt aus der Türkei. Der Basispreis einer Gazalan-Flinte liegt – bereits ohne Gravur – bei mindestens 38 000 Dollar.

Gazalan Pointer Seitenschloss

TECHNISCHE DATEN
Kaliber: 12, 16, 20, 28 oder .410
Kammerlänge: nach Wahl
Anzahl der Läufe: Bockdoppelflinte
System: Kipplaufwaffe (Baskülverschluss)

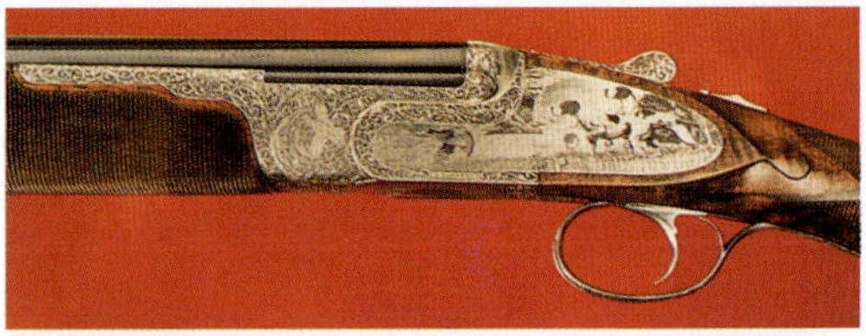

Verriegelung: doppelte Laufhaken
Abzug: Einabzug
Gesamtgewicht: 2,7–3,5 kg
Gesamtlänge: nach Wahl
Lauflänge: nach Wahl
Hülsenentfernung: nach Wahl
Choke: nach Wahl
Visierung: nach Wahl
Sicherung: Schiebesicherung auf dem Kolbenhals

MERKMALE
- Material: Stahl
- Finish: brüniert, Systemkasten und Seitenschlossplatten unbehandelt und nach Wahl graviert
- Schaft: besonders ausgesuchtes Nussbaumholz, mit gerader, englischer Schäftung

Gazalan Setter Seitenschloss

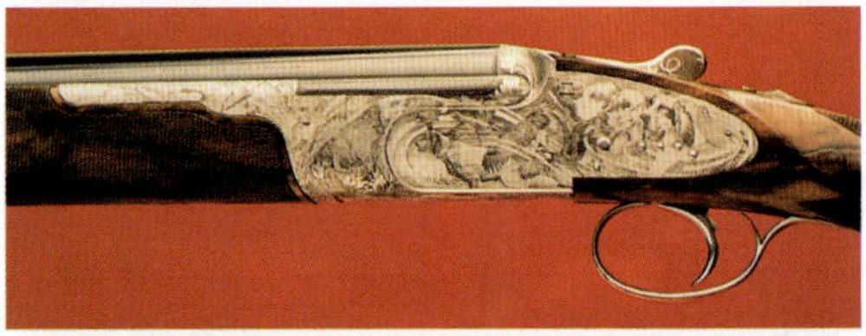

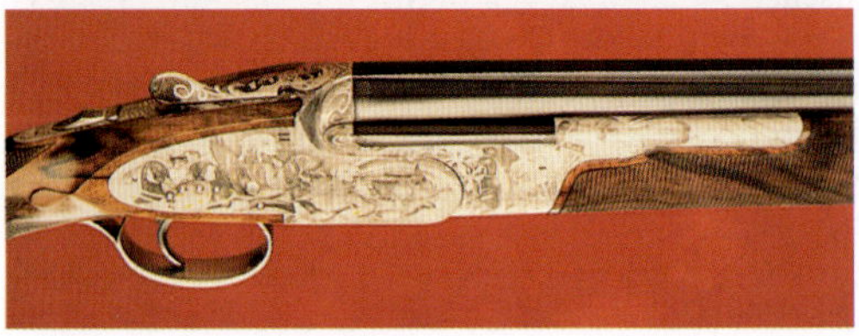

TECHNISCHE DATEN
Kaliber: 12, 16, 20, 28 oder .410
Kammerlänge: nach Wahl
Anzahl der Läufe: Bockdoppelflinte
System: Kipplaufwaffe (Baskülverschluss)
Verriegelung: doppelte Laufhaken
Abzug: Einabzug
Gesamtgewicht: 2,7–3,5 kg

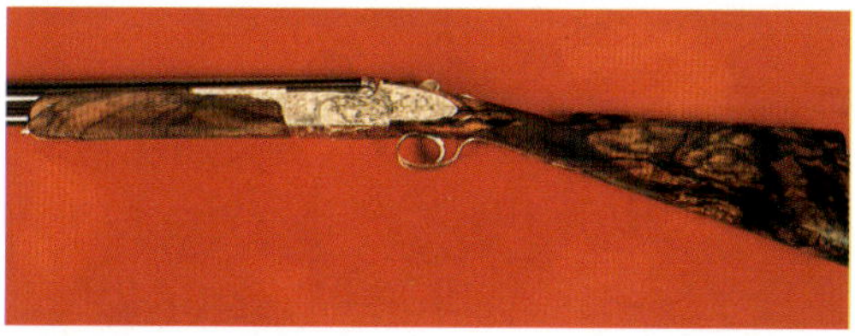

Gesamtlänge: nach Wahl
Lauflänge: nach Wahl
Hülsenentfernung: nach Wahl
Choke: nach Wahl
Visierung: nach Wahl
Sicherung: Schiebesicherung auf dem Kolbenhals

MERKMALE

- Material: Stahl
- Finish: brüniert, Systemkasten und Seitenschlossplatten unbehandelt und nach Wahl graviert
- Schaft: bsd. ausgesuchtes Nussbaumholz, mit gerader, englischer Schäftung

Beachten Sie auf den Fotos die besondere Form des fein gravierten Systemkastens.

Granger

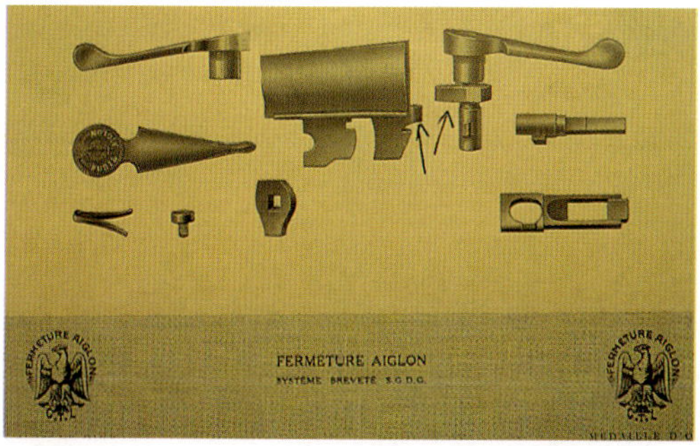

Die Firma Granger Fusil Aiglon wurde 1902 von George Granger und Aimé Coeur Tyrode im französischen St. Étienne gegründet. Tyrode ließ 1913 das von ihm entwickelte, spezielle Aiglon-Kipplaufwaffenschloss patentieren. 1934 übernahm seine Rolle in der Firma Henri Guichard. Die Firma Granger gewann mit ihren Waffen auf internationalen Ausstellungen diverse Preise, etwa die Goldmedaille auf der Weltausstellung 1937 in Paris. George Granger, der Sohn des Firmengründers und ebenfalls ein begnadeter Büchsenmachermeister, erhielt 1968 und 1978 die Auszeichnung „Bester Handwerker Frankreichs“.

Die Flinten der Firma Granger sind zum großen Teil handgemachte Custom-Stücke, die einzeln und individuell nach den Wünschen der betuchten Kunden des Unternehmens hergestellt werden. Von ihren Maßen her werden die Gewehre den Kunden praktisch wie bei einem Schneider angemessen.

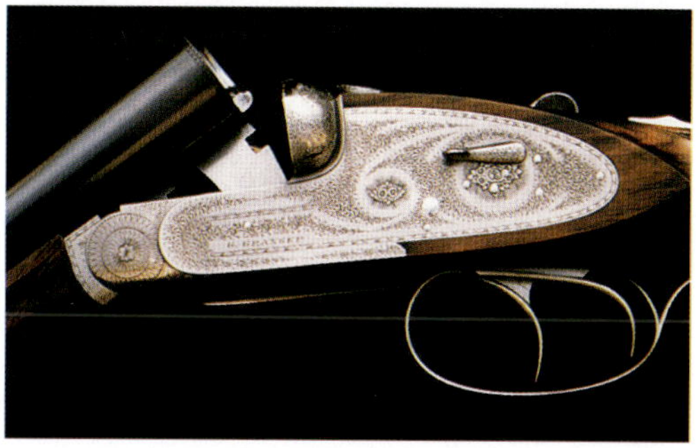

Das Anmessen insbesondere des Hinterschaftes ist eine große Kunst und erfordert viel Erfahrung. Jeder Kunde hat individuelle körperliche Gegebenheiten. Deshalb sind sämtliche nachfolgend beschriebenen Flinten der Firma Granger auch spezifische Einzelstücke. Alle nachfolgend aufgeführten Waffen sind, wenn überhaupt, nur in Kleinserien und absolut nach den Wünschen der Kunden gebaut. Die vorgestellten Waffen sollen praktisch nur eine repräsentative Auswahl der Custom-Flinten darstellen. Der etwas atypische, spezielle Aiglon-Kipplaufwaffenverschluss der Granger-Flinten ist eine Art abgewandelter Purdey-Verschluss. Er besteht aus einer doppelten Laufhakenverriegelung, verbunden mit einer Verriegelungsnase, die sich, im Gegensatz zur weiter oben zwischen den Doppelflintenläufen angebrachten Purdey-Nase, mittig unter den Läufen befindet und, wenn die Waffe geschlossen ist, ebenfalls von einem Querriegel im Stoßboden gehalten wird.

Granger Anglaise Seitenschlosse

TECHNISCHE DATEN

Kaliber: 12, 16 oder 20
Kammerlänge: nach Wahl
Anzahl der Läufe: Doppelflinte (Querflinte)
System: Kipplaufwaffe (Baskülverschluss)
Verriegelung: doppelte Laufhaken, Aiglon-Verschluss
Abzug: Doppelabzug
Gesamtgewicht: nach Wahl
Gesamtlänge: nach Wahl
Lauflänge: nach Wahl
Hülsenentfernung: automatischer Ejektor
Choke: nach Wahl

Visierung: Flintenkorn, Laufschiene
Sicherung: Schiebesicherung auf dem Kolbenhals, nach dem Brechen automatisch gesichert

MERKMALE
- Material: Stahl
- Finish: Läufe brüniert; Systemkasten und Seitenschlossplatten unbehandelt und nach Wahl reich graviert, Platten abnehmbar
- Schaft: besonders ausgesuchtes Nussbaumholz, mit gerader, englischer Schäftung

Granger Ciselure I Seitenschlosse

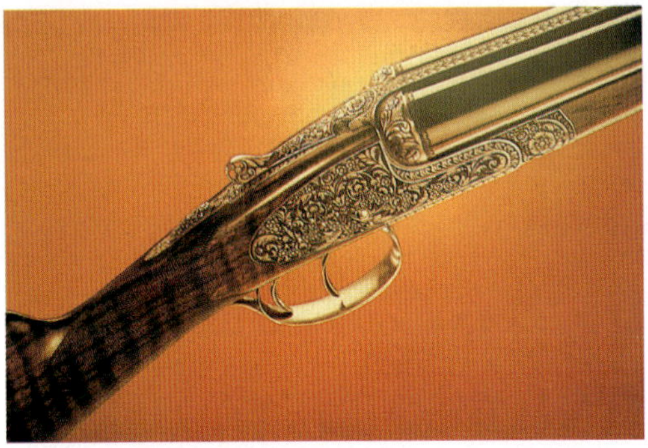

TECHNISCHE DATEN
Kaliber: 12, 16 oder 20
Kammerlänge: nach Wahl
Anzahl der Läufe: Doppelflinte (Querflinte)
System: Kipplaufwaffe (Baskülverschluss)
Verriegelung: doppelte Laufhaken, Aiglon-Verschluss
Abzug: Doppelabzug
Gesamtgewicht: nach Wahl
Gesamtlänge: nach Wahl
Lauflänge: nach Wahl
Hülsenentfernung: automatischer Ejektor
Choke: nach Wahl
Visierung: Flintenkorn, Laufschiene
Sicherung: Schiebesicherung auf dem Kolbenhals, nach dem Brechen automatisch gesichert

MERKMALE
- Material: Stahl
- Finish: Läufe brüniert; Systemkasten und Seitenschlossplatten unbehandelt und nach Wahl reich graviert, Platten abnehmbar
- Schaft: besonders ausgesuchtes Nussbaumholz, mit gerader, englischer Schäftung

Granger Ciselure II Seitenschlosse

TECHNISCHE DATEN
Kaliber: 12, 16 oder 20
Kammerlänge: nach Wahl
Anzahl der Läufe: Doppelflinte (Querflinte)
System: Kipplaufwaffe (Baskülverschluss)
Verriegelung: doppelte Laufhaken, Aiglon-Verschluss

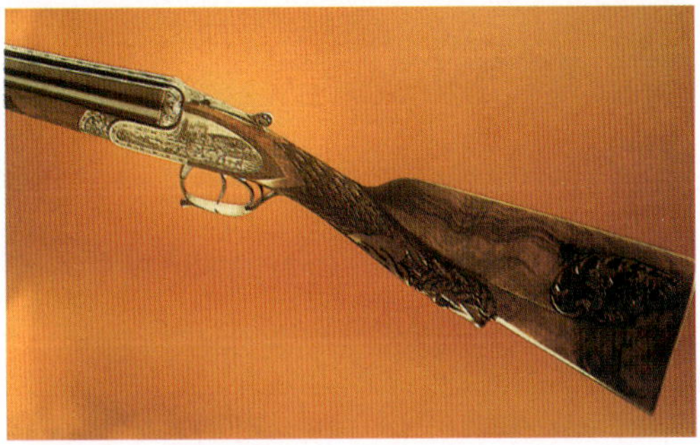

Abzug: Doppelabzug
Gesamtgewicht: nach Wahl
Gesamtlänge: nach Wahl
Lauflänge: nach Wahl
Hülsenentfernung: automatischer Ejektor
Choke: nach Wahl
Visierung: Flintenkorn, Laufschiene
Sicherung: Schiebesicherung auf dem Kolbenhals, nach dem Brechen automatisch gesichert

MERKMALE
- Material: Stahl
- Finish: Läufe brüniert, mit goldeingelegter Randgravur; Systemkasten und Seitenschlossplatten unbehandelt und reich graviert
- Schaft: besonders ausgesuchtes Nussbaumholz, geschnitzt, mit gerader, englischer Schäftung

Granger Fine Anglaise à Bouquets Seitenschlosse

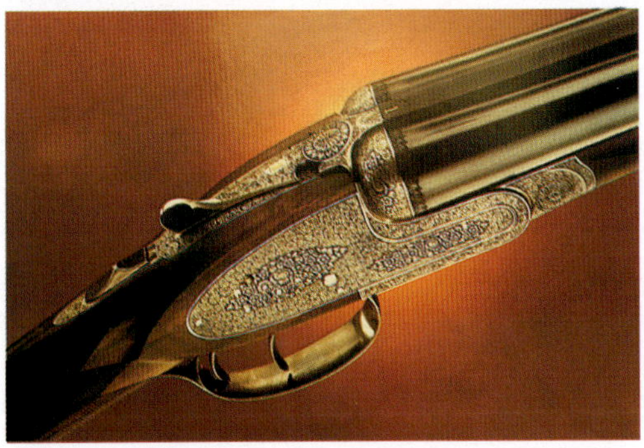

TECHNISCHE DATEN
Kaliber: 12, 16 oder 20
Kammerlänge: nach Wahl
Anzahl der Läufe: Doppelflinte (Querflinte)
System: Kipplaufwaffe (Baskülverschluss)
Verriegelung: doppelte Laufhaken, Aiglon-Verschluss
Abzug: Doppelabzug
Gesamtgewicht: nach Wahl
Gesamtlänge: nach Wahl
Lauflänge: nach Wahl
Hülsenentfernung: automatischer Ejektor
Choke: nach Wahl

Visierung: Flintenkorn, Laufschiene
Sicherung: Schiebesicherung auf dem Kolbenhals, nach dem Brechen automatisch gesichert

MERKMALE
- Material: Stahl
- Finish: Läufe brüniert; Systemkasten und Seitenschlossplatten unbehandelt und nach Wahl reich graviert, Platten abnehmbar
- Schaft: besonders ausgesuchtes Nussbaumholz, mit gerader, englischer Schäftung

Granger Incrustation Seitenschlosse

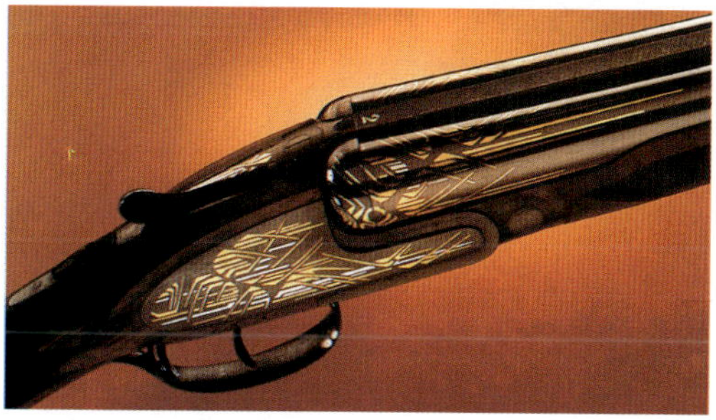

TECHNISCHE DATEN
Kaliber: 12, 16 oder 20
Kammerlänge: nach Wahl
Anzahl der Läufe: Doppelflinte (Querflinte)
System: Kipplaufwaffe (Baskülverschluss)
Verriegelung: doppelte Laufhaken, Aiglon-Verschluss
Abzug: Doppelabzug
Gesamtgewicht: nach Wahl
Gesamtlänge: nach Wahl
Lauflänge: nach Wahl
Hülsenentfernung: automatischer Ejektor
Choke: nach Wahl
Visierung: Flintenkorn, Laufschiene
Sicherung: Schiebesicherung auf dem Kolbenhals, nach dem Brechen automatisch gesichert

MERKMALE
- Material: Stahl
- Finish: Läufe brüniert; Systemkasten und Seitenschlossplatten brüniert und mit Gold- und Platineinlagen, graviert, Platten abnehmbar
- Schaft: besonders ausgesuchtes Nussbaumholz, mit gerader, englischer Schäftung

Granger Meilleur Ouvrier de France Seitenschlosse

TECHNISCHE DATEN:
Kaliber: 12, 16 oder 20
Kammerlänge: nach Wahl
Anzahl der Läufe: Doppelflinte (Querflinte)
System: Kipplaufwaffe (Baskülverschluss)

Verriegelung: doppelte Laufhaken, Aiglon-Verschluss
Abzug: Doppelabzug
Gesamtgewicht: nach Wahl
Gesamtlänge: nach Wahl
Lauflänge: nach Wahl
Hülsenentfernung: automatischer Ejektor
Choke: nach Wahl
Visierung: Flintenkorn, Laufschiene
Sicherung: Schiebesicherung auf dem Kolbenhals, nach dem Brechen automatisch gesichert

MERKMALE
- Material: Stahl
- Finish: Läufe brüniert, mit gold- und platineingelegten Längsgravurlinien; Systemkasten und Seitenschlossplatten unbehandelt und reich graviert
- Schaft: besonders ausgesuchtes Nussbaumholz, mit gerader, englischer Schäftung

Die erste auf diese Art gravierte Waffe wurde 1978 für eine Ausstellung hergestellt. Der Granger-Firmengraveur erhielt eine Auszeichnung für seine hervorragende Gravurarbeit. Inzwischen hat die Firma Granger einige andere Flinten mit ähnlichen Gravuren gebaut und verkauft.

Granger Scène de Chasse I Seitenschlosse

TECHNISCHE DATEN
Kaliber: 12, 16 oder 20
Kammerlänge: nach Wahl

Anzahl der Läufe: Doppelflinte (Querflinte)
System: Kipplaufwaffe (Baskülverschluss)
Verriegelung: doppelte Laufhaken, Aiglon-Verschluss
Abzug: Doppelabzug
Gesamtgewicht: nach Wahl
Gesamtlänge: nach Wahl
Lauflänge: nach Wahl
Hülsenentfernung: automatischer Ejektor
Choke: nach Wahl
Visierung: Flintenkorn, Laufschiene
Sicherung: Schiebesicherung auf dem Kolbenhals, nach dem Brechen automatisch gesichert

MERKMALE

- Material: Stahl
- Finish: Läufe brüniert; Systemkasten und Seitenschlossplatten unbehandelt und nach Wahl reich graviert, Platten abnehmbar
- Schaft: besonders ausgesuchtes Nussbaumholz, mit gerader, englischer Schäftung

Granger Scène de Chasse II Seitenschlosse

TECHNISCHE DATEN

Kaliber: 12, 16 oder 20
Kammerlänge: nach Wahl
Anzahl der Läufe: Doppelflinte (Querflinte)
System: Kipplaufwaffe (Baskülverschluss)
Verriegelung: doppelte Laufhaken, Aiglon-Verschluss
Abzug: Doppelabzug
Gesamtgewicht: nach Wahl
Gesamtlänge: nach Wahl
Lauflänge: nach Wahl
Hülsenentfernung: automatischer Ejektor
Choke: nach Wahl
Visierung: Flintenkorn, Laufschiene
Sicherung: Schiebesicherung auf dem Kolbenhals, nach dem Brechen automatisch gesichert

MERKMALE

- Material: Stahl
- Finish: Läufe brüniert; Systemkasten und Seitenschlossplatten unbehandelt und nach Wahl reich graviert, Platten abnehmbar
- Schaft: besonders ausgesuchtes Nussbaumholz, mit gerader, englischer Schäftung

Harrington & Richardson (H & R)/New England Firearms (NEF)

Die amerikanische Waffenfirma Harrington & Richardson, H&R, wurde 1871 von Gilbert Harrington und dessen Onkel Franklin Wesson gegründet. Harrington war vorher in Worcester, Massachusetts, Büchsenmacher der kleinen Revolverfabrik Ballard & Fairbanks gewesen. Franklin Wesson hatte vorher eine eigene, kleine Büchsenmacherei gehabt. Als technischen Betriebsleiter stellten sie einen anderen ehemaligen Ballard & Fairbanks-Mitarbeiter ein, William A. Richardson. 1874 zog sich Franklin Wesson aus dem Betrieb zurück und die Firma wurde von Harrington und Richardson weitergeführt. Wegen der großen Nachfrage nach doppelläufigen Flinten beschloss die Firma schließlich auch Kipplaufgewehre zu bauen; man schloss einen Lizenzvertrag mit der englischen Firma Anson & Deeley. Weil aber die Nachfrage nach Revolvern immer mehr zunahm, wurde 1886 die Zusammenarbeit mit Anson & Deeley beendet und die Gewehrproduktion wieder gestoppt. 1888 wurde die Firma grundlegend neuorganisiert und in Harrington & Richardson Arms Company umbenannt. Nach dem Tod der beiden Gründer wurde die Firma von einem dreiköpfigen Team übernommen: Brooks, dem bisherigen Finanz- und Verwaltungschef der Firma, Edwin Harrington, dem 20-jährigen Sohn von Gilbert Harrington und Mary A. Richardson, der Tochter von William Richardson. Die Firma zog schließlich nach Garner in Massachusetts um. Harrington & Richardson verkauft heute diverse einläufige Flinten und Büchsen sowie weiterhin H&R-Revolver. Unter dem Namen der Tochterfirma New England Arms werden einfache und billige, aber dabei stets zuverlässige, einläufige Flinten und Büchsen vermarktet.

H&R/NEF Pardner Youth

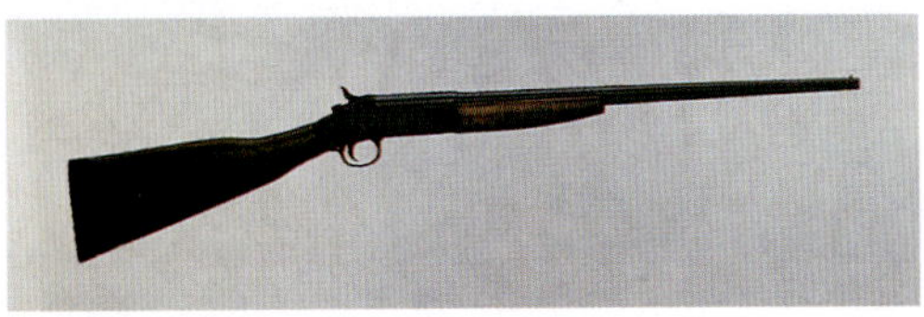

TECHNISCHE DATEN

Kaliber: 20, 28 oder .410
Kammerlänge: 3" (76 mm)

Anzahl der Läufe: Einlaufflinte
System: Kipplaufwaffe (Baskülverschluss)
Verriegelung: Laufhaken
Abzug: Einabzug
Gesamtgewicht: 2,3–2,7 kg
Gesamtlänge: 91 cm
Lauflänge: 55,9 cm (22")
Hülsenentfernung: automatischer Ejektor
Choke: fest, $^{1}/_{2}$-Choke
Visierung: Laufkorn
Sicherung: Abzugssicherung

MERKMALE
- Material: Stahl
- Finish: brüniert, Systemkasten buntgehärtet
- Schaft: Hartholz, mit gerader, englischer Schäftung

In einigen europäischen Staaten, etwa in Großbritannien, nicht aber in Deutschland, ist diese Flinte aufgrund ihrer kurzen Lauflänge verboten. Mindestlauflänge in diesen Staaten ist 61 cm.

H&R/NEF Special Purpose Magnum-10

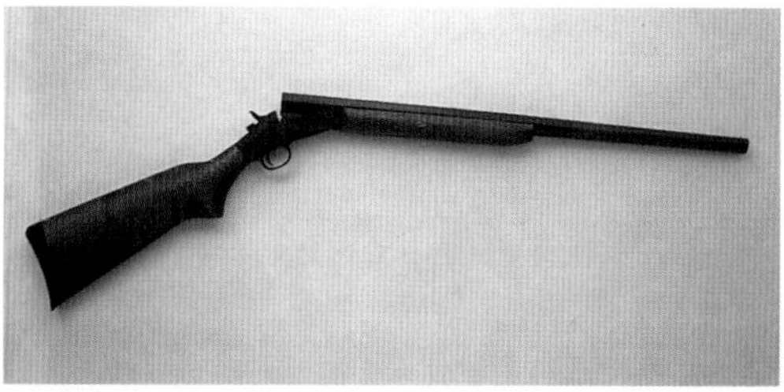

TECHNISCHE DATEN
Kaliber: 10
Kammerlänge: 3$^{1}/_{2}$" (89 mm)
Anzahl der Läufe: Einlaufflinte
System: Kipplaufwaffe (Baskülverschluss)
Verriegelung: Laufhaken
Abzug: Einabzug
Gesamtgewicht: 4,2 kg
Gesamtlänge: 91 cm
Lauflänge: 61 cm (24")
Hülsenentfernung: automatischer Ejektor
Choke: fest, $^{1}/_{2}$-Choke
Visierung: Laufkorn
Sicherung: Abzugssicherung

MERKMALE:
- Material: Stahl
- Finish: brüniert
- Schaft: Hartholz, mit Pistolengriff

In einigen europäischen Staaten ist das große Flintenkaliber 10 verboten.

H&R/NEF Survivor

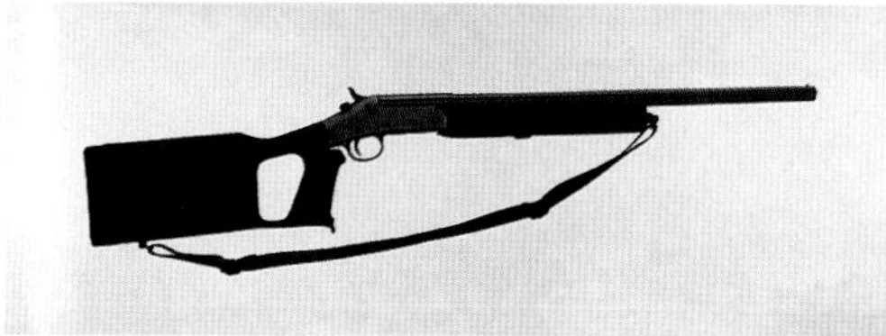

TECHNISCHE DATEN
Kaliber: 20, 28 oder .410
Kammerlänge: 3" (76 mm)
Anzahl der Läufe: Einlaufflinte
System: Kipplaufwaffe (Baskülverschluss)
Verriegelung: Laufhaken
Abzug: Einabzug
Gesamtgewicht: 2,7 kg
Gesamtlänge: 91 cm
Lauflänge: 55,9 cm (22")
Hülsenentfernung: automatischer Ejektor
Choke: fest, $^{1}/_{2}$-Choke
Visierung: Laufkorn
Sicherung: Abzugssicherung

MERKMALE
- Material: Stahl
- Finish: matt brüniert
- Schaft: schwarzer Kunststoffschaft, mit speziellem hohlen Pistolengrifflochschaft

In einigen europäischen Staaten, etwa in Großbritannien, nicht aber in Deutschland, ist diese Flinte aufgrund ihrer kurzen Lauflänge verboten. Mindestlauflänge in diesen Staaten ist 61 cm.

H&R/NEF Topper Deluxe

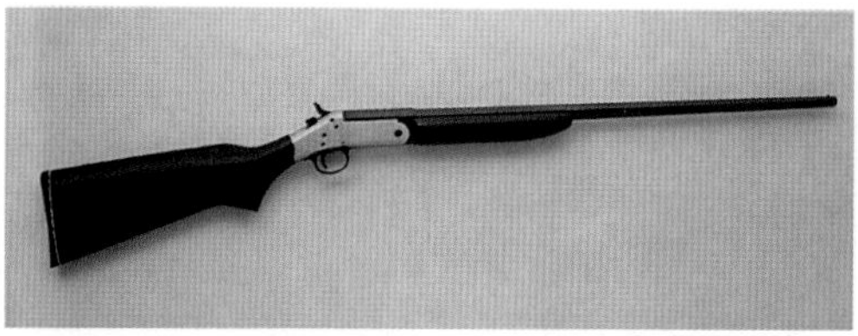

TECHNISCHE DATEN
Kaliber: 12
Kammerlänge: 3$^{1}/_{2}$" (89 mm)
Anzahl der Läufe: Einlaufflinte
System: Kipplaufwaffe (Baskülverschluss)
Verriegelung: Laufhaken
Abzug: Einabzug
Gesamtgewicht: 3 kg
Gesamtlänge: 109,2 cm
Lauflänge: 71 cm (28")
Hülsenentfernung: atomatischer Ejektor
Choke: Wechselchokeeinsätze

Visierung: Laufkorn
Sicherung: Abzugssicherung

MERKMALE
- Material: Stahl
- Finish: brüniert, Systemkasten vernickelt
- Schaft: schwarz lackiertes Hartholz, mit Pistolengriff

H&R/NEF Tracker Slug

TECHNISCHE DATEN
Kaliber: 12 oder 20
Kammerlänge: 3" (76 mm)
Anzahl der Läufe: Einlaufflinte
System: Kipplaufwaffe (Baskülverschluss)
Verriegelung: Laufhaken
Abzug: Einabzug
Gesamtgewicht: 2,7 kg
Gesamtlänge: 101,6 cm
Lauflänge: 61 cm (24")
Hülsenentfernung: automatischer Ejektor
Choke: zylindrisch
Visierung: verstellbare Büchsenvisierung
Sicherung: Abzugssicherung

MERKMALE
- Material: Stahl
- Finish: brüniert, Systemkasten buntgehärtet
- Schaft: Hartholz, mit gerader, englischer Schäftung

H&R/NEF Ultra Slug Gun Hunter

TECHNISCHE DATEN
Kaliber: 12 oder 20
Kammerlänge: 3" (76 mm)
Anzahl der Läufe: Einlaufflinte
System: Kipplaufwaffe (Baskülverschluss)
Verriegelung: Laufhaken
Abzug: Einabzug
Gesamtgewicht: 3,6–4,1 kg
Gesamtlänge: 96,5 cm
Lauflänge: 61 cm (24")
Hülsenentfernung: Auszieher
Choke: gezogener Lauf
Visierung: ohne, Prismaschiene zur Zielfernrohrmontage
Sicherung: Abzugssicherung

MERKMALE
- Material: Stahl
- Finish: brüniert, Systemkasten matt brüniert
- Schaft: Hartholz, mit gerader, englischer Schäftung

Diese Waffe ist als Modell 928 auch mit einem Camouflage-farbenen Schichtholzschaft erhältlich.

Heym

Die Firma Friedrich Wilhelm Heym wurde bereits 1865 gegründet. Sie hat ihren Sitz in Münnerstadt in Nordbayern. Damals bekam die Firma ein Patent auf den ersten hahnlosen Drilling. 1912 übernahm der Sohn des Firmengründers, Adolf Heym, das Unternehmen. 1920 übernahm dann dessen Sohn Agust den Betrieb. In dieser Zeit wurden vornehmlich feine Drillinge vom System Anson & Deeley gefertigt. Während des Zweiten Weltkrieges baute auch Heym Kriegswaffen für die deutsche Armee. Nach dem Krieg, als die Produktion von scharfen Schusswaffen durch die Alliierten verboten war, stellte die Firma notgedrungen Luftdruckgewehre her. Diese Phase dauerte bis 1952, als Heym wieder die Erlaubnis bekam, Feuerwaffen zu produzieren. Seit damals ist Heym für seine hervorragenden Flinten, Büchsen und kombinierten Waffen von höchster Fertigungsqualität bekannt. Zur Produktion wird ausschließlich hochwertiger Krupp-Stahl verwendet. Alle Heym-Waffen, zumeist reich graviert, sind individuelle Kunstwerke, die in bester alter Büchsenmachertradition hergestellt werden. Neben Repetierern baut Heym heute vornehmlich Kipplaufbüchsen und -flinten, zudem sind auch die dreiläufigen, kombinierten Drillinge von Heym weltberühmt. Die Drillinge bestehen zumeist aus zwei oben nebeneinander liegenden Flintenläufen und einem Büchsenlauf in der Mitte darunter (herkömmliche Drillinganordnung). Durch ihren hohen Grad an waffentechnischer Perfektion und durch ihre Gravur sind Heym-Waffen oft sehr teuere Stücke.

Heym 22 S2 Bockbüchsflinte

TECHNISCHE DATEN
Kaliber: siehe nachfolgend

Kammerlänge: Flintenlauf: 2¾" oder 3" (70 oder 76 mm)
Anzahl der Läufe: Bockbüchsflinte (Flinten- u. Büchsenlauf übereinander)
System: Kipplaufwaffe (Baskülverschluss)
Verriegelung: Laufhaken
Abzug: Doppelabzug
Gesamtgewicht: 2,6 kg
Gesamtlänge: 102 cm
Lauflänge: 61 cm (24")
Hülsenentfernung: automatischer Ejektor, kann ausgeschaltet werden
Choke: Flintenlauf fest, nach Wahl
Visierung: Büchsen-Klappvisier, Vorrichtung für Zielfernrohrmontage
Sicherung: Schiebesicherung auf dem Kolbenhals, automatisch gegen ungewollte Schussabgabe gesichert

MERKMALE

- Material: Stahl, Systemkasten aus Aluminium
- Finish: Läufe brüniert, Systemkasten unbehandelt
- Schaft: Nussbaumholz, mit Pistolengriff

Erhältliche Flintenkaliber: 12, 16 oder 20 (oberer Lauf); erhältliche Büchsenkaliber: .22 Hornet; .222 Rem.; .222 Rem.Mag.; .22-250 Rem.; 5,6x50R Mag.; 5,6x52R; .243 Win.; 6,5x55 SM; 6,5x57R; 6,5x65 Brenneke; 6,5x65R RWS; 7x57R; 7x65R; .308 Win.; .30-06; .30R Blaser; 8x57JRS (unterer Lauf).

Heym 25 Bockbüchsflinte

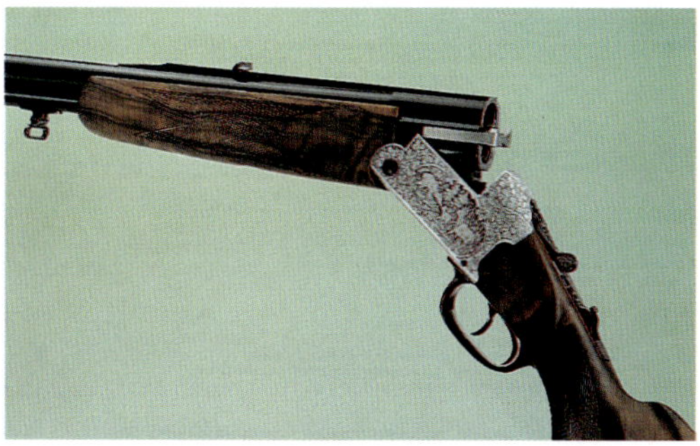

TECHNISCHE DATEN

Kaliber: siehe nachfolgend
Kammerlänge: Flintenlauf: 2¾" oder 3" (70 oder 76 mm)
Anzahl der Läufe: Bockbüchsflinte (Flinten- u. Büchsenlauf übereinander)
System: Kipplaufwaffe (Baskülverschluss)
Verriegelung: Laufhaken
Abzug: Doppelabzug
Gesamtgewicht: 2,6 kg
Gesamtlänge: 101 cm

Lauflänge: 60 cm (23⅝")
Hülsenentfernung: nur Auszieher
Choke: Flintenlauf fest, nach Wahl
Visierung: Büchsen-Klappvisier, Vorrichtung für Zielfernrohrmontage
Sicherung: Schiebesicherung auf dem Kolbenhals, automatisch gegen ungewollte Schussabgabe gesichert

MERKMALE

- Material: Stahl, Systemkasten aus Aluminium
- Finish: Läufe brüniert, Systemkasten unbehandelt und graviert (Jagdmotive)
- Schaft: Nussbaumholz, mit Pistolengriff

Erhältliche Flintenkaliber: 12, 16 oder 20 (oberer Lauf); erhältliche Büchsenkaliber: .22 Hornet; .222 Rem.; .222 Rem. Mag.; .22-250 Rem.; 5,6x50R Mag.; 5,6x52R; 6x62 Frères; .243 Win.; 6,5x55 SM; 6,5x57R; 6,5x65R RWS; 7x57R; 7x65R; .308 Win.; .30-06; .30R Blaser; 8x57JRS (unterer Lauf).

Heym 33 Deluxe Drilling

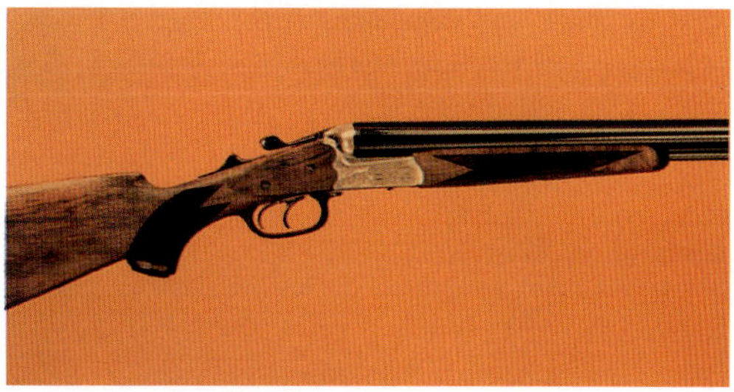

TECHNISCHE DATEN

Kaliber: siehe nachfolgend
Kammerlänge: Flintenlauf: 2¾" oder 3" (70 oder 76 mm)
Anzahl der Läufe: 2 Flintenläufe nebeneinander und darunter 1 Büchsenlauf (Drilling)
System: Kipplaufwaffe (Baskülverschluss)
Verriegelung: doppelte Laufhaken, Greener-Verschluss
Abzug: Doppelabzug
Gesamtgewicht: 3,5–3,7 kg
Gesamtlänge: 106 cm
Lauflänge: 63,5 cm (25")
Hülsenentfernung: nur Auszieher
Choke: fest, nach Wahl (Flintenlauf)

Visierung:	Büchsen-Klappvisier, Vorrichtung für Zielfernrohrmontage
Sicherung:	Schiebesicherung auf dem Kolbenhals, Signalstifte zur Anzeige des Spannzustandes, separater Büchsenspannschieber

MERKMALE

- Material:	Stahl, Systemkasten aus rostträgem Stainless-Stahl
- Finish:	Läufe brüniert, Systemkasten unbehandelt und graviert
- Schaft:	Nussbaumholz, mit Pistolengriff

Erhältliche Flintenkaliber: 16 oder 20; erhältliche Büchsenkaliber: .22 Hornet; .222 Rem.; .222 Rem. Mag.; .243 Win.; .270 Win.; 5,6x50R Mag.; 5,6x52R; 5,6x57R; 6,5x55 SM; 6,5x57R; 6,5x65R RWS; 7x57R; 7x65R; .308 Win.; .30-06; .30R Blaser; 8x57JRS; 8x75 RWS; 9,3x74R .

Heym 35 Bockdrilling

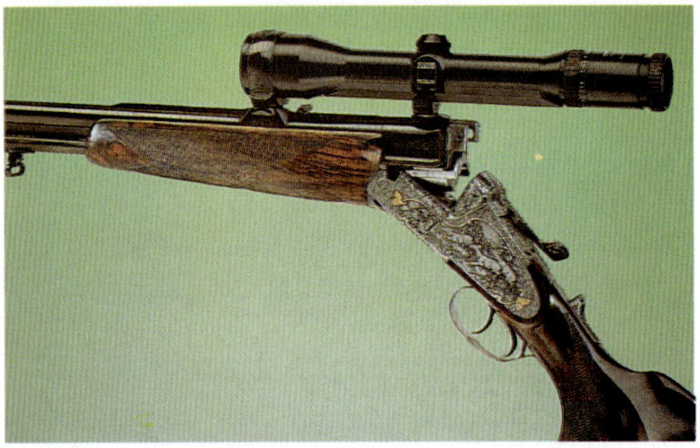

TECHNISCHE DATEN

Kaliber:	siehe nachfolgend
Kammerlänge:	Flintenlauf: $2^{3}/_{4}$" oder 3" (70 oder 76 mm)
Anzahl der Läufe:	1 Flintenlauf und darunter seitlich versetzt 2 Büchsenläufe in unterschiedlichen Kalibern (Bockdrilling)
System:	Kipplaufwaffe (Baskülverschluss)
Verriegelung:	doppelte Laufhaken, Kersten-Verschluss
Abzug:	Doppelabzug
Gesamtgewicht:	3,5–3,7 kg
Gesamtlänge:	106 cm
Lauflänge:	63,5 cm (25")
Hülsenentfernung:	nur Auszieher
Choke:	fest, nach Wahl (Flintenlauf)
Visierung:	Büchsen-Klappvisier, Vorrichtung für Zielfernrohrmontage
Sicherung:	Schiebesicherung auf dem Kolbenhals, Signalstifte zur Anzeige des Spannzustandes, separater Büchsenspannschieber

MERKMALE

- Material:	Stahl
- Finish:	Läufe brüniert, Systemkasten unbehandelt und graviert (Jagdmotive)
- Schaft:	Nussbaumholz, mit Pistolengriff

Erhältliche Flintenkaliber: 16 oder 20 (oberer Lauf); erhältliche Büchsenkaliber: .22 Hornet; .222 Rem.; .222 Rem. Mag.; .243 Win.; .270 Win.; 5,6x50R Mag.; 5,6x52R (kleinkalibriger Büchsenlauf); 6,5x57R; 6,5x65R RWS; 7x57R; 7x65R; .308 Win.; .30-06; .30R Blaser; 8x57JRS; 8x75 RWS; 9,3x74R (großkalibriger Büchsenlauf).

Heym 37 Drilling

TECHNISCHE DATEN

Kaliber:	siehe nachfolgend
Kammerlänge:	Flintenlauf: $2^{3}/_{4}$" oder 3" (70 oder 76 mm)
Anzahl der Läufe:	2 Flintenläufe nebeneinander und darunter 1 Büchsenlauf (Drilling)
System:	Kipplaufwaffe (Baskülverschluss)
Verriegelung:	doppelte Laufhaken, Greener-Verschluss
Abzug:	Doppelabzug
Gesamtgewicht:	3,5–3,7 kg
Gesamtlänge:	106 cm
Lauflänge:	63,5 cm (25")
Hülsenentfernung:	nur Auszieher
Choke:	fest, nach Wahl (Flintenlauf)
Visierung:	Büchsen-Klappvisier, Vorrichtung für Zielfernrohrmontage
Sicherung:	Schiebesicherung auf dem Kolbenhals, Signalstifte zur Anzeige des Spannzustandes, separater Büchsenspannschieber

MERKMALE

- Material:	Stahl, Systemkasten aus rostträgem Stainless-Stahl
- Finish:	Läufe brüniert, Systemkasten unbehandelt und graviert
- Schaft:	Nussbaumholz, mit Pistolengriff

Erhältliche Flintenkaliber: 12, 16 oder 20; erhältliche Büchsenkaliber: .22 Hornet; .222 Rem.; .222 Rem. Mag.; .243 Win.; 5,6x50R Mag.; 5,6x52R; 5,6x57R; 6,5x55 SM; 6,5x57R; 6,5x65R RWS; 7x57R; 7x65R; .308 Win.; .30-06; .30R Blaser; 8x57JRS; 8x75 RWS; 9,3x74R .

Heym 37 B Büchsdrilling

TECHNISCHE DATEN

Kaliber:	siehe nachfolgend
Kammerlänge:	Flintenlauf: $2^{3}/_{4}$" oder 3" (70 oder 76 mm)
Anzahl der Läufe:	2 Büchsenläufe nebeneinander und darunter 1 Flintenlauf (Büchsdrilling)
System:	Kipplaufwaffe (Baskülverschluss)
Verriegelung:	doppelte Laufhaken, Greener-Verschluss

Abzug: Doppelabzug
Gesamtgewicht: 3,5–3,7 kg
Gesamtlänge: 106 cm
Lauflänge: 63,5 cm (25")
Hülsenentfernung: nur Auszieher
Choke: fest, nach Wahl (Flintenlauf)
Visierung: Büchsen-Klappvisier, Vorrichtung für Zielfernrohrmontage
Sicherung: Schiebesicherung auf dem Kolbenhals, Signalstifte zur Anzeige des Spannzustandes, separater Büchsenspannschieber

MERKMALE
- Material: Stahl
- Finish: Läufe brüniert, Systemkasten unbehandelt und graviert
- Schaft: Nussbaumholz, mit Pistolengriff

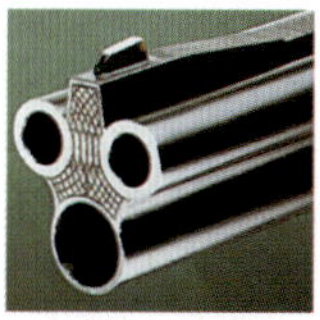

Erhältliches Flintenkaliber: 12; erhältliche Büchsenkaliber: 7x-65R; .30-06; .30R Blaser; 8x-57JRS; 8x75 RWS; 9,3x74R.

Heym 55 BF oder F Bockbüchsflinte

TECHNISCHE DATEN
Kaliber: siehe nachfolgend
Kammerlänge: Flintenlauf: $2^{3}/_{4}$" oder 3" (70 oder 76 mm)
Anzahl der Läufe: Bockbüchsflinte (Flinten- u. Büchsenlauf übereinander)
System: Kipplaufwaffe (Baskülverschluss)
Verriegelung: doppelte Laufhaken, Kersten-Verschluss
Abzug: Doppelabzug
Gesamtgewicht: 3,1–3,2 kg
Gesamtlänge: 106–114,5 cm
Lauflänge: 63,5–72 cm (25"–$28^{3}/_{8}$")
Hülsenentfernung: nur Auszieher
Choke: Flintenlauf fest, nach Wahl
Visierung: Büchsen-Klappvisier (Mod. 55 BF), Flintenkorn (Mod. 55 F); Vorrichtung für Zielfernrohrmontage
Sicherung: Schiebesicherung auf dem Kolbenhals, Signalstifte zur Anzeige des Spannzustandes

MERKMALE
- Material: Stahl, Systemkasten aus rostträgem Stainless-Stahl
- Finish: Läufe brüniert, Systemkasten unbehandelt und graviert
- Schaft: Nussbaumholz, mit Pistolengriff

Erhältliche Flintenkaliber: 12, 16 oder 20 (oberer Lauf); erhältliche Büchsenkaliber: .22 Hornet; .222 Rem.; .222 Rem. Mag.; 5,6x50R Mag.; 5,6x52R; 5,6x57R; .243 Win.; 6,5x55 SM; 6,5x57R; 6,5x65R RWS; .270 Win.; 7x57R; 7x65R; .308 Win.; .30-06; .30R Blaser; 8x57JRS (unterer Lauf).
Der Büchsenabzug diese klassischen Jagdwaffe hat einen Rückstecker.

Heym 55 BS Bergstutzen

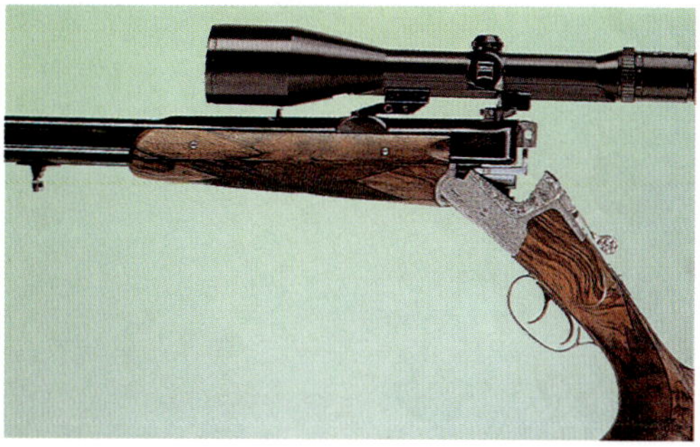

TECHNISCHE DATEN
Kaliber: siehe nachfolgend
Kammerlänge: s. Hülsenlänge (da Büchse)
Anzahl der Läufe: 2 Büchsenläufe in unterschiedlichen Kalibern übereinander (Bergstutzen)
System: Kipplaufwaffe (Baskülverschluss)
Verriegelung: doppelte Laufhaken, Kersten-Verschluss
Abzug: Doppelabzug, vorderer Abzug mit Rückstecher
Gesamtgewicht: 3,1 oder 3,6 kg
Gesamtlänge: 106 oder 114,5 cm
Lauflänge: 63,5 oder 72 cm (25"–$28^{3}/_{8}$")
Hülsenentfernung: nur Auszieher
Choke: entfällt, da gezogene Läufe (Büchse)
Visierung: feste Büchsenvisierung, Vorr. für Zielfernrohrmontage
Sicherung: Schiebesicherung auf dem Kolbenhals, Signalstifte zur Anzeige des Spannzustandes

MERKMALE
- Material: Stahl

- Finish: Läufe brüniert, Systemkasten versilbert und graviert
- Schaft: besonders ausgesuchtes Nussbaumholz, mit Pistolengriff und Backe

Erhältliche Kaliber: .22 Hornet; .222 Rem.; .222 Rem. Mag.; 5,6x50R Mag.; 5,6x52R (oberer Lauf); 7x65R; .308 Win.; .30-06; .30R Blaser; 8x57JRS; 8x57JRS; 8x75 RS, 9,3x74R; (unterer Lauf). Spezielle Großkaliberversion: .243 Win.; 6,5x55 SM; 6,5x57R; 6,5x65R RWS; 7x65R; .308 Win.; .30-06; .30R Blaser (oberer Lauf); .300 Win. Mag.; .375 H&H Mag.; .416 Rigby; .458 Win. Mag.; .470 NE (Nitro Express) (unterer Lauf).

Heym 80 B Doppelbüchse

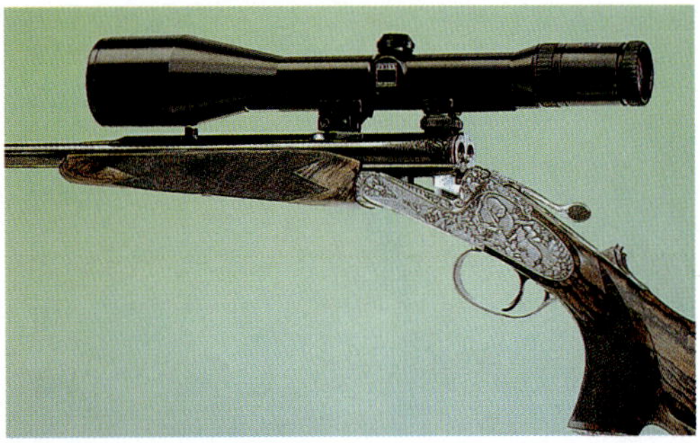

TECHNISCHE DATEN

Kaliber:	siehe nachfolgend
Kammerlänge:	s. Hülsenlänge (da Büchse)
Anzahl der Läufe:	2 Büchsenläufe nebeneinander (Doppelbüchse)
System:	Kipplaufwaffe (Baskülverschluss)
Verriegelung:	doppelte Laufhaken
Abzug:	Ein- oder Doppelabzug
Gesamtgewicht:	3,2 kg
Gesamtlänge:	103 cm
Lauflänge:	60 cm (23⅝")
Hülsenentfernung:	Auszieher
Choke:	entfällt, da gezogene Läufe (Büchse)
Visierung:	feste Büchsenvisierung, Vorrichtung für Zielfernrohrmontage
Sicherung:	Schiebesicherung auf dem Kolbenhals, Signalstifte zur Anzeige des Spannzustandes

MERKMALE

- Material: Stahl
- Finish: Läufe brüniert, Systemkasten versilbert und graviert (keine Seitenschlosse)
- Schaft: besonders ausgesuchtes, exklusives Wurzelnussbaumholz, mit Pistolengriff und Backe

Erhältliche Kaliber: 7x65R; .30-06; .30R Blaser; 8x57JRS; 8x75 RS, 9,3x74R. Das Modell 80 ist in zwei Versionen erhältlich: Als Modell B mit Doppelabzug (vorderer Abzug mit Rückstecher) und als Modell B-H (wie abgebildet) mit Einabzug und manuellem Spannschieber. Dabei werden die Schlosse unmittelbar vor der Schussabgabe erst gespannt, indem der Spannschieber nach vorne geschoben wird.

Heym 88 B Safari

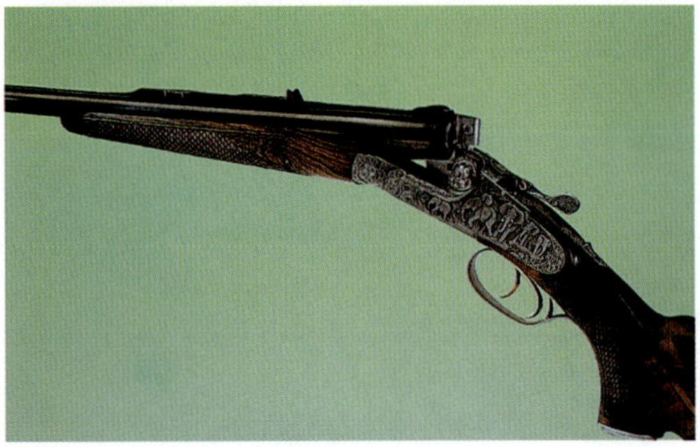

TECHNISCHE DATEN

Kaliber:	siehe nachfolgend
Kammerlänge:	s. Hülsenlänge (da Büchse)
Anzahl der Läufe:	2 Büchsenläufe nebeneinander (Doppelbüchse)
System:	Kipplaufwaffe (Baskülverschluss)
Verriegelung:	Greener-Verschluss, doppelte Laufhaken
Abzug:	Doppelabzug
Gesamtgewicht:	4,5 kg
Gesamtlänge:	104,5 cm
Lauflänge:	61 cm (24")
Hülsenentfernung:	Auszieher
Choke:	entfällt, da gezogene Läufe (Büchse)
Visierung:	Express-Klappvisier, Vorrichtung für Zielfernrohrmontage
Sicherung:	Schiebesicherung auf dem Kolbenhals, Signalstifte zur Anzeige des Spannzustandes

MERKMALE

- Material: Stahl
- Finish: Läufe brüniert, Systemkasten versilbert und graviert (keine Seitenschlosse)
- Schaft: besonders ausgesuchtes Nussbaumholz, mit Pistolengriff und Backe

Erhältliche Kaliber: .375 H&H Mag.; .458 Win. Mag.; .470 NE (Nitro Express); .500 NE; .600 NE.

Heym 88 B/SS

TECHNISCHE DATEN

Kaliber:	siehe nachfolgend
Kammerlänge:	s. Hülsenlänge (da Büchse)
Anzahl der Läufe:	2 Büchsenläufe übereinander (Bockdoppelbüchse)
System:	Kipplaufwaffe (Baskülverschluss)
Verriegelung:	Greener-Verschluss, doppelte Laufhaken
Abzug:	Doppelabzug
Gesamtgewicht:	3,6 kg
Gesamtlänge:	107 cm

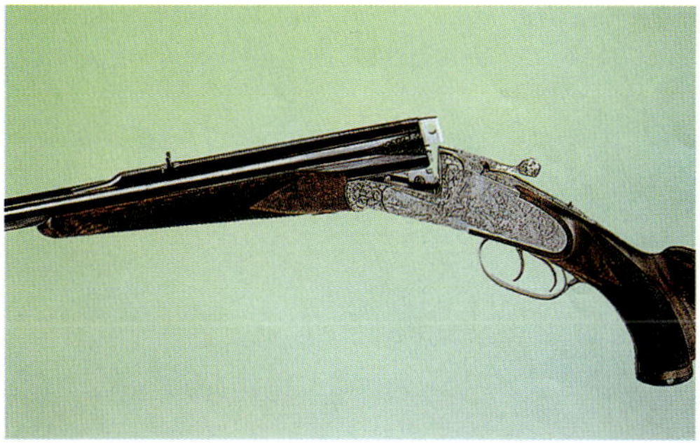

Lauflänge:	63,5 cm (25")
Hülsenentfernung:	automatischer Ejektor
Choke:	entfällt, da gezogene Läufe (Büchse)
Visierung:	feste Büchsenvisierung, Vorrichtung für Zielfernrohrmontage
Sicherung:	Schiebesicherung auf dem Kolbenhals, Signalstifte zur Anzeige des Spannzustandes

MERKMALE

- Material:	Stahl
- Finish:	Läufe brüniert, Systemkasten versilbert und graviert (keine Seitenschlosse)
- Schaft:	besonders ausgesuchtes Nussbaumholz, mit Pistolengriff und Backe

Erhältliche Kaliber: 7x65R; .30-06; .30R Blaser; 8x57JRS; 8x75 RS, 9,3x74R.; .375 H&H Mag; 9,3x74R.

IGA

Schrotflinten der Marke IGA, denen man ein sehr gutes Preis-Leistungsverhältnis nachsagt, werden von der Firma Amantino & Cia in dem brasilianischen Ort Veranopolis hergestellt. Sowohl die IGA-Querals auch die Bockdoppelflinten haben eine sehr massive Laufhakenverriegelung, die Bockdoppelflinten zudem oft einen Flankenverschluss à la Beretta mit je einem Verschlussstift rechts und links des oberen Laufes.

IGA-Flinten werden in den USA und in verschiedenen südamerikanischen Staaten von der US-Firma Stoeger Inc. vertrieben.

IGA Coach Gun

TECHNISCHE DATEN

Kaliber:	12, 20 oder .410
Kammerlänge:	3" (76 mm)
Anzahl der Läufe:	Doppelflinte (Querflinte)
System:	Kipplaufwaffe (Baskülverschluss)
Verriegelung:	Laufhaken
Abzug:	Doppelabzug

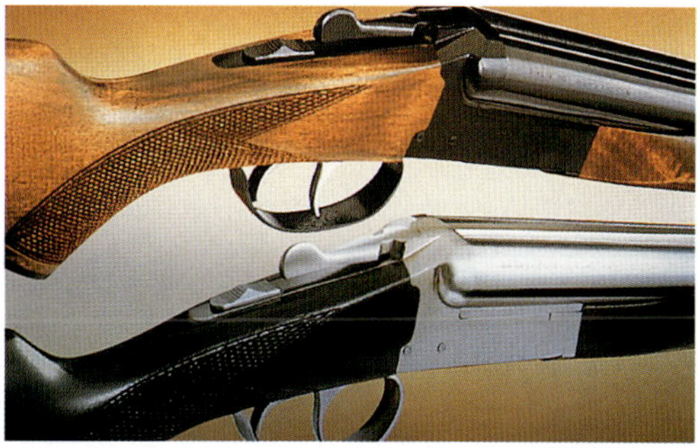

Gesamtgewicht:	3,1 kg
Gesamtlänge:	93 cm
Lauflänge:	51 cm (20")
Hülsenentfernung:	automatischer Ejektor
Choke:	fest, 1/2- und 1/4-Choke
Visierung:	Flintenkorn
Sicherung:	automatische Sicherung, Schiebesicherung auf dem Kolbenhals

MERKMALE

- Material:	Stahl
- Finish:	brüniert oder vernickelt
- Schaft:	Hartholz mit Fischhaut, wahlweise schwarz lackiert, mit Pistolengriff

In einigen europäischen Staaten, etwa in Großbritannien, ist diese Waffe, die den Kutschbockflinten der amerikanischen Pionierzeit nachempfunden ist, aufgrund ihrer geringen Lauflänge verboten.

IGA Condor I

TECHNISCHE DATEN

Kaliber:	12 oder 20
Kammerlänge:	3" (76 mm)
Anzahl der Läufe:	Bockdoppelflinte
System:	Kipplaufwaffe (Baskülverschluss)
Verriegelung:	Laufhaken, Flankenverschluss
Abzug:	Einabzug
Gesamtgewicht:	3,6 kg
Gesamtlänge:	111–116 cm
Lauflänge:	66–71 cm (26"–28")
Hülsenentfernung:	automatischer Ejektor
Choke:	fest, 1/4- u. 1/2- oder 1/2- u. Voll-Choke, oder Wechselchokeeinsätze
Visierung:	Flintenkorn
Sicherung:	autom. Sicherung, Schiebesicherung auf dem Kolbenhals

MERKMALE

- Material:	Stahl
- Finish:	brüniert
- Schaft:	Hartholz, mit Pistolengriff

Auf dem Foto ist oben das Modell IGA Condor I und unten die Einlaufflinte Uplander abgebildet.

IGA Condor II

TECHNISCHE DATEN

Kaliber:	12
Kammerlänge:	3" (76 mm)
Anzahl der Läufe:	Bockdoppelflinte
System:	Kipplaufwaffe (Baskülverschluss)
Verriegelung:	Laufhaken, Flankenverschluss
Abzug:	Doppelabzug
Gesamtgewicht:	3,6 kg
Gesamtlänge:	111–116 cm
Lauflänge:	66–71 cm (26"–28")
Hülsenentfernung:	Auszieher
Choke:	fest, 1/4- u. 1/2- oder 1/2- u. Voll-Choke
Visierung:	Flintenkorn, ventilierte Schiene
Sicherung:	Schiebesicherung auf dem Kolbenhals

MERKMALE

- Material:	Stahl
- Finish:	brüniert
- Schaft:	Hartholz, mit Pistolengriff

Auf dem Foto ist oben das Modell IGA Condor I und unten Flinte Condor II abgebildet.

IGA Condor Supreme

TECHNISCHE DATEN

Kaliber:	12 oder 20
Kammerlänge:	3" (76 mm)
Anzahl der Läufe:	Bockdoppelflinte
System:	Kipplaufwaffe (Baskülverschluss)
Verriegelung:	Laufhaken, Flankenverschluss
Abzug:	Einabzug
Gesamtgewicht:	3,6 kg
Gesamtlänge:	111–116 cm

Lauflänge:	66–71 cm (26"–28")
Hülsenentfernung:	automatischer Ejektor
Choke:	Wechselchokeeinsätze
Visierung:	Flintenkorn, ventilierte Schiene
Sicherung:	Schiebesicherung auf dem Kolbenhals, Laufwahlschieber

MERKMALE

- Material:	Stahl
- Finish:	brüniert
- Schaft:	Hartholz, mit Pistolengriff

IGA Era 2000

TECHNISCHE DATEN

Kaliber:	12
Kammerlänge:	3" (76 mm)

Anzahl der Läufe: Bockdoppelflinte
System: Kipplaufwaffe (Baskülverschluss)
Verriegelung: Laufhaken, Flankenverschluss
Abzug: Einabzug
Gesamtgewicht: 3,6 kg
Gesamtlänge: 111–116 cm
Lauflänge: 66–71 cm (26"–28")
Hülsenentfernung: Auszieher
Choke: Wechselchokeeinsätze
Visierung: Flintenkorn, ventilierte Schiene
Sicherung: Schiebesicherung auf dem Kolbenhals

MERKMALE
- Material: Stahl
- Finish: brüniert
- Schaft: Hartholz, mit Pistolengriff

Auf dem Foto ist rechts das Modell IGA Era 2000 und links die Einlaufflinte Uplander abgebildet.

IGA Ladies/Youth

TECHNISCHE DATEN
Kaliber: 20 oder .410
Kammerlänge: 3" (76 mm)
Anzahl der Läufe: Doppelflinte (Querflinte)
System: Kipplaufwaffe (Baskülverschluss)
Verriegelung: Laufhaken
Abzug: Doppelabzug
Gesamtgewicht: 3 kg
Gesamtlänge: 101,6 cm
Lauflänge: 61 cm (24")
Hülsenentfernung: Auszieher
Choke: fest, 1/2- und 1/4- oder 1/2- u. Voll-Choke (Youth)
Visierung: Flintenkorn
Sicherung: automatische Sicherung, Schiebesicherung auf dem Kolbenhals

MERKMALE
- Material: Stahl
- Finish: brüniert oder vernickelt
- Schaft: Hartholz mit Fischhaut und Pistolengriff

Auf dem Foto ist oben das Modell IGA Ladies und unten die Flinte IGA Youth abgebildet.

IGA Uplander

TECHNISCHE DATEN
Kaliber: 12, 20, 28 oder .410
Kammerlänge: 3" (76 mm)
Anzahl der Läufe: Einlaufflinte
System: Kipplaufwaffe (Baskülverschluss)
Verriegelung: Laufhaken
Abzug: Einabzug
Gesamtgewicht: 3–3,4 kg
Gesamtlänge: 106–112 cm
Lauflänge: 66–71 cm (26"–28")
Hülsenentfernung: automatischer Ejektor
Choke: fest, 1/4- und 1/2-, 1/2- u. Voll- oder Voll- u. Voll-Choke, oder Wechselchokeeinsätze
Visierung: Flintenkorn
Sicherung: autom. Sicherung, Schiebesicherung auf dem Kolbenhals

MERKMALE
- Material: Stahl
- Finish: brüniert
- Schaft: Hartholz, mit Pistolengriff

Auf dem Foto ist oben das Modell Condor I und unten die Uplander-Flinte abgebildet.

Imperator

Die bekannte Großhandelsfirma WISCHO Jagd- und Sportwaffen GmbH aus Erlangen, unter anderem Importeur von Smith & Wesson-Waffen, vertreibt die verschiedensten europäischen und deutschen Schusswaffen. Zusätzlich zu den regulären Modellen der Zulieferfirmen bietet WISCHO, teilweise unter eigenem, separaten Markennamen, exklusiv für die Firma hergestellte, abgeänderte Versionen verschiedener Langwaffen an, etwa die Imperator-Flinten. Diese werden vornehmlich von Fabarm in Italien, aber auch von CBS in Brasilien, hergestellt.

Imperator Extra Light II /IV

TECHNISCHE DATEN:
Kaliber: 20

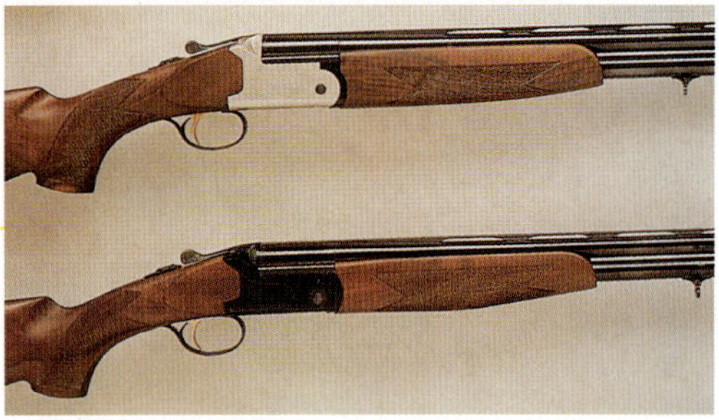

Kammerlänge: $2^{3}/_{4}$" oder 3" (70 oder 76 mm)
Anzahl der Läufe: Bockdoppelflinte
System: Kipplaufwaffe (Baskülverschluss)
Verriegelung: Laufhaken
Abzug: Einabzug
Gesamtgewicht: 2,4 oder 2,8 kg
Gesamtlänge: 116 cm
Lauflänge: 71 cm (28")
Hülsenentfernung: automatischer Ejektor
Choke: fest, $^{1}/_{2}$- u. Voll-Choke
Visierung: Flintenkorn, ventilierte Schiene
Sicherung: Schiebesicherung auf dem Kolbenhals

MERKMALE
- Material: Stahl, Systemkasten aus Aluminium
- Finish: brüniert (II) oder brüniert und Systemkasten unbehandelt und graviert (IV)
- Schaft: Nussbaumholz, mit Pistolengriff

Auf dem Foto ist oben das Modell Extra Light ELL IV und unten das Modell ELL II abgebildet.

Imperator III Doppelflinte

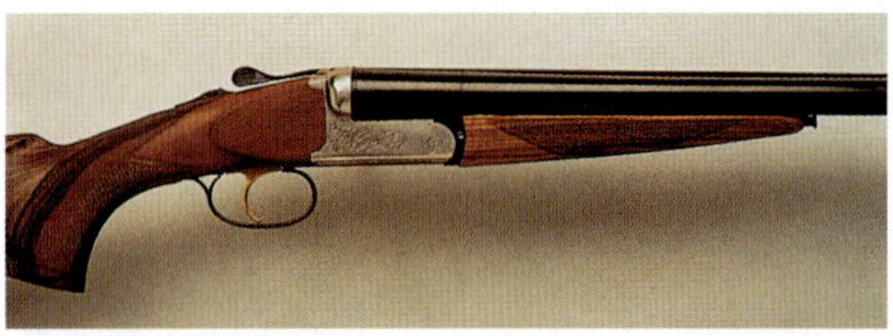

TECHNISCHE DATEN
Kaliber: 12
Kammerlänge: $2^{3}/_{4}$" (70 mm)
Anzahl der Läufe: Doppelflinte (Querflinte)
System: Kipplaufwaffe (Baskülverschluss)
Verriegelung: Laufhaken
Abzug: Einabzug
Gesamtgewicht: 3 kg
Gesamtlänge: 114 cm
Lauflänge: 71 cm (28")
Hülsenentfernung: Ejektor
Choke: fest, $^{1}/_{2}$- u. Voll-Choke
Visierung: Flintenkorn
Sicherung: Schiebesicherung auf dem Kolbenhals, Laufwahlschieber

MERKMALE
- Material: Stahl
- Finish: brüniert, Systemkasten versilbert mit Arabeskengravur
- Schaft: Walnussholz, mit Pistolengriff

Imperator 93/93E Hunter

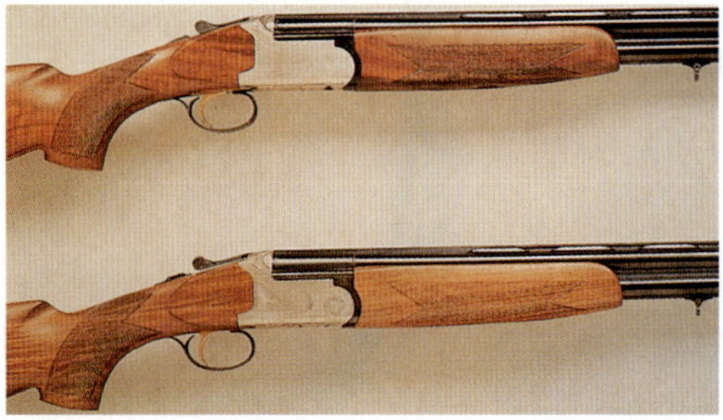

TECHNISCHE DATEN
Kaliber: 12
Kammerlänge: $2^{3}/_{4}$" (70 mm)
Anzahl der Läufe: Bockdoppelflinte
System: Kipplaufwaffe (Baskülverschluss)
Verriegelung: Laufhaken
Abzug: Einabzug
Gesamtgewicht: 3,1 kg
Gesamtlänge: 116 cm
Lauflänge: 71 cm (28")
Hülsenentfernung: Ejektor (93E) oder Auszieher (93)
Choke: fest, $^{3}/_{4}$- u. Voll-Choke
Visierung: Flintenkorn, 7 mm breite, ventilierte Schiene
Sicherung: Schiebesicherung auf dem Kolbenhals, Laufwahlschieber

MERKMALE
- Material: Stahl
- Finish: brüniert, Systemkasten versilbert mit Randgravur
- Schaft: Nussbaumholz, mit Pistolengriff

Imperator 93 Skeet/Trap

TECHNISCHE DATEN
Kaliber: 12

Kammerlänge:	$2^{3}/_{4}$" (70 mm)
Anzahl der Läufe:	Bockdoppelflinte
System:	Kipplaufwaffe (Baskülverschluss)
Verriegelung:	Laufhaken
Abzug:	Einabzug
Gesamtgewicht:	Skeet: 3,2 kg; Trap: 3,85 kg
Gesamtlänge:	Skeet: 116 cm; Trap: 121 cm
Lauflänge:	Skeet: 71 cm (28"); Trap: 76 cm (30")
Hülsenentfernung:	automatischer Ejektor
Choke:	Skeet- u. Skeet- oder $^{3}/_{4}$- u. Voll-Choke (Trap)
Visierung:	rotes Kunststoffflintenkorn, 10 mm breite, ventilierte Schiene
Sicherung:	Schiebesicherung auf dem Kolbenhals

MERKMALE

- Material:	Stahl
- Finish:	brüniert
- Schaft:	Nussbaumholz, mit Pistolengriff

Auf dem Foto ist oben das Modell 93 Trap und unten das Modell 93 Skeet abgebildet.

Imperator 1000-SLF Super Goose

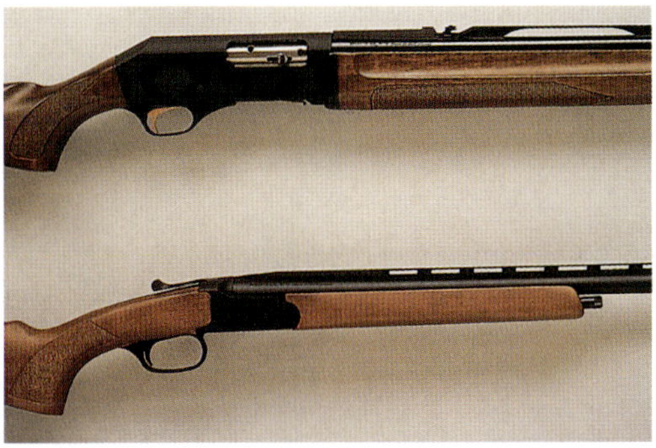

TECHNISCHE DATEN

Kaliber:	12
Kammerlänge:	3" (76 mm)
Anzahl der Läufe:	Einzellauf
Magazin:	Röhrenmagazin für 2 Patronen
System:	halbautomatisch (Gasdrucklader)
Verriegelung:	Drehkammerverschluss
Abzug:	Einzelabzug
Gesamtgewicht:	3,4 kg
Gesamtlänge:	145 cm
Lauflänge:	90 cm ($35^{1}/_{2}$")
Hülsenentfernung:	Repetierauszieher
Choke:	Wechselchokeeinsätze
Visierung:	Flintenkorn
Sicherung:	Druckknopfsicherung hinten am Abzugsbügel

MERKMALE

- Material:	Stahl
- Finish:	brüniert
- Schaft:	Nussbaumholz, mit Pistolengriff

Auf dem Foto ist oben das Modell 1000-SFL Super Goose und unten das Modell Omega abgebildet.

Imperator Omega

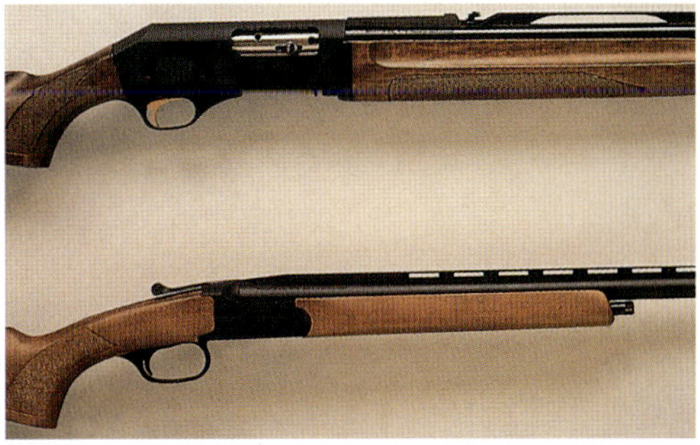

TECHNISCHE DATEN

Kaliber:	12
Kammerlänge:	3" (76 mm)
Anzahl der Läufe:	Einlaufflinte
System:	Kipplaufwaffe (Baskülverschluss)
Verriegelung:	Laufhaken
Abzug:	Einabzug
Gesamtgewicht:	2,7 kg
Gesamtlänge:	116 cm
Lauflänge:	71 cm (28")
Hülsenentfernung:	automatischer Ejektor
Choke:	fest, Voll-Choke
Visierung:	Flintenkorn, ventilierte Schiene
Sicherung:	Sicherungsknopf im Abzugsbügel

MERKMALE

- Material:	Stahl
- Finish:	brüniert
- Schaft:	Hartholz, mit Pistolengriff

Auf dem Foto ist oben das Modell 1000-SFL Super Goose und unten das Modell Omega abgebildet.

Imperator SDASS Hunter Vorderschaft-repetierflinte

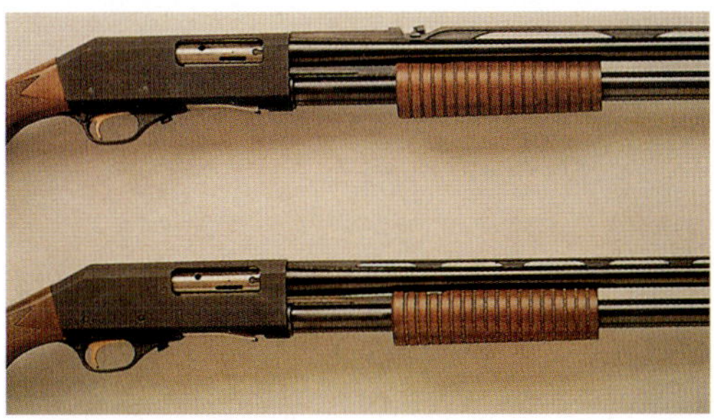

TECHNISCHE DATEN

Kaliber:	12

Kammerlänge: 3" (76 mm)
Anzahl der Läufe: Einzellauf
Magazin: Röhrenmagazin für 2, 7 oder 8 Patronen
System: Vorderschaftrepetiersystem
Verriegelung: Drehkammerverschluss
Abzug: Einzelabzug
Gesamtgewicht: 3,1 kg
Gesamtlänge: 127 cm
Lauflänge: 71 cm (28")
Hülsenentfernung: Repetierauszieher
Choke: Wechselchokeeinsätze
Visierung: Flintenkorn, 7 mm breite Laufschiene
Sicherung: Druckknopfsicherung vorne am Abzugsbügel

MERKMALE

- Material: Stahl
- Finish: mattschwarz brüniert
- Schaft: Hartholz, mit Pistolengriff

In einigen europäischen Staaten, etwa in Großbritannien, ist diese Pumpflinte aufgrund ihrer großen Magazinkapazität verboten. In Deutschland kann sie mit einer waffenrechtlichen Erwerbsberechtigung oder aufgrund Jagdscheines als Repetierlangwaffe erworben werden.
Auf dem Foto ist oben das Modell SDASS Super Goose und unten das Modell SDASS Hunter abgebildet.

Imperator SDASS Magnum

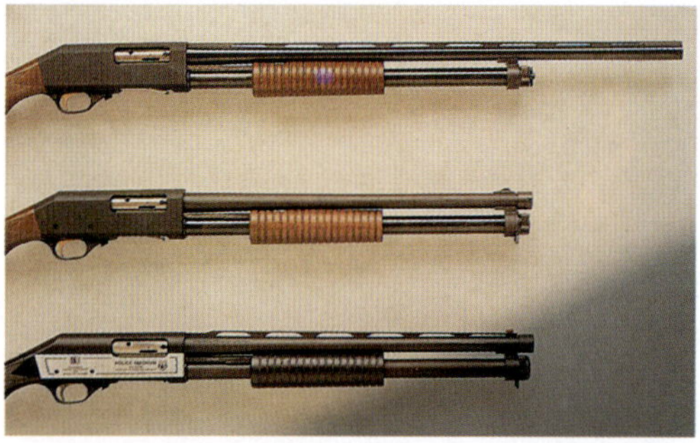

TECHNISCHE DATEN

Kaliber: 12
Kammerlänge: 3" (76 mm)
Anzahl der Läufe: Einzellauf
Magazin: Röhrenmagazin für 2, 7 oder 8 Patronen
System: Vorderschaftrepetiersystem
Verriegelung: Drehkammerverschluss
Abzug: Einzelabzug
Gesamtgewicht: 3,1 kg
Gesamtlänge: 105 cm
Lauflänge: 50 cm ($19\frac{3}{4}$")
Hülsenentfernung: Repetierauszieher
Choke: Wechselchokeeinsätze
Visierung: Flintenkorn, 7 mm breite Laufschiene
Sicherung: Druckknopfsicherung vorne am Abzugsbügel

MERKMALE

- Material: Stahl
- Finish: mattschwarz brüniert
- Schaft: Hartholz, mit Pistolengriff

In einigen europäischen Staaten, etwa in Großbritannien, ist diese Pumpflinte aufgrund ihrer geringen Lauflänge und ihrer großen Magazinkapazität verboten. In Deutschland kann sie mit einer waffenrechtlichen Erwerbsberechtigung oder aufgrund Jagdscheines als Repetierlangwaffe erworben werden. Auf dem Foto ist oben das Modell SDASS Magnum, in der Mitte das Modell SDASS Police Magnum und unten das Modell SDASS Police Combat Special abgebildet.

Imperator SDASS Police Combat Special

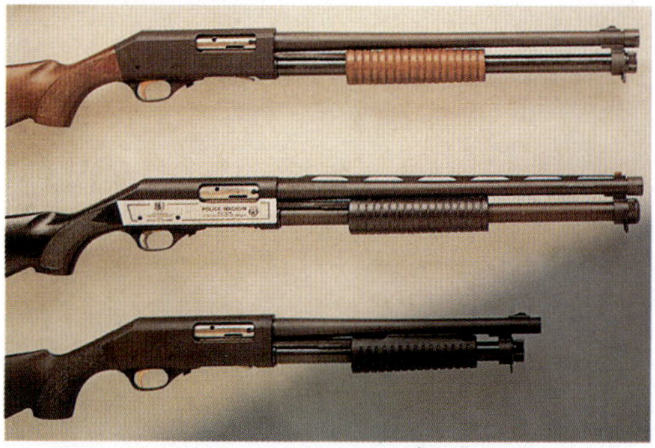

TECHNISCHE DATEN

Kaliber: 12
Kammerlänge: 3" (76 mm)
Anzahl der Läufe: Einzellauf
Magazin: Röhrenmagazin für 5 oder 6 Patronen
System: Vorderschaftrepetiersystem
Verriegelung: Drehkammerverschluss
Abzug: Einzelabzug
Gesamtgewicht: 2,7 kg
Gesamtlänge: 105 oder 90,8 cm
Lauflänge: 50 oder 36 cm ($19\frac{3}{4}$" oder $14\frac{1}{8}$")
Hülsenentfernung: Repetierauszieher
Choke: zylindrisch
Visierung: Flintenkorn, Laufschiene
Sicherung: Druckknopfsicherung vorne am Abzugsbügel

MERKMALE

- Material: Stahl
- Finish: mattschwarz brüniert
- Schaft: schwarzer Kunststoffschaft, mit Pistolengriff

In einigen europäischen Staaten, etwa in Großbritannien, ist diese Pumpflinte aufgrund ihrer geringen Lauflänge und ihrer großen Magazinkapazität verboten. In Deutschland kann sie mit einer waffenrechtlichen Erwerbsberechtigung oder aufgrund Jagdscheines als Repetierlangwaffe erworben werden. Auf dem Foto ist oben das Modell SDASS Magnum, in der Mitte das Modell SDASS Police Magnum und unten das Modell SDASS Police Combat Special abgebildet.

Imperator SDASS Police Magnum

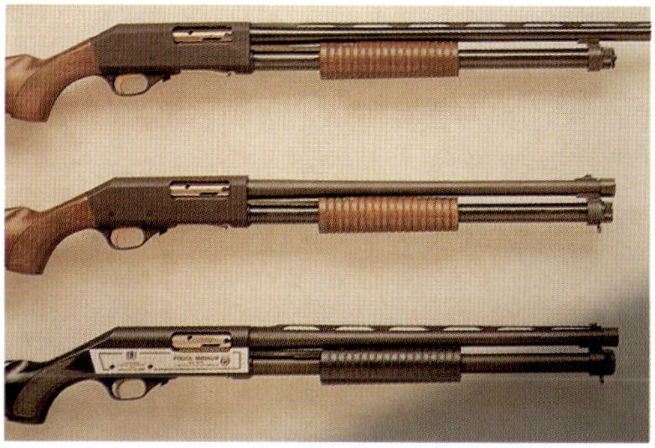

TECHNISCHE DATEN

Kaliber:	12
Kammerlänge:	3" (76 mm)
Anzahl der Läufe:	Einzellauf
Magazin:	Röhrenmagazin für 7 oder 8 Patronen
System:	Vorderschaftrepetiersystem
Verriegelung:	Drehkammerverschluss
Abzug:	Einzelabzug
Gesamtgewicht:	3,1 kg
Gesamtlänge:	105 cm
Lauflänge:	50 cm (19 3/4")
Hülsenentfernung:	Repetierauszieher
Choke:	Wechselchokeeinsätze
Visierung:	Flintenkorn, Laufschiene
Sicherung:	Druckknopfsicherung vorne am Abzugsbügel

MERKMALE

- Material:	Stahl
- Finish:	mattschwarz brüniert
- Schaft:	Hartholz, mit Pistolengriff

In einigen europäischen Staaten, etwa in Großbritannien, ist diese Pumpflinte aufgrund ihrer geringen Lauflänge und ihrer großen Magazinkapazität verboten. In Deutschland kann sie mit einer waffenrechtlichen Erwerbsberechtigung oder aufgrund Jagdscheines als Repetierlangwaffe erworben werden.
Auf dem Foto ist oben das Modell SDASS Magnum, in der Mitte das Modell SDASS Police Magnum und unten das Modell SDASS Police Combat Special abgebildet.

Imperator SDASS Super Goose

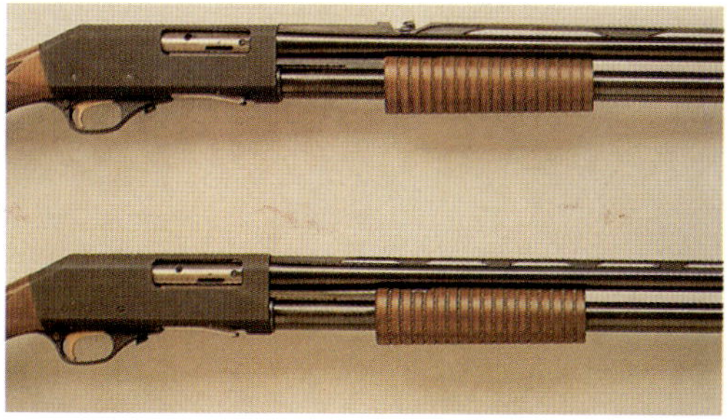

TECHNISCHE DATEN

Kaliber:	12
Kammerlänge:	3" (76 mm)
Anzahl der Läufe:	Einzellauf
Magazin:	Röhrenmagazin für 2, 7 oder 8 Patronen
System:	Vorderschaftrepetiersystem
Verriegelung:	Drehkammerverschluss
Abzug:	Einzelabzug
Gesamtgewicht:	3,1 kg
Gesamtlänge:	145 cm
Lauflänge:	90 cm (35 1/2")
Hülsenentfernung:	Repetierauszieher
Choke:	Wechselchokeeinsätze
Visierung:	Klappkimme, Flintenkorn, 12 mm breite, ventilierte Schiene
Sicherung:	Druckknopfsicherung vorne am Abzugsbügel

MERKMALE

- Material:	Stahl
- Finish:	mattschwarz brüniert
- Schaft:	Hartholz, mit Pistolengriff

In einigen europäischen Staaten, etwa in Großbritannien, ist diese Pumpflinte aufgrund ihrer großen Magazinkapazität verboten. In Deutschland kann sie mit einer waffenrechtlichen Erwerbsberechtigung oder aufgrund Jagdscheines als Repetierlangwaffe erworben werden.
Auf dem Foto ist oben das Modell SDASS Super Goose und unten das Modell SDASS Hunter abgebildet.

Kettner

Die deutsche Waffenhandelsfirma Eduard Kettner ist in den letzten 10 Jahren zu einem riesigen Unternehmen mit den verschiedensten Unterabteilungen geworden. Der Firma wurde ursprünglich in Köln gegründet, inzwischen hat Kettner aber Niederlassungen und Verkaufshäuser in Deutschland, Frankreich, Österreich, der Schweiz, Ungarn und Belgien. Die meisten davon haben eine eigene Büchsenmacherwerk-

statt. Von Köln aus wird der Kettner-Versandhandel betrieben. Jahr für Jahr wird der Kettner-Katalog diesbezüglich dicker. Das Unternehmen unterstützt verschiedene Umweltschutz- und Naturerhaltungs- sowie Jagdschutzprojekte in Deutschland und rund um den Globus, es engagiert sich im Förderkreis Jagdpolitik, der jagdliche Projekte managt und weiterentwickelt.
Die Firma Kettner, die von der Größe her etwa mit Frankonia Jagd vergleichbar ist, verkauft bereits seit langem diverse Importwaffen unter dem eigenen Firmennamen. Diese Flinten und Büchsen sind allesamt von guter Qualität und recht preisgünstig.

Kettner Campione

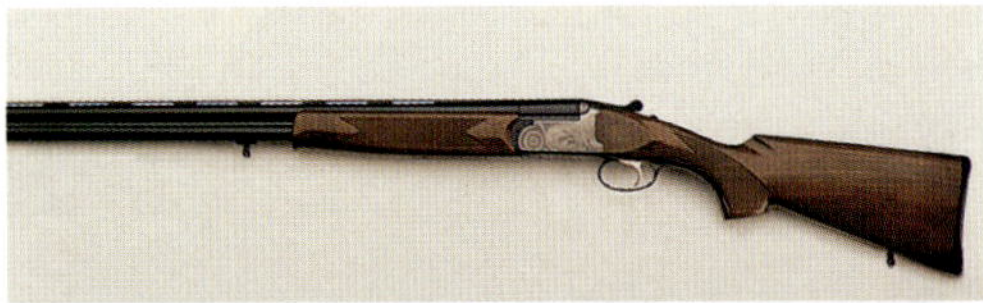

TECHNISCHE DATEN

Kaliber: 12
Kammerlänge: 2 3/4" (70 mm)
Anzahl der Läufe: Bockdoppelflinte
System: Kipplaufwaffe (Baskülverschluss)
Verriegelung: Laufhaken
Abzug: Einabzug oder Doppelabzug
Gesamtgewicht: 3,1 kg
Gesamtlänge: 114 cm
Lauflänge: 70 cm (27 1/2")
Hülsenentfernung: automatischer Ejektor oder wahlweise Auszieher
Choke: fest, 1/4- u. 3/4-Choke, oder 5 Wechselchokeeinsätze
Visierung: Flintenkorn, 6 mm breite, ventilierte Schiene
Sicherung: Schiebesicherung auf dem Kolbenhals, gleichzeitig Laufwahlschieber

MERKMALE

- Material: Stahl
- Finish: brüniert, Systemkasten unbehandelt und graviert (Jagdmotive)
- Schaft: Nussbaumholz, mit Pistolengriff

Kettner Condor Ejektor

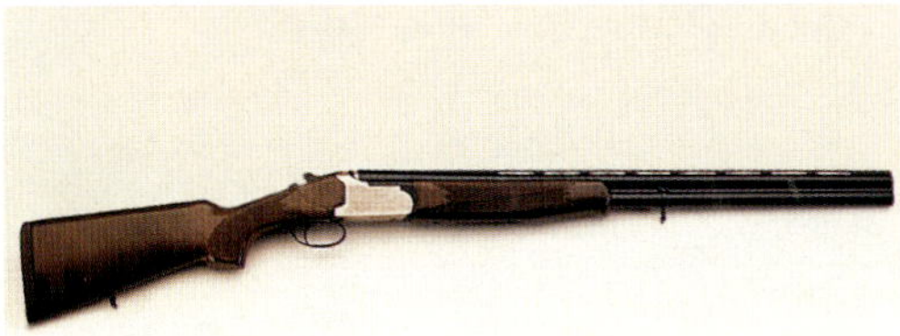

TECHNISCHE DATEN

Kaliber: 12
Kammerlänge: 2 3/4" (70 mm)
Anzahl der Läufe: Bockdoppelflinte
System: Kipplaufwaffe (Baskülverschluss)
Verriegelung: Laufhaken
Abzug: Einabzug
Gesamtgewicht: 3 kg
Gesamtlänge: 114 cm
Lauflänge: 71 cm (28")
Hülsenentfernung: automatischer Ejektor
Choke: fest, 3/4- u. 1/4-Choke
Visierung: Flintenkorn, 7 mm breite, ventilierte Schiene
Sicherung: Schiebesicherung auf dem Kolbenhals, gleichzeitig Laufwahlschieber

MERKMALE

- Material: Stahl
- Finish: brüniert, Systemkasten unbehandelt und graviert
- Schaft: Nussbaumholz, mit Pistolengriff

Kettner Condor Extra Light

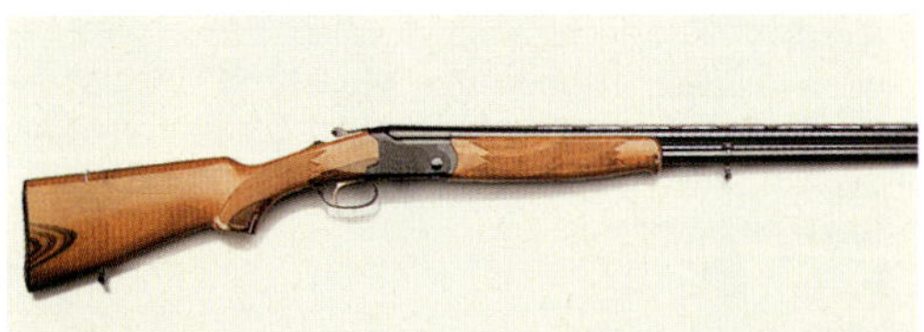

TECHNISCHE DATEN

Kaliber: 12
Kammerlänge: $2^{3}/_{4}$" (70 mm)
Anzahl der Läufe: Bockdoppelflinte
System: Kipplaufwaffe (Baskülverschluss)
Verriegelung: Laufhaken
Abzug: Einabzug
Gesamtgewicht: 2,8 kg
Gesamtlänge: 110 cm
Lauflänge: 67 cm ($26^{3}/_{8}$")
Hülsenentfernung: automatischer Ejektor
Choke: fest, $^{3}/_{4}$- u. $^{1}/_{4}$-Choke
Visierung: Flintenkorn, 7 mm breite, ventilierte Schiene
Sicherung: Schiebesicherung auf dem Kolbenhals

MERKMALE

- Material: Stahl, Systemkasten aus Aluminium
- Finish: brüniert
- Schaft: Nussbaumholz, mit Pistolengriff

Kettner Condor Modell „Jagdparcours“

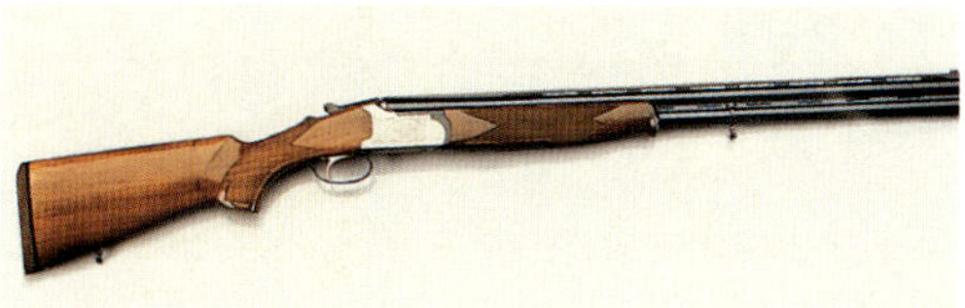

TECHNISCHE DATEN

Kaliber: 12
Kammerlänge: $2^{3}/_{4}$" (70 mm)
Anzahl der Läufe: Bockdoppelflinte
System: Kipplaufwaffe (Baskülverschluss)
Verriegelung: Laufhaken
Abzug: Einabzug
Gesamtgewicht: 3 kg
Gesamtlänge: 114 cm
Lauflänge: 71 cm (28")
Hülsenentfernung: automatischer Ejektor
Choke: 5 Wechselchokeeinsätze
Visierung: Flintenkorn, 7 mm breite, ventilierte Schiene
Sicherung: Schiebesicherung auf dem Kolbenhals

MERKMALE

- Material: Stahl
- Finish: brüniert, Systemkasten unbehandelt und mit Arabeskengravur
- Schaft: Nussbaumholz, mit Pistolengriff

Kettner Condor Standard

TECHNISCHE DATEN

Kaliber: 12
Kammerlänge: $2^{3}/_{4}$" (70 mm)
Anzahl der Läufe: Bockdoppelflinte
System: Kipplaufwaffe (Baskülverschluss)

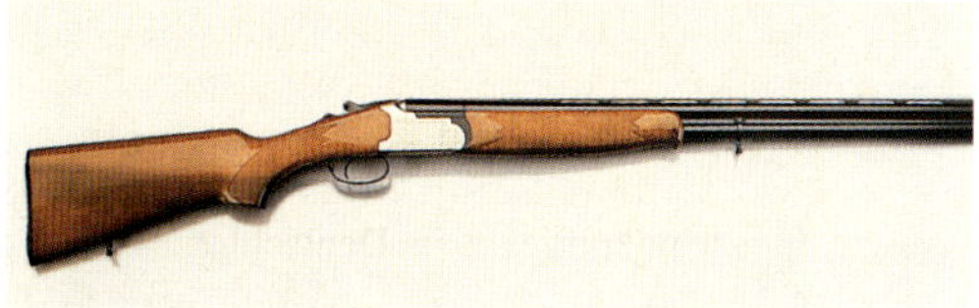

Verriegelung: Laufhaken
Abzug: Einabzug
Gesamtgewicht: 3 kg
Gesamtlänge: 114 cm
Lauflänge: 71 cm (28")
Hülsenentfernung: Auszieher
Choke: fest, $^{3}/_{4}$- u. $^{1}/_{4}$-Choke
Visierung: Flintenkorn, 7 mm breite, ventilierte Schiene
Sicherung: Schiebesicherung auf dem Kolbenhals, gleichzeitig Laufwahlschieber

MERKMALE

- Material: Stahl
- Finish: brüniert, Systemkasten unbehandelt und mit Blumengravur
- Schaft: Nussbaumholz, mit Pistolengriff

Kettner Hunter

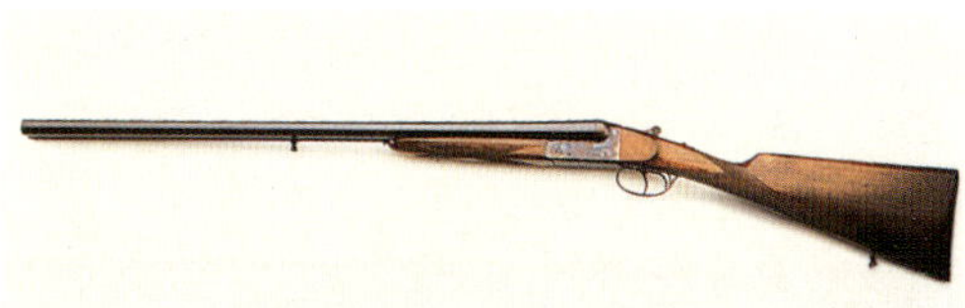

TECHNISCHE DATEN

Kaliber: 12
Kammerlänge: $2^{3}/_{4}$" (70 mm)
Anzahl der Läufe: Doppelflinte (Querflinte)
System: Kipplaufwaffe (Baskülverschluss)
Verriegelung: doppelte Laufhaken
Abzug: Doppelabzug
Gesamtgewicht: 3 kg
Gesamtlänge: 114 cm
Lauflänge: 71 cm (28")
Hülsenentfernung: Auszieher
Choke: fest, $^{1}/_{2}$- u. Voll-Choke
Visierung: Flintenkorn
Sicherung: Schiebesicherung auf dem Kolbenhals

MERKMALE

- Material: Stahl
- Finish: brüniert, Systemkasten buntgehärtet
- Schaft: Nussbaumholz, mit gerader, englischer Schäftung

Kettner Hunter Elegance Seitenschlosse

TECHNISCHE DATEN

Kaliber: 12

Kammerlänge: $2^{3}/_{4}$" (70 mm)
Anzahl der Läufe: Doppelflinte (Querflinte)
System: Kipplaufwaffe (Baskülverschluss)
Verriegelung: Laufhaken
Abzug: Ein- oder Doppelabzug
Gesamtgewicht: 3,15 kg
Gesamtlänge: 114 cm
Lauflänge: 70 cm ($27^{1}/_{2}$")
Hülsenentfernung: Ejektor
Choke: fest, $^{1}/_{2}$- u. Voll-Choke
Visierung: Flintenkorn
Sicherung: Schiebesicherung auf dem Kolbenhals

MERKMALE
- Material: Stahl
- Finish: brüniert, Systemkasten buntgehärtet, Seitenschlosse
- Schaft: Nussbaumholz, mit gerader, englischer Schäftung

Kettner Pointer

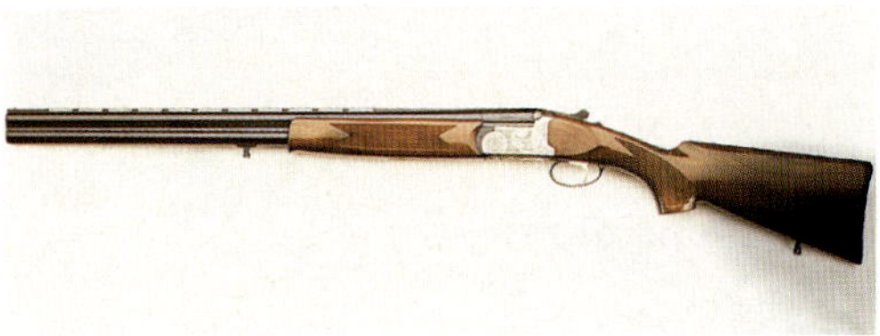

TECHNISCHE DATEN
Kaliber: 12
Kammerlänge: $2^{3}/_{4}$" (70 mm)
Anzahl der Läufe: Bockdoppelflinte
System: Kipplaufwaffe (Baskülverschluss)
Verriegelung: Laufhaken
Abzug: Einabzug
Gesamtgewicht: 3 kg
Gesamtlänge: 114 cm
Lauflänge: 71 cm (28")
Hülsenentfernung: Ejektor
Choke: fest, $^{1}/_{2}$- u. Voll-Choke, oder 5 Wechselchokeeinsätze
Visierung: Flintenkorn, 7 mm breite, ventilierte Schiene
Sicherung: Schiebesicherung auf dem Kolbenhals, gleichzeitig Laufwahlschieber

MERKMALE
- Material: Stahl
- Finish: brüniert, Systemkasten unbehandelt und mit Jagdgravur
- Schaft: Nussbaumholz, mit Pistolengriff

Kettner Pointer Light

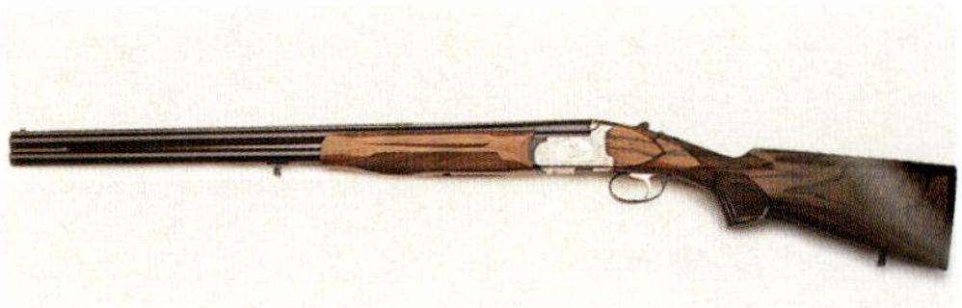

TECHNISCHE DATEN
Kaliber: 12
Kammerlänge: $2^{3}/_{4}$" (70 mm)
Anzahl der Läufe: Bockdoppelflinte
System: Kipplaufwaffe (Baskülverschluss)
Verriegelung: Laufhaken
Abzug: Einabzug
Gesamtgewicht: 2,7 kg
Gesamtlänge: 114 cm
Lauflänge: 71 cm (28")
Hülsenentfernung: Ejektor
Choke: fest, $^{1}/_{2}$- u. Voll-Choke, oder 5 Wechselchokeeinsätze
Visierung: Flintenkorn, 7 mm breite, ventilierte Schiene
Sicherung: Schiebesicherung auf dem Kolbenhals

MERKMALE
- Material: Stahl, Systemkasten aus Aluminium (Ergal 55)
- Finish: brüniert, Systemkasten unbehandelt und mit Gravur (Jagdmotive oder Jagdhundekopf)
- Schaft: Nussbaumholz, mit Pistolengriff

Kettner S 2000 Deluxe Bockbüchsflinte

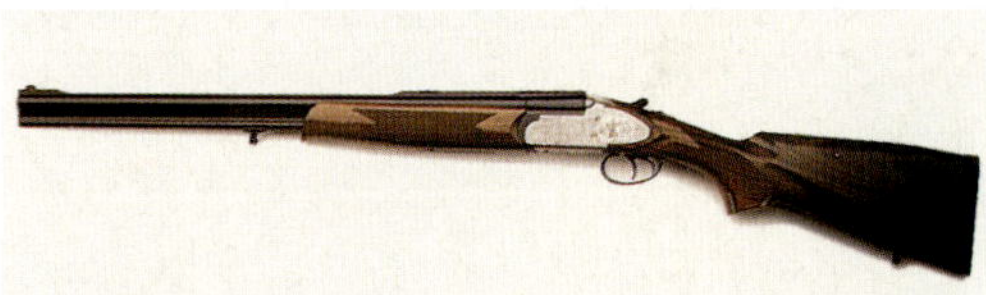

TECHNISCHE DATEN
Kaliber: siehe nachfolgend
Kammerlänge: Flintenlauf: $2^{3}/_{4}$" (70 mm)
Anzahl der Läufe: Bockbüchsflinte (Flinten- u. Büchsenlauf übereinander)
System: Kipplaufwaffe (Baskülverschluss)
Verriegelung: Laufhaken
Abzug: Doppelabzug, vorderer Abzug mit Rückstecher
Gesamtgewicht: 3,4 kg
Gesamtlänge: 109 cm
Lauflänge: 65 cm ($25^{1}/_{2}$")
Hülsenentfernung: Auszieher
Choke: Flintenlauf fest, $^{3}/_{4}$-Choke
Visierung: Büchsen-Klappvisier, vorgerichtet für Kettner-Optikschwenkmontage
Sicherung: Schiebesicherung auf dem Kolbenhals

MERKMALE
- Material: Stahl

- Finish:	brüniert, Systemkasten unbehandelt und mit Jagdgravur (keine Seitenschlosse)
- Schaft:	Nussbaumholz, mit Pistolengriff und Backe

Erhältliches Flintenkaliber: 12; erhältliche Büchsenkaliber: 5,6x50R Mag.; 6,5x57R; 7x65R; .30-06; 9,3x74R.
Für diese Waffe gibt es reine Doppelflintenwechselläufe mit einer Lauflänge von 71 cm (28") (114 cm Gesamtlänge der Waffe) mit festen ¾- u. Voll-Chokebohrungen.

Kettner S 2000 Standard Bockbüchsflinte

TECHNISCHE DATEN

Kaliber:	siehe nachfolgend
Kammerlänge:	Flintenlauf: 2¾" (70 mm)
Anzahl der Läufe:	Bockbüchsflinte (Flinten- u. Büchsenlauf übereinander)
System:	Kipplaufwaffe (Baskülverschluss)
Verriegelung:	Laufhaken
Abzug:	Doppelabzug, vord. Abzug mit Rückstecher
Gesamtgewicht:	3,4 kg
Gesamtlänge:	109 cm
Lauflänge:	65 cm (25½")
Hülsenentfernung:	Auszieher
Choke:	Flintenlauf fest, ¾-Choke
Visierung:	Büchsen-Klappvisier, vorgerichtet für Kettner-Optikschwenkmontage
Sicherung:	Schiebesicherung auf dem Kolbenhals

MERKMALE

- Material:	Stahl
- Finish:	brüniert, Systemkasten unbehandelt und mit Jagdgravur
- Schaft:	Nussbaumholz, mit Pistolengriff und Backe

Erhältliches Flintenkaliber: 12; erhältliche Büchsenkaliber: 5,6x50R Mag.; 6,5x57R; 7x65R; .30-06; 9,3x74R.

Kettner S 2020 Extra Light Bockbüchsflinte

TECHNISCHE DATEN

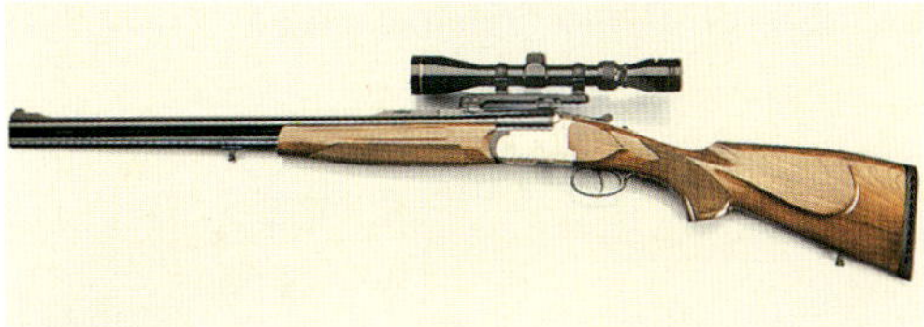

Kaliber:	siehe nachfolgend
Kammerlänge:	Flintenlauf: 3" (76 mm)
Anzahl der Läufe:	Bockbüchsflinte (Flinten- u. Büchsenlauf übereinander)
System:	Kipplaufwaffe (Baskülverschluss)
Verriegelung:	Laufhaken
Abzug:	Doppelabzug, vorderer Abzug mit Rückstecher
Gesamtgewicht:	3 kg
Gesamtlänge:	109 cm
Lauflänge:	65 cm (25½")
Hülsenentfernung:	Auszieher
Choke:	Flintenlauf fest, ¾-Choke
Visierung:	Büchsen-Klappvisier, vorgerichtet für Kettner-Optikschwenkmontage
Sicherung:	Schiebesicherung auf dem Kolbenhals

MERKMALE

- Material:	Stahl, Systemkasten aus Aluminium (Ergal 55)
- Finish:	brüniert, Systemkasten unbehandelt und mit Jagdgravur
- Schaft:	Nussbaumholz, mit Pistolengriff und Backe

Erhältliches Flintenkaliber: 20; erhältliche Büchsenkaliber: .22 Hornet; .222 Rem.; .223 Rem.; 5,6x50R Mag.

Kettner S 2020 Leicht-Bockbüchsflinte

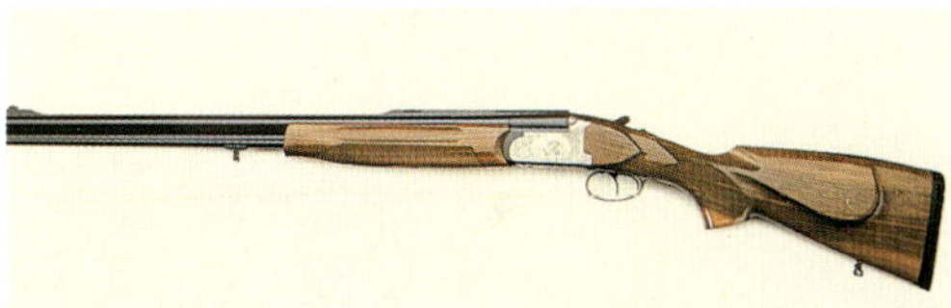

TECHNISCHE DATEN

Kaliber:	siehe nachfolgend
Kammerlänge:	Flintenlauf: 3" (76 mm)
Anzahl der Läufe:	Bockbüchsflinte (Flinten- u. Büchsenlauf übereinander)
System:	Kipplaufwaffe (Baskülverschluss)
Verriegelung:	Laufhaken
Abzug:	Doppelabzug, vord. Abzug mit Rückstecher
Gesamtgewicht:	3,3 kg
Gesamtlänge:	109 cm
Lauflänge:	65 cm (25½")
Hülsenentfernung:	Auszieher
Choke:	Flintenlauf fest, ¾-Choke
Visierung:	Büchsen-Klappvisier, vorgerichtet für Kettner-Optikschwenkmontage
Sicherung:	Schiebesicherung auf dem Kolbenhals

MERKMALE

- Material:	Stahl, Systemkasten aus Aluminium (Ergal 55)
- Finish:	brüniert, Systemkasten unbehandelt und mit Jagdgravur
- Schaft:	Nussbaumholz, mit Pistolengriff und Backe

Erhältliches Flintenkaliber: 20; erhältliche Büchsenkaliber: .22 Hornet; .222 Rem.; .223 Rem.; 5,6x50R Mag.

Kettner San Remo Seitenschlosse

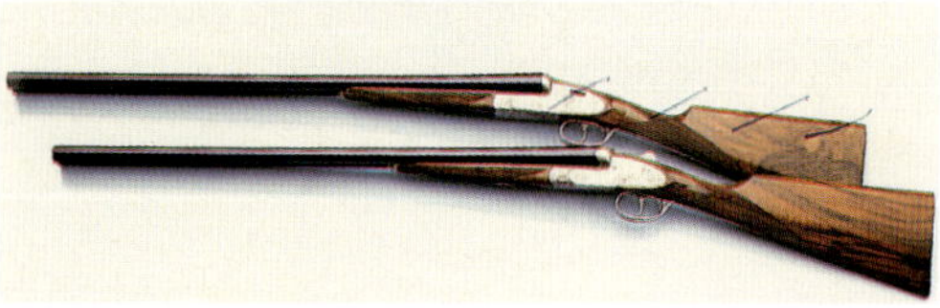

TECHNISCHE DATEN

Kaliber: 12, 16 oder 20
Kammerlänge: 2$^{3}/_{4}$" (70 mm)
Anzahl der Läufe: Doppelflinte (Querflinte)
System: Kipplaufwaffe (Baskülverschluss)
Verriegelung: doppelte Laufhaken
Abzug: Doppelabzug
Gesamtgewicht: 2,8 oder 2,9 kg
Gesamtlänge: 112 cm
Lauflänge: 70 cm (27$^{1}/_{2}$")
Hülsenentfernung: automatischer Ejektor, Holland & Holland-System
Choke: fest, $^{1}/_{2}$- u. Voll-Choke
Visierung: Flintenkorn
Sicherung: Schiebesicherung auf dem Kolbenhals, Signalstifte zur Anzeige des Spannzustandes

MERKMALE

- Material: Stahl
- Finish: brüniert, Systemkasten unbehandelt und mit Blumengravur, abnehmbare Seitenschlosse
- Schaft: Nussbaumholz, mit gerader, englischer Schäftung

Auf dem Foto ist oben die San Remo Standard und unten die Doppelflinte San Remo Deluxe abgebildet.

Kettner San Remo Classic Seitenschlosse

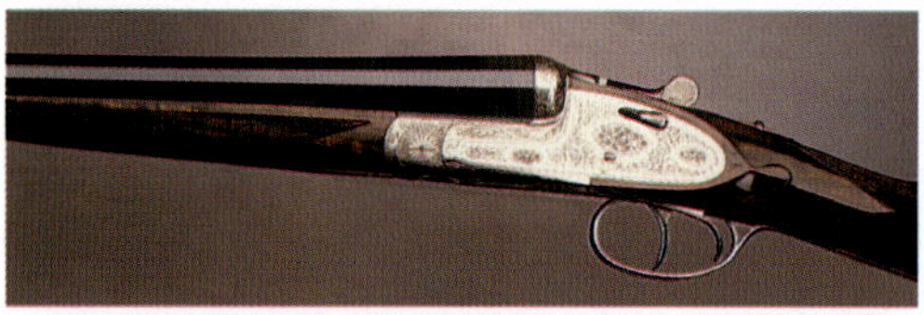

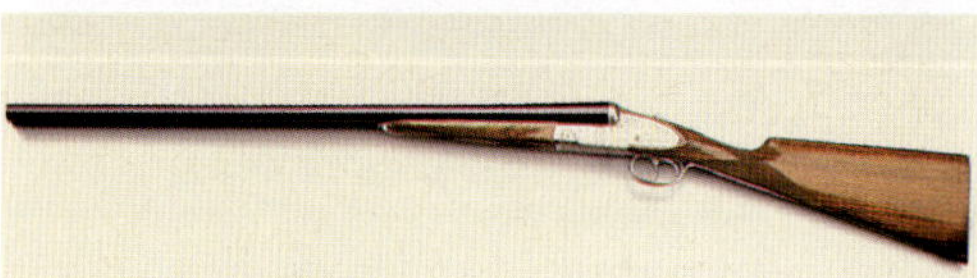

TECHNISCHE DATEN

Kaliber: 12 oder 20
Kammerlänge: 2$^{3}/_{4}$" (70 mm)
Anzahl der Läufe: Doppelflinte (Querflinte)
System: Kipplaufwaffe (Baskülverschluss)
Verriegelung: doppelte Laufhaken
Abzug: Doppelabzug
Gesamtgewicht: 2,9 kg
Gesamtlänge: 112 cm
Lauflänge: 70 cm (27$^{1}/_{2}$")
Hülsenentfernung: Ejektor, Holland & Holland-System
Choke: fest, $^{1}/_{4}$- u. $^{3}/_{4}$-Choke
Visierung: Flintenkorn
Sicherung: Schiebesicherung auf dem Kolbenhals, Signalstifte zur Anzeige des Spannzustandes

MERKMALE

- Material: Stahl
- Finish: brüniert, Systemkasten unbehandelt und mit Arabeskengravur, Seitenschlosse
- Schaft: Nussbaumholz, mit gerader, englischer Schäftung

Kettner San Remo Deluxe Seitenschlosse

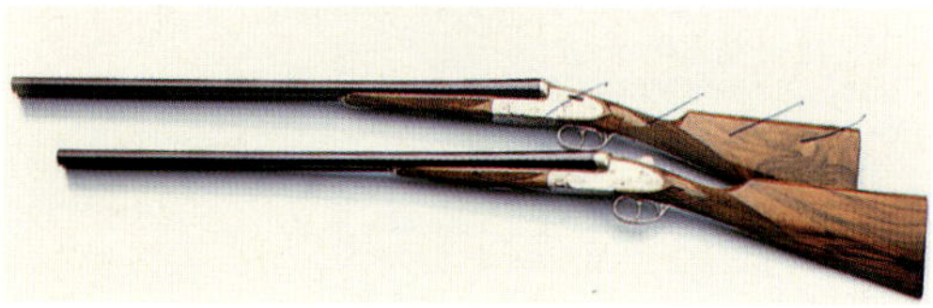

TECHNISCHE DATEN

Kaliber: 12, 16 oder 20
Kammerlänge: 2$^{3}/_{4}$" (70 mm)
Anzahl der Läufe: Doppelflinte (Querflinte)
System: Kipplaufwaffe (Baskülverschluss)
Verriegelung: doppelte Laufhaken
Abzug: Doppelabzug
Gesamtgewicht: 2,8 oder 2,9 kg
Gesamtlänge: 112 cm
Lauflänge: 70 cm (27$^{1}/_{2}$")
Hülsenentfernung: Ejektor, Holland & Holland-System
Choke: fest, $^{1}/_{4}$- u. $^{3}/_{4}$-Choke
Visierung: Flintenkorn
Sicherung: Schiebesicherung auf dem Kolbenhals, Signalstifte zur Anzeige des Spannzustandes

MERKMALE

- Material: Stahl
- Finish: brüniert, Systemkasten unbehandelt und mit Gravur, Seitenschlosse
- Schaft: Nussbaumholz, mit gerader, englischer Schäftung

Auf dem Foto ist oben die San Remo Standard und unten die Doppelflinte San Remo Deluxe abgebildet.

Kettner Enten Special

TECHNISCHE DATEN

Kaliber: 12
Kammerlänge: 2$^{3}/_{4}$" (70 mm)
Anzahl der Läufe: Bockdoppelflinte
System: Kipplaufwaffe (Baskülverschluss)
Verriegelung: Laufhaken
Abzug: Einabzug

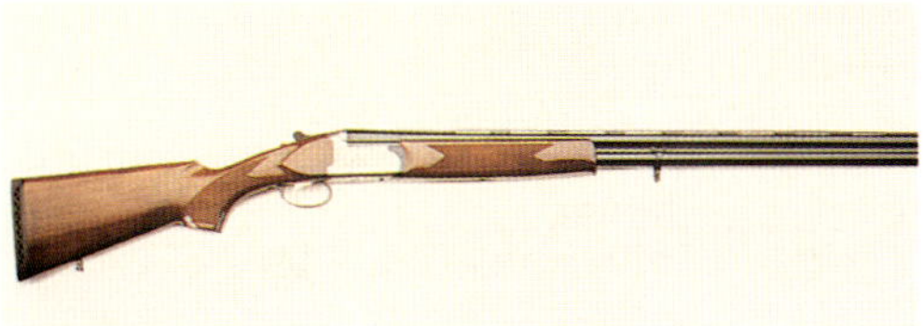

Gesamtgewicht: 3,15 kg
Gesamtlänge: 114 cm
Lauflänge: 70 cm (27½")
Hülsenentfernung: automatischer Ejektor
Choke: fest, ½- u. Voll-Choke, oder 5 Wechselchokeeinsätze
Visierung: Flintenkorn, 7 mm breite, ventilierte Schiene
Sicherung: Schiebesicherung auf dem Kolbenhals, gleichzeitig Laufwahlschieber

MERKMALE
- Material: Stahl
- Finish: brüniert, Systemkasten unbehandelt und mit Entengravur
- Schaft: Nussbaumholz, mit Pistolengriff

Kettner Modell Streu Superleicht

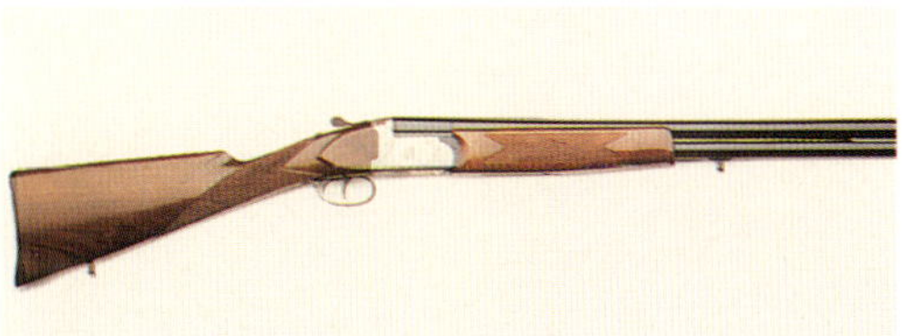

TECHNISCHE DATEN
Kaliber: 12
Kammerlänge: 2¾" (70 mm)
Anzahl der Läufe: Bockdoppelflinte
System: Kipplaufwaffe (Baskülverschluss)
Verriegelung: Laufhaken
Abzug: Einabzug
Gesamtgewicht: 2,65 kg
Gesamtlänge: 104 cm
Lauflänge: 60 cm (23⅝")
Hülsenentfernung: automatischer Ejektor
Choke: Wechselchokeeinsätze, unterer Lauf spezieller Streulauf
Visierung: Flintenkorn, 6 mm breite, ventilierte Schiene
Sicherung: Schiebesicherung auf dem Kolbenhals

MERKMALE
- Material: Stahl, Systemkasten aus Aluminium (Ergal 55)
- Finish: brüniert, Systemkasten unbehandelt und mit Gravur (Jagdhundkopf)
- Schaft: Nussbaumholz, mit gerader, englischer Schäftung

Kettner Wildschwein Special

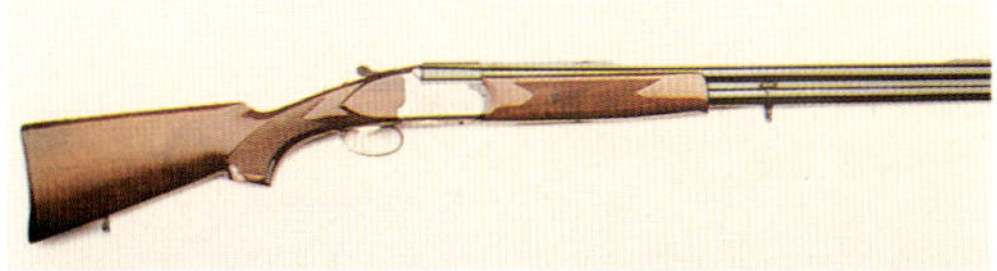

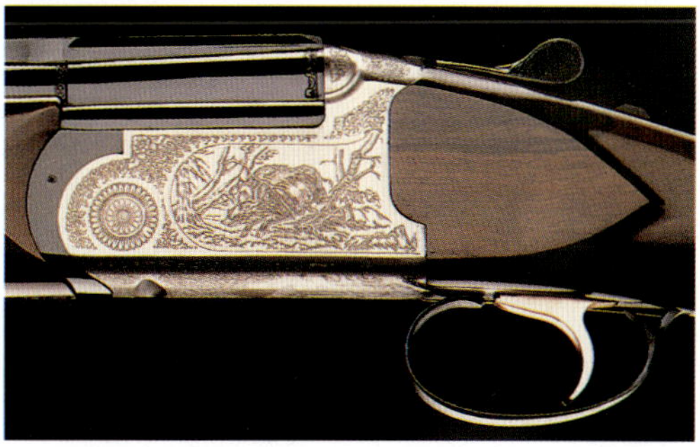

TECHNISCHE DATEN
Kaliber: 12
Kammerlänge: 2¾" (70 mm)
Anzahl der Läufe: Bockdoppelflinte (unterer Lauf gezogen, für Flintenlaufgeschosse)
System: Kipplaufwaffe (Baskülverschluss)
Verriegelung: Laufhaken
Abzug: Einabzug
Gesamtgewicht: 3,1 kg
Gesamtlänge: 110 cm
Lauflänge: 68 cm (26¾")
Hülsenentfernung: automatischer Ejektor
Choke: unterer Lauf ¾-Choke, oben Wechselchokeeinsätze
Visierung: Flintenkorn und Klappkimme, 10 mm breite ventilierte Schiene
Sicherung: Schiebesicherung auf dem Kolbenhals, gleichzeitig Laufwahlschieber

MERKMALE
- Material: Stahl
- Finish: brüniert, Systemkasten unbeh. u. m. Gravur (Wildschwein)
- Schaft: Nussbaumholz, mit Pistolengriff

In einigen europäischen Staaten, etwa in Großbritannien, ist diese Flinte aufgrund ihres gezogenen, unteren Laufes waffenrechtlich nicht als Flinte, sondern als Bockbüchsflinte eingestuft. In Deutschland kann sie mit einer waffenrechtlichen Erwerbsberechtigung oder aufgrund Jagdscheines erworben werden.

Kettner Scharfschützen Special

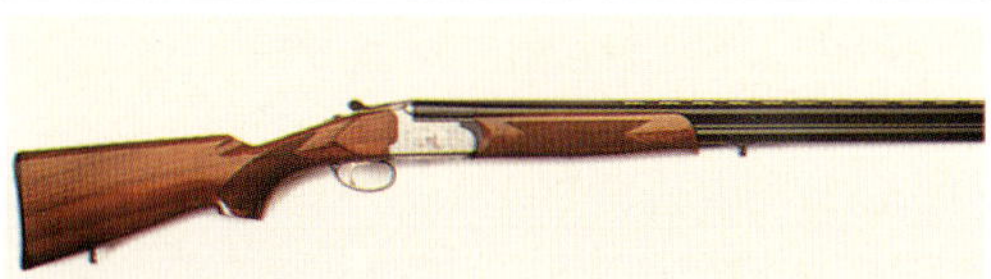

TECHNISCHE DATEN
Kaliber: 12

Kammerlänge: $2^{3}/_{4}$" (70 mm)
Anzahl der Läufe: Bockdoppelflinte
System: Kipplaufwaffe (Baskülverschluss)
Verriegelung: Laufhaken
Abzug: Einabzug
Gesamtgewicht: 3 kg
Gesamtlänge: 108 cm
Lauflänge: 66 cm (26")
Hülsenentfernung: automatischer Ejektor
Choke: fest, $^{1}/_{2}$- Zylinder-Choke
Visierung: Flintenkorn, 6 mm breite, ventilierte Schiene
Sicherung: Schiebesicherung auf dem Kolbenhals, gleichzeitig Laufwahlschieber

MERKMALE
- Material: Stahl
- Finish: brüniert, Systemkasten unbehandelt und mit Jagdgravur
- Schaft: Nussbaumholz, mit Pistolengriff

Kettner Turin

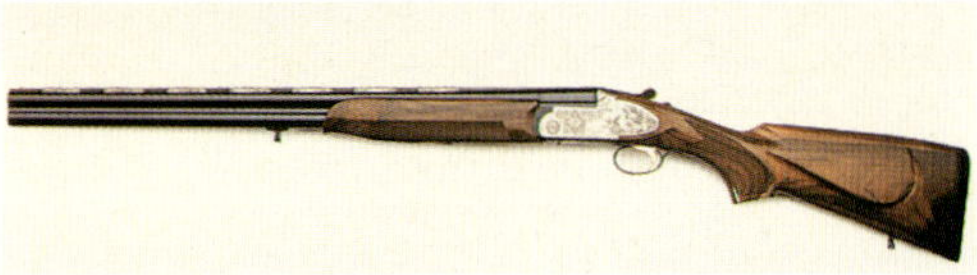

TECHNISCHE DATEN
Kaliber: 12
Kammerlänge: $2^{3}/_{4}$" (70 mm)
Anzahl der Läufe: Bockdoppelflinte
System: Kipplaufwaffe (Baskülverschluss)
Verriegelung: Laufhaken
Abzug: Einabzug
Gesamtgewicht: 3,15 kg
Gesamtlänge: 114 cm
Lauflänge: 70 cm ($27^{1}/_{2}$")
Hülsenentfernung: automatischer Ejektor
Choke: fest, $^{1}/_{2}$- Voll-Choke
Visierung: Flintenkorn, 7 mm breite, ventilierte Schiene
Sicherung: Schiebesicherung auf dem Kolbenhals, gleichzeitig Laufwahlschieber

MERKMALE
- Material: Stahl
- Finish: brüniert, Systemkasten unbehandelt und mit Jagdgravur (keine Seitenschlosse)
- Schaft: Nussbaumholz, mit Pistolengriff und Backe

Kettner Turin Classic

TECHNISCHE DATEN
Kaliber: 12
Kammerlänge: $2^{3}/_{4}$" (70 mm)
Anzahl der Läufe: Bockdoppelflinte
System: Kipplaufwaffe (Baskülverschluss)
Verriegelung: Laufhaken
Abzug: Einabzug

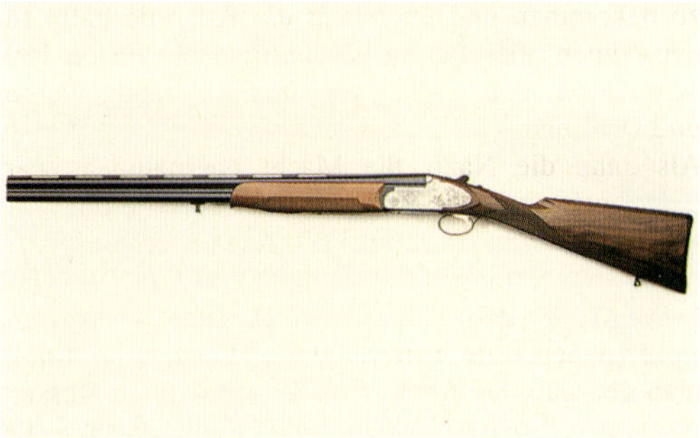

Gesamtgewicht: 3,15 kg
Gesamtlänge: 114 cm
Lauflänge: 70 cm ($27^{1}/_{2}$")
Hülsenentfernung: automatischer Ejektor
Choke: fest, $^{1}/_{2}$- Voll-Choke
Visierung: Flintenkorn, 7 mm breite, ventilierte Schiene
Sicherung: Schiebesicherung auf dem Kolbenhals, gleichzeitig Laufwahlschieber

MERKMALE
- Material: Stahl
- Finish: brüniert, Systemkasten unbehandelt und mit Jagdgravur (keine Seitenschlosse)
- Schaft: Nussbaumholz, mit gerader, englischer Schäftung

Krieghoff

Bereits 1886 gründete Ludwig Krieghoff seine Büchsenmacherei im thüringischen Suhl. Die Firma hieß zunächst Sempert & Krieghoff. Sempert, der Mitbegründer, wanderte aber bald darauf nach Amerika aus. Das Unternehmen spezialisierte sich auf den Bau feiner Jagdwaffen, aufgrund des Ersten Weltkrieges musste es sich dann aber auf die Produktion von Kriegswaffen umstellen.
In der Zwischenzeit war Heinrich Krieghoff, der Sohn des Firmengründers, mit in die Firma eingestiegen; er hatte das Büchsenmacherhandwerk in Suhl, aber auch bei FN in Belgien und im englischen Sheffield gelernt. Nach dem Ersten Weltkrieg änderte sich viel und diverse kleinere Büchsenmacherbetriebe mussten schließen. Krieghoff war in der Lage, einen Großauftrag aus den Niederlanden

zu bekommen und überstand die Krise deshalb. In den frühen 30er Jahren beschäftigte die Firma 150 Mitarbeiter und baute vornehmlich Jagdgewehre und Drillinge.
Als dann die Nazis die Macht übernahmen, war Krieghoff erneut gezwungen, seine Produktion auf Kriegswaffen umzustellen. Die Anzahl der Beschäftigten stieg in dieser Zeit von 2000 im Jahr 1940 auf 6000 im Jahr 1944. Zum Ende des Krieges besetzten zwar zunächst die Amerikaner die Gegend um Suhl, man übergab das Areal dann aber doch den Russen und diese bauten die Krieghoff-Fabrikanlagen ab und sprengten sie 1947 in die Luft.
Die Familie Krieghoff floh 1945 in die Westzone und begann bereits 1950 in Heidenheim bei Ulm wieder Jagdflinten und Drillinge zu produzieren. Anfangs hatte man mit immensen Problemen zu kämpfen. Es gab kaum ausgebildete Büchsenmacher und es war auch kaum einzusetzendes Kapital vorhanden. 1960 zog das Unternehmen dann nach Ulm um. Seitdem wurden die Produktionsanlagen ständig überholt und verbessert. Krieghoff investierte vor allem in computergesteuerte CNC-Fertigungsmaschinen.
1980 war die Einführung einer neuartigen Bockdoppelflinte, der Krieghoff K-80, ein immenser Erfolg. Die K-80 hat ein recht ungewöhnliches Flankenverschlusssystem, bei dem der obere Teil des Systems in Führungen nach vorne gleitet und dann mit zwei Stiften auf beiden Seiten des oberen Laufes eine feste Einheit bildet. 1985 brachte Krieghoff das Modell KS-5, eine neue Trapflinte, auf den Markt. Die recht futuristisch wirkende Wettkampfwaffe verkauft sich besonders in den Vereinigten Staaten sehr gut. Nach der Wiedervereinigung Deutschlands baute die Firma Krieghoff sofort wieder eine Fabrik im thüringischen Suhl auf, die nun Zulieferteile für die Produktion in Ulm herstellt. In Ottsville, Pennsylvania, gründete Krieghoff das US-Subunternehmen Krieghoff International Inc., USA.
Derzeit wird das weiter sehr erfolgreiche Familienunternehmen Krieghoff von Heinz Ulrich Krieghoff und dessen Sohn Dieter geführt.

Krieghoff Classic „Big Five" Express-Doppelbüchse

TECHNISCHE DATEN

Kaliber:	siehe nachfolgend
Kammerlänge:	s. Hülsenlänge (da Büchse)
Anzahl der Läufe:	2 Büchsenläufe nebeneinander (Doppelbüchse)
System:	Kipplaufwaffe (Baskülverschluss)
Verriegelung:	Greener-Verschluss, doppelte Laufhaken
Abzug:	Doppelabzug
Gesamtgewicht:	4,2–4,8 kg
Gesamtlänge:	104 cm
Lauflänge:	56 cm (22")
Hülsenentfernung:	Auszieher
Choke:	entfällt, da gezogene Läufe (Büchse)
Visierung:	Express-Klappvisier, Vorrichtung für Zielfernrohrmontage
Sicherung:	Schiebesicherung auf dem Kolbenhals, gleichzeitig Spannschieber

MERKMALE

- Material:	Stahl
- Finish:	Läufe brüniert, Systemkasten unbehandelt und graviert (afrikanisches Großwild nach Wahl)
- Schaft:	ausgesuchtes Nussbaumholz, mit Pistolengriff und Backe, Krieghoff-Rückstoßdämpfer-System

Erhältliche Kaliber (beide Läufe haben das gleiche Kal.): .375 H&H Mag.; .357 N.E. (Nitro Express); .416 Rigby; .458 Win. Mag.; .500/.416 N.E.; .500 N.E.
Diese Waffen wird mit einem exklusiven Waffenkoffer ausgeliefert. Auf dem Foto ist oben das Modell Classic „Big Five" und unten das Modell Classic „S" abgebildet.

Krieghoff Classic „S“ Express-Doppelbüchse

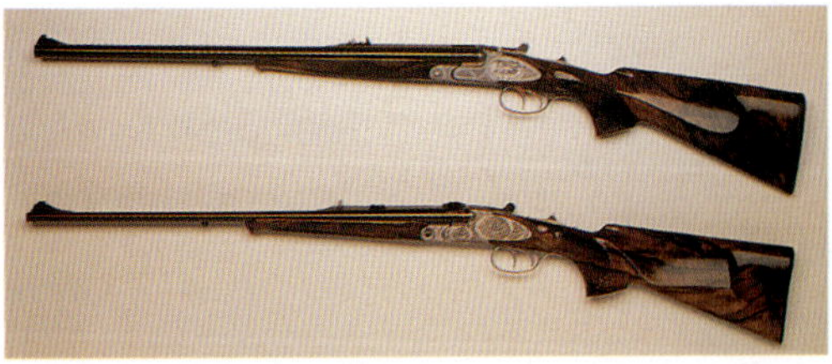

TECHNISCHE DATEN

Kaliber:	siehe nachfolgend
Kammerlänge:	s. Hülsenlänge (da Büchse)
Anzahl der Läufe:	2 Büchsenläufe nebeneinander (Doppelbüchse)
System:	Kipplaufwaffe (Baskülverschluss)
Verriegelung:	Greener-Verschluss, doppelte Laufhaken
Abzug:	Ein- oder Doppelabzug
Gesamtgewicht:	3,3–3,6 kg
Gesamtlänge:	104 cm
Lauflänge:	56 cm (22")
Hülsenentfernung:	Auszieher
Choke:	entfällt, da gezogene Läufe (Büchse)
Visierung:	Express-Klappvisier, Vorrichtung für Zielfernrohrmontage
Sicherung:	Schiebesicherung auf dem Kolbenhals, gleichzeitig Spannschieber

MERKMALE

- Material:	Stahl
- Finish:	Läufe brüniert, Systemkasten unbehandelt und graviert (nach Wahl)
- Schaft:	ausgesuchtes Nussbaumholz, mit Pistolengriff und Backe, Krieghoff-Rückstoßdämpfer-System

Erhältliche Kaliber (beide Läufe haben das gleiche Kal.): 7x65R; .308 Win.; .30-06; .30R Blaser; 8x57-JRS; 8x75RS; 9,3x74R.
Auf dem Foto ist oben das Modell Classic „Big Five“ und unten das Modell Classic „S“ abgebildet.

Krieghoff K-80 Skeet

TECHNISCHE DATEN

Kaliber:	12, 20, 28, .410
Kammerlänge:	3" (76 mm)
Anzahl der Läufe:	Bockdoppelflinte
System:	Kipplaufwaffe (Baskülverschluss)
Verriegelung:	Krieghoff K-80 Patentverriegelung
Abzug:	Einabzug mit abschaltbarem Laufwahlhebel vorne im Abzugsbügel
Gesamtgewicht:	3,6 kg
Gesamtlänge:	116–121 cm
Lauflänge:	71 oder 76 cm (28" oder 30")
Hülsenentfernung:	automatischer Ejektor
Choke:	fest, Skeet-/Skeet-Choke, oder Wechselchokeeinsätze
Visierung:	Flintenkorn, 8 oder 12 mm breite, ventilierte Schiene
Sicherung:	deaktivierbare Schiebesicherung auf dem Kolbenhals

MERKMALE

- Material:	Stahl
- Finish:	brüniert, Systemkasten unbehandelt und mit Goldeinlagen
- Schaft:	europäisches Nussbaumholz, mit Pistolengriff

Krieghoff K-80 Sport

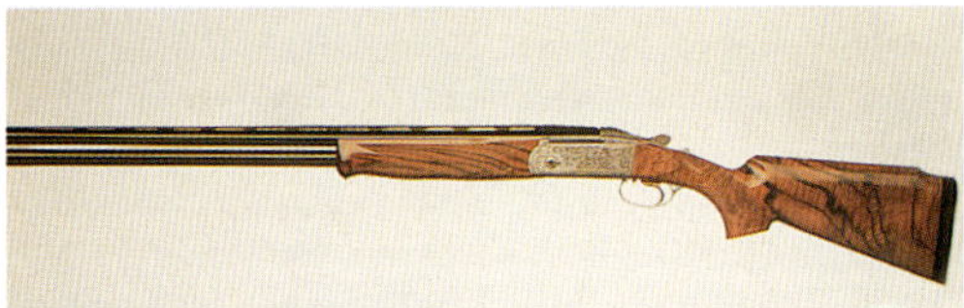

TECHNISCHE DATEN

Kaliber:	12
Kammerlänge:	3" (76 mm)
Anzahl der Läufe:	Bockdoppelflinte
System:	Kipplaufwaffe (Baskülverschluss)
Verriegelung:	Krieghoff K-80 Patentverriegelung
Abzug:	Einabzug mit abschaltbarem Laufwahlhebel vorne im Abzugsbügel
Gesamtgewicht:	3,6–4 kg
Gesamtlänge:	120, 125 oder 130 cm
Lauflänge:	71, 76 oder 81 cm (28", 30" oder 32")
Hülsenentfernung:	automatischer Ejektor
Choke:	Wechselchokeeinsätze
Visierung:	Flintenkorn, 8 mm breite, ventilierte Schiene
Sicherung:	deaktivierbare Schiebesicherung auf dem Kolbenhals

MERKMALE

- Material:	Stahl
- Finish:	brüniert, Systemkasten unbehandelt und graviert
- Schaft:	europäisches Nussbaumholz, mit Pistolengriff

Krieghoff K-80 Trap

TECHNISCHE DATEN

Kaliber:	12
Kammerlänge:	3" (76 mm)
Anzahl der Läufe:	Bockdoppelflinte
System:	Kipplaufwaffe (Baskülverschluss)
Verriegelung:	Krieghoff K-80 Patentverriegelung
Abzug:	Einabzug mit abschaltbarem Laufwahlhebel vorne im Abzugsbügel

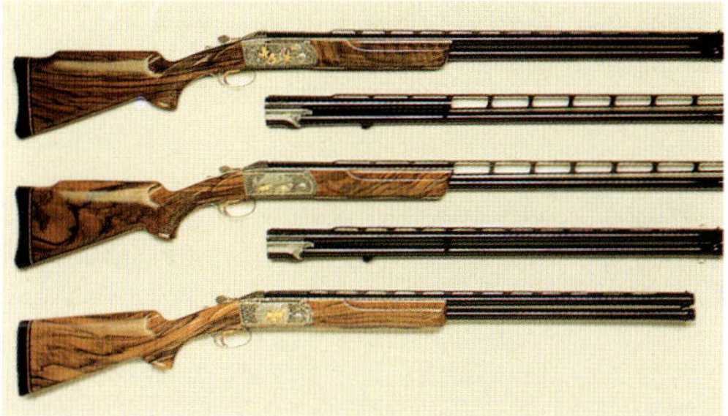

Gesamtgewicht: 4 kg
Gesamtlänge: 120–130 cm
Lauflänge: 76, 81 oder 86 cm (30", 32" oder 34")
Hülsenentfernung: automatischer Ejektor
Choke: Wechselchokeeinsätze
Visierung: Flintenkorn, 12 mm breite, ventilierte Schiene
Sicherung: deaktivierbare Schiebesicherung auf dem Kolbenhals

MERKMALE

- Material: Stahl
- Finish: brüniert, Systemkasten unbehandelt und mit Goldeinlagen
- Schaft: europäisches Nussbaumholz, mit Pistolengriff

Für diese Waffe gibt es diverse Wechselläufe, darunter auch Einlaufwechselläufe.

Krieghoff K-80 Einlaufflinte Trap

TECHNISCHE DATEN

Kaliber: 12
Kammerlänge: 3" (76 mm)
Anzahl der Läufe: Einlaufflinte (Lauf unten)
System: Kipplaufwaffe (Baskülverschluss)
Verriegelung: Krieghoff K-80 Patentverriegelung
Abzug: Einabzug
Gesamtgewicht: 4 kg
Gesamtlänge: 125–130 cm
Lauflänge: 81 oder 86 cm (32" oder 34")
Hülsenentfernung: automatischer Ejektor
Choke: Wechselchokeeinsätze
Visierung: Flintenkorn, 12 mm breite, hohe, ventilierte Schiene
Sicherung: deaktivierbare Schiebesicherung auf dem Kolbenhals

MERKMALE

- Material: Stahl
- Finish: brüniert, Systemkasten unbehandelt und mit Goldeinlagen nach Wahl
- Schaft: europäisches Nussbaumholz, mit Pistolengriff

Krieghoff KS-5 Special Trap

TECHNISCHE DATEN

Kaliber: 12
Kammerlänge: 3" (76 mm)
Anzahl der Läufe: Einlaufflinte (Lauf oben)
System: Kipplaufwaffe (Baskülverschluss)
Verriegelung: Krieghoff K-80 Patentverriegelung
Abzug: Einabzug
Gesamtgewicht: 3,85–4 kg
Gesamtlänge: 127 oder 132 cm
Lauflänge: 81 oder 86 cm (32" oder 34")
Hülsenentfernung: automatischer Ejektor
Choke: fest, Voll-Choke, oder Wechselchokeeinsätze
Visierung: einstellbares Flintenkorn, ventilierte Schiene
Sicherung: ohne

MERKMALE

- Material: Stahl
- Finish: brüniert, Systemkasten vernickelt
- Schaft: europäisches Nussbaumholz, mit Pistolengriff und verstellbarer Backe

Diese moderne Waffe wird mit einem Waffenkoffer aus Aluminium ausgeliefert.

Krieghoff Neptun/10 Primus Drilling

TECHNISCHE DATEN

Kaliber: siehe nachfolgend
Kammerlänge: siehe nachfolgend
Anzahl der Läufe: Drilling
System: Kipplaufwaffe (Baskülverschluss)
Verriegelung: Greener-Verschluss, doppelte Laufhaken
Abzug: Doppelabzug
Gesamtgewicht: 3–3,6 kg
Gesamtlänge: nach Wahl
Lauflänge: nach Wahl
Hülsenentfernung: Auszieher

Choke: fest, nach Wahl (Flintenlauf)
Visierung: nach Wahl, Vorrichtung für Zielfernrohrmontage
Sicherung: Schiebesicherung auf dem Kolbenhals, kann von automatisch (beim Waffenbrechen) auf manuell umgestellt werden

MERKMALE

- Material: Stahl, Systemkasten vernickelt und nach Wahl graviert, handabnehmbare Seitenschlosse
- Finish: Läufe brüniert, Systemkasten unbehandelt und graviert
- Schaft: besonders ausgesuchtes europäisches Nussbaumholz, mit Pistolengriff

Regulärer Drilling mit 2 Flintenläufen oben oder wahlweise Doppelbüchsdrilling (2 Büchsenläufe nebeneinander und darunter 1 Flintenlauf).
Erhältliche Flintenkaliber: 12/70; 12/76; 16/70; 20/70; 20/76; erhältliche Büchsenkaliber: alle gängigen Kaliber von .22 Hornet bis 9,3x74R.
Dieser besondere Krieghoff-Drilling wird nur auf besondere Bestellung hergestellt; den Bestellern werden viele Optionen überlassen.

Krieghoff Neptun/15 Primus „M" Drilling

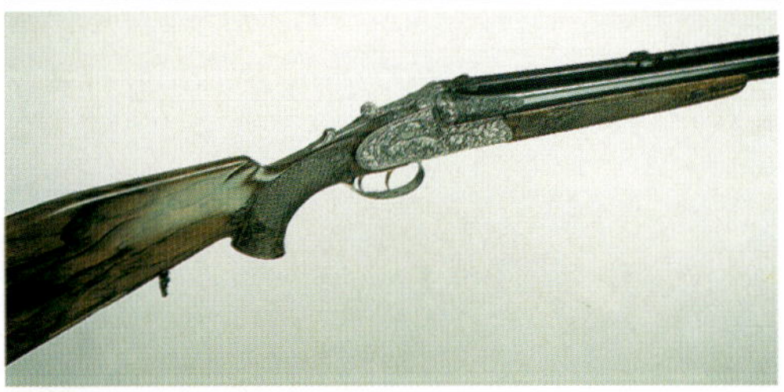

TECHNISCHE DATEN

Kaliber: siehe nachfolgend
Kammerlänge: siehe nachfolgend
Anzahl der Läufe: Drilling
System: Kipplaufwaffe (Baskülverschluss)
Verriegelung: Greener-Verschluss, doppelte Laufhaken
Abzug: Doppelabzug
Gesamtgewicht: 3–3,6 kg
Gesamtlänge: nach Wahl
Lauflänge: nach Wahl
Hülsenentfernung: Auszieher
Choke: fest, nach Wahl (Flintenlauf)
Visierung: nach Wahl, Vorrichtung für Zielfernrohrmontage
Sicherung: Schiebesicherung auf dem Kolbenhals, kann von automatisch (beim Waffenbrechen) auf manuell umgestellt werden

MERKMALE

- Material: Stahl, Systemkasten vernickelt und nach Wahl graviert (bsd. tiefe Reliefgravur), handabnehmbare Seitenschlosse
- Finish: Läufe brüniert, Systemkasten unbehandelt und graviert
- Schaft: besonders ausgesuchtes europäisches Nussbaumholz, mit Pistolengriff

Regulärer Drilling mit 2 Flintenläufen oben oder wahlweise Doppelbüchsdrilling (2 Büchsenläufe nebeneinander und darunter 1 Flintenlauf). Erhältliche Flintenkaliber: 12/70; 12/76; 16/70; 20/70; 20/76; erhältliche Büchsenkaliber: alle gängigen Kaliber von .22 Hornet bis 9,3x74R. Dieser besondere Krieghoff-Drilling wird nur auf besondere Bestellung hergestellt; viele Optionen sind möglich.

Krieghoff Plus/1 Drilling

TECHNISCHE DATEN

Kaliber: siehe nachfolgend
Kammerlänge: siehe nachfolgend
Anzahl der Läufe: 2 Flintenläufe nebeneinander und darunter 1 Büchsenlauf (regulärer Drilling)
System: Kipplaufwaffe (Baskülverschluss)
Verriegelung: Greener-Verschluss, doppelte Laufhaken
Abzug: Doppelabzug
Gesamtgewicht: 2,9–3,4 kg
Gesamtlänge: nach Wahl
Lauflänge: nach Wahl
Hülsenentfernung: Auszieher
Choke: fest, nach Wahl (Flintenlauf)
Visierung: Büchsen-Klappvisier, Vorrichtung für Zielfernrohrmontage
Sicherung: automatische Sicherung, manuelle Schiebesicherung auf dem Kolbenhals

MERKMALE

- Material: Stahl, Systemkasten aus Aluminium
- Finish: Läufe brüniert, Systemkasten unbehandelt und nach Wahl graviert
- Schaft: europäisches Nussbaumholz, mit Pistolengriff

Erhältliche Flintenkaliber: 12/70; 12/76; 16/70; 20/70; 20/76; erhältliche Büchsenkaliber: alle gängigen Kaliber von .22 Hornet bis 9,3x74R.
Für diesen Krieghoff-Drilling sind verschiedene Wechselläufe erhältlich.

Krieghoff Teck 3 Bockbüchsflinte

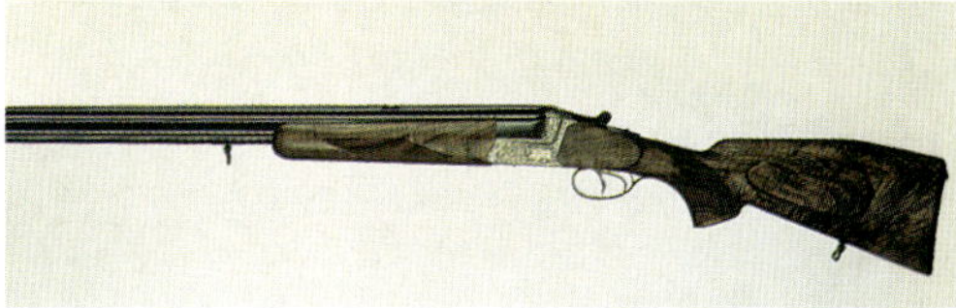

TECHNISCHE DATEN

Kaliber:	siehe nachfolgend
Kammerlänge:	siehe nachfolgend
Anzahl der Läufe:	Flinten- u. Büchsenlauf übereinander (Bockbüchsflinte)
System:	Kipplaufwaffe (Baskülverschluss)
Verriegelung:	doppelte Laufhaken, Kersten-Verschluss
Abzug:	Doppelabzug
Gesamtgewicht:	2,7–3,6 kg
Gesamtlänge:	108 cm
Lauflänge:	63,5 cm (25")
Hülsenentfernung:	Auszieher
Choke:	fest, $^3/_4$-Choke (Flintenlauf)
Visierung:	Büchsen-Klappvisier, Vorrichtung für Zielfernrohrmontage
Sicherung:	Schiebesicherung auf dem Kolbenhals

MERKMALE

- Material:	Stahl
- Finish:	Läufe brüniert, Systemkasten unbehandelt und graviert
- Schaft:	europäisches Nussbaumholz, mit Pistolengriff

Erhältliche Flintenkaliber: 12/70; 12/76; 16/70; 20/70; 20/76; erhältliche Büchsenkaliber: alle gängigen Kaliber von 7x65R; .308 Win.; .30-06; .30R Blaser; 8x57JRS; 8x75RS; 9,3x74R.

Krieghoff Trumpf/5 Drilling

TECHNISCHE DATEN

Kaliber:	siehe nachfolgend
Kammerlänge:	siehe nachfolgend
Anzahl der Läufe:	2 Flintenläufe nebeneinander und darunter 1 Büchsenlauf (Drilling)
System:	Kipplaufwaffe (Baskülverschluss)
Verriegelung:	Greener-Verschluss, doppelte Laufhaken
Abzug:	Doppelabzug
Gesamtgewicht:	2,9–3,4 kg
Gesamtlänge:	nach Wahl
Lauflänge:	nach Wahl
Hülsenentfernung:	Auszieher
Choke:	fest, nach Wahl (Flintenlauf)
Visierung:	Büchsen-Klappvisier, Vorrichtung für Zielfernrohrmontage
Sicherung:	automatische Sicherung, manuelle Schiebesicherung auf dem Kolbenhals

MERKMALE

- Material:	Stahl
- Finish:	Läufe brüniert, Systemkasten unbehandelt und nach Wahl graviert
- Schaft:	Holz nach Wahl, mit Pistolengriff

Regulärer Drilling mit 2 Flintenläufen oben oder wahlweise Doppelbüchsdrilling (2 Büchsenläufe nebeneinander und darunter 1 Flintenlauf). Erhältliche Flintenkaliber: 12/70; 12/76; 16/70; 20/70; 20/76; erhältliche Büchsenkaliber: alle gängigen Kaliber von .22 Hornet bis 9,3x74R.

Krieghoff Ulm/8 Bockbüchsflinte

TECHNISCHE DATEN

Kaliber:	siehe nachfolgend
Kammerlänge:	siehe nachfolgend
Anzahl der Läufe:	Flinten- u. Büchsenlauf übereinander (Bockbüchsflinte)
System:	Kipplaufwaffe (Baskülverschluss)
Verriegelung:	doppelte Laufhaken, Kersten-Verschluss
Abzug:	Doppelabzug
Gesamtgewicht:	2,8–3,8 kg
Gesamtlänge:	108 cm
Lauflänge:	63,5 cm (25")
Hülsenentfernung:	Auszieher
Choke:	fest, nach Wahl (Flintenlauf)
Visierung:	Büchsen-Klappvisier, Vorrichtung für Zielfernrohrmontage
Sicherung:	automatische Sicherung, Schiebesicherung auf dem Kolbenhals

MERKMALE

- Material:	Stahl
- Finish:	Läufe brüniert, Systemkasten vernickelt und nach Wahl graviert
- Schaft:	europäisches Nussbaumholz, mit Pistolengriff

Erhältliche Flintenkaliber: 12/70; 12/76; 16/70; 20/70; 20/76; erhältliche Büchsenkaliber: 7x65R; .308 Win.; .30-06; .30R Blaser; 8x57JRS; 8x75RS; 9,3x74R.
Für diese Krieghoff-Waffe sind verschiedene Wechselläufe erhältlich.

Krieghoff Ultra 12/1 Bockbüchsflinte

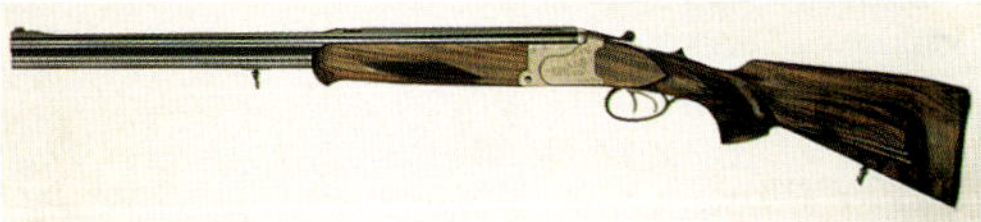

TECHNISCHE DATEN

Kaliber: siehe nachfolgend
Kammerlänge: siehe nachfolgend
Anzahl der Läufe: Flinten- u. Büchsenlauf übereinander (Bockbüchsflinte)
System: Kipplaufwaffe (Baskülverschluss)
Verriegelung: doppelte Laufhaken
Abzug: Ein- oder Doppelabzug
Gesamtgewicht: 2,6–3 kg
Gesamtlänge: 108 cm
Lauflänge: 63,5 cm (25")
Hülsenentfernung: Auszieher
Choke: fest, nach Wahl (Flintenlauf)
Visierung: Büchsen-Klappvisier, Vorrichtung für Zielfernrohrmontage
Sicherung: Schiebesicherung auf dem Kolbenhals

MERKMALE

- Material: Stahl, Systemkasten aus Aluminium
- Finish: Läufe brüniert, Systemkasten unbehandelt und nach Wahl graviert
- Schaft: Holz nach Wahl, mit Pistolengriff

Erhältliche Flintenkaliber: 12/70; 12/76; erhältliche Büchsenkaliber: alle gängigen Kaliber von .22 Hornet bis 9,3x74R.

Krieghoff Ultra 20/5 Bockbüchsflinte

TECHNISCHE DATEN

Kaliber: siehe nachfolgend
Kammerlänge: siehe nachfolgend
Anzahl der Läufe: Flinten- u. Büchsenlauf übereinander (Bockbüchsflinte)
System: Kipplaufwaffe (Baskülverschluss)
Verriegelung: doppelte Laufhaken
Abzug: Ein- oder Doppelabzug
Gesamtgewicht: 2,5–3,2 kg
Gesamtlänge: 108 cm
Lauflänge: 63,5 cm (25")
Hülsenentfernung: Auszieher
Choke: fest, nach Wahl (Flintenlauf)
Visierung: Büchsen-Klappvisier, Vorrichtung für Zielfernrohrmontage
Sicherung: Schiebesicherung auf dem Kolbenhals

MERKMALE

- Material: Stahl, Systemkasten aus Aluminium
- Finish: Läufe brüniert, Systemkasten unbehandelt und nach Wahl graviert
- Schaft: Holz nach Wahl, mit Pistolengriff

Erhältliche Flintenkaliber: 20/70; 20/76; erhältliche Büchsenkaliber: alle gängigen Kaliber von .22 Hornet bis 9,3x74R.
Auf dem Foto sind von oben nach unten abgebildet die Krieghoff Express Bockdoppelbüchse Ultra 20 (gleiche Büchsenkaliber), der Bergstutzen Ultra 20 (unterschiedliche Büchsenkaliber) und die Bockbüchsflinte Ultra 20 (Büchsen- u. Flintenlauf).

Krieghoff Ultra 20/5 Express Bockdoppelbüchse

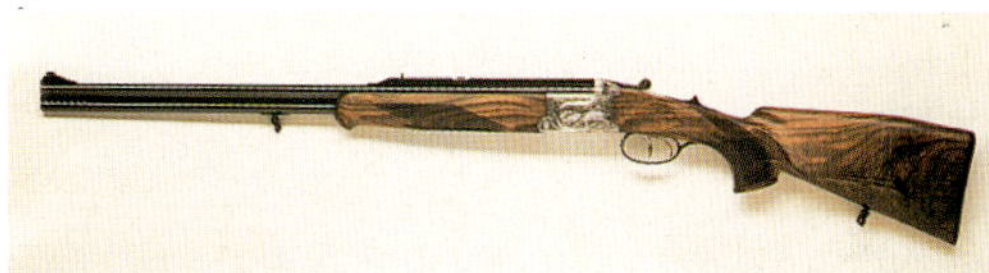

TECHNISCHE DATEN

Kaliber: siehe nachfolgend
Kammerlänge: s. Hülsenlänge (da Büchse)
Anzahl der Läufe: 2 Büchsenläufe übereinander (Bockdoppelbüchse)
System: Kipplaufwaffe (Baskülverschluss)
Verriegelung: doppelte Laufhaken
Abzug: Ein- oder Doppelabzug
Gesamtgewicht: 2,9–3,6 kg
Gesamtlänge: 104 cm
Lauflänge: 56 cm (22")
Hülsenentfernung: Auszieher
Choke: entfällt, da Büchse
Visierung: Büchsen-Klappvisier, Vorrichtung für Zielfernrohrmontage
Sicherung: Schiebesicherung auf dem Kolbenhals

MERKMALE

- Material: Stahl, oder Stahl und Systemkasten aus Aluminium (350 g leichter)
- Finish: Läufe brüniert, Systemkasten unbehandelt und nach Wahl graviert
- Schaft: ausgesuchtes Nussbaumholz, mit Pistolengriff und Backe

Erhältliche Kaliber (2 Büchsenläufe vom gleichen Kaliber übereinander, daher Bockdoppelbüchse): 7x65R; .308 Win.; .30-06; .30R Blaser; 8x57JRS; 8x75RS; 9,3x74R.

Lanber

Lanber ist der Markenname der Firma Commercial Lanber, kurz Comlanber, eines Waffenherstellungsunternehmens, das seinen Sitz in dem Ort Zaldibar im spanischen Baskenland hat. Von Lanber gibt es eine größere Anzahl qualitativ hochwertiger Kipplaufflinten und einige Selbstladeflinten mit Rückstoßladesystem. Deren Röhrenmagazine fassen zwar 5 Patronen, können aber mit einem Holzblock auf eine Kapazität von 2 Patronen beschränkt werden, damit die Selbstladewaffen den waffen- und jagdgesetzlichen Bestimmungen einiger europäischer Länder entsprechen, etwa denen in Deutschland. Um das Röhrenmagazin der Selbstladeflinten von unten durch die Ladeöffnung laden zu können, muss zunächst der seitlich am Systemkasten herausragende Verschlussfanghebel hinten arretiert werden. Mittels eines Druckknopfes, der vorne am Abzugsbügel angebracht ist, kann der Verschluss dann nach dem Ladevorgang geschlossen werden.

Lanber Aventura

TECHNISCHE DATEN

Kaliber: 12
Kammerlänge: $2^{3}/_{4}$" (70 mm)
Anzahl der Läufe: Bockdoppelflinte
System: Kipplaufwaffe (Baskülverschluss)
Verriegelung: Laufhaken
Abzug: Doppelabzug
Gesamtgewicht: 2,8–3,2 kg
Gesamtlänge: 111 oder 114 cm
Lauflänge: 66 oder 70 cm (26" oder $27^{1}/_{2}$")
Hülsenentfernung: automatischer Ejektor oder Auszieher
Choke: fest, $^{1}/_{4}$- u. $^{3}/_{4}$-, $^{1}/_{2}$- u. Voll-Choke, Wechselchokeeinsätze
Visierung: Flintenkorn, ventilierte Schiene
Sicherung: Schiebesicherung auf dem Kolbenhals

MERKMALE

- Material: Stahl
- Finish: brüniert, oder brüniert und Systemkasten unbehandelt und graviert
- Schaft: Nussbaumholz, mit Pistolengriff

Lanber Plus

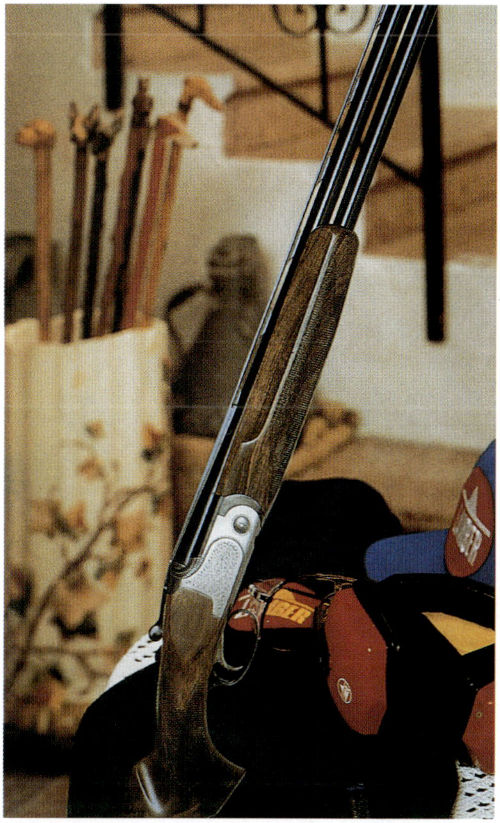

TECHNISCHE DATEN

Kaliber: 12
Kammerlänge: $2^{3}/_{4}$" (70 mm)
Anzahl der Läufe: Bockdoppelflinte
System: Kipplaufwaffe (Baskülverschluss)
Verriegelung: Laufhaken
Abzug: Einabzug
Gesamtgewicht: 3,3–3,6 kg
Gesamtlänge: 115 oder 120 cm
Lauflänge: 70 oder 75 cm ($27^{1}/_{2}$" oder $29^{1}/_{2}$")
Hülsenentfernung: automatischer Ejektor
Choke: Wechselchokeeinsätze
Visierung: Flintenkorn, ventilierte Schiene
Sicherung: Schiebesicherung auf dem Kolbenhals

MERKMALE

- Material: Stahl
- Finish: brüniert, Systemkasten unbehandelt und graviert (Arabesken)
- Schaft: Nussbaumholz, mit Pistolengriff

Lanber Sporting

TECHNISCHE DATEN

Kaliber:	12
Kammerlänge:	2¾" (70 mm)
Anzahl der Läufe:	Bockdoppelflinte
System:	Kipplaufwaffe (Baskülverschluss)
Verriegelung:	Laufhaken
Abzug:	Einabzug
Gesamtgewicht:	3,3 kg
Gesamtlänge:	115 cm
Lauflänge:	70 cm (27½")
Hülsenentfernung:	automatischer Ejektor
Choke:	Wechselchokeeinsätze
Visierung:	Flintenkorn, ventilierte Schiene
Sicherung:	Schiebesicherung auf dem Kolbenhals

MERKMALE

- Material:	Stahl
- Finish:	brüniert, Systemkasten unbehandelt und graviert
- Schaft:	Nussbaumholz, mit Pistolengriff

Lanber Victoria

TECHNISCHE DATEN

Kaliber:	12
Kammerlänge:	2¾" (70 mm)
Anzahl der Läufe:	Einzellauf
Magazin:	Röhrenmagazin für 2 Patronen
System:	halbautomatisch (Rückstoßlader)
Verriegelung:	Vertikalblockverschluss
Abzug:	Einzelabzug
Gesamtgewicht:	2,95–3,15 kg
Gesamtlänge:	122 oder 126 cm
Lauflänge:	67 oder 71 cm (26⅝" oder 28")
Hülsenentfernung:	Repetierauszieher
Choke:	Wechselchokeeinsätze mit 3 oder 5 Chokes
Visierung:	Flintenkorn, ventilierte Schiene
Sicherung:	Druckknopfsicherung hinten am Abzugsbügel, Verschlussfanghebel rechts am Systemkasten

MERKMALE

- Material:	Stahl, oder Stahl und Systemkasten aus Alu (Victoria Light)
- Finish:	brüniert
- Schaft:	Nussbaumholz, mit Pistolengriff

Laurona

Die Waffenherstellungsfirma Laurona wurde 1941 von vier Büchsenmachern im spanischen Eibar gegründet. „Laurona“ bedeutet in der baskischen Sprache „von den Vier“. Zu Beginn baute die Firma pro Tag lediglich eine Querflinte. 1964 zog sie dann aber in eine größere Produktionsstätte um und stellte auch gleich ihre erste Bockdoppelflinte vor. 1971 zog das Unternehmen dann schließlich in einen noch größeren Fertigungsbetrieb und stellte auf hochmoderne Produktionstechniken um.
Laurona entwickelte ein recht unübliches Flintendoppelabzugssystem, das quasi zwei Funktionen erfüllt. Bei einer Bockdoppelflinte kann wie üblich mit dem vorderen Abzug die Patrone im unteren

Lauf und mit den hinteren Abzug die Patronen im oberen Lauf gezündet werden. Zudem kann man die Waffe aber derart umschalten, dass die Abzüge auch andersherum zugeordnet werden können. Das Laurona-Abzugssystem erhielt 1983 von der American Firearms Industry Organisation einen Preis. 1972 führte Laurona ein vollkommen neues Metallbearbeitungsverfahren ein, wobei die Metalloberflächen rostfrei schwarz verchromt und nicht mehr brüniert werden. 1980 begann man, alle Laurona-Flintenläufe mit auswechselbaren Chokeeinsätzen auszustatten. 1990 wurde die Laurona-Wechselchoke-Technik dahingehend verbessert, dass seitdem auch problemlos Stahlschrote aus den Wechselchoke-Läufen verschossen werden können. 1991 begann Laurona schließlich auf komplett neuen Maschinen auch mit der Herstellung von Kipplaufbüchsen und kombinierten Gewehren. Nachdem die Firma 1994 vollständig umstrukturiert wurde, wurde ihr Name in Armas Eibar S.A.L. Laurona abgeändert.

Laurona Express 2000 XE

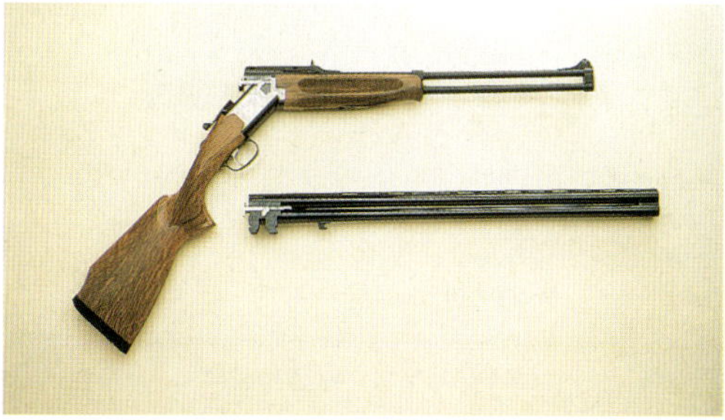

TECHNISCHE DATEN

Kaliber:	siehe nachfolgend
Kammerlänge:	s. Hülsenlänge (da Büchse)
Anzahl der Läufe:	2 Büchsenläufe übereinander (Bockdoppelbüchse)
System:	Kipplaufwaffe (Baskülverschluss)
Verriegelung:	Laufhaken
Abzug:	Ein- oder Doppelabzug mit Mehrfachfunktion
Gesamtgewicht:	3,7–4,2 kg
Gesamtlänge:	104 oder 107 cm
Lauflänge:	61 oder 64 cm (24" oder 25¼")
Hülsenentfernung:	Auszieher
Choke:	entfällt, da Büchse
Visierung:	Büchsenvisier, Vorrichtung für Zielfernrohrmontage
Sicherung:	Schiebesicherung auf dem Kolbenhals

MERKMALE

- Material:	Stahl
- Finish:	schwarz verchromt, Systemkasten unbehandelt und graviert (Jagdmotive)
- Schaft:	Nussbaumholz, mit Pistolengriff und Backe

Erhältliche Kaliber: 7x65R; .308 Win.; .30-06; 8x57JRS; .375 H&H Mag.; 9,3x74R. Die (gezogenen) Läufe dieser Bockdoppelbüchse können mittels spezieller Einstellschrauben an der Laufmündung justiert werden.

Für diese Waffe gibt es Bockdoppelflintenwechselläufe in den verschiedensten Flintenkalibern.

Laurona Express 3000 E

TECHNISCHE DATEN

Kaliber:	9,3x74R
Kammerlänge:	s. Hülsenlänge (da Büchse)
Anzahl der Läufe:	2 Büchsenläufe nebeneinander (Doppelbüchse)
System:	Kipplaufwaffe (Baskülverschluss)
Verriegelung:	Laufhaken
Abzug:	Doppelabzug mit Mehrfachfunktion
Gesamtgewicht:	3,7 kg
Gesamtlänge:	104 cm
Lauflänge:	61 cm (24")
Hülsenentfernung:	Auszieher
Choke:	entfällt, da Büchse
Visierung:	Büchsenvisier, Vorrichtung für Zielfernrohrmontage
Sicherung:	Schiebesicherung auf dem Kolbenhals

MERKMALE

- Material:	Stahl
- Finish:	schwarz verchromt, Systemkasten unbehandelt und graviert (Jagdmotive)
- Schaft:	Nussbaumholz, mit Pistolengriff und Backe

Laurona Express Savannah

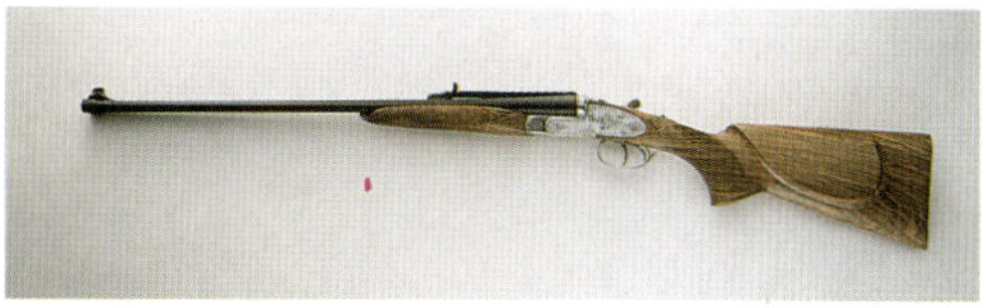

TECHNISCHE DATEN

Kaliber:	9,3x74R
Kammerlänge:	s. Hülsenlänge (da Büchse)
Anzahl der Läufe:	2 Büchsenläufe nebeneinander (Doppelbüchse)
System:	Kipplaufwaffe (Baskülverschluss)
Verriegelung:	Laufhaken
Abzug:	Doppelabzug mit Mehrfachfunktion
Gesamtgewicht:	3,7 kg
Gesamtlänge:	104 cm

Lauflänge: 61 cm (24")
Hülsenentfernung: Auszieher
Choke: entfällt, da Büchse
Visierung: Büchsenvisier, Vorrichtung für Zielfernrohrmontage
Sicherung: Schiebesicherung auf dem Kolbenhals

MERKMALE
- Material: Stahl
- Finish: schwarz verchromt, Systemkasten und Seitenplatten unbehandelt und graviert (keine Seitenschlosse)
- Schaft: Nussbaumholz, mit Pistolengriff und Backe

Laurona Express Savannah Deluxe

TECHNISCHE DATEN
Kaliber: 9,3x74R
Kammerlänge: s. Hülsenlänge (da Büchse)
Anzahl der Läufe: 2 Büchsenläufe nebeneinander (Doppelbüchse)
System: Kipplaufwaffe (Baskülverschluss)
Verriegelung: Laufhaken
Abzug: Doppelabzug mit Mehrfachfunktion
Gesamtgewicht: 3,7 kg
Gesamtlänge: 104 cm
Lauflänge: 61 cm (24")
Hülsenentfernung: Auszieher
Choke: entfällt, da Büchse
Visierung: Büchsenvisier, Vorrichtung für Zielfernrohrmontage
Sicherung: Schiebesicherung auf dem Kolbenhals

MERKMALE
- Material: Stahl
- Finish: schwarz verchromt, Systemkasten und Seitenplatten unbehandelt und graviert (Jagdmotive) (keine Seitenschlosse)
- Schaft: Nussbaumholz, mit Pistolengriff und Backe

Laurona Hunting 85

TECHNISCHE DATEN
Kaliber: 12
Kammerlänge: 2¾" oder 3" (70 oder 76 mm)
Anzahl der Läufe: Bockdoppelflinte
System: Kipplaufwaffe (Baskülverschluss)
Verriegelung: Laufhaken
Abzug: Ein- oder Doppelabzug mit Mehrfachfunktion
Gesamtgewicht: 3,1 kg

Gesamtlänge: 114 cm
Lauflänge: 71 cm (28")
Hülsenentfernung: automatischer Ejektor
Choke: Wechselchokeeinsätze
Visierung: Flintenkorn, 7 mm breite, ventilierte Schiene
Sicherung: Schiebesicherung auf dem Kolbenhals

MERKMALE
- Material: Stahl
- Finish: schwarz verchromt, Systemkasten unbehandelt und graviert
- Schaft: Nussbaumholz, mit Pistolengriff

Laurona Hunting Derby

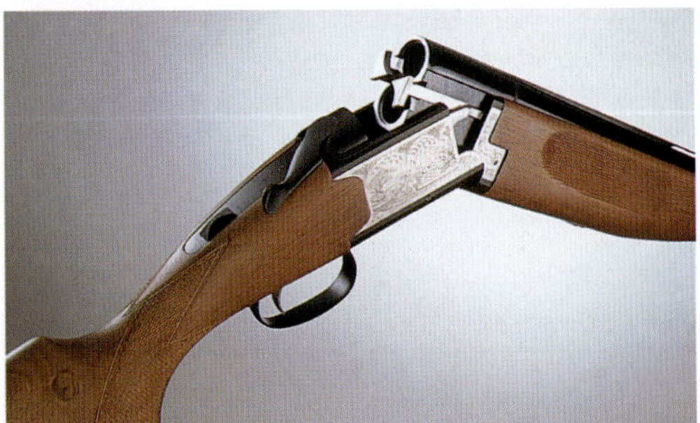

TECHNISCHE DATEN
Kaliber: 12
Kammerlänge: 2¾" oder 3" (70 oder 76 mm)

Anzahl der Läufe:	Bockdoppelflinte
System:	Kipplaufwaffe (Baskülverschluss)
Verriegelung:	Laufhaken
Abzug:	Ein- oder Doppelabzug mit Mehrfachfunktion
Gesamtgewicht:	3,1 kg
Gesamtlänge:	114 cm
Lauflänge:	71 cm (28")
Hülsenentfernung:	automatischer Ejektor
Choke:	Wechselchokeeinsätze
Visierung:	Flintenkorn, 7 mm breite, ventilierte Schiene
Sicherung:	Schiebesicherung auf dem Kolbenhals

MERKMALE

- Material: Stahl
- Finish: schwarz verchromt, Systemkasten unbehandelt und graviert (Jagdmotive)
- Schaft: Nussbaumholz, mit Pistolengriff

Laurona Hunting Laurona

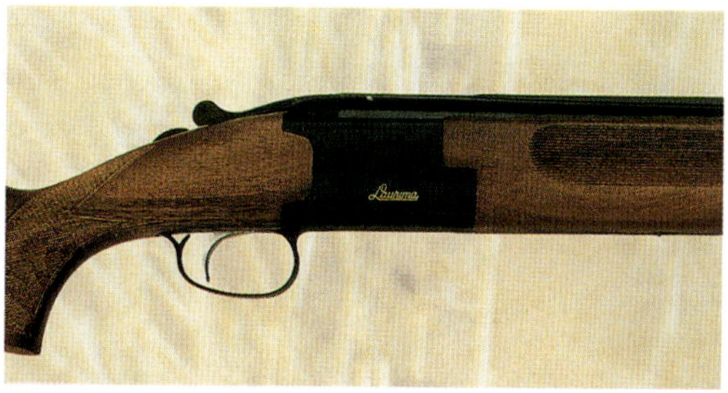

TECHNISCHE DATEN

Kaliber:	12
Kammerlänge:	2¾" oder 3" (70 oder 76 mm)
Anzahl der Läufe:	Bockdoppelflinte
System:	Kipplaufwaffe (Baskülverschluss)
Verriegelung:	Laufhaken
Abzug:	Ein- oder Doppelabzug mit Mehrfachfunktion
Gesamtgewicht:	3,1 kg
Gesamtlänge:	114 cm
Lauflänge:	71 cm (28")
Hülsenentfernung:	automatischer Ejektor
Choke:	Wechselchokeeinsätze
Visierung:	Flintenkorn, 7 mm breite, ventilierte Schiene
Sicherung:	Schiebesicherung auf dem Kolbenhals

MERKMALE

- Material: Stahl
- Finish: schwarz verchromt
- Schaft: Nussbaumholz, mit Pistolengriff

Laurona Olympic

TECHNISCHE DATEN

Kaliber:	12
Kammerlänge:	2¾" oder 3" (70 oder 76 mm)

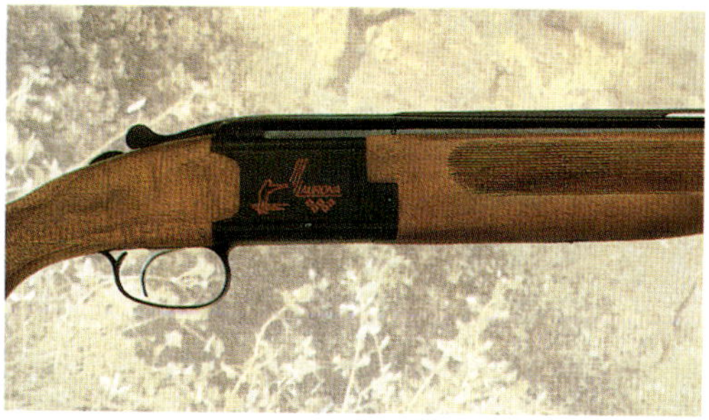

Anzahl der Läufe:	Bockdoppelflinte
System:	Kipplaufwaffe (Baskülverschluss)
Verriegelung:	Laufhaken
Abzug:	Ein- oder Doppelabzug mit Mehrfachfunktion
Gesamtgewicht:	3,1 kg
Gesamtlänge:	114 cm
Lauflänge:	71 cm (28")
Hülsenentfernung:	automatischer Ejektor
Choke:	Wechselchokeeinsätze
Visierung:	Flintenkorn, 7 mm breite, ventilierte Schiene
Sicherung:	Schiebesicherung auf dem Kolbenhals

MERKMALE

- Material: Stahl
- Finish: schwarz verchromt
- Schaft: Nussbaumholz, mit Pistolengriff

Laurona Compak

TECHNISCHE DATEN

Kaliber:	12
Kammerlänge:	2¾" oder 3" (70 oder 76 mm)
Anzahl der Läufe:	Bockdoppelflinte
System:	Kipplaufwaffe (Baskülverschluss)
Verriegelung:	Laufhaken
Abzug:	Ein- oder Doppelabzug mit Mehrfachfunktion
Gesamtgewicht:	3,1–3,55 kg
Gesamtlänge:	114–119 cm
Lauflänge:	71, 74 oder 76 cm (28", 29⅛" oder 30")
Hülsenentfernung:	automatischer Ejektor
Choke:	Wechselchokeeinsätze
Visierung:	Flintenkorn, 11 mm breite, ventilierte Schiene
Sicherung:	Schiebesicherung auf dem Kolbenhals

MERKMALE

- Material: Stahl
- Finish: schwarz verchromt
- Schaft: Nussbaumholz, mit Pistolengriff

Laurona Sporting Gold

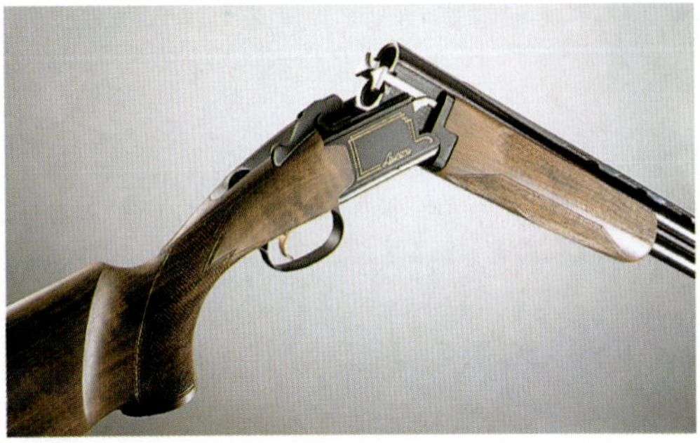

TECHNISCHE DATEN

Kaliber: 12
Kammerlänge: 2$^{3}/_{4}$" (70 mm)
Anzahl der Läufe: Bockdoppelflinte
System: Kipplaufwaffe (Baskülverschluss)
Verriegelung: Laufhaken
Abzug: Ein- oder Doppelabzug mit Mehrfachfunktion
Gesamtgewicht: 3,55 kg
Gesamtlänge: 114–119 cm
Lauflänge: 71, 74 oder 76 cm (28", 29$^{1}/_{8}$" oder 30")
Hülsenentfernung: automatischer Ejektor
Choke: Wechselchokeeinsätze
Visierung: Flintenkorn, 11 mm breite, ventilierte Schiene
Sicherung: Schiebesicherung auf dem Kolbenhals

MERKMALE

- Material: Stahl
- Finish: schwarz verchromt, Seitenplatten mit goldeingelegter Umrahmung
- Schaft: Nussbaumholz, mit Pistolengriff

Laurona Trap Criterium

TECHNISCHE DATEN

Kaliber: 12
Kammerlänge: 2$^{3}/_{4}$" (70 mm)
Anzahl der Läufe: Bockdoppelflinte
System: Kipplaufwaffe (Baskülverschluss)
Verriegelung: Laufhaken
Abzug: Ein- oder Doppelabzug mit Mehrfachfunktion
Gesamtgewicht: 3,55 kg
Gesamtlänge: 117 oder 119 cm
Lauflänge: 74 oder 76 cm (29$^{1}/_{8}$" oder 30")
Hülsenentfernung: automatischer Ejektor
Choke: Wechselchokeeinsätze
Visierung: Flintenkorn, 11 mm breite, ventilierte Schiene
Sicherung: Schiebesicherung auf dem Kolbenhals

MERKMALE

- Material: Stahl
- Finish: schwarz verchromt, Systemkasten unbehandelt und graviert (Motive aus dem Tontaubensport)
- Schaft: Nussbaumholz, mit Pistolengriff

Laurona Trap Gold XMS

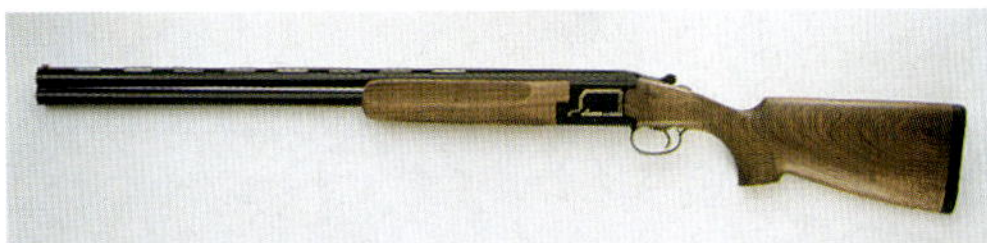

TECHNISCHE DATEN

Kaliber: 12
Kammerlänge: 2$^{3}/_{4}$" (70 mm)
Anzahl der Läufe: Bockdoppelflinte
System: Kipplaufwaffe (Baskülverschluss)
Verriegelung: Laufhaken
Abzug: Ein- oder Doppelabzug mit Mehrfachfunktion
Gesamtgewicht: 3,55 kg
Gesamtlänge: 117 oder 119 cm
Lauflänge: 74 oder 76 cm (29$^{1}/_{8}$" oder 30")
Hülsenentfernung: automatischer Ejektor
Choke: Wechselchokeeinsätze
Visierung: Flintenkorn, 11 mm breite, ventilierte Schiene
Sicherung: Schiebesicherung auf dem Kolbenhals

MERKMALE

- Material: Stahl
- Finish: schwarz verchromt, Seitenplatten mit goldeingelegter Umrahmung
- Schaft: Nussbaumholz, mit Pistolengriff

Laurona Trap Gold XS

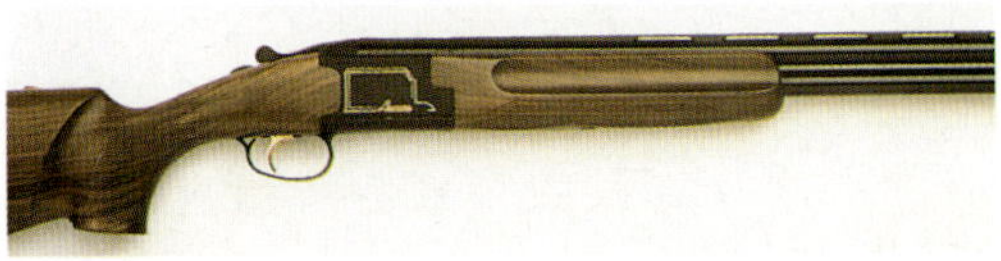

TECHNISCHE DATEN

Kaliber: 12
Kammerlänge: 2$^{3}/_{4}$" (70 mm)

Anzahl der Läufe: Bockdoppelflinte
System: Kipplaufwaffe (Baskülverschluss)
Verriegelung: Laufhaken
Abzug: Ein- oder Doppelabzug mit Mehrfachfunktion
Gesamtgewicht: 3,5 kg
Gesamtlänge: 117 oder 119 cm
Lauflänge: 74 oder 76 cm ($29^1/_8$" oder 30")
Hülsenentfernung: automatischer Ejektor
Choke: fest
Visierung: Flintenkorn, 11 mm breite, ventilierte Schiene
Sicherung: Schiebesicherung auf dem Kolbenhals

MERKMALE
- Material: Stahl
- Finish: schwarz verchromt, Seitenplatten mit goldeingelegter Umrahmung
- Schaft: Nussbaumholz, mit Pistolengriff

Laurona Trap London

TECHNISCHE DATEN
Kaliber: 12
Kammerlänge: $2^3/_4$" (70 mm)
Anzahl der Läufe: Bockdoppelflinte
System: Kipplaufwaffe (Baskülverschluss)
Verriegelung: Laufhaken
Abzug: Ein- oder Doppelabzug mit Mehrfachfunktion
Gesamtgewicht: 3,55 kg
Gesamtlänge: 117 oder 119 cm
Lauflänge: 74 oder 76 cm ($29^1/_8$" oder 30")
Hülsenentfernung: automatischer Ejektor
Choke: Wechselchokeeinsätze
Visierung: Flintenkorn, 11 mm breite, ventilierte Schiene
Sicherung: Schiebesicherung auf dem Kolbenhals

MERKMALE
- Material: Stahl
- Finish: schwarz verchromt, Systemkasten unbehandelt und graviert
- Schaft: Nussbaumholz, mit Pistolengriff

Laurona Woodcock Derby

TECHNISCHE DATEN
Kaliber: 12
Kammerlänge: $2^3/_4$" oder 3" (70 oder 76 mm)

Anzahl der Läufe: Bockdoppelflinte
System: Kipplaufwaffe (Baskülverschluss)
Verriegelung: Laufhaken
Abzug: Ein- oder Doppelabzug mit Mehrfachfunktion
Gesamtgewicht: 2,9–3 kg
Gesamtlänge: 104 oder 109 cm
Lauflänge: 55 oder 60 cm ($21^5/_8$" oder $23^5/_8$")
Hülsenentfernung: automatischer Ejektor
Choke: oberer Lauf: Wechselchokeeinsätze; unterer Lauf: gezogen, für Flintenlaufgeschosse
Visierung: Flintenkorn, 7 mm breite, ventilierte Schiene
Sicherung: Schiebesicherung auf dem Kolbenhals

MERKMALE
- Material: Stahl
- Finish: schwarz verchromt
- Schaft: Nussbaumholz, mit Pistolengriff

Lebeau-Courally

Lebeau-Courally
1865

Die belgische Stadt Liège ist bereits seit dem Mittelalter als Hochburg der Waffenherstellung bekannt. Ab dem Ende des 18. Jahrhunderts hatte man dort bereits begonnen, Feuerwaffen herzustellen. Größere Industriebetriebe arbeiteten mit unzähligen Büchsenmachern zusammen, die in Heimarbeit Waffenteile herstellten, die dann in den Fabriken zusammengebaut und unter dem jeweiligen Großfirmennamen verkauft wurden. Selbst die industrielle Revolution änderte an diesem System nichts, erst als Schusswaffen zu Massenproduktionsartikeln wurden, begann man auch in Liège die Waffen ausschließlich in den Fabriken herzustellen.
Heute ist Liège eine der größten Waffenherstellungsorte der Welt; es werden dort jährlich 1,6 Millionen Schusswaffen gebaut. Die Büchsenmacher der Stadt sind auch besonders wegen ihrer hervorragenden Gravurarbeiten bekannt.
Einer davon, Auguste Lebeau, machte sich bereits 1865 selbstständig. Nachdem er mit seinen handge-

arbeiteten Gewehren sofort verschiedene hochdotierte Preis gewonnen hatte, wurde er zum italienischen, spanischen und russischen Hoflieferanten. 1896 übernahm Ferdinand Courally die Firma. 1952 wurde sie schließlich von Joseph Verees gekauft, der bis 1982 ihr Chef war.
Auch die derzeitige Lebeau-Courally-Besitzerin, Anne-Marie Moersmans, setzt die Tradition der handwerklichen Büchsenmacherkunst fort. Alle Waffen werden weiterhin nur auf Bestellung individuell gebaut. Nicht nur die Gewehrlänge, die Chokebohrung und die Gravur überlässt man der Wahl des Kunden, sondern vor allem auch die Art und Form des Schaftholzes. Das Modell „Boss Verees" hat man dem früheren Firmeneigentümer gewidmet. Lebeau-Courally baut auch hervorragende Express-Doppelbüchsen. Waffen der Firma sind nicht nur absolute Meisterstücke der Büchsenmacherkunst, sondern können durchaus auch als echte Wertanlagen angesehen werden.

Lebeau-Courally Ambassadeur

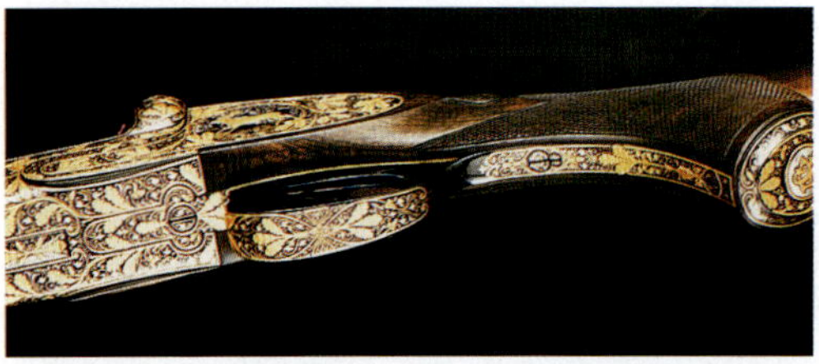

TECHNISCHE DATEN

Kaliber:	20
Kammerlänge:	3" (76 mm)
Anzahl der Läufe:	Doppelflinte (Querflinte)
System:	Kipplaufwaffe (Baskülverschluss)
Verriegelung:	Greener-Verschluss, Laufhaken
Abzug:	Doppelabzug
Gesamtgewicht:	ca. 3,2 kg
Gesamtlänge:	nach Wahl
Lauflänge:	nach Wahl
Hülsenentfernung:	nach Wahl
Choke:	nach Wahl
Visierung:	Flintenkorn
Sicherung:	Schiebesicherung auf dem Kolbenhals

MERKMALE

- Material:	Stahl
- Finish:	brüniert, Systemkasten und Seitenschlossplatten unbehandelt, reich graviert (Jagdmotive) und mit Goldeinlagen
- Schaft:	besonders ausgesuchtes Nussbaumholz, mit Pistolengriff

Für diese Waffe wird eine Express-Büchsen-Wechsellauf, Kal. 9,3x74R, angeboten.

Lebeau-Courally Ardennes

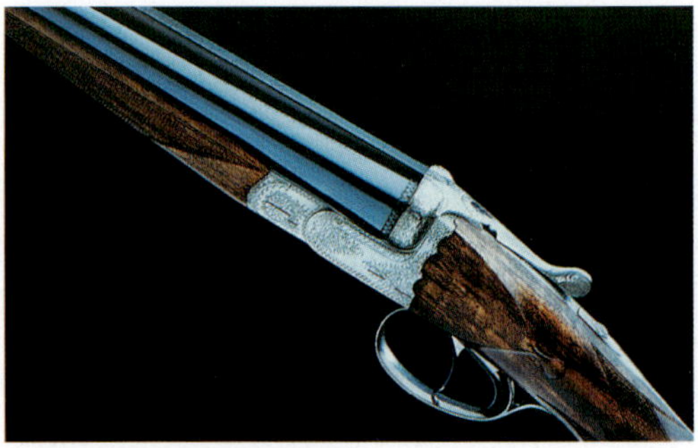

TECHNISCHE DATEN

Kaliber:	9,3x74R
Kammerlänge:	s. Hülsenlänge (da Büchse)
Anzahl der Läufe:	2 Büchsenläufe nebeneinander (Doppelbüchse)
System:	Kipplaufwaffe (Baskülverschluss)
Verriegelung:	Greener-Verschluss, doppelte Laufhaken
Abzug:	Doppelabzug
Gesamtgewicht:	ca. 3,7 kg
Gesamtlänge:	nach Wahl
Lauflänge:	nach Wahl
Hülsenentfernung:	nach Wahl
Choke:	entfällt, da gezogene Läufe (Büchse)
Visierung:	Express-Klappvisier
Sicherung:	Schiebesicherung auf dem Kolbenhals

MERKMALE

- Material:	Stahl
- Finish:	Läufe brüniert, Systemkasten unbehandelt und graviert
- Schaft:	ausgesuchtes Nussbaumholz, mit Pistolengriff und Backe

Lebeau-Courally Battue (Treibjagd)

TECHNISCHE DATEN

Kaliber:	9,3x74R
Kammerlänge:	s. Hülsenlänge (da Büchse)
Anzahl der Läufe:	2 Büchsenläufe übereinander (Bockdoppelbüchse)
System:	Kipplaufwaffe (Baskülverschluss)
Verriegelung:	doppelte Laufhaken
Abzug:	Doppelabzug

Gesamtgewicht:	ca. 3,8 kg
Gesamtlänge:	nach Wahl
Lauflänge:	nach Wahl
Hülsenentfernung:	nach Wahl
Choke:	entfällt, da gezogene Läufe (Büchse)
Visierung:	Express-Klappvisier
Sicherung:	Schiebesicherung auf dem Kolbenhals

MERKMALE

- Material:	Stahl
- Finish:	brüniert, Systemkasten unbehandelt, reich graviert und mit Goldeinlagen
- Schaft:	ausgesuchtes Nussbaumholz, mit Pistolengriff und Backe

Lebeau-Courally Big Five Express

TECHNISCHE DATEN

Kaliber:	.458 Win.
Kammerlänge:	s. Hülsenlänge (da Büchse)
Anzahl der Läufe:	2 Büchsenläufe nebeneinander (Doppelbüchse)
System:	Kipplaufwaffe (Baskülverschluss)
Verriegelung:	Greener-Verschluss, doppelte Laufhaken
Abzug:	Doppelabzug
Gesamtgewicht:	ca. 4,2 kg
Gesamtlänge:	nach Wahl
Lauflänge:	nach Wahl
Hülsenentfernung:	nach Wahl
Choke:	entfällt, da gezogene Läufe (Büchse)
Visierung:	Express-Klappvisier, Vorrichtung für Zielfernrohrmontage
Sicherung:	Schiebesicherung auf dem Kolbenhals

MERKMALE

- Material:	Stahl
- Finish:	brüniert, Systemkasten unbehandelt, graviert (afrikanisches Großwild) und mit Goldrändern
- Schaft:	ausgesuchtes Nussbaumholz, mit Pistolengriff und Backe

Für diese Waffe wird eine Express-Büchsen-Wechsellauf, Kal. .375 H&H Magnum, angeboten. Das Gewehr wurde aufgrund des Filmes „In the Blood" gebaut, der eine Jagdsafari zum Thema hat, die US-Präsident Theodor Roosevelt 1909 unternahm.

Lebeau-Courally Boss Verees

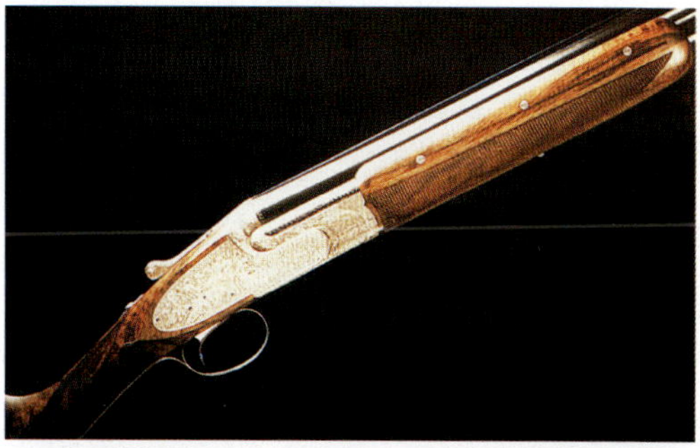

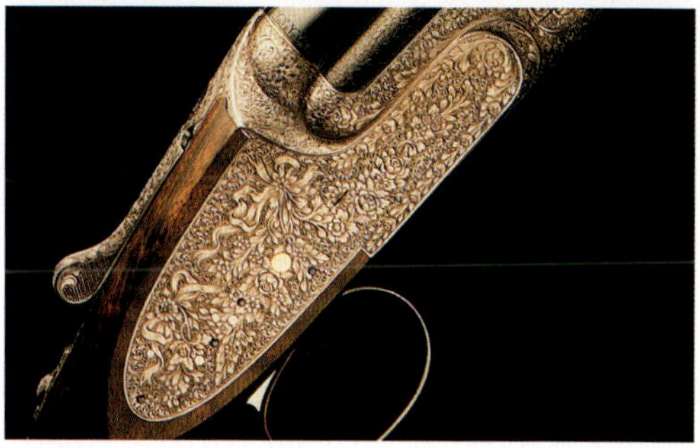

TECHNISCHE DATEN

Kaliber:	12
Kammerlänge:	$2^{3}/_{4}$" (70 mm)
Anzahl der Läufe:	Bockdoppelflinte
System:	Kipplaufwaffe (Baskülverschluss)
Verriegelung:	doppelte Laufhaken
Abzug:	Einabzug
Gesamtgewicht:	ca. 3,25 kg
Gesamtlänge:	nach Wahl
Lauflänge:	nach Wahl
Hülsenentfernung:	automatischer Ejektor
Choke:	nach Wahl
Visierung:	Flintenkorn, Laufschiene
Sicherung:	Schiebesicherung auf dem Kolbenhals

MERKMALE

- Material:	Stahl
- Finish:	brüniert, Systemkasten und Seitenschlossplatten unbehandelt und graviert
- Schaft:	besonders ausgesuchtes Nussbaumholz

Boss Verees Schwesternflintenpaar

TECHNISCHE DATEN

Kaliber:	20
Kammerlänge:	3" (76 mm)
Anzahl der Läufe:	Doppelflinte (Querflinte)
System:	Kipplaufwaffe (Baskülverschluss)
Verriegelung:	doppelte Laufhaken
Abzug:	Doppelabzug
Gesamtgewicht:	ca. 3,25 kg

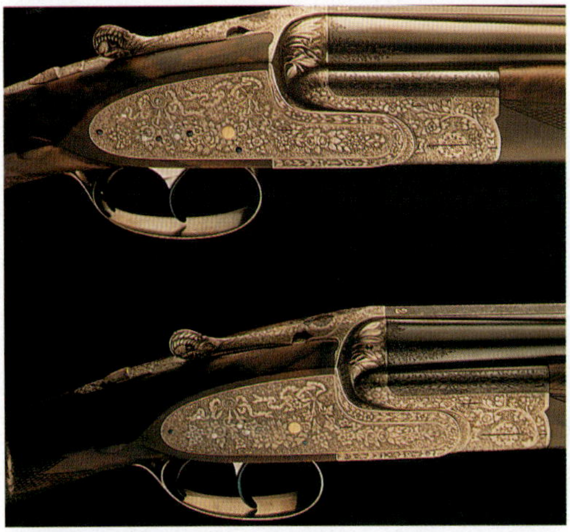

Gesamtlänge:	nach Wahl
Lauflänge:	nach Wahl
Hülsenentfernung:	automatischer Ejektor
Choke:	nach Wahl
Visierung:	Flintenkorn
Sicherung:	Schiebesicherung auf dem Kolbenhals

MERKMALE

- Material:	Stahl
- Finish:	brüniert, Systemkasten und Seitenschlossplatten unbehandelt und graviert
- Schaft:	besonders ausgesuchtes Nussbaumholz

Diese Waffe wird nur als Schwesternflintenpaar angeboten, welches in einem exklusiven Lederkoffer ausgeliefert wird.

Lebeau-Courally Chambord

TECHNISCHE DATEN

Kaliber:	20
Kammerlänge:	3" (76 mm)
Anzahl der Läufe:	Doppelflinte (Querflinte)
System:	Kipplaufwaffe (Baskülverschluss)
Verriegelung:	Greener-Verschluss, Laufhaken
Abzug:	Doppelabzug
Gesamtgewicht:	ca. 3,2 kg
Gesamtlänge:	nach Wahl
Lauflänge:	nach Wahl
Hülsenentfernung:	nach Wahl
Choke:	nach Wahl
Visierung:	Flintenkorn
Sicherung:	Schiebesicherung auf dem Kolbenhals

MERKMALE

- Material:	Stahl
- Finish:	brüniert, abnehmbare Seitenschlossplatten mit Goldeinlagen
- Schaft:	besonders ausgesuchtes Nussbaumholz, mit gerader, englischer Schäftung

Lebeau-Courally Comte de Paris

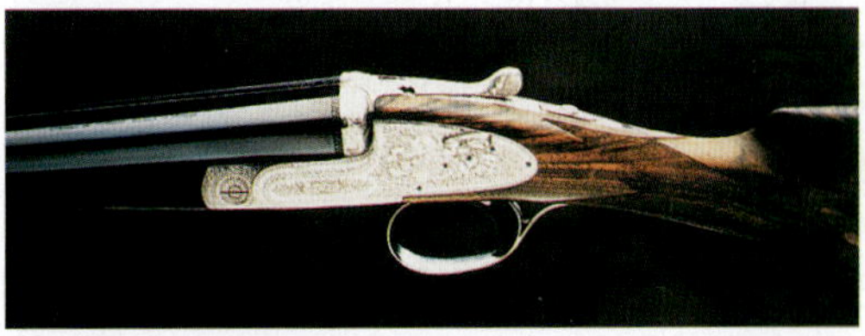

TECHNISCHE DATEN

Kaliber:	20
Kammerlänge:	3" (76 mm)
Anzahl der Läufe:	Doppelflinte (Querflinte)
System:	Kipplaufwaffe (Baskülverschluss)
Verriegelung:	Laufhaken
Abzug:	Einabzug
Gesamtgewicht:	ca. 3,1 kg
Gesamtlänge:	nach Wahl
Lauflänge:	nach Wahl
Hülsenentfernung:	nach Wahl
Choke:	nach Wahl
Visierung:	Flintenkorn
Sicherung:	Schiebesicherung auf dem Kolbenhals

MERKMALE

- Material:	Stahl
- Finish:	brüniert, Systemkasten unbehandelt und graviert, abnehmbare Seitenschlossplatten
- Schaft:	bsd. ausgesuchtes Nussbaumholz, mit gerader Schäftung

Lebeau-Courally Edimbourg Schwesternflintenpaar

TECHNISCHE DATEN

Kaliber:	20

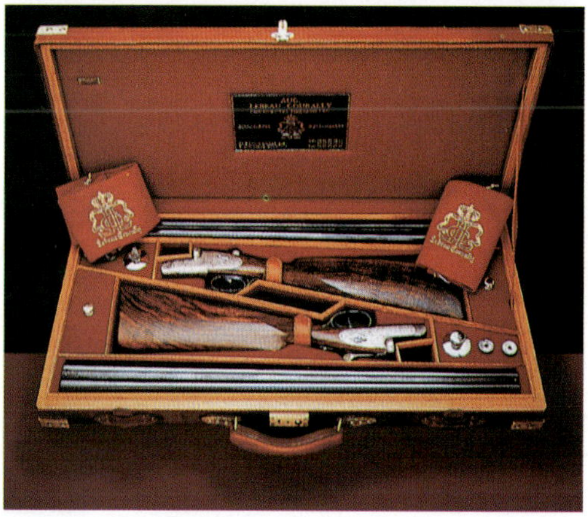

Kammerlänge: 3" (76 mm)
Anzahl der Läufe: Doppelflinte (Querflinte)
System: Kipplaufwaffe (Baskülverschluss)
Verriegelung: doppelte Laufhaken
Abzug: Doppelabzug
Gesamtgewicht: ca. 3,1 kg
Gesamtlänge: nach Wahl
Lauflänge: nach Wahl
Hülsenentfernung: nach Wahl
Choke: nach Wahl
Visierung: Flintenkorn
Sicherung: Schiebesicherung auf dem Kolbenhals

MERKMALE

- Material: Stahl
- Finish: brüniert, Systemkasten und abnehmbare Seitenschlossplatten unbehandelt und graviert
- Schaft: besonders ausgesuchtes Nussbaumholz, mit gerader, englischer Schäftung

Diese Waffe wird nur als Schwesternflintenpaar mit den goldeingelegten Nummern 1 und 2 angeboten, welches in einem exklusiven Lederkoffer ausgeliefert wird.

Lebeau-Courally Nimrod

TECHNISCHE DATEN

Kaliber: 12
Kammerlänge: 2 3/4" (70 mm)
Anzahl der Läufe: Doppelflinte (Querflinte)
System: Kipplaufwaffe (Baskülverschluss)
Verriegelung: doppelte Laufhaken
Abzug: Doppelabzug
Gesamtgewicht: ca. 3,2 kg
Gesamtlänge: nach Wahl
Lauflänge: nach Wahl
Hülsenentfernung: nach Wahl
Choke: nach Wahl
Visierung: Flintenkorn
Sicherung: Schiebesicherung auf dem Kolbenhals

MERKMALE

- Material: Stahl
- Finish: brüniert, Systemkasten und abnehmbare Seitenschlossplatten unbehandelt und graviert
- Schaft: besonders ausgesuchtes Nussbaumholz, mit gerader, englischer Schäftung

Lebeau-Courally Safari .470 NE

TECHNISCHE DATEN

Kaliber: .470 N.E. (Nitro Express)
Kammerlänge: s. Hülsenlänge (da Büchse)
Anzahl der Läufe: 2 Büchsenläufe nebeneinander (Doppelbüchse)
System: Kipplaufwaffe (Baskülverschluss)
Verriegelung: Greener-Verschluss, doppelte Laufhaken

Abzug: Doppelabzug
Gesamtgewicht: ca. 4 kg
Gesamtlänge: nach Wahl
Lauflänge: nach Wahl
Hülsenentfernung: nach Wahl
Choke: entfällt, da gezogene Läufe (Büchse)
Visierung: Express-Klappvisier
Sicherung: Schiebesicherung auf dem Kolbenhals

MERKMALE

- Material: Stahl
- Finish: brüniert, Systemkasten und abnehmbare Seitenschlossplatten unbehandelt und graviert (afrikanisches Großwild)
- Schaft: ausgesuchtes Nussbaumholz, mit Pistolengriff und Backe

Lebeau-Courally Traditional Querflinte

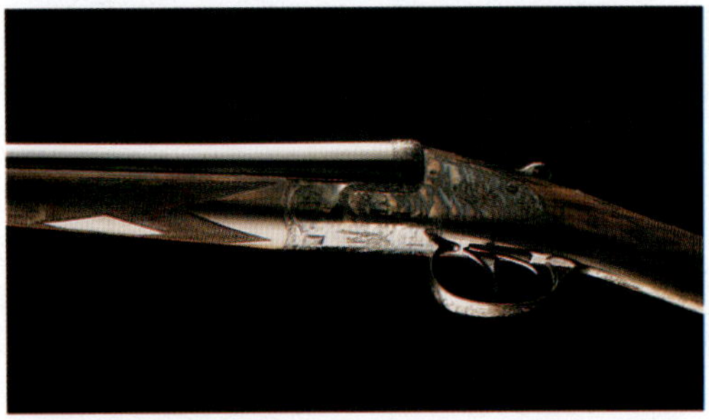

TECHNISCHE DATEN

Kaliber: 20
Kammerlänge: 3" (76 mm)
Anzahl der Läufe: Doppelflinte (Querflinte)
System: Kipplaufwaffe (Baskülverschluss)
Verriegelung: doppelte Laufhaken
Abzug: Doppelabzug
Gesamtgewicht: ca. 3,1 kg
Gesamtlänge: nach Wahl
Lauflänge: nach Wahl
Hülsenentfernung: nach Wahl
Choke: nach Wahl
Visierung: Flintenkorn
Sicherung: Schiebesicherung auf dem Kolbenhals

MERKMALE

- Material: Stahl
- Finish: brüniert, Systemkasten und Seitenschlossplatten buntgehärtet
- Schaft: ausgesuchtes Nussbaumholz, mit gerader, englischer Schäftung

Lebeau-Courally Prince Koudacheff Querflinte

TECHNISCHE DATEN

Kaliber: 12

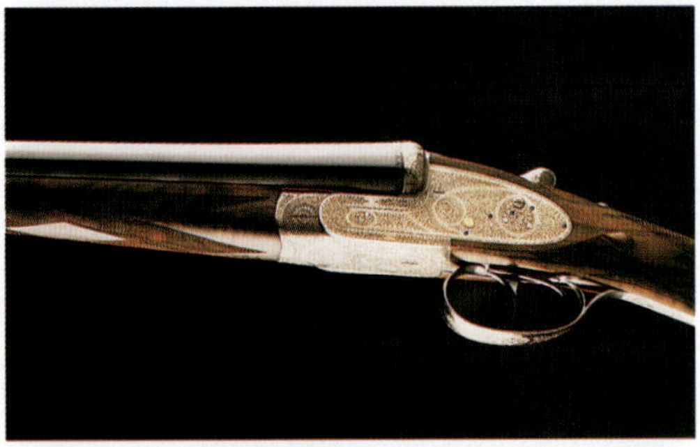

Kammerlänge: 2¾" (70 mm)
Anzahl der Läufe: Doppelflinte (Querflinte)
System: Kipplaufwaffe (Baskülverschluss)
Verriegelung: doppelte Laufhaken
Abzug: Doppelabzug
Gesamtgewicht: ca. 3,25 kg
Gesamtlänge: nach Wahl
Lauflänge: nach Wahl
Hülsenentfernung: nach Wahl
Choke: nach Wahl
Visierung: Flintenkorn
Sicherung: Schiebesicherung auf dem Kolbenhals

MERKMALE

- Material: Stahl
- Finish: brüniert, Systemkasten und Seitenschlossplatten unbehandelt und graviert
- Schaft: ausgesuchtes Nussbaumholz, mit gerader, englischer Schäftung

Lebeau-Courally 28 Bockdoppelflinte

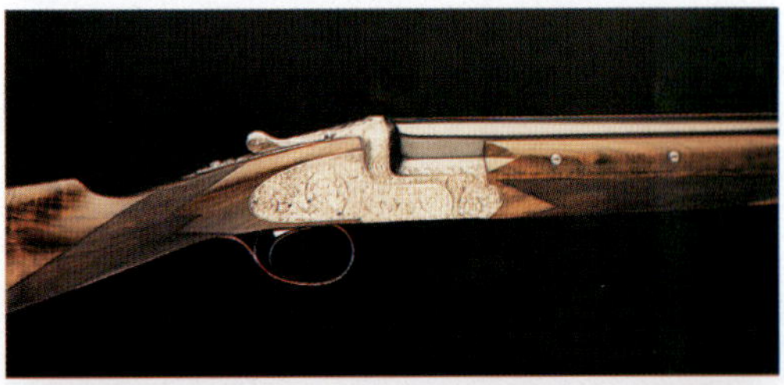

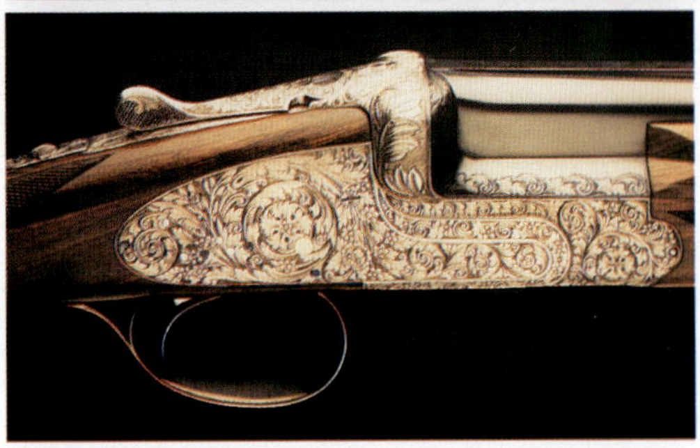

TECHNISCHE DATEN

Kaliber: 28

Kammerlänge:	2³/₄" (70 mm)
Anzahl der Läufe:	Bockdoppelflinte
System:	Kipplaufwaffe (Baskülverschluss)
Verriegelung:	doppelte Laufhaken
Abzug:	Einabzug
Gesamtgewicht:	ca. 3 kg
Gesamtlänge:	nach Wahl
Lauflänge:	nach Wahl
Hülsenentfernung:	nach Wahl
Choke:	nach Wahl
Visierung:	Flintenkorn, Laufschiene
Sicherung:	Schiebesicherung auf dem Kolbenhals

MERKMALE

- Material:	Stahl
- Finish:	brüniert, Systemkasten und Seitenschlossplatten unbehandelt und graviert
- Schaft:	ausgesuchtes Nussbaumholz, mit gerader, englischer Schäftung

Lebeau-Courally Versailles Trio

TECHNISCHE DATEN

Kaliber:	20
Kammerlänge:	2³/₄" (70 mm)
Anzahl der Läufe:	Bockdoppelflinte
System:	Kipplaufwaffe (Baskülverschluss)
Verriegelung:	doppelte Laufhaken
Abzug:	Einabzug
Gesamtgewicht:	ca. 3 kg
Gesamtlänge:	nach Wahl
Lauflänge:	nach Wahl
Hülsenentfernung:	automatischer Ejektor
Choke:	nach Wahl
Visierung:	Flintenkorn, Laufschiene
Sicherung:	Schiebesicherung auf dem Kolbenhals

MERKMALE

- Material:	Stahl
- Finish:	brüniert, Systemkasten und Seitenschlossplatten unbehandelt und graviert (Stil Louis XIV.)
- Schaft:	besonders ausgesuchtes Nussbaumholz, mit gerader, englischer Schäftung

Bei dem Lebeau Versailles Trio handelt es sich um drei identische Flinten mit unterschiedlichen Gravurmotiven und fortlaufenden Nummern.

Ljutic

Al Ljutic wurde 1917 als Sohn serbischer Einwanderer in Tonapah, Nevada, geboren. 1952 eröffnete er in Reno, Nevada, ein kleine Büchsenmacherei. Da er seine Zeit damit verbrachte, die Fehlkonstruktionen von anderen Waffen zu beheben, beschloss er schließlich, selbst Waffen zu bauen und diese von Anfang an perfekt zu gestalten. Aus der Idee heraus entstanden zwar futuristisch wirkende Flinten, die zu Anfang etwas belächelt wurden. Mit Ljutic-Gewehren wurden dann aber schnell viele Preise in namhaften Tontauben-Schießwettbewerben gewonnen. Nadine Ljutic, Al's Frau und gleichzeitig Firmendirektorin, hat mit ihrer Ljutic-Flinte Nr. 2 selbst bereits diverse Preise in den Damen-Trap-Disziplinen gewonnen.

Aus diesem Gewehr wurden schon mehr als 1,5 Millionen Patronen verschossen und es funkioniert noch wie neu. Joe Ljutic, der Sohn von Al und Nadine, gewann seine erste nationale Wurftaubenmeisterschaft im Alter von 15, mit einer Flinte, die sein Vater für ihn gebaut hatte. Zwischen 1966 und 1990 gewann die Familie mit ihren Waffen insgesamt 36 überregionale Meisterschaften. Joe arbeitet seit einigen Jahren nun ebenfalls für das Familienunternehmen, dessen Slogan lautet: „Handarbeit, die ein Leben lang hält“. Ljutic-Flinten mit niedrigen Seriennummern, aus denen oft schon mehr als 1 Million Schüsse abgegeben wurden, sind inzwischen teure, begehrte Sammlerstücke. Die einläufigen, so genannten Mono Guns von Ljutic wurden in US-Waffenfachzeitschriften bereits als die „ultimativen Flinten“ bezeichnet.
Ljutic-Waffen haben ein Design, das man entweder liebt oder hasst. Und auch technisch sind die Flinten sehr atypisch konzipiert. Ein deutliches Kriterium diesbezüglich ist, dass alle Ljutic-Flinten keinen Verschlusshebel haben. Die Kipplaufwaffen werden mittels eines Druckknopfes geöffnet und „gebrochen“, der sich vor dem Abzugsbügel befindet und darin integriert ist.
Der Firmensitz der Firma Ljutic befindet sich in Yakima im US-Staat Washington, wo bereits seit langem eine Waffenindustrie beheimatet ist. Die Firma baut inzwischen Flinten für das Skeet-, Trap- und Jagdparcours-Schießen, aber auch reine jagdliche Flinten. Alle Metallteile werden aus dem Vollen gefräst, da Al Ljutic absolut gegen jegliche gepresste oder gedrückte Stahlteile ist. Ljutic-Flinten sind von einer dermaßen hohen Qualität, dass maximal nach 500 000 bis 1 Million Schüsse Teile davon ausgetauscht werden müssen. Auch aus dem Prototypen der Mono Gun wurden nun bereits 1,5 Millionen Patronen verschossen und das Gewehr funktioniert noch völlig störungs- und auch spielfrei.
Alle Ljutic-Flinten wurden von Al Ljutic selbst designed. Ebenfalls ist er allerdings auch der Erfinder und Patenthalter des Selbstladebüchsen-Gasrepetiersystems, das etwa in den Sturmgewehren Springfield M-14 und Colt M-16 Verwendung findet.
Ljutic-Einlaufflinten haben wegen ihrer immens hohen Laufschiene eine ganz besondere Optik. Neben seinen „Mono Guns“ baut Ljutic nun aber auch Bockdoppelflinten, die Serie LM 6, und die sehr futuristisch wirkende „Recoilless Space“-Flinte, bei der ein spezielles Schäft-Dämpfungssystem dafür sorgt, dass der Rückstoß der Waffe um mehr als 20 Prozent gemildert wird.
Die Standardpreise für Luitic-Flinten beginnen bei etwa 5000 Dollar für ein Mono Gun und enden bei mehr als 18 000 Dollar für eine LM 6-Bockdoppelflinte.

Ljutic Classic Mono Gun Hunter I

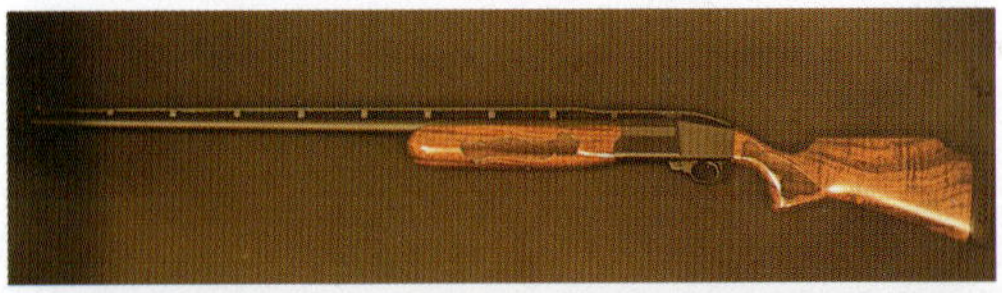

TECHNISCHE DATEN:

Kaliber:	12
Kammerlänge:	2 3/4" oder 3" (70 oder 76 mm)
Anzahl der Läufe:	Einlaufflinte
System:	Kipplaufwaffe (Baskülverschluss)
Verriegelung:	Laufhaken, Verschlussdruckknopf vor dem Abzugsbügel
Abzug:	Einabzug
Gesamtgewicht:	3,3–3,4 kg
Gesamtlänge:	nach Wahl
Lauflänge:	76–86 cm (30"–34")
Hülsenentfernung:	automatischer Ejektor
Choke:	Slim-line Wechselchokeeinsätze
Visierung:	Flintenkorn, ventilierte Schiene
Sicherung:	ohne

MERKMALE

- Material:	Stahl
- Finish:	brüniert
- Schaft:	Nussbaumholz, mit Pistolengriff und erhöhtem Schaftrücken

Ljutic Classic Mono Gun Hunter II

TECHNISCHE DATEN

Kaliber:	12
Kammerlänge:	2¾" oder 3" (70 oder 76 mm)
Anzahl der Läufe:	Einlaufflinte
System:	Kipplaufwaffe (Baskülverschluss)
Verriegelung:	Laufhaken, Verschlussdruckknopf vor dem Abzugsbügel
Abzug:	Einabzug
Gesamtgewicht:	3,3–4 kg
Gesamtlänge:	nach Wahl
Lauflänge:	76–86 cm (30"–34")
Hülsenentfernung:	automatischer Ejektor
Choke:	Slim-line-Wechselchokeeinsätze
Visierung:	Flintenkorn, ventilierte Schiene
Sicherung:	ohne

MERKMALE

- Material:	Stahl
- Finish:	brüniert
- Schaft:	Nussbaumholz, mit Pistolengriff und erhöhtem Schaftrücken

Ljutic Classic Mono Gun Standard

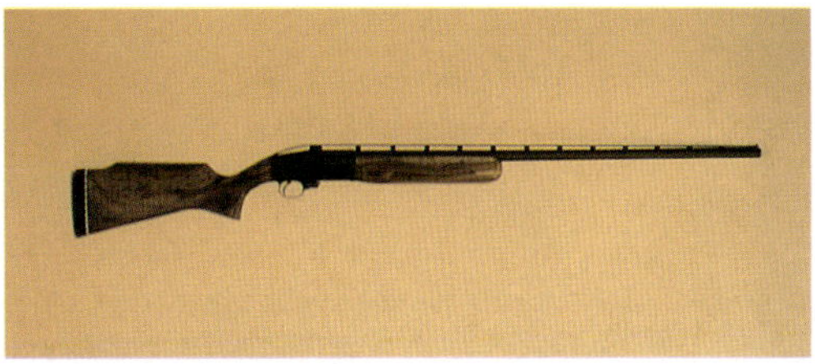

TECHNISCHE DATEN

Kaliber:	12
Kammerlänge:	2¾" oder 3" (70 oder 76 mm)
Anzahl der Läufe:	Einlaufflinte
System:	Kipplaufwaffe (Baskülverschluss)
Verriegelung:	Laufhaken, Verschlussdruckknopf vor dem Abzugsbügel
Abzug:	Einabzug
Gesamtgewicht:	3,3–4 kg
Gesamtlänge:	nach Wahl
Lauflänge:	76–86 cm (30"–34")
Hülsenentfernung:	automatischer Ejektor
Choke:	Slim-line-Wechselchokeeinsätze
Visierung:	Flintenkorn, ventilierte Schiene
Sicherung:	ohne

MERKMALE

- Material:	Stahl
- Finish:	brüniert
- Schaft:	Nussbaumholz, mit Pistolengriff und erhöhtem Schaftrücken

Diese Waffe ist mit ventilierter Laufschiene in unterschiedlichen Höhen erhältlich. Sie ist auch aus rostträgem Stainless-Stahl lieferbar.

Ljutic LM 6 Bockdoppelflinte

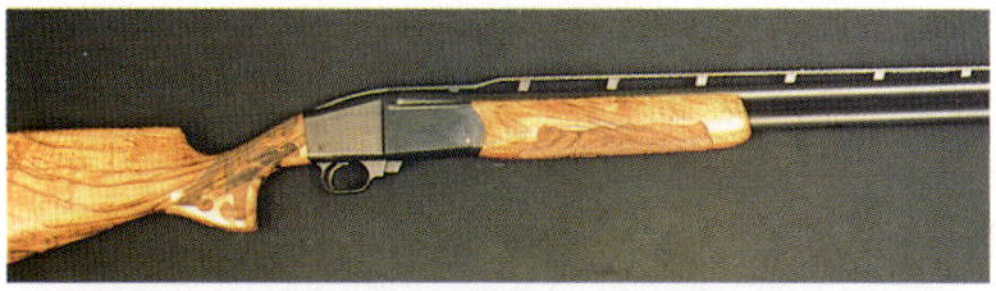

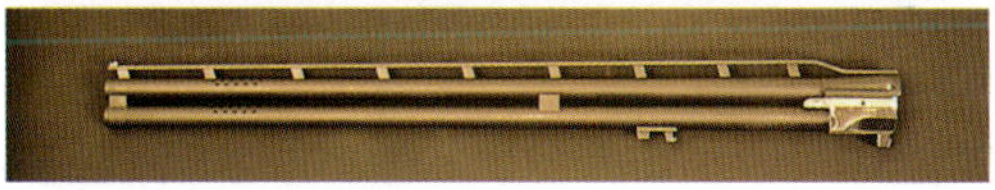

TECHNISCHE DATEN

Kaliber:	12
Kammerlänge:	2¾" oder 3" (70 oder 76 mm)
Anzahl der Läufe:	Bockdoppelflinte
System:	Kipplaufwaffe (Baskülverschluss)
Verriegelung:	Laufhaken, Verschlussdruckknopf vor dem Abzugsbügel
Abzug:	Einabzug
Gesamtgewicht:	3,2–3,9 kg
Gesamtlänge:	nach Wahl
Lauflänge:	71–81 cm (28"–32")
Hülsenentfernung:	automatischer Ejektor
Choke:	Slim-line Wechselchoke-Einsätze
Visierung:	Flintenkorn; erhöhte, ventilierte Schiene
Sicherung:	ohne

MERKMALE:

- Material:	Stahl
- Finish:	brüniert
- Schaft:	ausgesuchtes Nussbaumholz, mit Pistolengriff und erhöhtem Schaftrücken

Diese Waffe ist in verschiedenen Versionen erhältlich: Trap, Skeet, Jagdparcours und Trap & Skeet International. Es werden dazu Wechselläufe in den unterschiedlichsten Längen, Formen und Kalibern angeboten.

Ljutic LTX Mono Gun High Grade

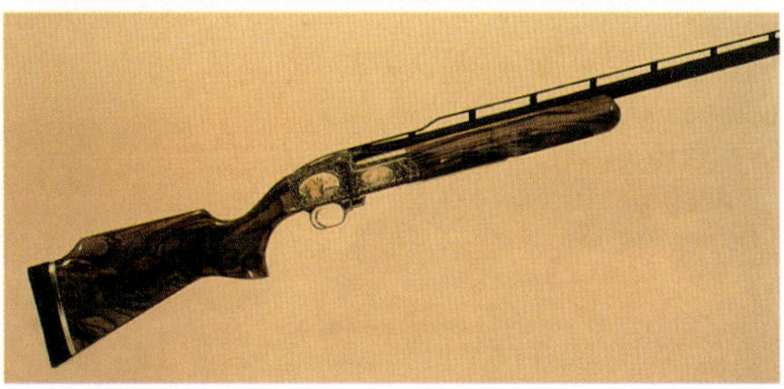

TECHNISCHE DATEN

Kaliber:	12
Kammerlänge:	2¾" oder 3" (70 oder 76 mm)
Anzahl der Läufe:	Einlaufflinte
System:	Kipplaufwaffe (Baskülverschluss)
Verriegelung:	Laufhaken, Verschlussdruckknopf vor dem Abzugsbügel
Abzug:	Einabzug

Gesamtgewicht: 3,7–4 kg
Gesamtlänge: nach Wahl
Lauflänge: 71–86 cm (28"–34")
Hülsenentfernung: automatischer Ejektor
Choke: Slim-line-Wechselchokeeinsätze
Visierung: Flintenkorn; erhöhte, ventilierte Schiene
Sicherung: ohne

MERKMALE
- Material: Stahl
- Finish: brüniert; Systemkasten unbehandelt und graviert, mit Goldeinlagen
- Schaft: ausgesuchtes Nussbaumholz, mit Pistolengriff und erhöhtem Schaftrücken

Diese Waffe ist mit rostträgen Stainless-Stahlteilen erhältlich.

Ljutic LTX Mono Gun Standard

TECHNISCHE DATEN
Kaliber: 12
Kammerlänge: 2¾" oder 3" (70 oder 76 mm)
Anzahl der Läufe: Einlaufflinte
System: Kipplaufwaffe (Baskülverschluss)
Verriegelung: Laufhaken, Verschlussdruckknopf vor dem Abzugsbügel
Abzug: Einabzug
Gesamtgewicht: 3,7–4 kg
Gesamtlänge: nach Wahl
Lauflänge: 71–86 cm (28"–34")
Hülsenentfernung: automatischer Ejektor
Choke: Slim-line-Wechselchokeeinsätze
Visierung: Flintenkorn; erhöhte, ventilierte Schiene
Sicherung: ohne

MERKMALE
- Material: Stahl
- Finish: brüniert, Systemkasten unbehandelt und graviert
- Schaft: ausgesuchtes Nussbaumholz, mit Pistolengriff und erhöhtem Schaftrücken

Diese Waffe ist mit rostträgen Stainless-Stahlteilen erhältlich.

Ljutic LTX Mono Gun Trap

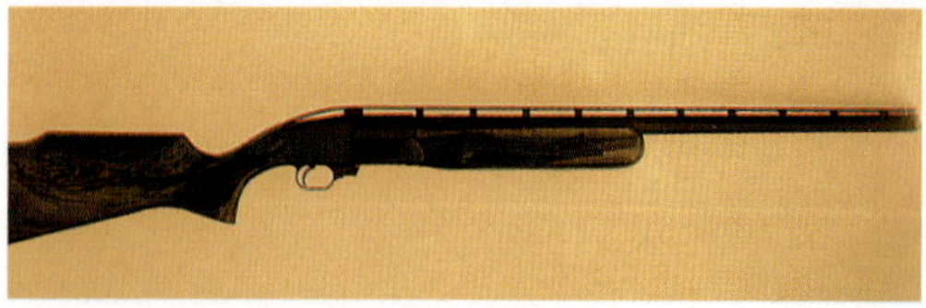

TECHNISCHE DATEN
Kaliber: 12
Kammerlänge: 2¾" (70 mm)
Anzahl der Läufe: Einlaufflinte
System: Kipplaufwaffe (Baskülverschluss)
Verriegelung: Laufhaken, Verschlussdruckknopf vor dem Abzugsbügel
Abzug: Einabzug
Gesamtgewicht: 3,7–4 kg
Gesamtlänge: nach Wahl
Lauflänge: 71–86 cm (28"–34")
Hülsenentfernung: automatischer Ejektor
Choke: Slim-line-Wechselchokeeinsätze
Visierung: Flintenkorn, ventilierte Schiene
Sicherung: ohne

MERKMALE
- Material: Stahl
- Finish: brüniert, Systemkasten unbehandelt und graviert
- Schaft: Nussbaumholz, mit Pistolengriff und erhöhtem Schaftrücken

Diese Waffe wird mit Standard-Laufschiene (s. Foto) oder mit einer mittel- oder sehr hohen Olympia-Laufschiene angeboten. Sie ist auch mit rostträgen Stainless-Stahlteilen erhältlich.

Ljutic Recoilles Space Flinte I

TECHNISCHE DATEN
Kaliber: 12
Kammerlänge: 2¾" (70 mm)
Anzahl der Läufe: Einzellauf, einschüssig
System: Kammerverschluss
Verriegelung: Verriegelungswarzen
Abzug: Einzelabzug
Gesamtgewicht: 3,9 kg

Gesamtlänge:	nach Wahl
Lauflänge:	76 cm (30"), andere Längen auf Wunsch
Hülsenentfernung:	automatischer Ejektor
Choke:	Slim-line-Wechselchokeeinsätze
Visierung:	Flintenkorn, Vorrichtung für Optikmontage
Sicherung:	ohne

MERKMALE

- Material:	Stahl oder rostträger Stainless-Stahl
- Finish:	brüniert
- Schaft:	Nussbaumholz, mit besonders geformten Pistolengriff

Diese Waffe ist auch mit einem gezogenen Lauf im Kaliber .308 Win. erhältlich.

Ljutic Recoilles Space Flinte II

TECHNISCHE DATEN

Kaliber:	12
Kammerlänge:	$2^{3}/_{4}$" (70 mm)
Anzahl der Läufe:	Einzellauf, einschüssig
System:	Kammerverschluss
Verriegelung:	Verriegelungswarzen
Abzug:	Einzelabzug
Gesamtgewicht:	3,9 kg
Gesamtlänge:	nach Wahl
Lauflänge:	76 cm (30"), andere Längen auf Wunsch
Hülsenentfernung:	automatischer Ejektor
Choke:	Slim-line-Wechselchokeeinsätze
Visierung:	erhöhtes Spezialvisier
Sicherung:	ohne

MERKMALE

- Material:	Stahl oder rostträger Stainless-Stahl
- Finish:	brüniert
- Schaft:	ausgesuchtes Nussbaumholz, mit besonders geformten Pistolengriff

Ljutic Selka Bockdoppelflinte Space Gun Limited

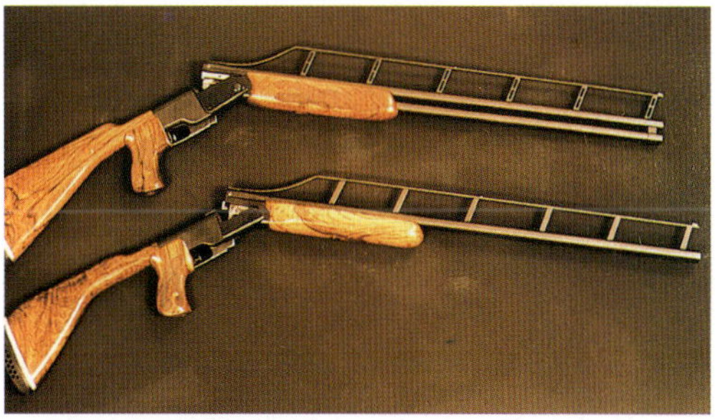

TECHNISCHE DATEN

Kaliber:	12
Kammerlänge:	$2^{3}/_{4}$" (70 mm)
Anzahl der Läufe:	Bockdoppelflinte
System:	Kipplaufwaffe (Baskülverschluss)
Verriegelung:	Laufhaken, Verschlussdruckknopf vor dem Abzugsbügel
Abzug:	Einabzug
Gesamtgewicht:	3,9 kg
Gesamtlänge:	nach Wahl
Lauflänge:	76 cm (30"), andere Längen auf Wunsch
Hülsenentfernung:	automatischer Ejektor
Choke:	Slim-line-Wechselchokeeinsätze
Visierung:	Flintenkorn; erhöhte, ventilierte Schiene
Sicherung:	ohne

MERKMALE

- Material:	Stahl oder rostträger Stainless-Stahl
- Finish:	brüniert, oder brüniert und Systemkasten unbehandelt und nach Wahl graviert
- Schaft:	ausgesuchtes Nussbaumholz, mit besonders geformten Pistolengriff (s. Foto)

Auf dem Foto ist oben das Bockdoppelflinten-Modell Ljutic Selka Double Space Gun und unten das Einlaufflinten-Modell Selka Mono Space Gun abgebildet.

Ljutic Selka Einlaufflinte Space Gun Limited

TECHNISCHE DATEN

Kaliber:	12
Kammerlänge:	2¾" (70 mm)
Anzahl der Läufe:	Einlaufflinte
System:	Kipplaufwaffe (Baskülverschluss)
Verriegelung:	Laufhaken, Verschlussdruckknopf vor dem Abzugsbügel
Abzug:	Einabzug
Gesamtgewicht:	3,7 kg
Gesamtlänge:	nach Wahl
Lauflänge:	71 oder 76 cm (28" oder 30"), andere Längen auf Wunsch
Hülsenentfernung:	automatischer Ejektor
Choke:	Slim-line-Wechselchokeeinsätze
Visierung:	Flintenkorn; erhöhte, ventilierte Schiene
Sicherung:	ohne

MERKMALE

- Material:	Stahl oder rostträger Stainless-Stahl
- Finish:	brüniert, oder brüniert und Systemkasten unbehandelt und nach Wahl graviert
- Schaft:	ausgesuchtes Nussbaumholz, mit besonders geformten Pistolengriff (s. Foto)

Auf dem Foto ist oben das Bockdoppelflinten-Modell Ljutic Selka Double Space Gun und unten das Einlaufflinten-Modell Selka Mono Space Gun abgebildet.

MagTech

MagTech ist der Produktname des brasilianischen Waffen- und Munitionsfabrikationsunternehmens Companhia Brasileira de Cartouchos (CBC), die ihren Sitz in Sao Paulo hat. Unter dem Namen MagTech produziert die Firma verschiedene Flinten und Kleinkaliberbüchsen.

CBC wurde 1926 als Companhia Brasileira Cartoucheria von der aus Italien stammenden Familie Matarazzo gegründet und produzierte damals vornehmlich Schrotpatronen für den brasilianischen Binnenmarkt. Bereits nach einigen wenigen Jahren hatte sich die Firma allerdings zu einem immens großen Unternehmen entwickelt, das Munition in die verschiedensten Länder exportierte.

In der Periode zwischen 1936 und 1979 befand sich CBC in den Händen der amerikanischen Remington Arms Company und der englischen Firma ICI (Imperial Chemical Industries). 1979 übernahm die Firma die Arbi- und Imbel-Gruppe, ein zusammengeschlossener brasilianischer Großkonzern, der sich unter anderem auch auf dem Gebiet der Stahlindustrie und des Tourismus engagiert. Der Unternehmensname wurde dabei in Companhia Brasileira de Cartouchos geändert. Die Tochterfirma S.A. Marvin aus Nova Iguacu bei Rio de Janeiro produziert die Messingpatronenhülsen für CBC. 1991 und 1992 wurde CBC komplett neuorganisiert. Unter Leitung des berühmten Munitionsexperten Charles von Helle und mit der Unterstützung von verschiedenen deutschen Laborunternehmen wurde die CBC-Munitionsproduktion grundlegend modernisiert und automatisiert.

CBC verfügt über diverse Schießbahnen bis zu 400 Meter lang, auf denen die verschiedenen Munitionsprodukte auf Herz und Nieren getestet werden. CBC/MagTech baut zwei Kleinkalibergewehr und eine Serie von Vorderschaftrepetierflinten.

MagTech MT 586.2

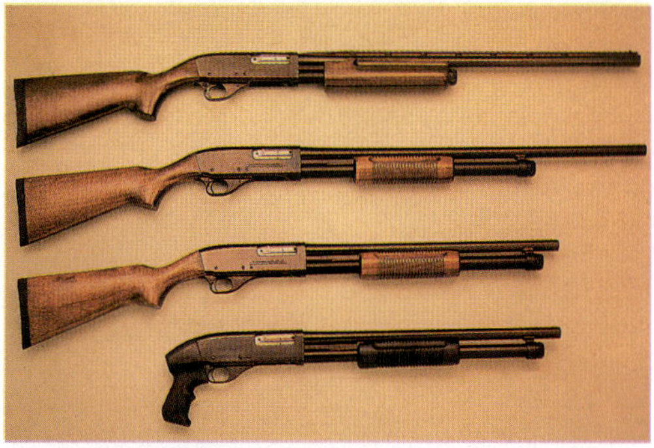

TECHNISCHE DATEN

Kaliber:	12
Kammerlänge:	3" (76 mm)
Anzahl der Läufe:	Einzellauf
Magazin:	Röhrenmagazin für 2 oder 4 Patronen
System:	Vorderschaftrepetiersystem
Verriegelung:	Vertikalblockverschluss
Abzug:	Einzelabzug
Gesamtgewicht:	3,2–3,35 kg
Gesamtlänge:	113–128 cm
Lauflänge:	61–76 cm (24"–30")
Hülsenentfernung:	Repetierauszieher
Choke:	Wechselchokeeinsätze
Visierung:	Flintenkorn
Sicherung:	Druckknopfsicherung hinten am Abzugsbügel

MERKMALE

- Material:	Stahl, Chrom-Molybdän-Läufe
- Finish:	brüniert
- Schaft:	brasilianisches Hartholz, mit Pistolengriff

Auf dem Foto ist oben das Modell 586.2 VR und darunter die Modelle 586.2, 586.2 P und 586.2 PG abgebildet.

MagTech MT 586.2 P

TECHNISCHE DATEN

Kaliber:	12
Kammerlänge:	3" (76 mm)
Anzahl der Läufe:	Einzellauf
Magazin:	Röhrenmagazin für 2 oder 8 Patronen
System:	Vorderschaftrepetiersystem
Verriegelung:	Vertikalblockverschluss
Abzug:	Einzelabzug
Gesamtgewicht:	3,3 kg
Gesamtlänge:	99,7 cm
Lauflänge:	48,3 cm (19")
Hülsenentfernung:	Repetierauszieher
Choke:	zylindrisch
Visierung:	Flintenkorn
Sicherung:	Druckknopfsicherung hinten am Abzugsbügel

MERKMALE

- Material:	Stahl, Chrom-Molybdän-Läufe
- Finish:	brüniert
- Schaft:	brasilianisches Hartholz, mit Pistolengriff

Auf dem Foto links ist oben das Modell 586.2 VR und darunter die Modelle 586.2, 586.2 P und 586.2 PG abgebildet. In einigen europäischen Staaten, etwa in Großbritannien, ist diese Pumpflinte aufgrund ihrer großen Magazinkapazität und ihrer geringen Lauflänge verboten. In Deutschland kann sie mit einer waffenrechtlichen Erwerbsberechtigung oder aufgrund Jagdscheines als Repetierlangwaffe erworben werden.

MagTech MT 586.2 PG

TECHNISCHE DATEN

Kaliber:	12
Kammerlänge:	3" (76 mm)
Anzahl der Läufe:	Einzellauf
Magazin:	Röhrenmagazin für 2 oder 8 Patronen
System:	Vorderschaftrepetiersystem
Verriegelung:	Vertikalblockverschluss
Abzug:	Einzelabzug
Gesamtgewicht:	3 kg
Gesamtlänge:	74,3 cm
Lauflänge:	48,3 cm (19")
Hülsenentfernung:	Repetierauszieher
Choke:	zylindrisch
Visierung:	Flintenkorn
Sicherung:	Druckknopfsicherung hinten am Abzugsbügel

MERKMALE

- Material:	Stahl, Chrom-Molybdän-Läufe
- Finish:	brüniert
- Schaft:	Kunststoffschaft, reiner Pistolengriff

Auf dem Foto links ist oben das Modell 586.2 VR und jeweils darunter die Modelle 586.2, 586.2 P und 586.2 PG (Pistol Grip) abgebildet. In einigen europäischen Staaten, etwa in Großbritannien, ist diese Pumpflinte aufgrund ihrer großen Magazinkapazität, ihrer geringen Lauflänge und ihres reinen Pistolengriffs verboten. In Deutschland kann sie mit einer waffenrechtlichen Erwerbsberechtigung oder aufgrund Jagdscheines als Repetierlangwaffe erworben werden.

MagTech MT 586.2 VR

TECHNISCHE DATEN

Kaliber:	12
Kammerlänge:	3" (76 mm)
Anzahl der Läufe:	Einzellauf
Magazin:	Röhrenmagazin für 2 oder 4 Patronen
System:	Vorderschaftrepetiersystem
Verriegelung:	Vertikalblockverschluss
Abzug:	Einzelabzug
Gesamtgewicht:	3,4 oder 3,5 kg
Gesamtlänge:	118 oder 123 cm
Lauflänge:	66 oder 71 cm (26" oder 28")
Hülsenentfernung:	Repetierauszieher
Choke:	Wechselchokeeinsätze
Visierung:	Flintenkorn
Sicherung:	Druckknopfsicherung hinten am Abzugsbügel

MERKMALE

- Material:	Stahl, Chrom-Molybdän-Läufe
- Finish:	brüniert
- Schaft:	brasilianisches Hartholz, mit Pistolengriff

Auf dem Foto ist oben das Modell 586.2 VR und darunter die Modelle 586.2, 586.2 P und 586.2 PG (Pistol Grip) abgebildet.

Marlin

John Mahlon Marlin gründete 1870 in New Haven, Connecticut, seinen eigenen Waffenherstellungsbetrieb. Die ersten großen Erfolge hatte Marlin mit seinen Gewehrmodellen 1891 und 1893, die es bis heute als die derzeitigen Modelle 39 und 336 gibt. Zwischen 1870 und 1899 baute die Firma auch verschiedene Revolver, Pistolen und Derringer. Als eine neue Patrone, die rauchschwache .30-30 Win., auf den Markt kam, stellte sofort auch John Marlin mehrere Gewehre zum Verschießen dieser Patrone vor. Sehr bekannte Waffen aus dieser Zeit sind unter anderem die Modelle 1891 und 1897, womit die

Kunstschützin Anny Oakley in Buffalo Bill's Wildwestshow auftrat. 1901 starb John Marlin, seine beiden Söhne übernahmen den Betrieb. Unmittelbar danach erwarben sie auch die Firma Ideal Manufacturing Campany, die sie dann 1925 wieder an Lyman verkauften. Während dieser Periode fabrizierte Marlin auch andere Produkte, etwa Schuhlöffel und Handschellen. 1915, zu Beginn des Ersten Weltkrieges, wurde Marlin von dem New Yorker Handelsunternehmen Rockwell aufgekauft, das den Firmennamen in Marlin Rockwell Corporation änderte. Die Produktion von Jagd- und Sportwaffen wurde vorübergehend fast vollständig eingestellt und Marlin baute hauptsächlich nur mehr Colt-Browning M 1895-Maschinengewehre für das US-Militär. Nach dem Krieg hatte Rockwell kein Interesse daran, wieder Jagd- und Sportwaffen zu bauen, sodass die Marlin Rockwell Corporation nur mehr bis 1923 bestand. 1953 führte man das Marlin-Micro-Groove-Büchsenlaufherstellungsverfahren ein. Das Einbringen der herkömmlichen Züge und Felder, bis dato ein zeitraubender und kostspieliger Prozess, wurde durch eine erheblich einfachere Fabrikationsmethode ersetzt, bei der der Büchsenlauf auf weit billigere Weise mit einer größeren Anzahl kleinerer, schmalerer „Züge" versehen wird.
1969 bezog die Firma, die sich seit 1923 im Besitz der Familie Kenna befindet, eine komplett neue Produktionsstätte in North Haven, Connecticut. Die Marlin-Produktpalette besteht auch aus einigen Kammerstängelrepetierflinten. Zwei davon besitzen einen glatten, sehr langen Lauf und sind für die Gänsejagd konzipiert; andere, so genannte Slug Guns, verschießen aus gezogenen (Büchsen-)Läufen massive Flintenlaufgeschosse (Slugs) im Kaliber 12. Diese Waffen werden in den USA sehr gerne zur Jagd auf Weiß- und Schwarzwedelhirsche verwendet.

Marlin 50 DL Goose Gun

TECHNISCHE DATEN

Kaliber:	12
Kammerlänge:	3" (76 mm)
Anzahl der Läufe:	Einzellauf
Magazin:	herausnehmenbares Kastenmagazin für 2 Patronen
System:	Kammerverschluss
Verriegelung:	2 Verriegelungswarzen
Abzug:	Einzelabzug
Gesamtgewicht:	3,2 kg
Gesamtlänge:	126,6 cm
Lauflänge:	71 cm (28")
Hülsenentfernung:	Repetierauszieher
Choke:	fest, $^1/_2$-Choke
Visierung:	festes Büchsenvisier mit U-Kimme
Sicherung:	Druckknopfsicherung rechts neben dem Kammerstängel, Ladezustandsanzeige, Verschlusssicherung

MERKMALE

- Material:	Stahl
- Finish:	mattschwarz
- Schaft:	schwarzer Kunststoffschaft, mit Pistolengriff

Marlin 50 GDL Goose Gun

TECHNISCHE DATEN

Kaliber:	12
Kammerlänge:	3" (76 mm)
Anzahl der Läufe:	Einzellauf
Magazin:	herausnehmenbares Kastenmagazin für 2 Patronen
System:	Kammerverschluss
Verriegelung:	2 Verriegelungswarzen
Abzug:	Einzelabzug
Gesamtgewicht:	3,6 kg
Gesamtlänge:	144,2 cm
Lauflänge:	91 cm (36")
Hülsenentfernung:	Repetierauszieher
Choke:	fest, Voll-Choke, speziell für Stahlschrote
Visierung:	festes Büchsenvisier mit U-Kimme
Sicherung:	Druckknopfsicherung rechts neben dem Kammerstängel, Ladezustandsanzeige, Verschlusssicherung

MERKMALE

- Material:	Stahl
- Finish:	mattschwarz
- Schaft:	schwarzer Kunststoffschaft, mit Pistolengriff

Marlin 515 Slug Master

TECHNISCHE DATEN

Kaliber:	12
Kammerlänge:	3" (76 mm)
Anzahl der Läufe:	Einzellauf
Magazin:	herausnehmenbares Kastenmagazin für 2 Patronen
System:	Kammerverschluss
Verriegelung:	2 Verriegelungswarzen
Abzug:	Einzelabzug
Gesamtgewicht:	3,2 kg
Gesamtlänge:	114 cm

Lauflänge: 53 cm (21"), gezogener Lauf
Hülsenentfernung: Repetierauszieher
Choke: fest, 3/4-Choke
Visierung: festes Büchsenvisier, Prismaschiene zur Zielfernrohrmontage
Sicherung: Druckknopfsicherung rechts neben dem Kammerstängel, Ladezustandsanzeige, Verschlusssicherung

MERKMALE
- Material: Stahl
- Finish: mattschwarz
- Schaft: amerikanisches Hartholz, mit Pistolengriff

In einigen europäischen Staaten wird diese Waffe wegen des gezogenen Laufes als Büchse eingestuft.

Marlin 515 DL Slug Master

TECHNISCHE DATEN
Kaliber: 12
Kammerlänge: 3" (76 mm)
Anzahl der Läufe: Einzellauf
Magazin: herausnehmbares Kastenmagazin für 2 Patronen
System: Kammerverschluss
Verriegelung: 2 Verriegelungswarzen
Abzug: Einzelabzug
Gesamtgewicht: 3,4 kg
Gesamtlänge: 114 cm
Lauflänge: 53 cm (21"), gezogener Lauf
Hülsenentfernung: Repetierauszieher
Choke: fest, 3/4-Choke
Visierung: festes Büchsenvisier, Prismaschiene zur Zielfernrohrmontage
Sicherung: Druckknopfsicherung rechts neben dem Kammerstängel, Ladezustandsanzeige, Verschlusssicherung

MERKMALE
- Material: Stahl
- Finish: mattschwarz
- Schaft: schwarzer Kunststoffschaft, mit Pistolengriff

In einigen europäischen Staaten wird diese Waffe aufgrund ihres gezogenen Laufes rechtlich als Büchse eingestuft.

Marocchi

Die italienische Firma Armi Marocchi stellt bereits seit 1922 Schusswaffen her. Die Firma bezieht erfahrene Jäger und Sport- und Flintenschützen in ihre Waffenentwicklungen mit ein. 1957 gewann Marocchi mit der Konstruktion eines modernen CO_2-Luftdruckgewehres den Hauptpreis bei der Interna-

tionalen Erfindermesse. Inzwischen sind CO_2-Waffen zwar allgemein gebräuchlich, damals war dieses System jedoch revolutionär.
Inzwischen hat die Firma Marocchi die Produktion von Luftdruckwaffen komplett eingestellt. Die Schrotflinten der Firma, die nun in einem neu gebauten Werk hergestellt werden, sind technisch simpel, gut verarbeitet und vergleichsweise preisgünstig.

Marocchi America

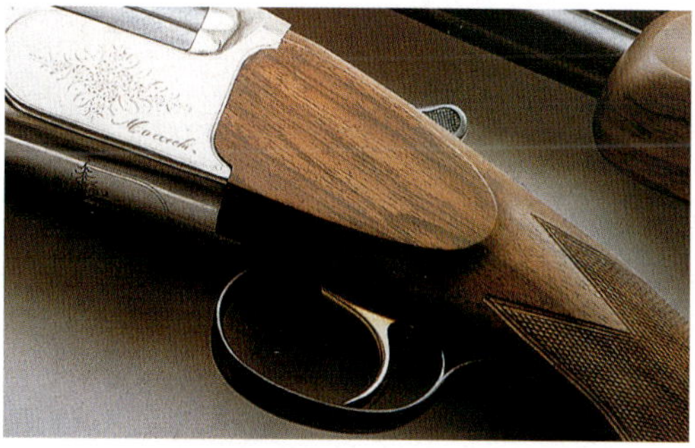

TECHNISCHE DATEN
Kaliber: 12
Kammerlänge: 2 3/4" (70 mm)
Anzahl der Läufe: Bockdoppelflinte
System: Kipplaufwaffe (Baskülverschluss)
Verriegelung: Laufhaken
Abzug: Einabzug
Gesamtgewicht: 3,5–3,6 kg
Gesamtlänge: 112–116 cm
Lauflänge: 72,5–76 cm (28 1/2"–30")
Hülsenentfernung: automatischer Ejektor
Choke: fest, 3/4- u. 1/4- oder Voll- u. 1/2-Choke
Visierung: Flintenkorn, 10 mm breite, ventilierte Schiene
Sicherung: Schiebesicherung auf dem Kolbenhals

MERKMALE
- Material: Stahl
- Finish: brüniert, oder brüniert und Systemkasten unbehandelt und graviert
- Schaft: Nussbaumholz, mit Pistolengriff

Marocchi Contrast Cup

TECHNISCHE DATEN
Kaliber: 12
Kammerlänge: 2 3/4" (70 mm)
Anzahl der Läufe: Bockdoppelflinte
System: Kipplaufwaffe (Baskülverschluss)

Verriegelung: Laufhaken
Abzug: Einabzug
Gesamtgewicht: 3,5–3,65 kg
Gesamtlänge: 112–116 cm
Lauflänge: 72,5–76 cm (28$^1/_2$"–30")
Hülsenentfernung: automatischer Ejektor
Choke: fest, $^3/_4$- u. $^1/_4$- oder Voll- u. $^1/_2$-Choke
Visierung: Flintenkorn, 10 mm breite, ventilierte Schiene
Sicherung: Schiebesicherung auf dem Kolbenhals

MERKMALE
- Material: Stahl
- Finish: brüniert, oder brüniert und Systemkasten unbehandelt
- Schaft: Nussbaumholz, mit Pistolengriff

Marocchi Contrast Skeet

TECHNISCHE DATEN
Kaliber: 12
Kammerlänge: 2$^3/_4$" (70 mm)
Anzahl der Läufe: Bockdoppelflinte
System: Kipplaufwaffe (Baskülverschluss)
Verriegelung: Laufhaken
Abzug: Einabzug
Gesamtgewicht: 3,5 kg
Gesamtlänge: 117–121 cm
Lauflänge: 67 oder 71 cm (26$^3/_8$" oder 28")
Hülsenentfernung: automatischer Ejektor
Choke: fest, Skeet-/Skeet-Choke
Visierung: Flintenkorn, 10 mm breite, ventilierte Schiene
Sicherung: Schiebesicherung auf dem Kolbenhals

MERKMALE
- Material: Stahl
- Finish: brüniert und Systemkasten unbehandelt
- Schaft: Nussbaumholz, mit Pistolengriff

Marocchi Prestige Black Gold

TECHNISCHE DATEN
Kaliber: 12
Kammerlänge: 2$^3/_4$" (70 mm)
Anzahl der Läufe: Bockdoppelflinte
System: Kipplaufwaffe (Baskülverschluss)
Verriegelung: Laufhaken
Abzug: Einabzug
Gesamtgewicht: 3,5–3,65 kg
Gesamtlänge: 112–116 cm
Lauflänge: 72,5–76 cm (28$^1/_2$"–30")
Hülsenentfernung: automatischer Ejektor
Choke: fest, $^3/_4$- u. $^1/_4$- oder Voll- u. $^1/_2$-Choke
Visierung: Flintenkorn, 10 mm breite, ventilierte Schiene
Sicherung: Schiebesicherung auf dem Kolbenhals

MERKMALE
- Material: Stahl
- Finish: brüniert, Systemkasten mit Goldrändern
- Schaft: ausgesuchtes Nussbaumholz, mit Pistolengriff

Marocchi SM 28 L Seitenschlosse

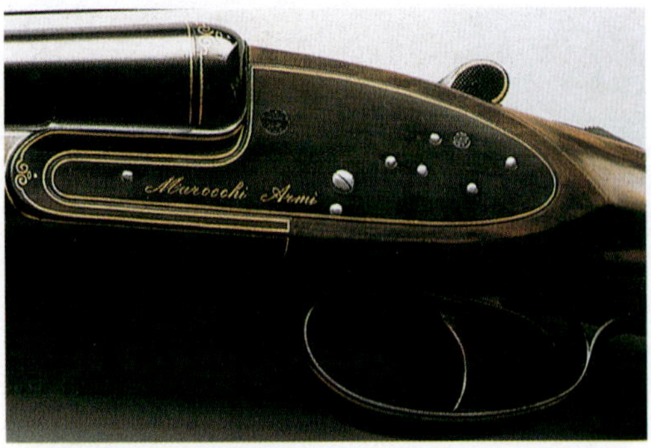

TECHNISCHE DATEN
Kaliber: 12
Kammerlänge: 2$^3/_4$" (70 mm)
Anzahl der Läufe: Doppelflinte (Querflinte)

System: Kipplaufwaffe (Baskülverschluss)
Verriegelung: doppelte Laufhaken
Abzug: Ein- oder Doppelabzug
Gesamtgewicht: 3,1–3,3 kg
Gesamtlänge: 111–126 cm
Lauflänge: 61–76 cm (24"–30")
Hülsenentfernung: automatischer Ejektor oder Auszieher, nach Wahl
Choke: fest, nach Wahl
Visierung: Flintenkorn
Sicherung: Schiebesicherung auf dem Kolbenhals

MERKMALE
- Material: Stahl
- Finish: brüniert, Systemkasten und Seitenplatten mit Goldrändern, mit Seitenschlossen
- Schaft: ausgesuchtes Nussbaumholz, mit gerader, englischer Schäftung

Marocchi SM 28 L/M Extra Seitenschlosse

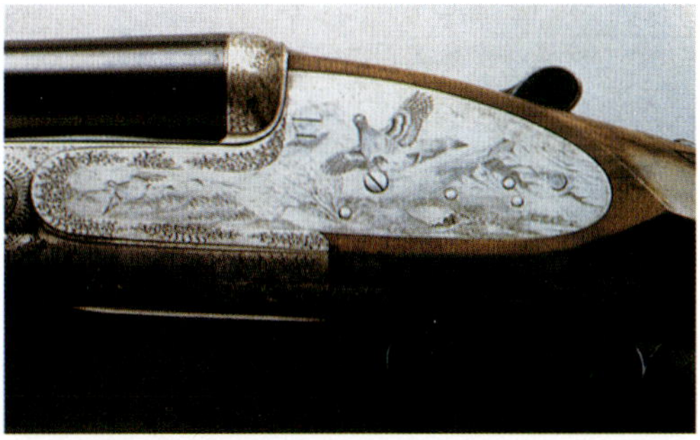

TECHNISCHE DATEN
Kaliber: 12, 16, 20 oder 24
Kammerlänge: 2¾" oder 3" (70 oder 76 mm)
Anzahl der Läufe: Doppelflinte (Querflinte)
System: Kipplaufwaffe (Baskülverschluss)
Verriegelung: doppelte Laufhaken
Abzug: Ein- oder Doppelabzug
Gesamtgewicht: 3,1–3,3 kg
Gesamtlänge: 111–126 cm
Lauflänge: 61–76 cm (24"–30")
Hülsenentfernung: automatischer Ejektor oder Auszieher, nach Wahl
Choke: fest, nach Wahl
Visierung: Flintenkorn
Sicherung: Schiebesicherung auf dem Kolbenhals

MERKMALE
- Material: Stahl
- Finish: brüniert, Systemkasten und Seitenplatten unbehandelt und graviert, mit Seitenschlossen
- Schaft: ausgesuchtes Nussbaumholz, mit gerader, englischer Schäftung

Marocchi SM 53

TECHNISCHE DATEN
Kaliber: 12, 16, 20 oder 24

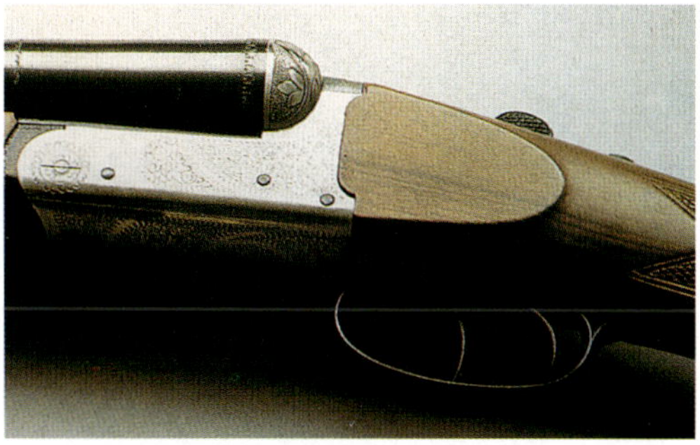

Kammerlänge: 2¾" oder 3" (70 oder 76 mm)
Anzahl der Läufe: Doppelflinte (Querflinte)
System: Kipplaufwaffe (Baskülverschluss)
Verriegelung: doppelte Laufhaken
Abzug: Ein- oder Doppelabzug
Gesamtgewicht: 3,1–3,2 kg
Gesamtlänge: 111–126 cm
Lauflänge: 61–76 cm (24"–30")
Hülsenentfernung: automatischer Ejektor oder Auszieher, nach Wahl
Choke: fest, nach Wahl
Visierung: Flintenkorn
Sicherung: Schiebesicherung auf dem Kolbenhals

MERKMALE
- Material: Stahl
- Finish: brüniert, Systemkasten unbehandelt und graviert
- Schaft: Nussbaumholz, mit Pistolengriff

Marocchi SM 53 L/M Extra

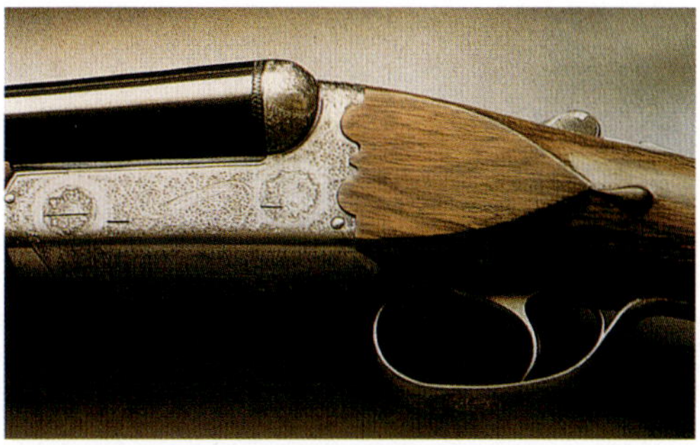

TECHNISCHE DATEN
Kaliber: 12, 16, 20 oder 24
Kammerlänge: 2¾" oder 3" (70 oder 76 mm)
Anzahl der Läufe: Doppelflinte (Querflinte)
System: Kipplaufwaffe (Baskülverschluss)
Verriegelung: doppelte Laufhaken
Abzug: Ein- oder Doppelabzug
Gesamtgewicht: 3–3,1 kg
Gesamtlänge: 111–126 cm
Lauflänge: 61–76 cm (24"–30")
Hülsenentfernung: automatischer Ejektor oder Auszieher, nach Wahl
Choke: fest, nach Wahl
Visierung: Flintenkorn

Sicherung: Schiebesicherung auf dem Kolbenhals

MERKMALE

- Material: Stahl
- Finish: brüniert, Systemkasten unbehandelt und reich graviert
- Schaft: Nussbaumholz, mit gerader, englischer Schäftung

Marocchi SM 57 SS

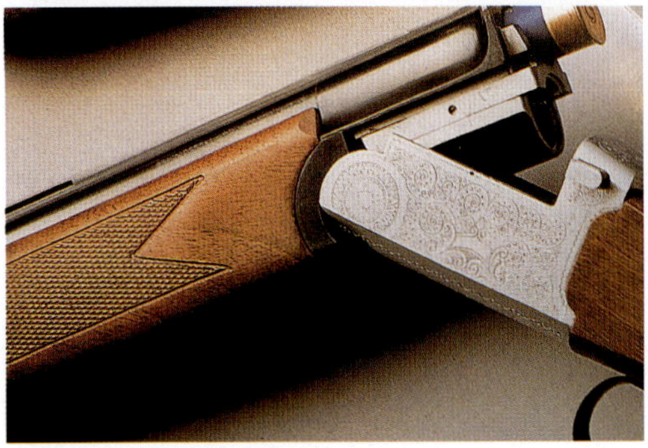

TECHNISCHE DATEN

Kaliber:	12, 16 oder 20
Kammerlänge:	$2\frac{3}{4}$" oder 3" (70 oder 76 mm)
Anzahl der Läufe:	Bockdoppelflinte
System:	Kipplaufwaffe (Baskülverschluss)
Verriegelung:	Kersten-Verschluss
Abzug:	Doppelabzug
Gesamtgewicht:	3,1 kg
Gesamtlänge:	121 cm
Lauflänge:	71 cm (28")
Hülsenentfernung:	automatischer Ejektor
Choke:	Wechselchokeeinsätze
Visierung:	Flintenkorn, 7 mm breite, ventilierte Schiene
Sicherung:	Schiebesicherung auf dem Kolbenhals

MERKMALE

- Material: Stahl
- Finish: brüniert, Systemkasten unbehandelt
- Schaft: Nussbaumholz, mit Pistolengriff

Marocchi SM 76 Bockbüchsflinte

TECHNISCHE DATEN

Kaliber:	Flintenlauf: 12; Büchsenlauf: siehe nachfolgend
Kammerlänge:	Flintenlauf: $2\frac{3}{4}$" (70 mm)
Anzahl der Läufe:	Bockbüchsflinte (Flinten- u. Büchsenlauf übereinander)
System:	Kipplaufwaffe (Baskülverschluss)
Verriegelung:	Kersten-Verschluss
Abzug:	Doppelabzug
Gesamtgewicht:	3,4–3,5 kg
Gesamtlänge:	110–115 cm
Lauflänge:	61–66 cm (24"–25")
Hülsenentfernung:	Auszieher
Choke:	Flintenlauf fest, nach Wahl
Visierung:	Büchsen-Klappvisier, Vorrichtung für Zielfernrohrmontage
Sicherung:	Schiebesicherung auf dem Kolbenhals

MERKMALE

- Material: Stahl
- Finish: brüniert, oder brüniert und Systemkasten unbehandelt und graviert
- Schaft: Nussbaumholz, mit Pistolengriff

Erhältliche Büchsenkaliber: 5,6x52R; 6,5x57R; 7x-57R; 7x65R .

Marocchi Snipe

TECHNISCHE DATEN

Kaliber:	12
Kammerlänge:	$2\frac{3}{4}$" (70 mm)
Anzahl der Läufe:	Bockdoppelflinte
System:	Kipplaufwaffe (Baskülverschluss)
Verriegelung:	doppelte Laufhaken
Abzug:	Ein- oder Doppelabzug
Gesamtgewicht:	3 kg
Gesamtlänge:	111 cm
Lauflänge:	70 cm ($27\frac{1}{2}$")
Hülsenentfernung:	automatischer Ejektor
Choke:	fest, nach Wahl
Visierung:	Flintenkorn, 10 mm breite, ventilierte Schiene
Sicherung:	Schiebesicherung auf dem Kolbenhals

MERKMALE

- Material: Stahl
- Finish: brüniert, Systemkasten unbehandelt
- Schaft: Nussbaumholz, mit Pistolengriff

Marocchi Trap/Skeet 73

TECHNISCHE DATEN

Kaliber:	12
Kammerlänge:	2$\frac{3}{4}$" (70 mm)
Anzahl der Läufe:	Bockdoppelflinte
System:	Kipplaufwaffe (Baskülverschluss)
Verriegelung:	Laufhaken
Abzug:	Einabzug
Gesamtgewicht:	3,4–3,5 kg
Gesamtlänge:	111–115 cm
Lauflänge:	Skeet: 71 cm (28"); Trap: 74 cm (29$\frac{1}{2}$")
Hülsenentfernung:	automatischer Ejektor
Choke:	fest, Trap oder Skeet
Visierung:	Flintenkorn, 12 mm breite, ventilierte Schiene
Sicherung:	Schiebesicherung auf dem Kolbenhals

MERKMALE

- Material:	Stahl
- Finish:	brüniert, Systemkasten unbehandelt und graviert
- Schaft:	Nussbaumholz, mit Pistolengriff

Marocchi Trapper

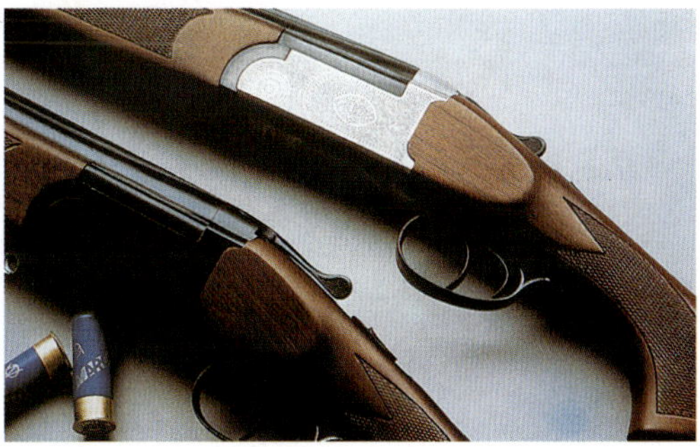

TECHNISCHE DATEN

Kaliber:	12 oder 20
Kammerlänge:	2$\frac{3}{4}$" oder 3" (70 oder 76 mm)
Anzahl der Läufe:	Bockdoppelflinte
System:	Kipplaufwaffe (Baskülverschluss)
Verriegelung:	Laufhaken
Abzug:	Einabzug
Gesamtgewicht:	2,7–3 kg
Gesamtlänge:	110 oder 113 cm
Lauflänge:	68 oder 71 cm (26$\frac{3}{4}$" oder 28")
Hülsenentfernung:	automatischer Ejektor
Choke:	fest, nach Wahl
Visierung:	Flintenkorn, 7 mm breite, ventilierte Schiene
Sicherung:	Schiebesicherung auf dem Kolbenhals

MERKMALE

- Material:	Stahl
- Finish:	brüniert, oder brüniert und Systemkasten unbehandelt und graviert
- Schaft:	Nussbaumholz, mit Pistolengriff

Merkel

Die Stadt Suhl in Thüringen ist seit mehr als 500 Jahren für seine Büchsenmachertradition bekannt. Neben Merkel stammen auch die berühmten Markennamen Simson oder Haenel aus Suhl. Suhl ist vornehmlich bekannt für seine hervorragenden handgefertigten Waffeneinzelstücke und für seine feinen Waffengravuren. Die Firma Merkel dürfte die bekannteste Suhler Waffenschmiede sein. Das Unternehmen fertigt vornehmlich Kipplaufflinten, kombinierte Gewehre, Doppelbüchsen und Drillinge.

Nach dem Zweiten Weltkrieg fiel Thüringen unter die russische Verwaltung und wurde Teil der ehemaligen DDR. Obwohl einige westliche Länder keine Güter aus dem Osten importierten, brachte der Export von Suhler Waffen dem damaligen sozialistischen Staat viele Devisen. Nach dem Fall der Mauer und der Wiedervereinigung Deutschlands überlebten zwar einige sozialistische Betriebe nicht, ein Großteil der Suhler Waffenfabriken erkämpften sich aber erfolgreich den ihnen zustehenden Platz auf dem Weltmarkt. Hinsichtlich Qualität und Verarbeitung gehören die Waffen der Firma Merkel zweifelsohne zu den besten der Welt.

Merkel 40 E

TECHNISCHE DATEN

Kaliber:	12, 16, 20 oder 28
Kammerlänge:	$2^{3}/_{4}$" oder 3" (70 oder 76 mm)
Anzahl der Läufe:	Doppelflinte (Querflinte)
System:	Kipplaufwaffe (Baskülverschluss)
Verriegelung:	Greener-Verschluss, doppelte Laufhaken
Abzug:	Doppelabzug, Anson & Deeley-Schloss
Gesamtgewicht:	3–3,2 kg
Gesamtlänge:	112 oder 115 cm
Lauflänge:	68 oder 71 cm
Hülsenentfernung:	automatischer Ejektor
Choke:	fest, $^{1}/_{2}$- u. Voll-, $^{1}/_{4}$- u. $^{3}/_{4}$- oder Zylinder- u. $^{1}/_{2}$-Choke
Visierung:	Flintenkorn
Sicherung:	Schiebesicherung auf dem Kolbenhals, beim Brechen autom. gesichert, Stifte zur Anzeige des Spannzustandes

MERKMALE

- Material:	Stahl
- Finish:	buntgehärtet oder unbehandelt u. lackiert, leicht graviert
- Schaft:	besonders ausgesuchtes Nussbaumholz, mit Pistolengriff und Backe

Merkel 50 E

TECHNISCHE DATEN

Kaliber:	12, 16, 20 oder 28
Kammerlänge:	$2^{3}/_{4}$" oder 3" (70 oder 76 mm)
Anzahl der Läufe:	Doppelflinte (Querflinte)
System:	Kipplaufwaffe (Baskülverschluss)
Verriegelung:	Greener-Verschluss, doppelte Laufhaken
Abzug:	Doppelabzug, Anson & Deeley-Schloss
Gesamtgewicht:	3–3,2 kg
Gesamtlänge:	112 oder 115 cm
Lauflänge:	68 oder 71 cm
Hülsenentfernung:	automatischer Ejektor
Choke:	fest, $^{1}/_{2}$- u. Voll-, $^{1}/_{4}$- u. $^{3}/_{4}$- oder Zylinder- u. $^{1}/_{2}$-Choke
Visierung:	Flintenkorn
Sicherung:	Schiebesicherung auf dem Kolbenhals, beim Brechen automatisch gesichert, Stifte zur Anzeige des Spannzustandes

MERKMALE

- Material:	Stahl
- Finish:	unbehandelt und lackiert, Systemkasten graviert
- Schaft:	besonders ausgesuchtes Nussbaumholz, mit Pistolengriff und Backe

Merkel 60 E Seitenschlosse

TECHNISCHE DATEN

Kaliber:	12, 16, 20 oder 28
Kammerlänge:	$2^{3}/_{4}$" oder 3" (70 oder 76 mm)
Anzahl der Läufe:	Doppelflinte (Querflinte)
System:	Kipplaufwaffe (Baskülverschluss)
Verriegelung:	Greener-Verschluss, doppelte Laufhaken
Abzug:	Doppelabzug, Anson & Deeley-Schloss
Gesamtgewicht:	3–3,2 kg
Gesamtlänge:	112 oder 115 cm
Lauflänge:	68 oder 71 cm
Hülsenentfernung:	automatischer Ejektor
Choke:	fest, $^{1}/_{2}$- u. Voll-, $^{1}/_{4}$- u. $^{3}/_{4}$- oder Zylinder- u. $^{1}/_{2}$-Choke
Visierung:	Flintenkorn
Sicherung:	Schiebesicherung auf dem Kolbenhals, beim Brechen automatisch gesichert

MERKMALE

- Material:	Stahl
- Finish:	unbehandelt und lackiert, Systemkasten und Seitenschlossplatten graviert, mit Goldeinlagen
- Schaft:	ausgesuchtes Nussbaumholz, mit Pistolengriff und Backe

Merkel 90 S Drilling

TECHNISCHE DATEN

Kaliber:	siehe nachfolgend
Kammerlänge:	Flintenlauf: $2^{3}/_{4}$" (70 mm) oder 3" (76 mm) für Kal. 20

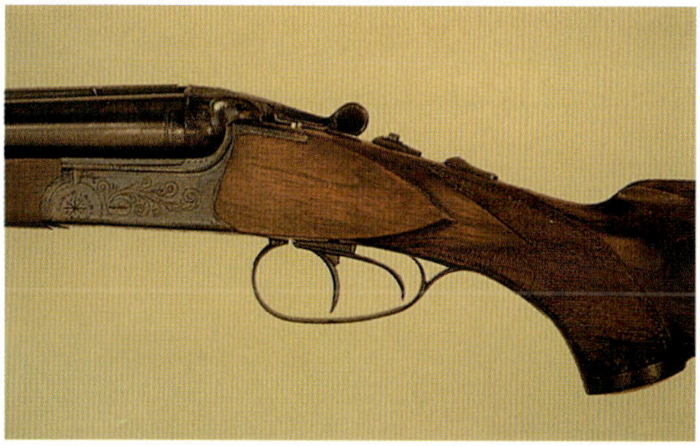

Anzahl der Läufe: 2 Flintenläufe nebeneinander und darunter 1 Büchsenlauf (Drilling)
System: Kipplaufwaffe (Baskülverschluss)
Verriegelung: Greener-Verschluss, doppelte Laufhaken
Abzug: Doppelabzug
Gesamtgewicht: 3,3–3,5 kg
Gesamtlänge: 107 cm
Lauflänge: 63 cm (24 3/4")
Hülsenentfernung: kombinierter Auszieher
Choke: fest, nach Wahl (Flintenlauf)
Visierung: Büchsen-Klappvisier
Sicherung: Schiebesicherung auf dem Kolbenhals, beim Brechen automatisch gesichert, Spannzustands-Signalstifte, separater Büchsenspannschieber

MERKMALE
- Material: Stahl
- Finish: brüniert, Systemkasten buntgehärtet, mit leichter Gravur
- Schaft: bsd. ausges. Nussbaumholz, mit Pistolengriff und Backe

Erhältliche Flintenkaliber: 12, 16 oder 20; erhältliche Büchsenkaliber: 6,5x57R oder 7x65R für Mod. 90 S, 8x75 RS oder .30R Blaser für Mod. 90 K .

Merkel 95 K Drilling

TECHNISCHE DATEN
Kaliber: siehe nachfolgend
Kammerlänge: Flintenlauf: 2 3/4" (70 mm) oder 3" (76 mm) für Kal. 20
Anzahl der Läufe: 2 Flintenläufe nebeneinander und darunter 1 Büchsenlauf (Drilling)
System: Kipplaufwaffe (Baskülverschluss)
Verriegelung: Greener-Verschluss, doppelte Laufhaken
Abzug: Doppelabzug
Gesamtgewicht: 3,3–3,5 kg
Gesamtlänge: 107 cm
Lauflänge: 63 cm (24 3/4")
Hülsenentfernung: kombinierter Auszieher
Choke: fest, nach Wahl (Flintenlauf)
Visierung: Büchsen-Klappvisier
Sicherung: Schiebesicherung auf dem Kolbenhals, beim Brechen automatisch gesichert, Spannzustands-Signalstifte, separater Büchsenspannschieber

MERKMALE
- Material: Stahl
- Finish: brüniert oder unbehandelt und lackiert, graviert
- Schaft: besonders ausgesuchtes Nussbaumholz, mit Pistolengriff und Backe

Erhältliche Flintenkaliber: 12, 16 oder 20; erhältliche Büchsenkaliber: .308 Win.; .30-06; 9,3x74R.

Merkel 95 S Drilling

TECHNISCHE DATEN
Kaliber: siehe nachfolgend
Kammerlänge: Flintenlauf: 2 3/4" (70 mm) oder 3" (76 mm) für Kal. 20
Anzahl der Läufe: 2 Flintenläufe nebeneinander, darunter 1 Büchsenlauf
System: Kipplaufwaffe (Baskülverschluss)
Verriegelung: Greener-Verschluss, doppelte Laufhaken
Abzug: Doppelabzug
Gesamtgewicht: 3,3–3,5 kg
Gesamtlänge: 107 cm
Lauflänge: 63 cm (24 3/4")
Hülsenentfernung: kombinierter Auszieher
Choke: fest, nach Wahl (Flintenlauf)
Visierung: Büchsen-Klappvisier
Sicherung: Schiebesicherung auf dem Kolbenhals, beim Brechen automatisch gesichert, Spannzustands-Signalstifte, separater Büchsenspannschieber

MERKMALE
- Material: Stahl
- Finish: brüniert oder unbehandelt und lackiert, graviert (Jagdmotive), mit Goldeinlagen
- Schaft: bsd. ausges. Nussbaumholz, mit Pistolengriff und Backe

Erhältliche Flintenkaliber: 12, 16 oder 20; erhältliche Büchsenkaliber: 7x57R, 8x57JRS.

Merkel 150 Doppelbüchse

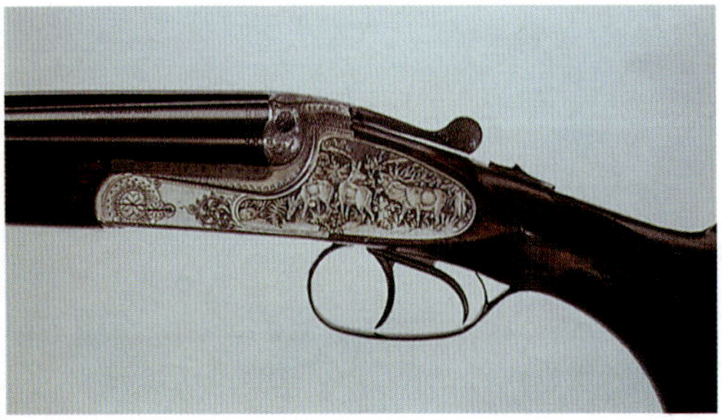

TECHNISCHE DATEN

Kaliber:	siehe nachfolgend
Kammerlänge:	s. Hülsenlänge (da Büchse)
Anzahl der Läufe:	2 Büchsenläufe nebeneinander (Doppelbüchse)
System:	Kipplaufwaffe (Baskülverschluss)
Verriegelung:	Greener-Verschluss, doppelte Laufhaken
Abzug:	Doppelabzug
Gesamtgewicht:	3,4–3,6 kg
Gesamtlänge:	103 cm
Lauflänge:	60 cm ($23^{5}/_{8}$")
Hülsenentfernung:	automatischer Ejektor oder Auszieher
Choke:	entfällt, da gezogene Läufe (Büchse)
Visierung:	feste Büchsenvisierung
Sicherung:	Schiebesicherung auf dem Kolbenhals, beim Brechen automatisch gesichert

MERKMALE

- Material:	Stahl
- Finish:	Läufe brüniert, Systemkasten unbehandelt und graviert (Jagdmotive)
- Schaft:	ausgesuchtes Nussbaumholz, mit Pistolengriff und Backe oder mit englischer Schäftung

Erhältliche Kaliber: 7x57R; 7x65R; .308 Win.; .30-06; .30R Blaser; 8x57JRS; 8x75 RS, 9,3x74R.

Merkel 156 Deluxe Doppelbüchse

TECHNISCHE DATEN

Kaliber:	siehe nachfolgend
Kammerlänge:	s. Hülsenlänge (da Büchse)
Anzahl der Läufe:	2 Büchsenläufe nebeneinander (Doppelbüchse)
System:	Kipplaufwaffe (Baskülverschluss)
Verriegelung:	Greener-Verschluss, doppelte Laufhaken
Abzug:	Doppelabzug
Gesamtgewicht:	3,4–3,6 kg
Gesamtlänge:	103 cm
Lauflänge:	60 cm ($23^{5}/_{8}$")
Hülsenentfernung:	automatischer Ejektor oder Auszieher

Choke:	entfällt, da gezogene Läufe (Büchse)
Visierung:	feste Büchsenvisierung
Sicherung:	Schiebesicherung auf dem Kolbenhals, beim Brechen automatisch gesichert

MERKMALE

- Material:	Stahl
- Finish:	Läufe brüniert, Systemkasten und Seitenschlossplatten unbehandelt und reich graviert (Jagdmotive, Eichenlaubgravur auf den Läufen im Bereich des Patronenlagers) (H&H-Seitenschlosse)
- Schaft:	ausgesuchtes Nussbaumholz, mit Pistolengriff und Backe oder mit englischer Schäftung

Erhältliche Kaliber: 7x57R; 7x65R; .308 Win.; .30-06; .30R Blaser; 8x57JRS; 8x75 RS, 9,3x74R.

Merkel 201 E Bockdoppelflinte

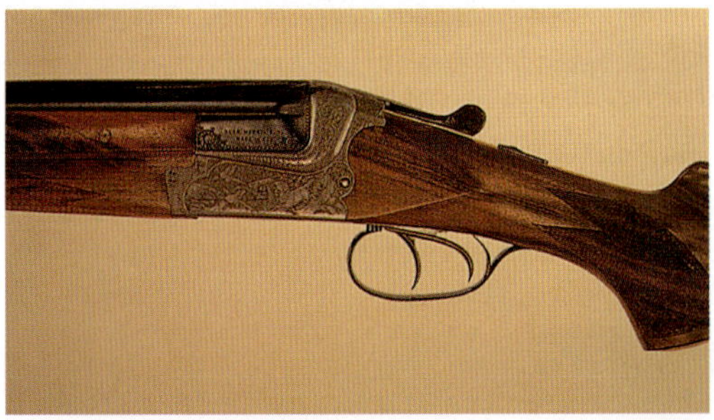

TECHNISCHE DATEN

Kaliber:	12, 16, 20 oder 28
Kammerlänge:	$2^{3}/_{4}$" oder 3" (70 oder 76 mm)
Anzahl der Läufe:	Bockdoppelflinte
System:	Kipplaufwaffe (Baskülverschluss)
Verriegelung:	Kersten-Verschluss, Laufhaken
Abzug:	Doppelabzug
Gesamtgewicht:	3,2–3,4 kg
Gesamtlänge:	112 oder 115 cm
Lauflänge:	68 oder 71 cm ($26^{3}/_{4}$" oder 28")
Hülsenentfernung:	automatischer Ejektor
Choke:	fest, $^{1}/_{2}$- u. Voll-, $^{1}/_{4}$- u. $^{3}/_{4}$- oder Zylinder- u. $^{1}/_{2}$-Choke
Visierung:	Flintenkorn, Laufschiene
Sicherung:	Schiebesicherung auf dem Kolbenhals, beim Brechen automatisch gesichert

MERKMALE

- Material: Stahl
- Finish: Läufe brüniert, Systemkasten unbehandelt und graviert
- Schaft: Nussbaumholz, mit Pistolengriff

Merkel 203 E Bockdoppelflinte

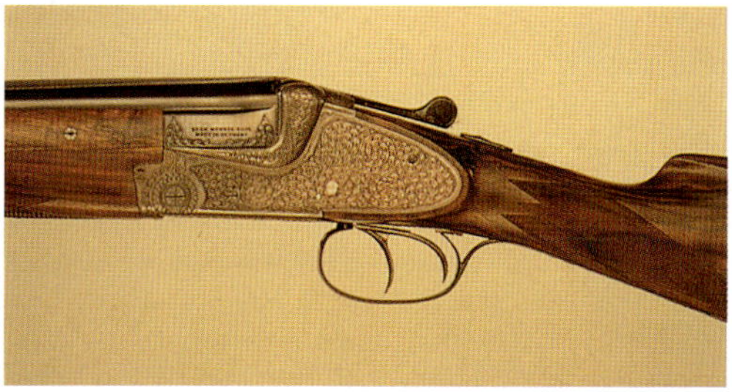

TECHNISCHE DATEN

Kaliber:	12, 16, 20 oder 28
Kammerlänge:	2¾" oder 3" (70 oder 76 mm)
Anzahl der Läufe:	Bockdoppelflinte
System:	Kipplaufwaffe (Baskülverschluss)
Verriegelung:	Kersten-Verschluss, Laufhaken
Abzug:	Doppelabzug
Gesamtgewicht:	3–3,2 kg
Gesamtlänge:	112 oder 115 cm
Lauflänge:	68 oder 71 cm (26¾" oder 28")
Hülsenentfernung:	automatischer Ejektor
Choke:	fest, ½- u. Voll-, ¼- u. ¾- oder Zylinder- u. ½-Choke
Visierung:	Flintenkorn, Laufschiene
Sicherung:	Schiebesicherung auf dem Kolbenhals, beim Brechen automatisch gesichert

MERKMALE

- Material: Stahl
- Finish: Läufe brüniert, Systemkasten unbehandelt und reich graviert (H&H-Seitenschlosse)
- Schaft: Nussbaumholz, mit gerader, englischer Schäftung

Merkel 211 Bockbüchsflinte

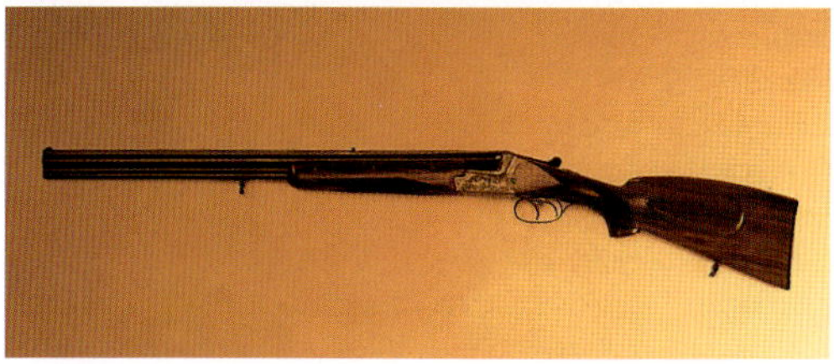

TECHNISCHE DATEN

Kaliber:	siehe nachfolgend
Kammerlänge:	Flintenlauf: 2¾" oder 3" (70 oder 76 mm)
Anzahl der Läufe:	Bockbüchsflinte (Flinten- u. Büchsenlauf übereinander)
System:	Kipplaufwaffe (Baskülverschluss)
Verriegelung:	Kersten-Verschluss, doppelte Laufhaken
Abzug:	Doppelabzug
Gesamtgewicht:	3,2 kg
Gesamtlänge:	105 – 108 cm
Lauflänge:	68–71 cm (26¾"–28")
Hülsenentfernung:	Auszieher
Choke:	Flintenlauf fest, nach Wahl
Visierung:	Büchsen-Klappvisier
Sicherung:	Schiebesicherung auf dem Kolbenhals, beim Brechen automatisch gesichert, Spannzustand-Signalstifte

MERKMALE

- Material: Stahl, Systemkasten aus rostträgem Stainless-Stahl
- Finish: Läufe brüniert, Systemkasten unbehandelt und graviert
- Schaft: ausgesuchtes Nussbaumholz, mit Pistolengriff und Backe

Erhältliche Flintenkaliber: 12, 16, 20 oder 28 (oberer Lauf); erhältliche Büchsenkaliber: 5,6x52R; 7x57R; 7x65R; .308 Win.; .30-06; .30R Blaser; 8x57JRS; 8x75R; 9,3x74R (unterer Lauf).

Merkel 303 E Bockdoppelflinte

TECHNISCHE DATEN

Kaliber:	12, 16, 20 oder 28
Kammerlänge:	2¾" oder 3" (70 oder 76 mm)
Anzahl der Läufe:	Bockdoppelflinte
System:	Kipplaufwaffe (Baskülverschluss)
Verriegelung:	Kersten-Verschluss, Laufhaken
Abzug:	Doppelabzug
Gesamtgewicht:	3,2–3,4 kg
Gesamtlänge:	112 oder 115 cm
Lauflänge:	68 oder 71 cm (26¾" oder 28")
Hülsenentfernung:	automatischer Ejektor
Choke:	fest, ½- u. Voll-, ¼- u. ¾- oder Zylinder- u. ½-Choke
Visierung:	Flintenkorn, Laufschiene
Sicherung:	Schiebesicherung auf dem Kolbenhals, beim Brechen automatisch gesichert

MERKMALE

- Material: Stahl
- Finish: Läufe brüniert, Systemkasten unbehandelt und reich graviert (H&H-Seitenschlosse)
- Schaft: besonders ausgesuchtes Nussbaumholz, mit Pisolengriff und Backe

Merkel 313 E Luxus Bockbüchsflinte

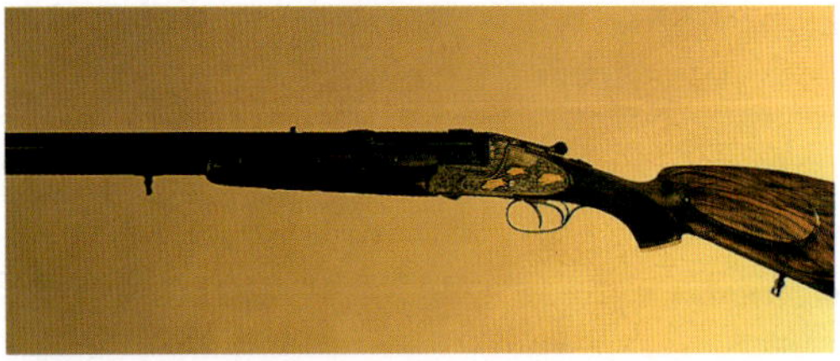

TECHNISCHE DATEN

Kaliber:	siehe nachfolgend
Kammerlänge:	Flintenlauf: 2 3/4" oder 3" (70 oder 76 mm)
Anzahl der Läufe:	Bockbüchsflinte (Flinten- u. Büchsenlauf übereinander)
System:	Kipplaufwaffe (Baskülverschluss)
Verriegelung:	Kersten-Verschluss, doppelte Laufhaken
Abzug:	Doppelabzug
Gesamtgewicht:	3,2 kg
Gesamtlänge:	108 cm
Lauflänge:	71 cm (28")
Hülsenentfernung:	Auszieher
Choke:	Flintenlauf fest, nach Wahl
Visierung:	Büchsen-Klappvisier, spezielle Vorrichtung für Zielfernrohrmontage
Sicherung:	Schiebesicherung auf dem Kolbenhals, beim Brechen automatisch gesichert, Spannzustand-Signalstifte

MERKMALE

- Material:	Stahl, Systemkasten aus rostträgem Stainless-Stahl
- Finish:	Läufe brüniert, Systemkasten unbehandelt und reich graviert, mit Goldeinlagen (Seitenschlosse)
- Schaft:	ausgesuchtes Nussbaumholz, mit Pistolengriff und Backe

Erhältliche Flintenkaliber: 12, 16, 20 oder 28 (oberer Lauf); erhältliche Büchsenkaliber: 5,6x52R; 7x57R; 7x65R; .308 Win.; .30-06; .30R Blaser; 8x57JRS; 8x75R; 9,3x74R (unterer Lauf).

Mitchell Arms Inc.

Das amerikanische Unternehmen Mitchell Arms wurde erst 1984 von John Mitchell gegründet, einem früherem Manager der Firma High Standard, die Anfang 1984 Konkurs angemeldet hatte. Die Firma Mitchell Arms hat ihren Sitz im kalifornischen Santa Ana, Kalifornien. Zunächst baute die Firma nur Selbstladegewehre im Kaliber .22 l.r., die bekannten militärischen Sturmgewehre, die dem Colt M-16, der klassischen Kalashnikov AK 47 oder dem französischen MAS nachempfunden waren. Dann begann man in den Kalibern .45 LC und auch .44 Magnum Nachbauten des Colt Single Action Army-Revolvers (Peacemakers) zu fertigen und Replikas bekannter amerikanischer Vorderladerrevolver von Colt und Remington zu vertreiben, die man aus Italien von Uberti einführte.

Neben diversen Pistolen produziert Mitchel Arms heute auch verschiedene kurze, halbautomatische Karabiner, die teilweise Maschinenpistolen nachempfunden sind. Diese Gewehre wurden vorher als die Modelle AT-22 und AT-9 von der US-Firma Feather gebaut. Seit 1994 stellt Mitchell Arms auch einläufige Flinten her, Vorderschaftrepetierwaffen sowohl für den jagdlichen als auch für den militärischen und polizeilichen Gebrauch. Die meisten dieser Pumpflinten haben eine Lauflänge von lediglich 51 cm, die jagdlich zu verwendenden aber auch von 61 cm.

Mitchell High Standard 9108

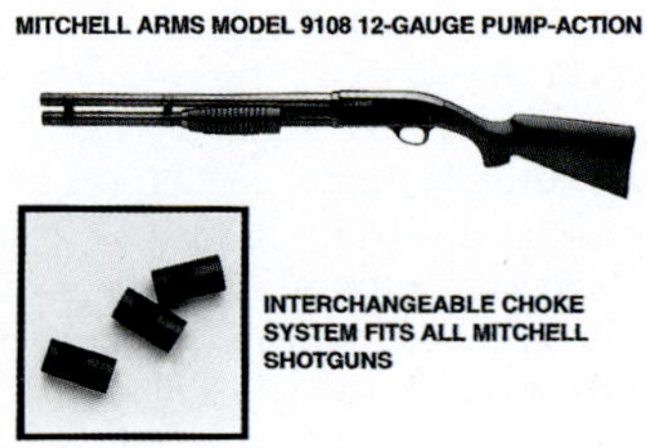

TECHNISCHE DATEN

Kaliber:	12
Kammerlänge:	3" (76 mm)
Anzahl der Läufe:	Einzellauf
Magazin:	Röhrenmagazin für 7 Patronen
System:	Vorderschaftrepetiersystem
Verriegelung:	Vertikalblockverschluss
Abzug:	Einzelabzug
Gesamtgewicht:	3,4 kg
Gesamtlänge:	110 cm
Lauflänge:	61 cm (24")
Hülsenentfernung:	Repetierauszieher
Choke:	Wechselchokeeinsätze
Visierung:	Flintenkorn
Sicherung:	Druckknopfsicherung hinten am Abzugsbügel, Verschlusssicherung

MERKMALE

- Material:	Stahl
- Finish:	brüniert
- Schaft:	Hartholz, mit Pistolengriff

In einigen europäischen Staaten, etwa in Großbritannien, ist diese Pumpflinte aufgrund ihrer großen

Magazinkapazität verboten. In Deutschland kann sie mit einer waffenrechtlichen Erwerbsberechtigung oder aufgrund Jagdscheines als Repetierlangwaffe erworben werden.

Mossberg

Die US-Firma Mossberg mit Sitz in North Haven, Connecticut, feierte 1997 ihr 75-jähriges Bestehen. Im Laufe dieser Jahre ist Mossberg mit vielen technischen Innovationen auf den Markt gekommen, die dann teilweise auch von Mitbewerbern übernommen wurden.

Viele Verbesserungen an neuen Waffen sind so konstruiert, dass sie auch in alte Mossberg-Waffen eingebaut werden können.

Die Produktpalette an unterschiedlichen Flinten der Firma ist äußerst vielschichtig und deckt diverse Einsatzgebiete ab. So kann etwa das Modell 835 Ulti-Mag sowohl als jagdliche Flinte als auch als jagdliche Slug-Waffe eingesetzt werden und die Waffe wird zudem in diversen Finish-Versionen, etwa auch in Camouflage und mit unterschiedlichen Schaftformen angeboten; eine spezielle, langläufige Jagdflinte, das Modell Viking, ist eine Abart davon.

Mossberg stellt auch Riot Guns, also kurze polizeiliche und militärische Pumpflinten her, die etwa auch von der US Army verwendet werden. Nur die Mossberg-Waffen haben die strengen Army-Auswahltests bestanden.

1966 übernahm Mossberg die Advanced Ordnance Corporation, die Zulieferteile für das Militär, aber auch für Kraftfahrzeug- und Luftfahrtindustrie liefert. Mossberg arbeitet auch eng mit dem israelischen, staatlichen Waffenherstellungskonzern Israel Military Industries (IMI) zusammen. Diesbezüglich wurde von den beiden Firmen zusammen in den USA „UZI America" gegründet; dieses Unternehmen vermarktet in Amerika die israelischen UZI-, Galil- und Jericho-Produkte (Deasert Eagle).

Mossberg 500 American Field

TECHNISCHE DATEN

Kaliber:	12
Kammerlänge:	3" (76 mm)
Anzahl der Läufe:	Einzellauf
Magazin:	Röhrenmagazin für 2 oder 5 Patronen
System:	Vorderschaftrepetiersystem
Verriegelung:	Vertikalblockverschluss

Abzug:	Einzelabzug
Gesamtgewicht:	3,3 kg
Gesamtlänge:	122 cm
Lauflänge:	71 cm (28")
Hülsenentfernung:	Repetierauszieher
Choke:	Accu-Choke-Wechselchokeeinsätze
Visierung:	Flintenkorn, ventilierte Schiene
Sicherung:	Schiebesicherung oben am Systemkasten

MERKMALE

- Material: Stahl
- Finish: brüniert
- Schaft: Hartholz, mit Pistolengriff

Mossberg 500 Bantam Camo

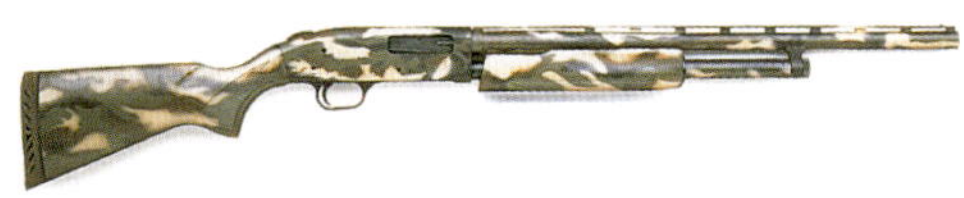

TECHNISCHE DATEN

Kaliber:	20
Kammerlänge:	3" (76 mm)
Anzahl der Läufe:	Einzellauf
Magazin:	Röhrenmagazin für 2 oder Patronen
System:	Vorderschaftrepetiersystem
Verriegelung:	Vertikalblockverschluss
Abzug:	Einzelabzug
Gesamtgewicht:	2,8 kg
Gesamtlänge:	112 cm
Lauflänge:	56 cm (22")
Hülsenentfernung:	Repetierauszieher
Choke:	Accu-Choke-Wechselchokeeinsätze
Visierung:	Flintenkorn, ventilierte Schiene
Sicherung:	Schiebesicherung oben am Systemkasten

MERKMALE

- Material: Stahl
- Finish: kunststoffbeschichtet, Camouflage-Finish
- Schaft: Hartholz in Camouflage-Finish, mit Pistolengriff

In einigen europäischen Staaten, etwa in Großbritannien, ist diese Pumpflinte aufgrund ihrer geringen Lauflänge (unter 60 cm) verboten.

Mossberg 500 Crown Grade

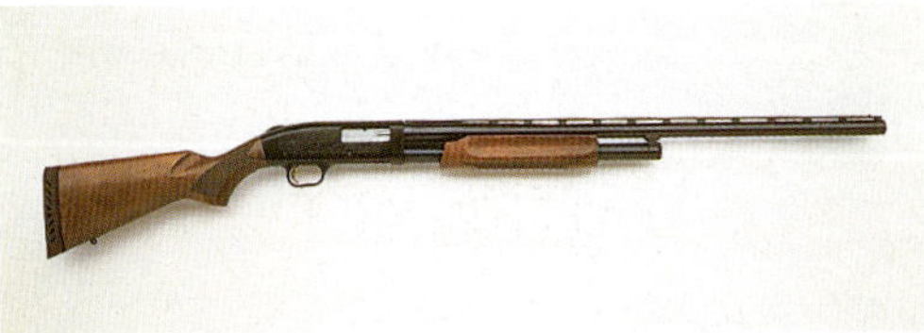

TECHNISCHE DATEN

Kaliber:	12 oder .410
Kammerlänge:	3" (76 mm)
Anzahl der Läufe:	Einzellauf, Lauf mit Compensator-Schlitzen
Magazin:	Röhrenmagazin für 2 oder 5 Patronen
System:	Vorderschaftrepetiersystem
Verriegelung:	Vertikalblockverschluss
Abzug:	Einzelabzug
Gesamtgewicht:	3,3 kg
Gesamtlänge:	122 cm
Lauflänge:	71 cm (28")
Hülsenentfernung:	Repetierauszieher
Choke:	Accu-Choke-Wechselchokeeinsätze
Visierung:	Flintenkorn, ventilierte Schiene
Sicherung:	Schiebesicherung oben am Systemkasten

MERKMALE

- Material:	Stahl
- Finish:	brüniert, Systemkasten graviert
- Schaft:	Nussbaumholz, mit Pistolengriff

Mossberg 500 Home Security

TECHNISCHE DATEN

Kaliber:	20
Kammerlänge:	3" (76 mm)
Anzahl der Läufe:	Einzellauf, Lauf mit Compensator-Schlitzen
Magazin:	Röhrenmagazin für 8 Patronen
System:	Vorderschaftrepetiersystem
Verriegelung:	Vertikalblockverschluss
Abzug:	Einzelabzug
Gesamtgewicht:	3,2 kg
Gesamtlänge:	118 cm
Lauflänge:	53 cm (21")
Hülsenentfernung:	Repetierauszieher
Choke:	zylindrisch
Visierung:	Flintenkorn
Sicherung:	Schiebesicherung oben am Systemkasten

MERKMALE

- Material:	Stahl
- Finish:	mattschwarz beschichtet
- Schaft:	schwarzer Kunststoffschaft, mit Pistolengriff

In einigen europäischen Staaten ist diese Pumpflinte aufgrund ihrer großen Magazinkapazität und ihrer geringen Lauflänge verboten. In Deutschland kann sie mit einer waffenrechtlichen Erwerbsberechtigung oder aufgrund Jagdscheines als Repetierlangwaffe erworben werden.

Mossberg 500 Hunter

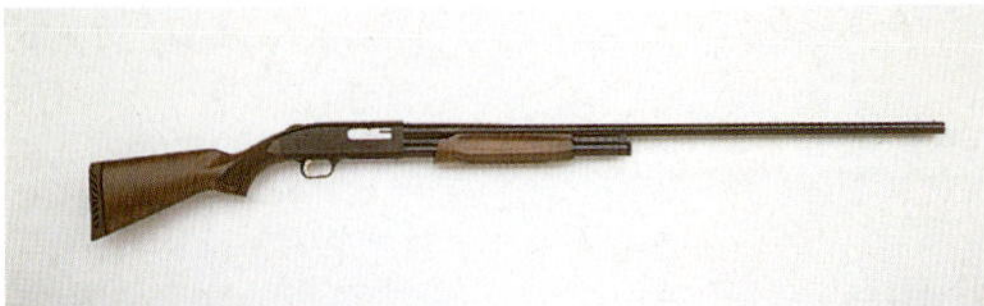

TECHNISCHE DATEN

Kaliber:	12
Kammerlänge:	3" (76 mm)
Anzahl der Läufe:	Einzellauf, Lauf mit Compensator-Schlitzen
Magazin:	Röhrenmagazin für 2 oder 5 Patronen
System:	Vorderschaftrepetiersystem
Verriegelung:	Vertikalblockverschluss
Abzug:	Einzelabzug
Gesamtgewicht:	3,6 kg
Gesamtlänge:	137 cm
Lauflänge:	91 cm (36")
Hülsenentfernung:	Repetierauszieher
Choke:	Accu-Choke-Wechselchokeeinsätze
Visierung:	Flintenkorn
Sicherung:	Schiebesicherung oben am Systemkasten

MERKMALE

- Material:	Stahl
- Finish:	brüniert, Systemkasten graviert
- Schaft:	Hartholz, mit Pistolengriff

Mossberg 500 Mariner

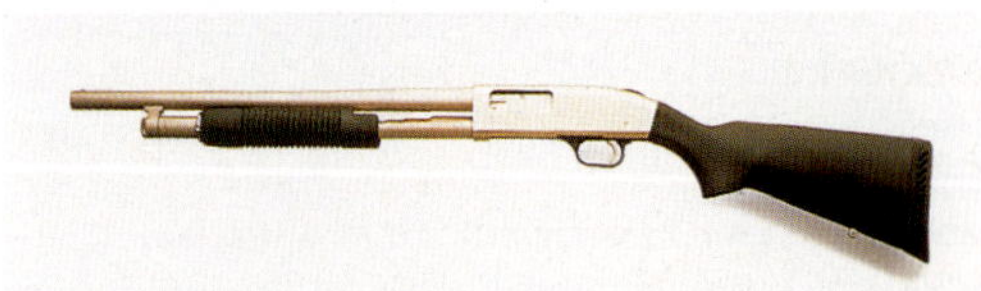

TECHNISCHE DATEN

Kaliber:	12
Kammerlänge:	3" (76 mm)
Anzahl der Läufe:	Einzellauf
Magazin:	Röhrenmagazin für 6 Patronen
System:	Vorderschaftrepetiersystem
Verriegelung:	Vertikalblockverschluss
Abzug:	Einzelabzug
Gesamtgewicht:	3,2 kg
Gesamtlänge:	112 cm

Lauflänge: 47 cm (18½")
Hülsenentfernung: Repetierauszieher
Choke: zylindrisch
Visierung: Flintenkorn, wahlweise Ghost-Ring-Visier
Sicherung: Schiebesicherung oben am Systemkasten

MERKMALE

- Material: Stahl
- Finish: matt vernickelt
- Schaft: schwarzer Kunststoffschaft, mit Pistolengriff

In einigen europäischen Staaten ist diese Pumpflinte wegen ihrer Magazinkapazität und ihrer Lauflänge verboten. In Deutschland kann sie mit einer waffenrechtlichen Erwerbsberechtigung oder aufgrund Jagdscheines als Repetierlangwaffe erworben werden.

Mossberg 500 Persuader

TECHNISCHE DATEN

Kaliber: 12
Kammerlänge: 3" (76 mm)
Anzahl der Läufe: Einzellauf, Lauf mit Compensator-Schlitzen
Magazin: Röhrenmagazin für 6 Patronen
System: Vorderschaftrepetiersystem
Verriegelung: Vertikalblockverschluss
Abzug: Einzelabzug
Gesamtgewicht: 3,2 kg
Gesamtlänge: 112 cm
Lauflänge: 47 cm (18½")
Hülsenentfernung: Repetierauszieher
Choke: zylindrisch
Visierung: Ghost-Ring-Visier
Sicherung: Schiebesicherung oben am Systemkasten

MERKMALE

- Material: Stahl
- Finish: mattschwarz beschichtet
- Schaft: schwarzer Kunststoffschaft, mit Pistolengriff

In einigen europäischen Staaten ist diese Pumpflinte wegen ihrer Magazinkapazität und ihrer Lauflänge verboten. In Deutschland kann sie mit einer waffenrechtlichen Erwerbsberechtigung oder aufgrund Jagdscheines als Repetierlangwaffe erworben werden.

Mossberg 500 Trophy Combo

TECHNISCHE DATEN

Kaliber: 12

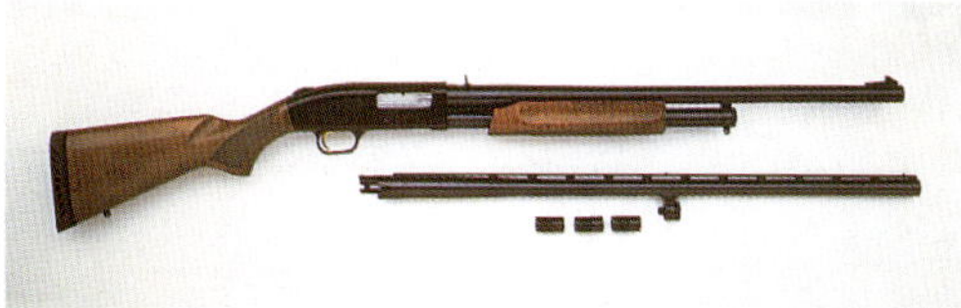

Kammerlänge: 3" (76 mm)
Anzahl der Läufe: Einzellauf, Lauf mit Compensator-Schlitzen
Magazin: Röhrenmagazin für 2 oder 5 Patronen
System: Vorderschaftrepetiersystem
Verriegelung: Vertikalblockverschluss
Abzug: Einzelabzug
Gesamtgewicht: 3,3 kg
Gesamtlänge: 122 oder 112 cm
Lauflänge: 71 oder 61 cm (28" oder 24"), kürzerer Lauf gezogen (für Slugs)
Hülsenentfernung: Repetierauszieher
Choke: längerer Lauf: Accu-Choke-Wechselchokeeinsätze
Visierung: Flintenkorn, längerer Lauf mit ventilierter Schiene
Sicherung: Schiebesicherung oben am Systemkasten

MERKMALE

- Material: Stahl
- Finish: brüniert, Systemkasten graviert
- Schaft: Hartholz, mit Pistolengriff

Mossberg 500 USA Mil-Spec

TECHNISCHE DATEN

Kaliber: 12
Kammerlänge: 3" (76 mm)
Anzahl der Läufe: Einzellauf, Lauf mit Compensator-Schlitzen
Magazin: Röhrenmagazin für 6 Patronen
System: Vorderschaftrepetiersystem
Verriegelung: Vertikalblockverschluss
Abzug: Einzelabzug
Gesamtgewicht: 3,3 kg
Gesamtlänge: 107 cm
Lauflänge: 51 cm (20")
Hülsenentfernung: Repetierauszieher
Choke: zylindrisch
Visierung: Flintenkorn
Sicherung: Schiebesicherung oben am Systemkasten

MERKMALE

- Material: Stahl
- Finish: mattgrün beschichtet
- Schaft: grüner Kunststoffschaft, mit Pistolengriff

In einigen europäischen Staaten ist diese Pumpflinte wegen ihrer großen Magazinkapazität und ihrer geringen Lauflänge verboten. In Deutschland kann sie mit einer waffenrechtlichen Erwerbsberechtigung oder aufgrund Jagdscheines als Repetierlangwaffe erworben werden.

Mossberg 500 Viking

TECHNISCHE DATEN

Kaliber:	12
Kammerlänge:	3" (76 mm)
Anzahl der Läufe:	Einzellauf, Lauf mit Compensator-Schlitzen
Magazin:	Röhrenmagazin für 2 oder 5 Patronen
System:	Vorderschaftrepetiersystem
Verriegelung:	Vertikalblockverschluss
Abzug:	Einzelabzug
Gesamtgewicht:	3,2 kg
Gesamtlänge:	122 cm
Lauflänge:	71 cm (28")
Hülsenentfernung:	Repetierauszieher
Choke:	Accu-Choke-Wechselchokeeinsätze
Visierung:	Flintenkorn, ventilierte Schiene
Sicherung:	Schiebesicherung oben am Systemkasten

MERKMALE

- Material:	Stahl
- Finish:	matt brüniert
- Schaft:	grüner Kunststoffschaft, mit Pistolengriff

Mossberg 500 Viking Hunter

TECHNISCHE DATEN

Kaliber:	12
Kammerlänge:	3" (76 mm)
Anzahl der Läufe:	Einzellauf
Magazin:	Röhrenmagazin für 2 oder 5 Patronen
System:	Vorderschaftrepetiersystem
Verriegelung:	Vertikalblockverschluss
Abzug:	Einzelabzug
Gesamtgewicht:	3,2 kg
Gesamtlänge:	122 cm
Lauflänge:	61 cm (24")
Hülsenentfernung:	Repetierauszieher
Choke:	entfällt, da gezogener Lauf (für Slugs)
Visierung:	1,5–4,5-Tasco-Zielfernrohr
Sicherung:	Schiebesicherung oben am Systemkasten

MERKMALE

- Material:	Stahl
- Finish:	matt brüniert
- Schaft:	grüner Kunststoffschaft, mit Pistolengriff

Die Waffe wird mit einen Waffenkoffer aus Kunststoff ausgeliefert.

Mossberg 590 Mariner

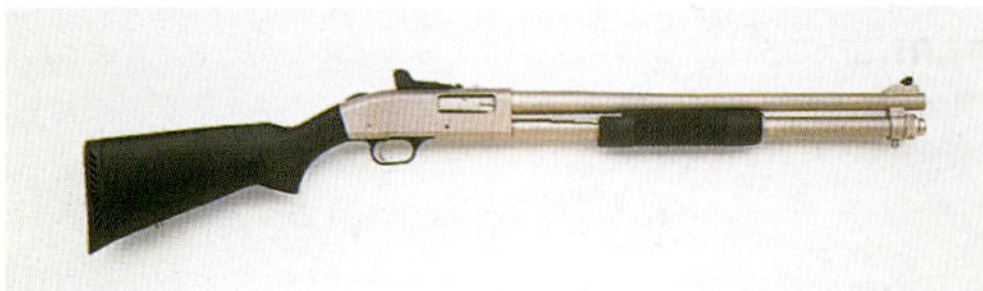

TECHNISCHE DATEN

Kaliber:	12
Kammerlänge:	3" (76 mm)
Anzahl der Läufe:	Einzellauf
Magazin:	Röhrenmagazin für 9 Patronen
System:	Vorderschaftrepetiersystem
Verriegelung:	Vertikalblockverschluss
Abzug:	Einzelabzug
Gesamtgewicht:	3,2 kg
Gesamtlänge:	112 cm
Lauflänge:	51 cm (20")
Hülsenentfernung:	Repetierauszieher
Choke:	zylindrisch
Visierung:	Flintenkorn, wahlweise Ghost-Ring-Visier
Sicherung:	Schiebesicherung oben am Systemkasten

MERKMALE

- Material:	Stahl
- Finish:	matt vernickelt
- Schaft:	schwarzer Kunststoffschaft, mit Pistolengriff

In einigen europäischen Staaten ist diese Pumpflinte wegen ihrer Magazinkapazität und ihrer Lauflänge verboten. In Deutschland kann sie mit einer waffenrechtlichen Erwerbsberechtigung oder aufgrund Jagdscheines als Repetierlangwaffe erworben werden.

Mossberg 590 Persuader

TECHNISCHE DATEN

Kaliber:	12
Kammerlänge:	3" (76 mm)

Anzahl der Läufe:	Einzellauf, Lauf mit Compensator-Schlitzen
Magazin:	Röhrenmagazin für 9 Patronen
System:	Vorderschaftrepetiersystem
Verriegelung:	Vertikalblockverschluss
Abzug:	Einzelabzug
Gesamtgewicht:	3,2 kg
Gesamtlänge:	114 cm
Lauflänge:	45 cm (20")
Hülsenentfernung:	Repetierauszieher
Choke:	zylindrisch
Visierung:	Ghost-Ring-Visier
Sicherung:	Schiebesicherung oben am Systemkasten

MERKMALE

- Material:	Stahl
- Finish:	mattschwarz beschichtet
- Schaft:	schwarzer Kunststoffschaft, mit Pistolengriff

In einigen europäischen Staaten ist diese Pumpflinte wegen ihrer Magazinkapazität und ihrer Lauflänge verboten. In Deutschland kann sie mit einer waffenrechtlichen Erwerbsberechtigung oder aufgrund Jagdscheines als Repetierlangwaffe erworben werden.

Mossberg 695 Hunter

TECHNISCHE DATEN

Kaliber:	12
Kammerlänge:	3" (76 mm)
Anzahl der Läufe:	Einzellauf, Lauf mit Compensator-Schlitzen
Magazin:	herausnehmbares Kastenmagazin für 2 Patronen
System:	Kammerverschluss-Repetiersystem
Verriegelung:	Kammerstängel, Verschlusswarzen
Abzug:	Einzelabzug
Gesamtgewicht:	3,2 kg
Gesamtlänge:	137 cm
Lauflänge:	91 cm (36")
Hülsenentfernung:	Repetierauszieher
Choke:	Accu-Choke-Wechselchokeeinsätze
Visierung:	Flintenkorn
Sicherung:	Drehsicherung hinten am Verschluss

MERKMALE

- Material:	Stahl
- Finish:	brüniert
- Schaft:	schwarzer Kunststoffschaft, mit Pistolengriff

Mossberg 695 Slug Gun

TECHNISCHE DATEN

Kaliber:	12
Kammerlänge:	3" (76 mm)
Anzahl der Läufe:	Einzellauf, Lauf mit Compensator-Schlitzen
Magazin:	herausnehmbares Kastenmagazin für 2 Patronen
System:	Kammerverschluss-Repetiersystem
Verriegelung:	Kammerstängel, Verschlusswarzen
Abzug:	Einzelabzug
Gesamtgewicht:	3,1 kg
Gesamtlänge:	112 cm
Lauflänge:	56 cm (22")
Hülsenentfernung:	Repetierauszieher
Choke:	Accu-Choke-Wechselchokeeinsätze
Visierung:	1,5–4,5-Bushnell-Zielfernrohr
Sicherung:	Drehsicherung hinten am Verschluss

MERKMALE

- Material:	Stahl
- Finish:	mattschwarz brüniert
- Schaft:	schwarzer Kunststoffschaft, mit Pistolengriff

Mossberg 695 Woodland Turkey

TECHNISCHE DATEN

Kaliber:	12
Kammerlänge:	3" (76 mm)
Anzahl der Läufe:	Einzellauf, Lauf mit Compensator-Schlitzen
Magazin:	herausnehmbares Kastenmagazin für 2 Patronen
System:	Kammerverschluss-Repetiersystem
Verriegelung:	Kammerstängel, Verschlusswarzen
Abzug:	Einzelabzug
Gesamtgewicht:	3,1 kg
Gesamtlänge:	112 cm
Lauflänge:	56 cm (22")

Hülsenentfernung: Repetierauszieher
Choke: Accu-Choke-Wechselchokeeinsätze
Visierung: 1,5–4,5-Bushnell-Zielfernrohr
Sicherung: Drehsicherung hinten am Verschluss

MERKMALE

- Material: Stahl
- Finish: kunststoffbeschichtet, Camouflage-Finish
- Schaft: Hartholz in Camouflage-Finish, mit Pistolengriff

Mossberg 835 Ulti-Mag American Field

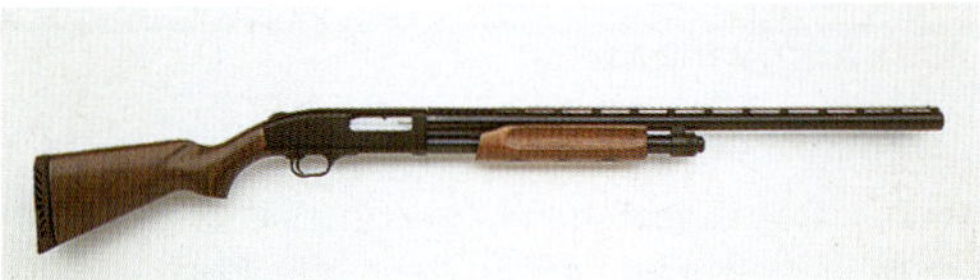

TECHNISCHE DATEN

Kaliber: 12
Kammerlänge: 3" (76 mm), auch für 2³/₄" (70 mm)-Hülsen geeignet
Anzahl der Läufe: Einzellauf, Lauf mit Compensator-Schlitzen
Magazin: Röhrenmagazin für 2 oder 5 Patronen
System: Vorderschaftrepetiersystem
Verriegelung: Vertikalblockverschluss
Abzug: Einzelabzug
Gesamtgewicht: 3,5 kg
Gesamtlänge: 123 cm
Lauflänge: 71 cm (28")
Hülsenentfernung: Repetierauszieher
Choke: Accu-Choke-Wechselchokeeinsätze
Visierung: Flintenkorn, ventilierte Schiene
Sicherung: Schiebesicherung oben am Systemkasten

MERKMALE

- Material: Stahl
- Finish: brüniert
- Schaft: Hartholz, mit Pistolengriff

Mossberg 835 Ulti-Mag Crown Grade

TECHNISCHE DATEN

Kaliber: 12
Kammerlänge: 3" (76 mm), auch für 2³/₄" (70 mm)-Hülsen geeignet
Anzahl der Läufe: Einzellauf, Lauf mit Compensator-Schlitzen
Magazin: Röhrenmagazin für 2 oder 5 Patronen
System: Vorderschaftrepetiersystem
Verriegelung: Vertikalblockverschluss
Abzug: Einzelabzug
Gesamtgewicht: 3,5 kg
Gesamtlänge: 123 cm
Lauflänge: 71 cm (28")
Hülsenentfernung: Repetierauszieher
Choke: Accu-Choke-Wechselchokeeinsätze
Visierung: Flintenkorn, ventilierte Schiene
Sicherung: Schiebesicherung oben am Systemkasten

MERKMALE

- Material: Stahl
- Finish: brüniert, Systemkasten graviert
- Schaft: Nussbaumholz, mit Pistolengriff

Mossberg 9200 Crown Grade Bantam

TECHNISCHE DATEN

Kaliber: 12
Kammerlänge: 3" (76 mm)
Anzahl der Läufe: Einzellauf
Magazin: Röhrenmagazin für 2 Patronen
System: halbautomatisch (Gasdrucklader)
Verriegelung: Vertikalblockverschluss
Abzug: Einzelabzug
Gesamtgewicht: 3 kg
Gesamtlänge: 104 cm
Lauflänge: 56 cm (22")
Hülsenentfernung: Repetierauszieher
Choke: Accu-Choke-Wechselchokeeinsätze
Visierung: Flintenkorn, ventilierte Schiene
Sicherung: Schiebesicherung oben am Systemkasten

MERKMALE

- Material: Stahl
- Finish: brüniert
- Schaft: Nussbaumholz, mit Pistolengriff

In einigen europäischen Staaten ist diese Selbstladeflinte wegen ihrer Lauflänge verboten. In Deutschland kann sie mit einer waffenrechtlichen Erwerbsberechtigung oder aufgrund Jagdscheines erworben werden.

Mossberg 9200 Crown Grade Hunter

TECHNISCHE DATEN

Kaliber: 12

Kammerlänge:	3" (76 mm)
Anzahl der Läufe:	Einzellauf
Magazin:	Röhrenmagazin für 2 Patronen
System:	halbautomatisch (Gasdrucklader)
Verriegelung:	Vertikalblockverschluss
Abzug:	Einzelabzug
Gesamtgewicht:	3,4 kg
Gesamtlänge:	122 cm
Lauflänge:	71 cm (28")
Hülsenentfernung:	Repetierauszieher
Choke:	Accu-Choke-Wechselchokeeinsätze
Visierung:	Flintenkorn, ventilierte Schiene
Sicherung:	Schiebesicherung oben am Systemkasten

MERKMALE

- Material:	Stahl
- Finish:	brüniert
- Schaft:	Nussbaumholz, mit Pistolengriff

Mossberg 9200 Hunter Mossy Oak

TECHNISCHE DATEN

Kaliber:	12
Kammerlänge:	3" (76 mm)
Anzahl der Läufe:	Einzellauf
Magazin:	Röhrenmagazin für 2 Patronen
System:	halbautomatisch (Gasdrucklader)
Verriegelung:	Vertikalblockverschluss
Abzug:	Einzelabzug
Gesamtgewicht:	3,4 kg
Gesamtlänge:	112 cm
Lauflänge:	61 cm (24")
Hülsenentfernung:	Repetierauszieher
Choke:	Accu-Choke-Wechselchokeeinsätze
Visierung:	Flintenkorn, ventilierte Schiene
Sicherung:	Schiebesicherung oben am Systemkasten

MERKMALE

- Material:	Stahl
- Finish:	kunststoffbeschichtet, Camouflage-Finish
- Schaft:	Kunststoffschaft in Camouflage-Finish, mit Pistolengriff

Mossberg 9200 Hunter Realtree

TECHNISCHE DATEN

Kaliber:	12
Kammerlänge:	3" (76 mm)
Anzahl der Läufe:	Einzellauf
Magazin:	Röhrenmagazin für 2 Patronen
System:	halbautomatisch (Gasdrucklader)
Verriegelung:	Vertikalblockverschluss
Abzug:	Einzelabzug
Gesamtgewicht:	3,4 kg
Gesamtlänge:	112 cm
Lauflänge:	61 cm (24")
Hülsenentfernung:	Repetierauszieher
Choke:	Accu-Choke-Wechselchokeeinsätze
Visierung:	Flintenkorn, ventilierte Schiene
Sicherung:	Schiebesicherung oben am Systemkasten

MERKMALE

- Material:	Stahl
- Finish:	kunststoffbeschichtet, Camouflage-Blätterfinish
- Schaft:	Kunststoff in Camouflage-Blätterfinish, mit Pistolengriff

Mossberg 9200 Persuader

TECHNISCHE DATEN

Kaliber:	12
Kammerlänge:	3" (76 mm)
Anzahl der Läufe:	Einzellauf
Magazin:	Röhrenmagazin für 5 Patronen
System:	halbautomatisch (Gasdrucklader)
Verriegelung:	Vertikalblockverschluss
Abzug:	Einzelabzug
Gesamtgewicht:	3,2 kg
Gesamtlänge:	107 cm
Lauflänge:	47 cm (18 1/2")
Hülsenentfernung:	Repetierauszieher
Choke:	zylindrisch
Visierung:	Flintenkorn
Sicherung:	Schiebesicherung oben am Systemkasten

MERKMALE

- Material:	Stahl

- Finish: mattschwarz
- Schaft: schwarzer Kunststoffschaft, mit Pistolengriff

In einigen europäischen Staaten ist diese Pumpflinte wegen ihrer Magazinkapazität und ihrer Lauflänge verboten. In Deutschland kann sie mit einer waffenrechtlichen Erwerbsberechtigung oder aufgrund Jagdscheines als Repetierlangwaffe erworben werden.

Mossberg 9200 Trophy Combo

TECHNISCHE DATEN

Kaliber: 12
Kammerlänge: 3" (76 mm)
Anzahl der Läufe: Einzellauf
Magazin: Röhrenmagazin für 2 Patronen
System: halbautomatisch (Gasdrucklader)
Verriegelung: Vertikalblockverschluss
Abzug: Einzelabzug
Gesamtgewicht: 3,3 kg
Gesamtlänge: 122 oder 112 cm
Lauflänge: 71 oder 61 cm (28" oder 24"), kürzerer Lauf gezogen (für Slugs)
Hülsenentfernung: Repetierauszieher
Choke: längerer Lauf: Accu-Choke-Wechselchokeeinsätze
Visierung: Flintenkorn, längerer Lauf mit ventilierter Schiene
Sicherung: Schiebesicherung oben am Systemkasten

MERKMALE

- Material: Stahl
- Finish: brüniert, Systemkasten graviert
- Schaft: Hartholz, mit Pistolengriff und verstellbarer Backe

Mossberg 9200 Viking Hunter

TECHNISCHE DATEN

Kaliber: 12
Kammerlänge: 3" (76 mm)
Anzahl der Läufe: Einzellauf
Magazin: Röhrenmagazin für 2 Patronen
System: halbautomatisch (Gasdrucklader)
Verriegelung: Vertikalblockverschluss
Abzug: Einzelabzug
Gesamtgewicht: 3,4 kg
Gesamtlänge: 122 cm
Lauflänge: 71 cm (28")
Hülsenentfernung: Repetierauszieher
Choke: Accu-Choke-Wechselchokeeinsätze
Visierung: Flintenkorn, ventilierte Schiene
Sicherung: Schiebesicherung oben am Systemkasten

MERKMALE

- Material: Stahl
- Finish: matt brüniert
- Schaft: grüner Kunststoffschaft, mit Pistolengriff

Norinco/Norconia

Norinco ist die staatliche, internationale Exportfirma der chinesischen Waffenindustrie. Norinco betreibt den Außenhandel für mehrere chinesische Staatsbetriebe, so etwa der Kleinkaliberwaffen der chinesischen Firma Golden Arrow, die im Maschinenwerk Zhongzhou in He Nan produziert werden. Die Militärwaffen kommen aus der Produktionsanlage 66 bei Peking. Norinco achtet sehr auf die Qualität der zu exportierenden Produkte und reagiert auf jedes Marktbedürfnis und baut jegliche gewünschte Waffe des internationalen Marktes zu extrem günstigen Preisen nach. Unter der Bezeichnung NDM-86 bietet Norinco etwa eine äußerst günstige chinesische Version des bekannten russischen Dragunov-Scharfschützengewehres an, nicht nur im Kaliber 7,62x54R, sondern auch in .308 Winchester. Ebenso werden die Kalashnikov SKS-Büchsen nachgebaut, die neben dem Originalkaliber 7,62x39 auch in .223 Rem. erhältlich sind. Und sogar das legendäre AK-47 bauen die Chinesen in diesen beiden Kalibern als ihr Modell 84S-AK nach, in nicht weniger als fünf verschiedenen Versionen. 1992 brachte Norinco sogar eine kopierte Version des bekannten Mauser K98-Wehrsportkarabiners im Kaliber .22 l.r. auf den Markt. An Flinten bietet die Firma zwei Modelle an: eine Bockdoppel- und eine Pumpflinte. Norinco wird in Europa von der Firma Norconia in Rottendorf bei Würzburg und in Nordamerika von den Firmen Interarms und Century International Arms repräsentiert.

Norinco HL12-102 Vorderschaftrepetierflinte

TECHNISCHE DATEN

Kaliber: 12
Kammerlänge: $2^{3}/_{4}$" (70 mm)
Anzahl der Läufe: Einzellauf

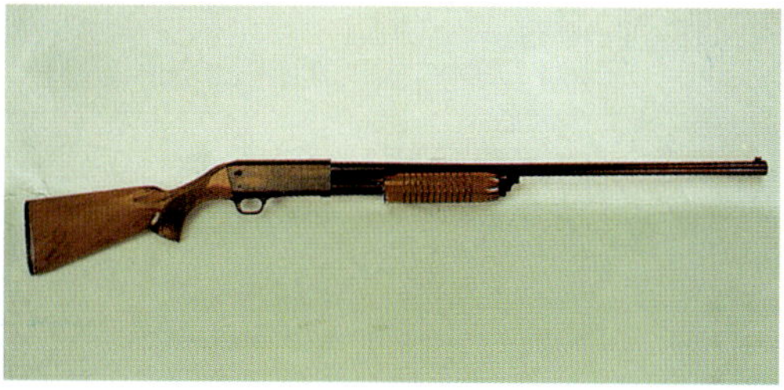

Magazin:	Röhrenmagazin für 2–5 Patronen
System:	Vorderschaftrepetiersystem
Verriegelung:	Vertikalblockverschluss
Abzug:	Einzelabzug
Gesamtgewicht:	3,3 kg
Gesamtlänge:	121 cm
Lauflänge:	71 cm (28")
Hülsenentfernung:	Repetierauszieher
Choke:	Wechselchokeeinsätze
Visierung:	Flintenkorn
Sicherung:	Druckknopfsicherung hinten im Abzugsbügel

MERKMALE

- Material:	Stahl
- Finish:	brüniert
- Schaft:	Hartholz, mit Pistolengriff

Norinco HL12-203 Bockdoppelflinte

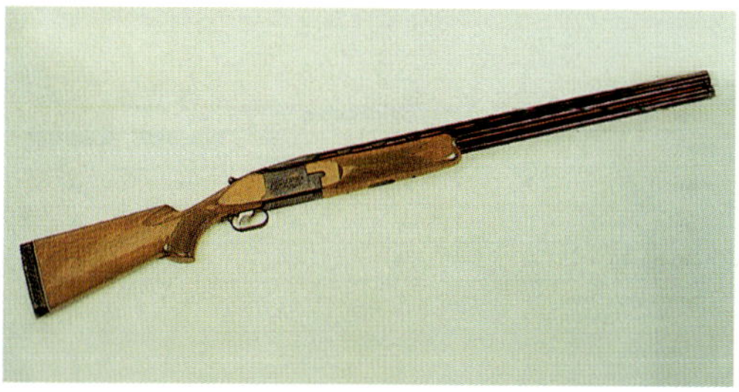

TECHNISCHE DATEN

Kaliber:	12
Kammerlänge:	2 3/4" (70 mm)
Anzahl der Läufe:	Bockdoppelflinte
System:	Kipplaufwaffe (Baskülverschluss)
Verriegelung:	Laufhaken
Abzug:	Einabzug
Gesamtgewicht:	3,7 kg
Gesamtlänge:	120 cm
Lauflänge:	75 cm (29 1/2")
Hülsenentfernung:	Auszieher
Choke:	Wechselchokeeinsätze
Visierung:	Flintenkorn, ventilierte Schiene
Sicherung:	Schiebesicherung auf dem Kolbenhals

MERKMALE

- Material:	Stahl
- Finish:	brüniert
- Schaft:	Hartholz, mit Pistolengriff

Perazzi

Das namhafte italienische Familienunternehmen Perazzi wurde 1952 von seinem jetzigen Eigentümer, Daniele Perazzi, gegründet. Sowohl sein Sohn Mauro als auch seine Tochter Roberta arbeiten nun für die Firma. Armi Perazzi hat seinen Sitz in Botticino Mattina in der Nähe von Brescia. Weil es das Unternehmen noch nicht lange gibt, verwendete es von Anfang an moderne und computerunterstützte Technologien (CNC) zur Herstellung seiner Waffen.

Die Firma, die etwa 100 Personen beschäftigt, legt auch großen Wert auf Kundenservice. Man baut ausschließlich Jagd- und Sportflinten (Trap und Skeet). Die edlen und teuren Perazzi-Waffen werden mit und ohne herausnehmbaren Abzugsmechanismus angeboten. Speziell die Perazzi-Jagdflinten werden auf Wunsch mit den unterschiedlichsten feinen Gravuren versehen, etwa mit Landschaften, Jagdhunden und Wildtiermotiven. Da das Unternehmen über eigene Internetseiten verfügt, sollte man sich über das Net über die vielfältigen Möglichkeiten informieren, wie individuelle Perazzi-Flinten bestellt werden können.

Daniele Perazzis Hauptinteresse liegt darin, perfekte Flinten für das sportliche Skeet- und Trapschießen anzubieten. Bereits 1964 wurde die erste olympische Goldmedaille mit einer Perazzi-Flinte gewonnen. Und seitdem wurden unzählige internationale Wettbewerbe mit Flinten des italienischen Unternehmens gewonnen, unter anderem etwa auch bei der Olympiade 1996 in Atlanta, USA, als die Gewinner der Gold-, der Silber- und der Bronzemedaille allesamt mit Perazzi-Flinten angetreten waren: Michael Diamond aus Australien, der mit einem Modell MX8 die Gold-, Josh Lakatos, USA, der mit der MX10 die Silber- und Lance Bade, ebenfalls USA, der mit der Perazzi Mirage die Bronze-Medaille erzielt hatte. Und auch die Disziplin Double Trap der Damen wurde von K. Rhode, USA, mit einer Perazzi-Flinte (MX12) gewonnen.

Perazzi DB81 Special American Single Trap Combo

TECHNISCHE DATEN

Kaliber:	12
Kammerlänge:	3" (76 mm)
Anzahl der Läufe:	Bockdoppelflinte
System:	Kipplaufwaffe (Baskülverschluss)
Verriegelung:	Laufhaken
Abzug:	Einabzug, herausnehmbarer Abzugsmechanismus
Gesamtgewicht:	3,7–3,9 kg

Gesamtlänge: 118–129 cm
Lauflänge: 75–86 cm (29½"–33⅞")
Hülsenentfernung: automatischer Ejektor
Choke: Wechselchokeeinsätze
Visierung: Flintenkorn, erhöhte, 11 mm breite, ventilierte Schiene
Sicherung: Schiebesicherung auf dem Kolbenhals

MERKMALE
- Material: Stahl
- Finish: brüniert
- Schaft: Nussbaumholz, mit Pistolengriff und verstellbarem Schaftrücken

Diese feine, mit einer besonders hohen, ventilierten Visierschiene ausgestattete Waffe wird mit einem zweiten Laufbündel (Wechsellauf) ausgeliefert.

Perazzi Extra

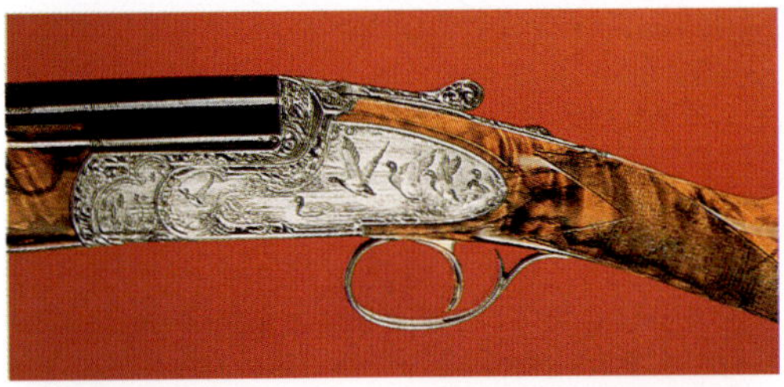

TECHNISCHE DATEN
Kaliber: 12, 20, 28 oder .410
Kammerlänge: 2¾" oder 3" (70 oder 76 mm)
Anzahl der Läufe: Bockdoppelflinte
System: Kipplaufwaffe (Baskülverschluss)
Verriegelung: Laufhaken
Abzug: Einabzug, herausnehmbarer Abzugsmechanismus
Gesamtgewicht: 3,1–3,2 kg
Gesamtlänge: 110–114 cm
Lauflänge: 66, 68 oder 70 cm (26", 26¾" oder 27½")
Hülsenentfernung: automatischer Ejektor oder Auszieher
Choke: fest, nach Wahl, oder Wechselchokeeinsätze
Visierung: Flintenkorn, 7 mm breite, ventilierte Schiene
Sicherung: Schiebesich. auf dem Kolbenhals, gleichzeitig Laufwahlschieber

MERKMALE
- Material: Stahl
- Finish: brüniert, Systemkasten und Seitenplatten unbehandelt und graviert (Jagdmotive) (keine Seitenschlosse)
- Schaft: ausges. Nussbaumholz, mit gerader, englischer Schäftung

Perazzi Extra Gold

TECHNISCHE DATEN
Kaliber: 12, 20, 28 oder .410
Kammerlänge: 2¾" oder 3" (70 oder 76 mm)
Anzahl der Läufe: Bockdoppelflinte
System: Kipplaufwaffe (Baskülverschluss)
Verriegelung: Laufhaken
Abzug: Einabzug, herausnehmbarer Abzugsmechanismus
Gesamtgewicht: 3,1–3,2 kg
Gesamtlänge: 110–114 cm
Lauflänge: 66, 68 oder 70 cm (26", 26¾" oder 27½")
Hülsenentfernung: automatischer Ejektor oder Auszieher
Choke: fest, nach Wahl, oder Wechselchokeeinsätze
Visierung: Flintenkorn, 7 mm breite, ventilierte Schiene
Sicherung: Schiebesicherung auf dem Kolbenhals, gleichzeitig Laufwahlschieber

MERKMALE
- Material: Stahl
- Finish: brüniert, Systemkasten und Seitenplatten unbehandelt und graviert, mit Goldeinlagen (Jagdmotive), (keine Seitenschlosse)
- Schaft: besonders ausgesuchtes Nussbaumholz, mit gerader, englischer Schäftung

Perazzi Mirage

TECHNISCHE DATEN
Kaliber: 12

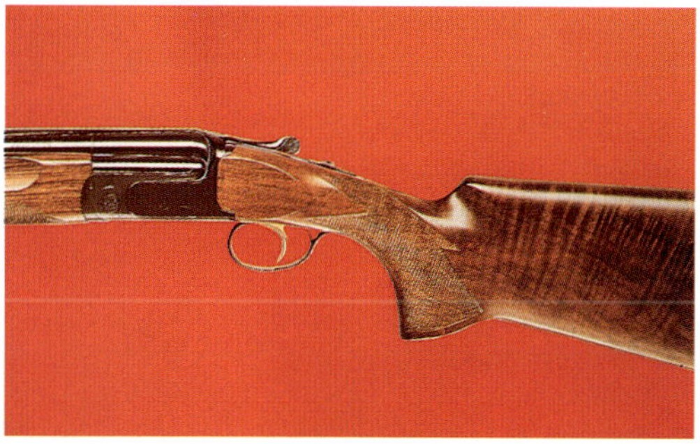

Kammerlänge: 2¾" oder 3" (70 oder 76 mm)
Anzahl der Läufe: Bockdoppelflinte
System: Kipplaufwaffe (Baskülverschluss)
Verriegelung: Laufhaken
Abzug: Einabzug, herausnehmbarer Abzugsmechanismus
Gesamtgewicht: 3,1–3,5 kg
Gesamtlänge: 104–124 cm
Lauflänge: 68–80 cm (26¾"–31½")
Hülsenentfernung: automatischer Ejektor
Choke: fest, ¾- u. Voll-, ½- u. Voll-, Voll- u. Voll-Choke, zylindrisch, oder Wechselchokeeinsätze
Visierung: Flintenkorn, 11 mm breite, ventilierte Schiene
Sicherung: Schiebesicherung auf dem Kolbenhals

MERKMALE
- Material: Stahl
- Finish: brüniert
- Schaft: Nussbaumholz, mit Pistolengriff

Diese Waffe ist für die verschiedensten nationalen und internationalen sportlichen Wurfscheiben-Schießdisziplinen erhältlich.

Perazzi MX1B Sport

TECHNISCHE DATEN
Kaliber: 12
Kammerlänge: 2¾" oder 3" (70 oder 76 mm)
Anzahl der Läufe: Bockdoppelflinte
System: Kipplaufwaffe (Baskülverschluss)
Verriegelung: Laufhaken
Abzug: Einabzug, herausnehmbarer Abzugsmechanismus
Gesamtgewicht: 3,1 kg
Gesamtlänge: 104 cm
Lauflänge: 70 cm (27½")
Hülsenentfernung: automatischer Ejektor
Choke: fest, ½- u. Voll-, Voll- u. Voll-Choke, oder Wechselchokeeinsätze
Visierung: Flintenkorn, 11 mm breite, ventilierte Schiene
Sicherung: Schiebesicherung auf dem Kolbenhals

MERKMALE
- Material: Stahl
- Finish: brüniert
- Schaft: Nussbaumholz, mit Pistolengriff

Perazzi MX8 Jagd

TECHNISCHE DATEN
Kaliber: 12 oder 20
Kammerlänge: 2¾" oder 3" (70 oder 76 mm)
Anzahl der Läufe: Bockdoppelflinte
System: Kipplaufwaffe (Baskülverschluss)
Verriegelung: Laufhaken
Abzug: Einabzug, herausnehmbarer Abzugsmechanismus
Gesamtgewicht: 3,2–3,3 kg
Gesamtlänge: 112–114 cm
Lauflänge: 68 oder 70 cm (26¾" oder 27½")
Hülsenentfernung: automatischer Ejektor
Choke: Wechselchokeeinsätze
Visierung: Flintenkorn, 7 mm breite, ventilierte Schiene
Sicherung: Schiebesicherung auf dem Kolbenhals, gleichzeitig Laufwahlschieber

MERKMALE
- Material: Stahl
- Finish: brüniert, oder brüniert und Systemkasten unbehandelt
- Schaft: Nussbaumholz, mit Pistolengriff oder mit gerader, englischer Schäftung

Perazzi MX8 Olympic

TECHNISCHE DATEN:
Kaliber: 12 oder 20
Kammerlänge: 2¾" oder 3" (70 oder 76 mm)
Anzahl der Läufe: Bockdoppelflinte
System: Kipplaufwaffe (Baskülverschluss)
Verriegelung: Laufhaken

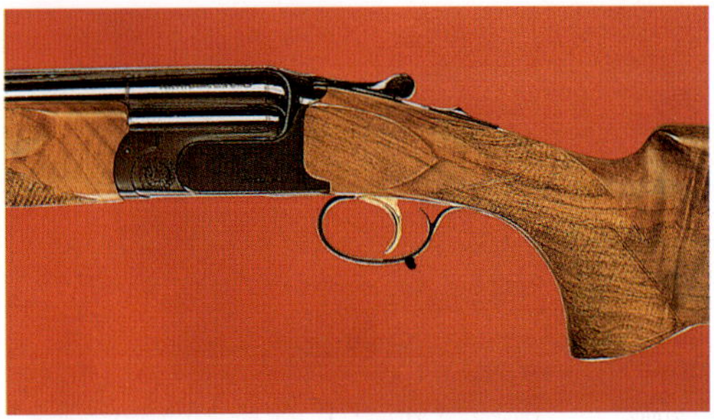

Abzug: Einabzug, herausnehmbarer Abzugsmechanismus
Gesamtgewicht: 3,1–3,5 kg
Gesamtlänge: 104–130 cm
Lauflänge: 68–86 cm ($26\frac{3}{4}$"–$33\frac{7}{8}$")
Hülsenentfernung: automatischer Ejektor
Choke: fest, $\frac{3}{4}$- u. Voll-, $\frac{1}{2}$- u. Voll-, Voll- u. Voll-Choke, zylindrisch, oder Wechselchokeeinsätze
Visierung: Flintenkorn, 11 mm breite, ventilierte Schiene
Sicherung: Schiebesicherung auf dem Kolbenhals

MERKMALE
- Material: Stahl
- Finish: brüniert
- Schaft: Nussbaumholz, mit Pistolengriff

Diese Waffe ist für die verschiedensten nationalen und internationalen sportlichen Wurfscheiben-Schießdisziplinen erhältlich. Für die einläufige American (Single) Trap Combo-Version gibt es einen Bockdoppelflintenwechsellauf.

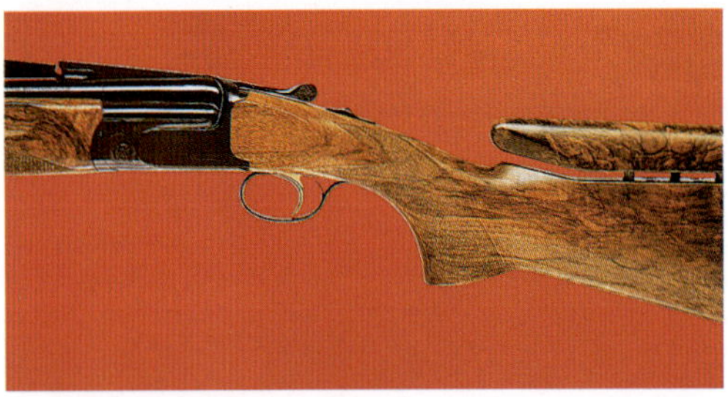

Perazzi MX10 Olympic

TECHNISCHE DATEN
Kaliber: 12 oder 20
Kammerlänge: $2\frac{3}{4}$" oder 3" (70 oder 76 mm)
Anzahl der Läufe: Bockdoppelflinte
System: Kipplaufwaffe (Baskülverschluss)
Verriegelung: Laufhaken
Abzug: Einabzug, herausnehmbarer Abzugsmechanismus
Gesamtgewicht: 3,1–3,5 kg
Gesamtlänge: 104–130 cm
Lauflänge: 70–86 cm ($27\frac{3}{4}$"–$33\frac{7}{8}$")
Hülsenentfernung: automatischer Ejektor
Choke: Wechselchokeeinsätze
Visierung: Flintenkorn, erhöhte, 11 mm breite, ventilierte Schiene
Sicherung: Schiebesicherung auf dem Kolbenhals

MERKMALE
- Material: Stahl
- Finish: brüniert
- Schaft: Nussbaumholz, mit Pistolengriff und verstellbarem Schaftrücken

Diese Waffe ist für die verschiedensten nationalen und internationalen sportlichen Wurfscheiben-Schießdisziplinen erhältlich. Für die einläufige American (Single) Trap Combo-Version gibt es einen Bockdoppelflintenwechsellauf. Die erhöhte, ventilierte Laufschiene kann in der Höhe verstellt werden.

Perazzi MX11L Olympic

TECHNISCHE DATEN
Kaliber: 12 oder 20
Kammerlänge: $2\frac{3}{4}$" oder 3" (70 oder 76 mm)
Anzahl der Läufe: Bockdoppelflinte
System: Kipplaufwaffe (Baskülverschluss)
Verriegelung: Laufhaken
Abzug: Einabzug, herausnehmbarer Abzugsmechanismus
Gesamtgewicht: 3,1–3,5 kg
Gesamtlänge: 104–130 cm
Lauflänge: 68–86 cm ($26\frac{3}{4}$"–$33\frac{7}{8}$")
Hülsenentfernung: automatischer Ejektor
Choke: Wechselchokeeinsätze
Visierung: Flintenkorn, 11 mm breite, ventilierte Schiene
Sicherung: Schiebesicherung auf dem Kolbenhals

MERKMALE
- Material: Stahl
- Finish: brüniert
- Schaft: Nussbaumholz, mit Pistolengriff und verstellbarem Schaftrücken

Diese Waffe ist für die verschiedensten nationalen und internationalen sportlichen Wurfscheiben-Schießdisziplinen erhältlich. Für die einläufige American (Single) Trap Combo-Version gibt es einen Bockdoppelflintenwechsellauf.

Perazzi MX12 Jagd

TECHNISCHE DATEN
Kaliber: 12, 20, 28 oder .410

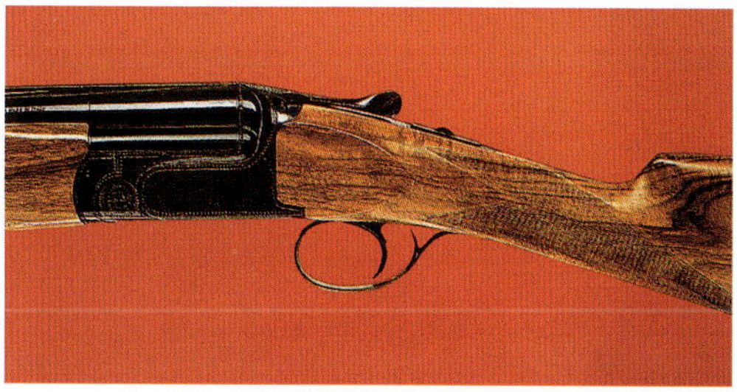

Kammerlänge: 2¾" oder 3" (70 oder 76 mm)
Anzahl der Läufe: Bockdoppelflinte
System: Kipplaufwaffe (Baskülverschluss)
Verriegelung: Laufhaken
Abzug: Einabzug
Gesamtgewicht: 3,2–3,3 kg
Gesamtlänge: 112–114 cm
Lauflänge: 68 oder 70 cm (26¾" oder 27½")
Hülsenentfernung: automatischer Ejektor
Choke: Wechselchokeeinsätze
Visierung: Flintenkorn, 7 mm breite, ventilierte Schiene
Sicherung: Schiebesicherung auf dem Kolbenhals, gleichzeitig Laufwahlschieber

MERKMALE
- Material: Stahl
- Finish: brüniert, oder brüniert und Systemkasten unbehandelt
- Schaft: Nussbaumholz, mit Pistolengriff oder mit gerader, englischer Schäftung

Diese Waffe ist in den folgenden Versionen erhältlich:
MX12 Jagd, Kaliber 12, mit festem Abzugsmechanismus; MX12/20 Jagd, Kaliber 20, mit festem Abzugsmechanismus; MX12/28 Jagd, Kaliber 28, mit festem Abzugsmechanismus und MX12/410 Jagd, Kaliber .410, mit festem Abzugsmechanismus.

Perazzi MX1 American Single Trap Combo

TECHNISCHE DATEN
Kaliber: 12
Kammerlänge: 3" (76 mm)
Anzahl der Läufe: Einlaufflinte
System: Kipplaufwaffe (Baskülverschluss)
Verriegelung: Laufhaken
Abzug: Einabzug, herausnehmbarer Abzugsmechanismus
Gesamtgewicht: 3,7–3,9 kg
Gesamtlänge: 118–129 cm
Lauflänge: 75–86 cm (29½"–33⅞")
Hülsenentfernung: automatischer Ejektor
Choke: Wechselchokeeinsätze
Visierung: Flintenkorn, erhöhte, 11 mm breite, ventilierte Schiene
Sicherung: Schiebesicherung auf dem Kolbenhals

MERKMALE
- Material: Stahl
- Finish: brüniert (MX14) oder brüniert und Systemkasten unbehandelt (MX14L)
- Schaft: Nussbaumholz, mit Pistolengriff und verstellbarem Schaftrücken

Diese Waffe wird mit einem Bockdoppelflinten-Wechsellauf ausgeliefert.

Perazzi MX15L Single Trap

TECHNISCHE DATEN
Kaliber: 12
Kammerlänge: 3" (76 mm)
Anzahl der Läufe: Einlaufflinte
System: Kipplaufwaffe (Baskülverschluss)
Verriegelung: Laufhaken
Abzug: Einabzug, herausnehmbarer Abzugsmechanismus
Gesamtgewicht: 3,7–3,9 kg
Gesamtlänge: 124 oder 129 cm
Lauflänge: 81 oder 86 cm (32" oder 33⅞")
Hülsenentfernung: automatischer Ejektor
Choke: Wechselchokeeinsätze
Visierung: Flintenkorn, erhöhte, 11 mm breite, ventilierte Schiene
Sicherung: Schiebesicherung auf dem Kolbenhals

MERKMALE
- Material: Stahl

- Finish: brüniert (MX15), oder brüniert und Systemkasten unbehandelt (MX15L)
- Schaft: Nussbaumholz, mit Pistolengriff und verstellbarem Schaftrücken

Für diese Waffe ist ein zusätzlicher Bockdoppelflinten-Wechsellauf erhältlich. Die erhöhte, ventilierte Laufschiene kann in der Höhe verstellt werden.

Perazzi TMX Special Single Trap

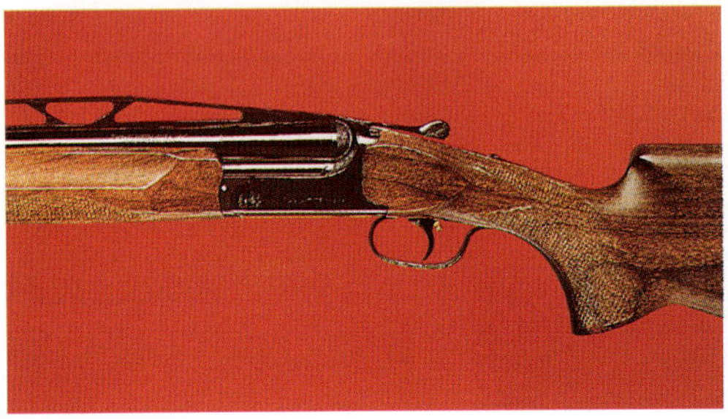

TECHNISCHE DATEN

Kaliber:	12
Kammerlänge:	3" (76 mm)
Anzahl der Läufe:	Einlaufflinte
System:	Kipplaufwaffe (Baskülverschluss)
Verriegelung:	Laufhaken
Abzug:	Einabzug, herausnehmbarer Abzugsmechanismus
Gesamtgewicht:	3,7–3,9 kg
Gesamtlänge:	124 oder 129 cm
Lauflänge:	81 oder 86 cm (32" oder 33$^{7}/_{8}$")
Hülsenentfernung:	automatischer Ejektor
Choke:	Wechselchokeeinsätze
Visierung:	Flintenkorn, erhöhte, 11 mm breite, ventilierte Schiene
Sicherung:	Schiebesicherung auf dem Kolbenhals

MERKMALE

- Material: Stahl
- Finish: brüniert
- Schaft: Nussbaumholz, mit Pistolengriff

Powell & Son Gunmakers Ltd.

Der Name William Powell ist seit fast 200 Jahren eng mit der Herstellung feiner, traditioneller englischer Schrotflinten verbunden. Die Firma hat ihren Sitz in Birmingham, sie wurde 1802 von William Powell und Joseph Simmons gegründet. Heute wird das Unternehmen von David und Peter Powell, Nachkommen des berühmten Firmengründers, geführt. Und auch heute noch ist Powell & Son Gunmakers Ltd. für seine hervorragenden, handgearbeiteten Flinten weltberühmt.
Zwar ist es auch möglich, Powell-Flinten „von der Stange“ zu kaufen, die meisten dieser feinen Waffen werden aber speziell und individuell nach Kundenwünschen gefertigt. Powell & Sohn fertigt auch eigene Flintenpatronen in den Kalibern 12 und 20. Und neben Waffen und Munition vertreibt die Firma zudem traditionelle englische Jagd- und Bootskleidung sowie edle Waffenschränke, teilweise aus massivem Wurzelmasernussbaum gefertigt.

Powell No. 1 Seitenschlosse

TECHNISCHE DATEN

Kaliber:	12,16 oder 20
Kammerlänge:	2$^{1}/_{2}$" oder 2$^{3}/_{4}$" (63,5 oder 70 mm)
Anzahl der Läufe:	Doppelflinte (Querflinte)
System:	Kipplaufwaffe (Baskülverschluss)
Verriegelung:	doppelte Laufhaken
Abzug:	Doppelabzug
Gesamtgewicht:	3 kg
Gesamtlänge:	114,5 cm
Lauflänge:	71 cm (28")
Hülsenentfernung:	automatischer Ejektor
Choke:	fest, nach Wahl
Visierung:	Flintenkorn
Sicherung:	Schiebesicherung auf dem Kolbenhals

MERKMALE

- Material: Stahl
- Finish: brüniert, Systemkasten und abnehmbare Seitenschlossplatten unbehandelt und graviert
- Schaft: Nussbaumholz, mit gerader, englischer Schäftung, oder bsd. ausgesuchtes Nussbaumholz, mit Pistolengriff

Diese Waffe ist einzeln beziehungsweise als Schwes-

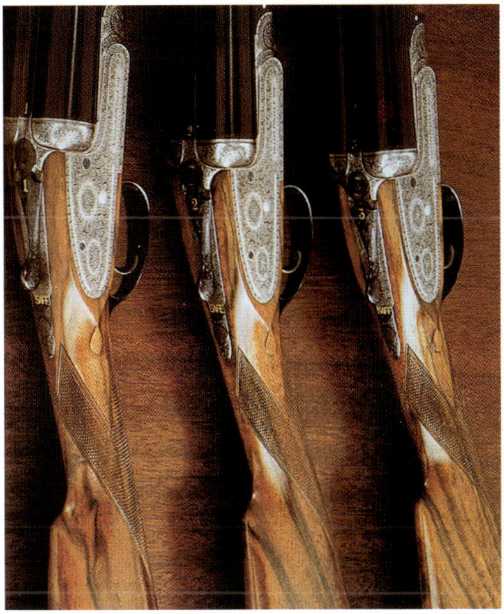

ternflintenpaar oder auch als Trio mit fortlaufenden Herstellungsnummern in einem exklusiven Lederkoffer lieferbar.

Powell Heritage No. 1 Seitenschlosse

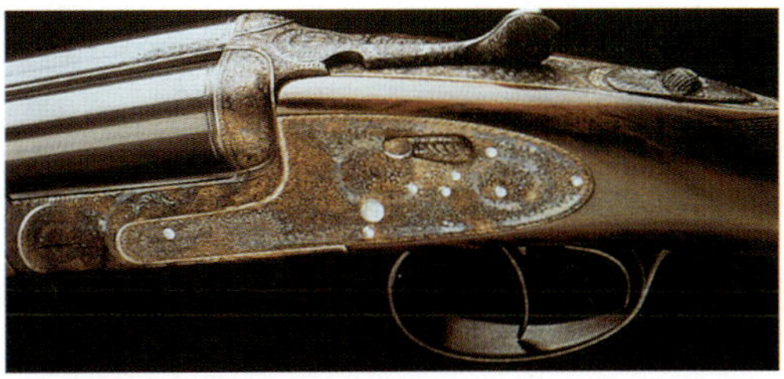

TECHNISCHE DATEN

Kaliber:	12,16 oder 20
Kammerlänge:	2$^{1}/_{2}$" oder 2$^{3}/_{4}$" (63,5 oder 70 mm)
Anzahl der Läufe:	Doppelflinte (Querflinte)
System:	Kipplaufwaffe (Baskülverschluss)
Verriegelung:	doppelte Laufhaken
Abzug:	Doppelabzug
Gesamtgewicht:	3 kg
Gesamtlänge:	114,5 cm
Lauflänge:	71 cm (28")
Hülsenentfernung:	automatischer Ejektor
Choke:	fest, nach Wahl
Visierung:	Flintenkorn
Sicherung:	Schiebesicherung auf dem Kolbenhals

MERKMALE

- Material:	Stahl
- Finish:	brüniert, Systemkasten und abnehmbare Seitenschlossplatten unbehandelt und graviert
- Schaft:	Nussbaumholz, mit gerader, englischer Schäftung, oder besonders ausgesuchtes Nussbaumholz, mit Pistolengriff

Powell Heritage No. 2 Seitenschlosse

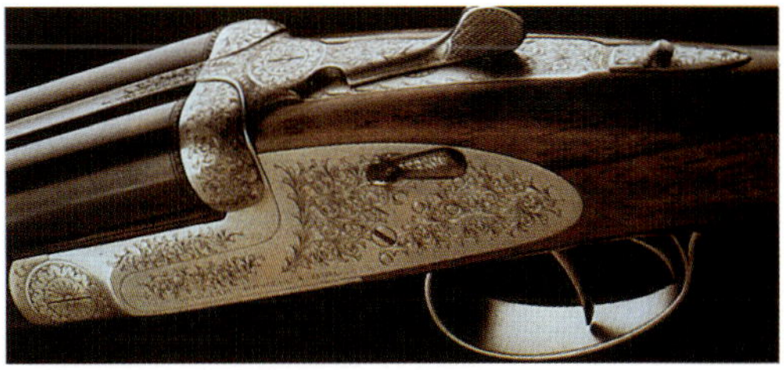

TECHNISCHE DATEN

Kaliber:	12,16 oder 20
Kammerlänge:	2$^{1}/_{2}$" oder 2$^{3}/_{4}$" (63,5 oder 70 mm)
Anzahl der Läufe:	Doppelflinte (Querflinte)
System:	Kipplaufwaffe (Baskülverschluss)
Verriegelung:	doppelte Laufhaken
Abzug:	Doppelabzug
Gesamtgewicht:	3 kg
Gesamtlänge:	114,5 cm
Lauflänge:	71 cm (28")
Hülsenentfernung:	automatischer Ejektor
Choke:	fest, nach Wahl
Visierung:	Flintenkorn
Sicherung:	Schiebesicherung auf dem Kolbenhals

MERKMALE

- Material:	Stahl
- Finish:	brüniert, Systemkasten und abnehmbare Seitenschlossplatten unbehandelt und graviert
- Schaft:	Nussbaumholz, mit gerader, englischer Schäftung, oder besonders ausgesuchtes Nussbaumholz, mit Pistolengriff

Powell No. 3

TECHNISCHE DATEN

Kaliber:	12,16 oder 20
Kammerlänge:	2$^{1}/_{2}$" oder 2$^{3}/_{4}$" (63,5 oder 70 mm)
Anzahl der Läufe:	Doppelflinte (Querflinte)
System:	Kipplaufwaffe (Baskülverschluss)

Verriegelung:	doppelte Laufhaken
Abzug:	Doppelabzug
Gesamtgewicht:	ca. 3 kg
Gesamtlänge:	nach Wahl
Lauflänge:	nach Wahl
Hülsenentfernung:	nach Wahl
Choke:	fest, nach Wahl
Visierung:	Flintenkorn
Sicherung:	Schiebesicherung auf dem Kolbenhals

MERKMALE

- Material:	Stahl
- Finish:	brüniert, Systemkasten unbehandelt und graviert (Jagdmotive)
- Schaft:	Nussbaumholz, mit gerader, englischer Schäftung

Remington

Eliphalet Remington II, genannt „Lite", gründete 1825 in dem Ort Illion im US-Staat New York die Firma E. Remington. 1844 traten sein Sohn Philo und nach Lite's Tod im Jahre 1861, auch die weiteren Söhne Samuel und Eliphalet III in die Firma ein. Der Firmenname wurde geändert in E. Remington & Söhne. Während des amerikanischen Sezessionskrieges, produzierte das Unternehmen riesige Mengen von Kriegswaffen. Nach Samuel Remingtons Tod im Jahr 1880 ging es der Firma wirtschaftlich immer schlechter, 1886 musste man sogar Konkurs anmelden. Zwei Geschäftsleute, Marcellus Hartley von Union Metallic Cartridge Company, und Thomas Bennett, der Schwiegersohn des legendären Oliver Winchester, kauften die Firma für 200 000 Dollar und änderten ihren Namen in Remington Arms Company. Nach Hartleys Tod folgte diesem sein erst 21 Jahre alter Sohn Marcy Hartley Dodge nach.

1907 wurde ein J.D. Pedersen, ein dänischer Büchsenmacher eingestellt, der die erste Remington-Vorderschaftrepetierflinte entwickelte.

1912 fusionierte die Remington Arms Company mit Hartley Dodge's zweiter Firma, der Union Cartridge Company. Dann brachte der Erste Weltkrieg eine immense Nachfrage nach Waffen. Zunächst mietete die Firma Remington eine Autofabrik, um dort Enfield-Karabiner herzustellen. Aber auch dort waren die Kapazitäten bald zu gering. Besonders auch deshalb, weil Remington zu dieser Zeit einen Staatsauftrag aus Russland erhielt – zur Herstellung von 1 Million Karabinern und von 100 Millionen zugehöriger Patronen. Man zog nach Bridgeport, Connecticut, wo in Windeseile 25 neue Herstellungshallen aus dem Boden gestampft wurden. Die Produktion stieg auf täglich 5000 Karabiner und 2,5 Millionen Patronen. Nach dem Sturz von Zar Nikolaus II. zog die neue russische, sozialistische Regierung den oben genannten Staatsauftrag zurück und Remington blieb förmlich auf 750 000 Militärkarabinern sitzen. Diese Waffen verkaufte man vornehmlich an die Franzosen, die sie dann an die Weißrussen weiterverkauften. Das Ende des Ersten Weltkrieges sorgte 1918 für einen totalen Auftragsschwund. Die Firma Remington wandte sich nun wieder der Herstellung von Jagd- und Sportwaffen zu, war aber auch gezwungen, Registrierkassen zu produzieren.

1933 übernahm ein neuer Direktor, Charles Davis, die Geschicke des Unternehmens; unter seiner Ägide kaufte Remington 1936 die Peters Cartridge Company. Während des Zweiten Weltkrieges wurde das Unternehmen dann wieder zum riesigen Rüstungsproduzenten, 1943 beschäftigte man nicht weniger als 82 000 Mitarbeiter.

Seit 1980 gehört die Firma nun dem Du Pont-Konzern an. Sie hat weiterhin ihren Sitz in Bridgeport, Connecticut, produziert aber auch in Wilmington, Delaware.

Remington 11-97 Premier Light Contour

TECHNISCHE DATEN

Kaliber:	12
Kammerlänge:	3" (76 mm)
Anzahl der Läufe:	Einzellauf
Magazin:	Röhrenmagazin für 2–5 Patronen
System:	halbautomatisch (Gasdrucklader)
Verriegelung:	Vertikalblockverschluus
Abzug:	Einzelabzug
Gesamtgewicht:	3,4–3,5 kg
Gesamtlänge:	118–128 cm
Lauflänge:	66, 71 oder 76 cm (26", 28" oder 30")
Hülsenentfernung:	Repetierauszieher
Choke:	Remington-Wechselchoke-Set
Visierung:	Flintenkorn, ventilierte Schiene

Sicherung: Druckknopfsicherung hinten am Abzugsbügel

MERKMALE

- Material: Stahl
- Finish: brüniert
- Schaft: Nussbaumholz, mit Pistolengriff

Diese Waffe gibt es auch in einer Version für Linkshänder.

Remington 11-87 Premier Sporting Clays

TECHNISCHE DATEN

Kaliber: 12
Kammerlänge: 3" (76 mm)
Anzahl der Läufe: Einzellauf
Magazin: Röhrenmagazin für 2–5 Patronen
System: halbautomatisch (Gasdrucklader)
Verriegelung: Vertikalblockverschluss
Abzug: Einzelabzug
Gesamtgewicht: 3,4 kg
Gesamtlänge: 123,2 cm
Lauflänge: 71 cm (28")
Hülsenentfernung: Repetierauszieher
Choke: Remington-Wechselchoke-Set
Visierung: Flintenkorn, 8 mm breite, ventilierte Schiene
Sicherung: Druckknopfsicherung hinten am Abzugsbügel

MERKMALE

- Material: Stahl
- Finish: brüniert
- Schaft: Nussbaumholz, mit Pistolengriff

Die gleiche Waffe ist als Modell 11-87 Premier SC-NP mit vernickeltem Systemkasten erhältlich. Beide Modelle gibt es auch in Versionen für Linkshänder.

Remington 11-87 Special Purpose Deer

TECHNISCHE DATEN

Kaliber: 12
Kammerlänge: 3" (76 mm)
Anzahl der Läufe: Einzellauf
Magazin: Röhrenmagazin für 2–5 Patronen
System: halbautomatisch (Gasdrucklader)
Verriegelung: Vertikalblockverschluss
Abzug: Einzelabzug
Gesamtgewicht: 3,6 kg

Gesamtlänge: 103 cm
Lauflänge: 50,8 cm (20")
Hülsenentfernung: Repetierauszieher
Choke: entfällt, da gezogener Lauf
Visierung: ohne, Vorrichtung für Zielfernrohrmontage
Sicherung: Druckknopfsicherung hinten am Abzugsbügel

MERKMALE

- Material: Stahl
- Finish: matt brüniert
- Schaft: schwarzer Kunststoffschaft, mit Pistolengriff

Remington 11-87 Special Turkey Real Tree Extra

TECHNISCHE DATEN

Kaliber: 12
Kammerlänge: 3" (76 mm)
Anzahl der Läufe: Einzellauf
Magazin: Röhrenmagazin für 2–5 Patronen
System: halbautomatisch (Gasdrucklader)
Verriegelung: Vertikalblockverschluss
Abzug: Einzelabzug
Gesamtgewicht: 3,6 kg
Gesamtlänge: 104 cm
Lauflänge: 50,8 cm (20")
Hülsenentfernung: Repetierauszieher
Choke: Remington-Wechselchoke-Set
Visierung: Flintenkorn, ventilierte Schiene
Sicherung: Druckknopfsicherung hinten am Abzugsbügel

MERKMALE

- Material: Stahl
- Finish: matt beschichtet, mit „Real Tree"-Optik
- Schaft: Kunststoffschaft, mit „Real Tree"-Optik, mit Pistolengriff

Diese und die vorherige Waffe sind aufgrund ihrer Magazinkapazität und ihrer kurzen Lauflänge in einigen europäischen Staaten verboten, beziehungsweise nicht zur jagdlichen und sportlichen Verwendung zugelassen. In Deutschland sind Selbstladeflinten mit einem auf 2 Patronen beschränkten Magazin auf Jagdschein erhältlich, ansonsten benötigt man eine entsprechende vorherige Erwerbsberechtigung in Form eines Waffenbesitzkarteneintrages.

Remington 11-96 Euro Lightweight

TECHNISCHE DATEN

Kaliber:	12
Kammerlänge:	3" (76 mm)
Anzahl der Läufe:	Einzellauf
Magazin:	Röhrenmagazin für 2–5 Patronen
System:	halbautomatisch (Gasdrucklader)
Verriegelung:	Vertikalblockverschluss
Abzug:	Einzelabzug
Gesamtgewicht:	3,2–3,4 kg
Gesamtlänge:	116 oder 122 cm
Lauflänge:	66 oder 71 cm (26" oder 28")
Hülsenentfernung:	Repetierauszieher
Choke:	Remington-Wechselchoke-Set
Visierung:	Flintenkorn, 6 mm breite, ventilierte Schiene
Sicherung:	Druckknopfsicherung hinten am Abzugsbügel

MERKMALE

- Material:	Stahl
- Finish:	brüniert
- Schaft:	Nussbaumholz, mit Pistolengriff

Remington 90-T Trap

TECHNISCHE DATEN

Kaliber:	12
Kammerlänge:	3" (76 mm)
Anzahl der Läufe:	Einlaufflinte
System:	Kipplaufwaffe (Baskülverschluss)
Verriegelung:	Laufhaken
Abzug:	Einabzug
Gesamtgewicht:	4 kg
Gesamtlänge:	129,5 cm
Lauflänge:	86,4 cm (34")
Hülsenentfernung:	automatischer Ejektor
Choke:	fest, Voll-Choke
Visierung:	Flintenkorn, ventilierte Schiene
Sicherung:	Schiebesicherung am Kolbenhals

MERKMALE

- Material:	Stahl
- Finish:	brüniert
- Schaft:	Nussbaumholz, mit Pistolengriff

Remington 396 Skeet

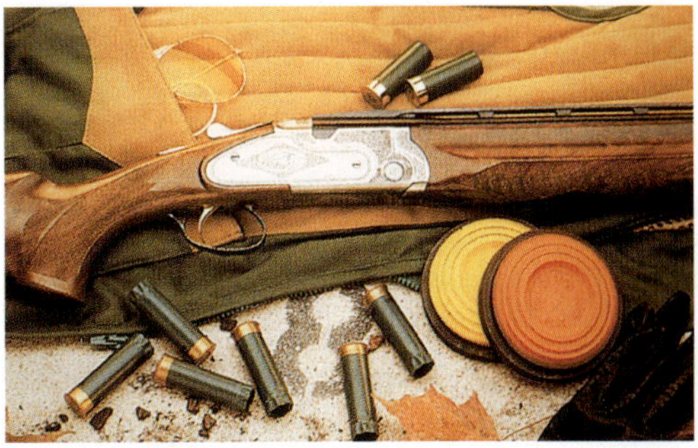

TECHNISCHE DATEN

Kaliber:	12
Kammerlänge:	3" (76 mm)
Anzahl der Läufe:	Bockdoppelflinte
System:	Kipplaufwaffe (Baskülverschluss)
Verriegelung:	Laufhaken, Flankenverschluss
Abzug:	Einabzug
Gesamtgewicht:	3,3 oder 3,4 kg
Gesamtlänge:	114,3 oder 119,4 cm
Lauflänge:	71 oder 76 cm (28" oder 30")
Hülsenentfernung:	automatischer Ejektor
Choke:	Remington-Wechselchoke-Set
Visierung:	Flintenkorn, 10 mm breite, ventilierte Schiene
Sicherung:	Schiebesicherung auf dem Kolbenhals

MERKMALE

- Material:	Stahl
- Finish:	brüniert, Systemkasten unbehandelt und graviert (keine Seitenschlosse)
- Schaft:	Nussbaumholz, mit Pistolengriff

Remington 396 Sporting

TECHNISCHE DATEN

Kaliber:	12
Kammerlänge:	3" (76 mm)

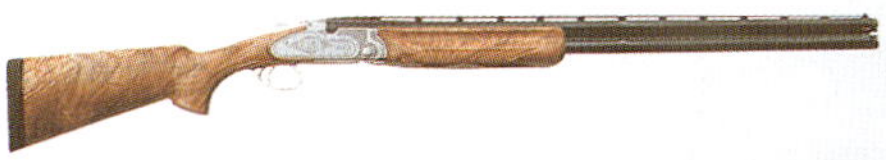

Anzahl der Läufe:	Bockdoppelflinte, Läufe mit Compensator-Schlitzen
System:	Kipplaufwaffe (Baskülverschluss)
Verriegelung:	Laufhaken, Flankenverschluss
Abzug:	Einabzug
Gesamtgewicht:	3,3 oder 3,4 kg
Gesamtlänge:	114,3 oder 119,4 cm
Lauflänge:	71 oder 76 cm (28" oder 30")
Hülsenentfernung:	automatischer Ejektor
Choke:	Remington-Wechselchoke-Set
Visierung:	Flintenkorn, 10 mm breite, ventilierte Schiene
Sicherung:	Schiebesicherung auf dem Kolbenhals

MERKMALE

- Material:	Stahl
- Finish:	brüniert, Systemkasten unbehandelt und graviert (keine Seitenschlosse)
- Schaft:	Nussbaumholz, mit Pistolengriff

Remington 870 Express

TECHNISCHE DATEN

Kaliber:	12, 20, 28 oder .410
Kammerlänge:	3" (76 mm)
Anzahl der Läufe:	Einzellauf
Magazin:	Röhrenmagazin für 2–5 Patronen
System:	Vorderschaftrepetiersystem
Verriegelung:	Vertikalblockverschluss
Abzug:	Einzelabzug
Gesamtgewicht:	2,7–3,4 kg
Gesamtlänge:	105,4–123,2 cm
Lauflänge:	53–71 cm (21"–28")
Hülsenentfernung:	Repetierauszieher
Choke:	Remington-Wechselchoke-Set
Visierung:	Flintenkorn, ventilierte Laufschiene
Sicherung:	Druckknopfsicherung vorne am Abzugsbügel

MERKMALE

- Material:	Stahl
- Finish:	brüniert
- Schaft:	Nussbaumholz, mit Pistolengriff

Remington 870 SPS Camo

TECHNISCHE DATEN

Kaliber:	12
Kammerlänge:	3" (76 mm)
Anzahl der Läufe:	Einzellauf
Magazin:	Röhrenmagazin für 2–5 Patronen
System:	Vorderschaftrepetiersystem
Verriegelung:	Vertikalblockverschluss
Abzug:	Einzelabzug
Gesamtgewicht:	3,3 kg
Gesamtlänge:	118 cm
Lauflänge:	66 cm (26")
Hülsenentfernung:	Repetierauszieher
Choke:	Remington-Wechselchoke-Set
Visierung:	Flintenkorn, ventilierte Laufschiene
Sicherung:	Druckknopfsicherung vorne am Abzugsbügel

MERKMALE

- Material:	Stahl
- Finish:	matt beschichtet, „Mossy Oak“-Camouflage-Optik
- Schaft:	Kunststoff, „Mossy Oak“-Camouflage-Optik, mit Pistolengriff

Remington 870 Special Purpose Turkey Real Tree Extra

TECHNISCHE DATEN

Kaliber:	12
Kammerlänge:	3" (76 mm)
Anzahl der Läufe:	Einzellauf
Magazin:	Röhrenmagazin für 2–5 Patronen
System:	Vorderschaftrepetiersystem
Verriegelung:	Vertikalblockverschluss
Abzug:	Einzelabzug
Gesamtgewicht:	3,2 kg
Gesamtlänge:	105,4 cm
Lauflänge:	53 cm (21")
Hülsenentfernung:	Repetierauszieher
Choke:	Remington-Wechselchoke-Set
Visierung:	Flintenkorn, ventilierte Laufschiene
Sicherung:	Druckknopfsicherung vorne am Abzugsbügel

MERKMALE

- Material:	Stahl

- Finish:	matt beschichtet, mit „Real Tree“-Optik
- Schaft:	Kunststoffschaft, mit „Real Tree“-Optik, mit Pistolengriff

Diese Waffe ist aufgrund ihrer Magazinkapazität und ihrer kurzen Lauflänge in einigen europäischen Staaten verboten beziehungsweise zumindest nicht zur jagdlichen und sportlichen Verwendung zugelassen.
In Deutschland ist sie als Repetierlangwaffe auf Jagdschein zu erwerben, ansonsten benötigt man eine entsprechende vorherige Erwerbsberechtigung in Form eines Waffenbesitzkarteneintrages.

Remington 870 Wingmaster

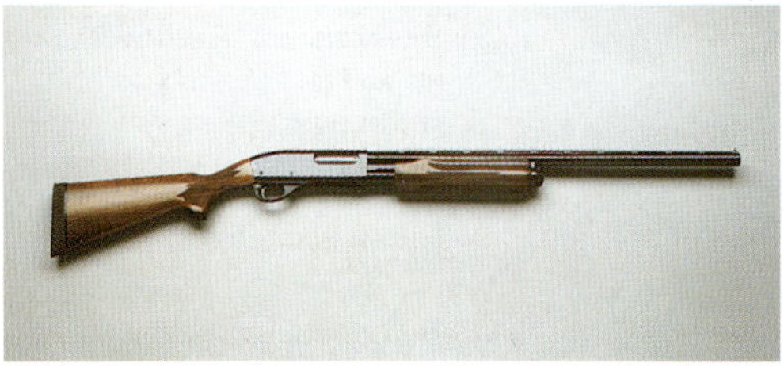

TECHNISCHE DATEN

Kaliber:	12 oder 20
Kammerlänge:	3" (76 mm)
Anzahl der Läufe:	Einzellauf
Magazin:	Röhrenmagazin für 2–5 Patronen
System:	Vorderschaftrepetiersystem
Verriegelung:	Vertikalblockverschluss
Abzug:	Einzelabzug
Gesamtgewicht:	3–3,6 kg
Gesamtlänge:	118–128,3 cm
Lauflänge:	66, 71 oder 76 cm (26", 28" oder 30")
Hülsenentfernung:	Repetierauszieher
Choke:	Remington-Wechselchoke-Set
Visierung:	Flintenkorn, ventilierte Laufschiene
Sicherung:	Druckknopfsicherung vorne am Abzugsbügel

MERKMALE

- Material:	Stahl
- Finish:	brüniert
- Schaft:	Nussbaumholz, mit Pistolengriff

Remington 1100 Special Field

TECHNISCHE DATEN

Kaliber:	12 oder 20
Kammerlänge:	3" (76 mm)
Anzahl der Läufe:	Einzellauf
Magazin:	Röhrenmagazin für 2–5 Patronen
System:	halbautomatisch (Gasdrucklader)
Verriegelung:	Vertikalblockverschluss
Abzug:	Einzelabzug
Gesamtgewicht:	3–3,3 kg
Gesamtlänge:	110 cm
Lauflänge:	60 cm ($23^5/_8$")
Hülsenentfernung:	Repetierauszieher
Choke:	Remington-Wechselchoke-Set
Visierung:	Flintenkorn, ventilierte Schiene
Sicherung:	Druckknopfsicherung hinten am Abzugsbügel

MERKMALE

- Material:	Stahl
- Finish:	brüniert
- Schaft:	Nussbaumholz, mit gerader, englischer Schäftung

Remington SP-10 Magnum Camo

TECHNISCHE DATEN

Kaliber:	10
Kammerlänge:	$3^1/_2$" (89 mm)
Anzahl der Läufe:	Einzellauf
Magazin:	Röhrenmagazin für 2–4 Patronen
System:	halbautomatisch (Gasdrucklader)
Verriegelung:	Vertikalblockverschluss
Abzug:	Einzelabzug
Gesamtgewicht:	4,5 kg
Gesamtlänge:	110 cm
Lauflänge:	58,4 cm (23")
Hülsenentfernung:	Repetierauszieher
Choke:	Remington-Wechselchoke-Set
Visierung:	Flintenkorn, ventilierte Schiene
Sicherung:	Druckknopfsicherung hinten am Abzugsbügel

MERKMALE

- Material:	Stahl
- Finish:	matt beschichtet, „Mossy Oak“-Camouflage-Optik
- Schaft:	Kunststoffschaft, „Mossy Oak“-Camouflage-Optik, mit Pistolengriff

Diese Waffe, in den USA u.a. für die Wildtruthahnjagd verwendet, ist aufgrund ihrer Magazinkapazität und ihrer kurzen Lauflänge in einigen europäischen Staaten verboten beziehungsweise nicht zur jagdlichen und sportlichen Verwendung zugelassen.

Rigby

Die Firma John Rigby & Co. Gunsmiths Ltd. wurde bereits 1735 gegründet. Zunächst war der Firmensitz Dublin. 1865, als John Rigby zum Leiter der Königlichen Waffenfabrik in Enfield ernannt wurde, zog man aber nach London um.

Rigby ist vor allem wegen seiner doppelläufigen Magnum-Express-Büchsen, in Kalibern wie .450 Cordite, .416 Rigby, .577 Nitro und sogar .600 Nitro Express, bekannt. Diese Waffen wurden und werden vornehmlich für die Jagd auf afrikanisches und asiatisches Großwild gebaut, sie werden von Berufsjägern aus aller Welt hoch geschätzt.

Weil sie von Hand gefertigt sind, sind Rigby-Waffen sehr teuer. Der Preis einer Querflinte von Rigby beginnt bei 22 000 Pfund. Ein Rigby-Schwesternflintenpaar kann durchaus mehr als 100 000 Pfund kosten; dieses bekommt man dann aber feinst graviert und mit Goldeinlagen in einem exklusiven Lederkoffer sowie auch mit zusätzlichen Wechselläufen.

Die Firma Rigby ist auch heute noch der offizielle Jagdwaffenlieferant des britischen Hofes. Traditionelle Rigby-Seitenschlossquerflinten sind zweifelsohne weniger Gebrauchswaffen, als mehr edle Sammlerstücke und wirkliche Kunstwerke. Jeder der ein Gewehr der Traditionsfirma Rigby besitzt, besitzt damit eine echte Wertanlage – und gleichzeitig ein Schmuckstück der Büchsenmacherkunst.

Weil alle Rigby-Waffen nach den Kundenwünschen von Hand gebaut werden, beträgt ihre Lieferzeit regelmäßig eineinhalb bis zwei Jahre. Da sie individuelle Einzelstücke sind, ist es schwer, konkrete technische Daten dafür anzugeben. Die nachfolgenden Daten beziehen sich daher auf bereits fertig hergestellte Waffen.

Rigby 10 Magnum

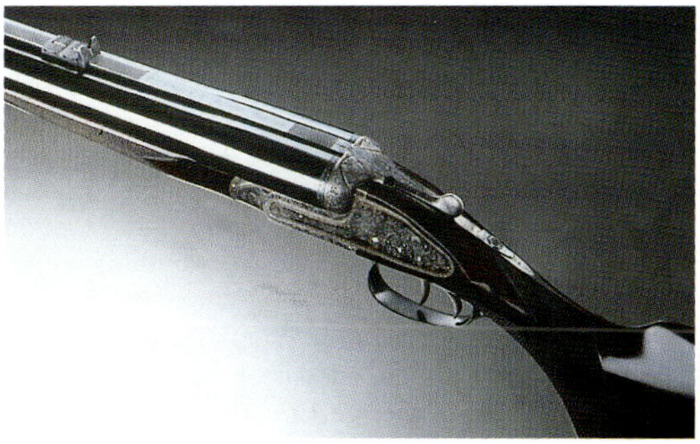

TECHNISCHE DATEN

Kaliber:	10 (Magnum)
Kammerlänge:	3½" (89 mm)
Anzahl der Läufe:	Doppelflinte (Querflinte)
System:	Kipplaufwaffe (Baskülverschluss)
Verriegelung:	doppelte Laufhaken
Abzug:	Doppelabzug
Gesamtgewicht:	ca. 3,1 kg
Gesamtlänge:	ca. 112 cm
Lauflänge:	ca. 71 cm (28")
Hülsenentfernung:	nach Wahl
Choke:	fest, nach Wahl
Visierung:	Flintenkorn
Sicherung:	Schiebesicherung auf dem Kolbenhals

MERKMALE

- Material:	Stahl
- Finish:	Läufe brüniert, Systemkasten und Seitenschlossplatten bunt gehärtet und von Hand nach Wahl graviert
- Schaft:	besonders ausgesuchtes englisches Nussbaumholz

Die Rigby 10-Flinte wird nur auf Vorbestellung gebaut, ihre Lieferzeit beträgt 2 Jahre. Sie wird mit einem Wechsellaufbündel, entweder im Flintenkaliber 10 oder als Doppelbüchsenwechsellaufbündel in verschiedenen Express-Magnum-Büchsenkalibern ausgeliefert.

Das große Magnum-Flintenkaliber 10 ist in den USA besonders für die Jagd auf Wildtruthähne beliebt. In einigen europäischen Staaten ist die jagdliche Verwendung dieses Kalibers nicht zugelassen.

Rigby 12 Schwesternflintenpaar

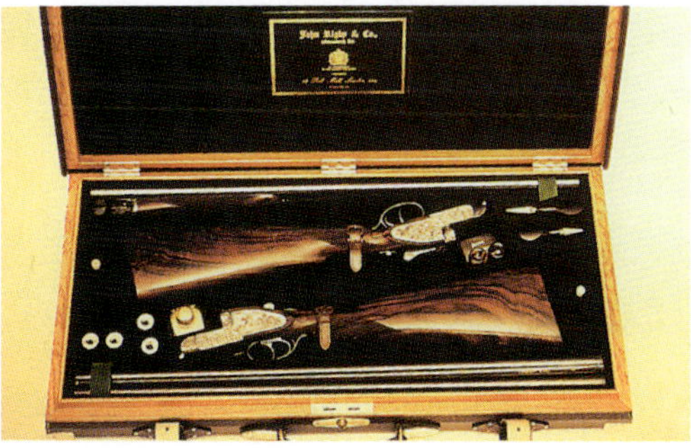

TECHNISCHE DATEN

Kaliber:	12
Kammerlänge:	2¾" (70 mm)
Anzahl der Läufe:	Doppelflinte (Querflinte)
System:	Kipplaufwaffe (Baskülverschluss)
Verriegelung:	doppelte Laufhaken
Abzug:	Doppelabzug
Gesamtgewicht:	ca. 3,1 kg
Gesamtlänge:	ca. 112 cm
Lauflänge:	ca. 71 cm (28")
Hülsenentfernung:	automatischer Ejektor

Choke:	fest, nach Wahl
Visierung:	Flintenkorn
Sicherung:	Schiebesicherung auf dem Kolbenhals

MERKMALE

- Material:	Stahl
- Finish:	Läufe brüniert, Systemkasten und Seitenschlossplatten buntgehärtet und von Hand nach Wahl graviert
- Schaft:	besonders ausgesuchtes englisches Nussbaumholz, mit Pistolengriff oder mit gerader, englischer Schäftung

Auf den Seitenschlossplatten dieser als Schwesternflintenpaar ausgelieferten Waffe sind Motive mit Fasanen und Jagdhunden graviert. Die Flinten werden in einem exklusiven Lederkoffer ausgeliefert. Sie werden nur auf Vorbestellung gebaut und ihre Lieferzeit beträgt 1½ bis 2 Jahre.

Rigby 12 Hahn-Schwesternflintenpaar

TECHNISCHE DATEN

Kaliber:	12
Kammerlänge:	2¾" (70 mm)
Anzahl der Läufe:	Doppelflinte (Querflinte)
System:	Kipplaufwaffe (Baskülverschluss)
Verriegelung:	doppelte Laufhaken
Abzug:	Doppelabzug
Gesamtgewicht:	ca. 3,1 kg
Gesamtlänge:	ca. 112 cm
Lauflänge:	ca. 71 cm (28")
Hülsenentfernung:	automatischer Ejektor
Choke:	fest, nach Wahl
Visierung:	Flintenkorn
Sicherung:	Schiebesicherung auf dem Kolbenhals

MERKMALE

- Material:	Stahl
- Finish:	Läufe brüniert, Systemkasten und Seitenschlossplatten buntgehärtet und von Hand nach Wahl graviert
- Schaft:	besonders ausgesuchtes englisches Nussbaumholz, mit Pistolengriff oder mit gerader, englischer Schäftung

Die Seitenschlossplatten dieser als Paar ausgelieferten Hahn-Doppelflinte sind fein graviert und verfügen über Goldeinlagen. Zur Verdeutlichung der Schwesternflinteneigenschaft befinden sich oben auf den Läufen, ebenfalls in Gold eingelegt, die Zahlen 1 oder 2. Die Flinten werden in einem exklusiven Lederkoffer ausgeliefert. Sie werden nur auf Vorbestellung gebaut und ihre Lieferzeit beträgt 1½ bis 2 Jahre.

Rigby 20

TECHNISCHE DATEN

Kaliber:	20
Kammerlänge:	3" (76 mm)
Anzahl der Läufe:	Doppelflinte (Querflinte)
System:	Kipplaufwaffe (Baskülverschluss)
Verriegelung:	doppelte Laufhaken
Abzug:	Doppelabzug
Gesamtgewicht:	ca. 3,1 kg
Gesamtlänge:	ca. 112 cm
Lauflänge:	ca. 71 cm (28")
Hülsenentfernung:	automatischer Ejektor
Choke:	fest, nach Wahl
Visierung:	Flintenkorn
Sicherung:	Schiebesicherung auf dem Kolbenhals

MERKMALE

- Material:	Stahl
- Finish:	Läufe brüniert, Systemkasten und Seitenschlossplatten buntgehärtet und von Hand nach Wahl graviert
- Schaft:	besonders ausgesuchtes englisches Nussbaumholz, mit Pistolengriff oder mit gerader, englischer Schäftung

Diese Waffe wird nur auf Vorbestellung gebaut und ihre Lieferzeit beträgt 1½ bis 2 Jahre.

Rigby Standard

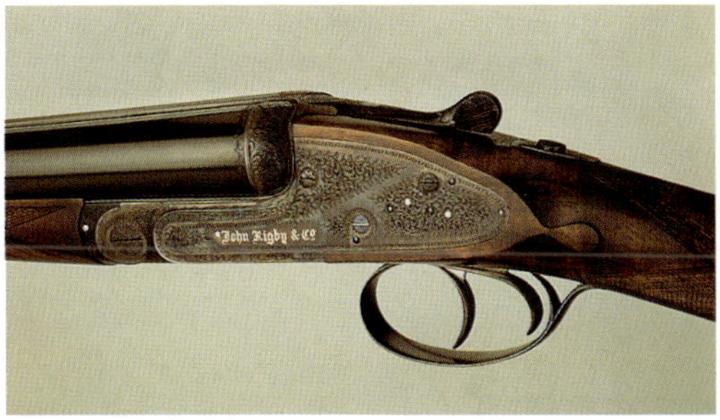

TECHNISCHE DATEN

Kaliber:	12
Kammerlänge:	$2\frac{3}{4}$" (70 mm)
Anzahl der Läufe:	Doppelflinte (Querflinte)
System:	Kipplaufwaffe (Baskülverschluss)
Verriegelung:	doppelte Laufhaken
Abzug:	Doppelabzug
Gesamtgewicht:	ca. 3,1 kg
Gesamtlänge:	ca. 112 cm
Lauflänge:	ca. 71 cm (28")
Hülsenentfernung:	automatischer Ejektor
Choke:	fest, nach Wahl
Visierung:	Flintenkorn
Sicherung:	Schiebesicherung auf dem Kolbenhals

MERKMALE

- Material:	Stahl
- Finish:	Läufe brüniert, Systemkasten und Seitenschlossplatten buntgehärtet und von Hand nach Wahl graviert
- Schaft:	ausgesuchtes englisches Nussbaumholz, mit Pistolengriff oder mit gerader, englischer Schäftung

Diese Waffe wird nur auf Vorbestellung gebaut und ihre Lieferzeit beträgt $1\frac{1}{2}$ bis 2 Jahre.

Rizzini

In dem kleinen Ort Marcheno in der italienischen Region Brescia gibt es zwei Waffenfirmen mit dem Namen Rizzini. Beide Firmen entstammen der selben Familie. Deren Mitglieder haben allerdings bereits Anfang dieses Jahrhunderts getrennte Wege in der Waffenherstellung betreten.
Die Familiengruppe um Battista Rizzini entschloss sich, hochmoderne Herstellungsverfahren einzuführen. Heute wird bei Battista Rizzini zwar bereits viel auf CNC-Maschinen gefertigt, man hat aber auch bei dieser Firma die alten norditalienischen Büchsenmachertraditionen nicht vergessen. Alle Rizzini-Flinten halten Gasdrucken von 1200 bar stand, man kann also mit ihnen auch problemlos Stahlschrote verschießen.

Rizzini Argo

TECHNISCHE DATEN

Kaliber:	12 oder 16
Kammerlänge:	$2\frac{3}{4}$" oder 3" (70 oder 76 mm)
Anzahl der Läufe:	Bockdoppelflinte
System:	Kipplaufwaffe (Baskülverschluss)
Verriegelung:	Laufhaken
Abzug:	Einabzug
Gesamtgewicht:	3,05–3,15 kg
Gesamtlänge:	113 oder 116 cm
Lauflänge:	67 oder 70 cm ($26\frac{3}{8}$" oder $27\frac{1}{2}$")
Hülsenentfernung:	automatischer Ejektor
Choke:	fest, $\frac{3}{4}$- u. Voll- oder $\frac{1}{4}$- u. $\frac{3}{4}$-Choke
Visierung:	Flintenkorn, 7 mm breite, ventilierte Schiene
Sicherung:	Schiebesicherung auf dem Kolbenhals

MERKMALE

- Material:	Stahl
- Finish:	brüniert, Systemkasten vernickelt und graviert (Vogelmotive), (keine Seitenschlosse)
- Schaft:	Nussbaumholz, mit Pistolengriff

Auf dem Foto ist oben das Modell Rizzini Argo und unten das Modell Omnium abgebildet.

Rizzini Artemis 12/16

TECHNISCHE DATEN

Kaliber:	12 oder 16
Kammerlänge:	2¾" oder 3" (70 oder 76 mm)
Anzahl der Läufe:	Bockdoppelflinte
System:	Kipplaufwaffe (Baskülverschluss)
Verriegelung:	Laufhaken
Abzug:	Einabzug
Gesamtgewicht:	3,05 kg
Gesamtlänge:	113 oder 116 cm
Lauflänge:	67 oder 70 cm (26⅜" oder 27½")
Hülsenentfernung:	automatischer Ejektor
Choke:	fest, ¾- u. Voll- oder ¼- u. ¾-Choke
Visierung:	Flintenkorn, 7 mm breite, ventilierte Schiene
Sicherung:	Schiebesicherung auf dem Kolbenhals

MERKMALE

- Material:	Stahl
- Finish:	brüniert, Systemkasten vernickelt und graviert (Vogelmotive), (keine Seitenschlosse)
- Schaft:	Nussbaumholz, mit Pistolengriff

Auf dem Foto ist oben das Modell Rizzini Artemis und unten das Modell Aurum abgebildet.

Rizzini Artemis 20/28/410

TECHNISCHE DATEN

Kaliber:	20, 28 oder .410
Kammerlänge:	2½", 2¾" oder 3" (65, 70 oder 76 mm)
Anzahl der Läufe:	Bockdoppelflinte
System:	Kipplaufwaffe (Baskülverschluss)
Verriegelung:	Laufhaken
Abzug:	Einabzug
Gesamtgewicht:	2,5–2,7 kg
Gesamtlänge:	113 oder 116 cm
Lauflänge:	67 oder 70 cm (26⅜" oder 27½")
Hülsenentfernung:	automatischer Ejektor
Choke:	fest, ¾- u. Voll-Choke; Wechselchokeeinsätze für Kal. 20
Visierung:	Flintenkorn, 6 mm breite, ventilierte Schiene
Sicherung:	Schiebesicherung auf dem Kolbenhals

MERKMALE

- Material:	Stahl
- Finish:	brüniert, Systemkasten vernickelt und graviert (Vogelmotive), (keine Seitenschlosse)
- Schaft:	Nussbaumholz, mit Pistolengriff

Auf dem Foto ist oben das Modell Rizzini Artemis und unten das Modell Aurum abgebildet.

Rizzini Artemis EL

TECHNISCHE DATEN

Kaliber:	12, 20, 28 oder .410
Kammerlänge:	2½", 2¾" oder 3" (65, 70 oder 76 mm)
Anzahl der Läufe:	Bockdoppelflinte
System:	Kipplaufwaffe (Baskülverschluss)
Verriegelung:	Laufhaken
Abzug:	Einabzug
Gesamtgewicht:	2,5–3 kg
Gesamtlänge:	112 oder 116 cm
Lauflänge:	67 oder 70 cm (26⅜" oder 27½")
Hülsenentfernung:	automatischer Ejektor
Choke:	fest, ¾- u. Voll-Choke; oder Wechselchokeeinsätze
Visierung:	Flintenkorn, 7 mm breite, ventilierte Schiene
Sicherung:	Schiebesicherung auf dem Kolbenhals

MERKMALE

- Material:	Stahl
- Finish:	brüniert, Systemkasten vernickelt und graviert (Vogelmotive), (keine Seitenschlosse)
- Schaft:	Nussbaumholz, mit Pistolengriff

Rizzini Aurum

TECHNISCHE DATEN

Kaliber:	12, 16, 20, 28 oder .410
Kammerlänge:	2½", 2¾" oder 3" (65, 70 oder 76 mm)
Anzahl der Läufe:	Bockdoppelflinte
System:	Kipplaufwaffe (Baskülverschluss)
Verriegelung:	Laufhaken
Abzug:	Einabzug
Gesamtgewicht:	2,5–3 kg
Gesamtlänge:	112–116 cm
Lauflänge:	67 oder 70 cm (26⅜" oder 27½")
Hülsenentfernung:	automatischer Ejektor

Choke: fest, $^3/_4$- u. Voll-Choke; oder Wechselchokeeinsätze
Visierung: Flintenkorn, 7 mm breite, ventilierte Schiene
Sicherung: Schiebesicherung auf dem Kolbenhals

MERKMALE
- Material: Stahl
- Finish: brüniert, Systemkasten vernickelt und graviert (Vogelmotive), (keine Seitenschlosse)
- Schaft: Nussbaumholz, mit Pistolengriff

Auf dem Foto ist oben das Modell Rizzini Aurum und unten das Modell Artemis abgebildet.

Rizzini Aurum Slug

TECHNISCHE DATEN
Kaliber: 12 oder 16
Kammerlänge: $2^3/_4$" oder 3" (70 oder 76 mm)
Anzahl der Läufe: Bockdoppelflinte
System: Kipplaufwaffe (Baskülverschluss)
Verriegelung: Laufhaken
Abzug: Einabzug
Gesamtgewicht: 2,9 kg
Gesamtlänge: 108 cm
Lauflänge: 62 cm ($24^3/_8$")
Hülsenentfernung: automatischer Ejektor
Choke: zylindrisch – beide Läufe
Visierung: Flintenkorn, 9 mm breite Schiene
Sicherung: Schiebesicherung auf dem Kolbenhals

MERKMALE
- Material: Stahl
- Finish: brüniert
- Schaft: Nussbaumholz, mit Pistolengriff

Rizzini Express 90

TECHNISCHE DATEN
Kaliber: siehe nachfolgend
Kammerlänge: s. Hülsenlänge (da Büchse)
Anzahl der Läufe: 2 Büchsenläufe übereinander (Bockdoppelbüchse)
System: Kipplaufwaffe (Baskülverschluss)
Verriegelung: Laufhaken
Abzug: Einabzug
Gesamtgewicht: 3,1–3,6 kg
Gesamtlänge: 104 cm
Lauflänge: 60 cm ($23^5/_8$")
Hülsenentfernung: automatischer Ejektor
Choke: entfällt, da Büchse
Visierung: Büchsenvisier, Vorrichtung für Zielfernrohrmontage
Sicherung: Schiebesicherung auf dem Kolbenhals

MERKMALE
- Material: Stahl
- Finish: brüniert, Systemkasten unbehandelt und graviert
- Schaft: Nussbaumholz, mit Pistolengriff

Erhältliche Kaliber: 6,5x55; .270 Win.; 7x57R; .308 Win.; .30-06; 8x57JRS; 9,3x74R; .444 Marlin.
Auf dem Foto ist oben das Modell Rizzini Express 92, darunter das Model 90 L und das Modell 90 abgebildet.

Rizzini Express 90L

TECHNISCHE DATEN
Kaliber: siehe nachfolgend
Kammerlänge: s. Hülsenlänge (da Büchse)
Anzahl der Läufe: 2 Büchsenläufe übereinander (Bockdoppelbüchse)
System: Kipplaufwaffe (Baskülverschluss)
Verriegelung: Laufhaken
Abzug: Einabzug
Gesamtgewicht: 3,1–3,6 kg
Gesamtlänge: 104 cm
Lauflänge: 60 cm ($23^5/_8$")
Hülsenentfernung: automatischer Ejektor
Choke: entfällt, da Büchse
Visierung: Büchsenvisier, Vorrichtung für Zielfernrohrmontage

Sicherung: Schiebesicherung auf dem Kolbenhals

MERKMALE

- Material: Stahl
- Finish: brüniert, Systemkasten buntgehärtet und graviert
- Schaft: Nussbaumholz, mit Pistolengriff

Erhältliche Kaliber: 6,5x55; .270 Win.; 7x57R; .308 Win.; .30-06; 8x57JRS; 9,3x74R; .444 Marlin.
Auf dem Foto auf S.257 oben rechts sind das Modell Rizzini Express 92, das Model 90 L und darunter das Modell 90 abgebildet.

Rizzini Express 92

TECHNISCHE DATEN

Kaliber: siehe nachfolgend
Kammerlänge: s. Hülsenlänge (da Büchse)
Anzahl der Läufe: 2 Büchsenläufe übereinander (Bockdoppelbüchse)
System: Kipplaufwaffe (Baskülverschluss)
Verriegelung: Laufhaken
Abzug: Einabzug
Gesamtgewicht: 3,1–3,6 kg
Gesamtlänge: 104 cm
Lauflänge: 60 cm ($23\frac{5}{8}$")
Hülsenentfernung: automatischer Ejektor
Choke: entfällt, da Büchse
Visierung: Büchsenvisier, Vorrichtung für Zielfernrohrmontage
Sicherung: Schiebesicherung auf dem Kolbenhals

MERKMALE

- Material: Stahl
- Finish: brüniert, Systemkasten hartverchromt und graviert
- Schaft: Nussbaumholz, mit Pistolengriff

Erhältliche Kaliber: 6,5x55; .270 Win.; 7x57R; .308 Win.; .30-06; 8x57JRS; 9,3x74R; .444 Marlin.
Auf dem Foto auf S.257 oben rechts sind das Modell Rizzini Express 92, das Model 90 L und darunter das Modell 90 abgebildet.

Rizzini MC

TECHNISCHE DATEN

Kaliber: 12, 16, 20, 24, 28, 32 oder .410
Kammerlänge: $2\frac{3}{4}$" oder 3" (70 oder 76 mm)
Anzahl der Läufe: Einlaufflinte
System: Kipplaufwaffe (Baskülverschluss)
Verriegelung: Laufhaken, Verschlusshebel hinter dem Abzugsbügel
Abzug: Einabzug
Gesamtgewicht: 2,2 kg
Gesamtlänge: 116 cm
Lauflänge: 70 cm ($27\frac{1}{2}$")
Hülsenentfernung: automatischer Ejektor
Choke: fest, Voll-Choke
Visierung: Flintenkorn, 6 mm breite, ventilierte Schiene
Sicherung: Schiebesicherung auf dem Kolbenhals

MERKMALE

- Material: Stahl, Abzugsbügel aus Aluminium
- Finish: brüniert, Systemkasten vernickelt und graviert (Blumenmotiv)
- Schaft: Hartholz, mit Pistolengriff

Rizzini Omnium

TECHNISCHE DATEN

Kaliber: 12, 20, 28 oder .410
Kammerlänge: $2\frac{1}{2}$", $2\frac{3}{4}$" oder 3" (65, 70 oder 76 mm)
Anzahl der Läufe: Bockdoppelflinte
System: Kipplaufwaffe (Baskülverschluss)
Verriegelung: Laufhaken
Abzug: Einabzug
Gesamtgewicht: 2,5–3 kg
Gesamtlänge: 112 oder 116 cm
Lauflänge: 67 oder 70 cm ($26\frac{3}{8}$" oder $27\frac{1}{2}$")
Hülsenentfernung: automatischer Ejektor
Choke: fest, $\frac{3}{4}$- u. Voll- oder $\frac{1}{2}$- u. $\frac{3}{4}$-Choke; oder Wechselchokeeinsätze
Visierung: Flintenkorn, 7 mm breite, ventilierte Schiene
Sicherung: Schiebesicherung auf dem Kolbenhals

MERKMALE

- Material: Stahl
- Finish: brüniert, Systemkasten vernickelt und graviert (Fasanmotive)
- Schaft: Nussbaumholz, mit Pistolengriff

Rizzini Premier

TECHNISCHE DATEN

Kaliber: 12 oder 20

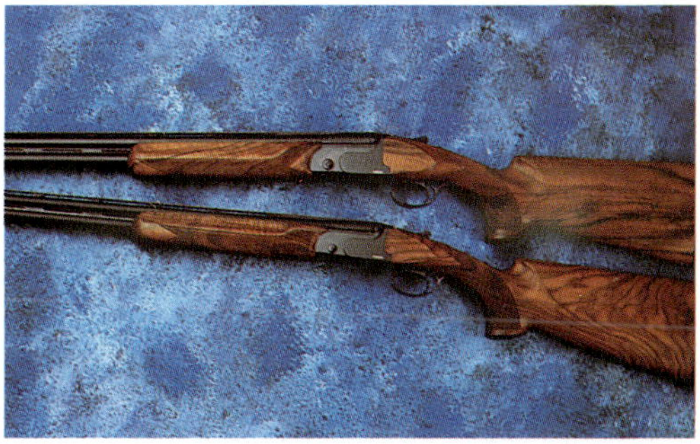

Kammerlänge: 2¾" oder 3" (70 oder 76 mm)
Anzahl der Läufe: Bockdoppelflinte
System: Kipplaufwaffe (Baskülverschluss)
Verriegelung: Laufhaken
Abzug: Einabzug
Gesamtgewicht: 3,2–3,7 kg
Gesamtlänge: 112–119 cm
Lauflänge: Trap: 75 cm (29½")
Skeet: 67 oder 71 cm (26⅜" oder 28")
Sporting: 71 oder 75 cm (28" oder 29½")
Hülsenentfernung: automatischer Ejektor
Choke: Wechselchokeeinsätze
Visierung: Flintenkorn, 10 mm breite, ventilierte Schiene
Sicherung: Schiebesicherung auf dem Kolbenhals

MERKMALE
- Material: Stahl
- Finish: brüniert
- Schaft: Nussbaumholz, mit Pistolengriff

Rizzini S780 EM (Economy Modell)

TECHNISCHE DATEN
Kaliber: 12, 16, 20, 28 oder .410
Kammerlänge: 2½", 2¾" oder 3" (65, 70 oder 76 mm)
Anzahl der Läufe: Bockdoppelflinte
System: Kipplaufwaffe (Baskülverschluss)
Verriegelung: Laufhaken
Abzug: Einabzug
Gesamtgewicht: 2,5–3 kg
Gesamtlänge: 111–116 cm
Lauflänge: 67 oder 70 cm (26⅜" oder 27½")
Hülsenentfernung: automatischer Ejektor
Choke: fest, ½- u. Voll- oder ¼- u. ¾-Choke
Visierung: Flintenkorn, 7 mm breite, ventilierte Schiene
Sicherung: Schiebesicherung auf dem Kolbenhals

MERKMALE
- Material: Stahl
- Finish: brüniert, Systemkasten vernickelt und graviert (Jagdmotive)
- Schaft: Nussbaumholz, mit Pistolengriff

Rizzini S780 EM Slug (Economy Modell)

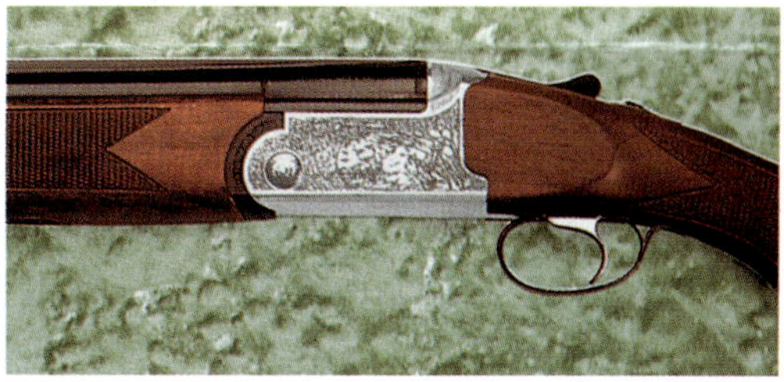

TECHNISCHE DATEN
Kaliber: 12 oder 16
Kammerlänge: 2¾" oder 3" (70 oder 76 mm)
Anzahl der Läufe: Bockdoppelflinte
System: Kipplaufwaffe (Baskülverschluss)
Verriegelung: Laufhaken
Abzug: Einabzug
Gesamtgewicht: 2,9 kg
Gesamtlänge: 106 cm
Lauflänge: 62 cm (24⅜")
Hülsenentfernung: automatischer Ejektor
Choke: zylindrisch – beide Läufe
Visierung: Flintenkorn, 9 mm breite, ventilierte Schiene
Sicherung: Schiebesicherung auf dem Kolbenhals

MERKMALE
- Material: Stahl
- Finish: brüniert, Systemkasten vernickelt und graviert (Jagdmotive)
- Schaft: Nussbaumholz, mit Pistolengriff

Rizzini S780 EMEL (Deluxe Modell)

TECHNISCHE DATEN

Kaliber:	12
Kammerlänge:	2¾" oder 3" (70 oder 76 mm)
Anzahl der Läufe:	Bockdoppelflinte
System:	Kipplaufwaffe (Baskülverschluss)
Verriegelung:	Laufhaken
Abzug:	Einabzug
Gesamtgewicht:	3 kg
Gesamtlänge:	111 oder 114 cm
Lauflänge:	67 oder 70 cm (26⅜" oder 27½")
Hülsenentfernung:	automatischer Ejektor
Choke:	fest, ½- u. Voll- oder ¼- u. ¾-Choke
Visierung:	Flintenkorn, 7 mm breite, ventilierte Schiene
Sicherung:	Schiebesicherung auf dem Kolbenhals

MERKMALE

- Material:	Stahl
- Finish:	brüniert, Systemkasten vernickelt und von Hand graviert (Jagdmotive)
- Schaft:	ausgesuchtes Nussbaumholz, mit Pistolengriff

Diese Waffe ist in einem Luxuslederkoffer lieferbar.

Rizzini S780 EML

TECHNISCHE DATEN

Kaliber:	12 oder 16
Kammerlänge:	2¾" oder 3" (70 oder 76 mm)
Anzahl der Läufe:	Bockdoppelflinte
System:	Kipplaufwaffe (Baskülverschluss)
Verriegelung:	Laufhaken
Abzug:	Einabzug
Gesamtgewicht:	3 kg
Gesamtlänge:	111 oder 114 cm
Lauflänge:	67 oder 70 cm (26⅜" oder 27½")
Hülsenentfernung:	automatischer Ejektor
Choke:	fest, ½- u. Voll- oder ¼- u. ¾-Choke
Visierung:	Flintenkorn, 7 mm breite, ventilierte Schiene
Sicherung:	Schiebesicherung auf dem Kolbenhals

MERKMALE

- Material:	Stahl
- Finish:	brüniert, Systemkasten vernickelt und graviert (Jagdmotive)
- Schaft:	besonderes Nussbaumholz, mit Pistolengriff

Rizzini S780 N (Standard Modell)

TECHNISCHE DATEN

Kaliber:	12 oder 16
Kammerlänge:	2¾" oder 3" (70 oder 76 mm)
Anzahl der Läufe:	Bockdoppelflinte
System:	Kipplaufwaffe (Baskülverschluss)
Verriegelung:	Laufhaken
Abzug:	Einabzug
Gesamtgewicht:	2,9 kg
Gesamtlänge:	111 oder 114 cm
Lauflänge:	67 oder 70 cm (26⅜" oder 27¾")
Hülsenentfernung:	automatischer Ejektor
Choke:	fest, ½- u. Voll- oder ¼- u. ¾-Choke
Visierung:	Flintenkorn, 7 mm breite, ventilierte Schiene
Sicherung:	Schiebesicherung auf dem Kolbenhals

MERKMALE

- Material:	Stahl
- Finish:	brüniert, Systemkasten vernickelt und graviert (Jagdmotive)
- Schaft:	Nussbaumholz, mit Pistolengriff

Rizzini S780 Skeet

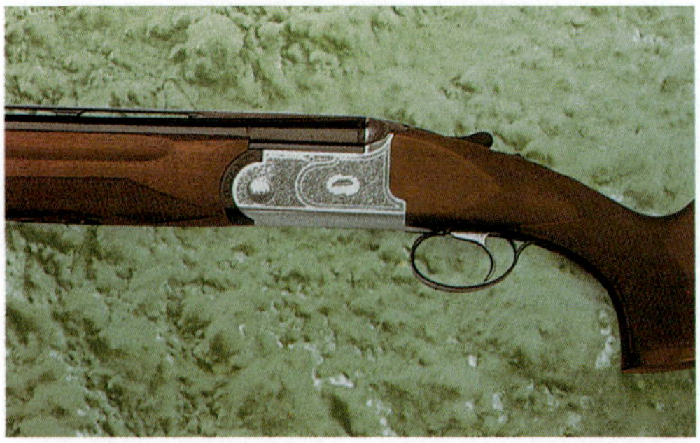

TECHNISCHE DATEN

Kaliber:	12
Kammerlänge:	2¾" (70 mm)
Anzahl der Läufe:	Bockdoppelflinte
System:	Kipplaufwaffe (Baskülverschluss)
Verriegelung:	Laufhaken
Abzug:	Einabzug
Gesamtgewicht:	3,2 kg

Gesamtlänge: 111 oder 115 cm
Lauflänge: 67 oder 70 cm ($26^{3}/_{8}$" oder $27^{1}/_{2}$")
Hülsenentfernung: automatischer Ejektor
Choke: Wechselchokeeinsätze
Visierung: Flintenkorn, 10 mm breite, ventilierte Schiene
Sicherung: Schiebesicherung auf dem Kolbenhals

MERKMALE
- Material: Stahl
- Finish: brüniert, Systemkasten vernickelt und graviert (Blumen- und Tontaubensportmotive)
- Schaft: Nussbaumholz, mit Pistolengriff

Rizzini S780 Sporting

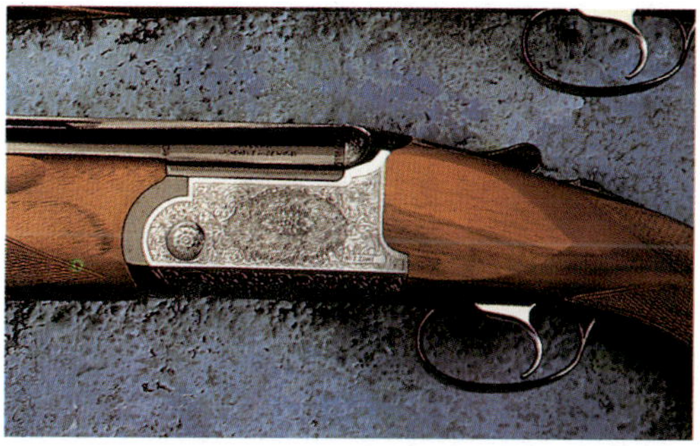

TECHNISCHE DATEN
Kaliber: 12
Kammerlänge: $2^{3}/_{4}$" (70 mm)
Anzahl der Läufe: Bockdoppelflinte
System: Kipplaufwaffe (Baskülverschluss)
Verriegelung: Laufhaken
Abzug: Einabzug
Gesamtgewicht: 3,3 kg
Gesamtlänge: 115–119 cm
Lauflänge: 71 oder 75 cm (28" oder $29^{1}/_{2}$")
Hülsenentfernung: automatischer Ejektor
Choke: Wechselchokeeinsätze
Visierung: Flintenkorn, 10 mm breite, ventilierte Schiene
Sicherung: Schiebesicherung auf dem Kolbenhals

MERKMALE
- Material: Stahl
- Finish: brüniert, Systemkasten vernickelt und graviert (Blumenmotive)
- Schaft: Nussbaumholz, mit Pistolengriff

Rizzini S780 Trap

TECHNISCHE DATEN
Kaliber: 12
Kammerlänge: $2^{3}/_{4}$" (70 mm)
Anzahl der Läufe: Bockdoppelflinte
System: Kipplaufwaffe (Baskülverschluss)
Verriegelung: Laufhaken
Abzug: Einabzug

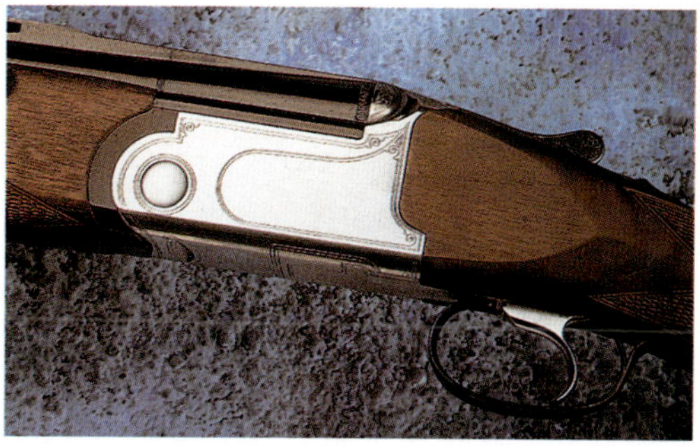

Gesamtgewicht: 3,7 kg
Gesamtlänge: 122 cm
Lauflänge: 75 cm ($29^{1}/_{2}$")
Hülsenentfernung: automatischer Ejektor
Choke: Wechselchokeeinsätze
Visierung: Flintenkorn, 11 mm breite, ventilierte Schiene
Sicherung: Schiebesicherung auf dem Kolbenhals

MERKMALE
- Material: Stahl
- Finish: brüniert, Systemkasten vernickelt
- Schaft: Nussbaumholz, mit Pistolengriff

Rizzini S782 EMEL (Deluxe Modell)

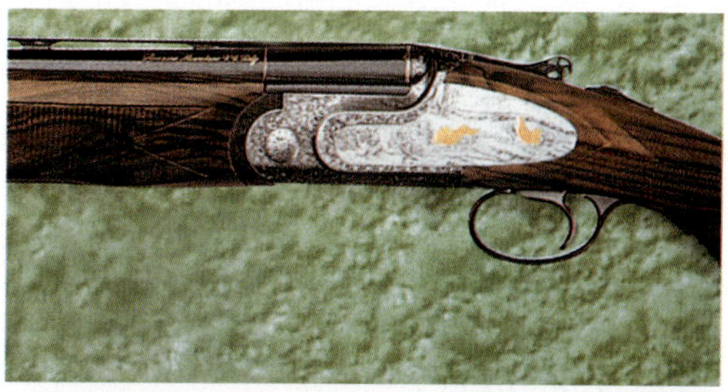

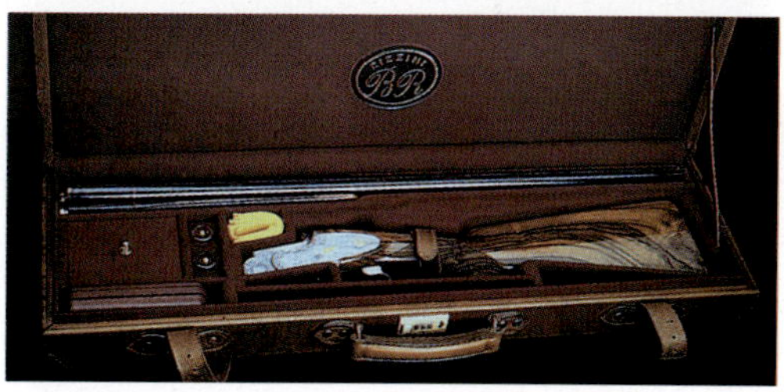

TECHNISCHE DATEN
Kaliber: 12 oder 16
Kammerlänge: $2^{3}/_{4}$" oder 3" (70 oder 76 mm)
Anzahl der Läufe: Bockdoppelflinte
System: Kipplaufwaffe (Baskülverschluss)
Verriegelung: Laufhaken
Abzug: Einabzug
Gesamtgewicht: 3,05 kg
Gesamtlänge: 111 oder 114 cm
Lauflänge: 67 oder 70 cm ($26^{3}/_{8}$" oder $27^{1}/_{2}$")

Hülsenentfernung: automatischer Ejektor
Choke: fest, $^{1}/_{2}$- u. Voll- oder $^{1}/_{4}$- u. $^{3}/_{4}$-Choke, oder Wechselchokeeinsätze
Visierung: Flintenkorn, 7 mm breite, ventilierte Schiene
Sicherung: Schiebesicherung auf dem Kolbenhals

MERKMALE

- Material: Stahl
- Finish: brüniert, Systemkasten und Seitenschlossplatten vernickelt und von Hand graviert, Goldeinlagen (Jagdmotive)
- Schaft: ausgesuchtes Nussbaumholz, mit Pistolengriff

Diese Waffe ist mit einem Luxuslederkoffer lieferbar.

Rizzini S782 EML

TECHNISCHE DATEN

Kaliber: 12 oder 16
Kammerlänge: $2^{3}/_{4}$" oder 3" (70 oder 76 mm)
Anzahl der Läufe: Bockdoppelflinte
System: Kipplaufwaffe (Baskülverschluss)
Verriegelung: Laufhaken
Abzug: Einabzug
Gesamtgewicht: 3,05 kg
Gesamtlänge: 111 oder 114 cm
Lauflänge: 67 oder 70 cm ($26^{3}/_{8}$" oder $27^{1}/_{2}$")
Hülsenentfernung: automatischer Ejektor
Choke: fest, $^{1}/_{2}$- u. Voll- oder $^{1}/_{4}$- u. $^{3}/_{4}$-Choke
Visierung: Flintenkorn, 7 mm breite, ventilierte Schiene
Sicherung: Schiebesicherung auf dem Kolbenhals

MERKMALE

- Material: Stahl
- Finish: brüniert, Systemkasten vernickelt und graviert (Jagdmotive)
- Schaft: ausgesuchtes Nussbaumholz, mit Pistolengriff

Rizzini S790 EL Trap/Skeet/Sporting

TECHNISCHE DATEN

Kaliber: 12
Kammerlänge: $2^{3}/_{4}$" (70 mm)
Anzahl der Läufe: Bockdoppelflinte
System: Kipplaufwaffe (Baskülverschluss)

Verriegelung: Laufhaken
Abzug: Einabzug
Gesamtgewicht: 3,7 kg
Gesamtlänge: 118 oder 122 cm
Lauflänge: 71 oder 75 cm (28" oder $29^{1}/_{2}$")
Hülsenentfernung: automatischer Ejektor
Choke: Wechselchokeeinsätze
Visierung: Flintenkorn, 10 mm breite, ventilierte Schiene
Sicherung: Schiebesicherung auf dem Kolbenhals

MERKMALE

- Material: Stahl
- Finish: brüniert, Systemkasten vernickelt und graviert, mit goldeingelegter Tontaube
- Schaft: ausgesuchtes Nussbaumholz, mit Pistolengriff

Rizzini S790 EMEL

TECHNISCHE DATEN

Kaliber: 20, 28 oder .410
Kammerlänge: $2^{1}/_{2}$", $2^{3}/_{4}$" oder 3" (65, 70 oder 76 mm)
Anzahl der Läufe: Bockdoppelflinte
System: Kipplaufwaffe (Baskülverschluss)
Verriegelung: Laufhaken
Abzug: Einabzug
Gesamtgewicht: 2,5–2,7 kg
Gesamtlänge: 113 oder 116 cm
Lauflänge: 67 oder 70 cm ($26^{3}/_{8}$" oder $27^{1}/_{2}$")
Hülsenentfernung: automatischer Ejektor
Choke: fest, $^{1}/_{2}$- u. Voll- oder $^{1}/_{4}$- u. $^{3}/_{4}$-Choke
Visierung: Flintenkorn, 6 mm breite, ventilierte Schiene
Sicherung: Schiebesicherung auf dem Kolbenhals

MERKMALE

- Material: Stahl
- Finish: brüniert, Systemkasten vernickelt und graviert, mit goldeingelegter Monogrammplatte
- Schaft: ausgesuchtes Nussbaumholz, mit Pistolengriff

Diese Waffe ist mit einem exklusiven Luxuslederkoffer lieferbar.

Rizzini S792 EMEL

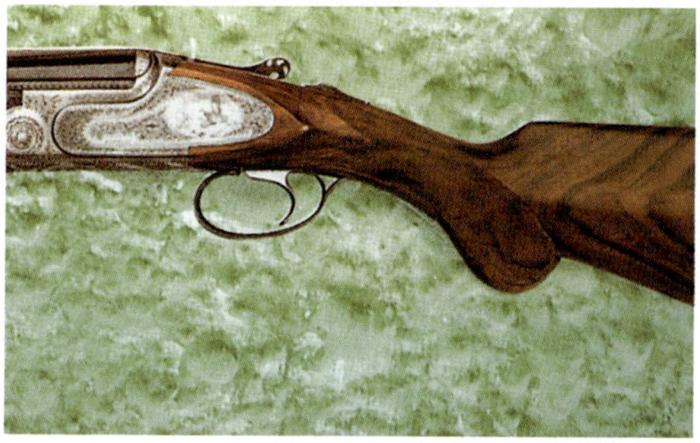

TECHNISCHE DATEN

Kaliber:	20, 28 oder .410
Kammerlänge:	2½", 2¾" oder 3" (65, 70 oder 76 mm)
Anzahl der Läufe:	Bockdoppelflinte
System:	Kipplaufwaffe (Baskülverschluss)
Verriegelung:	Laufhaken
Abzug:	Einabzug
Gesamtgewicht:	2,5–2,7 kg
Gesamtlänge:	113 oder 116 cm
Lauflänge:	67 oder 70 cm (26⅜" oder 27½")
Hülsenentfernung:	automatischer Ejektor
Choke:	fest, ½- u. Voll- oder ¼- u. ¾-Choke
Visierung:	Flintenkorn, 6 mm breite, ventilierte Schiene
Sicherung:	Schiebesicherung auf dem Kolbenhals

MERKMALE

- Material: Stahl
- Finish: brüniert, Systemkasten u. Seitenschlossplatten vernickelt und von Hand graviert (Jagdmotive)
- Schaft: besonders ausgesuchtes Nussbaumholz, mit gerader, englischer Schäftung oder mit Pistolengriff

Diese Waffe ist einem exklusiven Luxuslederkoffer lieferbar.

Rizzini S2000 Trap

TECHNISCHE DATEN

Kaliber:	12 oder 16
Kammerlänge:	2¾" (70 mm)
Anzahl der Läufe:	Bockdoppelflinte
System:	Kipplaufwaffe (Baskülverschluss)
Verriegelung:	Laufhaken
Abzug:	Einabzug

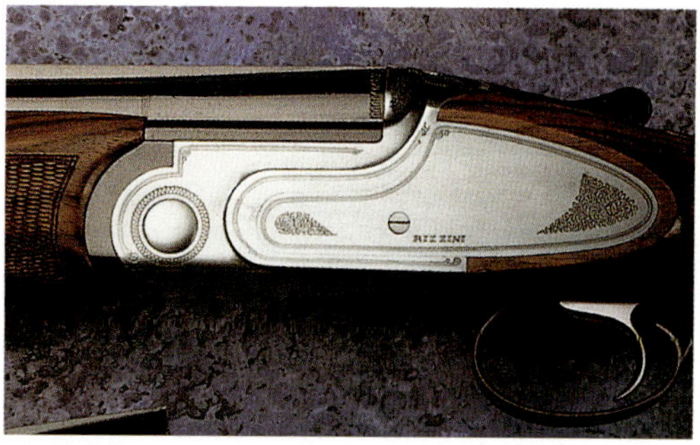

Gesamtgewicht:	3,7 kg
Gesamtlänge:	122 cm
Lauflänge:	75 cm (29½")
Hülsenentfernung:	automatischer Ejektor
Choke:	fest, ½- u. Voll-Choke, oder Wechselchokeeinsätze
Visierung:	Flintenkorn, 10 mm breite, ventilierte Schiene
Sicherung:	Schiebesicherung auf dem Kolbenhals

MERKMALE

- Material: Stahl
- Finish: brüniert, Systemkasten und Seitenschlossplatten vernickelt
- Schaft: ausgesuchtes Nussbaumholz, mit Pistolengriff

Rottweil/Dynamit Nobel

Dynamit Nobel

RWS Rottweil Geco

Der berühmte Chemiker Alfred Nobel gründete 1865 in der Nähe von Hamburg die Firma Alfred Nobel & Co. Zunächst stellte das Unternehmen lediglich Dynamit, das Nobel erfunden hatte, her. Nach und nach wurden weitere sachbezogene Artikel in die Produktpalette aufgenommen, sowohl Munition als auch Schusswaffen. 1931 ging man mit RWS, den Rheinisch-Westfälischen Sprengstofffabriken, zusammen. Unter dem Namen RWS stellte man die verschiedensten Büchsen- und Schrotpatronen her. Der Markenname Rottweil kommt von dem Ort Rottweil im Schwarzwald, wo die Firma dann Schrotpatronen produzierte. Später wurde Rottweil auch der Markenname für eine Reihe von qualitativ hochwertigen Flinten der Firmengruppe. Ebenfalls zu dieser Gruppe gehört Geco, was wiederum für Genschow & Co. steht, ein Unternehmen das unter dem Dynamit Nobel-Firmengefüge Pistolen- und Revolvermunition herstellt. Dynamit Nobel ist heute ein multinationaler Konzern mit insgesamt etwa

13 000 Mitarbeitern in verschiedenen Ländern. Die Rottweil Paragon Flinte ist das Schmuckstück unter den Flinten des Konzerns. Alle Teile dieser feinen Flinte sind so konstruiert, dass sie auch von einem Laien von Hand auseinandergebaut, gereinigt und nötigenfalls ausgewechselt werden können. Der Schütze kann sich praktisch seine individuelle Paragon-Flinte selbst zusammenstellen: Es gibt nicht weniger als 11 verschiedene Laufbündel, neun Hinter- und sechs Vorderschaftvarianten sowie diverse leicht austauschbare Abzugsgruppen. Mit einem Paragon-Flintenset ist es deshalb auch möglich, die verschiedensten sportlichen Wurfscheibendisziplinen und auch jagdlich zu schießen.

Rottweil 90

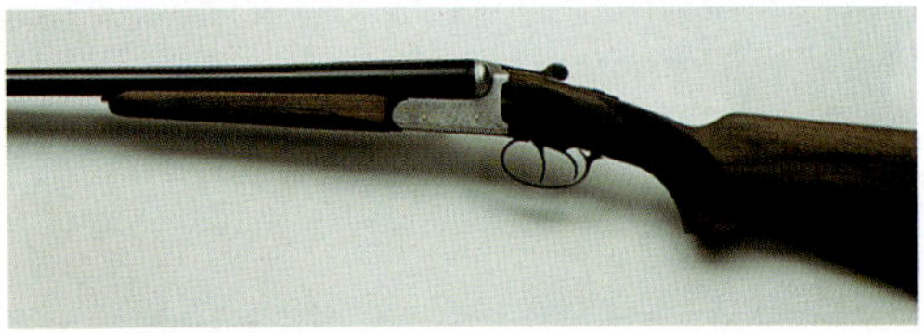

TECHNISCHE DATEN

Kaliber:	12
Kammerlänge:	2$\frac{3}{4}$" (70 mm)
Anzahl der Läufe:	Doppelflinte (Querflinte)
System:	Kipplaufwaffe (Baskülverschluss)
Verriegelung:	doppelte Laufhaken
Abzug:	Doppelabzug
Gesamtgewicht:	3,2 kg
Gesamtlänge:	113 cm
Lauflänge:	71 cm (28")
Hülsenentfernung:	nur Auszieher
Choke:	fest, $\frac{1}{2}$- u. Voll-Choke
Visierung:	Flintenkorn, tiefe Laufschiene
Sicherung:	Schiebesicherung auf dem Kolbenhals, Laufwahlschieber

MERKMALE

- Material:	Stahl
- Finish:	brüniert, Systemkasten unbehandelt
- Schaft:	Nussbaumholz, mit Pistolengriff

Als Modell DV 90 E besitzt diese Flinte automatische Ejektoren.

Rottweil 92

TECHNISCHE DATEN

Kaliber:	12
Kammerlänge:	2$\frac{3}{4}$" (70 mm)
Anzahl der Läufe:	Doppelflinte (Querflinte)
System:	Kipplaufwaffe (Baskülverschluss)
Verriegelung:	Greener-Verschluss, doppelte Laufhaken
Abzug:	Einabzug
Gesamtgewicht:	3 kg
Gesamtlänge:	114 cm
Lauflänge:	71 cm (28")
Hülsenentfernung:	automatischer Ejektor
Choke:	fest, $\frac{1}{2}$- u. Voll-Choke
Visierung:	Flintenkorn, tiefe Laufschiene
Sicherung:	Schiebesicherung auf dem Kolbenhals, Laufwahlschieber

MERKMALE

- Material:	Stahl
- Finish:	brüniert
- Schaft:	Nussbaumholz, mit Pistolengriff

Rottweil 94 SE

TECHNISCHE DATEN

Kaliber:	12
Kammerlänge:	2$\frac{3}{4}$" (70 mm)
Anzahl der Läufe:	Doppelflinte (Querflinte)
System:	Kipplaufwaffe (Baskülverschluss)
Verriegelung:	doppelte Laufhaken
Abzug:	Doppelabzug
Gesamtgewicht:	3,2 kg
Gesamtlänge:	113 cm
Lauflänge:	71 cm (28")
Hülsenentfernung:	automatischer Ejektor
Choke:	fest, $\frac{1}{2}$- u. Voll-Choke
Visierung:	Flintenkorn, tiefe Laufschiene
Sicherung:	Schiebesicherung auf dem Kolbenhals, Laufwahlschieber

MERKMALE

- Material:	Stahl
- Finish:	brüniert, Systemkasten und Seitenschlossplatten unbehandelt und graviert (Blumenmotive)
- Schaft:	Nussbaumholz, mit gerader, englischer Schäftung

Rottweil 96 SE

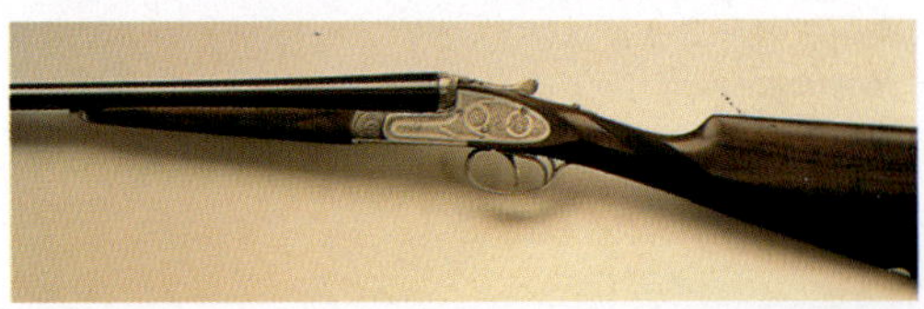

TECHNISCHE DATEN

Kaliber: 12 oder 20
Kammerlänge: 2$\frac{3}{4}$" (70 mm) oder 3" (76 mm) für Kal. 20
Anzahl der Läufe: Doppelflinte (Querflinte)
System: Kipplaufwaffe (Baskülverschluss)
Verriegelung: doppelte Laufhaken
Abzug: Doppelabzug
Gesamtgewicht: 2,9 kg (Kal. 20); 3,2 kg (Kal. 12)
Gesamtlänge: 118 cm
Lauflänge: 71 cm (28")
Hülsenentfernung: automatischer Ejektor
Choke: fest, $\frac{1}{2}$- u. Voll-Choke
Visierung: Flintenkorn, tiefe Laufschiene
Sicherung: Schiebesicherung auf dem Kolbenhals, Laufwahlschieber

MERKMALE

- Material: Stahl
- Finish: brüniert, Systemkasten und Seitenschlossplatten unbehandelt und von Hand graviert (Blumenmotive)
- Schaft: Nussbaumholz, mit gerader, englischer Schäftung

Rottweil 500

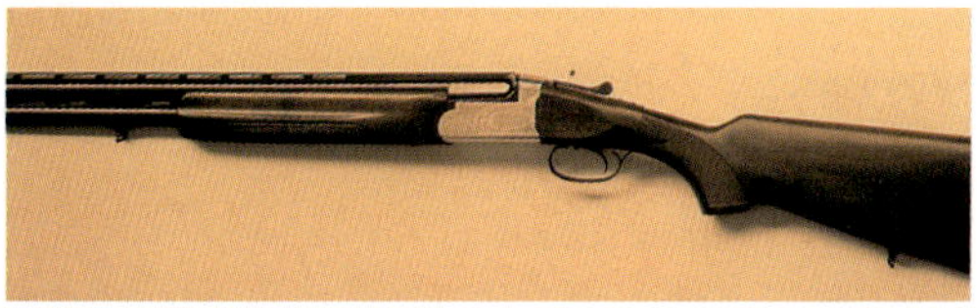

TECHNISCHE DATEN

Kaliber: 12
Kammerlänge: 2$\frac{3}{4}$" (70 mm)
Anzahl der Läufe: Bockdoppelflinte
System: Kipplaufwaffe (Baskülverschluss)
Verriegelung: Flankenverschluss, Laufhaken
Abzug: Einabzug
Gesamtgewicht: 3,1 kg
Gesamtlänge: 114 cm
Lauflänge: 71 cm (28")
Hülsenentfernung: nur Auszieher
Choke: fest, $\frac{1}{2}$- u. Voll-Choke
Visierung: Flintenkorn, 7 mm breite, ventilierte Schiene
Sicherung: Schiebesicherung auf dem Kolbenhals, Laufwahlschieber am Abzug

MERKMALE

- Material: Stahl
- Finish: brüniert, Systemkasten unbehandelt
- Schaft: Hartholz, mit Pistolengriff

Rottweil 500 LX

TECHNISCHE DATEN

Kaliber: 12
Kammerlänge: 2$\frac{3}{4}$" (70 mm)

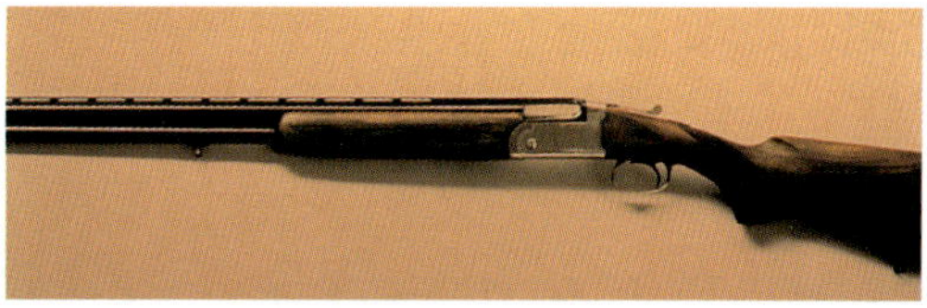

Anzahl der Läufe: Bockdoppelflinte
System: Kipplaufwaffe (Baskülverschluss)
Verriegelung: Flankenverschluss, Laufhaken
Abzug: Einabzug
Gesamtgewicht: 3,1 kg
Gesamtlänge: 114 cm
Lauflänge: 71 cm (28")
Hülsenentfernung: nur Auszieher
Choke: fest, $\frac{1}{2}$- u. Voll-Choke
Visierung: Flintenkorn, 7 mm breite, ventilierte Schiene
Sicherung: Schiebesicherung auf dem Kolbenhals, Laufwahlschieber am Abzug

MERKMALE

- Material: Stahl
- Finish: brüniert, Systemkasten unbehandelt
- Schaft: Nussbaumholz, mit Pistolengriff

Rottweil 600

TECHNISCHE DATEN

Kaliber: 12
Kammerlänge: 2$\frac{3}{4}$" (70 mm)
Anzahl der Läufe: Bockdoppelflinte
System: Kipplaufwaffe (Baskülverschluss)
Verriegelung: doppelte Laufhaken
Abzug: Einabzug
Gesamtgewicht: 3,1 kg
Gesamtlänge: 114 cm
Lauflänge: 71 cm (28")
Hülsenentfernung: nur Auszieher
Choke: fest, $\frac{1}{2}$- u. Voll-Choke
Visierung: Flintenkorn, 7 mm breite, ventilierte Schiene
Sicherung: Schiebesicherung auf dem Kolbenhals, Laufwahlschieber am Abzug

MERKMALE

- Material: Stahl

- Finish: brüniert
- Schaft: Hartholz, mit Pistolengriff oder mit gerader, englischer Schäftung

Rottweil 700 AL Lightweight

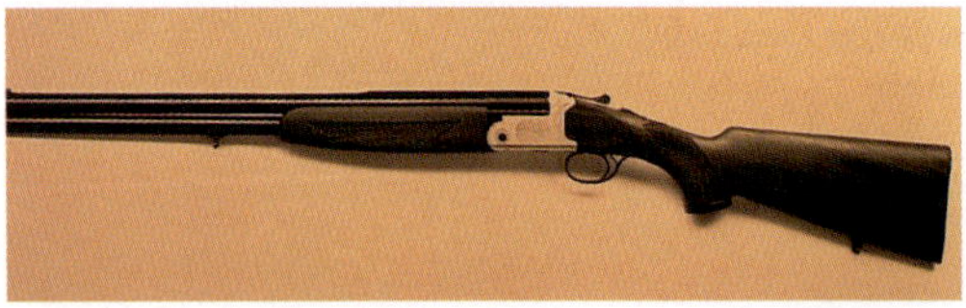

TECHNISCHE DATEN

Kaliber: 12
Kammerlänge: $2^{3}/_{4}$" (70 mm)
Anzahl der Läufe: Bockdoppelflinte
System: Kipplaufwaffe (Baskülverschluss)
Verriegelung: doppelte Laufhaken
Abzug: Einabzug
Gesamtgewicht: 2,5 kg
Gesamtlänge: 105 cm
Lauflänge: 61 cm (24")
Hülsenentfernung: automatischer Ejektor
Choke: fest, $^{1}/_{4}$- u. $^{3}/_{4}$-Choke
Visierung: Flintenkorn, 7 mm breite, ventilierte Schiene
Sicherung: Schiebesicherung auf dem Kolbenhals, Laufwahlschieber am Abzug

MERKMALE

- Material: Stahl, Systemkasten aus Aluminium
- Finish: brüniert, Systemkasten unbehandelt
- Schaft: Nussbaumholz, mit Pistolengriff

Rottweil 770 Jagd

TECHNISCHE DATEN

Kaliber: 12
Kammerlänge: $2^{3}/_{4}$" (70 mm)
Anzahl der Läufe: Bockdoppelflinte
System: Kipplaufwaffe (Baskülverschluss)
Verriegelung: doppelte Laufhaken
Abzug: Einabzug
Gesamtgewicht: 3,1 kg
Gesamtlänge: 114 cm
Lauflänge: 71 cm (28")
Hülsenentfernung: automatischer Ejektor
Choke: fest, $^{1}/_{2}$- u. Voll-Choke
Visierung: Flintenkorn, 7 mm breite, ventilierte Schiene
Sicherung: Schiebesicherung auf dem Kolbenhals, Laufwahlschieber am Abzug

MERKMALE

- Material: Stahl
- Finish: brüniert, Systemkasten unbehandelt
- Schaft: Nussbaumholz, mit Pistolengriff

Rottweil 770 Jagd AL Lightweight

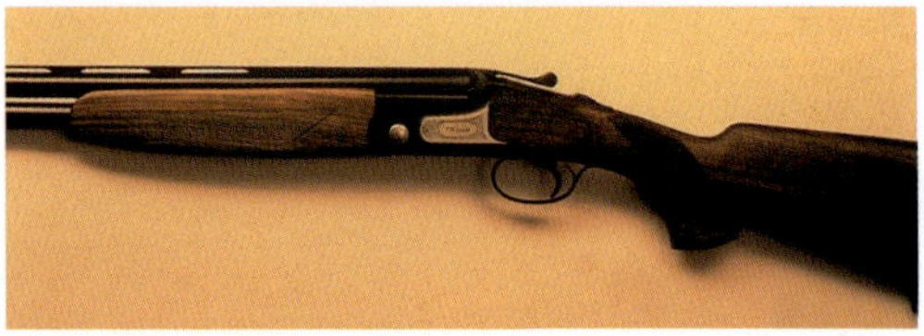

TECHNISCHE DATEN

Kaliber: 12
Kammerlänge: $2^{3}/_{4}$" (70 mm)
Anzahl der Läufe: Bockdoppelflinte
System: Kipplaufwaffe (Baskülverschluss)
Verriegelung: doppelte Laufhaken
Abzug: Einabzug
Gesamtgewicht: 2,6 kg
Gesamtlänge: 111 cm
Lauflänge: 68 cm ($26^{3}/_{4}$")
Hülsenentfernung: automatischer Ejektor
Choke: fest, $^{1}/_{2}$- u. Voll-Choke
Visierung: Flintenkorn, 7 mm breite, ventilierte Schiene
Sicherung: Schiebesicherung auf dem Kolbenhals, Laufwahlschieber am Abzug

MERKMALE

- Material: Stahl, Systemkasten aus Aluminium
- Finish: brüniert, Seitenplatten am Systemkasten unbehandelt
- Schaft: Nussbaumholz, mit Pistolengriff

Rottweil Paragon

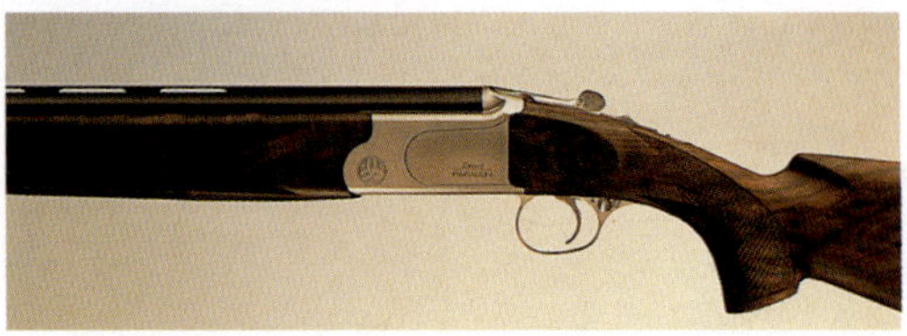

TECHNISCHE DATEN

Kaliber: 12
Kammerlänge: $2^{3}/_{4}$" (70 mm)
Anzahl der Läufe: Bockdoppelflinte

System: Kipplaufwaffe (Baskülverschluss)
Verriegelung: Paragon-Spezialverriegelung
Abzug: Einabzug
Gesamtgewicht: 3,1–3,8 kg
Gesamtlänge: 107–124 cm
Lauflänge: 70–86 cm (27½"–33⅞"); 11 unterschiedliche Wechselläufe
Hülsenentfernung: automatischer Ejektor, ausschaltbar
Choke: fest, nach Wahl, oder Wechselchokeeinsätze
Visierung: Flintenkorn, ventilierte oder unventilierte Schiene
Sicherung: Schiebesicherung auf dem Kolbenhals, Laufwahlschieber am Abzug

MERKMALE
- Material: Stahl
- Finish: brüniert, Systemkasten unbehandelt
- Schaft: Nussbaumholz, mit Pistolengriff; 9 unterschiedliche Hinter- und 6 unterschiedliche Vorderschäfte

Rottweil Pumpflinte Standard

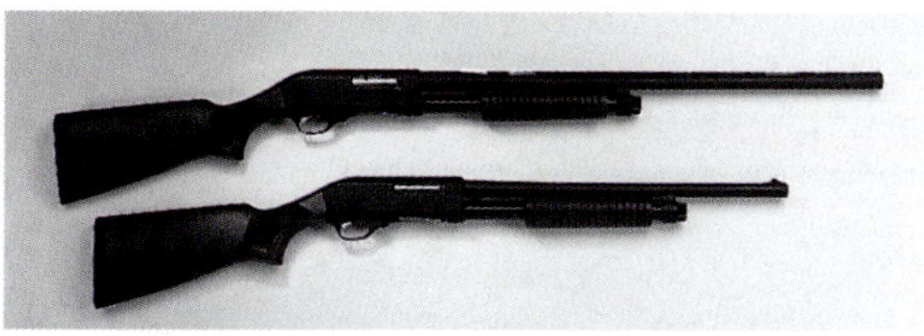

TECHNISCHE DATEN
Kaliber: 12
Kammerlänge: 2¾" oder 3" (70 oder 76 mm)
Anzahl der Läufe: Einzellauf
Magazin: Röhrenmagazin für 2, 6 (70 mm) oder 5 (76 mm) Patronen
System: Vorderschaftrepetiersystem
Verriegelung: Drehkammerverschluss
Abzug: Einzelabzug
Gesamtgewicht: 3 kg
Gesamtlänge: 127 cm
Lauflänge: 71 cm (28")
Hülsenentfernung: Repetierauszieher
Choke: Wechselchokeeinsätze
Visierung: Flintenkorn, Laufschiene
Sicherung: Druckknopfsicherung vorne am Abzugsbügel

MERKMALE
- Material: Stahl, Systemkasten aus Aluminium
- Finish: mattschwarz brüniert
- Schaft: Nussbaumholz, mit Pistolengriff

Rottweil Pumpflinte PSG 8

TECHNISCHE DATEN
Kaliber: 12
Kammerlänge: 2¾" oder 3" (70 oder 76 mm)
Anzahl der Läufe: Einzellauf
Magazin: Röhrenmagazin für 2, 6 (70 mm) oder 5 (76 mm) Patronen
System: Vorderschaftrepetiersystem
Verriegelung: Drehkammerverschluss
Abzug: Einzelabzug
Gesamtgewicht: 3 kg
Gesamtlänge: 106 cm
Lauflänge: 50 cm (19¾")
Hülsenentfernung: Repetierauszieher
Choke: zylindrisch
Visierung: Flintenkorn
Sicherung: Druckknopfsicherung vorne am Abzugsbügel

MERKMALE
- Material: Stahl, Systemkasten aus Aluminium
- Finish: matt schwarz brüniert
- Schaft: Nussbaumholz, mit Pistolengriff

Aufgrund der großen Magazinkapazität und der kurzen Lauflänge ist die untere abgebildete Waffe in einigen europäischen Staaten verboten beziehungsweise nicht zur jagdlichen und sportlichen Verwendung zugelassen.

Ruger

Die Firma Sturm, Ruger & Company Inc. wurde 1948 von William Batterman Ruger und Alexander M. Sturm gegründet. Zusammen mieteten sie eine kleine Halle in Southport, Connecticut, wo sie eine kleine Büchsenmacherwerkstatt einrichteten. Ruger hatte seine Waffenkenntnisse u. a. bei der Firma Auto Ordnance gesammelt, bei dem Unternehmen, das die weltberühmten „Tommy Guns", die Thompson-Maschinenpistolen, produziert. Das erste Produkt der neuen Firma war eine Kleinkaliberpistole, die 1949 vorgestellt wurde. Nachdem Sturm bei einem Flugzeugabsturz ums Leben gekommen war, führte „Bill" Ruger die Geschäfte allein weiter. Bis 1959 war Ruger für seine verschiedenen Revolver bekannt. 1959 kam sein erstes Gewehr auf den Markt, ein halbautomatischer Karabiner im Kaliber .44

Magnum. 1964 baute Ruger eine neue, größere Fabrik in Newport, New Hampshire. 1967 kam die bekannte Ruger No. 1-Blockbüchse auf den Markt. Bis zu deren Einführung hatte man in den USA auf Einzelladerbüchsen ziemlich herabgeschaut. Die, welche es bis dahin gegeben hatte, waren relativ billige, kleinkalibrige Kipplaufgewehre zur Jagd auf Kleinwild gewesen. Bill Ruger selbst war aber ein Liebhaber schwerer, englischer Einzelladerbüchsen, speziell solcher von Alexander Henry. Er war der Meinung, dass eine solche Waffe auch auf dem nordamerikanischen Markt gefragt sein könnten. Ruger stellte den bekannten Schaftmacher Leonard Brownell ein, um einen speziellen Schaft für die neue Ruger No. 1-Büchse entwerfen zu lassen. Die Ruger No. 1 wurde ein Erfolg und Brownell wurde technischer Betriebsleiter in der Produktionsstätte in Newport. 1968 wurde die Ruger-Repetierbüchse Modell 77 vorgestellt; auch deren Schaft war ein Entwurf von Leonard Brownell. Auch das Modell 77 entwickelte sich schnell zu einem Verkaufsschlager. 1974 brachte die Firma Ruger mit dem Modell Mini-14, Kaliber .223 Rem. einen automatischen Militärkarabiner auf den Markt; im Jahr darauf folgte die halbautomatische Mini-14-Zivilversion. Auf den ersten Blick erscheint die Mini-14-Büchse wie eine Kombination aus dem M1-Garand-Militärgewehr und Winchesters .30 M1-Karabiner. 1977 kam die Firma Ruger schließlich auch mit einer Flinte auf den Markt, diese allerdings zunächst nur im Kaliber 20, weil Bill Ruger der Meinung war, dass die meisten Kunden dieses dem 12er Kaliber vorziehen würden. Anscheinend hatte er mit seiner Einschätzung Recht, denn es dauerte noch bis zum Jahr 1982, bis Ruger auch eine Flinte im Kaliber 12 anbot.

Ruger Red Label KRL-1227

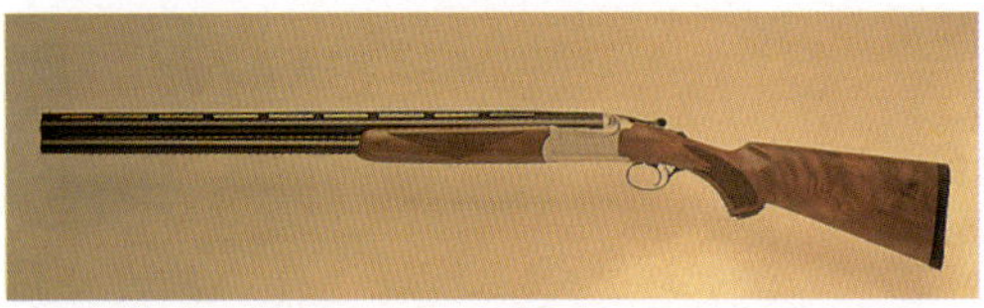

TECHNISCHE DATEN

Kaliber:	12
Kammerlänge:	3" (76 mm)
Anzahl der Läufe:	Bockdoppelflinte
System:	Kipplaufwaffe (Baskülverschluss)
Verriegelung:	Flankenverschluss
Abzug:	Einabzug
Gesamtgewicht:	3,6 kg
Gesamtlänge:	114,3 cm
Lauflänge:	71 cm (28")
Hülsenentfernung:	automatischer Ejektor
Choke:	Wechselchokeeinsätze
Visierung:	Flintenkorn, ventilierte Schiene
Sicherung:	Schiebesicherung auf dem Kolbenhals, nach dem Brechen automatisch gesichert

MERKMALE

- Material:	Stahl, Systemkasten aus rostträgem Stainless-Stahl
- Finish:	brüniert, Systemkasten unbehandelt
- Schaft:	Nussbaumholz, mit Pistolengriff

Ruger Red Label KRL-2030

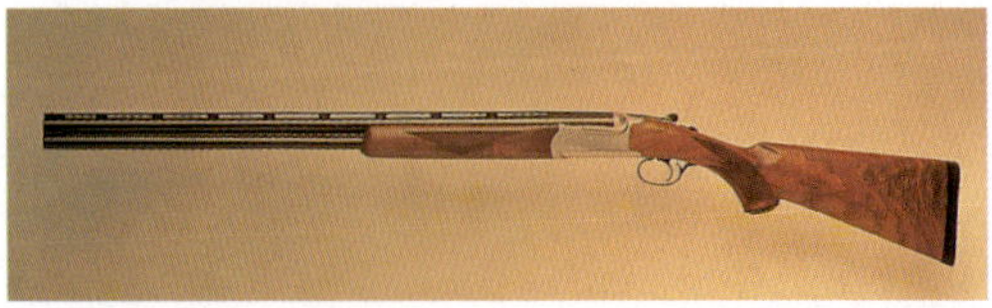

TECHNISCHE DATEN

Kaliber:	20
Kammerlänge:	3" (76 mm)
Anzahl der Läufe:	Bockdoppelflinte
System:	Kipplaufwaffe (Baskülverschluss)
Verriegelung:	Flankenverschluss
Abzug:	Einabzug
Gesamtgewicht:	3,3 kg
Gesamtlänge:	114,3 cm
Lauflänge:	71 cm (28")
Hülsenentfernung:	automatischer Ejektor
Choke:	Wechselchokeeinsätze
Visierung:	Flintenkorn, ventilierte Schiene
Sicherung:	Schiebesicherung auf dem Kolbenhals, nach dem Brechen automatisch gesichert

MERKMALE

- Material:	Stahl, Systemkasten aus rostträgem Stainless-Stahl
- Finish:	brüniert, Systemkasten unbehandelt
- Schaft:	Nussbaumholz, mit Pistolengriff

Ruger Red Label KRL-2826

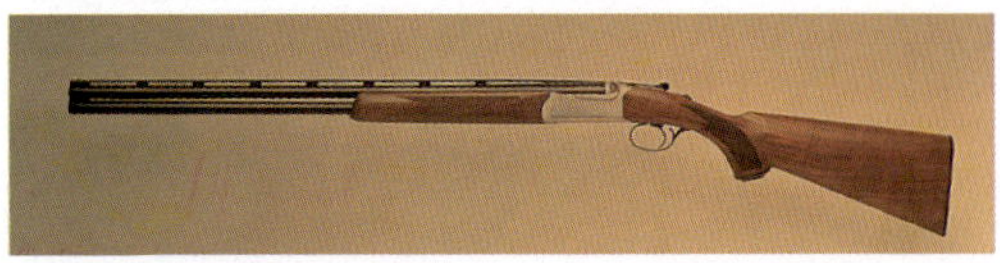

TECHNISCHE DATEN

Kaliber:	28
Kammerlänge:	$2^3/_4$" (70 mm)
Anzahl der Läufe:	Bockdoppelflinte
System:	Kipplaufwaffe (Baskülverschluss)
Verriegelung:	Flankenverschluss
Abzug:	Einabzug
Gesamtgewicht:	2,7 kg
Gesamtlänge:	109,2 cm
Lauflänge:	66 cm (26")
Hülsenentfernung:	automatischer Ejektor
Choke:	Wechselchokeeinsätze
Visierung:	Flintenkorn, ventilierte Schiene
Sicherung:	Schiebesicherung auf dem Kolbenhals, nach dem Brechen automatisch gesichert

MERKMALE

- Material: Stahl, Systemkasten aus rostträgem Stainless-Stahl
- Finish: brüniert, Systemkasten unbehandelt
- Schaft: Nussbaumholz, mit Pistolengriff

Ruger Red Label KRL-2827

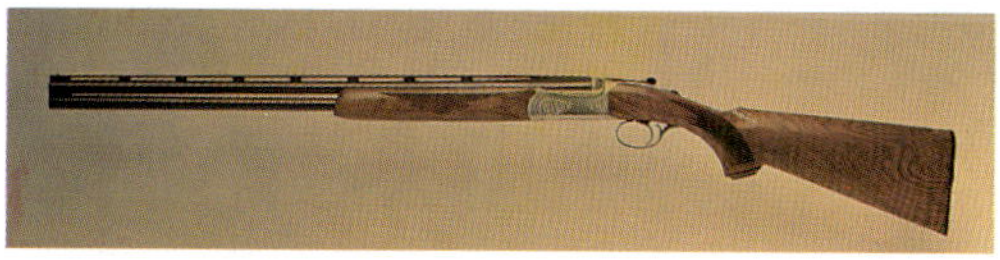

TECHNISCHE DATEN

Kaliber:	28
Kammerlänge:	2 3/4" (70 mm)
Anzahl der Läufe:	Bockdoppelflinte
System:	Kipplaufwaffe (Baskülverschluss)
Verriegelung:	Flankenverschluss
Abzug:	Einabzug
Gesamtgewicht:	2,8 kg
Gesamtlänge:	114,3 cm
Lauflänge:	71 cm (28")
Hülsenentfernung:	automatischer Ejektor
Choke:	Wechselchokeeinsätze
Visierung:	Flintenkorn, ventilierte Schiene
Sicherung:	Schiebesicherung auf dem Kolbenhals, nach dem Brechen automatisch gesichert

MERKMALE

- Material: Stahl, Systemkasten aus rostträgem Stainless-Stahl
- Finish: brüniert, Systemkasten unbehandelt
- Schaft: Nussbaumholz, mit Pistolengriff

Ruger Red Label KRLS-1226

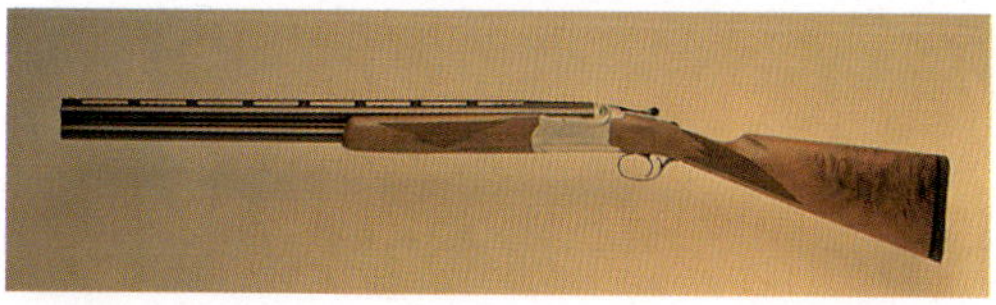

TECHNISCHE DATEN

Kaliber:	12
Kammerlänge:	3" (76 mm)
Anzahl der Läufe:	Bockdoppelflinte
System:	Kipplaufwaffe (Baskülverschluss)
Verriegelung:	Flankenverschluss
Abzug:	Einabzug
Gesamtgewicht:	3,4 kg
Gesamtlänge:	109,2 cm
Lauflänge:	66 cm (26")
Hülsenentfernung:	automatischer Ejektor
Choke:	Wechselchokeeinsätze
Visierung:	Flintenkorn, ventilierte Schiene
Sicherung:	Schiebesicherung auf dem Kolbenhals, nach dem Brechen automatisch gesichert

MERKMALE

- Material: Stahl, Systemkasten aus rostträgem Stainless-Stahl
- Finish: brüniert, Systemkasten unbehandelt
- Schaft: Nussbaumholz, mit gerader, englischer Schäftung

Ruger Red Label KRLS-2029

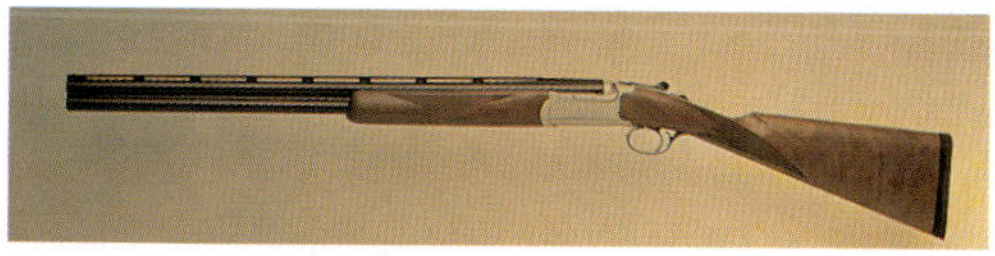

TECHNISCHE DATEN

Kaliber:	20
Kammerlänge:	3" (76 mm)
Anzahl der Läufe:	Bockdoppelflinte
System:	Kipplaufwaffe (Baskülverschluss)
Verriegelung:	Flankenverschluss
Abzug:	Einabzug
Gesamtgewicht:	3,1 kg
Gesamtlänge:	109,2 cm
Lauflänge:	66 cm (26")
Hülsenentfernung:	automatischer Ejektor
Choke:	Wechselchokeeinsätze
Visierung:	Flintenkorn, ventilierte Schiene
Sicherung:	Schiebesicherung auf dem Kolbenhals, nach dem Brechen automatisch gesichert

MERKMALE

- Material: Stahl, Systemkasten aus rostträgem Stainless-Stahl
- Finish: brüniert, Systemkasten unbehandelt
- Schaft: Nussbaumholz, mit gerader, englischer Schäftung

Ruger Sporting Clays KRL-1236

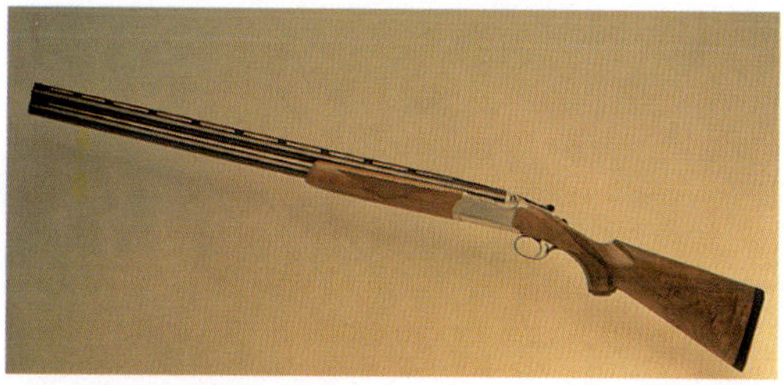

TECHNISCHE DATEN

Kaliber:	12
Kammerlänge:	3" (76 mm)
Anzahl der Läufe:	Bockdoppelflinte
System:	Kipplaufwaffe (Baskülverschluss)
Verriegelung:	Flankenverschluss
Abzug:	Einabzug
Gesamtgewicht:	3,5 kg
Gesamtlänge:	119,4 cm
Lauflänge:	76 cm (30")
Hülsenentfernung:	automatischer Ejektor
Choke:	Wechselchokeeinsätze

Visierung:	Flintenkorn, ventilierte Schiene
Sicherung:	Schiebesicherung auf dem Kolbenhals, nach dem Brechen automatisch gesichert

MERKMALE

- Material:	Stahl, Systemkasten aus rostträgem Stainless-Stahl
- Finish:	brüniert, Systemkasten unbehandelt
- Schaft:	Nussbaumholz, mit Pistolengriff

Ruger Sporting Clays KRL-2036

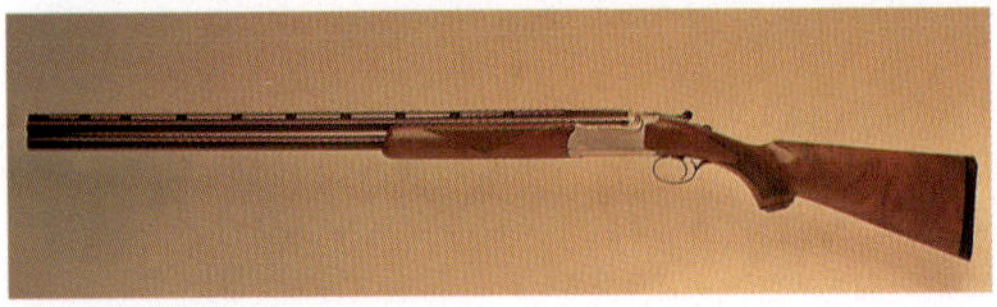

TECHNISCHE DATEN

Kaliber:	20
Kammerlänge:	3" (76 mm)
Anzahl der Läufe:	Bockdoppelflinte
System:	Kipplaufwaffe (Baskülverschluss)
Verriegelung:	Flankenverschluss
Abzug:	Einabzug
Gesamtgewicht:	3,2 kg
Gesamtlänge:	119,4 cm
Lauflänge:	76 cm (30")
Hülsenentfernung:	automatischer Ejektor
Choke:	Wechselchokeeinsätze
Visierung:	Flintenkorn, ventilierte Schiene
Sicherung:	Schiebesicherung auf dem Kolbenhals, nach dem Brechen automatisch gesichert

MERKMALE

- Material:	Stahl, Systemkasten aus rostträgem Stainless-Stahl
- Finish:	brüniert, Systemkasten unbehandelt
- Schaft:	Nussbaumholz, mit Pistolengriff

Ruger KWS-1226

TECHNISCHE DATEN

Kaliber:	12
Kammerlänge:	3" (76 mm)
Anzahl der Läufe:	Bockdoppelflinte
System:	Kipplaufwaffe (Baskülverschluss)
Verriegelung:	Flankenverschluss
Abzug:	Einabzug
Gesamtgewicht:	3,5 kg
Gesamtlänge:	109,2 cm
Lauflänge:	66 cm (26")
Hülsenentfernung:	automatischer Ejektor
Choke:	Wechselchokeeinsätze
Visierung:	Flintenkorn, ventilierte Schiene
Sicherung:	Schiebesicherung auf dem Kolbenhals, nach dem Brechen automatisch gesichert

MERKMALE

- Material:	Stahl, Systemkasten aus rostträgem Stainless-Stahl
- Finish:	brüniert, Systemkasten unbehandelt und leicht graviert
- Schaft:	Nussbaumholz, mit Pistolengriff

Ruger KWS-1227 Woodside

TECHNISCHE DATEN

Kaliber:	12
Kammerlänge:	3" (76 mm)
Anzahl der Läufe:	Bockdoppelflinte
System:	Kipplaufwaffe (Baskülverschluss)
Verriegelung:	Flankenverschluss
Abzug:	Einabzug
Gesamtgewicht:	3,6 kg
Gesamtlänge:	114,3 cm
Lauflänge:	71 cm (28")
Hülsenentfernung:	automatischer Ejektor
Choke:	Wechselchokeeinsätze
Visierung:	Flintenkorn, ventilierte Schiene
Sicherung:	Schiebesicherung auf dem Kolbenhals, nach dem Brechen automatisch gesichert

MERKMALE

- Material:	Stahl, Systemkasten aus rostträgem Stainless-Stahl
- Finish:	brüniert, Systemkasten unbehandelt und leicht graviert
- Schaft:	Nussbaumholz, mit Pistolengriff

Ruger KWS-1236 Woodside

TECHNISCHE DATEN

Kaliber:	12
Kammerlänge:	3" (76 mm)
Anzahl der Läufe:	Bockdoppelflinte
System:	Kipplaufwaffe (Baskülverschluss)

Verriegelung:	Flankenverschluss
Abzug:	Einabzug
Gesamtgewicht:	3,5 kg
Gesamtlänge:	119,4 cm
Lauflänge:	76 cm (30")
Hülsenentfernung:	automatischer Ejektor
Choke:	Wechselchokeeinsätze
Visierung:	Flintenkorn, ventilierte Schiene
Sicherung:	Schiebesicherung auf dem Kolbenhals, nach dem Brechen automatisch gesichert

MERKMALE

- Material:	Stahl, Systemkasten aus rostträgem Stainless-Stahl
- Finish:	brüniert, Systemkasten unbehandelt und leicht graviert
- Schaft:	Nussbaumholz, mit Pistolengriff

Sauer

Die Geschichte des deutschen Traditionsunternehmens Sauer & Sohn reicht bis ins Jahr 1751 zurück. Die Firma wurde im thüringischen Waffenort Suhl gegründet, wo sie zunächst Büchsen für die Armee, etwa, das legendäre Modell 1871, herstellte. 1870 entschloss man sich, auch Jagdgewehre zu fertigen und im Jahr 1900 kam man mit dem ersten Sauer-Drilling auf den Markt. Zwischen 1913 und 1945 stellte Sauer dann allerdings wieder vornehmlich Kriegswaffen her.

Nach dem Zweiten Weltkrieg wurde der östliche Teil Deutschlands von den Russen besetzt und es entstand die Deutsche Demokratische Republik. Dies war das Ende des ursprünglichen Unternehmens Sauer. 1951 wurde in Eckernförde im norddeutschen Schleswig-Holstein die neue Firma J.P. Sauer & Sohn gegründet. Das neue Unternehmen stellte zunächst eine traditionelle Doppelflinte her. Diese Waffe war so erfolgreich, dass sich die Zahl der Beschäftigten von Sauer & Sohn in den ersten beiden Jahren verdoppelte. 1953 brachte Sauer den ersten westdeutschen Nachkriegsdrilling auf den Markt, und davon sollten noch viele Versionen folgen. Sauer produzierte, vornehmlich zu Exportzwecken, auf der Basis des Colt Single Action Army-Revolvers auch verschiedene Revolvermodelle. Für den nordamerikanischen Markt wurden insgesamt 310000 dieser Sauer-Revolver hergestellt.

Als sich die Firma in den 60er und 70er Jahren nach einem großen, internationalen Partner umsah, tat man sich 1972 mit Colt zusammen; dies führte dazu, dass Sauer-Waffen in den USA unter dem erfolgreichen Namen Colt-Sauer verkauft wurden. Sauer arbeitet auch eng mit der schwedischen Firma FFV und FN in Belgien zusammen. 1973 wurde die Zusammenarbeit mit der Schweizer Industrie Gesellschaft, dem SIG-Konzern, begründet. SIG war auf der Suche nach einem Produzenten für eine neu entwickelte Selbstladepistolenreihe gewesen. 1976 wurden dahingehend erstmals die inzwischen legendären und so erfolgreichen SIG-Sauer-Pistolen vorgestellt. 1984 wurde die Palette an Flinten der Firma Sauer um Koproduktionen mit der italienischen Firma Franchi ergänzt. Diese wurden als Sauer-Franchi-Flinten und -Selbstladeflinten vermarktet.

Sauer 3000 Drilling

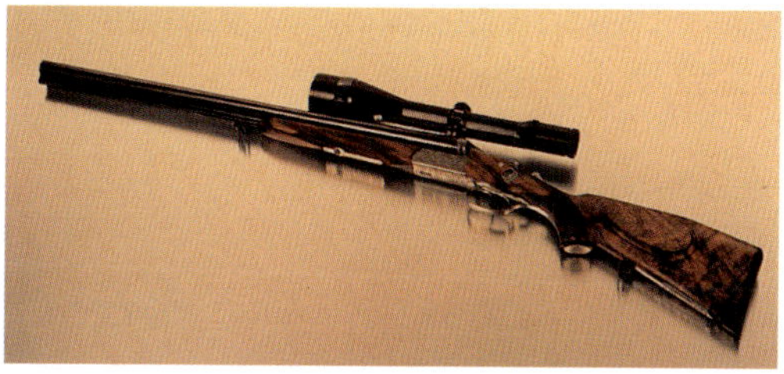

TECHNISCHE DATEN

Kaliber:	siehe nachfolgend
Kammerlänge:	siehe nachfolgend
Anzahl der Läufe:	2 Flintenläufe nebeneinander und darunter 1 Büchsenlauf (Drilling)
System:	Kipplaufwaffe (Baskülverschluss)
Verriegelung:	Greener-Verschluss, doppelte Laufhaken
Abzug:	Doppelabzug
Gesamtgewicht:	3–3,3 kg
Gesamtlänge:	106,5 cm
Lauflänge:	63,5 cm (25")
Hülsenentfernung:	Auszieher
Choke:	fest, $^1/_2$- u. Voll-Choke (Flintenlauf)
Visierung:	Büchsen-Klappvisier, Vorrichtung für Zielfernrohrmontage
Sicherung:	automatische Sicherung, manuelle Schiebesicherung auf dem Kolbenhals, Laufwahlschieber

MERKMALE

- Material:	Stahl
- Finish:	Läufe brüniert, Systemkasten unbehandelt und graviert
- Schaft:	Nussbaumholz, mit Pistolengriff und Backe

Erhältliche Flintenkaliber: 12/70 oder 16/70; erhältliche Büchsenkaliber: .243 Win.; 6,5x57R; 7x57R; 7x65R; .30-06; 9,3x74R. Das Modell 3000 Luxus verfügt über ein Hinterschaftmagazin.

Sauer-Franchi Diplomat

TECHNISCHE DATEN

Kaliber:	12
Kammerlänge:	$2^3/_4$" (70 mm)
Anzahl der Läufe:	Bockdoppelflinte

System: Kipplaufwaffe (Baskülverschluss)
Verriegelung: Laufhaken
Abzug: Ein- oder Doppelabzug
Gesamtgewicht: 3,1 kg
Gesamtlänge: 114 cm
Lauflänge: 71 cm (28")
Hülsenentfernung: automatischer Ejektor
Choke: fest, 1/2- u. 1/4- oder 3/4- u. Voll-Choke, oder Wechselchoke-Einsätze
Visierung: Flintenkorn, 10 mm breite, ventilierte Schiene
Sicherung: Schiebesicherung auf dem Kolbenhals

MERKMALE

- Material: Stahl
- Finish: brüniert, Systemkasten unbehandelt und im englischen Stil graviert
- Schaft: ausgesuchtes Nussbaumholz, mit Pistolengriff

Sauer-Franchi Favorit

TECHNISCHE DATEN

Kaliber: 12
Kammerlänge: 2 3/4" (70 mm)
Anzahl der Läufe: Bockdoppelflinte
System: Kipplaufwaffe (Baskülverschluss)
Verriegelung: Laufhaken
Abzug: Ein- oder Doppelabzug
Gesamtgewicht: 3,1 kg
Gesamtlänge: 114 cm
Lauflänge: 71 cm (28")
Hülsenentfernung: automatischer Ejektor
Choke: fest, 1/4- u. 3/4- oder 1/2- u. Voll-Choke, oder Wechselchokeeinsätze
Visierung: Flintenkorn, 10 mm breite, ventilierte Schiene
Sicherung: Schiebesicherung auf dem Kolbenhals

MERKMALE

- Material: Stahl
- Finish: brüniert, Systemkasten unbehandelt und graviert
- Schaft: ausgesuchtes Nussbaumholz, mit Pistolengriff

Für diese Waffe gibt es ein Wechsellaufset mit einem speziellen Trap-Choke-Aufsatz. Die Flinte hat dann eine Lauflänge von 76 cm (30").

Savage

Die US-Firma Savage Arms Inc. kann auf eine lange Tradition auf dem Gebiet des Waffenbaues zurückblicken. Savage wurde 1863 von Arthur Wilhelm Savage gegründet und hat ihren Sitz immer noch in Westfield, Massachusetts, in der Nähe des bekannten, dortigen Waffenortes Springfield. Das Firmenlogo, ein Indianerkopf, wurde Anfang dieses Jahrhunderts eingeführt. 1901 hatte Arthur Savage entschieden, Cheyenne-Indianern Gewehre zu liefern, die sie bestellt hatten, um damit in ihrem Reservat in Wyoming zu jagen. Die Indianer wollten sich dafür mit den Savage-Waffen auf Indianer-Shows zeigen, die zur damaligen Zeit sehr populär waren.

Savage war die erste US-Firma, die im Jahr 1920 mit ihrem Modell 1920, Kaliber .250-3000 und .300 Savage, einen Kammerstängelrepetierer vorstellte. Die Patrone .300 Savage wurde von Charles Newton eigens für Savage entwickelt. Während des Zweiten Weltkrieges wurde die Produktion von Jagd- und Sportwaffen praktisch komplett gestoppt. Während dieser Zeit wurde fast die ganze Fertigungskapazität von Savage zur Herstellung von Browning-Maschinengewehren verwendet.

Die Unterhebelrepetierbüchse Modell 99 war wohl die erfolgreichste Waffe von Savage. Sie wurde unter den verschiedensten Zusatzbezeichnungen in den verschiedensten Kalibern und Ausführungen herausgebracht. 1995 brachte man ein Sondermodell davon heraus, das 88 CE Centennial-Gewehr, um damit an die 100 Jahre seit der Vorstellung der Büchse 1895 zu erinnern. Savage gewann mit dem Centennial-Gewehr 1996 den Jahrespreis der amerikanischen Waffenindustrie.

1997 kam Savage mit zwei neuen Kammerstängelrepetierflinten auf den Markt, mit dem Modell 210 F Master Shot Slug Gun mit einem gezogenen Lauf zum Verschießen von Flintenlaufgeschossen und mit dem 210 FT mit glattem (Flinten-)Lauf.

Savage 24 F Bockbüchsflinte

TECHNISCHE DATEN

Kaliber: siehe nachfolgend
Kammerlänge: Flintenlauf: 3" (76 mm)

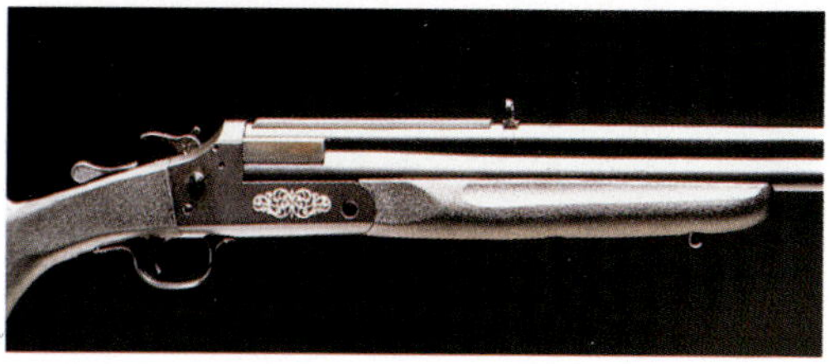

Anzahl der Läufe:	Bockbüchsflinte (Flinten- u. Büchsenlauf übereinander)
System:	Kipplaufwaffe (Baskülverschluss)
Verriegelung:	Laufhaken
Abzug:	Einabzug
Gesamtgewicht:	3,6 kg
Gesamtlänge:	103 cm
Lauflänge:	61 cm (24")
Hülsenentfernung:	Auszieher
Choke:	Flintenlauf: Wechselchokeeinsätze
Visierung:	Büchsenvisierung, Prismaschiene für Optikmontage
Sicherung:	Druckknopfsicherung unterhalb des Hahn-/Laufwahlhebel

MERKMALE

- Material:	Stahl
- Finish:	mattschwarz
- Schaft:	schwarzer Kunststoffschaft, mit Pistolengriff

Erhältliches Flintenkaliber: 12 oder 20; erhältliche Büchsenkaliber: .22 l.r.; .22 Hornet; .223 Rem.; .30-30 Win.; .30-06.

Savage 210 F Master Shot Slug

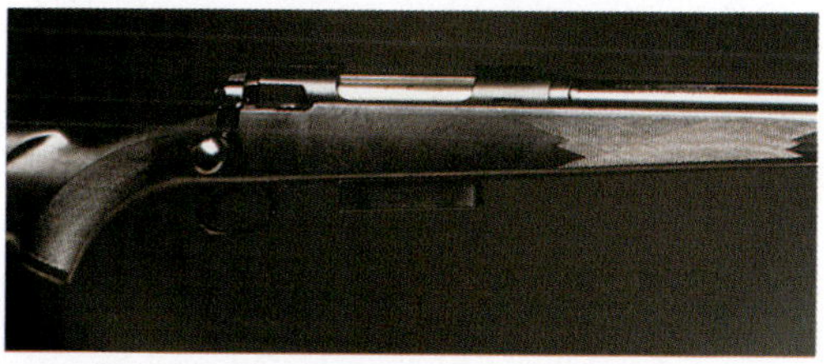

TECHNISCHE DATEN

Kaliber:	12
Kammerlänge:	3" (76 mm)
Anzahl der Läufe:	Einzellauf
Magazin:	Stangenmagazin für 3 Patronen
System:	Kammerstängelrepetierflinten
Verriegelung:	3 Verriegelungswarzen
Abzug:	Einzelabzug
Gesamtgewicht:	3,4 kg
Gesamtlänge:	111 cm
Lauflänge:	61 cm (24")
Hülsenentfernung:	Repetierauszieher
Choke:	entfällt, da gezogener Lauf
Visierung:	ohne, Prismaschiene für Optikmontage
Sicherung:	Sicherungshebel rechts am Verschlussstück

MERKMALE

- Material:	Stahl
- Finish:	brüniert
- Schaft:	schwarzer Kunststoffschaft, mit Pistolengriff

Savage 210 FT Master Shot Turkey Shotgun

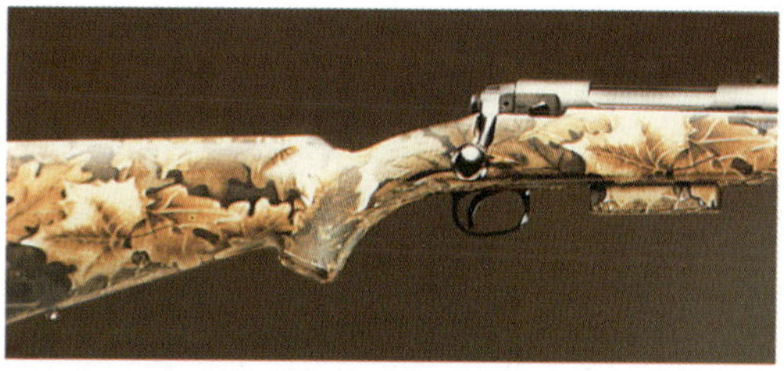

TECHNISCHE DATEN

Kaliber:	12
Kammerlänge:	3" (76 mm)
Anzahl der Läufe:	Einzellauf
Magazin:	Stangenmagazin für 3 Patronen
System:	Kammerstängelrepetierflinten
Verriegelung:	3 Verriegelungswarzen
Abzug:	Einzelabzug
Gesamtgewicht:	3,4 kg
Gesamtlänge:	111 cm
Lauflänge:	61 cm (24")
Hülsenentfernung:	Repetierauszieher
Choke:	Voll-Choke
Visierung:	Flintenkorn
Sicherung:	Sicherungshebel rechts am Verschlussstück

MERKMALE

- Material:	Stahl
- Finish:	brüniert
- Schaft:	Kunststoffschaft, mit Blatt-Camouflage-Lackierung, mit Pistolengriff

Simson/Suhl

1906 erhielt der Büchsenmachermeister Franz Jäger aus Suhl ein Patent bezüglich eines neuen Kipplaufwaffen-Spannsystems. Bis zum Zweiten Weltkrieg wurden unter dem Namen Simson-Jäger verschiedene Gewehrmodelle hergestellt, bei denen dieses System Verwendung fand. Das besondere und bis dato atypische an dem Spannsystem ist, dass es sich bei Waffen mit diesem System nicht um Selbstspanner handelt, die

Schlosse werden beim Brechen der Waffe zum Laden und Entladen nicht automatisch gespannt. Die Schlosse und damit der Schlagbolzen werden erst manuell durch einen separaten Spannschieber gespannt, der sich oben auf dem Kolbenhals befindet. Wenn nach dem Spannen doch kein Schuss abgegeben werden soll, kann die Waffe durch leichtes Vorschieben und darauf folgendes Zurückgleitenlassen des Spannschiebers leicht wieder entspannt werden. Simson/Suhl-Waffen sind meistens mit einem einstellbaren Rückstecher für den vorderen Abzug ausgestattet.

Simson „Superleicht“ Bockbüchsflinte

TECHNISCHE DATEN

Kaliber:	siehe nachfolgend
Kammerlänge:	Flintenlauf: 3" (76 mm)
Anzahl der Läufe:	Bockbüchsflinte (Flinten- u. Büchsenlauf übereinander)
System:	Kipplaufwaffe (Baskülverschluss)
Verriegelung:	doppelte Laufhaken
Abzug:	Doppelabzug, vord. Abzug mit Rückstecher
Gesamtgewicht:	2,3–2,8 kg
Gesamtlänge:	115–120 cm
Lauflänge:	66–71 cm (26"–28")
Hülsenentfernung:	Auszieher
Choke:	Flintenlauf: fest, nach Wahl
Visierung:	festes Büchsenvisier, vorgerichtet für spezielle Optik-Schwenkmontage
Sicherung:	beim Brechen automatisch gesichert, separater Spannschieber für das Büchsenschloss

MERKMALE

- Material:	Stahl
- Finish:	brüniert, Systemkasten unbehandelt und mit Gravur nach Wahl
- Schaft:	ausgesuchtes Nussbaumholz, mit Pistolengriff und Backe

Erhältliches Flintenkaliber: 20/76; erhältliche Büchsenkaliber: .22 Hornet; .223 Rem.; 5,6x50R Mag.; 5,6x52R; Modell SL-II: 6,5x62R Frères; .243 Win.; 6,5x57R; 6,5x65R; 7x57R; 7x65R; .308 Win.; .30R Blaser; .30-06; 8x57JRS; 8x76RS; 9,3x74R.

Thompson/Center

THOMPSON/CENTER ARMS

Die Thompson/Center Arms Company Inc. wurde 1965 gegründet. Warren Center, der persönlich die bekannte einschüssige, so genannte Contender-Pistole entwickelte, war schon während seiner Militärzeit im Zweiten Weltkrieg bei Einheiten, die zur Waffenbeschaffung und zum Test von Waffen hinsichtlich ihrer Brauchbarkeit für die US Army zuständig war, eingesetzt. Nach dem Krieg ging Center nach Dallas, Texas, arbeitete dort als Büchsenmacher, entschied sich dann aber schnell, in seine alte Heimat nach Massachusetts zurückzukehren und dort einen kleinen Büchsenmacherbetrieb aufzumachen. 1954 wurde er von der Iver Johnson-Waffenfabrik angestellt und entwickelte für diese einige Revolver. 1959 machte er sich dann zusammen mit Elton Whiting erneut selbstständig und begann mit diesem, einschüssige Pistolen zu bauen. 1963 wurde Warren Center schließlich noch Entwicklungschef der bekannten Firma Harrington & Richardson. In diesem Jahr entwickelte er eine neue einschüssige Kipplaufpistole, für die Harrington & Richardson kein Interesse hatte. Nachdem Center 1994 in Kontakt mit Kenneth William Thompson gekommen war, entschlossen sie sich, die neue Kipplaufpistole eigenständig herzustellen. Center wurde Direktor der K.W. Thompson Tool Company, beide zusammen gründeten dann bereits 1965 die Thompson/Center Arms Company. 1967 stellte man die Thompson/Center-Contender-Pistole vor. Erst 1985 kam die Firma dann mit einer Karabinerversion der Contender auf den Markt, die zunächst in neuen verschiedenen Kalibern angeboten wurde, u.a. auch mit einem Kaliber .410-Schrotlauf. 1997 wurde von der Firma eine neue Büchse, das Modell „Encore“, vorgestellt.
Jede der aufgrund ihrer möglichen Kalibervielfalt so vielseitigen Contender-Waffen ist mit einem Sicherheitsschieber ausgestattet, der sich atypisch oben auf dem Schlaghahn befindet. Mit dem Schieber kann der Schlagbolzen komplett weggekippt werden, sodass keinesfalls eine Schussabgabe möglich ist.

Thompson Contender Carbine

TECHNISCHE DATEN

Kaliber:	.410
Kammerlänge:	3" (76 mm)
Anzahl der Läufe:	Einlaufflinte
System:	Kipplaufwaffe (Baskülverschluss)
Verriegelung:	Laufhaken
Abzug:	Einabzug
Gesamtgewicht:	2,4 kg
Gesamtlänge:	88,3 cm
Lauflänge:	53,3 cm (21")
Hülsenentfernung:	nur Auszieher
Choke:	fest, Voll-Choke
Visierung:	Flintenkorn, ventilierte Laufschiene
Sicherung:	Verschlusssicherung, Abzugssicherung, Schiebesicherung am Schlaghahn

MERKMALE

- Material:	Stahl
- Finish:	brüniert
- Schaft:	Nussbaumholz, mit Pistolengriff

In einigen europäischen Staaten, etwa in Großbritannien, ist diese Waffe aufgrund ihrer geringen Lauflänge verboten. In Deutschland kann sie mit einer waffenrechtlichen Erwerbsberechtigung erworben werden.

Ugartechea

Der Name Ugartechea klingt zwar nicht besonders spanisch, es handelt sich aber um eine spanische Firma, die ihren Sitz in Eibar, im Norden der spanischen Baskenrepublik hat. Eibar ist das absolute Waffenzentrum Spaniens, dort befindet sich auch ein spanisches staatliches Beschussamt. Das in Eibar verwendete amtliche Beschusszeichen ist fast mit dem Ugartechea-Firmenlogo identisch, es zeigt ebenfalls den Helm einer Rüstung und ein Schild. Ugartechea wurde 1922 von Juan Iriondo Echeverria gegründet. Seit damals produziert das Unternehmen ausschließlich Querflinten – und diese vornehmlich für den Export. Ugartechea hat es geschafft, alte Büchsenmachertraditionen mit modernen Fertigungstechniken zu kombinieren. Zwar werden die Waffen des Unternehmens auch in andere europäische Länder exportiert, vornehmlich aber nach Nord- und Südamerika.

Ugartechea 30/30 EX

TECHNISCHE DATEN

Kaliber:	12, 16, 20, 28 oder .410
Kammerlänge:	2¾" (70 mm), 3" (76 mm) bzgl. Kal. 20
Anzahl der Läufe:	Doppelflinte (Querflinte)
System:	Kipplaufwaffe (Baskülverschluss)
Verriegelung:	Laufhaken
Abzug:	Doppelabzug
Gesamtgewicht:	3,1–3,3 kg
Gesamtlänge:	109–114 cm
Lauflänge:	66, 69 oder 71 cm (26", 27⅛" oder 28")
Hülsenentfernung:	Auszieher (Mod. 30) oder Ejektor (Mod. 30 EX)
Choke:	fest, ¼- u. ¾-, ½- u. Voll-, ¼- u. ¾- oder ¾- u. Voll-Choke
Visierung:	Flintenkorn
Sicherung:	Schiebesicherung auf dem Kolbenhals

MERKMALE

- Material:	Stahl
- Finish:	brüniert, Systemkasten buntgehärtet
- Schaft:	Nussbaumholz, mit gerader, englischer Schäftung oder mit Pistolengriff

Für den nordamerikanischen Markt wird diese Flinte mit einer Lauflänge von 81 cm (32") auch im Kaliber 10 hergestellt.

Ugartechea 40/40 EX

TECHNISCHE DATEN

Kaliber:	12, 16, 20, 28 oder .410
Kammerlänge:	2¾" (70 mm), 3" (76 mm) bzgl. Kal. 20
Anzahl der Läufe:	Doppelflinte (Querflinte)
System:	Kipplaufwaffe (Baskülverschluss)
Verriegelung:	Laufhaken
Abzug:	Doppelabzug
Gesamtgewicht:	3,1–3,3 kg
Gesamtlänge:	109–114 cm
Lauflänge:	66, 69 oder 71 cm (26", 27⅛" oder 28")
Hülsenentfernung:	Auszieher (Mod. 40) oder Ejektor (Mod. 40 EX)
Choke:	fest, ¼- u. ¾-, ½- u. Voll-, ¼- u. ½- oder ¾- u. Voll-Choke
Visierung:	Flintenkorn
Sicherung:	Schiebesicherung auf dem Kolbenhals

MERKMALE

- Material:	Stahl
- Finish:	brüniert, Systemkasten unbehandelt und leicht graviert
- Schaft:	Nussbaumholz, mit gerader, englischer Schäftung oder mit Pistolengriff

Ugartechea 75/75 EX

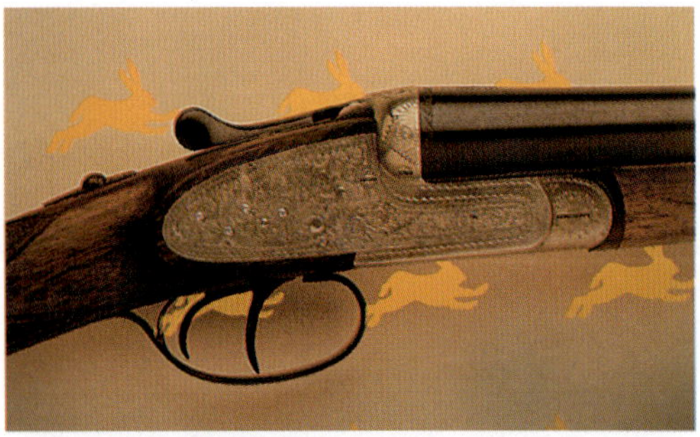

TECHNISCHE DATEN

Kaliber:	12, 16 oder 20
Kammerlänge:	2¾" (70 mm), 3" (76 mm) bzgl. Kal. 20
Anzahl der Läufe:	Doppelflinte (Querflinte)
System:	Kipplaufwaffe (Baskülverschluss)
Verriegelung:	Laufhaken
Abzug:	Doppelabzug
Gesamtgewicht:	3,1–3,3 kg
Gesamtlänge:	109–114 cm
Lauflänge:	66, 69 oder 71 cm (26", 27⅛" oder 28")
Hülsenentfernung:	Auszieher oder automatischer Ejektor (Milano EX)
Choke:	fest, ¼- u. ¾-, ½- u. Voll-, ¼- u. ½- oder ¾- u. Voll-Choke
Visierung:	Flintenkorn
Sicherung:	Schiebesicherung auf dem Kolbenhals

MERKMALE

- Material:	Stahl
- Finish:	brüniert, Systemkasten und Seitenschlossplatten unbehandelt und graviert (Blumenmotiv)
- Schaft:	Nussbaumholz, mit gerader, englischer Schäftung

Ugartechea 110

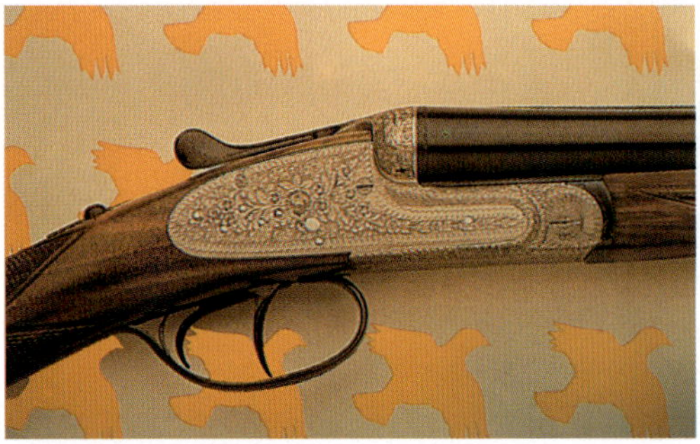

TECHNISCHE DATEN

Kaliber:	12, 16, 20, 28 oder .410
Kammerlänge:	2¾" (70 mm), 3" (76 mm) bzgl. Kal. 20
Anzahl der Läufe:	Doppelflinte (Querflinte)
System:	Kipplaufwaffe (Baskülverschluss)
Verriegelung:	Laufhaken
Abzug:	Doppelabzug
Gesamtgewicht:	3,1–3,3 kg
Gesamtlänge:	109–114 cm
Lauflänge:	66, 69 oder 71 cm (26", 27⅛" oder 28")
Hülsenentfernung:	automatischer Ejektor
Choke:	fest, ¼- u. ¾-, ½- u. Voll-, ¼- u. ½- oder ¾- u. Voll-Choke, Compensator-Bohrungen
Visierung:	Flintenkorn
Sicherung:	Schiebesicherung auf dem Kolbenhals

MERKMALE

- Material:	Stahl
- Finish:	brüniert, Systemkasten und Seitenschlossplatten unbehandelt und graviert (Arabeskengravur)
- Schaft:	Nussbaumholz, mit gerader, englischer Schäftung oder mit Pistolengriff

Ugartechea 116

TECHNISCHE DATEN

Kaliber:	12, 16, 20, 28 oder .410
Kammerlänge:	2¾" (70 mm), 3" (76 mm) bzgl. Kal. 20
Anzahl der Läufe:	Doppelflinte (Querflinte)

System: Kipplaufwaffe (Baskülverschluss)
Verriegelung: Laufhaken
Abzug: Doppelabzug
Gesamtgewicht: 3,1–3,3 kg
Gesamtlänge: 112–116 cm
Lauflänge: 66, 69 oder 71 cm (26", 27 1/8" oder 28")
Hülsenentfernung: automatischer Ejektor
Choke: fest, 1/4- u. 3/4-, 1/2- u. Voll-, 1/4- u. 1/2- oder 3/4- u. Voll-Choke, Compensator-Bohrungen
Visierung: Flintenkorn
Sicherung: Schiebesicherung auf dem Kolbenhals

MERKMALE
- Material: Stahl
- Finish: brüniert, Systemkasten und Seitenschlossplatten unbehandelt und graviert (Arabeskengravur)
- Schaft: Nussbaumholz, mit gerader, englischer Schäftung oder mit Pistolengriff

Ugartechea 119

TECHNISCHE DATEN
Kaliber: 12, 16, 20, 28 oder .410
Kammerlänge: 2 3/4" (70 mm), 3" (76 mm) bzgl. Kal. 20
Anzahl der Läufe: Doppelflinte (Querflinte)
System: Kipplaufwaffe (Baskülverschluss)
Verriegelung: Laufhaken
Abzug: Doppelabzug
Gesamtgewicht: 3,1–3,3 kg
Gesamtlänge: 112–116 cm
Lauflänge: 66, 69 oder 71 cm (26", 27 1/8" oder 28")
Hülsenentfernung: automatischer Ejektor
Choke: fest, 1/4- u. 3/4-, 1/2- u. Voll-, 1/4- u. 1/2- oder 3/4- u. Voll-Choke, Compensator-Bohrungen
Visierung: Flintenkorn
Sicherung: Schiebesicherung auf dem Kolbenhals

MERKMALE
- Material: Stahl
- Finish: brüniert, Systemkasten und Seitenschlossplatten unbehandelt und graviert (Arabeskengravur)
- Schaft: Nussbaumholz, mit gerader, englischer Schäftung oder mit Pistolengriff

Ugartechea 1000

TECHNISCHE DATEN
Kaliber: 12, 16 oder 20
Kammerlänge: 2 3/4" (70 mm), 3" (76 mm) bzgl. Kal. 20
Anzahl der Läufe: Doppelflinte (Querflinte)
System: Kipplaufwaffe (Baskülverschluss)
Verriegelung: Laufhaken
Abzug: Doppelabzug
Gesamtgewicht: 3,1–3,3 kg
Gesamtlänge: 112–116 cm
Lauflänge: 66, 69 oder 71 cm (26", 27 1/8" oder 28")
Hülsenentfernung: automatischer Ejektor
Choke: fest, 1/4- u. 3/4-, 1/2- u. Voll-, 1/4- u. 1/2- oder 3/4- u. Voll-Choke, Compensator-Bohrungen
Visierung: Flintenkorn
Sicherung: Schiebesicherung auf dem Kolbenhals

MERKMALE
- Material: Stahl
- Finish: brüniert, Systemkasten und Seitenschlossplatten unbehandelt und graviert (Arabeskengravur)
- Schaft: Nussbaumholz, mit gerader, englischer Schäftung oder mit Pistolengriff

Ugartechea 1030

TECHNISCHE DATEN
Kaliber: 12, 16 oder 20
Kammerlänge: 2 3/4" (70 mm), 3" (76 mm) bzgl. Kal. 20
Anzahl der Läufe: Doppelflinte (Querflinte)
System: Kipplaufwaffe (Baskülverschluss)

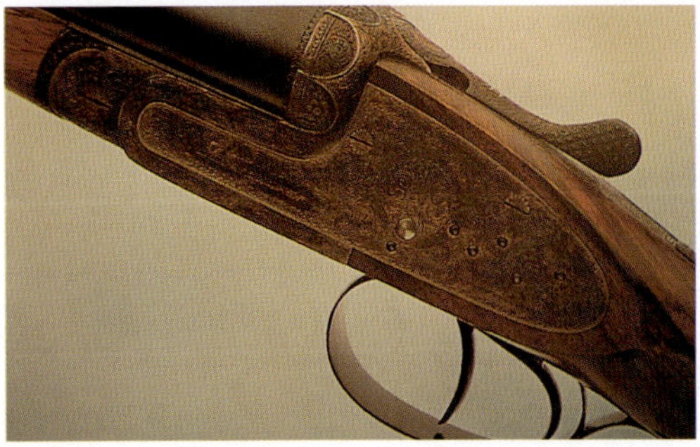

Verriegelung: Laufhaken
Abzug: Doppelabzug
Gesamtgewicht: 3,1–3,3 kg
Gesamtlänge: 112–116 cm
Lauflänge: 66, 69 oder 71 cm (26", 27 1/8" oder 28")
Hülsenentfernung: automatischer Ejektor
Choke: fest, 1/4- u. 3/4-, 1/2- u. Voll-, 1/4- u. 1/2- oder 3/4- u. Voll-Choke, Compensator-Bohrungen
Visierung: Flintenkorn
Sicherung: Schiebesicherung auf dem Kolbenhals

MERKMALE
- Material: Stahl
- Finish: brüniert, Systemkasten und Seitenschlossplatten bunt-gehärtet und graviert (Arabeskengravur)
- Schaft: Nussbaumholz, mit gerader, englischer Schäftung oder mit Pistolengriff

Ugartechea 1042

TECHNISCHE DATEN
Kaliber: 12, 16 oder 20
Kammerlänge: 2 3/4" (70 mm), 3" (76 mm) bzgl. Kal. 20
Anzahl der Läufe: Doppelflinte (Querflinte)
System: Kipplaufwaffe (Baskülverschluss)
Verriegelung: Laufhaken
Abzug: Doppelabzug
Gesamtgewicht: 3,1–3,3 kg
Gesamtlänge: 112–116 cm
Lauflänge: 66, 69 oder 71 cm (26", 27 1/8" oder 28")
Hülsenentfernung: automatischer Ejektor
Choke: fest, 1/4- u. 3/4-, 1/2- u. Voll-, 1/4- u. 1/2- oder 3/4- u. Voll-Choke, Compensator-Bohrungen
Visierung: Flintenkorn
Sicherung: Schiebesicherung auf dem Kolbenhals

MERKMALE
- Material: Stahl
- Finish: brüniert, Systemkasten und Seitenschlossplatten unbehandelt und graviert
- Schaft: Nussbaumholz, mit gerader, englischer Schäftung oder mit Pistolengriff

Ugartechea BR-1

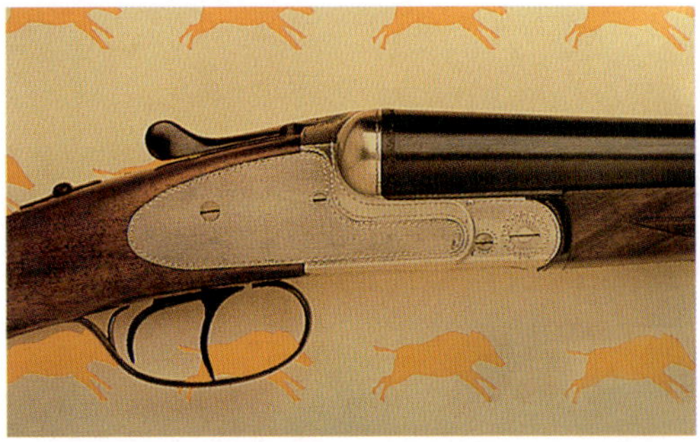

TECHNISCHE DATEN
Kaliber: 12
Kammerlänge: 2 3/4" (70 mm)
Anzahl der Läufe: Doppelflinte (Querflinte)
System: Kipplaufwaffe (Baskülverschluss)
Verriegelung: Laufhaken
Abzug: Doppelabzug
Gesamtgewicht: 3,1–3,3 kg
Gesamtlänge: 109–114 cm
Lauflänge: 66, 69 oder 71 cm (26", 27 1/8" oder 28")
Hülsenentfernung: Auszieher
Choke: fest, 1/2- u. 1/4-Choke
Visierung: Flintenkorn
Sicherung: Schiebesicherung auf dem Kolbenhals

MERKMALE
- Material: Stahl
- Finish: brüniert, Systemkasten und Seitenschlossplatten unbeh.
- Schaft: Nussbaumholz, mit gerader, englischer Schäftung

Ugartechea Jabali

TECHNISCHE DATEN
Kaliber: 12
Kammerlänge: 2 3/4" (70 mm)
Anzahl der Läufe: Doppelflinte (Querflinte)
System: Kipplaufwaffe (Baskülverschluss)
Verriegelung: Laufhaken
Abzug: Doppelabzug
Gesamtgewicht: 3,2 kg
Gesamtlänge: 106 cm

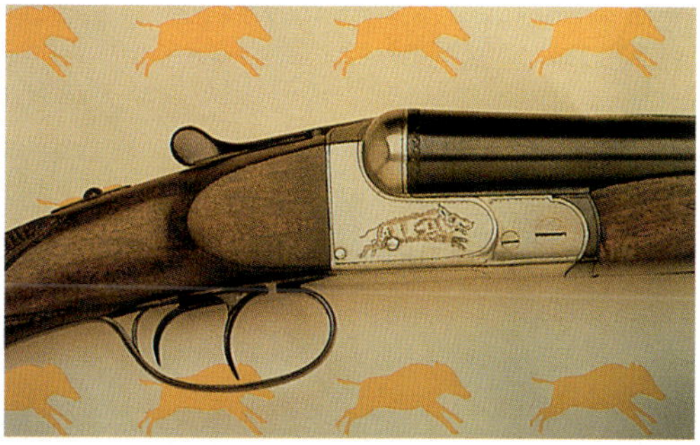

Lauflänge:	63,5 cm (25")
Hülsenentfernung:	Auszieher
Choke:	fest, 1/4- u. 1/4-Choke
Visierung:	feste Büchsenvisierung
Sicherung:	Schiebesicherung auf dem Kolbenhals

MERKMALE

- Material:	Stahl
- Finish:	brüniert, Systemkasten unbeh. und graviert (Jagdmotive)
- Schaft:	Nussbaumholz, mit Pistolengriff

Diese Waffen gibt es als Modell Jabali EX auch mit Ejektoren. Die Waffe ist vornehmlich für das Verschießen von Flintenlaufgeschossen vorgesehen.

Ugartechea Milano

TECHNISCHE DATEN

Kaliber:	12, 16 oder 20
Kammerlänge:	2 3/4" (70 mm), 3" (76 mm) bzgl. Kal. 20
Anzahl der Läufe:	Doppelflinte (Querflinte)
System:	Kipplaufwaffe (Baskülverschluss)
Verriegelung:	Laufhaken
Abzug:	Doppelabzug
Gesamtgewicht:	3,1–3,3 kg
Gesamtlänge:	109–114 cm
Lauflänge:	66, 69 oder 71 cm (26", 27 1/8" oder 28")
Hülsenentfernung:	Auszieher oder automatischer Ejektor (Milano EX)
Choke:	fest, 1/4- u. 3/4-, 1/2- u. Voll-, 1/4- u. 1/2- oder 3/4- u. Voll-Choke, Compensator-Bohrungen
Visierung:	Flintenkorn
Sicherung:	Schiebesicherung auf dem Kolbenhals

MERKMALE

- Material:	Stahl
- Finish:	brüniert, Systemkasten u. Seitenschlossplatten buntgehärtet
- Schaft:	Nussbaumholz, mit gerader, englischer Schäftung

Verney-Carron

Dieses Unternehmen hat seinen Sitz in der französischen Waffenmetropole rund um St. Étienne. Es ist seit 1820 ununterbrochen in Familienbesitz. Verney-Carron baut diverse Jagdflinten und -büchsen.
Die Flintenpalette besteht aus einigen Grundmodellen und diversen Abarten davon. Allein die Flintenserie Super-9 besteht aus insgesamt sechs verschiedenen Modellen, alle jeweils nochmals unterteilt in die Ausführungen Klassik, Luxus und Extra Luxus; die Blankteile der Extra Luxus-Waffen sind mit feinen Tierstückgravuren versehen.
Jede Verney-Carron-Flinte ist mit einem Pistolengriff-Hinterschaft oder mit gerader, englischer Schäftung lieferbar. Das Modell Super 9 hat neben der traditionellen Laufhaken- zusätzlich noch eine Art Purdey-Verriegelung. Daneben umfasst die Produktpalette unter anderem noch die Flintenmodellserie Sagittaire, die PAX-Serie von Pumpflinten und halbautomatischen Selbstladeflinten. Die Bockdoppelflinte Sagittaire hat einen Flankenverschluss à la Beretta. Verney-Carron baut außerdem die exklusiven Doppelbüchsen Modell Jubile und Jet sowie Express-Doppelbüchsen. Die Verriegelung dieser Waffen ist unüblich: neben der Laufhakenverriegelung gibt es hier einen zusätzlichen federgelagerten Verriegelungsstift, der in eine zwischen den Läufen befindliche Aussparung eingreift (ebenso ähnlich Purdey).

Verney-Carron A.G.O. Luxe Magnum

TECHNISCHE DATEN

Kaliber:	12

Kammerlänge:	3" (76 mm)
Anzahl der Läufe:	Einzellauf
Magazin:	Röhrenmagazin für 2 Patronen
System:	halbautomatisch (Gasdrucklader)
Verriegelung:	Vertikalblockverschluss
Abzug:	Einzelabzug
Gesamtgewicht:	3,15 kg
Gesamtlänge:	115–125 cm
Lauflänge:	60 oder 71 cm (24" oder 28")
Hülsenentfernung:	Repetierauszieher
Choke:	Chokinox- oder Poly-Choke-Wechselchokesystem
Visierung:	Flintenkorn, ventilierte Schiene
Sicherung:	Druckknopfsicherung hinten in Abzugsbügel

MERKMALE

- Material: Stahl, Systemkasten aus Aluminium
- Finish: brüniert, Systemkasten seitlich unbehandelt, mit Ätzmotiv
- Schaft: Nussbaumholz, mit Pistolengriff

Verney-Carron A.R.C. Luxor

TECHNISCHE DATEN

Kaliber:	12 oder 20
Kammerlänge:	2¾" (70 mm)
Anzahl der Läufe:	Einzellauf
Magazin:	Röhrenmagazin für 2 Patronen
System:	halbautomatisch (Gasdrucklader)
Verriegelung:	abgeänderter Drehkammerverschluss
Abzug:	Einzelabzug
Gesamtgewicht:	2,6 kg (Kal. 20)–3 kg (Kal. 12)
Gesamtlänge:	115–130 cm
Lauflänge:	61, 66, 69, 71 oder 76 cm (24", 26", 28" oder 30")
Hülsenentfernung:	Repetierauszieher
Choke:	Chokinox- oder Poly-Choke-Wechselchokesystem
Visierung:	Flintenkorn, ventilierte Schiene
Sicherung:	Druckknopfsicherung hinten in Abzugsbügel

MERKMALE

- Material: Stahl, Systemkasten aus Aluminium
- Finish: brüniert, Systemkasten mit Goldätzung
- Schaft: Nussbaumholz, mit Pistolengriff

Das Modell ARC Luxor Gros Gibier ist als spezielle Slug-Waffe auch mit 61 cm langem gezogenen Lauf erhältlich.

Verney-Carron A.R.C. Super Leger

TECHNISCHE DATEN

Kaliber:	12
Kammerlänge:	2¾" (70 mm)
Anzahl der Läufe:	Einzellauf
Magazin:	Röhrenmagazin für 2 Patronen
System:	halbautomatisch (Gasdrucklader)
Verriegelung:	abgeänderter Drehkammerverschluss
Abzug:	Einzelabzug
Gesamtgewicht:	3 kg
Gesamtlänge:	115 oder 120 cm
Lauflänge:	61 oder 66 cm (24" oder 26")
Hülsenentfernung:	Repetierauszieher
Choke:	Chokinox-Wechselchokesystem
Visierung:	Flintenkorn, ventilierte Schiene
Sicherung:	Druckknopfsicherung hinten in Abzugsbügel

MERKMALE

- Material: Stahl, Systemkasten aus Aluminium
- Finish: brüniert, Systemkasten mit Goldätzung
- Schaft: Nussbaumholz, mit Pistolengriff

Verney-Carron J.E.T.

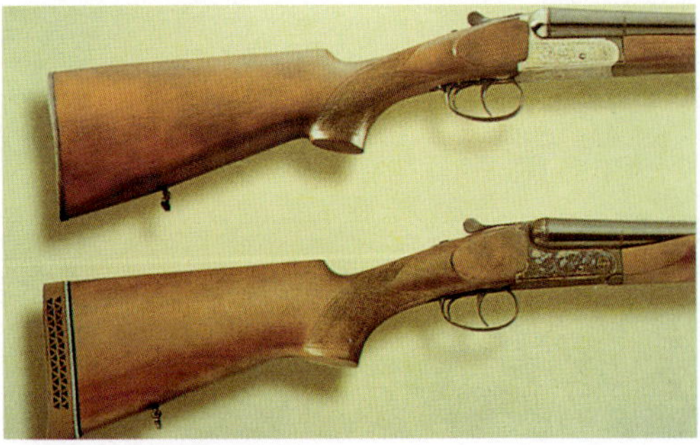

TECHNISCHE DATEN

Kaliber:	12 oder 16
Kammerlänge:	2¾" (70 mm)
Anzahl der Läufe:	Doppelflinte (Querflinte)
System:	Kipplaufwaffe (Baskülverschluss)
Verriegelung:	Laufhaken, Purdey-Verschluss
Abzug:	Doppelabzug
Gesamtgewicht:	3 kg

Gesamtlänge: 113 oder 123 cm
Lauflänge: 70 oder 80 cm (27$^{1}/_{2}$" oder 31$^{1}/_{2}$")
Hülsenentfernung: Auszieher
Choke: fest, $^{1}/_{2}$- u. Voll-Choke
Visierung: Flintenkorn
Sicherung: Schiebesicherung auf dem Kolbenhals

MERKMALE

- Material: Stahl
- Finish: brüniert, Systemkasten unbehandelt oder bunt gehärtet
- Schaft: Hartholz, mit Pistolengriff

Auf dem Foto S. 280 unten sind die Versionen Rustic und Canardouze der Verney-Carron J.E.T. abgebildet.

Verney-Carron Jubilé

TECHNISCHE DATEN

Kaliber: 12
Kammerlänge: 2$^{3}/_{4}$" (70 mm)
Anzahl der Läufe: Doppelflinte (Querflinte)
System: Kipplaufwaffe (Baskülverschluss)
Verriegelung: Laufhaken, Purdey-Verschluss
Abzug: Doppelabzug
Gesamtgewicht: 2,95–3 kg
Gesamtlänge: 108 oder 113 cm
Lauflänge: 66 oder 71 cm (26" oder 28")
Hülsenentfernung: automatischer Ejektor
Choke: fest, $^{1}/_{4}$- u. $^{3}/_{4}$-Choke
Visierung: Flintenkorn
Sicherung: Schiebesicherung auf dem Kolbenhals

MERKMALE

- Material: Stahl
- Finish: brüniert, Systemkasten unbehandelt
- Schaft: Nussbaumholz, mit Pistolengriff

Verney-Carron P.A.X. Magnum

TECHNISCHE DATEN

Kaliber: 12
Kammerlänge: 3" (76 mm)
Anzahl der Läufe: Einzellauf
Magazin: Röhrenmagazin für 2 oder 5 Patronen
System: Vorderschaftrepetiersystem

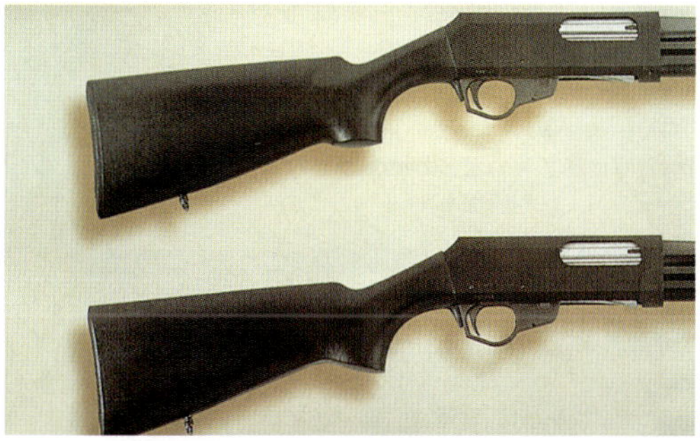

Verriegelung: Vertikalblockverschluss
Abzug: Einzelabzug
Gesamtgewicht: 3 kg
Gesamtlänge: 113 oder 126 cm
Lauflänge: 66 oder 71 cm (26" oder 28")
Hülsenentfernung: Repetierauszieher
Choke: zylindrisch
Visierung: verstellbares Büchsenvisier
Sicherung: Druckknopfsicherung vorne am Abzugsbügel

MERKMALE:

- Material: Stahl, Systemkasten aus Aluminium
- Finish: matt schwarz
- Schaft: schwarzer Kunststoffschaft, mit Pistolengriff

Abgebildet sind die Versionen Sous-Bois (mit 61 cm-Lauf) und Special Canard (mit 76 cm-Lauf).

Verney-Carron R.E.X. Magnum

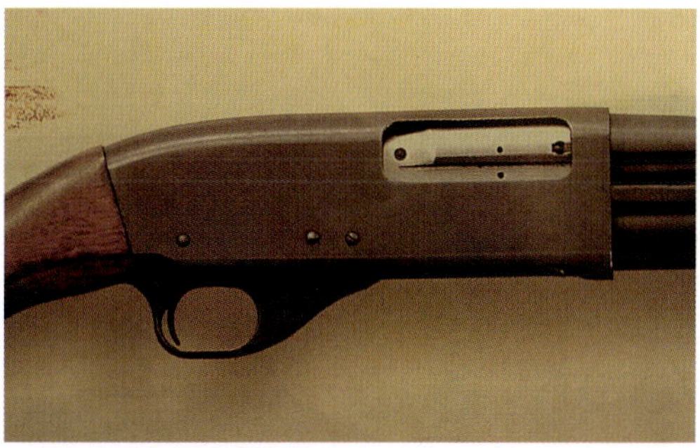

TECHNISCHE DATEN

Kaliber: 12
Kammerlänge: 3" (76 mm)
Anzahl der Läufe: Einzellauf
Magazin: Röhrenmagazin für 2 oder 4 Patronen
System: Vorderschaftrepetiersystem
Verriegelung: Vertikalblockverschluss
Abzug: Einzelabzug
Gesamtgewicht: 3,5 kg
Gesamtlänge: 113 cm
Lauflänge: 61 cm (24")
Hülsenentfernung: Repetierauszieher
Choke: zylindrisch

Visierung: verstellbares Büchsenvisier
Sicherung: Druckknopfsicherung vorne am Abzugsbügel

MERKMALE
- Material: Stahl, Systemkasten aus Aluminium
- Finish: mattschwarz
- Schaft: Hartholz, mit Pistolengriff

Verney-Carron Sagittaire

TECHNISCHE DATEN
Kaliber: 12
Kammerlänge: 2¾" (70 mm)
Anzahl der Läufe: Bockdoppelflinte
System: Kipplaufwaffe (Baskülverschluss)
Verriegelung: Flanken-Verschluss
Abzug: Ein- oder Doppelabzug
Gesamtgewicht: 2,7–2,9 kg
Gesamtlänge: 106 oder 111 cm
Lauflänge: 66 oder 71 cm (26" oder 28")
Hülsenentfernung: Auszieher oder automatischer Ejektor
Choke: fest, nach Wahl, oder Chokinox-Wechselchokesystem
Visierung: Flintenkorn, ventilierte Laufschiene
Sicherung: automatische Sicherung, Laufwahlhebel im Abzugsbügel über dem Abzug

MERKMALE
- Material: Stahl
- Finish: brüniert, Systemkasten unbehandelt und graviert (Jagdmotive)
- Schaft: Nussbaumholz, mit Pistolengriff

Verney-Carron Sagittaire Mallette Trio

TECHNISCHE DATEN
Kaliber: 12
Kammerlänge: 2¾" (70 mm)
Anzahl der Läufe: Bockdoppelflinte
System: Kipplaufwaffe (Baskülverschluss)
Verriegelung: Flanken-Verschluss
Abzug: Ein- oder Doppelabzug
Gesamtgewicht: 2,7–3,1 kg
Gesamtlänge: 106–111 cm
Lauflänge: 66 oder 71 cm (26" oder 28")
Hülsenentfernung: automatischer Ejektor

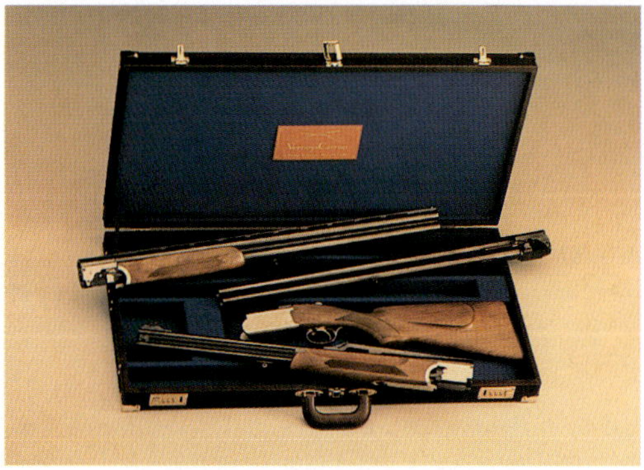

Choke: fest, nach Wahl, oder Chokinox-Wechselchokesystem
Visierung: Flintenkorn, ventilierte Laufschiene
Sicherung: automatische Sicherung, Laufwahlhebel im Abzugsbügel über dem Abzug

MERKMALE
- Material: Stahl
- Finish: brüniert, Systemkasten unbehandelt und graviert (Jagdmotive)
- Schaft: Nussbaumholz, mit Pistolengriff

Diese Waffe wird zusammen mit drei Laufbündeln in einem exklusiven Lederkoffer: mit Bockdoppelflinten-Wechselläufen, 66 und 71 cm lang, und mit einem Bockdoppelbüchsen-Wechsellauf, wahlweise in den Kalibern 7x65R, 8x57JRS oder 9,3x74R ausgeliefert.

Verney-Carron S.I.X. Supercharge Magnum

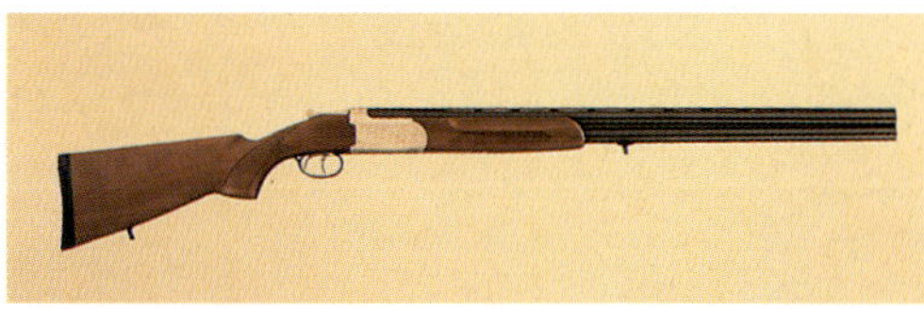

TECHNISCHE DATEN
Kaliber: 12 oder 20
Kammerlänge: 3" (76 mm)
Anzahl der Läufe: Bockdoppelflinte
System: Kipplaufwaffe (Baskülverschluss)
Verriegelung: Laufhaken
Abzug: Doppelabzug
Gesamtgewicht: 2,8–3,2 kg
Gesamtlänge: 111 oder 116 cm
Lauflänge: 71 oder 76 cm (28" oder 29⅞")
Hülsenentfernung: automatischer Ejektor
Choke: fest, nach Wahl, oder Wechselchokeeinsätze
Visierung: Flintenkorn, ventilierte Laufschiene
Sicherung: Schiebesicherung auf dem Kolbenhals

MERKMALE
- Material: Stahl

- Finish: brüniert, Systemkasten unbehandelt
- Schaft: Nussbaumholz, mit Pistolengriff

Verney-Carron Super 9 Fulgur Seitenschlosse

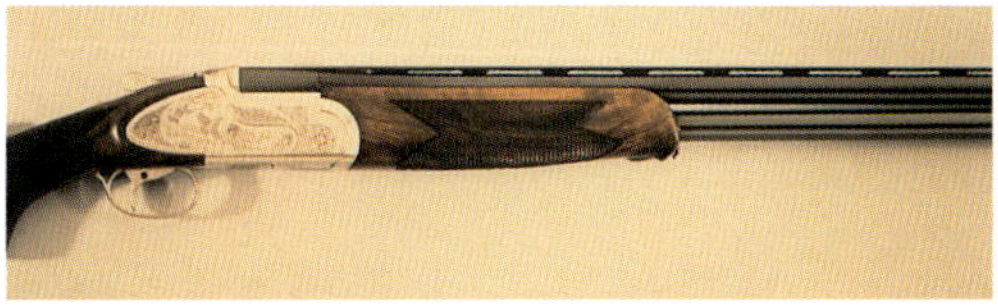

TECHNISCHE DATEN

Kaliber: 12
Kammerlänge: $2^{3}/_{4}$" (70 mm)
Anzahl der Läufe: Bockdoppelflinte
System: Kipplaufwaffe (Baskülverschluss)
Verriegelung: Laufhaken
Abzug: Ein- oder Doppelabzug
Gesamtgewicht: 2,7–2,9 kg
Gesamtlänge: 111 oder 116 cm
Lauflänge: 71 oder 76 cm (28" oder $29^{7}/_{8}$")
Hülsenentfernung: Auszieher oder automatischer Ejektor
Choke: fest, nach Wahl, oder Chokinox-Wechselchokesystem
Visierung: Flintenkorn, ventilierte Laufschiene
Sicherung: Schiebesicherung auf dem Kolbenhals

MERKMALE

- Material: Stahl
- Finish: brüniert, Systemkasten und Seitenschlossplatten unbehandelt und graviert (Jagdmotive)
- Schaft: Nussbaumholz, mit Pistolengriff

Verney-Carron Super 9 Grand Becassier

TECHNISCHE DATEN

Kaliber: 12
Kammerlänge: $2^{3}/_{4}$" (70 mm)
Anzahl der Läufe: Bockdoppelflinte
System: Kipplaufwaffe (Baskülverschluss)
Verriegelung: Laufhaken
Abzug: Ein- oder Doppelabzug
Gesamtgewicht: 2,7 kg
Gesamtlänge: 101 cm
Lauflänge: 61 cm (24")
Hülsenentfernung: automatischer Ejektor
Choke: fest, nach Wahl, oder Chokinox-Wechselchokesystem
Visierung: Flintenkorn, ventilierte Laufschiene
Sicherung: Schiebesicherung auf dem Kolbenhals

MERKMALE

- Material: Stahl
- Finish: brüniert, Systemkasten unbehandelt und graviert (Jagdmotive), mit oder ohne Seitenschlosse
- Schaft: Nussbaumholz, mit gerader, englischer Schäftung oder mit Pistolengriff

Der untere Lauf dieser Waffe ist für die Verwendung von Flintenlaufgeschossen gezogen.

Verney-Carron Super 9 Plume Seitenschlosse

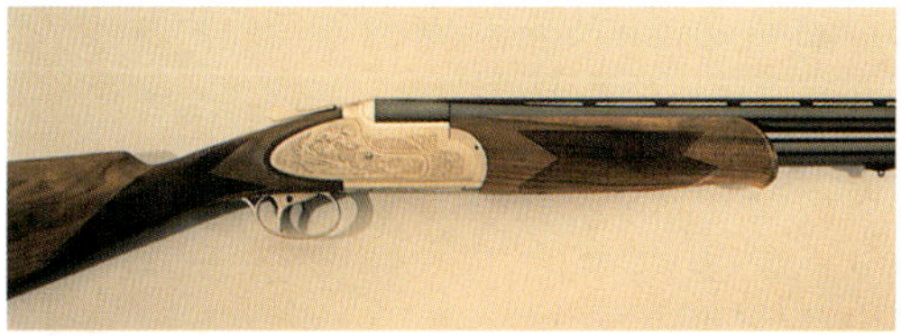

TECHNISCHE DATEN

Kaliber: 12
Kammerlänge: $2^{3}/_{4}$" (70 mm)
Anzahl der Läufe: Bockdoppelflinte
System: Kipplaufwaffe (Baskülverschluss)
Verriegelung: Laufhaken
Abzug: Ein- oder Doppelabzug
Gesamtgewicht: 2,7–2,9 kg
Gesamtlänge: 106 oder 111 cm
Lauflänge: 66–71 cm (26"–28")
Hülsenentfernung: automatischer Ejektor
Choke: fest, nach Wahl, oder Chokinox-Wechselchokesystem
Visierung: Flintenkorn, ventilierte Laufschiene
Sicherung: Schiebesicherung auf dem Kolbenhals

MERKMALE

- Material: Stahl
- Finish: brüniert, Systemkasten und Seitenschlossplatten unbehandelt und graviert (Jagdmotive)
- Schaft: Nussbaumholz, mit gerader, englischer Schäftung oder mit Pistolengriff

Verney-Carron Super 9 Super Leger

TECHNISCHE DATEN

Kaliber: 12
Kammerlänge: $2^{3}/_{4}$" (70 mm)
Anzahl der Läufe: Bockdoppelflinte
System: Kipplaufwaffe (Baskülverschluss)
Verriegelung: Laufhaken

Abzug:	Ein- oder Doppelabzug
Gesamtgewicht:	2,6 kg
Gesamtlänge:	106 cm
Lauflänge:	66 cm (26")
Hülsenentfernung:	automatischer Ejektor
Choke:	fest, nach Wahl, oder Chokinox-Wechselchokesystem
Visierung:	Flintenkorn, breite, ventilierte Laufschiene
Sicherung:	Schiebesicherung auf dem Kolbenhals

MERKMALE

- Material:	Stahl
- Finish:	brüniert, Systemkasten unbeh. und graviert (Jagdmotive)
- Schaft:	Nussbaumholz, mit gerader, englischer Schäftung

Verney-Carron Super 9 de Tir

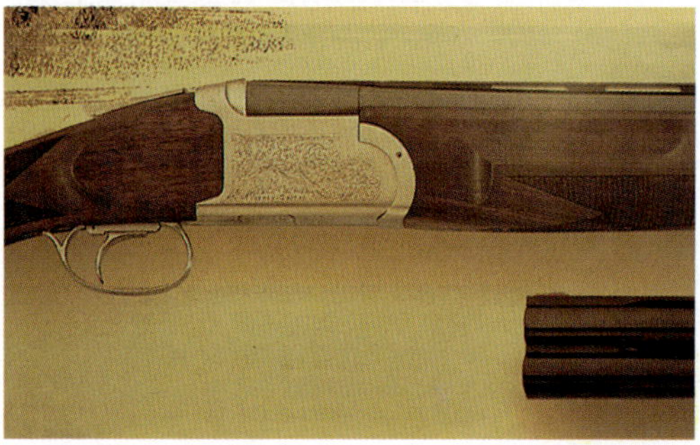

TECHNISCHE DATEN

Kaliber:	12
Kammerlänge:	2³/₄" (70 mm)
Anzahl der Läufe:	Bockdoppelflinte
System:	Kipplaufwaffe (Baskülverschluss)
Verriegelung:	Laufhaken
Abzug:	Ein- oder Doppelabzug
Gesamtgewicht:	2,9 kg
Gesamtlänge:	111–116 cm
Lauflänge:	71 oder 76 cm (28"–29⁷/₈")
Hülsenentfernung:	automatischer Ejektor
Choke:	fest, nach Wahl, oder Chokinox-Wechselchokesystem
Visierung:	Flintenkorn, 12 mm breite, ventilierte Laufschiene
Sicherung:	Schiebesicherung auf dem Kolbenhals

MERKMALE

- Material:	Stahl
- Finish:	brüniert, Systemkasten unbeh. und graviert (Jagdmotive)
- Schaft:	Nussbaumholz, mit Pistolengriff

Verney-Carron bietet von dieser Waffe zwei Versionen an: das Modell Trap mit 76 cm-Lauf und das Modell Jagdparcours mit 71 cm-Lauf.

Weatherby

Weatherby®

3100 El Camino Real, Atascadero, CA 93422
(805) 466-1767

Weatherby ist eines der bekanntesten Waffenherstellungsunternehmen Amerikas. Die Firma wurde 1945 von dem legendären Roy Weatherby gegründet. Damals tendierte man noch dazu, jagdlich großkalibrige Munition mit geringeren Geschossgeschwindigkeiten zu verwenden. Roy Weatherby sah dies anders. Er war der Meinung, dass kleinkalibrigere, sehr schnelle Geschosse effektiver sind. Seine ersten klassischen Weatherby-Magnumpatronen entstanden auf der Basis der .300 Holland & Holland Magnum, dies waren die .257, die .270 und die .300 Weatherby Magnum. Roy Weatherby eröffnete eine kleine Waffenfirma in South Gate, Kalifornien, und begann dann auch, basierend auf Mauser und FN-Systemen, die Waffen für seine Kaliber selbst herzustellen. Weatherbys starke Magnum-Büchsen zogen die Aufmerksamkeit der „Waffenpäpste" Elmer Keith und Jack O'Connor auf sich. 1955 hatte Weatherby mit den Super-Magnumpatronen .378 und .460 Weatherby Magnum die lange Zeit weltstärksten Gewehrpatronen geschaffen. 1958 brachte er mit seiner Büchse Weatherby 58 sein eigenes Repetierersystem heraus, aus dem dann seine Mark V-Serie entstand. Für die Mark V-Serie entwickelte Weatherby einen ausnehmend robusten Verschluss mit neuen Verriegelungswarzen, der den extrem hohen Gasdrücken der Weatherby-Patronen besonders gut standhält. Wegen der neuen Verriegelungswarzen des Systems muss die Kammer der Mark V-Waffen zum Verschließen nur um 54 Grad gedreht werden; das war damals etwas absolut Besonderes. Roy Weatherby hatte eine besondere Gabe fürs Marketing: Er schaffte es, die verschiedensten Persönlichkeiten für seine Produkte zu interessieren, u. a. die Filmstars John Wayne, Gary Cooper und Roy Rogers, aber auch den damaligen amerikanischen Präsidenten George Bush und US-General Norman Schwarzkopf. Die Firma Weatherby ist seit ihrer Gründung erheblich gewachsen und hat ihren Sitz inzwischen im kalifornischen Atascadero, sie wird noch von der Familie Weatherby selbst geleitet. Bis 1993 wurden viele der Weatherby-Waffen in Japan hergestellt, dann entschied sich Weatherby aber, die Gewehre wieder in den USA produzieren zu lassen; sie werden nun in den Werken der Saco Defense Inc. in Maine hergestellt. Die Läufe sämtlicher Weatherby-Flinten sind mit auswechselbaren

Schraub-Wechselchoken ausgestattet. Flinten von Weatherby sind nicht nur von hoher technischer Qualität, dank der Wechselchoke sind sie auch sehr individuell nutzbar. Die aus Stainless-Stahl hergestellten Einsätze ermöglichen auch die problemlose Verwendung von Stahlschroten.

Weatherby Athena Grade IV Field

TECHNISCHE DATEN

Kaliber:	12 oder 20
Kammerlänge:	3" (76 mm)
Anzahl der Läufe:	Bockdoppelflinte
System:	Kipplaufwaffe (Baskülverschluss)
Verriegelung:	Kersten-Verschluss
Abzug:	Einabzug
Gesamtgewicht:	2,9–3,6 kg
Gesamtlänge:	109 oder 114 cm
Lauflänge:	66 oder 71 cm (26" oder 28")
Hülsenentfernung:	automatischer Ejektor
Choke:	Multichoke-Wechselchokesystem
Visierung:	Flintenkorn, ventilierte Laufschiene
Sicherung:	Schiebesicherung auf dem Kolbenhals, Laufwahlschieber im Abzugsbügel

MERKMALE

- Material:	Stahl
- Finish:	brüniert, Systemkasten grau nitriert und graviert (Blumenmotive)
- Schaft:	ausgesuchtes amerikanisches Nussbaumholz, mit Pistolengriff

Weatherby Athena Grade V Classic Field

TECHNISCHE DATEN

Kaliber:	12 oder 20
Kammerlänge:	3" (76 mm)
Anzahl der Läufe:	Bockdoppelflinte
System:	Kipplaufwaffe (Baskülverschluss)
Verriegelung:	Kersten-Verschluss
Abzug:	Einabzug
Gesamtgewicht:	2,9–3,6 kg
Gesamtlänge:	109 oder 114 cm
Lauflänge:	66 oder 71 cm (26" oder 28")
Hülsenentfernung:	automatischer Ejektor
Choke:	Multichoke-Wechselchokesystem
Visierung:	Flintenkorn, ventilierte Laufschiene
Sicherung:	Schiebesicherung auf dem Kolbenhals, Laufwahlschieber im Abzugsbügel

MERKMALE

- Material:	Stahl
- Finish:	brüniert, Systemkasten grau nitriert
- Schaft:	ausgesuchtes amerikanisches Nussbaumholz, mit Pistolengriff

Weatherby Orion Grade I Field

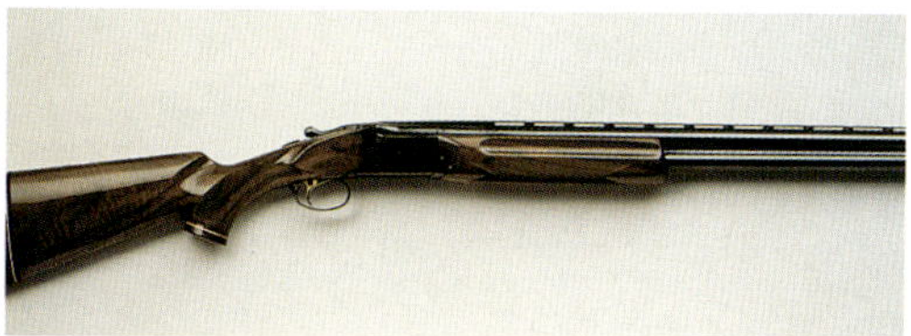

TECHNISCHE DATEN

Kaliber:	12 oder 20
Kammerlänge:	3" (76 mm)
Anzahl der Läufe:	Bockdoppelflinte
System:	Kipplaufwaffe (Baskülverschluss)
Verriegelung:	Kersten-Verschluss
Abzug:	Einabzug
Gesamtgewicht:	2,9–3,6 kg
Gesamtlänge:	109, 114 oder 119 cm
Lauflänge:	66, 71 oder 76 cm (26", 28" oder 30")
Hülsenentfernung:	automatischer Ejektor
Choke:	Multichoke-Wechselchokesystem
Visierung:	Flintenkorn, ventilierte Laufschiene
Sicherung:	Schiebesicherung auf dem Kolbenhals, Laufwahlschieber im Abzugsbügel

MERKMALE

- Material:	Stahl
- Finish:	brüniert
- Schaft:	ausgesuchtes amerikanisches Nussbaumholz, mit Pistolengriff

Weatherby Orion Grade II Classic Sporting

TECHNISCHE DATEN

Kaliber:	12
Kammerlänge:	3" (76 mm)

Anzahl der Läufe:	Bockdoppelflinte
System:	Kipplaufwaffe (Baskülverschluss)
Verriegelung:	Kersten-Verschluss
Abzug:	Einabzug
Gesamtgewicht:	3,4–3,6 kg
Gesamtlänge:	114 oder 119 cm
Lauflänge:	71 oder 76 cm (28" oder 30")
Hülsenentfernung:	automatischer Ejektor
Choke:	Multichoke-Wechselchokesystem
Visierung:	Flintenkorn, ventilierte Laufschiene
Sicherung:	Schiebesicherung auf dem Kolbenhals, Laufwahlschieber im Abzugsbügel

MERKMALE

- Material:	Stahl
- Finish:	brüniert, Systemkasten grau nitriert
- Schaft:	ausgesuchtes amerikanisches Nussbaumholz, mit Pistolengriff

Weatherby Orion Grade II Sporting

TECHNISCHE DATEN

Kaliber:	12
Kammerlänge:	3" (76 mm)
Anzahl der Läufe:	Bockdoppelflinte
System:	Kipplaufwaffe (Baskülverschluss)
Verriegelung:	Kersten-Verschluss
Abzug:	Einabzug
Gesamtgewicht:	3,4–3,6 kg
Gesamtlänge:	114 oder 119 cm
Lauflänge:	71 oder 76 cm (28" oder 30")
Hülsenentfernung:	automatischer Ejektor
Choke:	Multichoke-Wechselchokesystem
Visierung:	Flintenkorn, ventilierte Laufschiene
Sicherung:	Schiebesicherung auf dem Kolbenhals, Laufwahlschieber im Abzugsbügel

MERKMALE

- Material:	Stahl
- Finish:	brüniert, Systemkasten grau nitriert
- Schaft:	ausgesuchtes amerikanisches Nussbaumholz, mit Pistolengriff

Weatherby Orion Grade III Classic Field

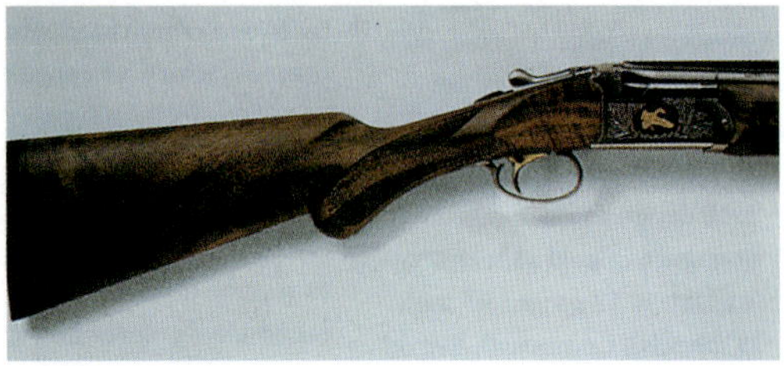

TECHNISCHE DATEN

Kaliber:	12 oder 20
Kammerlänge:	3" (76 mm)
Anzahl der Läufe:	Bockdoppelflinte
System:	Kipplaufwaffe (Baskülverschluss)
Verriegelung:	Kersten-Verschluss
Abzug:	Einabzug
Gesamtgewicht:	2,9–3,6 kg
Gesamtlänge:	109 oder 114 cm
Lauflänge:	66 oder 71 cm (26" oder 28")
Hülsenentfernung:	automatischer Ejektor
Choke:	Multichoke-Wechselchokesystem
Visierung:	Flintenkorn, ventilierte Laufschiene
Sicherung:	Schiebesicherung auf dem Kolbenhals, Laufwahlschieber im Abzugsbügel

MERKMALE

- Material:	Stahl
- Finish:	brüniert; Systemkasten grau nitriert und graviert (Jagdmotive)
- Schaft:	ausges. amerikanisches Nussbaumholz, mit Pistolengriff

Der grau nitrierte Systemkasten dieser Weatherby-Flinte ist nicht nur graviert, die Gravur ist zudem auch mit goldeingelegten Tierstücken unterlegt.

Westley Richards

Das englische Familienunternehmen Westley Richards wurde 1812 in Birmingham gegründet und eröffnete bereits 1814 in der Londoner Bond Street ein Verkaufshaus. Dort stellte man einen bekannten Sportschützen, William Bishop, als Manager ein. Als sich Bishop zur Ruhe setzte, wurde das Londoner Haus an Malcolm Lyell verkauft, den Besitzer der renommierten Waffenherstellungsfirma Holland & Holland.

Während des Ersten Weltkrieges baute auch Westley Richards Kriegswaffen. Als man 1918 wieder daran ging, ausschließlich Sport- und Jagdflinten zu fertigen, musste die Firma erheblich verkleinert werden. Zu Beginn des Zweiten Weltkrieges konnte man nicht genug Kapital für das weitere Bestehen des Unternehmens aufbringen und meldete deshalb Konkurs an. Die Firma wurde von dem Army Captain D.C. Barclay gekauft, der einen Teil der Fertigung auf Werkzeuge und Harpunen umstellte. Da auch dies nicht ausreichend gewinnträchtig war, verkaufte auch Barclay 1957 wieder, und zwar an den Industriellen Walter Clode. Dieser ist auch heute noch der Inhaber und Direktor der Firma. Unter Clode begann Westley Richards, sich seiner alten Tradition als Mitglied der renommiertesten Waffenherstellungsunternehmen Großbritanniens und der Welt zurückzubesinnen. Man begann, sich wieder auf die Herstellung feiner, traditioneller englischer Flinten von höchster Qualität zu konzentrieren. Und der Erfolg lag auch daran, dass Walter Clode es schaffte, die modernsten Herstellungsverfahren mit althergebrachter, büchsenmacherischer Handarbeit zu kombinieren. Jede Westley Richards-Waffe war und blieb ein Stück individueller Handwerkerkunst. Und das drückt sich vor allem im Slogan der Firma, „British is Best", und auch im Preis der Waffen aus. Die günstigste Büchse von Westley Richards, basierend auf dem 98er Mauser-Repetiersystem, hat einen Basispreis von 5750 Pfund, die günstigste Flinte der Firma fängt bei 18 000 Pfund an.
Neben Repetierern und klassischen Querflinten baut Westley Richards auch Express-Doppelbüchsen. Als Büchsenkaliber werden Riesen, wie die .458 Win. Mag. und die .500 Nitro Express, verwendet, die Waffen sind aber auch in kleineren Kalibern erhältlich. Auf Wunsch werden alle Westley Richards-Waffen gegen eine Aufpreis von etwa 1350 Pfund in einem exklusiven englischen Lederkoffer ausgeliefert.
Die nachfolgend abgebildeten Gewehre dienen vornehmlich als Anschauungsmuster, denn Westley Richards-Waffen werden ausschließlich nach individuellen Kundenwünschen gebaut. In der Regel besucht der Kunde hierzu zunächst das Werk, um mit den dortigen Büchsenmachern das „Werk" vorher abzusprechen.

Westley Richards Seitenschloss-Querflinte

TECHNISCHE DATEN

Kaliber:	nach Wahl, alle Flintenkaliber
Kammerlänge:	nach Wahl
Anzahl der Läufe:	Doppelflinte (Querflinte)
System:	Kipplaufwaffe (Baskülverschluss)
Verriegelung:	Laufhaken, Purdey-Verschluss
Abzug:	Doppelabzug
Gesamtgewicht:	2,9–3,5 kg
Gesamtlänge:	108–126 cm
Lauflänge:	61–81 cm (24"–32")
Hülsenentfernung:	nach Wahl
Choke:	fest, nach Wahl
Visierung:	Flintenkorn
Sicherung:	Schiebesicherung auf dem Kolbenhals

MERKMALE

- Material:	Stahl
- Finish:	brüniert, Systemkasten buntgehärtet oder unbehandelt, mit Gravur nach Wahl
- Schaft:	besonders ausgesuchtes Nussbaumholz, mit gerader, englischer Schäftung oder mit Pistolengriff

Westley Richards William Bishop Seitenschloss-Querflinte

TECHNISCHE DATEN

Kaliber:	nach Wahl, alle Flintenkaliber
Kammerlänge:	nach Wahl
Anzahl der Läufe:	Doppelflinte (Querflinte)
System:	Kipplaufwaffe (Baskülverschluss)

Verriegelung: Laufhaken, Purdey-Verschluss
Abzug: Doppelabzug
Gesamtgewicht: 2,9–3,5 kg
Gesamtlänge: 108–126 cm
Lauflänge: 61–81 cm (24"–32")
Hülsenentfernung: nach Wahl
Choke: fest, nach Wahl
Visierung: Flintenkorn
Sicherung: Schiebesicherung auf dem Kolbenhals

MERKMALE
- Material: Stahl
- Finish: brüniert, Systemkasten buntgehärtet oder unbehandelt, mit Gravur nach Wahl
- Schaft: besonders ausgesuchtes Nussbaumholz, mit gerader, englischer Schäftung oder mit Pistolengriff

Die auf dem Foto S. 287 unten abgebildeten Waffen bilden ein identisches, von Hand fein graviertes Seitenschloss-Schwesternflintenpaar mit den fortlaufenden Nummern 1 und 2. Der reguläre Preis für solch ein Paar liegt, inklusive des handgefertigten, zugehörigen Lederkoffers, bei etwa 42 000 Pfund.

Winchester

1855 gründeten Horace Smith, Daniel B. Wesson und C.C. Palmer die Volcanic Repeating Arms Company. Einer der Anteilhaber der Firma war zudem Oliver F. Winchester, ein Kleidungsfabrikant aus New Haven, Connecticut.
Die Firma produzierte damals die Volcanic-Unterhebelrepetierbüchse. 1857 übernahm Oliver Winchester die Anteilsmehrheit und änderte den Firmennamen in New Haven Arms Company und zehn Jahre später in Winchester Repeating Arms Company.
Neben den berühmten Unterhebelrepetierbüchsen baute die Firma Winchester auch jagdliche Flinten und Kammerstängelrepetierbüchsen. 1917 und 1918 stellte Winchester einen Teil seiner Produktionsanlagen auf die Herstellung des US-Armeegewehres Modell 1917, Kaliber .30-06 Springfield, um. Zu Beginn des Zweiten Weltkrieges wurde bei Winchester der legendäre .30 M1-Karabiner entwickelt, wovon das Unternehmen selbst etwa 818 000 Stück baute. Das .30 M1 Carbine wurde bis zum Ende des Krieges von den verschiedensten, anderen US-Firmen in Lizenz hergestellt, u.a. etwa von den Firmen Inland, Underwood, Quality Hardware & Machine Corp., Rock-Ola, Saginaw, Irwin-Pedersen, National Postal Meter, Standard Products und sogar IBM; insgesamt wurden mehr als sechs Millionen .30 M1-Karabiner gebaut. Während des Zweiten Weltkrieges war Winchester auch in die Produktion des M1-Garand-Militärgewehres mit eingebunden. Ab etwa 1970 ließ Winchester einige seiner Flinten in Japan bauen.
1972 stellte man die Modellreihe 101, inklusive der Super Grade-Flinten, vor. 1981 brachte die Firma Winchester die Luxusflinte Grand European auf den Markt. An Winchster-Vorderschaftrepetierflinten existiert zur Zeit nur mehr die Modellreihe 1300, von der es aber die verschiedensten Versionen gibt. Es werden davon reine so genannte Deer Guns angeboten, deren Läufe entweder glatt oder auch gezogen sind und die, mit Slugs (Flintenlaufgeschossen) geladen, in den USA zur Jagd auf Weiß- und Schwarzwedelhirsche verwendet werden. Es gibt davon aber auch reine Pumpflinten zum Wurfscheibenschießen und zur echten Schrotjagd auf Hasen und Federwild sowie auch die Defender-Versionen, die als kurze polizeiliche, so genannte Riot Guns, zur Haus- und Hofverteidigung Verwendung finden. Die 1300er Pumpflinten sind mit einem Drehkammerverschluss mit vier Verriegelungswarzen ausgestattet. Die Läufe fast aller Winchester-Flinten verfügen über Wechselchokeeinsätze. Winchester hatte früher auch sehr gute Kipplaufflinten im Herstellungsprogramm, hat deren Produktion aber inzwischen leider eingestellt. Der aktuelle Name des Unternehmens ist nun U.S. Repeating Arms Company Inc. Die Firma ist Teil der Olin-Gruppe.

Winchester Model 23

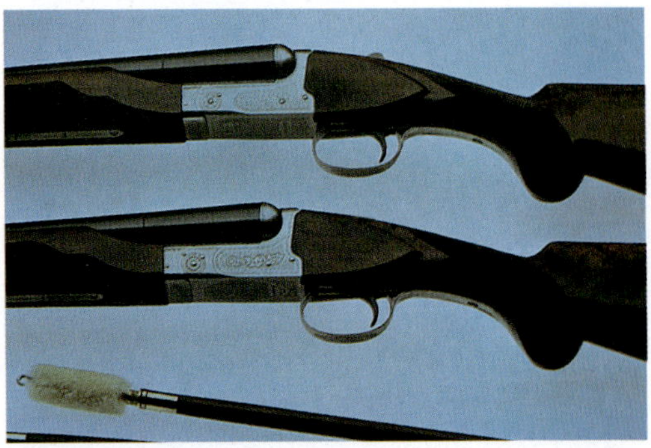

TECHNISCHE DATEN
Kaliber: 12 oder 20
Kammerlänge: 3" (76 mm)
Anzahl der Läufe: Doppelflinte (Querflinte)
System: Kipplaufwaffe (Baskülverschluss)
Verriegelung: Laufhaken
Abzug: Einabzug

Gesamtgewicht:	3–3,4 kg
Gesamtlänge:	112 oder 114 cm
Lauflänge:	69 oder 71 cm (27 1/2" oder 28")
Hülsenentfernung:	Ejektor
Choke:	fest, 1/2- u. Voll-Choke, oder Winchoke-Wechselchoke-einsätze
Visierung:	Flintenkorn
Sicherung:	Schiebesicherung auf dem Kolbenhals

MERKMALE

- Material:	Stahl
- Finish:	brüniert, Systemkasten unbehandelt und graviert
- Schaft:	Nussbaumholz, mit Pistolengriff

Winchester Model 101

TECHNISCHE DATEN

Kaliber:	12 oder 20
Kammerlänge:	2 3/4" oder 3" (70 oder 76 mm)
Anzahl der Läufe:	Bockdppelflinte
System:	Kipplaufwaffe (Baskülverschluss)
Verriegelung:	Laufhaken
Abzug:	Einabzug
Gesamtgewicht:	2,9–3,2 kg
Gesamtlänge:	111 oder 114 cm
Lauflänge:	69 oder 71 cm (27 1/8" oder 28")
Hülsenentfernung:	automatischer Ejektor
Choke:	fest, 1/2- u. Voll-, 1/4- u. 1/2- oder 3/4- u. 1/4-Choke
Visierung:	Flintenkorn, ventilierte Schiene
Sicherung:	Schiebesicherung auf dem Kolbenhals

MERKMALE:

- Material:	Stahl oder Stahl und Systemkasten aus Aluminium („Lightweight")
- Finish:	brüniert, Systemkasten unbehandelt und graviert
- Schaft:	Nussbaumholz, mit Pistolengriff

Abgebildet ist oben das Modell 101 Grand European und unten das Modell 101 Lightweight.

Winchester 1300 Deer Black Shadow

TECHNISCHE DATEN

Kaliber:	12

Kammerlänge:	3" (76 mm)
Anzahl der Läufe:	Einzellauf
Magazin:	Röhrenmagazin für 2 oder 5 Patronen
System:	Vorderschaftrepetiersystem
Verriegelung:	Drehkammerverschluss
Abzug:	Einzelabzug
Gesamtgewicht:	3,2 kg
Gesamtlänge:	108 cm
Lauflänge:	55,9 cm (22")
Hülsenentfernung:	Repetierauszieher
Choke:	zylindrisch (für Slugs)
Visierung:	verstellbares Büchsenvisier
Sicherung:	Druckknopfsicherung vorne am Abzugsbügel

MERKMALE

- Material:	Stahl
- Finish:	mattschwarz überzogen
- Schaft:	schwarzer Kunststoffschaft, mit Pistolengriff

Abgebildet ist oben das Modell 1300 Deer Camo und unten das Modell 1300 Deer Black Shadow.
In einigen europäischen Staaten, etwa in Großbritannien, ist diese Pumpflinte aufgrund ihrer geringen Lauflänge und ihrer großen Magazinkapazität verboten. In Deutschland kann sie mit einer waffenrechtlichen Erwerbsberechtigung oder aufgrund Jagdscheines als Repetierlangwaffe erworben werden.

Winchester 1300 Deer Camo

TECHNISCHE DATEN

Kaliber:	12
Kammerlänge:	3" (76 mm)
Anzahl der Läufe:	Einzellauf
Magazin:	Röhrenmagazin für 2 oder 5 Patronen
System:	Vorderschaftrepetiersystem
Verriegelung:	Drehkammerverschluss
Abzug:	Einzelabzug
Gesamtgewicht:	3,2 kg
Gesamtlänge:	108 cm
Lauflänge:	55,9 cm (22")
Hülsenentfernung:	Repetierauszieher
Choke:	zylindrisch (für Slugs)
Visierung:	verstellbares Büchsenvisier
Sicherung:	Druckknopfsicherung vorne am Abzugsbügel

MERKMALE

- Material:	Stahl
- Finish:	mit Camouflage-Lack überzogen
- Schaft:	Kunststoffschaft, Camouflage-lackiert, mit Pistolengriff

Auf dem unseitigen Foto ist oben das Modell 1300 Deer Camo und unten das Modell 1300 Deer Black Shadow abgebildet.
In einigen europäischen Staaten, etwa in Großbritannien, ist diese Pumpflinte aufgrund ihrer geringen Lauflänge und ihrer großen Magazinkapazität verboten. In Deutschland kann sie mit einer waffenrechtlichen Erwerbsberechtigung oder aufgrund Jagdscheines als Repetierlangwaffe erworben werden.

Winchester 1300 Deer Ranger

TECHNISCHE DATEN

Kaliber:	12
Kammerlänge:	3" (76 mm)
Anzahl der Läufe:	Einzellauf
Magazin:	Röhrenmagazin für 2 oder 5 Patronen
System:	Vorderschaftrepetiersystem
Verriegelung:	Drehkammerverschluss
Abzug:	Einzelabzug
Gesamtgewicht:	3,2 kg
Gesamtlänge:	108 cm
Lauflänge:	55,9 cm (22")
Hülsenentfernung:	Repetierauszieher
Choke:	zylindrisch (für Slugs)
Visierung:	verstellbares Büchsenvisier
Sicherung:	Druckknopfsicherung vorne am Abzugsbügel

MERKMALE

- Material:	Stahl
- Finish:	brüniert, Systemkasten mattschwarz überzogen
- Schaft:	Hartholz, mit Pistolengriff

Abgebildet ist oben das Modell 1300 Deer Rifled (mit gezogenem Lauf) und unten das Modell 1300 Deer Ranger. In den meisten europäischen Staaten darf Schalenwild, also auch Rehe, grundsätzlich nicht mit Flinten bejagt werden. Die beschriebene Pumpflinte ist etwa in Großbritannien aufgrund ihrer geringen Lauflänge und ihrer großen Magazinkapazität verboten. In Deutschland kann sie z. B. mit einer waffenrechtlichen Erwerbsberechtigung erworben werden.

Winchester 1300 Deer Rifled

TECHNISCHE DATEN

Kaliber:	12
Kammerlänge:	3" (76 mm)
Anzahl der Läufe:	Einzellauf
Magazin:	Röhrenmagazin für 2 oder 5 Patronen
System:	Vorderschaftrepetiersystem
Verriegelung:	Drehkammerverschluss
Abzug:	Einzelabzug
Gesamtgewicht:	3,2 kg
Gesamtlänge:	108 cm, gezogener Lauf
Lauflänge:	55,9 cm (22")
Hülsenentfernung:	Repetierauszieher
Choke:	zylindrisch (für Slugs)
Visierung:	verstellbares Büchsenvisier
Sicherung:	Druckknopfsicherung vorne am Abzugsbügel

MERKMALE

- Material:	Stahl
- Finish:	brüniert, Systemkasten mattschwarz überzogen
- Schaft:	Hartholz, mit Pistolengriff

Abgebildet ist oben das Modell 1300 Deer Rifled (mit gezogenem Lauf) und unten das Modell 1300 Deer Ranger.

Winchester 1300 Field

TECHNISCHE DATEN

Kaliber:	12
Kammerlänge:	3" (76 mm)
Anzahl der Läufe:	Einzellauf
Magazin:	Röhrenmagazin für 2 oder 5 Patronen
System:	Vorderschaftrepetiersystem
Verriegelung:	Drehkammerverschluss
Abzug:	Einzelabzug
Gesamtgewicht:	3,3 kg
Gesamtlänge:	118 oder 123 cm
Lauflänge:	66 oder 71 cm (26" oder 28")
Hülsenentfernung:	Repetierauszieher
Choke:	Winchoke-Wechselchokeeinsätze
Visierung:	Flintenkorn, ventilierte Schiene
Sicherung:	Druckknopfsicherung vorne am Abzugsbügel

MERKMALE

- Material:	Stahl
- Finish:	brüniert
- Schaft:	Nussbaumholz, mit Pistolengriff

Winchester Diamond Grade Skeet

TECHNISCHE DATEN

Kaliber:	12
Kammerlänge:	2¾" (70 mm)
Anzahl der Läufe:	Bockdppelflinte
System:	Kipplaufwaffe (Baskülverschluss)
Verriegelung:	Laufhaken
Abzug:	Einabzug
Gesamtgewicht:	3,3–3,5 kg
Gesamtlänge:	112 oder 114 cm
Lauflänge:	69 oder 71 cm (27⅛" oder 28")
Hülsenentfernung:	automatischer Ejektor
Choke:	fest, Skeet/Skeet-Choke, o. Winchoke-Wechselchokeeinsätze
Visierung:	Flintenkorn, ventilierte Schiene
Sicherung:	Schiebesicherung auf dem Kolbenhals

MERKMALE

- Material:	Stahl
- Finish:	brüniert, Systemkasten unbehandelt und graviert
- Schaft:	ausgesuchtes Nussbaumholz, mit Pistolengriff

Abgebildet ist oben das Modell Diamond Grade Skeet mit Compensator-Schlitzen im Lauf, darunter das Modell Super Grade Skeet und unten das Modell Diamond Grade mit Wechselchoke-Läufen.

Winchester Diamond Grade Trap

TECHNISCHE DATEN

Kaliber:	12
Kammerlänge:	2¾" (70 mm)
Anzahl der Läufe:	Bockdppelflinte
System:	Kipplaufwaffe (Baskülverschluss)
Verriegelung:	Laufhaken
Abzug:	Einabzug
Gesamtgewicht:	3,6–4 kg
Gesamtlänge:	120 cm
Lauflänge:	76 cm (30")
Hülsenentfernung:	automatischer Ejektor

Choke:	Winchoke-Wechselchokeeinsätze
Visierung:	Flintenkorn, ventilierte Schiene
Sicherung:	Schiebesicherung auf dem Kolbenhals

MERKMALE

- Material:	Stahl
- Finish:	brüniert, Systemkasten unbehandelt und graviert
- Schaft:	ausgesuchtes Nussbaumholz, mit Pistolengriff

Winchester Super Grade Bockbüchsflinte

TECHNISCHE DATEN

Kaliber:	siehe nachfolgend
Kammerlänge:	Flintenlauf: 3" (76 mm)
Anzahl der Läufe:	Bockbüchsflinte (Flinten- u. Büchsenlauf übereinander)
System:	Kipplaufwaffe (Baskülverschluss)
Verriegelung:	Laufhaken
Abzug:	Einabzug
Gesamtgewicht:	3,6 kg
Gesamtlänge:	107 cm
Lauflänge:	63,5 cm (25")
Hülsenentfernung:	Auszieher
Choke:	Flintenlauf: Winchoke-Wechselchokeeinsätze
Visierung:	verstellbares Büchsenvisier, Vorrichtung für Zielfernrohrmontage
Sicherung:	Schiebesicherung auf dem Kolbenhals

MERKMALE

- Material:	Stahl
- Finish:	brüniert, Systemkasten unbehandelt und graviert
- Schaft:	Nussbaumholz, mit Pistolengriff und Backe

Erhältliches Flintenkaliber: 12; erhältliche Büchsenkaliber: 5,6x57R; 7x65R; .30-06; .300 Win.Mag.; 9,3x74R.

Winchester Super Grade Lightweight

TECHNISCHE DATEN

Kaliber:	12 oder 20
Kammerlänge:	2¾" (70 mm)
Anzahl der Läufe:	Bockdppelflinte
System:	Kipplaufwaffe (Baskülverschluss)
Verriegelung:	Laufhaken
Abzug:	Einabzug
Gesamtgewicht:	2,9 kg
Gesamtlänge:	111 cm
Lauflänge:	69 cm (27⅛")
Hülsenentfernung:	automatischer Ejektor
Choke:	Winchoke-Wechselchokeeinsätze
Visierung:	Flintenkorn, ventilierte Schiene
Sicherung:	Schiebesicherung auf dem Kolbenhals

MERKMALE

- Material:	Stahl, Systemkasten aus Aluminium
- Finish:	brüniert, Systemkasten unbehandelt und graviert
- Schaft:	Nussbaumholz, mit Pistolengriff

Zabala Hermanos

Die Firma Zabala Hermanos hat ihren Sitz in dem Ort Elgueta, der in der nordspanischen Baskenregion in der Nähe von Eibar am Golf von Biskaya liegt. Zabala Hermanos, oder die Gebrüder Zabala, gründeten ihr Familienunternehmen zur Herstellung von Schrotflinten 1932. Zunächst produzierten sie nur für den spanischen Markt, exportierten dann aber nach Nord- und Südamerika und später auch in europäische Nachbarstaaten. Einige Zabala-Flinten werden in Südamerika unter dem Markennamen American Arms verkauft. Zabala baut die unterschiedlichsten Flinten, sowohl traditionelle Querflinten als auch moderne Trap- und Skeet-Bockdoppelflinten.

Wegen der Verwendung von zu weichem Stahlmaterial hatten spanische Waffen Ende des 19. Jahrhunderts keinen sonderlich guten Ruf. Dieser Umstand gehört nun glücklicherweise der Vergangenheit an. Die Qualität ist jetzt sowohl vom Material als auch vom Finish her wieder sehr gut und die Preise sind moderat geblieben.

Vor 1980 hergestellte Zabala-Querflinten hatten neben Laufhaken auch einen Greener-Querriegelverschluss. Die jetzigen Flinten haben inzwischen lediglich eine doppelte Laufhakenverriegelung. Unter die alten, jetzt von Sammlern sehr begehrten Flinten fallen die Zabala-Modelle 219-A, die Einlaufflinte Modell 180, das Modell 212 mit Greener-Verschluss und das Modell 226 mit abnehmbaren Seitenschlossen. Von den heutigen Waffen ist das Flintenmodell 211 Deluxe ein wirklich hervorragendes Stück der Büchsenmacherkunst.

Zabala 211 Deluxe Hahndoppelflinte

TECHNISCHE DATEN

Kaliber:	12
Kammerlänge:	2¾" (70 mm)
Anzahl der Läufe:	Doppelflinte (Querflinte)
System:	Kipplaufwaffe (Baskülverschluss)
Verriegelung:	doppelte Laufhaken
Abzug:	Doppelabzug
Gesamtgewicht:	3 kg
Gesamtlänge:	112 cm
Lauflänge:	70 cm (27½")
Hülsenentfernung:	Auszieher
Choke:	fest, nach Wahl
Visierung:	Flintenkorn
Sicherung:	Sicherheitsrast der außen liegenden Hahne

MERKMALE

- Material:	Chrom-Molybdän-Stahl
- Finish:	brüniert, Systemkasten unbehandelt und graviert (Arabesken)
- Schaft:	Nussbaumholz, mit Pistolengriff

Zabala 213

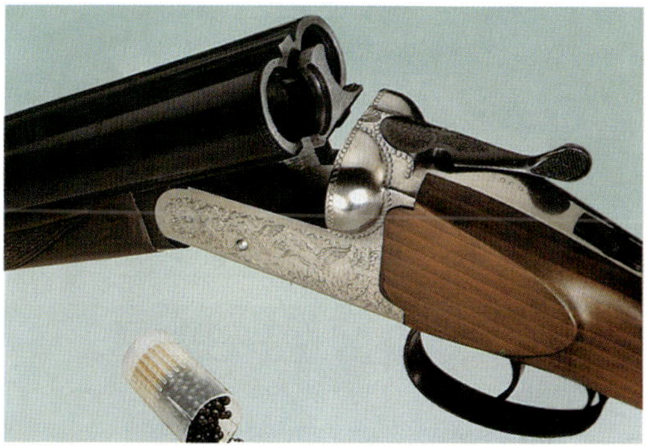

TECHNISCHE DATEN

Kaliber:	12, 16, 20, 28 oder .410
Kammerlänge:	2¾" (70 mm)
Anzahl der Läufe:	Doppelflinte (Querflinte)
System:	Kipplaufwaffe (Baskülverschluss, Anson & Deeley-System)
Verriegelung:	doppelte Laufhaken
Abzug:	Doppelabzug
Gesamtgewicht:	3,1 kg
Gesamtlänge:	115 cm
Lauflänge:	71 cm (28")
Hülsenentfernung:	Auszieher oder automatischer Ejektor, nach Wahl
Choke:	fest, nach Wahl
Visierung:	Flintenkorn
Sicherung:	Schiebesicherung am Kolbenhals

MERKMALE

- Material:	Chrom-Molybdän-Stahl
- Finish:	brüniert, Systemkasten unbehandelt und graviert (Jagdmotive)
- Schaft:	Nussbaumholz, mit Pistolengriff

Zabala 213 Magnum

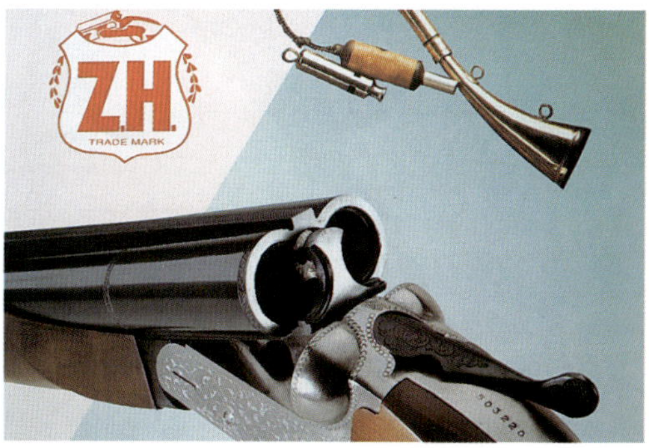

TECHNISCHE DATEN

Kaliber:	10, 12 oder 20
Kammerlänge:	Kal. 10: 3½", Kal. 12, 20: 3" (76 mm)
Anzahl der Läufe:	Doppelflinte (Querflinte)
System:	Kipplaufwaffe (Baskülverschluss)
Verriegelung:	doppelte Laufhaken
Abzug:	Doppelabzug
Gesamtgewicht:	3,1–3,3 kg
Gesamtlänge:	115, 120 oder 127 cm
Lauflänge:	70, 75 oder 82 cm (27½", 29½" oder 32¼")
Hülsenentfernung:	Auszieher oder automatischer Ejektor, nach Wahl
Choke:	fest, nach Wahl
Visierung:	Flintenkorn
Sicherung:	Schiebesicherung am Kolbenhals

MERKMALE

- Material:	Chrom-Molybdän-Stahl
- Finish:	brüniert, Systemkasten unbeh. und graviert (Jagdmotive)
- Schaft:	Nussbaumholz, mit Pistolengriff und Rückstoßminderer aus Gummi

In einigen europäischen Staaten ist die jagdliche Verwendung von Flinten im Kaliber 10 nicht gestattet.

Zabala 222 Seitenschlosse

TECHNISCHE DATEN

Kaliber:	12
Kammerlänge:	2¾" (70 mm)
Anzahl der Läufe:	Doppelflinte (Querflinte)
System:	Kipplaufwaffe (Baskülverschluss)
Verriegelung:	doppelte Laufhaken
Abzug:	Doppelabzug
Gesamtgewicht:	3,1–3,3 kg
Gesamtlänge:	115 oder 120 cm
Lauflänge:	71 oder 76 cm (28" oder 30")
Hülsenentfernung:	Auszieher oder automatischer Ejektor, nach Wahl
Choke:	fest, nach Wahl
Visierung:	Flintenkorn
Sicherung:	Schiebesicherung am Kolbenhals

MERKMALE

- Material:	Chrom-Molybdän-Stahl
- Finish:	brüniert, Systemkasten und Seitenschlossplatten unbehandelt und graviert (Jagdmotive)
- Schaft:	Nussbaumholz, mit gerader, englischer Schäftung oder mit Pistolengriff

Zabala 326-P Seitenschlosse

TECHNISCHE DATEN

Kaliber:	12

Kammerlänge:	2¾" (70 mm)
Anzahl der Läufe:	Doppelflinte (Querflinte)
System:	Kipplaufwaffe (Baskülverschluss)
Verriegelung:	doppelte Laufhaken
Abzug:	Doppelabzug
Gesamtgewicht:	3,1–3,2 kg
Gesamtlänge:	115 oder 120 cm
Lauflänge:	71 oder 76 cm (28" oder 30")
Hülsenentfernung:	Auszieher oder automatischer Ejektor, nach Wahl
Choke:	fest, nach Wahl
Visierung:	Flintenkorn
Sicherung:	Schiebesicherung am Kolbenhals

MERKMALE

- Material:	Chrom-Molybdän-Stahl
- Finish:	brüniert, Systemkasten und Seitenschlossplatten unbehandelt und graviert
- Schaft:	Nussbaumholz, mit gerader, englischer Schäftung oder mit Pistolengriff

Zabala Berri

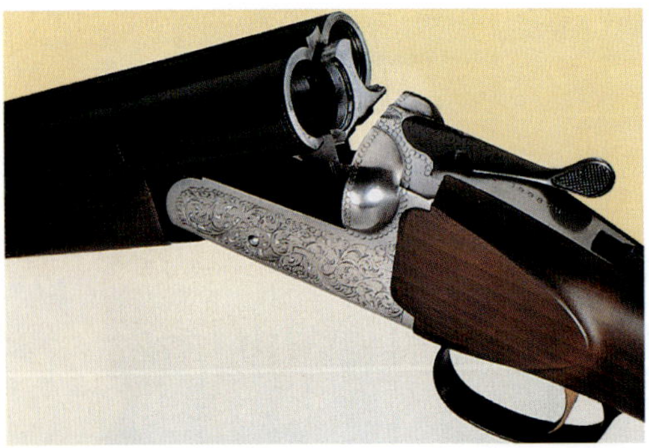

TECHNISCHE DATEN

Kaliber:	12, 16 oder 20
Kammerlänge:	2¾" (70 mm)
Anzahl der Läufe:	Doppelflinte (Querflinte)
System:	Kipplaufwaffe (Baskülverschluss, Anson & Deeley-System)
Verriegelung:	doppelte Laufhaken
Abzug:	Doppelabzug
Gesamtgewicht:	3,1–3,3 kg
Gesamtlänge:	115, 120 oder 125 cm
Lauflänge:	71, 76 oder 81 cm (28", 30" oder 32")
Hülsenentfernung:	Auszieher oder automatischer Ejektor, nach Wahl
Choke:	fest, nach Wahl
Visierung:	Flintenkorn
Sicherung:	Schiebesicherung am Kolbenhals

MERKMALE

- Material:	Chrom-Molybdän-Stahl
- Finish:	brüniert, Systemkasten unbehandelt
- Schaft:	Nussbaumholz, mit gerader, englischer Schäftung oder mit Pistolengriff

Zabala Kestrel

TECHNISCHE DATEN

Kaliber:	12, 16, 20, 28 oder .410
Kammerlänge:	2¾" (70 mm)
Anzahl der Läufe:	Doppelflinte (Querflinte)
System:	Kipplaufwaffe (Baskülverschluss, Anson & Deeley-System)
Verriegelung:	doppelte Laufhaken
Abzug:	Doppelabzug
Gesamtgewicht:	3,1–3,3 kg
Gesamtlänge:	120 oder 125 cm
Lauflänge:	76 oder 81 cm (30" oder 32")
Hülsenentfernung:	Auszieher oder automatischer Ejektor, nach Wahl
Choke:	fest, nach Wahl
Visierung:	Flintenkorn
Sicherung:	Schiebesicherung am Kolbenhals

MERKMALE

- Material:	Chrom-Molybdän-Stahl
- Finish:	brüniert, Systemkasten unbehandelt
- Schaft:	Nussbaumholz, mit gerader, englischer Schäftung

Zabala Sporting

TECHNISCHE DATEN

Kaliber:	12
Kammerlänge:	2¾" oder 3" (70 oder 76 mm)
Anzahl der Läufe:	Doppelflinte (Querflinte)
System:	Kipplaufwaffe (Baskülverschluss)
Verriegelung:	doppelte Laufhaken
Abzug:	Einabzug
Gesamtgewicht:	3,1–3,3 kg
Gesamtlänge:	115 oder 120 cm
Lauflänge:	71 oder 76 cm (28" oder 30")

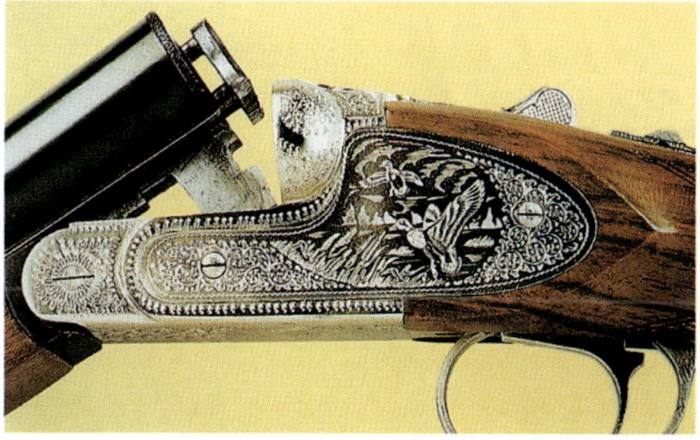

Hülsenentfernung:	Auszieher
Choke:	fest, nach Wahl
Visierung:	Flintenkorn
Sicherung:	Schiebesicherung am Kolbenhals

MERKMALE

- Material:	Chrom-Molybdän-Stahl
- Finish:	brüniert, Systemkasten und Seitenschlossplatten unbehandelt und graviert
- Schaft:	Nussbaumholz, mit Pistolengriff

Zabala Sporting Interchoke

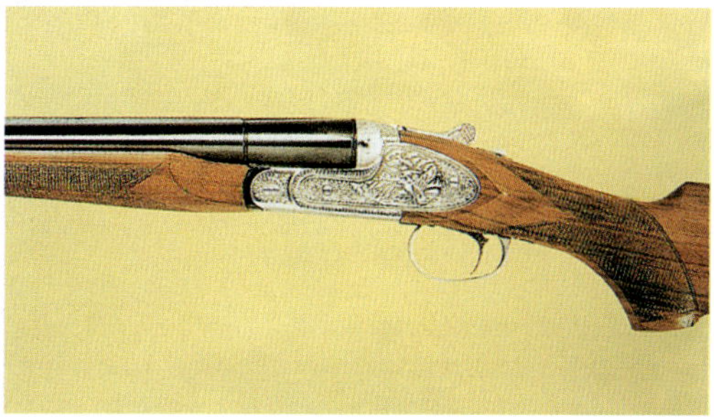

TECHNISCHE DATEN

Kaliber:	12
Kammerlänge:	2¾" oder 3" (70 oder 76 mm)
Anzahl der Läufe:	Doppelflinte (Querflinte)
System:	Kipplaufwaffe (Baskülverschluss)
Verriegelung:	doppelte Laufhaken
Abzug:	Einabzug
Gesamtgewicht:	3,1–3,3 kg
Gesamtlänge:	115 oder 120 cm
Lauflänge:	71 oder 76 cm (28" oder 30")
Hülsenentfernung:	Auszieher
Choke:	Wechselchokeeinsätze
Visierung:	Flintenkorn
Sicherung:	Schiebesicherung am Kolbenhals

MERKMALE

- Material:	Chrom-Molybdän-Stahl
- Finish:	brüniert, Systemkasten und Seitenschlossplatten unbehandelt und graviert
- Schaft:	Nussbaumholz, mit Pistolengriff

Zabala Suprema

TECHNISCHE DATEN

Kaliber:	12
Kammerlänge:	3" (76 mm)
Anzahl der Läufe:	Bockdoppelflinte
System:	Kipplaufwaffe (Baskülverschluss)
Verriegelung:	Laufhaken
Abzug:	Einabzug
Gesamtgewicht:	3,1–3,3 kg
Gesamtlänge:	115 oder 120 cm
Lauflänge:	71 oder 76 cm (28" oder 30")
Hülsenentfernung:	automatischer Ejektor
Choke:	Wechselchokeeinsätze
Visierung:	Flintenkorn, ventilierte Schiene
Sicherung:	Schiebesicherung am Kolbenhals

MERKMALE

- Material:	Chrom-Molybdän-Stahl
- Finish:	brüniert, Systemkasten unbehandelt
- Schaft:	Nussbaumholz, mit Pistolengriff

Die Läufe dieser Waffe werden mit einem Druck von 1200 bar getestet, sind also für die Verwendung von Stahlschroten geeignet.

Zabala Vencedor Seitenschlosse

TECHNISCHE DATEN

Kaliber:	12, 16 oder 20
Kammerlänge:	2¾" (70 mm)

Anzahl der Läufe: Doppelflinte (Querflinte)
System: Kipplaufwaffe (Baskülverschluss)
Verriegelung: doppelte Laufhaken
Abzug: Doppelabzug
Gesamtgewicht: 3,1–3,3 kg
Gesamtlänge: 115 oder 120 cm
Lauflänge: 71 oder 76 cm (28" oder 30")
Hülsenentfernung: Auszieher oder automatischer Ejektor
Choke: Wechselchokeeinsätze
Visierung: Flintenkorn
Sicherung: Schiebesicherung am Kolbenhals

MERKMALE

- Material: Chrom-Molybdän-Stahl
- Finish: brüniert, Systemkasten und Seitenschlossplatten unbehandelt und graviert (Arabesken)
- Schaft: Nussbaumholz, mit gerader, englischer Schäftung

Zabala Vencedor Luxus Seitenschlosse

TECHNISCHE DATEN

Kaliber: 12, 20, 28 oder .410
Kammerlänge: 2¾" (70 mm) für Kal. 12, 3" (76 mm) für Kal. 20 und .410
Anzahl der Läufe: Doppelflinte (Querflinte)
System: Kipplaufwaffe (Baskülverschluss)
Verriegelung: doppelte Laufhaken
Abzug: Doppelabzug
Gesamtgewicht: 3,1–3,3 kg
Gesamtlänge: 115 oder 120 cm
Lauflänge: 71 oder 76 cm (28" oder 30")
Hülsenentfernung: Auszieher oder automatischer Ejektor
Choke: fest, nach Wahl
Visierung: Flintenkorn
Sicherung: Schiebesicherung am Kolbenhals

MERKMALE

- Material: Chrom-Molybdän-Stahl
- Finish: brüniert, Systemkasten und Seitenschlossplatten unbehandelt und graviert (Blumenmotive)
- Schaft: Nussbaumholz, mit gerader, englischer Schäftung

Die Läufe sind für die Verwendung von Stahlschroten geeignet.

Zabala XL-90 Interchoke

TECHNISCHE DATEN

Kaliber: 12, 16 oder 20
Kammerlänge: 2¾" oder 3" (70 oder 76 mm)
Anzahl der Läufe: Bockdoppelflinte
System: Kipplaufwaffe (Baskülverschluss)
Verriegelung: Laufhaken
Abzug: Einabzug
Gesamtgewicht: 3,2–3,4 kg
Gesamtlänge: 110, 115 oder 120 cm
Lauflänge: 66, 71 oder 76 cm (26", 28" oder 30")
Hülsenentfernung: automatischer Ejektor
Choke: Wechselchokeeinsätze
Visierung: Flintenkorn, ventilierte Schiene
Sicherung: Schiebesicherung am Kolbenhals

MERKMALE

- Material: Chrom-Molybdän-Stahl
- Finish: brüniert, Systemkasten unbehandelt
- Schaft: Nussbaumholz, mit Pistolengriff

Die Läufe dieser Waffe werden mit einem Druck von 1200 bar getestet, sind also für die Verwendung von Stahlschroten geeignet.

Zabala XL-90 Interchoke Recorridos

TECHNISCHE DATEN

Kaliber: 12
Kammerlänge: 2¾" (70 mm)

Anzahl der Läufe:	Bockdoppelflinte
System:	Kipplaufwaffe (Baskülverschluss)
Verriegelung:	Laufhaken
Abzug:	Einabzug
Gesamtgewicht:	3,2–3,4 kg
Gesamtlänge:	110, 115, 120 oder 125 cm
Lauflänge:	66, 71 76 oder 81 cm (26", 28", 30" oder 32")
Hülsenentfernung:	automatischer Ejektor
Choke:	Wechselchokeeinsätze
Visierung:	Flintenkorn, ventilierte Schiene
Sicherung:	Schiebesicherung am Kolbenhals

MERKMALE:

- Material:	Chrom-Molybdän-Stahl
- Finish:	brüniert, Systemkasten unbehandelt
- Schaft:	Nussbaumholz, mit Pistolengriff

Die Läufe dieser Waffe sind für die Verwendung von Stahlschroten geeignet.

Zabala XL-90 Trap

TECHNISCHE DATEN

Kaliber:	12
Kammerlänge:	2³/₄" (70 mm)
Anzahl der Läufe:	Bockdoppelflinte
System:	Kipplaufwaffe (Baskülverschluss)
Verriegelung:	Laufhaken
Abzug:	Einabzug
Gesamtgewicht:	3,4 kg
Gesamtlänge:	120 cm
Lauflänge:	76 cm (30")
Hülsenentfernung:	automatischer Ejektor
Choke:	Wechselchokeeinsätze
Visierung:	Flintenkorn, ventilierte Schiene
Sicherung:	Schiebesicherung am Kolbenhals

MERKMALE:

- Material:	Chrom-Molybdän-Stahl
- Finish:	brüniert, Systemkasten unbehandelt
- Schaft:	Nussbaumholz, mit Pistolengriff

Die Läufe dieser Waffe werden mit einem Druck von 1200 bar getestet, sind also für die Verwendung von Stahlschroten geeignet.

Zabala XL-92 Interchoke Deluxe

TECHNISCHE DATEN

Kaliber:	12
Kammerlänge:	2³/₄" (70 mm)
Anzahl der Läufe:	Bockdoppelflinte
System:	Kipplaufwaffe (Baskülverschluss)
Verriegelung:	Laufhaken
Abzug:	Einabzug
Gesamtgewicht:	3,2–3,4 kg
Gesamtlänge:	115 oder 120 cm
Lauflänge:	71 oder 76 cm (28" oder 30")
Hülsenentfernung:	automatischer Ejektor
Choke:	Wechselchokeeinsätze
Visierung:	Flintenkorn, ventilierte Schiene
Sicherung:	Schiebesicherung am Kolbenhals

MERKMALE

- Material:	Chrom-Molybdän-Stahl
- Finish:	brüniert, Systemkasten und Seitenschlossplatten unbehandelt und graviert (Jagdmotive)
- Schaft:	Nussbaumholz, mit Pistolengriff und Rückstoßminderer aus Gummi

Die Läufe dieser Waffe werden mit einem Druck von 1200 bar getestet, sind also für die Verwendung von Stahlschroten geeignet.

Angelo Zoli

ANGELO ZOLI
FABBRICA D'ARMI

Die Firma Angelo Zoli sollte nicht mit der Firma Antonio Zoli verwechselt werden, die wie erstere ebenfalls ihren Sitz in der italienischen Region Brescia hat. Angelo Zoli war ursprünglich ein klassisches Familienunternehmen, das selbst hervorragende Flinten herstellte, aber auch für andere Firmen Waffen produzierte; für Weatherby baute man etwa deren Flintenmodell Regency und die Rottweil 650 für Dynamit Nobel. Angelo Zoli war zunächst auch für seine hervorragenden Repliken von Schwarzpulverwaffen bekannt, etwa für die Kentucky Rifle in den Kalibern .45 und .50 und die Zouave Rifle im Kaliber .58. Die Angelo Zoli-Flinten wurden aus Chrom-Molybdän-Stahl hergestellt, ihre Läufe waren innen hart verchromt. Alle Flinten waren mit 1200 bar beschossen und verdauten deshalb auch Stahlschrote. Leider hat die Firma vor ungefähr zehn Jahren ihre Waffenproduktion eingestellt. Da speziell in Europa aber immer noch viele Waffen von Angelo Zoli sportlich und jagdlich verwendet werden, wurden sie in diese Enzyklopädie mit aufgenommen.

Angelo Zoli Airone Bockbüchsflinte

TECHNISCHE DATEN

Kaliber:	siehe nachfolgend
Kammerlänge:	Flintenlauf: $2^3/_4$" (70 mm)
Anzahl der Läufe:	Bockbüchsflinte (Flinten- u. Büchsenlauf übereinander)
System:	Kipplaufwaffe (Baskülverschluss)
Verriegelung:	Laufhaken, Flankenverschluss
Abzug:	Doppelabzug, vorderer Abzug mit Rückstecher
Gesamtgewicht:	ca. 3,1 kg
Gesamtlänge:	108 cm
Lauflänge:	62 cm ($24^3/_8$")
Hülsenentfernung:	Auszieher
Choke:	Flintenlauf fest, Voll-Choke
Visierung:	Büchsen-Klappvisier
Sicherung:	Schiebesicherung auf dem Kolbenhals

MERKMALE

- Material:	Stahl
- Finish:	brüniert, Systemkasten unbehandelt und graviert (keine Seitenschlosse)
- Schaft:	Nussbaumholz, mit Pistolengriff

Erhältliches Flintenkaliber: 12; erhältliche Büchsenkaliber: 5,6x57R; 6,5x57R; 6,5x68R; 7x57R; 7x65R.
Für diese Waffe gab es einen Bockdoppelflinten-Wechsellauf. Auf dem Foto abgebildet sind von oben nach unten die Modelle Zoli Condor, Zoli Saint George und Zoli Airone. In den 80er Jahren stellte die Firma die Produktion ein.

Angelo Zoli Athena Hahn-Seitenschloss-Doppelflinte

TECHNISCHE DATEN

Kaliber:	12 oder 20
Kammerlänge:	$2^3/_4$" (70 mm)
Anzahl der Läufe:	Doppelflinte (Querflinten)
System:	Kipplaufwaffe (Baskülverschluss)
Verriegelung:	doppelte Laufhaken, Purdey-Verschluss
Abzug:	Doppelabzug
Gesamtgewicht:	3,1 kg
Gesamtlänge:	113 oder 116 cm
Lauflänge:	68 oder 70 cm ($26^3/_4$" oder $27^1/_2$")
Hülsenentfernung:	automatischer Ejektor
Choke:	fest, $^1/_4$- u. $^3/_4$- oder $^1/_2$- u. Voll-Choke
Visierung:	Flintenkorn
Sicherung:	Sicherheitsrast der außen liegenden Hahne

MERKMALE

- Material:	Stahl
- Finish:	brüniert, Systemkasten und Seitenschlossplatten unbehandelt und graviert
- Schaft:	Nussbaumholz, mit gerader, englischer Schäftung

Diese Waffe wurde nur auf Bestellung gebaut. Abgebildet ist oben das Modell Zoli Edward und darunter das Modell Zoli Athena. In den 80er Jahren stellte die Firma die Produktion ein.

Angelo Zoli Brescia Armi

TECHNISCHE DATEN

Kaliber:	12
Kammerlänge:	$2^3/_4$" (70 mm)
Anzahl der Läufe:	Bockdoppelflinte
System:	Kipplaufwaffe (Baskülverschluss)
Verriegelung:	Laufhaken, Flankenverschluss
Abzug:	Ein- oder Doppelabzug
Gesamtgewicht:	3,2 kg

Gesamtlänge:	114 cm
Lauflänge:	70 cm (27$^{1}/_{2}$")
Hülsenentfernung:	Auszieher oder automatischer Ejektor
Choke:	fest, $^{1}/_{4}$- u. $^{3}/_{4}$-Choke
Visierung:	Flintenkorn, ventilierte Schiene
Sicherung:	Schiebesicherung am Kolbenhals

MERKMALE

- Material:	Chrom-Molybdän-Stahl
- Finish:	brüniert, Systemkasten unbehandelt und graviert
- Schaft:	Nussbaumholz, mit Pistolengriff

Bei der unteren, gebrochenen Waffe sieht man gut den linken Flankenriegel. In den 80er Jahren stellte die Firma die Produktion ein.

Angelo Zoli Condor Bockbüchsflinte

TECHNISCHE DATEN

Kaliber:	siehe nachfolgend
Kammerlänge:	Flintenlauf: 2$^{3}/_{4}$" (70 mm)
Anzahl der Läufe:	Bockbüchsflinte (Flinten- u. Büchsenlauf übereinander)
System:	Kipplaufwaffe (Baskülverschluss)
Verriegelung:	Laufhaken, Flankenverschluss
Abzug:	Doppelabzug, vorderer Abzug mit Rückstecher
Gesamtgewicht:	ca. 3,1 kg
Gesamtlänge:	108 cm
Lauflänge:	62 cm (24$^{3}/_{8}$")
Hülsenentfernung:	Auszieher
Choke:	Flintenlauf fest, Voll-Choke
Visierung:	Büchsen-Klappvisier
Sicherung:	Schiebesicherung auf dem Kolbenhals, Fallsicherung

MERKMALE

- Material:	Stahl
- Finish:	brüniert, Systemkasten unbehandelt und graviert
- Schaft:	Nussbaumholz, mit Pistolengriff

Erhältliches Flintenkaliber: 12; erhältliche Büchsenkaliber: 5,6x57R; 6,5x57R; 6,5x68R; 7x57R; 7x65R.
Für diese Waffe gab es einen Bockdoppelflinten-Wechsellauf. Auf dem Foto abgebildet sind von oben nach unten die Modelle Zoli Condor, Zoli Saint George und Zoli Airone. In den 80er Jahren stellte die Firma die Produktion ein.

Angelo Zoli Daino Einlaufflinte

TECHNISCHE DATEN

Kaliber:	12, 16, 20, 24, 28 oder .410
Kammerlänge:	2$^{3}/_{4}$" (70 mm)
Anzahl der Läufe:	Einlaufflinte
System:	Kipplaufwaffe (Baskülverschluss)
Verriegelung:	Laufhaken, Verschlusshebel vor dem Abzugsbügel
Abzug:	Einabzug
Gesamtgewicht:	1,6 kg
Gesamtlänge:	115 cm
Lauflänge:	70 cm (27$^{1}/_{2}$")
Hülsenentfernung:	Auszieher
Choke:	fest, $^{1}/_{4}$-Choke
Visierung:	Flintenkorn
Sicherung:	Schiebesicherung auf dem Kolbenhals

MERKMALE

- Material:	Stahl, Systemkasten aus Aluminium
- Finish:	brüniert, Systemkasten unbehandelt und leicht graviert
- Schaft:	Hartholz, mit Pistolengriff

In den 80er Jahren stellte die Firma die Produktion ein.

Angelo Zoli Edward Seitenschloss-Doppelflinte

TECHNISCHE DATEN

Kaliber:	12 oder 20

Kammerlänge: $2^{3}/_{4}$" (70 mm)
Anzahl der Läufe: Doppelflinte (Querflinten)
System: Kipplaufwaffe (Baskülverschluss)
Verriegelung: doppelte Laufhaken, Purdey-Verschluss
Abzug: Einabzug
Gesamtgewicht: 3 kg
Gesamtlänge: 113 oder 116 cm
Lauflänge: 68 oder 70 cm ($26^{3}/_{4}$" oder $27^{1}/_{2}$")
Hülsenentfernung: automatischer Ejektor
Choke: fest, $^{3}/_{4}$- u. $^{1}/_{4}$- oder $^{1}/_{2}$- u. Voll-Choke
Visierung: Flintenkorn
Sicherung: Schiebesicherung am Kolbenhals

MERKMALE
- Material: Stahl
- Finish: brüniert, Systemkasten und Seitenschlossplatten unbehandelt und graviert
- Schaft: Nussbaumholz, mit gerader, englischer Schäftung

Abgebildet ist oben das Modell Zoli Edward und darunter das Modell Zoli Athena. In den 80er Jahren stellte die Firma die Produktion ein.

Angelo Zoli Saint George Caccia

TECHNISCHE DATEN
Kaliber: 12
Kammerlänge: $2^{3}/_{4}$" (70 mm)
Anzahl der Läufe: Bockdoppelflinte
System: Kipplaufwaffe (Baskülverschluss)
Verriegelung: Laufhaken, Flankenverschluss
Abzug: Einabzug
Gesamtgewicht: 3,1–3,2 kg
Gesamtlänge: 111 oder 114 cm
Lauflänge: 68 oder 71 cm ($26^{3}/_{4}$" oder 28")
Hülsenentfernung: Auszieher oder automatischer Ejektor
Choke: fest, $^{1}/_{4}$- u. $^{3}/_{4}$-Choke (71 cm-Lauf), $^{1}/_{2}$- u. Voll-Choke (68 cm-Lauf)
Visierung: Flintenkorn, ventilierte Schiene
Sicherung: Schiebesicherung am Kolbenhals

MERKMALE
- Material: Stahl
- Finish: brüniert, Systemkasten unbehandelt und graviert
- Schaft: Nussbaumholz, mit Pistolengriff

Auf dem Foto abgebildet sind von oben nach unten die Zoli Saint George Modelle LS, Maremma und Caccia. Bei der unteren, gebrochenen Waffe sieht man den linken Flankenriegel. In den 80er Jahren stellte die Firma die Produktion ein.

Angelo Zoli Saint George Bockbüchsflinte

TECHNISCHE DATEN
Kaliber: siehe nachfolgend
Kammerlänge: Flintenlauf: $2^{3}/_{4}$" (70 mm)
Anzahl der Läufe: Bockbüchsflinte (Flinten- u. Büchsenlauf übereinander)
System: Kipplaufwaffe (Baskülverschluss)
Verriegelung: Laufhaken, Flankenverschluss
Abzug: Doppelabzug, vorderer Abzug mit Rückstecher
Gesamtgewicht: ca. 3,1 kg
Gesamtlänge: 108 cm
Lauflänge: 62 cm ($24^{3}/_{8}$")
Hülsenentfernung: Auszieher
Choke: Flintenlauf fest, Voll-Choke
Visierung: Büchsen-Klappvisier, Vorrichtung für Zielfernrohr
Sicherung: Schiebesicherung auf dem Kolbenhals, Fallsicherung

MERKMALE
- Material: Stahl
- Finish: brüniert, Systemkasten unbehandelt und graviert
- Schaft: Nussbaumholz, mit Pistolengriff

Erhältliches Flintenkaliber: 12; erhältliche Büchsenkaliber: 5,6x57R; 6,5x57R; 6,5x68R; 7x57R;

7x65R. Für diese Waffe gab es einen Bockdoppelflinten-Wechsellauf. Auf dem Foto abgebildet sind von oben nach unten die Modelle Zoli Condor, Zoli Saint George und Zoli Airone. In den 80er Jahren stellte die Firma die Produktion ein.

Angelo Zoli Saint George LS

TECHNISCHE DATEN

Kaliber:	12
Kammerlänge:	$2^{3}/_{4}$" (70 mm)
Anzahl der Läufe:	Bockdoppelflinte
System:	Kipplaufwaffe (Baskülverschluss)
Verriegelung:	Laufhaken, Flankenverschluss
Abzug:	Einabzug
Gesamtgewicht:	3,1–3,2 kg
Gesamtlänge:	111 oder 114 cm
Lauflänge:	68 oder 71 cm ($26^{3}/_{4}$" oder 28")
Hülsenentfernung:	Auszieher oder automatischer Ejektor
Choke:	fest, $^{3}/_{4}$- u. $^{1}/_{4}$-Choke (71 cm-Lauf), $^{1}/_{2}$- u. Voll-Choke (68 cm-Lauf)
Visierung:	Flintenkorn, ventilierte Schiene
Sicherung:	Schiebesicherung am Kolbenhals

MERKMALE

- Material:	Stahl
- Finish:	brüniert, Systemkasten unbehandelt und graviert
- Schaft:	Nussbaumholz, mit Pistolengriff

Auf dem Foto abgebildet sind von oben nach unten die Zoli Saint George Modelle LS, Maremma und Caccia. Bei der unteren, gebrochenen Waffe sieht man den linken Flankenriegel. In den 80er Jahren stellte die Firma die Produktion ein.

Angelo Zoli Saint George Maremma

TECHNISCHE DATEN

Kaliber:	12
Kammerlänge:	$2^{3}/_{4}$" (70 mm)
Anzahl der Läufe:	Bockdoppelflinte
System:	Kipplaufwaffe (Baskülverschluss)

Verriegelung:	Laufhaken, Flankenverschluss
Abzug:	Einabzug
Gesamtgewicht:	3 kg
Gesamtlänge:	110 cm
Lauflänge:	60 cm ($23^{5}/_{8}$")
Hülsenentfernung:	automatischer Ejektor
Choke:	fest, zylindrisch u. Voll-Choke
Visierung:	Büchsenvisier, Laufschiene
Sicherung:	Schiebesicherung am Kolbenhals

MERKMALE

- Material:	Stahl
- Finish:	brüniert, Systemkasten unbehandelt und graviert
- Schaft:	Nussbaumholz, mit Pistolengriff

Auf dem Foto abgebildet sind von oben nach unten die Zoli Saint George Modelle LS, Maremma und Caccia. Bei der unteren, gebrochenen Waffe sieht man den linken Flankenriegel. In den 80er Jahren stellte die Firma die Produktion ein.

Angelo Zoli Saint George Trap oder Skeet

TECHNISCHE DATEN

Kaliber:	12
Kammerlänge:	$2^{3}/_{4}$" (70 mm)
Anzahl der Läufe:	Bockdoppelflinte
System:	Kipplaufwaffe (Baskülverschluss)
Verriegelung:	Laufhaken, Flankenverschluss
Abzug:	Einabzug

Gesamtgewicht:	3,4 kg
Gesamtlänge:	117 cm
Lauflänge:	74cm (29 1/8")
Hülsenentfernung:	automatischer Ejektor
Choke:	Trap oder Skeet
Visierung:	Flintenkorn, 10 mm breite, ventilierte Schiene
Sicherung:	Schiebesicherung am Kolbenhals

MERKMALE

- Material:	Stahl
- Finish:	brüniert, Systemkasten unbehandelt und graviert
- Schaft:	Nussbaumholz, mit Pistolengriff

In den 80er Jahren stellte die Firma die Produktion ein.

Zoli

Die Geschichte der italienischen Firma (Antonio) Zoli reicht bis ans Ende des Mittelalters zurück, denn es ist überliefert, dass die Familie Zoli im frühen 15. Jahrhundert für die Herrscher kleiner italienischer Fürstenhäuser Hakenbüchsen baute. Bis zur industriellen Revolution stellten in der norditalienischen Provinz Brescia, rund um die gleichnamige Stadt, viele Familien von Hand Waffen in kleinen Serien her. Aus 1867 ist bekannt, dass Giovanni Zoli Schlosse für Feuerwaffen baute. Die prächtige, damals von Zoli gebaute Vorderladerpistole, die heute im Zoli-Werk ausgestellt ist, zeugt von seinem Können. Antonio Zoli, der Gründer des heute noch bestehenden Unternehmens Antonio Zoli S.p.a., wurde 1905 geboren. Dessen Vater, Giuseppe Zoli, hatte in Magno di Valtrompia eine kleine Büchsenmacherwerkstatt besessen. Vor dem Zweiten Weltkrieg hatte Antonio Zoli für diverse Waffenfabriken der Region als Büchsenmacher gearbeitet. Im Oktober 1945 beschloss er, sich zusammen mit seinen Söhnen selbstständig zu machen. Zunächst fertigte die Firma ausschließlich doppelläufige Flinten, später begann man auch Express-Doppelbüchsen und Repetierbüchsen herzustellen. Inzwischen leitet die dritte Generation der Familie das Unternehmen. Zoli ist zu Recht stolz darauf, die alten Büchsenmachertraditionen fortzusetzen, ohne dabei aber auf die modernsten Produktionstechniken zu verzichten.

Zoli Ariete M1-M2

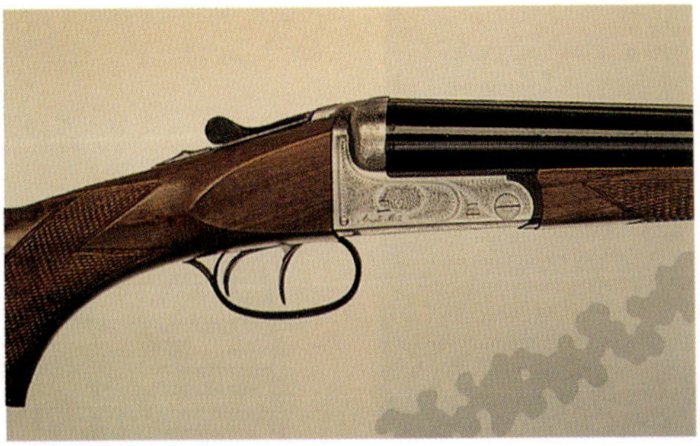

TECHNISCHE DATEN

Kaliber:	12
Kammerlänge:	2 3/4" (70 mm)
Anzahl der Läufe:	Doppelflinte (Querflinte)
System:	Kipplaufwaffe
Verriegelung:	doppelte Laufhaken
Abzug:	Doppelabzug
Gesamtgewicht:	3–3,1 kg
Gesamtlänge:	113 oder 117 cm
Lauflänge:	67 oder 71 cm (26 1/8" oder 28")
Hülsenentfernung:	Auszieher (M1) oder automatischer Ejektor (M2)
Choke:	fest, 1/4- u. 3/4- oder 1/2- u. Voll-Choke
Visierung:	Flintenkorn
Sicherung:	Schiebesicherung am Kolbenhals

MERKMALE

- Material:	Stahl
- Finish:	brüniert, Systemkasten unbehandelt und graviert
- Schaft:	Nussbaumholz, mit Pistolengriff

Zoli Ariete M3

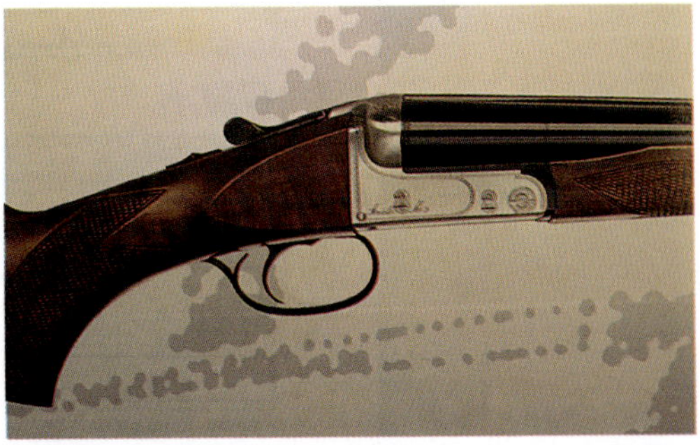

TECHNISCHE DATEN

Kaliber:	12
Kammerlänge:	2 3/4" (70 mm)
Anzahl der Läufe:	Doppelflinte (Querflinte)
System:	Kipplaufwaffe
Verriegelung:	doppelte Laufhaken
Abzug:	Doppelabzug
Gesamtgewicht:	3–3,1 kg
Gesamtlänge:	113 oder 117 cm

Lauflänge: 67 oder 71 cm (26 1/8" oder 28")
Hülsenentfernung: automatischer Ejektor
Choke: fest, 3/4- u. 1/4- oder 1/2- u. Voll-Choke
Visierung: Flintenkorn
Sicherung: Schiebesicherung am Kolbenhals

MERKMALE
- Material: Stahl
- Finish: brüniert, Systemkasten unbehandelt
- Schaft: Nussbaumholz, mit Pistolengriff

Zoli RT Bockbüchsflinte

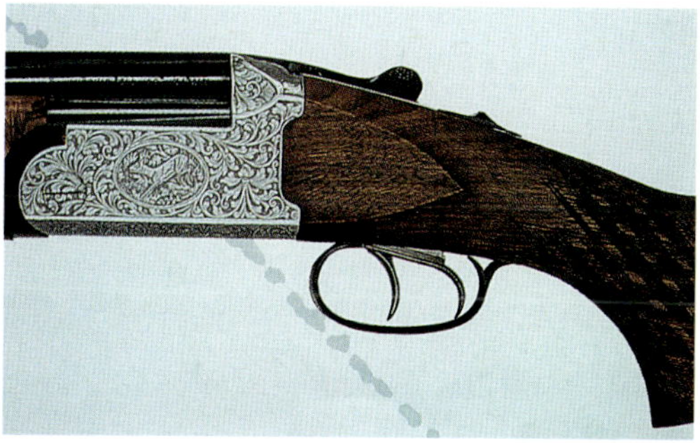

TECHNISCHE DATEN
Kaliber: Flintenkaliber: 12, 16 o. 20; Büchsenkaliber s. nachfolgend
Kammerlänge: Flintenlauf: 2 3/4" oder 3" (70 oder 76 mm)
Anzahl der Läufe: Bockbüchsflinte (Flinten- u. Büchsenlauf übereinander)
System: Kipplaufwaffe (Baskülverschluss)
Verriegelung: doppelte Laufhaken
Abzug: Doppelabzug, vorderer Abzug mit Rückstecher
Gesamtgewicht: 3,2–3,4 kg
Gesamtlänge: 106 oder 110 cm
Lauflänge: 60 oder 65 cm (23 5/8" oder 25 5/8")
Hülsenentfernung: Auszieher
Choke: Flintenlauf: Wechselchokeeinsätze
Visierung: Büchsen-Klappvisier, Vorrichtung für Zielfernrohr
Sicherung: Schiebesicherung auf dem Kolbenhals, Fallsicherung

MERKMALE
- Material: Stahl
- Finish: brüniert, Systemkasten unbehandelt und graviert
- Schaft: Nussbaumholz, mit Pistolengriff

Erhältliche Büchsenkaliber: .22 Hornet; .222 Rem.; 5,6x50R Mag.; 5,6x57R; .243 Win.; 6,5x57R; 6,5x68S; .270 Win.; 7x57R; 7x65; .308 Win.; .30-06; 9,3x74R.
Für diese Waffe gab es Bockdoppelflinten- und Bockdoppelbüchsen-Wechselläufe in allen erdenklichen Kalibern.

Zoli Elite Trap oder Skeet

TECHNISCHE DATEN
Kaliber: 12 oder 20 (Trap)

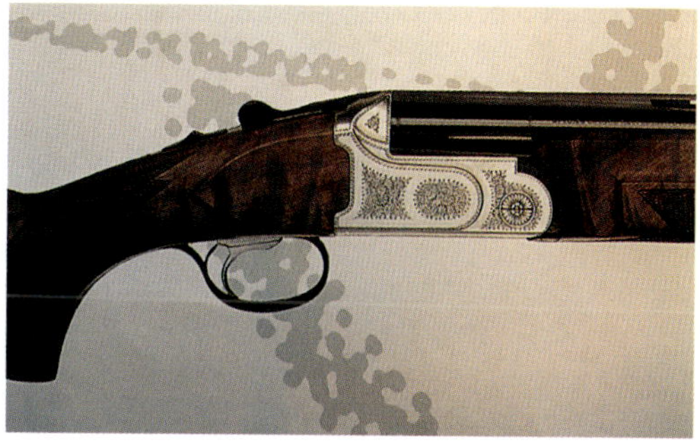

Kammerlänge: 2 3/4" (70 mm)
Anzahl der Läufe: Bockdoppelflinte
System: Kipplaufwaffe (Baskülverschluss)
Verriegelung: doppelte Laufhaken
Abzug: verstellbarer Einabzug
Gesamtgewicht: 3,1–3,3 kg
Gesamtlänge: 115 oder 120 cm
Lauflänge: 71 oder 77 cm (28" oder 29 1/2")
Hülsenentfernung: automatischer Ejektor
Choke: fest, 3/4- u. Voll-Choke (Trap) o. Skeet-/Skeet-Choke (Skeet)
Visierung: Flintenkorn, ventilierte Schiene
Sicherung: Schiebesicherung am Kolbenhals

MERKMALE
- Material: Stahl
- Finish: brüniert, Systemkasten unbehandelt und graviert
- Schaft: ausgesuchtes Nussbaumholz, mit Pistolengriff

Zoli Empire

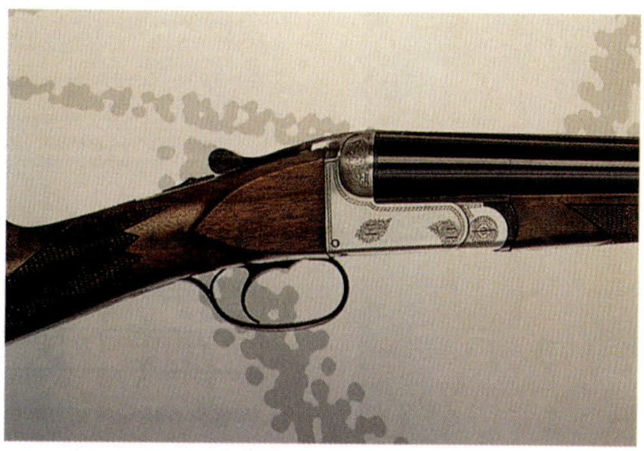

TECHNISCHE DATEN
Kaliber: 12 oder 20 (Trap)
Kammerlänge: 2 3/4" (70 mm), 3" (76 mm) für Kal. 20
Anzahl der Läufe: Doppelflinte (Querflinte)
System: Kipplaufwaffe
Verriegelung: doppelte Laufhaken
Abzug: Ein- oder Doppelabzug
Gesamtgewicht: 3–3,1 kg
Gesamtlänge: 113 oder 117 cm
Lauflänge: 67 oder 71 cm (26 1/8" oder 28")
Hülsenentfernung: automatischer Ejektor
Choke: fest, 1/4- u. 3/4- oder 1/2- u. Voll-Choke

Visierung:	Flintenkorn
Sicherung:	Schiebesicherung am Kolbenhals

MERKMALE

- Material:	Stahl
- Finish:	brüniert, Systemkasten unbehandelt
- Schaft:	Nussbaumholz, mit gerader, englischer Schäftung

Zoli Exclusive Trap oder Skeet

TECHNISCHE DATEN

Kaliber:	12 oder 20 (Trap)
Kammerlänge:	$2^{3}/_{4}$" (70 mm)
Anzahl der Läufe:	Bockdoppelflinte
System:	Kipplaufwaffe (Baskülverschluss)
Verriegelung:	doppelte Laufhaken
Abzug:	verstellbarer Einabzug
Gesamtgewicht:	3,1–3,3 kg
Gesamtlänge:	115 oder 120 cm
Lauflänge:	71 oder 77 cm (28" oder $29^{1}/_{2}$")
Hülsenentfernung:	automatischer Ejektor
Choke:	fest, $^{1}/_{2}$- u. Voll-Choke (Trap) o. Skeet-/Skeet-Choke (Skeet)
Visierung:	Flintenkorn, ventilierte Schiene
Sicherung:	Schiebesicherung am Kolbenhals

MERKMALE

- Material:	Stahl
- Finish:	brüniert, Systemkasten unbeh., an den Rändern graviert
- Schaft:	ausgesuchtes Nussbaumholz, mit Pistolengriff

Zoli Express

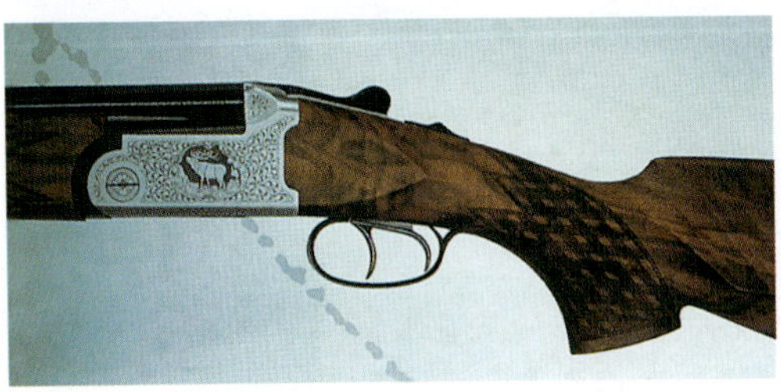

TECHNISCHE DATEN

Kaliber:	siehe nachfolgend
Kammerlänge:	entfällt, da reine Büchse
Anzahl der Läufe:	Bockdoppelbüchse
System:	Kipplaufwaffe (Baskülverschluss)
Verriegelung:	doppelte Laufhaken
Abzug:	Doppelabzug, vorderer Abzug mit Rückstecher
Gesamtgewicht:	3,3–3,45 kg
Gesamtlänge:	106 cm
Lauflänge:	60 cm ($23^{5}/_{8}$")
Hülsenentfernung:	Auszieher oder automatischer Ejektor
Choke:	entfällt
Visierung:	Büchsen-Klappvisier
Sicherung:	Schiebesicherung am Kolbenhals

MERKMALE

- Material:	Stahl
- Finish:	brüniert, Systemkasten unbehandelt und graviert
- Schaft:	Nussbaumholz, mit Pistolengriff und Backe

Erhältliche Kaliber: 7x65R; .308 Win.; .30-06; 8x57JRS; 9,3x74R.

Zoli Express EL

TECHNISCHE DATEN

Kaliber:	siehe nachfolgend
Kammerlänge:	entfällt, da reine Büchse
Anzahl der Läufe:	Bockdoppelbüchse
System:	Kipplaufwaffe (Baskülverschluss)
Verriegelung:	doppelte Laufhaken
Abzug:	Doppelabzug, vorderer Abzug mit Rückstecher
Gesamtgewicht:	3,3–3,45 kg
Gesamtlänge:	106 cm
Lauflänge:	60 cm ($23^{5}/_{8}$")
Hülsenentfernung:	Auszieher oder automatischer Ejektor
Choke:	entfällt
Visierung:	Büchsen-Klappvisier
Sicherung:	Schiebesicherung am Kolbenhals

MERKMALE

- Material:	Stahl
- Finish:	brüniert, Systemkasten unbehandelt und reich graviert
- Schaft:	Nussbaumholz, mit Pistolengriff und Backe

Erhältliche Kaliber: 7x65R; .308 Win.; .30-06; 8x57JRS; 9,3x74R. Für diese Bockdoppelbüchse gibt es diverse Wechselläufe mit den unterschiedlichsten Kalibern.

Zoli Falcon

TECHNISCHE DATEN

Kaliber:	12 oder 20 (Trap)
Kammerlänge:	2¾" (70 mm), 3" (76 mm) für Kal. 20
Anzahl der Läufe:	Bockdoppelflinte
System:	Kipplaufwaffe
Verriegelung:	doppelte Laufhaken
Abzug:	Einabzug
Gesamtgewicht:	3,1–3,3 kg
Gesamtlänge:	111 oder 115 cm
Lauflänge:	67 oder 71 cm (26⅛" oder 28")
Hülsenentfernung:	automatischer Ejektor
Choke:	fest, ¼- u. ¾- oder ½- u. Voll-Choke, oder Falcon-EMSC-Wechselchokeeinsätze
Visierung:	Flintenkorn, ventilierte Laufschiene
Sicherung:	Schiebesicherung am Kolbenhals

MERKMALE

- Material:	Stahl
- Finish:	brüniert, Systemkasten unbehandelt und graviert
- Schaft:	Nussbaumholz, mit Pistolengriff

Zoli Falcon Super

TECHNISCHE DATEN

Kaliber:	12 oder 20 (Trap)
Kammerlänge:	2¾" (70 mm), 3" (76 mm) für Kal. 20
Anzahl der Läufe:	Bockdoppelflinte
System:	Kipplaufwaffe
Verriegelung:	doppelte Laufhaken
Abzug:	Einabzug
Gesamtgewicht:	3,1–3,3 kg
Gesamtlänge:	111 oder 115 cm
Lauflänge:	67 oder 71 cm (26⅛" oder 28")
Hülsenentfernung:	automatischer Ejektor
Choke:	fest, - u. ½- oder ¾- u. Voll-Choke, oder Falcon-EMSC-Wechselchokeeinsätze
Visierung:	Flintenkorn, ventilierte Laufschiene
Sicherung:	Schiebesicherung am Kolbenhals

MERKMALE

- Material:	Stahl
- Finish:	brüniert, Systemkasten unbeh., reich graviert (Jagdmotive)
- Schaft:	ausgesuchtes Nussbaumholz, mit Pistolengriff

Zoli Gazzella

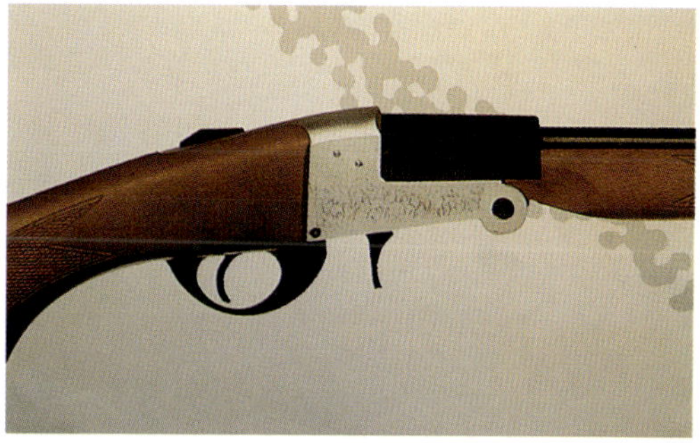

TECHNISCHE DATEN

Kaliber:	12, 16, 20, 24, 28 oder .410
Kammerlänge:	2¾" (70 mm)
Anzahl der Läufe:	Einlaufflinte
System:	Kipplaufwaffe
Verriegelung:	Laufhaken
Abzug:	Einabzug, Öffnungshebel vor dem Abzugsbügel
Gesamtgewicht:	1,6–1,8 kg
Gesamtlänge:	115 oder 125 cm
Lauflänge:	70, 76 oder 81 cm (27½", 30" oder 31⅞")
Hülsenentfernung:	Auszieher
Choke:	fest, ¼-Choke
Visierung:	Flintenkorn
Sicherung:	Schiebesicherung am Kolbenhals

MERKMALE

- Material:	Stahl, Systemkasten aus Aluminium
- Finish:	brüniert, Systemkasten
- Schaft:	Hartholz, mit Pistolengriff

Zoli GM 8 Vorderschaftrepetierflinte

TECHNISCHE DATEN

Kaliber:	12
Kammerlänge:	3" (76 mm)
Anzahl der Läufe:	Einzellauf
Magazin:	Röhrenmagazin für 2 oder 6 Patronen
System:	Vorderschaftrepetiersystem
Verriegelung:	Vertikalblockverschluss

Abzug: Einzelabzug
Gesamtgewicht: 3,4 kg
Gesamtlänge: 110 cm
Lauflänge: 50 cm ($19^3/_4$")
Hülsenentfernung: Repetierauszieher
Choke: zylindrisch
Visierung: Flintenkorn
Sicherung: Druckknopfsicherung hinten am Abzugsbügel

MERKMALE

- Material: Stahl
- Finish: mattschwarz brüniert
- Schaft: Hartholz, mit Pistolengriff

In einigen europäischen Staaten, etwa in Großbritannien, ist diese Pumpflinte aufgrund ihrer geringen Lauflänge und ihrer großen Magazinkapazität verboten. In Deutschland kann sie mit einer waffenrechtlichen Erwerbsberechtigung oder aufgrund Jagdscheines als Repetierlangwaffe erworben werden.

Zoli LX 95 Selbstladeflinte

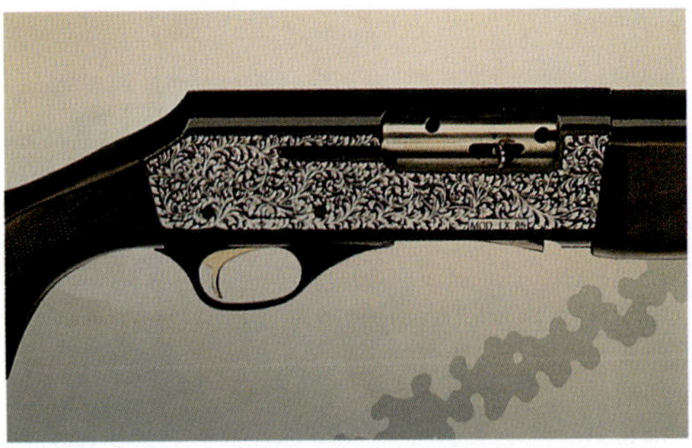

TECHNISCHE DATEN

Kaliber: 12
Kammerlänge: 3" (76 mm)
Anzahl der Läufe: Einzellauf
Magazin: Röhrenmagazin für 2 oder 6 Patronen
System: halbautomatisch
Verriegelung: Vertikalblockverschluss
Abzug: Einzelabzug
Gesamtgewicht: 3,3 kg
Gesamtlänge: 121 cm
Lauflänge: 71 cm (28")
Hülsenentfernung: Repetierauszieher
Choke: Wechselchokeeinsätze
Visierung: Flintenkorn
Sicherung: Druckknopfsicherung hinten am Abzugsbügel

MERKMALE

- Material: Stahl, Systemkasten aus Aluminium
- Finish: brüniert, Systemkasten graviert
- Schaft: Hartholz, mit Pistolengriff

Zoli MG 92 Drilling

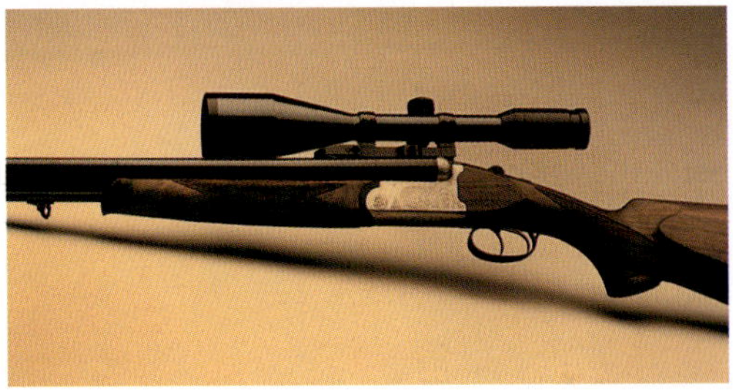

TECHNISCHE DATEN

Kaliber: siehe nachfolgend
Kammerlänge: siehe nachfolgend
Anzahl der Läufe: 2 Flintenläufe nebeneinander und darunter 1 Büchsenlauf (Drilling)
System: Kipplaufwaffe (Baskülverschluss)
Verriegelung: doppelte Laufhaken
Abzug: Doppelabzug, vord. Abzug mit Rückstecher
Gesamtgewicht: 3,3–3,45 kg
Gesamtlänge: 106 cm
Lauflänge: 60 cm ($23^5/_8$")
Hülsenentfernung: Auszieher
Choke: fest, $^1/_2$- (rechter Lauf) u. Voll-Choke (linker Lauf)
Visierung: Büchsen-Klappvisier, Vorrichtung für Zielfernrohrmontage
Sicherung: autom. Sicherung, Schiebesicherung auf dem Kolbenhals

MERKMALE

- Material: Stahl
- Finish: brüniert, Systemkasten unbehandelt und graviert (Arabeskengravur)
- Schaft: Nussbaumholz, mit Pistolengriff

Erhältliches Flintenkaliber: 12/70; erhältliche Büchsenkaliber: 6,5x57R; 7x65R; .30-06; 9,3x74R.

Zoli MG 92 EL Drilling

TECHNISCHE DATEN

Kaliber: siehe nachfolgend
Kammerlänge: siehe nachfolgend
Anzahl der Läufe: 2 Flintenläufe nebeneinander und darunter 1 Büchsenlauf (Drilling)
System: Kipplaufwaffe (Baskülverschluss)
Verriegelung: doppelte Laufhaken
Abzug: Doppelabzug, vorderer Abzug mit Rückstecher
Gesamtgewicht: 3,3–3,45 kg
Gesamtlänge: 106 cm
Lauflänge: 60 cm (23 5/8")
Hülsenentfernung: Auszieher
Choke: fest, 1/2- (rechter Lauf) u. Voll-Choke (linker Lauf)
Visierung: Büchsen-Klappvisier, Vorrichtung für Zielfernrohrmontage
Sicherung: autom. Sicherung, Schiebesicherung auf dem Kolbenhals

MERKMALE

- Material: Stahl
- Finish: brüniert, Systemkasten unbehandelt und graviert (Arabeskengravur)
- Schaft: besonders ausgesuchtes Nussbaumholz, mit Pistolengriff

Erhältliches Flintenkaliber: 12/70; erhältliche Büchsenkaliber: .222 Rem.; 6,5x55; 6,5x57R; 7x57R; 7x65R; .30-06; 8x57JRS; 9,3x74R.

Zoli Ritmo E

TECHNISCHE DATEN

Kaliber: 12 oder 20
Kammerlänge: 2 3/4" (70 mm), 3" (76 mm) für Kal. 20
Anzahl der Läufe: Bockdoppelflinte
System: Kipplaufwaffe
Verriegelung: doppelte Laufhaken
Abzug: Ein- oder Doppelabzug (Ritmo ES)
Gesamtgewicht: 2,9–3,1 kg
Gesamtlänge: 111 oder 115 cm
Lauflänge: 67 oder 71 cm (26 1/8" oder 28")
Hülsenentfernung: Ejektor
Choke: fest, 1/2- oder Voll-Choke, oder 3/4- u. Voll-Choke, oder Ritmo-EMSC-Wechselchokeeinsätze
Visierung: Flintenkorn, ventilierte Laufschiene
Sicherung: Schiebesicherung am Kolbenhals

MERKMALE:

- Material: Stahl, Systemkasten aus Aluminium
- Finish: brüniert, Systemkasten unbehandelt und graviert
- Schaft: Nussbaumholz, mit Pistolengriff

Zoli Ritmo S

TECHNISCHE DATEN

Kaliber: 12 oder 20
Kammerlänge: 2 3/4" (70 mm), 3" (76 mm) für Kal. 20
Anzahl der Läufe: Bockdoppelflinte
System: Kipplaufwaffe
Verriegelung: doppelte Laufhaken
Abzug: Ein- oder Doppelabzug (Ritmo SX)
Gesamtgewicht: 3,1–3,3 kg
Gesamtlänge: 111 oder 115 cm
Lauflänge: 67 oder 71 cm (26 1/8" oder 28")
Hülsenentfernung: Auszieher
Choke: fest, 1/2- oder Voll-Choke, oder 3/4- u. Voll-Choke, oder Ritmo-SMSC-Wechselchokeeinsätze
Visierung: Flintenkorn, ventilierte Laufschiene
Sicherung: Schiebesicherung am Kolbenhals

MERKMALE

- Material: Stahl
- Finish: brüniert, Systemkasten unbehandelt und graviert
- Schaft: Nussbaumholz, mit Pistolengriff

Zoli Safari Bockbüchsflinte

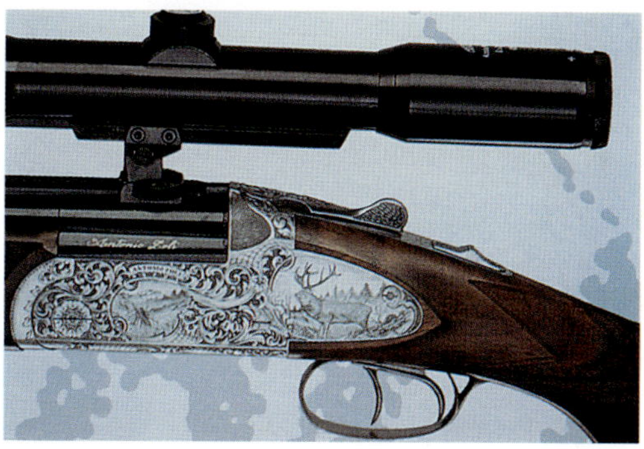

TECHNISCHE DATEN

Kaliber: Flintenkaliber: 12, 16 o. 20; Büchsenkaliber s. nachfolgend
Kammerlänge: Flintenlauf: 2 3/4" (70 mm) oder 3" (76 mm) für Kal. 20

Anzahl der Läufe: Bockbüchsflinte (Flinten- u. Büchsenlauf übereinander)
System: Kipplaufwaffe (Baskülverschluss)
Verriegelung: doppelte Laufhaken
Abzug: Doppelabzug, vorderer Abzug mit Rückstecher
Gesamtgewicht: 3,2–3,4 kg
Gesamtlänge: 106 oder 110 cm
Lauflänge: 60 oder 65 cm (23$^{5}/_{8}$" oder 25$^{5}/_{8}$")
Hülsenentfernung: Auszieher
Choke: Flintenlauf: Wechselchokeeinsätze
Visierung: Büchsen-Klappvisier, Vorrichtung für Zielfernrohr
Sicherung: Schiebesicherung auf dem Kolbenhals, Fallsicherung

MERKMALE

- Material: Stahl
- Finish: brüniert, Systemkasten und Seitenplatten unbehandelt und graviert (keine Seitenschlosse)
- Schaft: Nussbaumholz, mit Pistolengriff

Erhältliche Büchsenkaliber: .22 Hornet; .222 Rem.; 5,6x50R Mag.; 5,6x57R; .243 Win.; 6,5x57R; 6,5x68S; .270 Win.; 7x57R; 7x65; .308 Win.; .30-06; 9,3x74R.

Zoli Silver Fox

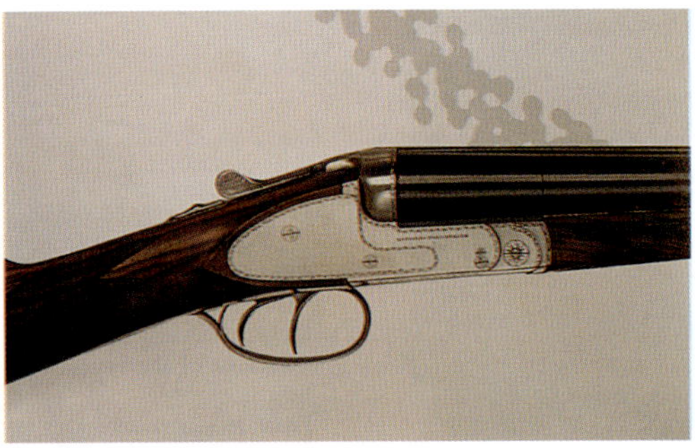

TECHNISCHE DATEN

Kaliber: 12 oder 20 (Trap)
Kammerlänge: 2$^{3}/_{4}$" (70 mm), 3" (76 mm) für Kal. 20
Anzahl der Läufe: Doppelflinte (Querflinte)
System: Kipplaufwaffe
Verriegelung: doppelte Laufhaken
Abzug: Ein- oder Doppelabzug
Gesamtgewicht: 3–3,1 kg
Gesamtlänge: 113 oder 117 cm
Lauflänge: 67 oder 71 cm (26$^{1}/_{8}$" oder 28")
Hülsenentfernung: automatischer Ejektor
Choke: fest, $^{3}/_{4}$- u. $^{1}/_{4}$- oder $^{1}/_{2}$- u. Voll-Choke
Visierung: Flintenkorn
Sicherung: Schiebesicherung am Kolbenhals

MERKMALE

- Material: Stahl
- Finish: brüniert, Systemkasten und vergrößerte Seitenplatten unbehandelt (keine Seitenschlosse)
- Schaft: Nussbaumholz, mit gerader, englischer Schäftung

Zoli Slug Gun

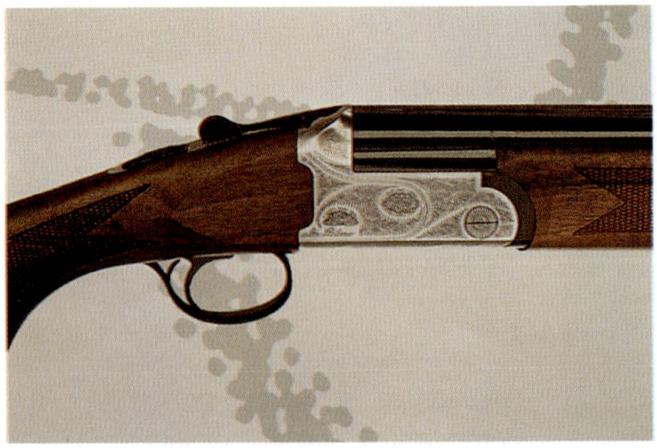

TECHNISCHE DATEN

Kaliber: 12
Kammerlänge: 3" (76 mm)
Anzahl der Läufe: Bockdoppelflinte
System: Kipplaufwaffe
Verriegelung: doppelte Laufhaken
Abzug: Ein- oder Doppelabzug
Gesamtgewicht: 3,2 kg
Gesamtlänge: 110 cm
Lauflänge: 60 cm (23$^{5}/_{8}$")
Hülsenentfernung: nach Wahl
Choke: zylindrisch u. Voll-Choke
Visierung: Büchsen-Klappvisier, Laufschiene
Sicherung: Schiebesicherung und Laufwahlschieber am Kolbenhals

MERKMALE

- Material: Stahl
- Finish: brüniert, Systemkasten unbehandelt und graviert
- Schaft: Nussbaumholz, mit Pistolengriff

Zoli Solitaire Doppelbüchse

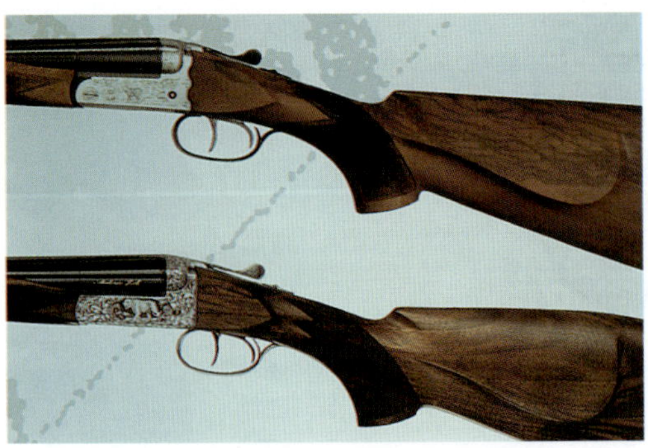

TECHNISCHE DATEN

Kaliber: 7x65R, 8x57JRS, 9,3x74R
Kammerlänge: entfällt, da reine Büchse
Anzahl der Läufe: Doppelbüchse (2 Büchsläufe mit gleichen Kalibern)
System: Kipplaufwaffe (Baskülverschluss)

Verriegelung: doppelte Laufhaken
Abzug: Doppelabzug, vorderer Abzug mit Rückstecher
Gesamtgewicht: 3,3–3,45 kg
Gesamtlänge: 106 cm
Lauflänge: 60 cm (23 5/8")
Hülsenentfernung: automatischer Ejektor
Choke: entfällt
Visierung: Büchsen-Klappvisier, Vorrichtung für Zielfernrohrmontage
Sicherung: Schiebesicherung am Kolbenhals, Stifte zur Anzeige des Spannzustandes

MERKMALE
- Material: Stahl
- Finish: brüniert, Systemkasten unbehandelt und graviert
- Schaft: Nussbaumholz, mit Pistolengriff und Backe

Auf dem Foto S. 308 unten rechts ist oben das Modell Solitaire und unten das Modell Solitaire EL (mit reicherer Gravur) abgebildet.

Zoli Sport Z-92

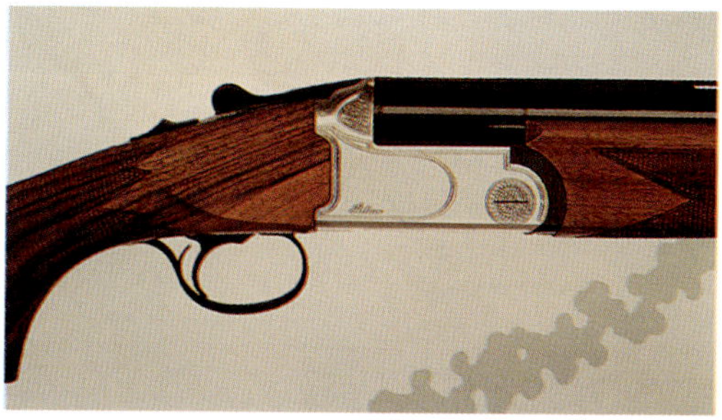

TECHNISCHE DATEN
Kaliber: 12
Kammerlänge: 2 3/4" (70 mm)
Anzahl der Läufe: Bockdoppelflinte
System: Kipplaufwaffe
Verriegelung: doppelte Laufhaken
Abzug: Einabzug
Gesamtgewicht: 3,3 kg
Gesamtlänge: 115 cm
Lauflänge: 71 cm (28")
Hülsenentfernung: automatischer Ejektor
Choke: fest, 3/4- u. 1/4-Choke, oder Wechselchokeeinsätze
Visierung: Flintenkorn, ventilierte Laufschiene
Sicherung: Schiebesicherung am Kolbenhals

MERKMALE
- Material: Stahl
- Finish: brüniert, Systemkasten unbehandelt
- Schaft: Nussbaumholz, mit Pistolengriff

Zoli Super E3-XELL Bockbüchsflinte

TECHNISCHE DATEN
Kaliber: Flintenkaliber: 20
Kammerlänge: Flintenlauf: 3" (76 mm)

Anzahl der Läufe: Bockbüchsflinte (Flinten- u. Büchsenlauf übereinander)
System: Kipplaufwaffe (Baskülverschluss)
Verriegelung: doppelte Laufhaken
Abzug: Doppelabzug
Gesamtgewicht: ca. 3,1 kg
Gesamtlänge: 106 cm
Lauflänge: 60 cm (23 5/8")
Hülsenentfernung: automatischer Ejektor
Choke: Flintenlauf: Wechselchokeeinsätze
Visierung: Büchsen-Klappvisier, Vorrichtung für Zielfernrohrmontage
Sicherung: Schiebesicherung auf dem Kolbenhals, Fallsicherung

MERKMALE
- Material: Stahl
- Finish: brüniert, Systemkasten unbehandelt und graviert (keine Seitenschlosse)
- Schaft: Nussbaumholz, mit Pistolengriff

Erhältliche Büchsenkaliber: .222 Rem.; .222 Rem. Mag.; 5,6x50R Mag.; 5,6x57R; .243 Win.; 6,5x55; 6,5x57R; 6,5x68S; .270 Win.; 7x57R; 7x65R; .308 Win.; .30-06; 9,3x74R.
Für diese Waffe gibt es verschiedene Wechselläufe in den unterschiedlichsten Kalibern.

Zoli Trap Z-92/Skeet Z-92

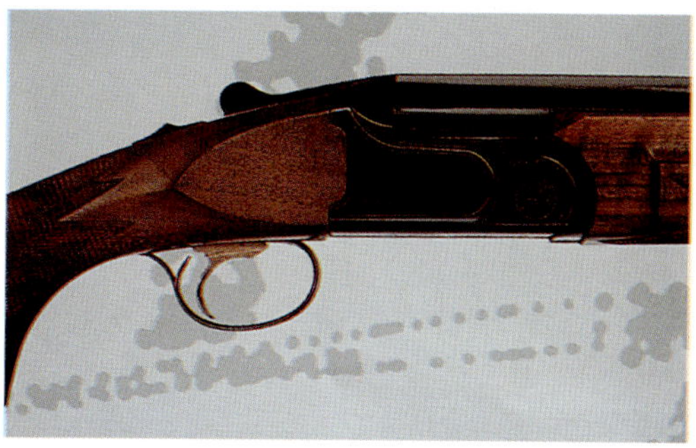

TECHNISCHE DATEN
Kaliber: 12 oder 20 (Trap)
Kammerlänge: 2 3/4" (70 mm)
Anzahl der Läufe: Bockdoppelflinte

System: Kipplaufwaffe
Verriegelung: doppelte Laufhaken
Abzug: Einabzug
Gesamtgewicht: 3–3,2 kg
Gesamtlänge: 115 oder 120 cm
Lauflänge: 71 oder 75 cm (28" oder 29 1/2")
Hülsenentfernung: automatischer Ejektor
Choke: fest, 1/2- u. Voll- oder Skeet-/Skeet-Choke
Visierung: Flintenkorn, ventilierte Laufschiene
Sicherung: Schiebesicherung am Kolbenhals

MERKMALE
- Material: Stahl, Systemkasten aus Aluminium
- Finish: brüniert
- Schaft: Nussbaumholz, mit Pistolengriff

Zoli Vulcano Record Seitenschlosse

TECHNISCHE DATEN
Kaliber: 12
Kammerlänge: 2 3/4" (70 mm)
Anzahl der Läufe: Doppelflinte (Querflinte)
System: Kipplaufwaffe
Verriegelung: doppelte Laufhaken
Abzug: Doppelabzug
Gesamtgewicht: 2,9–3,1 kg
Gesamtlänge: 113 oder 117 cm
Lauflänge: 67 oder 71 cm (26 1/8" oder 28")
Hülsenentfernung: nach Wahl
Choke: fest, 1/4- u. 3/4- oder 1/2- u. Voll-Choke
Visierung: Flintenkorn
Sicherung: Schiebesicherung am Kolbenhals

MERKMALE
- Material: Stahl
- Finish: brüniert, Systemkasten und Seitenschlossplatten unbehandelt und nach Wahl graviert
- Schaft: ausgesuchtes Nussbaumholz, mit gerader, englischer Schäftung

Zoli White Diamond

TECHNISCHE DATEN
Kaliber: 12 oder 20
Kammerlänge: 2 3/4" (70 mm) oder 3" (76 mm) für Kal. 20
Anzahl der Läufe: Bockdoppelflinte

System: Kipplaufwaffe
Verriegelung: doppelte Laufhaken
Abzug: Ein- oder Doppelabzug
Gesamtgewicht: 3–3,3 kg
Gesamtlänge: 111–121 cm
Lauflänge: 67, 71 oder 75 cm (26 3/8", 28" oder 29 1/2")
Hülsenentfernung: nach Wahl
Choke: Wechselchokeeinsätze
Visierung: Flintenkorn, ventilierte Laufschiene
Sicherung: Schiebesicherung am Kolbenhals

MERKMALE
- Material: Stahl
- Finish: brüniert, Systemkasten und Seitenplatten nach Wahl graviert (keine Seitenschlosse)
- Schaft: Nussbaumholz, mit gerader, englischer Schäftung oder mit Pistolengriff

Zoli Z-95 Bockbüchsflinte

TECHNISCHE DATEN
Kaliber: Flintenkaliber: 12 oder 16
Kammerlänge: Flintenlauf: 2 3/4" (70 mm)
Anzahl der Läufe: Bockbüchsflinte (Flinten- u. Büchsenlauf übereinander)
System: Kipplaufwaffe (Baskülverschluss)
Verriegelung: doppelte Laufhaken
Abzug: Doppelabzug
Gesamtgewicht: ca. 3,1 kg
Gesamtlänge: 106 oder 111 cm
Lauflänge: 60 oder 65 cm (23 5/8" oder 25 5/8")
Hülsenentfernung: Auszieher
Choke: Flintenlauf: Wechselchokeeinsätze
Visierung: Büchsen-Klappvisier, Vorrichtung für Zielfernrohrmontage
Sicherung: Schiebesicherung auf dem Kolbenhals, Fallsicherung

MERKMALE

- Material: Stahl
- Finish: brüniert, Systemkasten unbehandelt und graviert
- Schaft: Nussbaumholz, mit Pistolengriff

Erhältliche Büchsenkaliber: .222 Rem.; .222 Rem. Mag.; 5,6x50R Mag.; 5,6x57R; .243 Win.; 6,5x57R; 7x57R; 7x65R; .308 Win.; .30-06; 9,3x74R.
Für diese Waffe gibt es verschiedene Wechselläufe in den unterschiedlichsten Kalibern.

Zoli Z-95 Deluxe Bockbüchsflinte

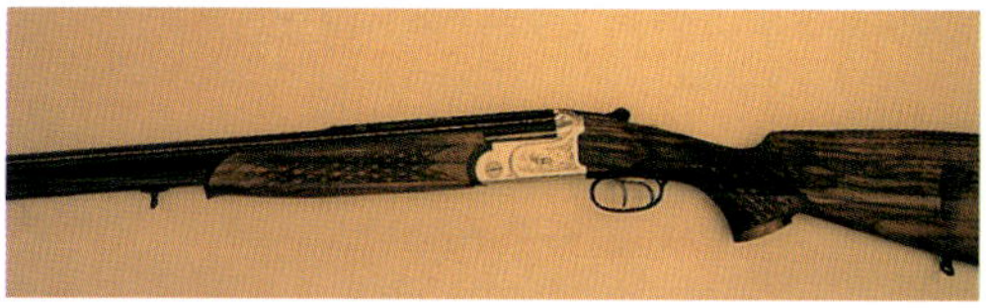

TECHNISCHE DATEN

Kaliber: Flintenkaliber: 12 oder 16
Kammerlänge: Flintenlauf: 2 3/4" (70 mm)
Anzahl der Läufe: Bockbüchsflinte (Flinten- u. Büchsenlauf übereinander)
System: Kipplaufwaffe (Baskülverschluss)
Verriegelung: doppelte Laufhaken
Abzug: Doppelabzug
Gesamtgewicht: ca. 3,2 kg
Gesamtlänge: 111 cm
Lauflänge: 65 cm (25 5/8")
Hülsenentfernung: Auszieher
Choke: Flintenlauf: Wechselchokeeinsätze
Visierung: Büchsen-Klappvisierung, Vorrichtung für Zielfernrohrmontage
Sicherung: Schiebesicherung auf dem Kolbenhals, Fallsicherung

MERKMALE

- Material: Stahl
- Finish: brüniert, Systemkasten unbehandelt und reich graviert
- Schaft: besonders ausgesuchtes Nussbaumholz, mit Pistolengriff

Erhältliche Büchsenkaliber: .243 Win.; 6,5x57R; 7x57R; 7x65R; .308 Win.; .30-06; 9,3x74R.
Für diese Waffe gibt es verschiedene Wechselläufe in den unterschiedlichsten Kalibern.

Danksagung

Autor und Herausgeber möchten sich für ihre Kooperation bei den nachfolgenden in alphabetischer Reihenfolge genannten Personen und Firmen herzlich bedanken. Ohne ihre Hilfe und Unterstützung hätte dieses Buch nicht entstehen können.

AKAH: Albrecht Kind GmbH & Co., Deutschland; American Arms Inc., N. Kansas City, USA; Armscor/KBI Inc., Harrisburg, USA; Armtech, Heerlen, Niederlande; Arrieta S. L., Eibar, Spanien; A.S.I. Publishers, Lelystad, Niederlande; Baikal/Izhevsky Mekhanichesky Zavod, Izhevsk, Russland; Benelli Armi SA, Urbino, Italien; Pietro Beretta, Gardone V.T., Italien; Bernardelli, Gardone V.T., Italien; Blaser Jagdwaffen GmbH, Isny im Allgäu, Deutschland; Browning Inc., Morgan, USA; Browning S.A., Herstal, Belgien; Chapuis, Saint Bonnet le Châteaux, Frankreich; Colt's Manufacturing Company Inc., Hartford, USA; Connecticut Shotgun Mfg. (A.H. Fox), New Britain, USA; Consorio Armaioli Bresciani, Italien; Cosmi Americo & Figlio snc., Ancona, Italien; CZ-Cesksa Zbrojovka A.s., Uhersky Brod, Tschechische Republik; Dakota Arms Inc., Sturgis, USA; Dynamit Nobel, Troisdorf, Deutschland; Fabarm S.p.A., Travagliato/Brescia, Italien; FAIR Techni-Mec Snc. di Isidor Rizzini & C., Marcheno/Brescia, Italien; Fanzoj GmbH, Ferlach, Österreich; Armi Ferlib di Libero, Gardone V.T., Italien; Granger/S.A.R.L., St. Étienne, Frankreich; FN-Browning S.A. Herstal, Belgien; Franchi S.p.A., Brescia, Italien; Frankonia Jagd, Würzburg, Deutschland; Gaucher Armes S.A., St. Étienne, Frankreich; Harrington & Richardson 1871 Inc., Gardner, USA; Hege/Zeughaus GmbH, Überlingen, Deutschland; Friedrich Wilhelm Heym GmbH & Co. KG, Münnerstadt, Deutschland; Helmut Hofmann GmbH, Mellrichstadt, Deutschland; IGA/E.R. Amantino & Cia Ltda (IGA Shotgun Division), Veranopolis, Brasilien; Izhevsky Mekanichesky Zavod/Baikal, Izhevsk, Russland; KBI Inc./Armscor, Harrisburg, USA; Eduard Kettner, Köln, Deutschland; Albrecht Kind GmbH & Co., Gummersbach-Hunstig, Deutschland; Krieghoff Gun Co., Ulm, Deutschland; Lanber/Comlanber S.A., Zaldibar (Vicaya), Spanien; Laurona Armas Eibar S.a.l., Eibar, Spanien; Lebeau-Courally, Liège, Belgien; Ljutic Industries Inc., Yakima, USA; Magnum Research Inc., Minneapolis, USA; MagTech/CBC Ribeirao Pires, Sao Paulo, Brasilien; Marlin Firearms Co., New Haven, USA; Marocchi S.p.A., Zanano di Sarezzo/Brescia, Italien; Merkel/Jagd & Sportwaffen Suhl GmbH, Suhl, Deutschland; Mitchell Arms Inc., Santa Ana, USA; O.F. Mossberg & Sons Inc., North Haven, USA; New England Firearms, Gardner, USA; Norinco/Norconia GmbH, Rottendorf, Deutschland; Armi Perazzi S.p.a., Botticino Mattina/Brescia, Italien; Powell & Son (Gunmakers) Ltd., Birmingham, Großbritannien; Remington Arms Company Inc., Wilmington/DE, USA; John Rigby & Co., London, Großbritannien; Battista Rizzini, Marcheno/Brescia, Italien; Ruger/Sturm, Ruger & Company Inc., Southport, CT, USA; S.A.R.L. G. Granger, St. Étienne. Frankreich; Savage Arms Inc., Westfield MA, USA; The Magnum Broederschap shooting association, Nieuwpoort, Niederlande; De Zwarte Tulp shooting association, Brandwijk, Niederlande; South Holland marksman's association, Nieuwpoort, Niederlande; Simson-Suhl, Suhler Jagd & Sportwaffen GmbH, Suhl, Deutschland; Stoeger Industries, Wayne NJ, USA; Sturm, Ruger & Company Inc., Southport CT, USA; Thormpson/Center Arms, Rochester, New Hampshire, USA; Ugartechea S.A., Eibar, Spanien; De Valken Gun Shop, Gouda, Niederlande; Verney-Carron, St. Étienne, Frankreich; Weatherby, Atascadero CA, USA; Westley Richards & Co., Birmingham, Großbritannien; Winchester/US Repeating Arms Company Inc., Morgan, Utah, USA; Wischo Jagd & Sportwaffen GmbH & Co. Erlangen, Deutschland; Hermanos Zabala S.A., Eibar, Spanien; Angelo Zoli Fabbrica D'Armi, Gardone VT/Brescia, Italien; Antonio Zoli Fabbrica D'Armi, Gardone VT/ Brescia, Italien, sowie allen anderen, die vielleicht übersehen wurden.

Hilfreiche Internet-Seiten

Amerikanische Feuerwaffen Industrie:
http://www.amfire.com

Armtech-Niederlande/Belgien:
http://www.limburg.nl/armtech

Arrieta, Aya, Chapuis, Fox, Gazalan, Gunshop, Merkel:
http://www.gunshop.com

Baikal russische Gewehre:
http://www.mehzavod.ru/catalog

Benelli:
http://www.benelli.it/english

Beretta:
http://www.beretta.it

Bismuth Cartridge Company:
http://www.bismuth-notox.com

Blaser:
http://home.t-online.de/home/blaser.jagdwaffen

Browning Arms Company:
http://www.browning.com

CZ/Ceska Zbrojovka:
http://www.czub.cz

Dakota Arms:
http://www.dakotaarms.com

Doppelläufige und kombinierte Gewehre:
guns useer group (BBS): http://gunshop.com/HyperNews

FAIR Techni-Mec I. Rizzini:
http://www.studionet.it/Re Emilio Rizzini

Ferlib:
http://www. ivtnet. it/ferlib

GunHoo GunPages Central:
http://www.gunsgunsguns.com/gunhoo

Gunindex:
http://www.gunindex.com

HIS-Büchsen & Gewehre:
http://www.ford-info.com/his/sshot gun.htm

Jagen im Ausland:
http://www.huntinfo.com

Krieghoff:
http://www.halkguns.com

Lanber/Comlanber:
http://www.ilinks.net/~jnystrom/lanber

Marlin Feuerwaffen:
http://www.marlin-firearms.com

Marocchi:
http://www.precision-sales.com/marocchi

Mossberg:
http://www.mossberg.com

Perazzi:
http://www.shootingsports.com/perazzi

Rebo Waffenbücher:
http://www.rebo-publishers.com

Ruger (Sturm & Ruger):
http://www.ruger-firearms.com

Russische Waffen:
http://www.izhmash.ru

Schießsport:
http://www.shootingsports.com

Verney-Carron:
http://www.verney-carron.com

Vihtavuori:
http://www.vihtavuori.fi

Winchster/U.S. Repeating Arms:
http://www.winchester.com

Bibliografie

Titel	Autor/Herausgeber
Alles über Gewehre	Achard/Rebo
Alles über Handfeuerwaffen	Mouret/Rebo
Alles über Jagdgewehre	Berton/Rebo
Armas	Hobby Press SA
Armas y Municiones	Gun Press SA
Combat Digest	Boger
Deutsches Waffen-Journal	Schwend Verlag
Exploded Long Gun Drawings	H.A. Murtz
Feuerwaffen für Sammler	Steinwedel
Firearms	Myatt
Firearms Assembly/Disassembly	Gun Digest
Firearms History	Hogg
Frankonia Jagd-Katalog	Frankonia Jagd
Gewehre, Pistolen und Revolver	Müller
Gun Annual	Modern Day Period.
Gun Digest	DBI Books Inc.
Gun Parts No. 19	Gun Parts Corp.
Gun World	Gallant Charger Publ.
Guns	Publishers Development
Guns & Ammo	Petersen Publ. Comp.
Guns & Gunsmiths	North & Hogg
Guns Illustrated	DBI Books Inc.
Guns of the World	Tanner e.v.a.
Guns & Shooting	Aceville Publ. Ltd.
Handboek voor de herlader	Hartink, e.a./ASI
Hornady Handbook of Cartridge Reloading	Hornady
International Wapen Spiegel	Vervloet/Hartink/e.a.
Kaliber	Magnum Uitgeverij.
Man/Magnum	SA Man 192 (Pty) Ltd.
Metallic Cartridge Reloading	Matunas
Military Small Arms	Hogg & Weeks
Modern Law Enforcement Weapons & Tactics	Clapp
Pistolen & Revolver Enzyklopädie	Hartink/Rebo
Pleasure of Guns	Rosa & May
Sam	NVTA De Schakel
Sam	S.I. Publicaties
Schusswaffen tunen und testen	Heymann
Schweizer Waffen Magazin	Orell Füssli Verlag
Shooter's Bible	Stoeger Publ. Comp.
Shooting Times	PJS Publ. Inc.
Small Arms	Myatt
Small Arms of the World	Smith & Smith
Technik von Faustfeuerwaffen	König
Visier	Pietsch + Scholten
Vuurwapens van 1840 tot heden	Lenselink
Waffen Digest	Motorbuch Verlag
Waffen Lexikon	Lampel & Mahrholdt
Waffen Revue	Schwend Verlag
Waffen sammeln	König & Hugo
War Baby	L.L. Ruth
WM Waffenmarkt Jahrbuch	GFI Verlag GmbH

Register

Lebeau- Courally Versailles Trio

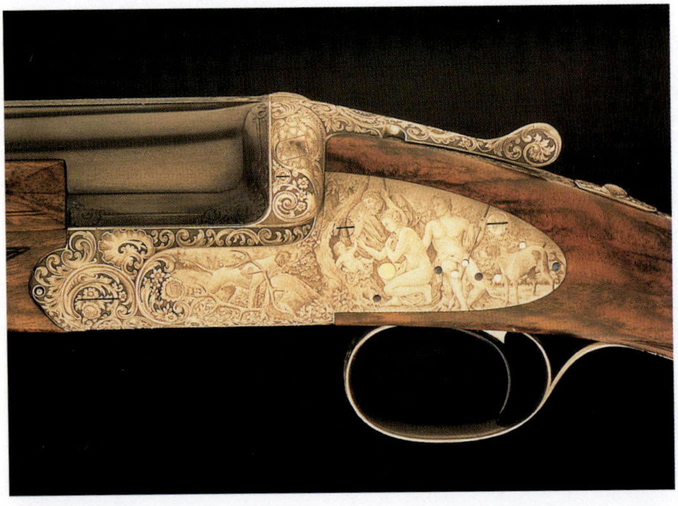

Rizzini S790 EL Sport